Geschichte der Familie
– Altertum –

Geschichte der Familie

André Burguière, Christiane Klapisch-Zuber, Martine Segalen, Françoise Zonabend (Hg.)

– ALTERTUM –

Vorwort von Claude Lévi-Strauss

– MITTELALTER –

Vorwort von Georges Duby

– NEUZEIT –

Vorwort von Jack Goody

– 20. JAHRHUNDERT –

Vorwort von Jack Goody

GESCHICHTE DER FAMILIE

André Burguière · Christiane Klapisch-Zuber
Martine Segalen · Françoise Zonabend

ALTERTUM

Vorwort von Claude Lévi-Strauss

Aus dem Französischen von Günter Seib

Magnus Verlag

Die Originalausgabe »Histoire de la familie« erschien 1986 bei Armand Colin, Paris

Die Übersetzung erfolgte nach der aktualisierten Taschenbuchausgabe von 1994.

Dieses Buch erscheint im Rahmen eines 1985 getroffenen Abkommens zwischen der Wissenschaftsstiftung Maison des Sciences de l'Homme und dem Campus Verlag. Das Abkommen beinhaltet die Übersetzung und gemeinsame Publikation deutscher und französischer geistes- und sozialwissenschaftlicher Werke, die in enger Zusammenarbeit mit Forschungseinrichtungen beider Länder ausgewählt werden.

Cet ouvrage est publié dans le cadre d'un accord passé en 1985 entre la Fondation de la Maison des Sciences dc l'Homme et le Campus Verlag. Cet accord comprend la traduction et ha publication en commun d'ouvrages allemands et français dans le domaine des sciences sociales et humaines. Ils seront choisis en collaboration avec des institutions de recherche des deux pays.

Lizenzausgabe mit freundlicher Genehmigung der Campus Verlag GmbH, Frankfurt/Main

ISBN 3-88400-425-5

Inhalt

Editorial

Dieses Unterfangen ist das erste seiner Art. Um diese *Geschichte der Familie* schreiben zu können, mußten wir uns auf Risiken und Chancen eines Arbeitens ohne Vorbild einlassen.

Zwar interessieren sich Historiker seit mehr als zwanzig Jahren immer stärker für die Familie und die sozialen und psychologischen Strukturen, auf denen sie beruht. Zu Forschungen auf einem für sie neuen Gebiet ziehen sie interdisziplinär Erfahrungen, Begriffe und Methoden der Bevölkerungswissenschaft, Soziologie, Psychologie und Psychoanalyse heran, aber vor allem solche der Sozialanthropologie, die schon seit jeher mit Problemen der Verwandtschaft beschäftigt ist und die besondere Beschaffenheit einer bestimmten Gesellschaft von der Familie her erschließen will. Die meisten historischen Arbeiten zur Familie sind jedoch fragmentarisch oder monographisch und beschreiben ein Spezialgebiet, das mit den Wendungen und Brüchen einer umfassenden Geschichte relativ wenig zu tun hat.

Es sollte hier keineswegs ein enzyklopädischer Überblick über die verschiedenen Etappen oder Erscheinungsformen des Lebens in der Familie gegeben oder dieses durchgängig mit eigener Chronologie dargestellt werden, als ginge es darum, mit einem einzigen Kraftakt einen bisher leeren Raum im Monumentalgebäude der Geschichte zu möblieren. Vielmehr wollten wir Spezialisten jeweils für ihre Epoche und Kultur herausarbeiten lassen, womit die Familienforschung das Wissen über eine bestimmte Gesellschaft erweitern und wie die Darstellung historischer Epochen zum Verständnis allgemeiner Fragen der Familie beitragen kann.

Alle Beteiligten haben also ihr Thema selbst definiert und sich dabei an die Quellen der jeweiligen Epoche oder Kultur gehalten. Dabei sollte ein klassischer historischer Ansatz mit einem ethnologischen Blick verbunden werden, eine Methode, deren Fruchtbarkeit sich bei der Untersuchung sogenannter primitiver Gesellschaften bewährt hat.

Die 32 Originalbeiträge in den vier Bänden dieses Werks wollen in gegenseitiger Bezogenheit aufeinander den Rahmen der Entwicklung von Formen und Normen sowohl in ihrer Kontinuität als auch mit ihren Brüchen darstellen; darüber hinaus wollen wir zeigen, wie sich die diversen kulturellen Wahlmöglichkeiten und historischen Entwicklungsbahnen vergleichen lassen. Der erste Band über das Altertum steht im Zeichen der Entstehung und der langen Zeitabläufe. Der zweite Band widmet sich dem Mittelalter in Europa und in außereuropäischen Kulturen und nimmt diese wichtige Epoche mit einem geographisch-historischen Ansatz gleichfalls doppelt ins Visier. Im dritten und vierten Band wird der Einbruch moderner Formen von Religion, Politik, Wirtschaft und Gesellschaft und die Konfrontation mit dem europäischen Vorbild und seiner Vorherrschaft bis in die Gegenwart untersucht.

Bewußt haben wir von der Monotonie einer verbindlichen Gliederung für jedes Kapitel abgesehen. Um die Lektüre zu erleichtern, haben wir die Bibliographien zu den einzelnen Kapiteln ans Ende eines jeden Bandes verwiesen; desgleichen Register und Glossar mit den Definitionen der wichtigsten Begriffe.

Vorwort

Alle Religionen haben ihre Schismen. Der Buddhismus hat sich in den nördlichen und südlichen gespalten, das Christentum in die Orthodoxe und die Römische Kirche, der Islam in Sunna und Schia. Auch die Sozialanthropologie ist eine anspruchsvolle Religion, und jene, die ihrem Ruf folgen, sind von Fanatismus nicht unbedingt frei. Anthropologische Debatten über die Familie sind indes manchmal so verworren, meist so müßig und immer so hitzig, daß man sie mit den erbitterten Meinungskämpfen bei Jonathan Swift zwischen Rundlingern und Spitzlingern über das rechte Köpfen eines hartgekochten Eies vergleichen möchte. Seit einem guten halben Jahrhundert schon sind Anthropologen und Familiensoziologen in zwei sich heftig befehdende Sekten gespalten, die ich in Anlehnung an den Autor von *Gullivers Reisen* »Vertikalisten« und »Horizontalisten« nennen möchte.

Für die »Vertikalisten« besteht die Gesellschaft aus Kleinfamilien mit einem Mann, einer Frau und ihren Kindern. Dieses Primat der Kleinfamilie sei biologisch und psychologisch begründet. Es sei ein Naturgesetz, daß die Geschlechter einander anziehen, von einem Instinkt zur Fortpflanzung getrieben und bewogen werden, ihre Kinder zu nähren und aufzuziehen usw. Die Kleinfamilie, aus solchen Naturnotwendigkeiten entstanden, sei somit der Eckstein jedes Gesellschaftsgebäudes. Alle sonstigen sozialen Bindungen gehen demnach durch Erweiterung oder Ableitung auf die biologisch einzig ursprünglichen zwischen Eltern und Kind, zwischen Kindern desselben Paares, zwischen Mann und Frau als Eltern usw. zurück. Bezeichnenderweise konzentriert sich A. R. Radcliffe-Brown in dieser Auflistung auf die Beziehung zwischen Eltern und Kind. Für die »Vertikalisten« steht die Filiation (Abstammung) an erster Stelle. Aneinandergereiht bildet sie Abstammungsgruppen, und die Familie ist für sie erst dann real, wenn sie auch über die Zeiten Bestand hat. Eltern zeugen Kinder, diese wachsen heran und tun desgleichen. Als Institution betrachtet, ist die Fa-

Indianische Familie vom »Volk der Kariben«. Kupferstich aus Voyage à Surinam et dans l'intérieur de la Guyane *von John Stedam, Paris 1799. Cherbourg, Bibliothèque Municipale.*

milie demnach Garant dieser Treue zur Abstammung, die die Generationen miteinander verbindet; sie weckt im Individuum die ersten und tiefsten Empfindungen, formt Leib und Seele und erzeugt aus Liebe, Eigennutz und Pflicht verschieden lange Folgen von Ahnen und Nachfahren. Familien seien somit gleich Kettfäden, von der Natur gespannt, damit der Stoff des Sozialen gewebt werden könne.

Die »Horizontalisten« legen größeren Wert auf die Schußfäden. Ihrer Theorie zufolge geht wegen des allgemein verbreiteten Inzestverbots jede Familie daraus hervor, daß sich zwei andere miteinander verbünden und damit zugleich selbst zu zerfallen beginnen, da bei jeder Familiengründung zwei Familien jeweils eines ihrer Glieder einbüßen. Auch die Kinder der neuen Familie müssen sich von ihr trennen, um selbst eine gründen zu können, wiederum mit jemandem aus einer anderen als der Familie ihrer Geburt. In der Gesellschaft besteht die Kleinfamilie also je nach den Umständen kürzer oder länger, auf jeden Fall aber zeitlich begrenzt und immer nur unter der Voraussetzung, daß sie die Individuen, aus denen sie sich zusammensetzt, ausgliedert, abtritt oder weggibt, so daß diese zusammen neue Familien bilden können, die wieder zerfallen müssen. Dieses ewige Hin und Her, das leibliche Familien auseinanderreißt, ihre Glieder verpflanzt und mit solchen aus anderen zu neuen Familien zusammenfügt, stiftet Allianzen kreuz und quer, und genau in diesen erblicken die »Horizontalisten« die Kraftlinien, die das Ganze zur sozialen Organisation zusammenziehen und sie so erst entstehen lassen.

Diese zweifache Perspektive ist in der Natur der Institution angelegt. Obwohl wir sie »aus eigenem Erleben« zu kennen meinen – ist nicht jeder von uns in eine Familie hineingeboren, in ihr groß geworden und empfindet für sie? –, scheinen sich seit den Anfängen der Soziologie und der Ethnographie bei kaum einer anderen Institution der Gesellschaft so vielfältige und komplexe Probleme zu stellen.

Solche Schwierigkeiten rühren von der doppelten Natur der Familie her. Sie gründet sich nicht nur auf biologische Notwendigkeiten – Zeugung, Geburt und Aufzucht der Kinder –, sondern ist auch sozialen Zwängen unterworfen. Bliebe jede biologische Familie eine Welt für sich und pflanzte sich untereinander fort, könnte es überhaupt keine Gesellschaft geben. Zwischen Natur und Kultur stellt die Familie, wie jeder im Alltag beobachten kann, stets einen Kompromiß dar.

Keine Gesellschaft, ebensowenig die Menschheit, könnte existieren, würden Frauen keine Kinder gebären und hätten sie als Schwangere und bei der Ernährung und Erziehung keinen männlichen Schutz. Doch wäre es irrig, die Familie auf diese natürliche Grundlage zu reduzieren. In der Gesamtheit menschlicher Gesellschaften erscheint die Familie in sehr mannigfaltigen Formen, doch ließe sich keine dieser Formen nur durch den Fortpflanzungs- und Mutterinstinkt erklären, ohne die affektive Bindung zwischen Mann und Frau, zwischen Vater und Kindern, und auch nicht durch eine beliebige Kombination dieser Faktoren. Für sich allein könnten sie die Existenz der Familie schon deswegen nicht erklären, weil eine Familie in allen menschlichen Gesellschaften erst dann entstehen kann, wenn zwei – nämlich Mann und Frau – aus verschiedenen Familien zu ihr beisteuern wollen. Ohne Familien gäbe es keine Gesellschaft, aber es gäbe auch keine Familien, wäre nicht schon eine Gesellschaft vorhanden.

Bevor eine Gesellschaft entstehen kann, müssen nicht nur biologische Verbindungen zwischen ihren Gliedern durch Vereinigung der Geschlechter und Fortpflanzung hergestellt werden, sondern es gilt zugleich, einem Brüchigwerden oder Reißen dieser Verbindungen an bestimmten Knoten des sozialen Gewebes vorzubeugen. Die Gesellschaft gestattet den Familien die Fortpflanzung nur in den Maschen eines künstlichen Netzes von Ge- und Verboten. Wie E. B. Taylor schon vor mehr als hundert Jahren treffend bemerkte, liegt die tiefere Erklärung für diese Einschränkungen – Heiraten unter nahen Verwandten überall zu verbieten, solche unter entfernteren Verwandten dagegen hier und da zu empfehlen oder vorzuschreiben – wahrscheinlich in dem Dilemma, in dem sich unsere Gattung schon früh befunden hat: entweder auszuheiraten oder ausgerottet zu werden (»*either marrying out or being killed out*«). Mit anderen Worten, wenn eine Familie nicht als kleine biologische Einheit unter Haß und Feindschaft ihrer Nachbarn ein kümmerliches, angsterfülltes Dasein fristen will, darf sie sich nicht abschotten, sondern muß im Gegenteil ihre Identität und Kontinuität im Spiel der Heiratsallianzen riskieren. Gegen die Neigung der Blutsverwandtschaft zur Selbstabsonderung gelingt es dem Inzestverbot, ein Stützgitter von Affinität oder Verschwägerung zu schaffen, eine Verstärkung, ohne die jede Gesellschaft zusammenbräche.

Der einfachste und zugleich sicherste Schutz vor Fremden oder Feinden ist nämlich, sich durch Heirat mit ihnen zu alliieren und so Verbündete aus ihnen zu machen. Die Völker Melanesiens wissen das genau und sagen offen, »beim Heiraten geht es um Schwäger«. Folgerichtig holen sie sich »Frauen nur beim Feind«. Es ist nicht das kleinste Paradox der Familienproblematik, daß eine von sogenannten primitiven Völkern so unbekümmert formulierte Regel in abendländischen Gesellschaften heutzutage so recht nur noch von Hochadel und königlichen Familien beherzigt wird, wofür deren Heiratspolitik unzählige Beispiele liefert.

Ein Paradox habe ich genannt, doch gibt es noch andere. Als gesellschaftliche Institution auf biologischer Grundlage muß es die Familie in jeder Art von Gesellschaft geben. Doch prägt nicht jede Gesellschaft mit ihrer jeweils eigenen

Bevölkerungsdichte, Wirtschaftsordnung und religiösen Überzeugung der Familie genauso unvermeidlich ihre Merkmale auf? Gibt es überhaupt ein Grundmuster der Familie, von dem sich behaupten läßt, es liege allen menschlichen Gesellschaften zugrunde, oder ist der Begriff Familie nur ein bequemes Etikett für mehr oder minder heterogene Formationen? Auch auf diese Fragen geben die Feldforscher und Theoretiker ganz verschiedene Antworten.

Zwar verwerfen alle inzwischen die veraltete Theorie, nach der vor dem ersten geschichtlichen Auftreten der Familie unter den Menschen »Urpromiskuität« geherrscht habe. Sie sind sich sogar darin einig, daß der Familientyp, für den monogame Ehe, selbständiger Wohnsitz des jungen Paares und affektive Beziehungen zwischen Eltern und Kindern typisch sind, sowohl in unserer Gesellschaft als auch in jenen heimisch ist, die wir gern als technisch und ökonomisch unterentwickelt bezeichnen. Heute wird allgemein anerkannt, daß es in allen menschlichen Gesellschaften »Familienleben« in unserem Sinne gibt. Oft heißt es, eine Familie, die auf dem mehr oder minder dauerhaften, aber stets sozial gebilligten gemeinsamen Wirtschaften von Mann und Frau beruht, die zusammen Kinder zeugen und aufziehen, sei in allen Gesellschaftstypen verbreitet.

Doch haben Feldforscher auch Gesellschaften beschrieben, bei denen sich nur mit großem Entgegenkommen Familienbande entdecken lassen, wie wir und andere Völker sie kennen. Das klassische Beispiel sind die Nayar, eine große indische Bevölkerungsgruppe, bei der die Kinder zur Abstammungsgruppe der Mutter gezählt werden und der Vater allenfalls die Rolle eines heimlichen Gelegenheitsbesuchers der Frau spielt, der ihrerseits beliebig viele Liebhaber zugestanden werden. Aus dem gleichfalls indischen Assam und aus Afrika sind Gesellschaften bekannt, in denen die jungen Leute beiderlei Geschlechts praktisch ungehindert Geschlechtsverkehr miteinander haben durften und erst nach Abschluß dieser Periode sexueller Freizügigkeit heirateten; wobei sich manchmal zwei nur dann zusammenschließen durften, wenn sie zuvor kein Liebespaar gewesen waren. Jeder Mann in jedem Dorf mußte bei einer Heirat also davon ausgehen, daß seine Braut bereits die Geliebte fast aller seiner Dorfgenossen gewesen war.

Erwähnt werden sollten auch die Gesellschaften der Eskimos und der australischen Ureinwohner, die den Frauentausch als feste Einrichtung pflegen und dabei zumindest in Australien zugleich die biologische Vaterschaft (wider besseres Wissen) leugnen. Dort wirkt die Familie wie eine bloße Interessengemeinschaft, zu der der Mann seine Jagdbeute und die Frau ihr Ernte- und Sammelgut beisteuert. Vermehrt wird die Formenvielfalt der Familie in diversen Gesellschaften schließlich auch durch Sitten wie Polygynie und Polyandrie, Levirat und Sororat.

So einleuchtend es ist, daß die Familie ihre Wurzeln in der Natur hat, darf man sie doch nicht von einem dogmatischen Standpunkt aus untersuchen. Betrachtet man das ungeheure Repertoire von vier- bis fünftausend Gesellschaften, über die wir seit Herodot unterschiedlich gut Bescheid wissen, kann man nur sagen, daß die konjugale Familie offenbar recht häufig ist und wir es überall dort, wo die Familienverfassung von diesem Muster abweicht, mit Gesellschaften zu tun haben, die in ihrer sozialen, politischen, ökonomischen oder religiösen Entwicklung einen Sonderweg eingeschlagen haben. Das sind aber keine Überreste früherer Verhältnisse, sondern hochspezialisierte Gesellschaftsformationen. Trotzdem beweist ihr bloßes Vorhandensein, daß die konjugale Familie sowohl in nur ansatzweise organisierten wie auch in hochkomplexen Gesellschaften wie der unseren kein allgemeines Bedürfnis erfüllt. Sie stellt wohl eher eine Mittellösung dar, sozusagen ein Gleichgewicht zwischen jenen möglichen Formen, für die sich andere Gesellschaften entschieden haben.

Sogar bei uns ist dieses Gleichgewicht nicht auf ewig austariert. Wäre die Geschichte anders verlaufen, hätte die von Nazideutschland propagierte radikale Trennung zwischen männlichen und weiblichen Aufgaben und die für beide Geschlechter von Grund auf verschiedene Sexualmoral die traditionelle Erscheinung der Kleinfamilie in Europa zum Verschwinden gebracht. Desgleichen in anderem Geiste die kollektive Kindererziehung, wie sie von israelischen Kibuzzim versucht wurde, und ihre Pervertierung unter totalitären Regimes. Wir haben noch nicht den Abstand, ermessen zu können, wie sich die Kleinfamilie in westlichen Gesellschaften infolge des technischen, wirtschaftlichen und psychologischen Wandels verändert hat, der sich vor unseren Augen abspielt: Erwerbstätigkeit der Ehefrauen, Zunahme eheähnlicher Verhältnisse, wachsende Bedeutung der Medien und Begünstigung der horizontalen Kommunikation innerhalb von Altersgruppen statt der früher vertikalen zwischen den Generationen usw.

Eine Gesamtbetrachtung geographisch oder historisch entlegenerer Formen der Institution Familie wie im vorliegenden Band bietet dem heutigen Leser besondere Aufschlüsse. Wir dürfen nicht länger dem Glauben frönen, die Familie habe sich von archaischen und ausgestorbenen Formen in gerader Fortschrittslinie weiterentwickelt. Im Gegenteil: Dem flexiblen Menschenverstand könnten schon früh alle möglichen Familienformen zur Auswahl gestanden haben. Was wir für Evolution halten, wäre dann nichts anderes als eine Folge von Entscheidungen zwischen mehreren Möglichkeiten, mit denen lediglich verschiedene Entwicklungsrichtungen in einem bereits vorgezeichneten Raster eingeschlagen wurden.

Im 18. Jahrhundert hätte der Titel des vorliegenden Werkes bestimmt nicht »Geschichte«, sondern »Naturgeschichte« der Familie gelautet. Gilt nicht auch für die Kultur, was Buffon im ersten Band seiner *Histoire naturelle des oiseaux* über die Natur schrieb?: »In ganzer Breite aufgefächert, bietet sie uns ein gewaltiges Tableau, auf welchem alle Ordnungen der Geschöpfe jeweils in stetiger Verkettung recht verwandter und ähnlicher Dinge so aneinanderhängen, daß ihre Unterschiede schwer erfaßbar sind; der Faden geht nicht bloß in die Länge, sondern auch in die Breite, wie ein Schußgarn oder eher Schnurbündel, aus dem immer wieder verlorene Fäden ragen, die sich mit Fadenenden anderer Ordnung berühren.« Und an anderer Stelle sieht er »eine Welt verwandter und unverwandter Wesen, eine Unendlichkeit passender und unpassender Verbindungen und eine ewige Folge von Werden und Vergehen« und folgert, »es scheint, daß alles wird, was werden kann« (*Histoire naturelle, générale et particulière.* Premier discours: »De la manière d'étudier et de traiter l'histoire naturelle«).

Uns drängt sich die Frage auf, welche Formen unsere Institution Familie in Zukunft annehmen wird. Vielleicht sind sie bereits in manchen früheren oder heutigen Gesellschaften angelegt. Ein sachkundiger Überblick wie in diesem Werk macht es uns leichter, indem er uns hilft, werdende Zustände zu erkennen und dingfest zu machen, Zustände, die sich uns aus der direkten Beobachtung nur andeutungsweise erschließen.

Claude Lévi-Strauss

Ein Mann, eine Frau (Embera-Indianer aus dem Choco von Kolumbien).

Über die Familie

Verwandtschaft und Familie aus anthropologischer Sicht

Françoise Zonabend

Von gleich zu gleich

Das Wort »Familie« kommt im Alltag und in der wissenschaftlichen und populären Literatur derart häufig vor, daß sein vollständiges Bedeutungsfeld nicht so leicht abzustecken ist. Diese Vieldeutigkeit geht sicher auf die vielen Wandlungen zurück, welche die damit bezeichnete Institution im Laufe ihrer Geschichte erfahren hat. Das Wort *familia* ist lateinisch: Es wird als Ableitung von *famulus* (Diener) erstmals in Rom verwendet, doch nicht für das, was wir heute darunter verstehen. »Mit *familia* dürfte die Gesamtheit der Sklaven und Diener unter einem Dache benannt worden sein, später dann der gesamte Haushalt mit dem Hausherrn und der Gattin, den Kindern und Dienern unter seiner Verfügungsgewalt. In einer Bedeutungserweiterung bezeichnete *familia* schließlich die *agnati* und *cognati* und wurde zumindest in der Alltagssprache zum Synonym für die *gens.*« (Ernout/Meillet 1951, S. 383; vgl. Kap. 6) Heute benennen wir mit *Haushalt* die Personen, die unter dem gleichen Dach leben; mit *gens* die Gemeinschaft derer, die denselben Vorfahren haben; mit *agnati* die Verwandten väterlicherseits, und mit *cognati* die mütterlichen und – im erweiterten Sinne – schließlich alle Blutsverwandten. Alle diese verschiedenen Verwandtschaftseinheiten fassen wir derzeit unter derselben Vokabel »Familie« zusammen. Allerdings fielen unter diese Kategorien je nach Ort und Zeit, sozialer Gruppe oder Umständen unterschiedliche Personenkreise. Die Beiträge in diesem Band beschreiben die vielfältigen Formen und Worte, unter denen solche sozialen Einheiten bekannt wurden, sich veränderten und in den großen abendländischen und orientalischen Kulturen schließlich überdauerten. Sie belegen nötigenfalls, daß es Familiengruppierungen verschiedener Formen überall und immer gegeben hat und sie eine mehr oder minder grundlegende Rolle in den mündlich überlieferten oder schriftlich fixierten Gesetzen spielten, die für eine Gesellschaft jeweils gelten oder galten.

Diese Geschichte oder vielmehr diese Geschichten der Familie werden erst durch die Frage richtig interessant, warum diese Einrichtung zwar überall vorhanden, aber in ihren jeweils kulturspezifischen Erscheinungsformen so außerordentlich vielgestaltig ist. Welche Vorstellung von Verwandtschaft regiert sie? Was bedeutet es, daß diese Familien überall vorhanden sind, und zwar überall anders? Warum ist eine solche Institution derart mit dem Herzen jeder Gesellschaft verwachsen, daß keine bisher ohne sie auskommen konnte?

Um diese Fragen sinnvoll zu verfolgen, muß man zunächst den Standpunkt der Ethnologen einnehmen, die die Familie zu einem Hauptgegenstand ihrer Forschungen gemacht haben. In der Tat beschreiben sie Familienwelten, die sich in geographischer und geistiger Hinsicht an den Grenzen unserer bekannten Welt in sogenannten primitiven oder gar archaischen Gesellschaften befinden, Gesellschaften, in denen Verwandtschaft *die* maßgebende Institution ist, welche die Gruppe strukturiert, den Wohnsitz bestimmt, die Verteilung von materiellen Gütern und Wissen regelt und die Formen der ehelichen Verbindung festlegt. Damit wir uns richtig verstehen: Dieser Umweg über ferne Gesellschaften bedeutet nicht, daß die Institution dort in ihrer ursprünglichen Reinheit fortbesteht und wir zwischen den dort beobachteten Familienformen und den unsrigen irgendeine Evolution konstatieren. Ganz im Gegenteil: Durch Erforschen fremder Welten und aufgrund der unendlichen Formenvielfalt verwandtschaftlicher Gruppierungen in solchen Gesellschaften konnten die Ethnologen wesentliche Merkmale erkennen und die zum Verständnis der Existenz und Rolle dieser Institution unerläßlichen Maßstäbe identifizieren.

Bevor wir unseren Blick auf ferne Gestade richten, ist es indes angebracht, auf unsere eigenen Erfahrungen zurückzugreifen sowie auf die Geschichte, die sich aus ihnen ergibt.

Die angeborene Erfahrung

Bevor wir das eigene Ich entdecken, sind wir »Sohn« oder »Tochter« von X oder Y; in eine »Familie« hineingeboren, werden wir durch einen »Familiennamen« wahrgenommen, noch ehe wir sozial irgend etwas anderes sind. Überall lernt das Kleinkind zuerst »Mama«, »Papa« – die bedeutungsschweren Worte für Mutter und Vater –, und erst danach kommen die weiteren Begriffe der Verwandtschaft. So wird die Welt aufgeteilt in die »Meinen« und die »anderen«. Aber auch die anderen leben in einer Familie und gehören genauso zu ihr. Auch für die Ihrigen werden sie über Verwandtschaftsbezeichnungen wahrgenommen. Warum daraus nicht folgern, daß die Familie eine Selbstverständlichkeit ist, zum Menschsein gehört wie die Sprache? Und warum nicht von der eigenen Erfahrung extrapolieren und schließen, daß die Familie für alle in allen Gesellschaften die gleiche sein muß?

Die Ethnologie, die sich dieses Nachdenken über Gleichsein und Anderssein zu eigen gemacht hat, befaßt sich mit der Erforschung dieser nahen und fernen Familienwelten, fand aber, wie man sich denken kann, nicht auf Anhieb die rechte Distanz und den richtigen Ansatz.

In der langen Erkundungsarbeit der Ethnologie, die hier kurz zusammengefaßt werden soll, ragen zwei Ethnologen heraus: in den Anfängen Lewis Henry Morgan und unter den Zeitgenossen Claude Lévi-Strauss.

1871 veröffentlichte Morgan, New Yorker Anwalt und Interessenvertreter der Irokesen, sein Werk *Systems of Consanguinity and Affinity of the Human Family* mit Listen von Verwandtschaftsbezeichnungen früherer und heutiger menschlicher Gruppierungen, die er entweder unmittelbar bei Indianerstämmen oder mittels Fragebogen an Briefpartner weltweit gesammelt hatte (*Abb. 1*). In bezug auf diese Bezeichnungen postulierte Morgan mit Recht, sie lägen den Familienbeziehungen jeder Gesellschaft zugrunde, bildeten so durch ein für alle gleiches Gesetz vereinheitlichte Beziehungsmengen und damit *Systeme*. Morgan formulierte damit den Gedanken einer fundamentalen Einheit der »menschlichen Familie«, denn überall werden Verwandtschaftsbezeichnungen verwendet, verfügt man über ein System und kennt eine Form der Familie.

Im gleichen Atemzug aber ordnete Morgan als Mann des ausgehenden 19. Jahrhunderts, in dem die Evolutionslehre triumphiert hatte, die Gesellschaften nach ihren jeweiligen Verwandtschaftsterminologien auf einer Fortschrittsskala ein. Trugen also etwa in einer Gruppe alle Brüder des Vaters die gleiche Bezeichnung, war das nach Morgan ein Zeichen dafür, daß diese Kultur den Erzeuger nicht anerkennen wollte oder konnte und zuvor eine Form der Gruppenehe existiert haben mußte, der wohl ein Stadium allgemeiner Promiskuität vorausgegangen war.

Folglich ordnete er sogenannte primitive Gesellschaften ganz unten auf der Skala ein, und zwar nach mindestens zwei Kriterien: zum einen aufgrund ihres niedrigen Entwicklungsstandes von Wirtschaft und Technik und zum anderen wegen terminologischer Gleichsetzungen im System der Verwandtschaft. An die Spitze seiner Skala stellte Morgan die zeitgenössischen abendländischen Gesellschaften, wo der Beginn der Kultur mit der monogamen konjugalen Ehe und Familie einhergeht.

Es ist Morgan zugute zu halten, daß alle Gebildeten seiner Zeit diese evolutionäre Sicht der Menschheitsgeschichte teilten. 1859 war Darwins *Vom Ur-*

Die »Wilden« von Amerika, zwei Kupferstiche aus Suite du voyage de l'Amérique ou Dialogue du baron de Le Honant et d'un sauvage de l'Amérique, *Amsterdam 1704. Paris, Bibliothèque Nationale.*

sprung der Arten erschienen, und um dieselbe Zeit hatten Geologen erkannt, daß Boucher de Perthes' Befunde richtig waren. Anhand der Wandlungen des Menschen und seiner Werkzeuge wiesen solche und andere Werke den Ursprung des Menschen und die ununterbrochene Evolution lebender Arten nach. Wie seine Zeitgenossen wollte Morgan das, was man für die verschiedenen Entwicklungsstadien menschlicher Gesellschaften hielt, in eine stetige und zusammenhängende Abfolge zwingen.

Dieses evolutionistische Schema auf der Basis von Familienformen oder Verwandtschaftsmerkmalen wurde ab der Jahrhundertwende von Ethnologen wie E. B. Tylor, W. H. R. Rivers oder F. Boas mit Hilfe vergleichender Feldfor-

schungen energisch angefochten. Dem wachsenden Wissen der Völkerkundler und ihrer kritischen Reflexion hielt es nicht mehr lange stand: 1937 verfaßte R. H. Lowie die unwiderlegbare Anklageschrift.

Es muß allerdings daran erinnert werden, daß Morgans Arbeiten, kaum daß sich die Ethnologen von ihnen ab- und der Feldforschung zugewandt hatten, ein schlimmes Schicksal erfuhren. Sie trugen dazu bei, die Geschichte moderner Gesellschaften zu beeinflussen, die sich im Namen eines pseudowissenschaftlichen Evolutionismus kolonialen Gewaltsamkeiten verschrieben, bis hin zur Barbarei der Nazis und begleitet von allen bekannten Formen des Rassismus. Dennoch hatte Morgan, indem er seine Listen von Verwandtschaftsbezeich-

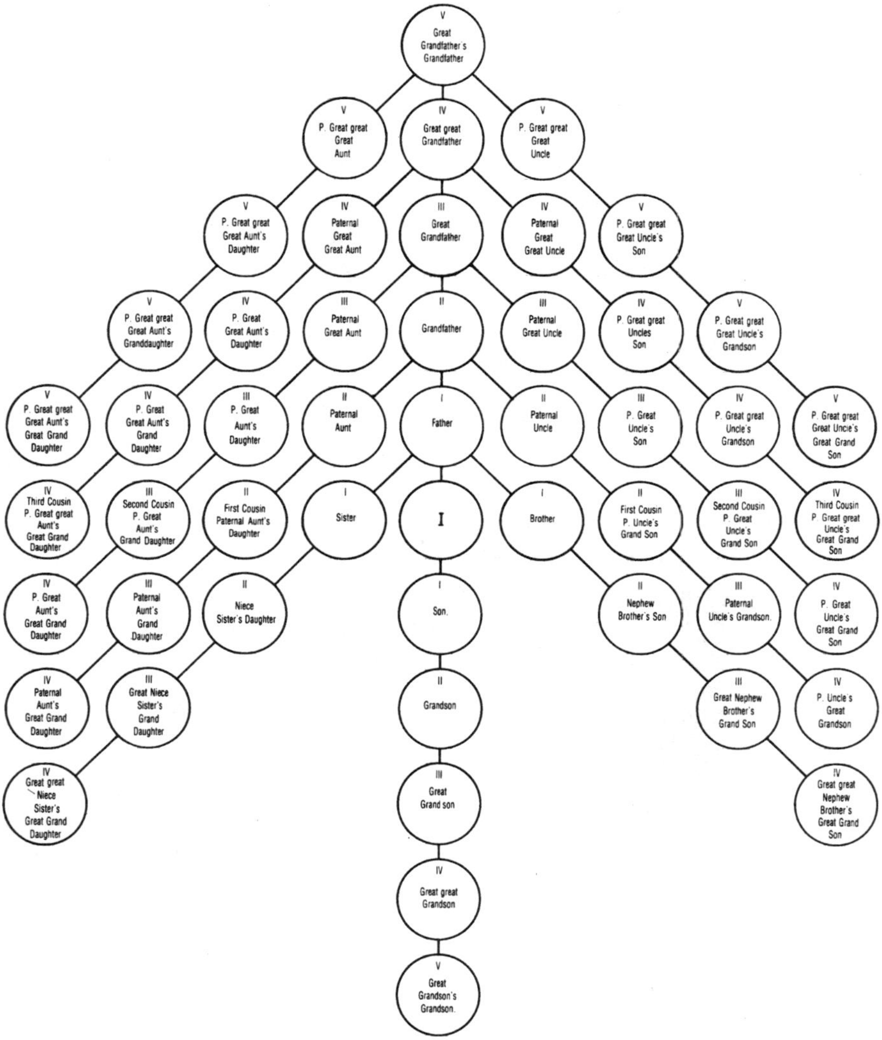

Abb. 1: Diagramm der Blutsverwandtschaft (im Orig. lat. und engl.). Aus Morgan 1871.

nungen aufstellte und den Systemcharakter der Verwandtschaftsgruppen entdeckte, die Fundamente der völkerkundlichen Methode gelegt und einige der theoretischen Grundprobleme formuliert, die sich der Erforschung von Familie und Verwandtschaft stellen. Es kann daher nicht überraschen, daß Lévi-Strauss seine *Elementaren Strukturen der Verwandtschaft* von 1949 Morgan widmete. Er wollte damit nicht etwa überlebte Thesen des Evolutionismus rehabilitieren, sondern die Idee der Einheit der menschlichen Familie aufgreifen, die in Morgans Werk in dessen Auffassung von Verwandtschaft skizziert ist. Diese Idee, daß die Systeme von Filiation und Allianz, also die Verwandtschaftssysteme, sowohl die fernste Vergangenheit als auch die jüngste Gegenwart der Menschheitsgeschichte in sich begreifen, bewies Lévi-Strauss mit der folgenden These: Das aus allen Kulturen bekannte Inzestverbot ist überall mit Geboten verbunden, über den engen Kreis der Verwandtschaft hinauszuheiraten. Verbote verwandeln sich also in positive Allianzregeln, bei denen die Frauen zum Tauschmittel werden, um Beziehungen zwischen Gruppen zu stiften, die sich selbst als verwandtschaftlich definieren. Die Regel dieses »großen Spiels der Ehe« (Lévi-Strauss 1993 b, S. 98) besteht darin, daß Frauen als Gabe getauscht werden. Verbote, Gebote und Tausch sind unauflöslich miteinander verbunden, bewirken den Übergang von der Natur zur Kultur und ermöglichen eine Kulturentwicklung innerhalb der Natur. Dieser »große Einfall«, der, zusammen mit einer »unerhörten soziologischen Phantasie«, aus Lévi-Strauss' Werk »eine Titanenleistung« macht (Dumont 1971, S. 89), ist noch immer richtungweisend für Ethnologen, die auf dem Gebiet der Verwandtschaftsverhältnisse arbeiten (Héritier 1979, 1981).

Doch haben wir die Geschichte der Disziplin oder die Betrachtungen über ethnographische Erkenntnisgewinnung vielleicht zu kurz abgehandelt. Lassen wir unseren Blick also zu den fernen Ufern schweifen, wo die anderen leben, die uns doch so ähnlich sind.

VOM GLEICHEN ZU DEN ANDEREN

Überall werden Menschen aus der Vereinigung von Mann und Frau geboren, doch diese biologische Grundtatsache wird von jeder sozialen Gruppe nach ihrer eigenen Logik neu interpretiert und umgesetzt. Wohl haben die Bande zwischen den Erzeugern und ihren Kindern – als Bande der *Blutsverwandtschaft* – und die durch die Eltern hergestellten zwischen den Kindern – als Bande der *Verschwisterung* – ein biologisches Element und werden daher in unseren Gesellschaften auch als »Blutsbande« bezeichnet, doch sind Mann und Frau, um es modern auszudrücken, in der Ehe durch rein soziale »Konvention« verbunden, also durch Bande von *Allianz* oder *Affinität*. Damit deckt Verwandtschaft als Gesamtheit der Verhältnisse von Filiation (Abstammung), Allianz (Verschwägerung) und Verschwisterung zwischen Menschen begrifflich sogar das Biologische und das Soziale ab. Mehr noch, die verschiedenen Einteilungsformen, die Menschen früherer oder heutiger Gesellschaften für das Feld der Verwandtschaft wählten, fordern zu der Frage heraus, ob diese Formen nicht lediglich gesellschaftliche Entscheidungen widerspiegeln. So glauben manche Völker, die Mutter sei nur das Gefäß für den Samen des Mannes und trage nichts zur Empfängnis bei; andere meinen dagegen, nur die Mutter sei für das Entstehen des Kindes verantwortlich, und der Vater habe mit der Fortpflanzung nichts zu tun. Das kann so weit gehen, daß je nach regionalem Glauben Mutter oder Vater für die Kinder nur als angeheiratete Verwandte gelten, also lediglich Gatte oder Gattin des mit den Kindern als blutsverwandt betrachteten Elternteils sind.

Es ist jedoch nicht erforderlich, auf derartige Auffassungen zurückzugreifen, um Blutsverwandte zu bestimmen. In vielen Gesellschaften sind spezifische Kategorien von Verwandtschaftsverhältnissen schon durch das Geschlecht festgelegt. Wurde das männliche als strukturierendes Element gewählt, wird die Beziehung als *agnatisch* und die Filiation als *patrilinear* bezeichnet. Die Gruppenzugehörigkeit richtet sich dann nach dem Vater, und zur selben Verwandtschaftsgruppe werden die Kinder des Vaterbruders, aber nicht die der Vaterschwester gezählt, die der Verwandtschaftsgruppe des Schwestergatten zugeordnet werden. Ist das als relevant betrachtete Kettenglied zwischen den Individuen weiblich, wird die Beziehung als *uterin* und die Filiation als *matrilinear* bezeichnet – mit ähnlichen Folgen: Verwandtschaftsbande werden nur in weiblicher Linie anerkannt. Solche Gruppierungen, deren Mitglieder ausschließlich entweder durch Männer oder durch Frauen miteinander verwandt sind, werden als *unilinear* bezeichnet. Richtet sich das Verwandtsein nach beiden Geschlechtern, ist die Filiation *bilinear*. Wenn keines der beiden Geschlechter den Ausschlag gibt, nennt man die Filiation *kognatisch* oder *undifferenziert* (vgl. *Abb. 14, 16, 17*).

Also läßt sich sagen, »daß ein Blutsverwandter ist, wer von der *jeweiligen Gesellschaft* als solcher definiert wird, und daß ›Blutsbande‹ im genetischen Sinne dabei völlig außer acht bleiben, auch wenn beide Verwandtschaftstypen in den meisten Gesellschaften eher deckungsgleich sind« (Fox 1967). Die Adoption als weltweit verbreitete Methode, Verwandtschaft herzustellen, liefert ein weiteres beweiskräftiges Beispiel. Zwischen dem adoptierten Kind und seinen Adoptiveltern besteht keinerlei Blutsverwandtschaft, und dennoch ist es rechtlich ihr Kind und wird juristisch und sozial wie ein leibliches behandelt.

Verwandtschaft erweist sich überall als ein im wesentlichen soziales Faktum, das sich zwar auch nach den biologischen Gegebenheiten von Zeugung und Fortpflanzung richtet, aber symbolisch manipuliert und willkürlich festgelegt werden kann. Die Gesellschaften haben sich so die Verwandtschaftssysteme geschaffen, wie wir sie überall auf der Welt vorfinden. Es liegt daher auf der Hand, daß solche Verwandtschaftsverhältnisse »nur im Bewußtsein der Menschen bestehen« (Lévi-Strauss 1991b, S. 66).

Damit erhebt sich die Frage, was Verwandtschaft wirklich ist und welche Funktion sie in den verschiedenen menschlichen Gesellschaften erfüllt.

Wörter, Namen, Verhaltensweisen

Die Verwandtschaft ist zunächst einmal ein Vokabular, bestehend aus jenen Wörtern, die jedes Kind als erstes lernt. Mit ihnen werden alle Personen benannt oder angesprochen, die jeweils zur Kategorie »Verwandte« gehören. Ergänzt wird dieses Vokabular von Verwandtschaftsbezeichnungen durch eine Reihe von Eigennamen, die Verwandte auf verschiedene Weise von Verwandten erhalten und ihrerseits weitergeben. Schließlich gehören zur Gesamtheit dieser Wörter und Namen auch noch mehr oder minder explizite Verhaltensvorschriften, die jedem diktieren, wie er sich zu einem bestimmten Verwandten verhalten soll.

Wörter zur Einordnung

In jeder Gesellschaft umreißt die Summe der gebräuchlichen Verwandtschaftsbezeichnungen das soziale Feld dessen, was als verwandt anerkannt wird. Dabei werden die Verwandten in verschiedene Kategorien eingeteilt, die in einem logischen und praktischen Verhältnis der Gegenseitigkeit zueinander stehen. In diesem Sinne bilden sie ein Klassifikationssystem, dessen Aufbau sich aus dem Wortschatz oder der Benennung der Verwandtschaft ergibt.

Seit den Anfängen der Disziplin beschäftigen sich die Ethnologen bekanntlich sehr intensiv mit diesen Benennungen. Pioniere auf diesem Gebiet waren übrigens Weltreisende.

»Bei den Irokesen und Huronen nennen alle Kinder eines Wigwams alle Mutterschwestern Mutter und alle Mutterbrüder Onkel; aus demselben Grund nennen sie alle Vaterbrüder Vater und alle Vaterschwestern Tante. Alle Kinder der Mutter und der Mutterschwestern sowie des Vaters und der Vaterbrüder betrachten einander als Geschwister, dagegen die Kinder ihrer Onkel und Tanten, also der Mutterbrüder und der Vaterschwestern, nur als Vettern und Kusinen, obwohl sie genauso nah oder entfernt mit ihnen verwandt sind wie mit den als Geschwister betrachteten Kindern von Mutterschwestern und Vaterbrüdern. In der dritten Generation schlägt das um; die Großonkel und Großtanten werden wieder Großväter und Großmütter der Kinder derer, die sie Neffen und Nichten nannten. Und so geht es weiter durch die Generationen, immer nach derselben Regel.« (Lafitau 1724, S. 552-553)

Schon aus diesen wenigen Zeilen wird deutlich, daß jede Gesellschaft zwar ihre spezifischen Begriffe hat, um Verwandte zu klassifizieren oder zu benennen, doch diese Begriffe eben wegen ihres spezifischen Charakters weder in unseren eigenen Wortschatz übersetzbar sind noch verallgemeinert werden kön-

Die Hütten eines Irokesendorfes. Kupferstich aus J. Lafitau, Mœurs des Sauvages amériquains, *Paris 1724. Paris, Bibliothèque Nationale.*

nen. Eine Beschreibung »exotischer« Situationen wird sofort zum Kauderwelsch, wenn wir dazu auf unsere eigenen Verwandtschaftsbezeichnungen zurückgreifen. Deshalb mußte als erster Schritt zu einer klareren Darstellung von Gegebenheiten der Verwandtschaft eine Reihe von Symbolen erarbeitet werden, mit denen sich Personen und ihre Verwandtschaftsverhältnisse graphisch darstellen lassen *(Abb. 2)*.

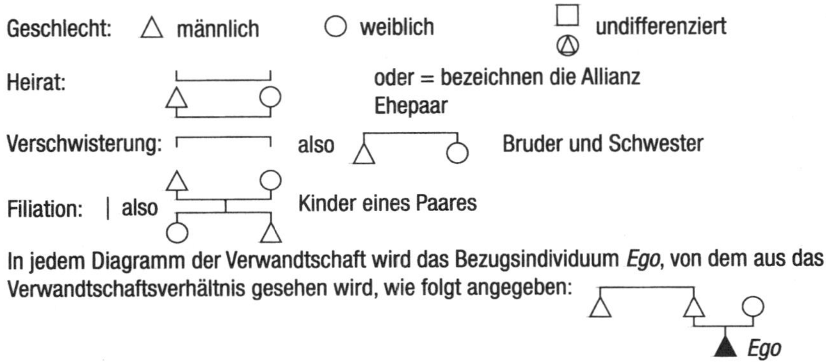

Abb. 2: Graphische Konventionen zur Darstellung von Verwandtschaftsbeziehungen.

Morgan war bekanntlich der erste, der solche terminologischen Daten systematisch sammelte und damit zugleich eine Methode begründete. Seither bemüht sich jeder Ethnologe, ganz gleich, in welcher Gesellschaft er sich befindet, zuallererst den Wortschatz der Familienverhältnisse aufzuzeichnen.

Beim Vergleich mehrerer Benennungssysteme entdeckte Morgan, daß manchmal derselbe Terminus auf mehrere genealogische Positionen anwendbar war, während andere wiederum nur eine einzige Position bezeichneten. So definierte er zwei Haupttypen von Bezeichnungssystemen, die *deskriptiven* und die *klassifikatorischen*.

Deskriptiv sind Systeme, bei denen die Wörter »Vater/Mutter/Bruder/Schwester/Sohn/Tochter/Gatte/Gattin« nur eine einzige genealogische Position beschreiben, wobei die Verwandten zweiter Ordnung und entferntere Verwandte durch Koppelwörter aus diesen Grundbegriffen bezeichnet werden, die sozusagen den Fortgang zwischen den verschiedenen Verwandtschaftsgraden beschreiben. So kann zum Beispiel mit der Vorsilbe »Ur-« bei uns der Begriff »Urgroßvater« oder auch »Ur-Urgroßvater« zur Bezeichnung des Großvaters des Vaters oder des Urgroßvaters des Vaters gebildet werden und ebenso der des »Urenkels« und »Ur-Urenkels«.

Klassifikatorisch sind Systeme, bei denen mehrere genealogische Positionen dieselbe Bezeichnung tragen. So können der Vater und seine Brüder mit demselben Wort bezeichnet werden, um sie von den Mutterbrüdern zu unterscheiden, während die Mutter und ihre Schwestern auf ähnliche Art mit einem anderen Wort von den Vaterschwestern unterschieden werden.

Äußerst selten trifft man auf Terminologien der Verwandtschaft, die rein deskriptiv oder ausschließlich klassifikatorisch sind; im allgemeinen sind sie beides zugleich. Unsere eigene zum Beispiel ist für die Bezeichnungen Vater/Mutter/Sohn/Tochter/Gatte/Gattin deskriptiv, weil diesen Positionen jeweils nur eine einzige Person entspricht (was zugleich auch zeigt, wie sehr wir diesem enggefaßten Verwandtschaftsbegriff verhaftet sind), und klassifikatorisch, wenn wir entferntere Verwandte bezeichnen wollen. Ein »Neffe« kann Brudersohn oder Schwestersohn sein, oder gar der Sohn von Schwager oder Schwägerin. Und der Begriff »Vetter« hat ein sehr weites Anwendungsfeld, denn ohne Einschränkung bezeichnet er Geschwistersöhne sowohl von Tanten wie von Onkeln als auch Personen, bei denen keine Klarheit über das genaue Verwandtschaftsverhältnis besteht.

Indem er Verwandtschaftsterminologien derart klassifizierte, zeigte Morgan auf, wie Gesellschaften ihren genealogischen Raum aufbauen, und half die Unterscheidungen und Gleichsetzungen zu verstehen, die diese zwischen Verwandten gleichen Grades vornehmen. Kommen wir etwa auf Lafitaus Irokesen zurück. Bei diesem Volk wurde dieselbe Bezeichnung für den Vater und die Vaterbrüder gebraucht, eine andere für die Mutter und die Mutterschwestern, und jeweils eine weitere Bezeichnung für die Vaterschwestern und die Mutterbrüder, obwohl sie alle denselben Verwandtschaftsgrad aufweisen. In der Folgegeneration wurde entsprechend zwischen *Parallelvettern* bzw. *-kusinen* unterschieden, also Kindern von Vater- oder Muttergeschwistern vom gleichen Geschlecht wie Vater oder Mutter, die als blutsverwandt angesehen und wie Brüder oder Schwestern behandelt wurden, und *Kreuzvettern* und *-kusinen*, also Kindern von Mutterbrüdern und Vaterschwestern, die kraft unilinearer Abstammungsregeln als angeheiratet bzw. alliiert betrachtet wurden *(Abb. 3)*. Systeme mit solchen Unterscheidungen und Gleichsetzungen sind häufig und

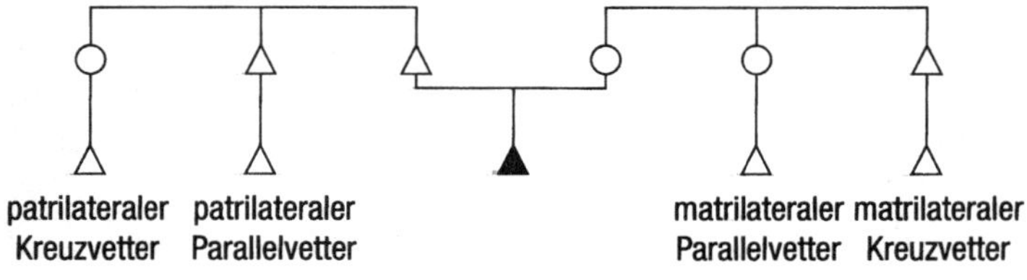

Abb. 3: Parallelvettern und Kreuzvettern.

entsprechen, wie wir weiter sehen werden, einem Grundsatz zur Handhabung von Allianzen: Die Ehe zwischen Kreuzvettern und -kusinen ist erlaubt, weil sie als Angeheiratete und mithin als potentielle Ehepartner eingeordnet werden; dagegen sind Verbindungen zwischen Parallelvettern und -kusinen verboten, weil diese Geschwistern gleichgesetzt werden.

Morgans Forschungen über Benennungssysteme fielen bald der Vergessenheit anheim und wurden erst viele Jahre später und leicht verändert wieder aufgegriffen. Die Ethnologen konzentrierten sich auf die häufigsten Bezeichnungen von Verwandtschaft – Vater/Mutter, Bruder/Schwester, Kreuz- oder Parallelvettern und -kusinen – und versuchten, diese Benennungssysteme in genauere und leichter handhabbare Typologien zu unterteilen. Beteiligt waren die britischen und amerikanischen Ethnologen Tylor, Rivers, Kroeber und Lowie (vgl. Bibliographie), die um die Jahrhundertwende in Australien, Indien oder unter amerikanischen Indianerstämmen arbeiteten, sowie in neuerer Zeit G.P. Murdock, dessen *Social Structure* von 1949 einen bemerkenswerten Versuch darstellt, Typen von gesellschaftlichen Institutionen und Verwandtschaftsbezeichnungen weltweit am Beispiel von zweihundertfünfzig Gesellschaften zu klassifizieren und zu quantifizieren. Was die Terminologien betrifft, so wählte Murdock als Grundlage seiner Typologie jene Begriffe, mit denen eine Person ihre Geschwister, Parallel- und Kreuzvettern bezeichnet. So erstellte er in einer unter den Ethnologen heute noch gebräuchlichen Form fünf Haupttypen der Verwandtschaftsterminologie, benannt nach den kulturellen Gruppen, in denen diese Benennungen erstmals nachgewiesen worden sind *(Abb. 4)*.

Unser System gehört zum Eskimotyp, weil wir zwar zwischen Geschwistern und Vettern unterscheiden, aber bei den Vettern nur ein einziges Wort für

Eskimo	$G \neq [P = X]$
Hawaiianer	$G = P = X$
Irokesen	$[G = P] \neq X$
Omaha	$[G = P] \neq \nearrow Xm,\ \searrow Xp$
Krähen	$[G = P] \neq \nearrow Xp,\ \searrow Xm$
Sudanesen	$G \neq P \neq Xp \neq Xm$

G = Geschwister. P = Parallelvettern. X = Kreuzvettern.
Xp = patrilaterale Kreuzvettern, Kinder der Vaterschwester.
Xm = matrilaterale Kreuzvettern, Kinder des Mutterbruders.

Abb. 4: Die großen Typen der Verwandtschaftsterminologie. Aus Héritier 1981.

solche väterlicherseits und mütterlicherseits haben. Zwar bemühen wir uns, bei Vettern und Kusinen zwischen solchen ersten und zweiten Grades zu unterscheiden, doch ist klar, daß es uns nicht so darauf ankommt, welchen Status unsere Vettern und Kusinen genau haben.

Man sollte nicht meinen, bei diesen Überlegungen der Ethnologen handelte es sich nur um Gedankenspiele. Sie stellen im Gegenteil eine ganze Reihe bedeutsamer Merkmale der gesellschaftlichen Wirklichkeit der jeweiligen Kulturen heraus. So wird aus der Terminologie vom Eskimotyp – also der unseren – deutlich, welche wichtige Rolle für uns die Kernfamilie mit ihrem großen Umfeld kognatischer Verwandten spielt. Dagegen wird der eingeschränkten Familie in anderen Bezeichnungssystemen wenig oder gar keine Bedeutung beigemessen. Das Benennungssystem auf Hawaii etwa bevorzugt eher die Großfamilie, in der beide Seiten verbunden sind, die väterliche und die mütterliche.

Ausgehend von den bereits angeführten biologischen Grundgegebenheiten erlaubten es diese Typologien, Ordnung in die willkürlichen Bezeichnungssysteme von Gesellschaften für ihre Verwandtschaftsverhältnisse zu bringen und gewissermaßen die logischen Möglichkeiten aufzuzeigen, nach denen Menschen ihre Verwandten klassifizieren. Inzwischen weiß man, daß es insgesamt sechs solcher Möglichkeiten gibt und daß in den bis heute bekannten Gesellschaften lediglich fünf realisiert wurden. Für die sechste, die Kombination der drei Kategorien G, P, X *(Abb. 4)* zu $[G = X] \neq P$, bei der Geschwister und Kreuzvettern gleichgesetzt und gemeinsam von Parallelvettern unterschieden würden, hat sich keine Gesellschaft entschieden. Da fragt man sich natürlich, warum das so ist und wie der menschliche Verstand überhaupt funktioniert (Héritier 1981, Kap. 1).

Namen zur Identifizierung

Verwandtschaftsbezeichnungen werden in zwei unterschiedlichen Kontexten verwendet: zur *Anrede* und zur *Benennung*. Die Benennung gehört zum formalen Aspekt der Sprache, also zu ihrem Korpus oder Repertoire; die Anrede dagegen gehört zum Sprechakt, zum Diskurs bzw. Dialog (Benveniste 1974). Deshalb existieren nicht selten Diskrepanzen zwischen beiden, die man als Hinweise auf die Beziehungen zwischen Verwandten verstehen kann. Bei uns sprechen Väter und Mütter von ihren Kindern gern als »mein Sohn« oder »meine Tochter«, benutzen aber den Vornamen, wenn sie sie anreden. Die Kinder dagegen benutzen ihren Eltern gegenüber selten den Vornamen, sondern meist die Verwandtschaftsbezeichnung. Dieses Merkmal mag nebensächlich erscheinen; doch läßt sich daraus der gewiß noch durch weitere Beobachtungen über Institutionen, Verhaltensweisen, soziale Gewohnheiten oder allgemeine Sprachformen zu relativierende Hinweis entnehmen, daß die Beziehungen zwischen Eltern und Kindern in unserer Kultur asymmetrisch sind.

So betrachtet, stellt die Untersuchung der Eigennamen die unerläßliche Ergänzung zu jener von Verwandtschaftsbegriffen dar. Wie diese werden sie doppelt genutzt, sie konnotieren Verwandtschaftsbeziehungen und dienen zugleich der genealogischen Markierung.

Bei uns erhält ein Neugeborenes den bezeichnenderweise »Familiennamen« genannten Namen seines Vaters oder – bei außerehelicher Geburt – den der Mutter. Dieser Name ordnet das Kind von vornherein in eine Filiation, in die patrilineare Abstammungsgruppe ein. Ein Findelkind erhält keinen »Familiennamen«, sondern traditionell zwei Vornamen, dessen zweiter als Familienname genommen wird. Die Übertragung von Vornamen dagegen ist häufig derart strengen Regeln unterworfen, daß aus ihr gewisse bezeichnende Merkmale unserer gesellschaftlichen Realität abzulesen sind. So ist zum Beispiel in Frankreich die Sitte, dem ersten Sohn des Ältesten den Vornamen seines Großvaters väterlicherseits zu geben, Ausdruck der Sonderrolle dieser beiden genealogischen Positionen, wie zahlreiche Volksbräuche belegen, bei denen Großvater und Enkel unter gewissen Umständen gemeinsam tätig werden müssen (Van Gennep 1909).

Andere Gesellschaften gehen noch weiter und verwenden kaum Verwandtschaftsbezeichnungen, sondern ausschließlich Eigennamen, um Verwandte zu benennen oder anzureden. So werden auf der irischen Insel Tory die Einwohner mit einer Aneinanderreihung von Vornamen bezeichnet, die sämtlich aus dem Wortgut der Familie stammen und mit denen jeder nach genealogischer Position und Generationszugehörigkeit eingeordnet werden kann *(Abb. 5)*. »In der Sippe Eoin-Neilí gibt es eine Frau, die ich wie alle immer unter dem Namen ›Nora-Thomáis‹ (zusammengezogen ›Norahomish‹) kannte, Noran Tomastochter. Als wir auf ihre Position in der Genealogie zu sprechen kamen, verblüffte uns ein Gewährsmann mit ihrem vollständigen Namen: Nora-Thomáis-John-John-Eoin-Neilí (›Norahomishjohnhohnianelly‹). In einem Atemzug schnell hingesagt, war das umwerfend, blieb jedoch ohne nähere Erklärung unverständlich.« (Fox 1978, S. 76)

Dieser kurze Überblick über die verschiedenen Hinweise, die der Wortschatz der Verwandtschaft liefert und die von Fragen darüber, wie der menschliche Verstand funktioniert, bis zu solchen über Sitten und Gebräuche unter Verwandten reichen, läßt erkennen, wie vielseitig diese Bezeichnungssysteme verwendet werden können, sofern man sich bei der Untersuchung nicht auf eine Definition der Wortbedeutungen beschränkt, sondern beobachtet, bei welchen Gelegenheiten sie verwendet werden und wofür.

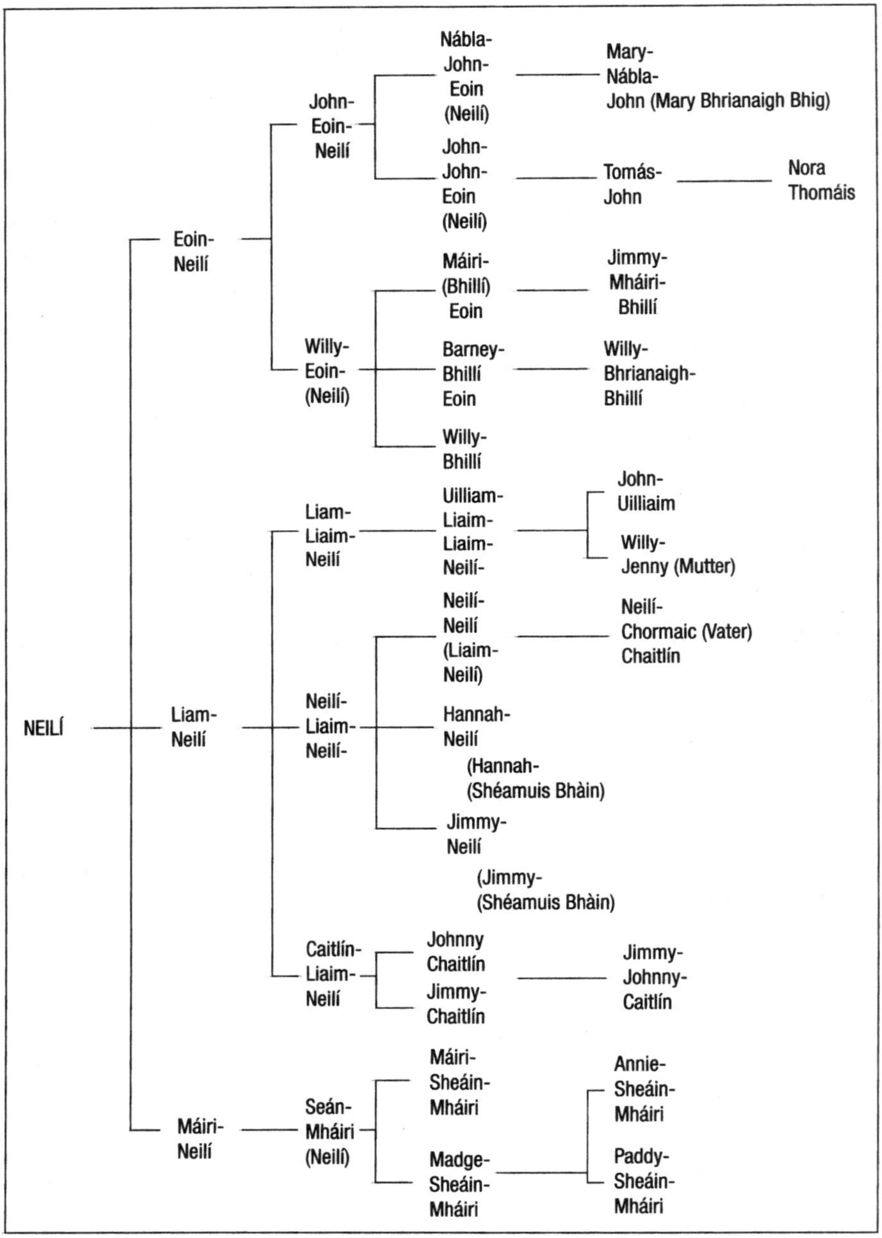

Abb. 5: Denominationssystem des »Clann Neilí« auf der irischen Insel Tory. Aus Fox 1978.

Verhalten und gesellschaftliche Konventionen

Verwandtschaft wird nicht nur in Worten ausgedrückt, sondern umfaßt auch einen Kodex, der die Einstellungen bestimmt, die jeder gegenüber einem Verwandten zu zeigen hat. In unseren heutigen Gesellschaften, wo Verwandtschaft nicht mehr verhaltensbestimmend ist und psychologische Einzelfaktoren zur Erklärung unseres Verhaltens gegenüber Verwandten herangezogen werden müssen, ist nur schwer zu verstehen, daß es in anderen Gesellschaften ganz anders aussieht. Doch gibt es Völker, bei denen das Verhalten gegenüber Blutsverwandten und Angeheirateten sozial genau festgelegt ist.

Bei den Gurmanché von Burkina Faso »dürfen Vater und Sohn weder die Hütte teilen noch gemeinsam essen, noch sich nebeneinandersetzen. Wenn sie auf demselben Feld hacken, dürfen sie das nicht nebeneinander tun. Treffen sie in der Öffentlichkeit (etwa auf dem Markt) aufeinander, müssen sie sich sofort entfernen. Dagegen gehen Onkel und Neffe hintereinander und nebeneinander.« (Cartry 1966, S. 48) Man sollte nicht meinen, das seien formale Empfehlungen, denn werden sie umgangen oder mißachtet, droht große Gefahr. Wie A. Adler über die afrikanischen Mundang berichtet, »kann das Mißachten oder auch nur Vergessen solcher Pflichten (zwischen Vater und Sohn) mit dem Schlimmsten bestraft werden, das einem Mundang widerfahren kann: mit der Verfluchung durch den Vater. Sie wirkt sich aus wie Feigheit beim Initiationsritus, macht krank, läßt verrückt werden, verschafft dem Wahnsinn der Seele die Oberhand.« (Adler 1982, S. 182)

Diese zwingend vorgeschriebenen Verhaltensweisen sind also keinesfalls nur moralische Ermahnungen, sondern sie werden ständig uminterpretiert, ins Symbolische und Ideologische erweitert, sozusagen in einem realen Diskurs der Gesellschaft über ihren einmal gewählten Verwandtschaftstyp. Folglich besteht die Arbeit des Ethnologen nicht einfach darin, seltsame Praktiken aufzuzeichnen, sondern sie auch zu verstehen und im Hinblick auf ihren sozialen Kontext zu interpretieren.

Genau das beabsichtigte Lévi-Strauss, als er 1945 in einem Aufsatz das Problem der Einstellungen zwischen Verwandten aufgriff, deren Vielfalt so viele Forscher fesselt. Zunächst bemerkt er, daß die vorgeschriebenen Einstellungen immer zwischen zwei Polen schwanken: Vertrautheit oder Zurückhaltung, Zärtlichkeit oder Autorität, verbaler Ungeniertheit oder Hochachtung. Dann behandelt er spezifischer die *avunkulare Beziehung* zwischen Mutterbruder und Schwestersohn, also zwischen dem Onkel mütterlicherseits und seinem uterinen Neffen. Das Verhältnis zwischen diesen Verwandten ist häufig ein besonderes: In manchen Kulturen darf sich der Neffe aus dem Hab und Gut seines Onkels bedienen, ihn beleidigen und sogar mit dessen Frau schlafen; der

Onkel dagegen darf sich nicht gegen Übergriffe des Neffen wehren und schuldet ihm Unterstützung in allen Lebenslagen. In anderen Kulturen ist es umgekehrt, der Neffe schuldet seinem Onkel Achtung und Gehorsam und wird von ihm streng zurechtgewiesen.

Die ersten Ethnologen sahen in diesem Avunkulat zwischen Onkel und Neffe die Überreste eines Urmatriarchats, in welchem der Bruder der Mutter das Sagen über die Gruppe hatte. Diese Hypothese wurde bald aufgegeben. Andere Forscher interpretierten das Verhältnis als Korrelativ zu dem zwischen Vater und Sohn. In einem Text von 1924 meinte A. R. Radcliffe-Brown, man könne das Verhältnis Onkel-Neffe von der Beziehung zwischen Vater und Sohn ableiten. So sei bei matrilinearer Filiation, bei der der Onkel mütterlicherseits die Bestimmungsgewalt hat, die Vater-Sohn-Beziehung von Freiheit und Zuneigung geprägt. Anders gesagt ergeben sich die Einstellungen der Verwandten zueinander aus dem Typ der Filiation. Im Mittelpunkt von Radcliffe-Browns Argumentation steht also die Filiation, und sie wird folglich auch als Filiationstheorie bezeichnet. Ihre Hauptvertreter waren die britischen Ethnologen D. Forde, M. Fortes, E. Evans-Pritchard mit ihrem Schwerpunkt Afrika, wo dieses Prinzip in der Dynamik der sozialen Beziehungen offenbar eine stärkere Rolle spielt als die Allianz. Diese Theorie stellt die konjugale Kernfamilie in den Mittelpunkt der Verwandtschaftssysteme, weil diese Grundeinheit tatsäch-

Trauerbekundung bei den M'Kako von Kamerun: die Schwiegermutter zwingt ihre Schwiegertochter, sich nach dem Tode des Schwiegervaters auf der Erde zu wälzen.

lich alle Beziehungen der Blutsverwandtschaft und Filiation verkörpere. Aus dieser Sicht ist Heirat oder Allianz nur ein »Umbau (*rearrangement*) der Sozialstruktur« (Radcliffe-Brown/Forde 1950, S. 43). Mit anderen Worten, eine Allianz geht erst aus Beziehungen zwischen konjugalen Familien hervor. Das Verhältnis zwischen Ehemann und Ehefrau ergibt sich demnach einfach daraus, daß sie Kinder miteinander haben, und das Verhältnis zwischen Geschwistern ist ähnlich einfach zu erklären: Sie haben dieselben Erzeuger. Nach dieser Theorie ist die Allianz sozusagen dem System aufgesetzt. Der Schwerpunkt liegt auf der Filiation.

In einer Fortsetzung dieser Untersuchung des Avunkulats zeigt Lévi-Strauss dagegen, daß es unabhängig vom gewählten Filiationstyp ist (*Abb. 6*). Mehrere patrilineare oder matrilineare Gesellschaften bieten Beispiele für Verhältnisse von Vater/Sohn und Onkel/Neffe, die Radcliffe-Browns Schema völlig widersprechen. Bei den matrilinearen Trobriandern Melanesiens wie bei den patrilinearen Kutubu Neuguineas ist das Verhältnis zwischen Vater und Sohn liebevoll und entspannt und das zwischen Onkel und Neffe von Befehlsgewalt und Strenge geprägt. Durch die Filiation läßt sich das nicht erklären. Betrachtet man

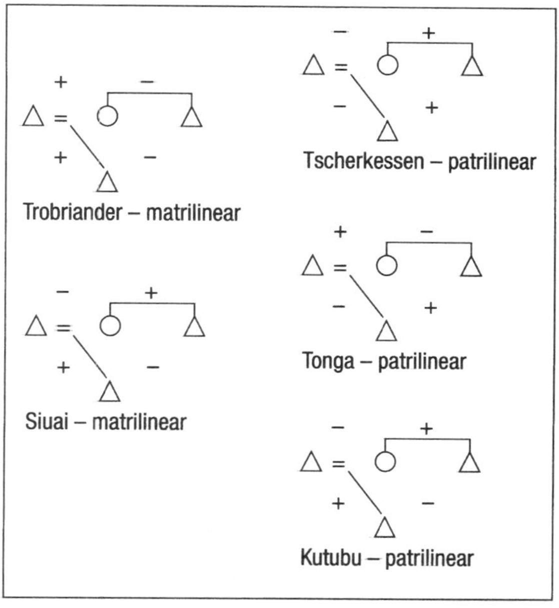

(+) bezeichnet eine affektive und ungezwungene Einstellung zueinander, freien und vertrauten Umgang miteinander.
(–) bezeichnet Meidungsverhalten aufgrund strikter Rechte und Pflichten, Feindseligkeit oder Zurückhaltung.

Abb. 6: Einstellungen unter Verwandten und Filiationsweisen. Aus Lévi-Strauss 1991b, S. 59.

aber die Einstellungen zwischen allen betroffenen Verwandten insgesamt – der Schwester, dem Bruder, dem Gatten der Schwester und ihren gemeinsamen Abkömmlingen, den Neffen des Onkels mütterlicherseits – fällt auf, daß sie wechselseitig voneinander abhängen, ein System bilden und folglich immer zusammen analysiert werden müssen. Dann läßt sich die Gesetzmäßigkeit, die ihre Einstellungen zueinander bestimmt, wie folgt formulieren: »In den beiden Gruppen verhält sich die Beziehung zwischen Onkel mütterlicherseits und Neffe zu der Beziehung zwischen Bruder und Schwester wie die Beziehung zwischen Vater und Sohn zu der Beziehung zwischen Mann und Frau. So daß man, wenn ein Beziehungspaar bekannt ist, das andere jeweils davon ableiten kann.« (Lévi-Strauss 1991b, S. 57) Und weiter: »Wir sehen also, daß das Avunkulat, wenn es verstanden werden soll, als eine einem System innewohnende Beziehung behandelt und daß das System selbst in seinem Gesamtzusammenhang gesehen werden muß, damit die Struktur bemerkbar wird. Diese Struktur ruht selbst auf vier Gliedern (Bruder, Schwester, Vater, Sohn), die untereinander durch zwei aufeinander bezogene Gegensatzpaare zusammengehalten werden, und zwar so, daß in jeder der beiden betreffenden Generationen immer eine positive und eine negative Beziehung besteht.« (Ebd., S. 60f.)

Diese Struktur, die einfachste, die man sich vorstellen kann und die in jeder Gesellschaft möglich ist, ist das *Verwandtschaftsatom* mit den drei Typen von Familienbeziehungen, die in jeder menschlichen Gesellschaft immer vorhanden sind: Filiation/Allianz/Verschwisterung, wobei jede in ein Gegensatz- und Komplementaritätsverhältnis mit den beiden anderen gesetzt wird *(Abb. 7)*.

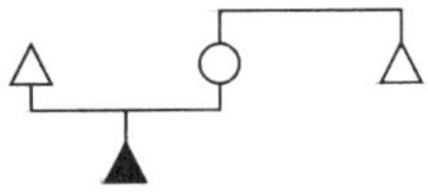

Abb. 7: Das Verwandtschaftsatom.

Zur Kernfamilie Radcliffe-Browns fügt Lévi-Strauss noch einen weiteren Verwandten hinzu: den Onkel mütterlicherseits, der durch Abtreten seiner Schwester die Bildung einer neuen Familienzelle und die Geburt eines Kindes ermöglicht hat. Tatsache ist für ihn, »daß sich die Verwandtschaft in der menschlichen Gesellschaft nur durch und über bestimmte Modalitäten der Verbindung einrichten kann und fortbesteht.« (Ebd.) Die konjugale Familie kann demnach nicht Ausgangspunkt von Verwandtschaftssystemen sein, weil sie sich wegen des Inzestverbots nicht untereinander fortpflanzen darf, sondern über die Heirat eine Tauschbeziehung mit anderen ähnlichen Einheiten eingehen muß. Diese These, mit der die entscheidende Rolle der Allianz in Verwandtschaftssystemen postuliert wird, ist in der Anthropologie unter der Bezeichnung *Allianztheorie* bekannt.

In allen menschlichen Gesellschaften kann ein Mann wegen des Inzestverbots eine Frau nur von einem anderen Mann erhalten, der sie als Schwester oder Tochter an ihn abtritt. Der Geber erhält dafür eine Frau von der Gruppe, an die er abgegeben hat. Die Achse der Schwäger ist also entscheidend für diese Grundstruktur, sie tauschen die Frauen, und um sie herum baut sich die Familie auf. Daher ist es müßig, verstehen zu wollen, warum der Onkel mütterlicherseits und im weiteren die Avunkularbeziehung zwischen Onkel und Neffe in den Strukturen der Verwandtschaft in Erscheinung tritt. Sie tritt dort nicht lediglich in Erscheinung, sondern bildet kraft des Inzestverbots einen fundamentalen Bestandteil dieser Verwandtschaftsstrukturen.

Damit erweist sich diese scheinbare Kuriosität des Avunkulats zwischen Onkel mütterlicherseits und uterinem Neffen als Merkmal von allgemeiner Bedeutung. Wir haben uns deswegen solange damit aufgehalten, weil wir daran sozusagen die strukturelle Methode erkunden konnten, die, ganz schematisch gesagt, darin besteht, anhand der empirischen Realität und des systematischen Charakters der Verwandtschaftstatsachen ein Modell zu begründen, »das so gebaut sein muß, daß es allen festgestellten Tatsachen Rechnung tragen kann« (Lévi-Strauss 1991a, S. 302).

Jetzt ist es gewiß angebracht, mehr über dieses Inzestverbot zu sagen, das den Kern der Heiratsallianz ausmacht.

Warum heiraten, und wie?

Verbote und Gebote

Das Inzestverbot, also der Gedanke, Ehen zwischen nahen Verwandten seien unbedingt zu vermeiden, ist kein Ergebnis physiologischer oder psychologischer Reaktionen von einzelnen, eingegeben von biologischen Instinkten, sondern im Gegenteil der erste Schritt der Menschheit zur sozialen Organisation. Es wurde von Gesellschaften als Regel aufgestellt, um die Beziehungen zwischen den Geschlechtern zu ordnen, mit dem expliziten Ziel, in diesem wie in anderen Bereichen Ordnung an die Stelle des Zufalls zu setzen.

Das Inzestverbot ist zwar weltweit verbreitet, wird jedoch in jeder Kultur anders definiert, ein Beweis seiner gesellschaftlichen Bedingtheit. Mit anderen Worten, es wird durch seine Allgemeingültigkeit zwar zum Naturmerkmal, durch die Vielfalt seiner Formen aber zur Kulturerscheinung, und schafft so den Übergang vom Naturzustand zum Kulturzustand, sozusagen als Bindeglied zwischen naturgegebener Blutsverwandtschaft und kulturstiftender Allianz oder Ausheirat. Die

Paarung von Tieren mag in der Natur zwar dem Zufall oder der Beliebigkeit überlassen bleiben, doch können Kulturen nicht umhin, Ordnungen einzuführen und Regeln zu setzen, die je nach Gesellschaft variieren und sich innerhalb dieser je nach Epoche wandeln. Die Beiträge in diesem Werk enthalten zahlreiche Belege für die Vielfalt der Formen, die das Inzestverbot in den menschlichen Gesellschaften annimmt, bis hin zum Ägypten der Pharaonen, das sich während mancher Dynastien offenbar darüber hinwegsetzte. Zwar gibt es Belege für diese Beispiele einer Mißachtung des Inzestverbots, doch ist umstritten, ob sie von allgemeinem Charakter waren (vgl. Kap. 3). Aus anderen Gesellschaften sind Fälle von präskriptiven Ehen bekannt, die wir als blutschänderisch ansehen würden, meist bei dynastischer Thronfolge und einem Gottkönigtum, wenn die Reinheit des »Blutes« erhalten bleiben mußte. Doch auch solche Ausnahmen können die allgemeine Geltung des Inzestverbots nicht erschüttern, das für eine Gruppe vor allem Ausdruck der Notwendigkeit war, über Ausheirat in andere Gruppen Vereinzelung und Selbstabschottung zu vermeiden. Der Ethnologin Margaret Mead erklärte ein Eingeborener von Neuguinea hierzu auf Befragen: »Was? Du willst deine Schwester heiraten? Was ist in dich gefahren? Brauchst du keine Schwäger? Begreifst du nicht, daß du mindestens zwei Schwäger bekommst, wenn du eines anderen Schwester heiratest? Und überhaupt keinen, wenn du die eigene nimmst? Mit wem willst du jagen? Mit wem pflanzen? Wen willst du dann besuchen?« (Mead 1973, S. 77)

Das Inzestverbot eröffnet also die Möglichkeit, sich Verwandte zu schaffen. Es dürfte außerdem das beste Mittel sein, Frieden mit den Nachbarn zu halten. Die Luo in Kenia sagen über die Nachbarstämme, bei denen sie sich ihre Frauen nehmen: »Das sind unsere Feinde, die heiraten wir.« (Evans-Pritchard 1971) Ansonsten schrieb der Anthropologe E.B. Tylor schon 1888: »Oft, sehr oft in der Geschichte der Menschheit müssen wilde Völker schlicht vor der Alternative gestanden haben, entweder auszuheiraten oder ausgerottet zu werden (*either marrying out or being killed out*).« (Tylor 1888, S. 267)

Das Inzestverbot hat also eine positive Seite: den Tausch. »Er liefert das Mittel, die Menschen miteinander zu verbinden und die natürlichen Bande der Verwandtschaft durch die nunmehr künstlichen – da dem Zufall der Begegnungen oder der Promiskuität des Familienlebens entzogenen – Bande der von der Regel beherrschten Allianz zu überlagern.« (Lévi-Strauss 1993a, S. 641) Das Gegenstück zu dieser negativen Regel, die eine Ehe unter den nächsten Verwandten verbietet, ist eine andere und ebenso allgemeingültige: die Exogamie, das Gebot, aus der nahen Verwandtschaft der Familiengruppe hinauszuheiraten. Denn »das Verbot des sexuellen Verkehrs mit der Tochter oder der Schwester zwingt dazu, die Tochter oder die Schwester einem anderen Mann zur Frau zu geben, und erzeugt zugleich ein Recht auf die Tochter oder die Schwester dieses

Hochzeit von Ludwig XIV. mit Maria Theresia von Österreich. Die Gatten sind Vetter und Kusine: Die Mutter Ludwigs XIV., Anna von Österreich, ist zugleich die Schwester Philipps IV., König von Spanien und Vater Maria Theresias. Paris, Bibliothèque Nationale.

anderen Mannes. Somit haben alle negativen Bestimmungen des Verbots ein positives Gegenstück. Das Verbot kommt einem Gebot gleich, und der Verzicht begründet eine Forderung.« (Ebd., S. 106)

Diese Vorschriften gelten nicht nur in archaischen Gesellschaften, sondern auch in modernen: »Ob man es nun mit dem technischen Fall der sogenannten ›Tauschheirat‹ oder mit irgendeinem anderen Heiratssystem zu tun hat, das grundlegende Ergebnis des Inzestverbots ist dasselbe: von dem Augenblick an, da ich mir die Verfügung über eine Frau untersage, die somit für einen anderen Mann verfügbar wird, gibt es irgendwo einen Mann, der auf eine Frau verzichtet, die infolgedessen für mich verfügbar wird.« (Ebd.) Allianzen werden trotzdem nicht zufällig eingegangen; die andere Seite der Exogamie ist häufig die Endogamie, die die Heirat in eine vorgeschriebene Gruppe oder Umgebung fordert oder empfiehlt. Moderne Gesellschaften zum Beispiel verbinden die strengen Eheverbote zwischen engen Blutsverwandten mit einer flexibleren Homogamie der Schicht oder Ethnie. Die meisten sogenannten archaischen Gesellschaften bewegen sich zwischen einer strikten Exogamie in bezug auf bestimmte nahe Verwandte und einer nicht minder strikten Endogamie in bezug auf entferntere Verwandte oder irgendeine vorgeschriebene Gruppe.

Diese erzwungene Exogamie erweitert sich daher zu der Notwendigkeit, eigene Frauen gegen andere zu tauschen. Da aber jeder Tausch Reziprozität erheischt, ganz wie eine Gabe eine Gegengabe, handelt es sich hier, wie Marcel Mauss in einem berühmten Aufsatz von 1923 nachgewiesen hat, insofern um ein Prinzip »vergesellschafteten« Lebens, als Gesellschaft erst aufgrund dieser selbstauferlegten Heiratsregeln des Menschen organisiert werden konnte. »Sie sind der Gesellschaftszustand selbst, der die biologischen Beziehungen und die natürlichen Gefühle umformt und sie in Strukturen zwingt, die sie zusammen mit anderen implizieren, und sie nötigt, ihre ursprünglichen Merkmale zu überwinden.« (Lévi-Strauss 1993a, S. 654)

Allmählich werden alle Implikationen dieser »Welt von Regeln« erkennbar, nach der jede menschliche Gruppe organisiert ist. Das Inzestverbot eröffnet den Weg zur Exogamie, welche Ausheirat impliziert, die wiederum Tausch und Gegentausch nach sich zieht. Diese Begriffe müssen in allen Gesellschaften und in allen Epochen gemeinsam betrachtet werden, will man die Verwandtschafts- und Heiratsregeln erklären, die von den Menschen bewußt oder unbewußt für ihr Zusammenleben in der Gesellschaft aufgestellt worden sind.

Der Frauentausch, bei dem Frauen von Männern weggegeben werden, um andere zurückzuerhalten, erfolgt nicht zwischen einzelnen, sondern zwischen Gruppen: den Gruppen der Geber und der Nehmer, die so die Frauen unter sich zirkulieren lassen. In manchen Gesellschaften sind dies immer die gleichen Gruppen, so daß diese schließlich durch eine endlose Abfolge von Heiratstauschvorgängen verbunden sind, die unaufhörlich die erste Allianz bestätigen und den Zusammenhalt bekräftigen.

Auch wenn die Heirat normalerweise von mehr oder minder umfangreichen, sowohl materiellen wie symbolischen Leistungen begleitet ist, die sie in die konkrete Wirklichkeit integrieren, kann die Institution nirgends auf rein ökonomischen Tausch reduziert werden. Immer stehen die Frauen im Mittelpunkt dieses Tausches, und als »unschätzbares Gut« verwandeln sie ihn, erhöhen ihn sozusagen um einen Gewinn, einen Wertzuwachs, und so rechtfertigt sich, daß Frauen zur Besiegelung politischer Bündnisse, zur Tilgung von Blut- oder Ehrenschulden oder schlicht von Geldschulden weggeben werden. So darf bei den Dan der Elfenbeinküste »ein zahlungsunfähiger Schuldner seinem Gläubiger eine seiner Töchter zur Frau geben. Außerdem wird bei diesem Volk die Schwester oder Tochter bisweilen als Geschenk vermacht. Desgleichen kann ein Vater eine seiner Töchter ›umsonst‹ einem besonders geschätzten Freund geben.« (Marie 1972, S. 35) Der Heiratstausch verwandelt Feinde in Freunde, Fremde in Verwandte, Gläubiger in Schuldner, er begründet außerdem eine dauerhafte Freundschaft und setzt einen Zyklus von Geben und Nehmen in Gang. Die Heirat ist nicht nur Gelegenheit, neue ökonomische und soziale Verhältnisse zu schaffen, sie begründet zwischen den frauentauschenden Gruppen häufig eine lange Abfolge dauerhafter Bindungen.

Kritik (Goody 1970; Rubin 1975; Collard 1981) ist an dieser These geübt worden, derzufolge Frauen sozusagen die »Tauschware« der Männer sind. Wir wollen diese Kritik hier nicht referieren, doch kann sie die grundlegende Rolle von Inzestverbot und Heirat nicht aushebeln. Die Feststellung, daß der Tausch Grundlage der Heirat ist, reicht zur Erklärung der weltweit beobachteten Vielfalt von Heiratsregeln allerdings nicht aus. Lévi-Strauss hat daher versucht, sowohl die Vielfalt der Regeln wie auch die sie regierenden Tauschformen überschaubarer zu machen.

Tatsächlich entsprechen alle Heiratsregeln zwei Arten von Tausch: dem *eingeschränkten* und dem *verallgemeinerten*, die in allen Verwandtschaftssystemen geübt werden. Sie lassen sich gleichfalls nach den Heiratsformen in drei Grundtypen unterteilen: in *elementare, semikomplexe* und *komplexe* Systeme.

Bei *elementaren* Systemen besteht die Heiratsregel nicht nur darin, die Ehe mit einem bestimmten Kreis von Verwandten zu verbieten, sondern schreibt auch den Verwandten vor, der vorzugsweise geheiratet werden soll. *Komplexe* Systeme beschränken sich auf ein Heiratsverbot für einen Kreis naher Verwandter, ohne die Partnerwahl ausdrücklich vorzuschreiben. Unsere modernen westlichen Gesellschaften gehören in diese Kategorie.

Deswegen sollte man allerdings elementare Strukturen nicht mit sogenannten primitiven Gesellschaften gleichsetzen und auch komplexe nicht mit Industriegesellschaften. Viele sogenannte archaische Gesellschaften kennen ein komplexes Verwandtschaftssystem, das dem unseren gleicht. Ebenso sollte man sich hüten, »elementar« und »komplex« als Gegensätze zu begreifen, da die beiden Begriffe nicht synonym mit »einfach« und »kompliziert« sind: Es gibt Gesellschaften mit elementarer Verwandtschaftsstruktur, die weitaus komplizierter funktionieren als viele Gesellschaften mit komplexer Struktur.

Schließlich gibt es zwischen Systemen mit präskriptiver (vorgeschriebener) und solchen mit freier Gattenwahl noch *semikomplexe* Systeme, bei denen Heiratsverbote für bestimmte Klassen von Verwandten gelten und nicht mehr für genealogisch genau bestimmte. Insgesamt bilden die Verwandtschaftssysteme eine bruchlose *Skala*, zumindest in der Organisation der Verwandtschaft, die von sogenannten archaischen Gesellschaften wie den Jägern und Sammlern bis zu unseren reicht, die wir für so hochentwickelt halten.

Tauschsysteme

In Gesellschaften mit elementarem Verwandtschaftssystem sind zwei Typen von Heiratstausch eindeutig nachgewiesen. Beim sogenannten *eingeschränkten Tausch* wird systematisch eine Frau gegen eine andere nach dem wohlbekannten Prinzip von Geben und Nehmen getauscht. Beim sogenannten *verallgemeinerten Tausch* wird eine Frau an eine Gruppe gegeben und eine von einer anderen Gruppe empfangen, die wiederum eine von einer dritten Gruppe erhalten hat, so daß ein Kettentausch zwischen mehreren Partnergruppen in Gang kommt.

Geben und Nehmen. »Wenn ein Mann A eine Frau B heiraten kann, kann ein Mann B eine Frau A heiraten. Innerhalb der Klassen besteht also Gegenseitigkeit

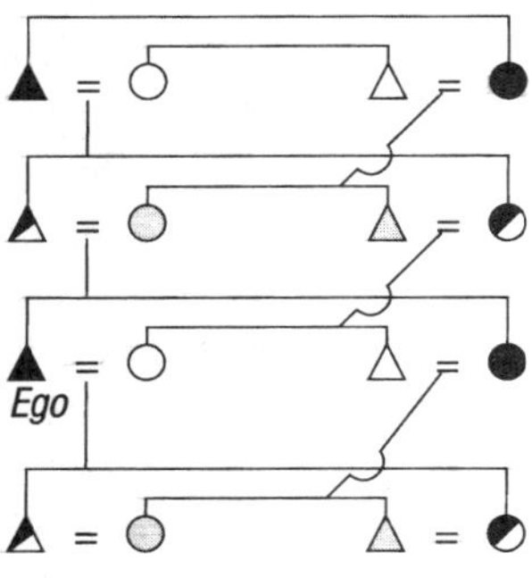

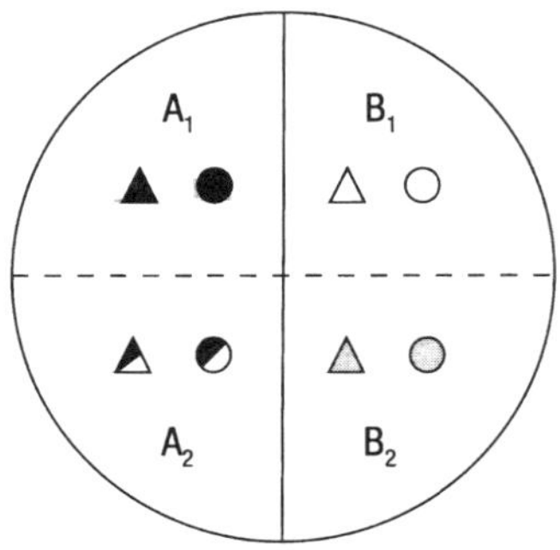

Das Kariera-System, in welchem A und B die beiden patrilinearen Hälften darstellen, die wiederum in die Untersektionen A_1 und A_2, B_1 und B_2 unterteilt sind.

Abb. 8: Der eingeschränkte Tausch.

zwischen den Geschlechtern; [...] Systeme, die dieses Merkmal aufweisen, werden wir unabhängig von der Zahl der Klassen, *Systeme eingeschränkten Tauschs* nennen, womit wir andeuten, daß in diesen Systemen die Mechanismen der Gegenseitigkeit nur zwischen Partnern funktionieren können, deren Zahl zwei oder ein Vielfaches von zwei ist.« (Lévi-Strauss 1993a, S. 266 f.) Um zu verstehen, wie dieser Tausch funktioniert, muß man wissen, daß viele Gesellschaften ihre Mitglieder in zwei Gruppen unterteilen, von denen jede gegenüber der anderen Rechte und Pflichten hat. Diese Gruppen bilden *Hälften*, und derart unterteilte Gesellschaften werden als *dualistisch* bezeichnet. Nun sind die beiden Hälften häufig exogam, und da die Zugehörigkeit zur einen oder anderen aus der Regel der unilinearen Filiation folgt, sind die nächsten Verwandten von *Ego*, die noch zur anderen Hälfte gehören und folglich geheiratet werden können, seine bilateralen Kreuzkusinen.

Dieser Tauschtyp wird nach dem australischen Volksstamm, bei dem er eindeutig nachgewiesen wurde, allgemein als *Kariera-Typ* bezeichnet. Die Kariera sind in zwei exogame patrilineare Hälften unterteilt, denen nach einer matrilinearen Regel vier Sektionen überlagert werden *(Abb. 8)*. Die Heiratsregel lautet: Jedes Mitglied der Hälfte A heiratet ein Mitglied der Hälfte B und umgekehrt. Die Zugehörigkeit zu den Hälften wird in agnatischer Linie weitergegeben, also ein Vater und seine Kinder gehören immer zur selben Hälfte. Da aber jede Hälfte in zwei Sektionen geteilt ist, bei denen die Zugehörigkeit sich nach der uterinen Filiation richtet, wird die Exogamie der Hälften durch eine Exogamie der Sektionen überlagert.

In Wirklichkeit praktizieren diese Gesellschaften *Schwesterntausch*: eine Männergruppe tritt ihre Schwestern an eine andere ab, die ihr im Tausch dafür die Ihrigen überläßt. Allerdings muß auch gesehen werden, daß dieses Muster wiederholter Verschwägerung über mehrere Generationen durch Kumulierung von Verwandtschaftsrollen die schlechthin mögliche Verwandtenzahl schrumpfen läßt. Der Schwiegervater wird zugleich Onkel, die Schwiegermutter Tante, die Ehefrau Kusine usw. Auch in unseren modernen Gesellschaften gibt es manchmal solche Heiraten – zwei Brüder heiraten zwei Schwestern oder ein Vetter seine Kusine –, allerdings ohne daß sich das über längere Zeit fortsetzte, vielleicht genau deswegen nicht, weil es die Zahl der Verwandten zu sehr begrenzt und dem Zustandekommen einer großen Sippschaft hinderlich ist. Man kann dieses Phänomen sehr gut in Landgemeinden – etwa in Mittelfrankreich zwischen dem 13. und dem 18. Jahrhundert – erkennen (vgl. Bd. 3, Kap. 1): Die Familien der Gemeinden heirateten untereinander in geschlossenem Kreis, und es läßt sich feststellen, daß sich ihre Genealogie im Laufe der Zeit erschöpft und ihre Sippschaft schrumpft. Vielleicht haben die Auswirkungen solcher zu nahen und zu häufig wiederkehrenden Heiraten gemeinsam mit anderen ökonomischen Gründen zum Untergang dieser Landgemeinden geführt (Vincent 1980).

Doch kommen wir zurück auf das *Kariera*-System: zwei Hälften, vier Sektionen. Natürlich kann man sich einfachere Systeme (mit nur zwei Hälften) oder komplexere mit mehr Sektionen vorstellen. So umfaßt das *Aranda*-System, benannt nach einem Stamm Mittelaustraliens, vier Sektionen und acht Untersektionen: Ein Mann sucht eine Frau dort, wo sein Großvater eine genommen hat; oder, um es in der Sprache der Ethnologen auszudrücken, ein Mann heiratet die Tochter der Tochter des Bruders der Mutter seiner Mutter oder irgendeine andere, mit derselben klassifikatorischen Bezeichnung belegte Verwandte.

Der eingeschränkte oder auch *direkte* Tausch ergibt sich daher immer aus der Heirat zwischen bilateralen Kreuzvettern und -kusinen. In diesem System ist unwichtig, wie viele soziale Einheiten vorhanden sind, solange ihre Zahl gerade ist, da es darauf ankommt, daß der Heiratstausch noch in derselben Generation erfolgt, was durch die Formel $A \rightleftarrows B$ ausgedrückt wird.

Louis Dumont, der Lévi-Strauss' Werk wesentlich vertieft hat, spricht bei diesem Tausch und dem dabei vorgeschriebenen Ehetyp lieber von Heiratsallianz (*alliance de mariage*), um hervorzuheben, daß es dabei um »Verschwägerung« (*affinité*) geht und sich dabei Gruppen verbünden, nicht Individuen. So will er uns bewußt machen, in welchen ethnozentrischen Vorurteilen abendländische Beobachter verhaftet sind. In der Annahme, bei diesen Tauschheiraten kämen Blutsverwandte in unserem Sinne des Wortes zusammen, schlossen wir, dort sei es das gleiche, und bezeichneten den Vorgang als »Vetternheirat«. Was wir aber »Mutterbruder« nennen, ist in anderen Gesellschaften vor allem der »Schwiegerverwandte des Vaters«, und der »Kreuzvetter« wird als »Sohn eines Schwiegerverwandten« betrachtet. Daß wir dabei auf die Blutsverwandtschaft fixiert waren, hängt damit zusammen, daß wir uns mit Blutsverwandten als näher verwandt betrachten als mit Angeheirateten.

In Südindien jedoch, unter den Völkern drawidischer Sprache (vgl. Bd. 2, Kap. 8), weshalb man diesen Benennungstyp auch als *drawidisch* bezeichnet, wird die Verwandtschaft durch die Verwandtschaftsterminologie in zwei Klassen unterteilt: in Blutsverwandte (Konsanguine) und Angeheiratete (Alliierte). In patrilinearen Gruppen gibt es auf der einen Seite »Väter« und auf der andern »Schwiegerverwandte des Vaters«; in matrilinearen Gruppen auf der einen Seite »Mütter« und auf der andern »Schwiegerverwandte der Mutter«. Die Heiratsregel ergibt sich logisch aus diesem terminologischen System; es nicht so aufzufassen hieße, die eingeborenen Kategorien zu mißachten und eine Kategorie von Verwandten zugunsten der anderen auszublenden. Damit würde zugleich unterstellt, diese Gesellschaften legten Wert auf die Fortsetzung der Filiation, während sie in Wirklichkeit auf die Fortdauer der Allianz bedacht sind (Dumont 1957, 1975).

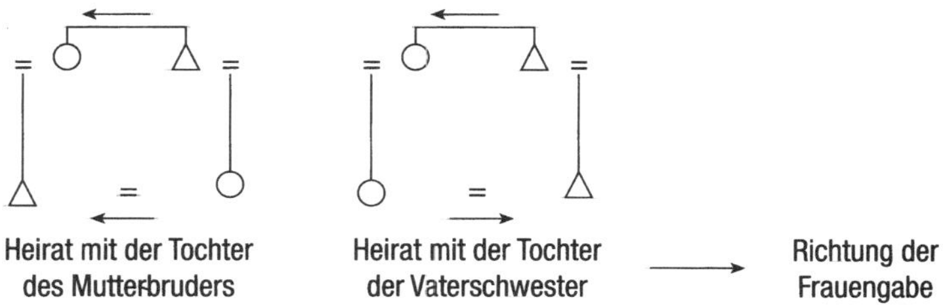

Abb. 9: Heirat mit der patrilateralen oder matrilateralen Kusine.

L. Dumont erinnert zu Recht daran, daß der »Blick aus der Ferne« (Lévi-Strauss 1993b) der Ethnologen auf andere Gesellschaften häufig noch unbewußt von unseren Vorurteilen getrübt wird.

Noch eine Bemerkung zu diesem Heiratstyp. Es gibt eine Variante des eingeschränkten Tauschs, die die Heirat mit der patrilateralen Kreuzkusine (der Tochter der Vaterschwester) vorsieht und bei der die Gegengabe einer Ehefrau erst in der Folgegeneration geleistet wird: Dieser Tausch wird als *aufgeschoben* bezeichnet, weil eine Schwester gegen die Tochter dieser Schwester gegeben wird *(Abb. 9)*. Dieser Typ von Allianz ist sehr selten: Manche Gesellschaften in Indien und in Melanesien praktizieren ihn gelegentlich. Dieser Heiratstyp setzt nämlich nur einen Kurzzyklus zwischen den Gruppen in Gang: Kaum eröffnet, schließt er sich, sobald die Gegengabe in der nächsten Generation erbracht ist. Beide Formen führen zur Vereinzelung kleiner Einheiten, die ständig untereinander tauschen müssen. »Auf der Stufenleiter der matrimonialen Transaktionen stellt sie den Kleinverdiener dar.« (Lévi-Strauss 1993a, S. 604) Dieser kurze patrilaterale oder bilaterale Heiratszyklus steht im Gegensatz zu dem durch die Heirat mit der matrilateralen Kusine eingeleiteten Langzyklus, der die Möglichkeit des *verallgemeinerten Tauschs* eröffnet.

Der Kettentausch

Wesensmerkmal des verallgemeinerten Tauschs ist, daß er die Pflicht zur sofortigen Gegengabe aufhebt und eine theoretisch unbegrenzte Partnerzahl in seinen Zyklus aufnimmt. Bei diesem Tauschtyp kommt es nicht darauf an, wie viele Partner zur Verfügung stehen, solange es mindestens drei sind. Tatsächlich ist die häufigste Regel die Heirat mit der matrilateralen Kreuzkusine (der Tochter des Mutterbruders), so daß jede soziale Einheit in Beziehung zu einer anderen gesetzt wird, entweder als *Nehmerin* oder als *Geberin* von Ehefrauen, und so allmählich eine Kette *(Konnubium)* von Allianzen bildet *(Abb. 11)*. Der Kreis der Verschwägerungen kann wachsen, neue Partner können in den Zyklus treten und sich in die Gemeinschaft fügen; übrigens wird der verallgemeinerte Tausch in Kreisform schematisiert *(Abb. 10)*.

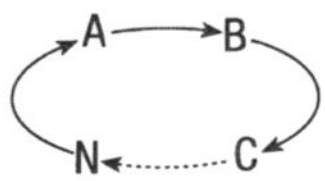

Abb. 10: Darstellung des verallgemeinerten Tauschs.

Mit diesem Typ des Tauschs, der eine große Zahl von Partnern einbeziehen kann, erhebt sich sofort eine Frage: Wird sich der Kreis auch wieder schließen? Ein Risiko bleibt nämlich, wenn die erste Gabe ohne Gegengabe bleibt. Um dieser Eventualität vorzubeugen, wurde das Heiratsgeld oder der Brautpreis geschaffen, der in Naturalien oder Geld von der Familie des Bräutigams an die der Braut entrichtet werden muß. Er bietet eine gewisse Gewähr für die Rückerstattung einer anderen Braut, weil ein Bruder oder Vater als Empfänger des Geldes für Schwester oder Tochter dieses sofort wieder anlegen kann oder sogar muß, um eine Braut für sich oder seinen Sohn zu bekommen.

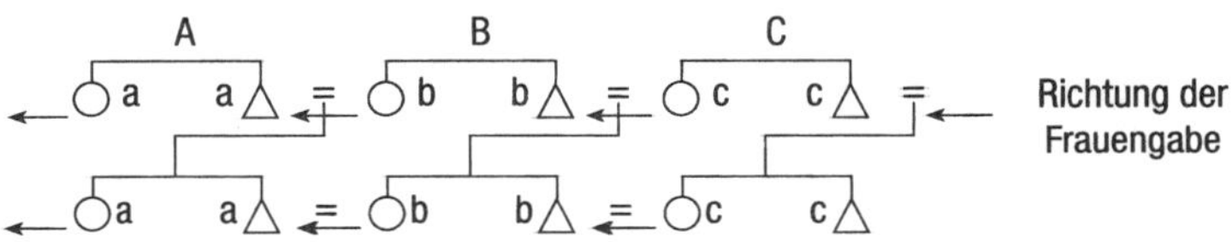

Abb. 11: Der verallgemeinerte Tausch.

So bei den Mundang im Tschad: »Grundsätzlich, und früher konnte man sich dem kaum entziehen, muß der Vater den Preis für die Mitgift (*dot*) der ersten Frau jedes seiner Söhne entrichten. Der älteste Sohn fällt dabei völlig dem Vater zur Last, dessen Frauen (außer der eigenen leiblichen Mutter) er erbt. Dafür muß er dem Vater helfen, die Mitgiften für die jüngeren Brüder zu entrichten, und nimmt deshalb schon zu Lebzeiten des Vaters gegenüber seinen jüngeren Brüdern Vaterstellung ein – wenn er die Mittel dazu hat. Für den vierten Sohn zum Beispiel tut der Vater fast gar nichts, der älteste hilft nur symbolisch, und die zwei mittleren Brüder müssen die Mitgift für die Braut des jüngsten aufbringen. So sind alle Männer der Familie vom Vater bis zum jüngsten Sohn durch diese Zwangssolidarität verbunden, und sie bildet den Kettfaden, der die Schußfäden des lokalen agnatischen Gewebes stabilisiert. Sogar wenn ein Mann nur Töchter hat, muß er die Summe der empfangenen Mitgiften in den Fonds seiner männlichen Blutsverwandten für den Brautkauf einschießen. Woraus besteht die Mitgift? Zu Beginn der siebziger Jahre mußten an die Schwiegereltern zehn oder zwölf Rinder, 70 oder 80 Eisenhacken und 25 bis 30 Zicklein entrichtet werden. Außerdem sind vielerlei Geschenke (Kleidungsstücke und Lendenschurze, Kopftücher und Artikel aus Europa) erforderlich, um Brautvater und Brautmutter zufriedenzustellen. Der künftige Schwiegervater kann auch Arbeitsleistungen fordern, die der Schwiegersohn in spe – wenn er die Mittel dazu hat – gern durch einen Sack Salz ersetzt. Die Zahlung der Mitgift – bei den Mundang deutlich höher als bei den Nachbarvölkern – erstreckt sich im allgemeinen über mehrere Jahre. Der endlose Vorgang erfordert zahllose Palaver.« (Adler 1982, S. 179, Anm. 1)

Dieses Beispiel, bei dem der Brautpreis irrtümlich als Mitgift bezeichnet wird, macht seinen Vorzug deutlich: Er läßt Vermögen von einer sozialen Einheit zur anderen zirkulieren und schweißt in jeder Einheit Väter und Söhne, ältere und jüngere Brüder zusammen. Doch kann der Brautpreis bei ungleicher Vermögensverteilung und Statusunterschieden zwischen den sozialen Einheiten hierarchische Verhältnisse erzeugen.

Das birmanische Volk der Kachin ist hierfür ein gutes Beispiel. Die Gesellschaft ist in Lineagen von Häuptlingen, Adligen und Gemeinen organisiert. Diese Lineagen schotten sich eher ab und heiraten untereinander. Dennoch schließen einige Lineagen aus jeder Schicht Allianzen mit solchen aus einer niedrigeren Schicht. Die Brautgelder bei diesen ungleichen Allianzen sind um so höher, je vornehmer die Bräute geboren sind. So wandern in dieser Gesellschaft Frauen nach unten und Vermögen nach oben zu den Häuptlingen, wo sie sich sammeln. Diese sind allerdings zur Redistribution an ihre Gefolgschaft in Form von Festen oder Nahrungsmitteln verpflichtet. Unschwer kann man sich vorstellen, welcher politische Spielraum über diese Allianzen und die Wechselfälle des verallgemeinerten Tauschs eröffnet wird *(Abb. 12).*

Der verallgemeinerte Tausch als Tummelplatz für das Politische und Öko-

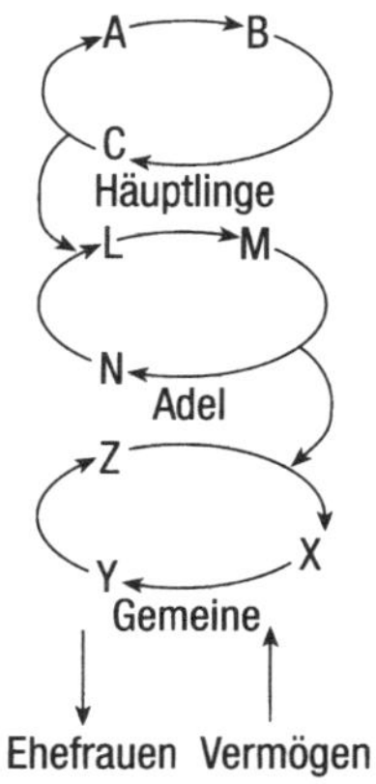

Abb. 12: Der verallgemeinerte Tausch bei den Kachin (Birma).

Zurschaustellung der Mitgift von den Brauteltern (Peul, Nigeria).

nomische führt uns zu Gesellschaften mit komplexen Verwandtschaftssystemen; vor allem, wenn man bedenkt, daß man mit dem Brautpreis einer präskriptiven Heirat ausweichen kann, die in elementaren Systemen unumgänglich ist. »Dann führt die Praxis des *lobola* zu einem flexiblen System, weil die Tauschaktionen selbst nicht aktuell und unmittelbar, sondern potentiell und aufgeschoben sind. [...] Die Ersetzung des Rechts auf die Kusine durch den Kauf der Frau ermöglicht es somit dem verallgemeinerten Tausch, sich von einer elementaren Struktur zu lösen, und begünstigt die Schaffung einer wachsenden Zahl von immer flexibleren und ausgedehnteren Zyklen.« (Lévi-Strauss 1993a, S. 629f.) Das bedeutet den Übergang von Systemen mit elementaren zu solchen mit komplexen Verwandtschaftssystemen wie den unseren.

Unter dem Mantel der Verwandtschaft

Die komplexen Systeme umfassen nur negative Heiratsregeln, ohne für die Wahl des Ehepartners eine bestimmte Verwandtschaftskategorie oder Person vorzuschreiben. Sie legen fest, welche Verwandten nicht geheiratet werden dürfen, aber nicht, wen man heiraten darf, ob verwandt oder nicht. In Gesellschaften mit solchen Systemen sind also typischerweise Heiratsverbote gegenüber bestimmten Verwandten und keinerlei präskriptive Heiratsgebote vorhanden.

Herbeischaffung der Mitgift bei den Bamunen in Kamerun.

Unsere eigene Gesellschaft und viele sogenannte archaische halten sich an dieses Prinzip. Der Unterschied ist graduell und nicht grundsätzlich. Archaische Gesellschaften beruhen auf Wohnsitzeinheiten, die viel mehr mit Verwandtschaft zu tun haben als bei uns, und ein Verstoß gegen das Verbot bestimmter Verwandtenehen hat schwere Folgen, sowohl für die Blutschänder als auch für die Gemeinschaft insgesamt. So kennen die Palawan im Süden der Philippinen nur sehr strenge Heiratsverbote zwischen nahen Verwandten, doch zieht ihre Übertretung den Tod der Schuldigen und die Vernichtung der gesamten Ernte der Gruppe durch Regen oder Dürre nach sich (MacDonald 1977).

In heutigen westlichen Gesellschaften wird der Inzest nicht mehr so streng verurteilt. Es sollte jedoch nicht vergessen werden, daß er zum Beispiel in Frankreich bis zur Verkündung des Code Napoléon mit Enthauptung der Schuldigen auf der Place de Grève geahndet werden konnte (Zonabend 1991). Heute wird in Frankreich nur der Inzest mit Minderjährigen verfolgt; blutschänderische Beziehungen zwischen Erwachsenen, die auf gegenseitigem Einverständnis beruhen, sind nicht mehr strafbar. Es darf angenommen werden, daß der zunehmende Individualismus in unserer Gesellschaft und die sinkende Bedeutung von Verwandtschaft bei dieser Entwicklung der Sitten eine Rolle gespielt haben.

Wen also darf man in unseren dichtbevölkerten, verstädterten Gesellschaften mit ihren großen Wanderungsbewegungen und ihrer Spaltung in eine Vielzahl hierarchisierter sozialer Gruppen heiraten? Geheiratet wird bei uns hauptsächlich nach individuellen Strategien aufgrund gesellschaftlicher oder ökonomischer Erwägungen. Beobachtbare Gesetzmäßigkeiten sind rein statistischer Natur. Natürlich gibt es schon lange Versuche, mehr über diese »statistischen Gesetzmäßigkeiten« unseres Heiratssystems herauszufinden. Die soziale und territoriale Herkunft der Beteiligten gehören hier ganz offensichtlich zu den Bestimmungsfaktoren.

Bekanntlich heiraten Prinzen Prinzessinnen (und nur im Märchen Aschenputtel), Bauern Bauerntöchter aus dem eigenen oder dem Nachbardorf, Arbeiter häufig Stenotypistinnen aus dem Viertel oder aus der Fabrik. Also versuchen die Bevölkerungsforscher auszurechnen, wie häufig diese sogenannten *homogamen* Heiraten zwischen Gatten gleicher sozialer Herkunft sind.

Untersuchungen über die Gattenwahl in westlichen Ländern kamen zu folgenden Schlüssen: »Trotz des Wandels der Sozialstruktur und der wachsenden Aufsplitterung von Milieus und Gruppen wird immer noch mit höherer Wahrscheinlichkeit im eigenen oder im benachbarten Milieu geheiratet als nach draußen. Die gewachsene soziale Mobilität hat den stark einschränkenden äußeren Druck auf die Gattenwahl zwar geschwächt, aber nicht aufgehoben.

Die intensivste Homogamie ist bei Landwirten anzutreffen, sie nimmt bei Arbeitern und noch mehr in wohlhabenden Kreisen ab und ist bei selbständigen Geschäftsleuten und Angestellten der mittleren Leitungsebene am schwächsten. Der häufigste Austausch findet zwischen den letzten drei Gruppen statt, die gemeinhin als ›Mittelschicht‹ bezeichnet werden und bei Mobilitätsphänomenen eine Schlüsselrolle spielen. Mit den Gruppen darüber und darunter, deren Mitglieder untereinander heiraten und sich fortpflanzen, gibt es so gut wie keinen Austausch. Sozialer Aufstieg oder Abstieg findet praktisch nur von oder zu den Zwischenschichten statt. Diese Daten werden von zahlreichen empirischen Untersuchungen bestätigt.

Zur sozialen Nähe kommt die kulturelle. Dominant bleibt die Ähnlichkeit von Bildungsstand oder Glaubenszugehörigkeit der Gatten. Belege dafür sind sowohl in west- wie in osteuropäischen Ländern zu finden. Wegen ihrer verschiedenen Bestandteile wird Ähnlichkeit dem Unterschied vorgezogen. Überall setzt der Einfluß des Milieus starke Einschränkungen bei der Gattenwahl. Diese Zwänge schwächen sich im Zeitverlauf nur in geringem Maße ab.« (Girard 1968, S. 516)

Eheanbahnungsinstitute, die in modernen Gesellschaften heute großen Erfolg haben, wenden nur die von den Bevölkerungswissenschaftlern und Historikern nachgewiesenen Prinzipien der beruflichen und kulturellen Homogamie systematisch an, zum Teil mit Computerunterstützung.

Die Bevölkerungsforscher wollten auch den Einfluß der Gruppengröße auf die Gattenwahl erfassen und dazu den durchschnittlichen Umfang eines von ihnen so bezeichneten *Isolats* ermitteln – den sozialen und/oder geographischen

Raum, innerhalb dessen jedes Individuum nach ihrer aparten Formulierung »in Ehegefahr« ist, oder, nicht ganz so blumig, die Gruppe, in der ein Individuum einen Ehepartner finden kann. Diese Gruppe ist nicht sehr groß, sie umfaßt nur zwischen 300 und 2000 Personen. Damit ist für den einzelnen der Fächer der Möglichkeiten nicht besonders breit, kaum breiter als in Gesellschaften mit elementaren Verwandtschaftssystemen, obwohl dort die Gattenwahl genau festgelegt ist. Wir haben also nur den Eindruck oder die Illusion, unseren Ehepartner völlig frei wählen zu können.

Die Ethnologen allerdings strukturieren den Heiratsbereich in Gesellschaften unseres Typs nach einem anderen Ansatz. Ausgehend von dem Postulat, daß sich alle Gesellschaften mit ihrem Verwandtschaftssystem auf einer *fortlaufenden Skala* einordnen lassen und dieselbe Logik aufweisen, schlagen sie vor,

[rechts] Junge Fali-Frau (Nordkamerun).

[unten] Junger Kikuyu-Mann (Kenia).

unsere Allianz- bzw. Heiratsformen in ihrem Verhältnis zu den verwandtschaftlichen Banden sowohl der Filiation (Abstammung) wie der Affinität (Schwiegerverwandtschaft) zu analysieren, ganz wie dies bei exotischeren Systemen getan wird. Mit anderen Worten, sie wollen wie bei Gesellschaften mit elementaren oder semikomplexen Systemen, bei denen die Heirat stets in das Verwandtschaftssystem eingefügt ist, auch aus unseren Gesellschaften herauslesen, wie die Heirat funktioniert.

Gern werden Gesellschaften mit elementarem System, bei denen die Allianzen ein »mechanisches Netz« bilden, Gesellschaften mit komplexen Systemen gegenübergestellt, bei denen ein »probabilistisches [auf dem Zufall beruhendes] Netz von Allianzen« vorliegen soll. Im elementaren System herrsche die Ordnung und Harmonie der präskriptiven Allianzen und Vorzugsheiraten, in den komplexen, also unseren, »Turbulenz« (Lévi-Strauss 1993a, S. 36). Müssen wir also die Hoffnung aufgeben, die Bandbreite der Allianzformen in menschlichen Gruppen in eine gemeinsame Sprache zu übersetzen, oder verlegen vielleicht bewußte und unbewußte Praktiken und Normen unsere Allianzen in das Feld der Verwandtschaft und erzeugen so Zyklen, Abgeschlossenheiten mit eigenen Gesetzmäßigkeiten vergleichbar denen, die wir für den restringierten oder generalisierten Tausch ermittelt haben?

Ethnologen, die über Allianzformen in Gesellschaften wie unseren arbeiten, greifen diese Fragen auf, legen aber dabei den Schwerpunkt auf spezifische

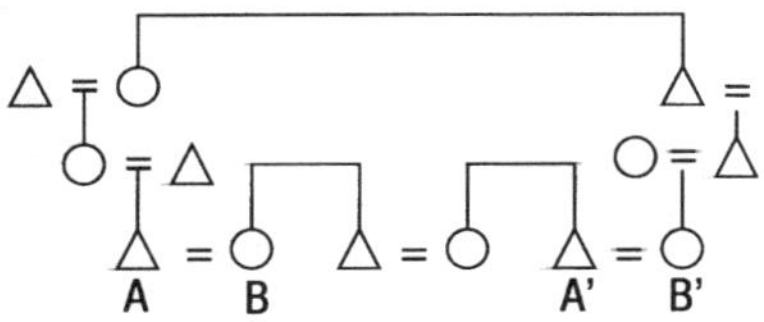

Eine Allianzrückverkettung.

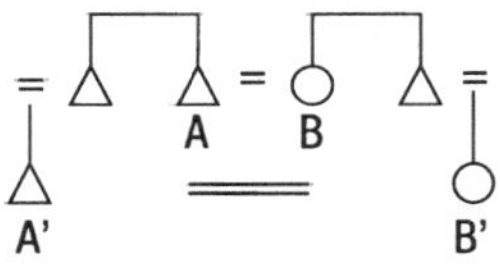

Eine ausschließlich beidseitig blutsverwandte Allianzrückverkettung mit Überspringung einer Generation.

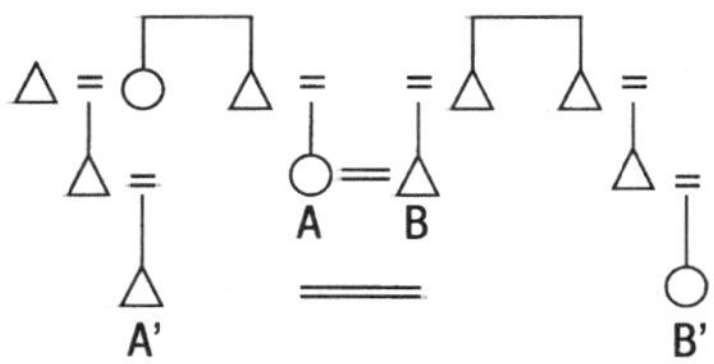

Allianzrückverkettung mit Überspringung einer Generation. Die Bande zwischen den Gatten B und B' und A und A' verlaufen ausschließlich über Blutsverwandschaft, bedeuten jedoch größere genealogische Tiefe.

Abb. 13: Allianzrückverkettung.

Aspekte unserer ländlichen Kultur, etwa darauf, wie das Familienerbe angeeignet und vermacht wird (vgl. Bd. 3, Kap. 1). Dabei ließ sich nachweisen, daß bestimmte Allianzgestaltungen, bei denen »Verwandte« im weiteren Sinne – Blutsverwandte, Angeheiratete oder Blutsverwandte von Angeheirateten – einbezogen werden, Wiederholungen bei Eheschließungen in so verschiedenen sozialen Gruppen wie Bauern (Lamaison 1979; Segalen 1985) oder Aristokraten vorkommen. Bei diesen Arten der Allianz verbinden sich mehr oder minder entfernte Blutsverwandte oder Gatten, die durch ihre Vereinigung eine schon vor mehreren Generationen zwischen Mitgliedern ihrer Verwandtschaft geschlossene Allianz erneuern; diese werden als *besondere Heiraten* oder solche der *Allianzrückverkettung* bezeichnet (Jolas/Verdier/Zonabend 1970) *(Abb. 13)*.

Bekanntlich läßt sich in unseren Gesellschaften die Allianz nicht durch eine genealogische stabile Position charakterisieren; bei ihr geht es um andere politische, ökonomische und soziale Dinge, die wir nicht unterschätzen wollen. Doch konnten Ethnologen nachweisen, daß auch in sogenannten archaischen Gesellschaften »soziale oder politische Manöver mit Verwandtschaft bemäntelt« werden können (Lévi-Strauss 1979). Wird in unseren sogenannten modernen Gesellschaften nicht auch versucht, genealogische Imperative der Allianz politisch oder ökonomisch zu tarnen?

Wir und die anderen

Wir haben gesehen, daß der Zwang zur Exogamie Gesellschaften nötigt, sich in Verwandtschaftsgruppen zu organisieren und mit anderen Gruppen in Tauschbeziehungen zu treten. Wir wollen nun feststellen, wie sich diese Gruppen rekrutieren und sodann untergliedern.

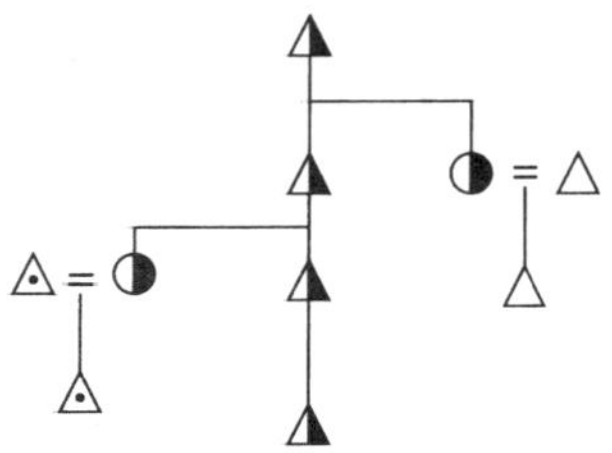

Patrilineare oder agnatische Filiation.
Die Kinder der Tochter gehören zur Gruppe ihres Vaters.

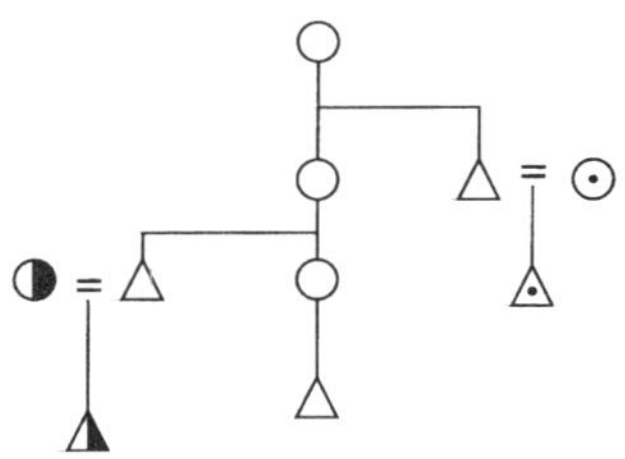

Matrilineare oder uterine Filiation.
Die Kinder des Sohnes gehören zur Gruppe ihrer Mutter.

Abb. 14: Unilineare Filiation.

Nuer-Hochzeit (Sudan): Vorbeizug der Klans.

Die Gruppenmechanik

Diese Mechanik ist ganz offensichtlich eine Funktion des geltenden Filiationstyps und der Wohnfolgeordnung.

Bei unilinearer Filiation *(Abb. 14)*, die, wie gesagt, sozial nur Bande zugunsten einer elterlichen Linie anerkennt, ist die Lage verschieden je nachdem, ob man es mit Gesellschaften patrilinearer oder solchen mit matrilinearer Filiation zu tun hat, denn die eine ist kein getreues Spiegelbild der anderen.

Bei patrilinearer Filiation werden Zugehörigkeit zur sozialen Gruppe, Hab und Gut, Privilegien oder Status über Generationen vom Vater an den Sohn vererbt. Der Wert einer Frau als Gattin liegt vor allem in ihrer Gebärfähigkeit, da sie den Männern eine männliche Nachkommenschaft ermöglicht. Daher legen Gesellschaften, in denen die Vaterschaft entscheidend ist, großen Wert auf die Heirat und die Rechte des Vaters an seinen Kindern. Die Frauen wohnen von der Hochzeit an mit beim Schwiegervater (*patrilokale Wohnfolge*) oder Ehemann (*virilokale Wohnfolge*). Töchter und Schwestern dagegen versucht die Gruppe eher abzuschieben. So wurde ihnen etwa im antiken Rom (vgl. Kap. 6)

Hochzeitsschmuck bei den Menangkabau von Sumatra (Indonesien).

oder im alten China (Bd. 2, Kap. 6) mit der Hochzeit auferlegt, völlig mit ihrer Herkunftsgruppe zu brechen. Wurde eine Frau Witwe, mußte ihr die Familie, in die sie eingeheiratet hatte, einen neuen Gatten besorgen. Meist wurde sie vererbt oder dem Bruder des verstorbenen Gatten zur Frau gegeben (*Levirat*). In anderen Gesellschaften war die Handhabung nicht ganz so streng. So gestatteten die Tallensi in Ghana oder die Florentiner im 16. Jahrhundert (Klapisch-Zuber 1983b) Witwen, wieder bei ihrer Herkunftsgruppe zu wohnen.

Bei matrilinearer Filiation werden Güter und Status vom Mutterbruder an die Schwesterkinder vererbt und nicht, wie gern behauptet, von der Mutter an die Töchter. Der entscheidende Mann ist dort somit der Onkel mütterlicherseits. Der häufig auf die Erzeugerrolle beschränkte Ehemann gehört lebenslang zur sozialen Einheit seiner Mutter oder Schwestern; er hat in seiner konjugalen Gruppe, die übrigens weniger Funktionen hat, im allgemeinen keinerlei Autorität. Schon die Aufzählung dieser wenigen typischen Merkmale matrilinearer Gruppen läßt ahnen, daß aus dem schwierigen Sichfügen der Männer in ihre Doppelrolle zahlreiche Konflikte und Ungleichgewichte entstehen und sie zwischen ihrer Stellung bei den Schwestern und deren Kindern und den Pflichten gegenüber der Gattin und dem eigenen Nachwuchs hin- und hergerissen sind.

Dies vermittelt eine Vorstellung davon, wie wichtig die Wohnfolgeordnung für das mehr oder minder reibungslose Funktionieren solcher Gesellschaften ist.

Möglicherweise bleiben die Mitglieder der matrilinearen Gruppe auch beisammen und der Ehemann ausgeschlossen, da er nur die Rolle eines Sexualpartners hat. Das ist die *natalokale* Variante, bei der die Brüder, ihre Schwestern und deren Kinder in ihrem Geburtsdorf wohnen bleiben. Sie galt früher für die Nayar an der indischen Malabarküste, wie von R. Fox beschrieben: »Bei der Kriegerkaste der Nayar wurden die Männer mit der Volljährigkeit als Soldaten eingezogen. Sie verbrachten den größten Teil ihres Lebens in der Kaserne oder im Krieg. Junge Frauen verdingten sich häufig als Hausmädchen bei Brahmanen und wurden von den Hausherrn oft zu Konkubinen gemacht, was als große Auszeichnung angesehen wurde. Die Männer kehrten nach Ableistung ihres Militärdienstes ›heim‹, das heißt zurück in ihr Geburtshaus. Auch für die Mädchen war es Heimatstützpunkt, und sie behielten dort ihren Hauptwohnsitz. So entstand ein konsanguiner Haushalt. Ehen waren unter diesen Umständen schwer stabil zu halten, und daraus entwickelte sich die natalokale Wohnfolge. Die Stelle, auf der das Haus stand, wurde *taravad* genannt, und dies wurde auch zur Bezeichnung der dort lebenden Familieneinheit.

Der älteste Kriegerbruder eines *taravad* – der seinen Militärdienst als erster abgeleistet hatte – wurde zum Haupt der Gruppe. Der *taravad* besaß Land und Vieh, und seine Brüder arbeiteten unter Anleitung des Oberhaupts. Inzwischen bekamen die Frauen Kinder, die später, nach Ableistung ihrer Kriegerzeit, als Arbeitskräfte der Einheit nachrückten.

Die Schwängerung der Frauen blieb nicht dem Zufall überlassen. Wie wir gesehen haben, bekamen die Mädchen durchaus auch Kinder von ihren brahmanischen Dienstherrn, wurden aber auch schon vor der Pubertät mit einem Mann einer anderen Lineage verheiratet, die eine Sonderbeziehung zu ihrer eigenen unterhielt. Diese Kinderheirat wurde dann aufgelöst und der Frau gestattet, sich bis zu einem Dutzend zeitweilige Liebhaber oder Ehemänner zu nehmen. Das System ist als polyandrisch beschrieben worden, doch da die Ehen relativ unbeständig und ohne gemeinsamen Wohnsitz waren, scheint es leicht übertrieben, sie als Spielart der Mehrehe zu bezeichnen. Die Zahl der Liebhaber mag übertrieben scheinen, doch hatte die Frau selten gleichzeitig mehrere, da die meisten ja beim Militär waren. Diese Männer hatten Besuchsrechte bei ihren Frauen, und wenn einer der Besucher Speer oder Schild eines anderen vor dem Haus sah, ging er weg und versuchte es am nächsten Abend wieder.« (Fox 1967, S. 100-101)

Die ebenfalls matrilinearen Menangkabau auf Sumatra (Indonesien) kennen die Sitte des »heimlichen Ehemanns«: Die *samandai* genannte Kleinfamilie besteht aus der Mutter und ihren Kindern. Mehrere über ihre Mütter miteinander verwandte *samandai* bilden eine *parui*, ein Wort, das »Gebärmutter« bedeutet. Die Männer der *parui* sind nicht die Gatten, sondern die Schwesterbrüder, die lebenslang bei der Mutter und den Schwestern und nicht bei ihrer Frau wohnen. Heiratet ein Mann, bleibt er in seinem Herkunfts*parui* und verbringt die Nacht »heimlich« im *parui* seiner Frau, wo für die beiden lediglich ein Zimmer angebaut wird.

Die Ashanti im afrikanischen Ghana praktizieren mit dem »Besuchsehemann« ein ähnliches System. Dieses Volk lebt in kleinstädtischen Gruppenhöfen, wo Mann und Frau jeweils mit ihrer Mutter und ihren Schwestern oder ihren Brüdern zusammenwohnen. Nachts »besucht« der Mann seine Frau in ihrem Haus, und diese muß als Gegenleistung für ihn kochen. »So sieht man jeden Abend in den Häusergassen der Ashantistädte Kinder mit Tellern und Schüsseln voller Essen rennen. Sie tragen es vom Haus der Mutter zum Haus des Vaters.« (Fox 1967, S. 101)

In matrilinearen Gesellschaften gibt es noch andere Lösungen, um die Stellung von Männern zu bestimmen, die zugleich Bruder und Gatte, Onkel und Vater sind. Die amerikanischen Navahos sind matrilinear und matrilokal: Die Ehemänner wohnen, wenn sie nicht im Krieg oder auf der Jagd sind, bei der Mutter ihrer Frau (*matrilokale Wohnfolge*) oder bei ihrer Frau (*uxorilokale Wohnfolge*). Die Frauen halten und verwalten die Güter der Gruppe. Diese Lösung erweist sich als praktisch, wenn der Besitz nicht von großem Wert ist und die Männer weit entfernt tätig sind. Wenn sich die Lage ändert und die Männer als Brüder oder Gatten länger bei ihren Schwestern oder Frauen wohnen, kann es zu Streitigkeiten kommen. Männer im Haushalt ihrer Frauen fordern eheliche Pflichten ein und beanspruchen womöglich eine gewisse Erziehungsgewalt über ihre Kinder, die aber normalerweise dem Onkel mütterlicherseits zukommt. Die Yao im ostafrikanischen Malawi lösen das Problem teilweise mit zwei verschiedenen Eheformen für den ältesten und für die jüngeren Brüder. Der Älteste, der innerhalb der matrilinearen Einheit Autorität ausübt und sie bei seinem Tod an den ältesten Sohn seiner ältesten Schwester vererbt, wohnt immer bei seinen Schwestern; die jüngeren Brüder müssen das Haus verlassen und bei den Eltern ihrer Braut wohnen (Richards 1971). Mit anderen Worten, ein Bruder wird, damit er Autorität ausüben kann, von der Pflicht zum matrilokalen Wohnsitz befreit; dennoch gehören ihm seine Kinder immer noch nicht, obwohl seine Frau dann bei ihm wohnt. Von der Beschaffenheit des übertragenen Besitzes und den Umweltbedingungen (mageren oder fruchtbaren Böden) am Wohnort dieser Menschen und der mehr oder minder großen Autorität des Mutterbruders hängt ab, wie heftig die Konflikte zwischen Bruder und Ehemann ausfallen.

Bei den Kongo im zentralafrikanischen Kasai nimmt der Ehemann die Frau zum Wohnen in seine eigene Gruppe mit, sobald er den Brautpreis abgestottert hat. Knaben aber ziehen mit der Pubertät zu ihrem Onkel mütterlicherseits zurück (*avunkulokale Wohnfolge*). Die gleiche Lösung findet sich bei den Trobriandern, die auf den Inseln vor der Spitze Neuguineas leben und durch B. Malinowski berühmt geworden sind. Sie leben damit alles andere als harmonisch: Konflikte können aufbrechen zwischen den mütterlichen Rechten, bei denen Gefühle nicht groß beachtet werden, und der Vaterliebe, die unbedeutend bleiben soll, aber sehr stark empfunden wird. Malinowski gibt eine eindrucksvolle Beschreibung eines solchen Konflikts, der sich während seines Aufenthalts bei den Trobriandern im Dorf Omarakana ereignete. Der Häuptling dieser Gemeinde begünstigte und bevorzugte stets seinen Sohn Namwana Guya'u vor seinem Neffen Mitakata, der nach dem Gesetz immerhin sein Nachfolger war. Die Situation wurde unhaltbar, als der Sohn den Neffen gerichtlich zu einem Monat Gefängnis verurteilen ließ. Als die Nachricht von der Verhaftung im Dorf bekannt wurde, schlossen sich alle Dörfler in ihre Hütten ein, und bei Einbruch der Nacht »erklang plötzlich eine laute Stimme über das schweigende Dorf. Bagido'u, der anerkannte Erbe und älteste Bruder des Gefangenen, stand vor seiner Hütte und schrie zum Schänder der Familienehre hinüber:

›Namwana Guya'u, du bist ein Störenfried. Wir, die Tabalou von Omarakana, haben dich hier wohnen und bei uns leben lassen. Du hast viel Essen in Omarakana bekommen. Du hast unsere Speisen verzehrt. Du hast ein Teil von den Schweinen erhalten, die uns als Tribut gebracht wurden, und vom Fleisch. Du bist in unserem Kanu gesegelt. Du hast eine Hütte auf unserem Boden gebaut. Jetzt hast du uns geschadet. Du hast Lügen erzählt. Mitakata ist im Gefängnis. Wir wollen dich nicht mehr hier haben. Das hier ist unser Dorf! Du bist ein Fremder. Geh fort! Wir vertreiben dich! Wir vertreiben dich aus Omarakana.‹

Das wurde laut und durchdringend mit vor Erregung zitternder Stimme geschrien: Jeder kurze Satz mit einer Pause dazwischen, und jeder wie ein Schuß über den freien Platz auf die Hütte abgefeuert, in der Namwana Guya'u saß und brütete. Danach erhob sich die jüngere Schwester Mitakatas und nahm das Wort, und nach ihr ein junger Mann, einer von ihren Neffen mütterlicherseits. Ihre Worte waren jeweils fast dieselben wie die Bagido'us, der Hauptinhalt war die Formel des *yoba* für das Fortschicken oder Vertreiben. Diesen Reden lauschten alle in tiefem Schweigen. Doch noch vor Tagesanbruch hatte Namwana Guya'u Omarakana für immer verlassen.« (Malinowski 1929, S. 11-12)

Welche Wohnfolge auch gewählt wird, man kann sich lebhaft vorstellen, daß in matrilinearen Gesellschaften, die sich mit dem Problem der Vaterschaft nicht belasten, ehelichen Banden wenig Bedeutung beigemessen wird. Scheidung kommt häufig vor und ist unproblematisch. Dafür braucht die Frau bei den indianischen Schoschonen nur die Sachen ihres Mannes vor die Hütte zu stellen oder bei den ostafrikanischen Zewa der Mann nur Hacke, Axt und Schlafmatte zu schultern und das Dorf seiner Frau zu verlassen.

Solche unilinearen Situationen haben wir etwas ausführlicher an Beispielen abgehandelt, um westliche Leser mit ungewohnten Verhältnissen vertraut und ihnen sichtbar zu machen, wie sich die Wohnfolgeordnung auf die gesamte Organisation einer Gesellschaft auswirkt: ganz unterschiedlich je nachdem, ob es sich um ein patrilineares oder matrilineares Verwandtschaftssystem handelt. Bevor wir fortfahren, müssen wir den Leser noch davor warnen, Patrilinearität mit Patriarchat und Matrilinearität mit Matriarchat zu verwechseln.

Patrilinearität bedeutet die Anerkennung genealogischer Bande, während das *Patriarchat* eine politische Organisationsform der Gesellschaft oder Großfamilie ist, bei der die Autorität beim ältesten Mann der ältesten Generation liegt, also beim Patriarchen, der sie meist an seinen ältesten Sohn vererbt. Solche patriarchalischen Organisationen gab und gibt es in vielen Kulturen. Dagegen hat es *Matriarchate*, jene legendären Gesellschaften mit Frauenherrschaft, die von früheren Autoren mit der Behauptung, die Filiation folge der weiblichen Linie, mit matrilinearen Gesellschaftsformationen gleichgesetzt wurden, außer im mythischen Gedächtnis von Gesellschaften oder in der Phantasie der ersten Ethnologen und Historiker des Familienrechts nie gegeben.

Schließlich stellt sich angesichts dieser Systeme noch eine ganz andere Frage: Wie haben sie sich gebildet? Lösungen werden nie durch Zufall gefunden; sie sind einerseits Ausdruck von Lebensformen, etwa wenn Männer monatelang im Krieg oder auf der Jagd sind, und andererseits von ökonomischen und ökologischen Bedingungen, ob beispielsweise dicht oder verstreut auf Böden mit extensiver oder intensiver Landwirtschaft gesiedelt wird, doch kann man heute noch nicht wirklich sagen, warum eine bestimmte Gesellschaft sich für eine bestimmte Lösung entschieden hat. Bis heute sind die Ethnologen darauf angewiesen, im Einzelfall die Mechanismen zu studieren, und nur wenige haben bislang versucht, darüber hinauszugelangen.

Einer von ihnen ist R. Fox, und er geht davon aus, daß die Wohnfolgeordnung das Filiationsprinzip bestimmt. Er gründet seine Behauptung auf die Beobachtung von Gruppen der Schoschonen, Jägern und Sammlern, die in den Halbwüsten im Westen der Vereinigten Staaten leben. Ihre Lebensbedingungen erzwangen ihre Gruppierung in konjugale Familien unter der Autorität des Vaters. Dann wanderten sie südwärts, wo sie Fox zufolge von andern Indianergruppen den Maisanbau lernten und seßhaft wurden: Die Frau habe sich damit an das Maisfeld und ans Haus der Familie gebunden, der Mann sich weiter der Jagd gewidmet, und damit sei die Wohnfolge ganz selbstverständlich matrilokal geworden. Noch später habe sie eine neue Wanderungswelle nach Arizona ge-

[oben]
Ein Dorf der Trobriander (Westpazifik).

[links]
Langhaus der Iban auf Borneo.

[rechts]
Ein Dorf in Burkina Faso.

führt, wo sie zum intensiven Ackerbau übergingen, große Häuser bauten und sich zu Dörfern gruppierten, wobei ihre soziale Organisation hauptsächlich auf die matrilinearen Gruppen gestützt blieb, die sie schon vorher gekannt hatten (Fox 1967).

Auch M. Sahlins ist diesem Problem nachgegangen. Er stellt fest, daß unilineare Formationen bei Jägern und Sammlern nie zu finden sind und auch nicht bei Gesellschaften mit fortgeschrittener Technik. Folglich stelle dieser Filiationstyp das typische Merkmal von Gesellschaften mit sogenannter »jungsteinzeitlicher« Ökonomie dar. Seine Funktion bestehe darin, eine bessere Nutzung der begrenzten Existenzmittel – Ackerboden, Vieh, Wasser oder Weideland – zu gewährleisten (Sahlins 1969).

Man könnte noch andere Versuche anführen, Antworten auf diese wichtige Frage zu geben, aber bis heute liefert keiner der Antwortversuche unwiderlegbare Daten. Sicher ist immerhin, daß sich die Gesellschaftssysteme bei Wahlmöglichkeiten zwischen verschiedenen Typen, deren Begrenztheit wir oben gesehen haben, vor allem aus ökonomischen oder ökologischen Zwängen ergeben und nicht aufgrund biologischer Tatsachen. »Diese Sicht bedeutet, die Idee einer fortschreitenden Ausdifferenzierung der Systemtypen der Verwandtschaft von einem Ursprungszustand aus oder die Idee einer ebenso ursprünglichen Vorherrschaft des Mutterrechts und matrilinearer Systeme eindeutig zurückzuweisen.« (Héritier 1981, S. 16) Die Entscheidungen von Gesellschaften für bestimmte Verwandtschaftssysteme bieten für keinerlei Evolutionismus Raum.

Kommen wir auf den Mechanismus zurück, in dem sich die Verwandtschaftsgruppe aufgrund der unilinearen Bande der Filiation bildet. Wenn eine Linie der Abstammung (oder Filiation) bei der Anerkennung von Verwandtschaft bevorzugt wird, reagieren die Gruppen empfindlich auf demographische Schwankungen. Bei patrilinearer Filiation etwa stirbt jede Abstammungsgruppe, die keine männlichen Nachkommen mehr hat. Wachsende Abstammungs-

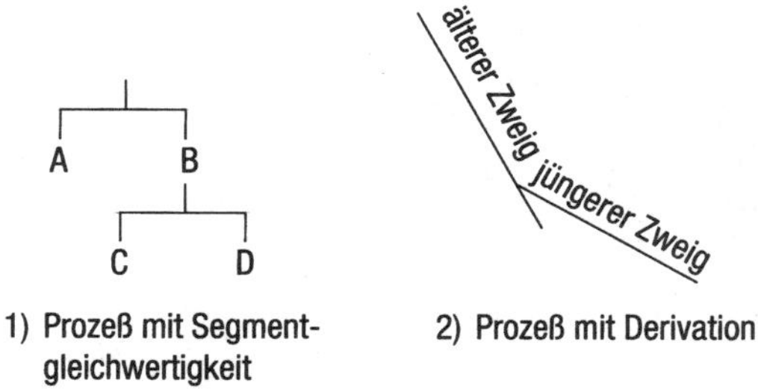

Abb. 15: Prozeß der Segmentierung.

gruppen dagegen werden nach ein paar Generationen so umfangreich, daß sie an Übervölkerung ersticken. In dieser Lage zerlegen sich die Lineagen übrigens in einem Spaltungsprozeß, der in der Ethnologie als *Segmentierung* bekannt ist.

Jede Gruppe, die zu groß wird, neigt zur Aufspaltung. Diese kann indes auf zweierlei Art geschehen: entweder teilt sie sich in der Mitte in zwei als gesellschaftlich gleichwertig angesehene Segmente, oder ein Segment löst sich ab und betrachtet sich als Derivat – daher die Bezeichnung *Derivation* für diese Art der Segmentierung – und folglich als gesellschaftlich minderwertig *(Abb. 15)*. Damit entsteht eine Hierarchie zwischen sozialen Einheiten, die auseinander hervorgegangen sind. So zogen Familien der Hopi-Indianer auseinander, wenn sie zu groß wurden. Bestimmte weibliche Familienmitglieder ließen sich woanders nieder, obgleich sie sich noch eine Zeitlang mit ihrer Herkunftsfamilie identifizierten; früher oder später war die gemeinsame Affiliation aber vergessen. Ebenso verließ ein Nayar »mit seiner Lieblingsschwester« den *taravad* seiner Geburt und zog aus, um in geringer Entfernung einen neuen zu gründen.

In einem patrilinearen Kontext ist dieser Teilungsprozeß leichter abzuwickeln: Jeder Sohn oder Bruder kann seine eigene Gruppe gründen, indem er sich eine Braut sucht. Bei der matrilinearen Filiation gibt es dieses Verfahren auch, wie vorstehende Beispiele zeigen, doch ist es nicht so leicht durchzuführen, da Brüder, die mit ihrer Schwester ausziehen, für sie einen Mann finden müssen. Wiederum werden die verschiedenen Implikationen der beiden Systeme sichtbar: Politische Vorherrschaft der Männer und Filiation stehen im matrilinearen Kontext gegeneinander; dagegen fügen sie sich harmonisch zusammen, wenn die Filiation der männlichen Linie folgt.

Neben der Segmentierung von Gruppen können soziale Einheiten auch zu anderen Mitteln greifen, um den Wechselfällen der Bevölkerungsentwicklung entgegenzuwirken. Durch Polygamie (legitime und gleichzeitige Vielehe) und vor allem durch Adoption, bei der Kinder aus anderen, autochthonen oder fremden sozialen Einheiten (Carrol 1970; Goody 1982) als Freie oder Sklaven (vgl. Kap. 6 und Kap. 7) in den Familienverband aufgenommen werden können, lassen sich Nachkommen schaffen, wenn es an ihnen fehlt.

Es gibt noch andere Möglichkeiten, die Art und Weise der Filiation zu »manipulieren«. Patrilineare und matrilineare Filiation schließen einander nicht aus. Keine Gesellschaft ist je rein unilinear; auch wenn die Hauptrechte und Privilegien nur in männlicher oder weiblicher Linie weitergegeben werden, wird die jeweils andere doch als zweitrangig anerkannt. Im übrigen gibt es Völker, die beide Linien der Filiation als gleichwertig ansehen, jeder aber einen anderen Zweck zuweisen. In diesem Fall sprechen die Ethnologen von *bilinearer Filiation (Abb. 16)*. Der am besten beschriebene Fall dieser Art von Gesellschaft ist

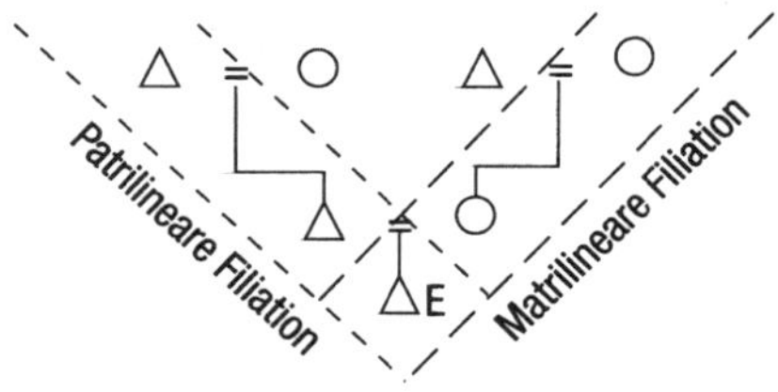

Abb. 16: Bilineare Filiation.

gewiß das nigerianische Volk der Yako, das vor über fünfzig Jahren von D. Forde untersucht wurde.

Die Yako zählten damals ungefähr 20 000 Personen und waren ungleich über fünf Dörfer verteilt, deren größtes Umor hieß und allein 11 000 Einwohner hatte. Ein Mann erbte von seinem Vater das Haus, den Ackerboden und andere Immobilien, vom Bruder seiner Mutter aber Geld, Vieh usw. Die Wohnfolge war patrilokal, das heißt eine Frau ließ sich nach der Heirat im Kral ihres Schwiegervaters nieder, blieb jedoch Mitglied ihrer Herkunftsgruppe. In dieser Gesellschaft sind also die Frauen mobil und die Männer seßhaft, passend zu der Art von Gütern, die in jeder Linie vererbt werden. Außerdem hat jede Linie in der Ausübung von Ritual und Religion genau umrissene Aufgaben, womit das System trotz seiner Komplexität funktioniert, da jedes Geschlecht getrennte Aufgaben übernimmt. Dennoch ist dieses Gleichgewicht wegen der möglichen Konkurrenz der beiden Filiationen und vor allem wegen der Rollenvielfalt jedes Individuums labil. »Ein Mann ist nämlich ›Vater‹ in seiner Patrilineage, für die er neue Mitglieder zeugt, und ›Bruder‹ in seiner Matrilineage, in der er Ansprüche an die Söhne seiner Schwestern und an die Brüder seiner Mutter hat. Eine Frau kann in Erfüllung ihrer Gattinnenrolle einer Patrilineage einen Sohn schenken und zugleich ihrer eigenen Matrilineage in Erfüllung ihrer Schwesterrolle Schwestersöhne und Schwestertöchter. Ein Mann ist zugleich ›Sohn‹ und ›Tochtersohn‹, ›Vater‹ und ›Mutterbruder‹.« (Fox 1967, S. 137)

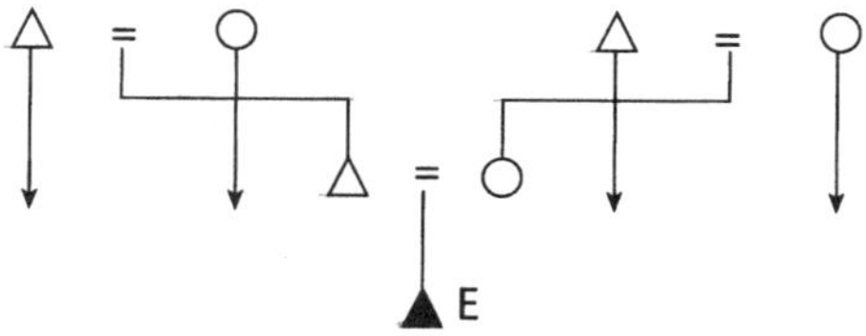

Abb. 17: Undifferenzierte oder kognatische Filiation.

Zur Unilinearität und Bilinearität der Filiation kommt noch eine dritte Möglichkeit, ihre Undifferenziertheit, wenn die Zugehörigkeit zu einer Gruppe sich nicht mehr nach dem Geschlecht richtet. Gesellschaften mit solcher Filiation werden als *undifferenziert* oder *kognatisch* bezeichnet *(Abb. 17)*. Alle Abkömmlinge eines Individuums gehören zur selben Verwandtschaftsgruppe, und jeder/jede kann von einem beliebigen Vorfahren erben. Natürlich muß das Verwandtschaftssystem bei dieser Mehrfachzugehörigkeit auf besondere Weise funktionieren. In Gesellschaften mit absolut gleichem Ansehen aller Abstammungsgruppen kann sich das Individuum frei entscheiden, welchem es angehören will. Wie funktionieren unter solchen Umständen dann Verwandtschaftsgruppen konkret?

Die Architektur der Gruppe

Welche Filiation auch übernommen wird, stets bilden die Individuen, die sich als miteinander verwandt betrachten, *Verwandtschaftsgruppen*. Dennoch rekrutieren sich diese Gruppen je nach Filiation verschieden und formieren gesonderte Einheiten oder auch nicht. Sie können sich beispielsweise dadurch bilden, daß sie eine gemeinsame Abstammung bzw. Deszendenz anerkennen. In anderen Worten berufen sich alle Mitglieder auf einen gemeinsamen Vorfahren, ob Mann oder Frau, in männlicher Linie (patrilineare Filiation), in weiblicher Linie (matrilineare Filiation) oder über beide Linien (kognatische Filiation). Solche auf gemeinsamer Abstammung beruhenden Gruppen werden auch als *Filiationsgruppen* oder *Deszendenzgruppen* bezeichnet. Es handelt sich um soziale Einheiten, die einen gemeinsamen Namen haben, gemeinsame Güter besitzen und nutzen und bestimmte rituelle Aktivitäten gemeinsam ausüben kön-

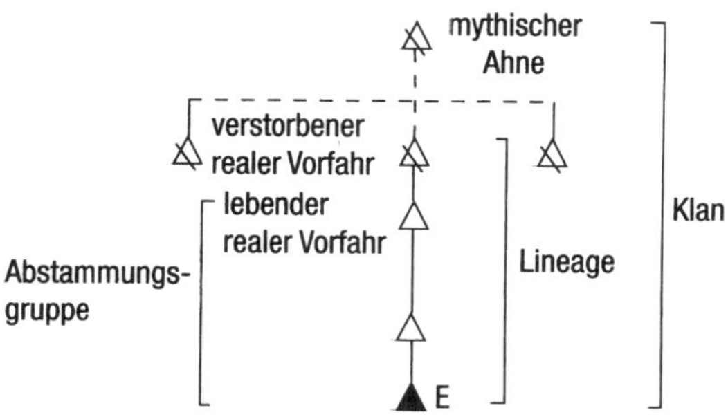

Abb. 18: Abstammungsgruppe, Lineage, Klan.

nen. Wenn man den genauen Pfad der genealogischen Verbindung zwischen den lebenden Mitgliedern und den gemeinsamen Vorfahren nachzeichnen kann, bildet die Gruppe eine *Lineage.* Je nach dem Abstammungssystem gibt es Gesellschaften mit Matrilineage oder Patrilineage. Der *Klan* (das gälische *clann* bedeutet »Nachkommenschaft« oder »Deszendenz« [Fox 1978, S. 51]) ist eine viel größere und genealogisch weiterreichende Gruppe, da seine Mitglieder sich auf einen mehr oder minder mythischen Vorfahren berufen *(Abb. 18).*

Die Ethnologen benutzen die Bezeichnungen *Lineage* und *Klan* nur für Gesellschaften mit unilinearer Filiation. Dort bestimmt die Mitgliedschaft in einer Verwandtschaftsgruppe vollständig die soziale Stellung eines Individuums sowohl innerhalb seiner eigenen Filiationsgruppe als auch gegenüber Außenstehenden. So muß er entweder innerhalb oder außerhalb seines Klans oder seiner Lineage heiraten und erbt die Güter und Funktionen, die damit zusammenhängen. Die Lineage oder der Klan sind mehr als eine Menge von Verwandten, die durch besondere Bande verknüpft sind, sie sind außerdem eine »geschlossene Gruppe«, deren Mitglieder füreinander einstehen, in allen rituellen oder profanen Zusammenhängen gemeinsam handeln, Hab und Gut gemeinsam besitzen und bewirtschaften, von Generation zu Generation die gleichen politischen, kriegerischen oder religiösen Funktionen ausüben. Nehmen wir als Beispiel für die Funktionsweise von Klan und Lineage die Guidar im nördlichen Kamerun.

»Die Gesellschaft der Guidar setzt sich aus einer bestimmten Anzahl patrilinearer Klans zusammen, die *gebet* (Boden eines Korbs) genannt werden. Wer zum selben Klan gehört, hat außer dem gleichen Namen dieselben Sinnsprüche für Hochzeiten, Beerdigungen und Zwillingsfeste: die *zeg na gebet* (Sachen des Klans). Jeder Klan hat seine verbotenen Speisen, *zega na mouho* (Nahrungsmittel, die Veränderungen hervorrufen, insbesondere Hautkrankheiten), die sich auf bestimmte Tiere und auf Pflanzen beziehen, die nicht gejagt oder geerntet werden dürfen. Man darf niemanden vom selben Klan heiraten. Die Mitglieder eines Klans haben auch gegenseitige Pflichten (*ma magou*): etwa bei Streitigkeiten tätige Hilfe anzunehmen oder zu gewähren (bei Kriegen oder Konflikten wegen Viehdiebstahls oder Brautraubs, wobei letztere diesen ›Raub‹ nicht nur freudig dulden, sondern häufig anregen), sich an Ritualen zur Bannung von Hexerei bei der Geburt von Zwillingen zu beteiligen und dazu Hirse beizusteuern. Außerdem muß jeder Guidar-Klan in den Dörfern eine politisch-rituelle Funktion übernehmen. Manche Klans können die Dorfhäuptlinge stellen, die außerdem in der Trockenzeit die Jagd organisieren und Regenmacherrituale durchführen müssen. Andere Klans stellen die Schmiede und Kriegshäuptlinge. Eine dritte Kategorie schließlich stellt die Ackerhäuptlinge, die in der Regenzeit die bäuerlichen Rituale und Wahrsagungen durchführen müssen, die bei Festen und Kollektivritualen stattfinden.

Die Klans der Guidar sind in eine Anzahl Lineagen unterteilt, die *elfa* genannt werden. Die Mitglieder derselben Lineage sind gehalten, zu den Kosten und den Feiern beizutragen, wenn einer von ihnen oder seine Frau stirbt. Das Haupt der Lineage hält einmal jährlich eine Feier für die Vorfahren ab. Die Mitglieder einer Lineage wohnen gewöhnlich im selben Dorf.

Die Männer, die zur selben Abstammungsgruppe gehören, der *goumna* (Phallus) genannt wird, also die Nachkommen der Großeltern in agnatischer Linie, leisten außerdem Beiträge zum Brautpreis eines jeden von ihnen. Wenn einer von ihnen stirbt, können sie dagegen voneinander die Frauen erben, wobei die Frau ihre eigene Wahl trifft. Bei Schulden oder Mord sind sie für Tilgung oder Blutgeld zuständig. Der Haushaltsvorstand hält für den verstorbenen Vater viermal jährlich eine Gedenkfeier ab: beim ersten Regen, bei der Hirseernte, bei der Erdnußernte und beim Dorffest. Hiervon hängt ab, wie reich die Ernte ausfällt und wie gesund die Mitglieder des Haushalts bleiben. Bei der Weitergabe des Erbes und der Pflichten wird das Prinzip der patrilinearen Filiation mit zwei anderen kombiniert. Erstens mit dem Geschlecht: das Eigentum einer Frau geht an ihre Töchter, das eines Mannes an seine Söhne; zweitens mit der Primogenitur: der älteste Sohn erbt fast das gesamte Eigentum seines Vaters, wobei ein Drittel an den zweitältesten geht; die landlos bleibenden jüngeren Brüder müssen Buschland zum Anbau roden oder abwandern. So bilden sich neue Segmente aus Abkömmlingen der jüngeren Brüder. Zwischen einem Vater und seinem Ältesten bestehen immer viele Spannungen; der Sohn steht immer im Verdacht, den Vater töten zu wollen, um schneller zu erben. Viel entspannter ist dagegen die Beziehung zum Jüngsten, an den der Vater sein magisches und medizinisches Geheimwissen weitergibt. Die Frauen wiederum erben von ihren Müttern materiellen Besitz und die *mangelvedi*, die für Fruchtbarkeit und Besessenheit zuständigen Geister. Die Jüngste richtet der verstorbenen Mutter eine Feier aus. Eine Tochter gehört immer weiter der Lineage ihres Vaters an, wohnt aber bei einem ihrer Ehemänner.« (Collard 1979, S. 225-226)

Bei der undifferenzierten Filiation kann sich ein Individuum als Mitglied so vieler Lineagen betrachten, wie es Vorfahren für sich beansprucht. Wie also soll es auswählen? Wie soll es Multifunktionalität der Lineagen und Wohnsitz bei nur einer davon miteinander in Einklang bringen? Dennoch funktionieren solche kognatischen Lineagen oder Klans für Gesellschaften mit kleiner Kopfzahl und begrenzten Produktionsmitteln; ihre Elastizität bietet Abhilfe gegen Bevölkerungsschwankungen. Im Gegensatz zum unilinearen System, wo ein Individuum nicht von einer Einheit zur andern wechseln kann, gestattet die kognatische Gruppe ihren Mitgliedern je nach demographischer Situation Ansprüche auf das Gut dieser oder jener Lineage. Kognatische Gruppen sind zwar sozial

Nuer-Frau im Sudan beim Hausbau.

unwirksam in dem Sinne, daß sie keine echten diskreten Einheiten bilden, doch bewahren sie sich hohe Funktionalität.

Auf der Insel Tory vor der Nordspitze Irlands hat R. Fox solche Gruppen mit kognatischer Filiation ermittelt. Bei seiner Untersuchung um 1960 gab es etwa 400 Inselbewohner, und alle behaupteten, von 18 Haupt- und fünf Nebenvorfahren abzustammen. All diese kognatischen Lineagen (*clanna*) sind gemeinsam Eigentümer der wenigen Ackerböden der Insel, auf der keine neue Urbarmachung möglich ist. Jede Abstammungsgruppe, jeder *clann*, ist mit einem Ackeranteil ausgestattet, der in so viele Parzellen unterteilt ist, wie er Familieneinheiten zählt. Doch ist kein *clann* Eigentümer des von ihm bestellten Bodens, sondern nur Nutznießer. Verläßt eines seiner Mitglieder die Insel oder erhält es durch »Heirat« ein Stück Land hinzu, kann es von seinen Eltern kein Erbteil beanspruchen. In anderen Worten wird jede Parzelle so betrachtet, als gehöre sie dem Vorfahren, der ihr erster Nutzer war; alle Abkömmlinge dieses ersten Urbarmachers haben ein potentielles Anrecht auf diesen Boden, üben es aber nur bei Bedarf aus. Dabei ist es für jeden Inselbewohner wichtig, bei einem Heimfall (wenn Erben fehlen), seiner eigenen Rückkehr oder schlicht bei der Erbteilung das gesamte Abstammungsnetz im Kopf zu haben, dem er angehört: der Boden kann ihm von mehreren Seiten zukommen. So zirkuliert der Boden zwischen den *clanna*, und alle Mitglieder derselben Geschwistergruppe, Jungen oder Mädchen, haben ein Anrecht auf einen Teil des Bodens, den ihr Vorfahr beackert hat.

Allgemeiner gesagt, bilden in der kognatischen Gesellschaft die Verwandten die funktionale Verwandtschaftsgruppe. Gegenüber dem einzelnen ist sie als Personengruppe genau umrissen: es gehören alle dazu, mit denen er sich als verwandt betrachtet. Je nach Gesellschaft kann diese Gruppe verschieden zusammengesetzt sein; sie kann alle Blutsverwandten bis zu einem bestimmten Grad umfassen, beispielsweise die Angeheirateten außer acht lassen, oder manche von diesen dazunehmen und andere ausschließen. Im Gegensatz zu Gruppen mit unilinearer Filiation, wo sich eine große Zahl von Verwandten als »miteinander verwandt« betrachten, sofern sie voneinander abstammen, haben nur Geschwister, also Brüder und Schwestern mit demselben Vater und derselben Mutter genau dieselben Verwandten. Diese Gruppierung existiert daher nur vorübergehend, solange jemand lebt, und die Kinder erben keine Elternverwandten, da es sich dabei um eine auf den einzelnen bezogene Gruppierung handelt. Diese labile Gruppe mit unklarer Abgrenzung – manchmal werden Verwandte dazugezählt, in anderen Fällen davon ausgenommen – kann nicht die gleichen Funktionen wie Gruppen unilinearer Filiation erfüllen: sie kann nicht wie eine dauerhafte Einheit füreinander einstehen, noch gemeinsames Eigentum halten oder Dauerfunktionen ausüben. Sie kommt nur durch Gelegenheit zustande und wird nur bei außergewöhnlichen Umständen und Ereignissen im Leben des Einzelnen wirksam. Dann wendet man sich an den Verwandten, der dem *Ego* am nächsten steht. Diese Nähe wird schon sehr lange nach Verwandtschaftsgraden (von *gradus*, Schritt) berechnet, die je nach Kultur unterschiedlich gezählt werden (Atkins 1974; Héritier 1981). Unsere abendländischen Gesellschaften benutzen entweder das germanische (oder kanonische) oder das römische (oder zivile) Zählsystem (vgl. *Abb. 19*).

Die Verwandten sind die Konfiguration von Verwandtschaft, die wir in den meisten sogenannten modernen Gesellschaften kennen, obwohl Verwandtschaft keine Gruppe mehr ist, die uns von außen Zwänge setzt, sondern eine Gesamtheit, die uns auf Wunsch unterstützt und dabei jedem völlige Handlungsfreiheit läßt (vgl. S. 71-75 und Bd. 4, Kap. 1). Dennoch haben sol-

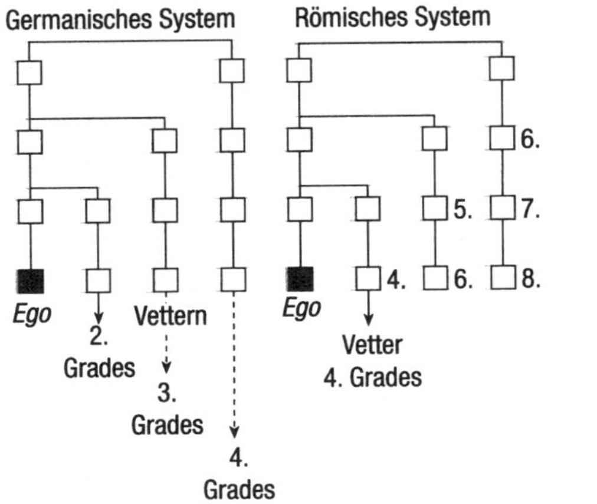

Im römischen System werden die Intervalle zwischen *Ego* und *Alter* bis zum gemeinsamen Vorfahren und dann zurück gezählt.
Im germanischen System wird die Zahl der Generationen zwischen dem gemeinsamen Vorfahren und den Betroffenen gezählt.

Abb. 19: Formen der Berechnung des Verwandtschaftsgrades.

che Verwandten auch ihren Platz in vielen anderen, sogenannten primitiven Gesellschaften, wie etwa bei den von J. Freeman beschriebenen Iban auf Borneo: »In der sozialen, ökonomischen und religiösen Organisation der Iban ist die Familie vom Typ *bilek* von größter Bedeutung. Es handelt sich allerdings um eine Gruppe von begrenzter Größe, eine Stammfamilie, die in voller Blüte selten mehr als zehn Mitglieder hat. Damit bietet sie keine ausreichende Grundlage für die verschiedenen Aktivitäten der Iban außerhalb der eigenen Häuslichkeit. Unter solchen Umständen, in einer Gesellschaft ohne größere Gruppen, erlangen die Beziehungen der Verwandten ihre volle Bedeutung. Die Gesellschaft der Iban ist in ein ganzes Netz miteinander verknüpfter Verwandtschaftsgruppen unterteilt, und dieses Netz liefert die Organisationsgrundlage für Arbeiten, die aus verschiedenen Gründen über die Möglichkeiten der Stammfamilie *bilek* hinausgehen.

Eine der bemerkenswertesten Besonderheiten bilateraler Gesellschaften ist die Bildung vorübergehender Arbeitsgruppen aus Verwandten. Zum Beispiel die *bejalai* oder Wandergruppen, die bei den Iban so häufig anzutreffen sind. Eine solche Gruppe formiert sich um einen zeitweiligen Führer aus dem Netz der Verwandtschaftsgruppen. Sobald sie gebildet ist, beginnt diese Gruppe, die von fünf oder sechs bis zu 40 oder 50 Mitglieder umfassen kann, mit ihrer Tätigkeit, dem Sammeln im Wald oder einem Handelszug, also Unternehmen, die normalerweise mehrere Monate und bisweilen einige Jahre dauern. Wenn ihre Ziele erreicht sind, löst sich die Gruppe auf, bleibt jedoch während der Dauer der Tätigkeit straff organisiert.« (Freeman, in Zimmermann 1972, S. 36-38)

Es wird also offenbar, daß es einen grundlegenden Unterschied zwischen Gruppen aus Abkömmlingen eines gemeinsamen Vorfahren und solchen gibt, die der einzelne aus Verwandten verschiedenen Grades um sich schart. Doch muß man sich vor der Ansicht hüten, daß die eine die andere ausschließt: Beide können in derselben Gesellschaft potentiell nebeneinander bestehen und werden dann zur Realität, wenn die Notwendigkeit es erfordert.

Auf der Insel Tory sind die *clanna* gewiß wichtiger als die Verwandten. Dennoch greift man auf letztere zurück, um Bootsbesatzungen zusammenzustellen oder bestimmte gemeinsame Feldarbeiten zu verrichten. In unseren Gesellschaften wendet man sich in Notfällen an die Verwandten; wenn aber jemand seinen Stammbaum nachvollziehen will und nach seinen Wurzeln sucht, rekonstruiert er sich die Gruppe von Verwandten, die von einem gemeinsamen Vorfahren abstammen, und eignet sich diese an.

»Unter einem Dach und aus einer Schüssel«

Diese Beispiele für Gesellschaften mit Sippen veranschaulichen die Verknüpfung zwischen häuslicher Gruppe und Verwandtschaft. Innerhalb der Verwandtschaft gibt es allgemein eine Kernfamilie, die sich häufig aus dem Ehepaar und seinen kleinen Kindern zusammensetzt, zu dem andere Verwandte durch Vorfahren oder Einheirat und sogar Nichtverwandte stoßen können, die sich innerhalb der Familie an Produktion und Konsum beteiligen. Die Gesamtheit der Personen, die unter demselben Dache leben, bildet eine *häusliche Gruppe*. Die Familienkonstellationen können dabei sehr verschieden sein: So gibt es einen grundlegenden Gegensatz zwischen der eingeschränkten Familie, die auch als konjugale, elementare oder Kernfamilie bezeichnet wird, und der vergrößerten Familie, die eine Stammfamilie oder erweiterte Familie sein kann, je nach Anzahl ihrer Vorfahren, Nachkommen oder angeheirateten Gruppen, die mit der konjugalen Familie als ihrem Mittelpunkt zusammenhängen (*Abb. 20*).

Die Iban auf Borneo leben zum Beispiel in Stammfamilien, die normalerweise drei Generationen umfassen: das Großelternpaar, ein Sohn oder eine Tochter mit ihren Gatten und die Enkel. Sie wohnen in Langhäusern, die bis zu 50

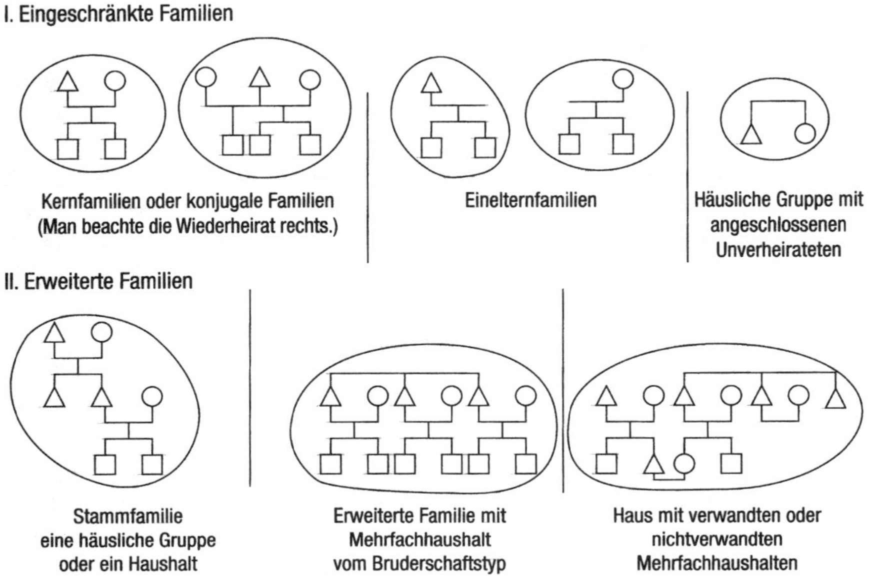

Abb. 20: Familien und häusliche Gruppen. Zu Familien von Verwandten unter demselben Dach können auch Nichtverwandte gehören – Gesinde, Gäste oder fremde Mieter –, wobei das Ganze eine häusliche Gruppe oder Haushaltung bildet.

Familien Obdach bieten und genauso viele Zimmer enthalten, wie es Familien gibt.

Die traditionellen Gesellschaften Europas kannten diesen Typ von Stammfamilie. In Frankreich wurde er um die Mitte des 19. Jahrhunderts etwa von dem Soziologen F. Le Play beschrieben. Auch dort setzte sich die Wohngruppe aus einer einzigen Abstammungsgruppe über drei Generationen zusammen. Sie war vor allem im Südwesten verbreitet und wurde in engem Zusammenhang mit dem »Haus« (okzitanisch *oustal*) gesehen, dessen Namen sie trug und das außer dem Wohnhaus und den Nebengebäuden auch die Ackerböden und die Rechte an der Allmende der Dorfgemeinschaft umfaßte (Assier-Andrieu 1984). In Europa gab es früher auch andere Typen von Großfamilien. Sie waren unter verschiedenen Namen bekannt: als *frérèches* (Bruderschaften), einem Zusammenschluß verheirateter Brüder, und als *zadrugas* oder stille Gemeinschaften.

Stille Gemeinschaften fanden sich zwischen dem 13. und 18. Jahrhundert in Mittelfrankreich aus verwandten oder nichtverwandten konjugalen Einheiten zusammen, die sich per Vertrag (*contrat d'affrèrement*) oder auch vertragslos (daher der Name stille oder stumme Gemeinschaften) zur gemeinsamen Bodenbewirtschaftung zusammenfanden. Die Mitglieder der Gemeinschaft wohnten unter einem Dach und lebten »aus demselben Topf vom selben Herd«, doch jedes Ehepaar hatte sein eigenes Zimmer. 30 bis 40 Personen lebten so zusammen. Aus ihrer Mitte wählten sie einen »Schulzen«, häufig einen älteren und erfahrenen Mann, der den Haushalt leitete und nach außen vertrat, jedem seine Arbeit zuwies und vor allem über die Ehen jüngerer Mitglieder entschied. Eine gleichfalls gewählte »Schulzin«, die nie die Gattin des Schulzen war, herrschte über die Frauen und über die gemeinsam erzogenen Kinder. Auch die Mahlzeiten wurden gemeinsam an einem riesigen Tisch in dem Raum mit dem Herdfeuer eingenommen (Dussourd 1978).

Kategorien	Unterkategorien
1. Alleinstehende	a) Verwitwete b) Unverheiratete mit unbestimmtem konjugalen Status
2. Haushalte ohne Familienstruktur	a) verwandte Mitbewohner (Geschwister) b) anderweitig verbundene Mitbewohner c) Mitbewohner ohne sichtbare Verbindung
3. Einfache Haushalte	a) verheiratete Paare b) verheiratete Paare mit Kindern c) Witwer mit Kindern d) Witwen mit Kindern
4. Erweiterte Familien	a) aufsteigende b) absteigende c) kollaterale d) aufsteigende und kollaterale
5. Mehrfachhaushalte	a) aufsteigender Nebenkern b) absteigender Nebenkern c) Kollateraler Kern d) Bruderschaften e) Sonstige
6. Haushalte unbestimmter Natur mit bestimmten Verwandschaftsbanden	
Stammfamilien	5b 5b + 5a 5b + 5a + 4a
Bruderschaften	5d 5d + 5c 5d + 5c + 4c 5d + 5c + 4c + 2a

Abb. 21: Typologie der Haushalte oder Haushaltungsgruppen, aufgestellt von der Cambridge Group for the History of Population and Social Structure.

Die traditionelle serbische Familieninstitution *zadruga* bestand aus einer großen Hausgemeinschaft unter der Autorität des Vaters, des Familienoberhaupts, der seine verheirateten Söhne bei sich behielt. Gemeinsam bewirtschafteten sie den ungeteilten Boden (Halpern 1972; vgl. Bd. 4, Kap. 3).

Zu allen Zeiten und überall haben diese erweiterten Familiengemeinschaften neben Haushalten von Kleinfamilien bestanden. Es wäre falsch zu glauben, daß eine Form Vorläufer der anderen ist, und damit zu unterstellen, daß unsere heutigen sozialen und ökonomischen Regelungen automatisch zu einer »Verkleinerung der Familie« geführt hätten. Historiker und Demographen haben versucht, das Gleichgewicht zwischen verschiedenen Typen von Haushaltungsformen in den europäischen Gesellschaften vom 16. Jahrhundert bis heute zu erfassen. Zur Ordnung des gesammelten Materials schlagen die Forscher der *Cambridge Group for the History of Population and Social Structure* eine Typologie (*Abb. 21*) vor, die unter anderem den Vorteil hat, den wissenschaftlichen Wortschatz zu vereinheitlichen. Sie hat aber auch den Nachteil, nicht allgemeingültig zu sein, und vor allem die Realität in Kategorien zu pressen, mit denen keine relevanten Gegensätze aufgedeckt, die Organisationsprinzipien der untersuchten Gesellschaft nicht erfaßt und damit auch ihr Funktionsmodell nicht aufgestellt werden kann. Außerdem läßt diese Typologie die Dynamik der häuslichen Gruppe unberücksichtigt.

Die häuslichen Verhältnisse sind Zyklen von Wachstum und Schrumpfung unterworfen. Heiraten, Geburten und Todesfälle ihrer Mitglieder führen durch Teilung oder Zusammenschluß zum Auftreten neuer oder aufeinanderfolgender Familienformen innerhalb der Gruppe. Der Ethnologe Meyer Fortes (1971) unterscheidet so drei Phasen im familiären und häuslichen Zyklus:

- eine Wachstumsphase, die mit der Heirat des Gründerpaares beginnt und sich über die gesamte Gebärfähigkeit der Ehefrau erstreckt und während derer die Eltern den Unterhalt der Kinder sichern. In einem System mit Kernfamilie hängt der Umfang der häuslichen Gruppe stark vom Alter des Paares ab. Handelt es sich um eine Großfamilie, ist diese Phase vom Alter der Eltern unabhängig;
- eine Auflösungsphase, die mit der ersten Heirat innerhalb der Familie beginnt und auch hier je nach Organisationstyp der Familie unterschiedlich ausfällt;
- eine Ersetzungsphase, die auf den Tod der Eltern folgt und in der sich die Kinder als neue Eltern niederlassen.

Dieser Zyklus verändert sich je nach Zusammensetzung der Gruppe, unterliegt aber auch demographischen, ökonomischen oder sozialen Zwängen. Die höhere Sterblichkeit in traditionellen Gesellschaften konnte den Fortbestand komplexer familiärer Gruppen gefährden. Ebenso einschneidend wirkten sich die Organisation der Produktion und die Sukzessionsbräuche auf ihre Größe aus (Berkner 1972). Eine zu strenge Anwendung dieses Klassifikationsrahmens kann also zu Interpretationsfehlern führen. Familienkonfigurationen sind wie alle sozialen Organisationsformen zugleich Ergebnis des Verwandtschaftssystems und einer Summe von Zwängen aus dem umgebenden Gesellschaftssystem. Die häusliche Gruppe ist sozusagen die konkrete Ausformung der Familie nach dem von außen gesetzten Vorbild: »Der häusliche Bereich ist das System sozialer Beziehungen, durch die der reproduktive Kern in die Umwelt und die gesellschaftliche Gesamtstruktur eingebettet ist.« (Fortes 1971, S. 92)

Zurück zu den Ursprüngen

Es mag scheinen, als hätten wir uns weit von unserem Hauptthema »Familie« entfernt, dabei sind wir nur nach einer Abschweifung zurückgekehrt. In diesem Exkurs haben wir beschrieben, was die Menschen aus den biologischen Grundtatsachen mit Rücksicht auf den für alle Menschengruppen gültigen sozialen Imperativ des Inzestverbots gemacht haben und wie sie weltweit Systeme von Blutsverwandtschaft (Konsanguinität) und Ausheirat (Allianz) geschaffen haben. Innerhalb der häuslichen Gruppen, im Schoße der Lineagen und Abstammungsgruppen, findet sich stets eine *Familie*, die auf dem mehr oder minder dauerhaften und sozial gebilligten Zusammenschluß eines Mannes, einer Frau und ihrer Kinder beruht (Lévi-Strauss 1971, S. 6). Also eine Institution, die »den Grundbedürfnissen und Trieben von Individuum und Gattung entspricht – dem sexuellen Verlangen, dem Reproduktionsbedürfnis, der Notwendigkeit, Kinder aufzuziehen, sie zu schützen und zur Selbständigkeit anzuleiten« (Héritier 1979c, S. 747).

Obwohl die Menschen überall auf diese Bedürfnisse mit der Gründung einer Familie reagieren, weist diese je nach Kultur erhebliche Variationen auf.

Die konjugale Vereinigung

Wir glauben spontan, die Familie komme stets durch die rechtmäßige Vereinigung von Mann und Frau zustande. Das war durchaus nicht immer so. Jeder weiß, daß es Gesellschaften gibt, in denen der Mann oder die Frau mit mehreren Partnern zugleich die Ehe eingehen kann. Diese Gesellschaften werden *polygam* genannt. Von *Polygynie* (Vielweiberei) wird gesprochen, wenn der Mann zugleich mehr als eine Ehefrau haben kann, und von *Polyandrie* (Vielmännerei), wenn die Frau über mehr als einen Ehemann verfügt. Daß unsere abendländische Gesellschaft die Polygynie kennt, wenn auch nicht billigt (die Katholische Kirche hat sie schon früh als heidnisch verdammt), liegt daran, daß große Nachbarkulturen sie immer noch praktizieren, wie etwa die Muslime, denen der Koran bis zu vier Frauen gestattet. Auch zahlreiche nichtislamische Gesellschaften sind polygyn. Im übrigen ist die Polygynie häufig eine Quelle von Prestige und Profit. Allerdings können nur wohlhabende Männer mehrere Ehen eingehen, da jedesmal ein *Brautpreis* entrichtet werden muß, so daß auch in polygynen Gesellschaften die meisten Haushalte monogam sind.

Die Polyandrie ist uns weniger vertraut und sicher auch von geringerer Akzeptanz. Im übrigen ist sie nicht weit verbreitet. Von den polyandrischen Gesellschaften sind zwei ständig von den Ethnologen zitierte sozusagen zu Archetypen dieser Einrichtung geworden. Dabei handelt es sich um die Nayar, mit denen wir uns bereits beschäftigt haben, und die Toda, die ebenfalls in Indien leben und zu Beginn des Jahrhunderts von W. H. R. Rivers besucht wurden. Die Nayar sind *matrilinear*, die Toda *patrilinear*. Zwei Gesellschaften aus demselben geographischen Gebiet also, die aber entgegengesetzte Verwandtschaftsformen und einen ganz anderes ökonomisches Umfeld haben; warum sie sich trotz so vieler unterschiedlicher Merkmale für dieselbe Form der Ehe entschieden haben, ist kaum erklärbar.

Ein weiterer Typ der Polyandrie tritt bei den Pahari auf, einer Bevölkerungsgruppe aus Kaschmir und Nepal, die Bruderpolyandrie praktiziert: Bei der Hochzeit heiratet eine Frau den ältesten einer Gruppe von Brüdern. Dieser vertritt seine Brüder, aber alle dürfen sexuell mit dieser Frau verkehren. Ansonsten können weitere Frauen genommen werden, vor allem wenn sich die erste als unfruchtbar erweist oder der Altersunterschied zwischen ihr und dem jüngsten Bruder zu groß ist. Eine Frau betrachtet alle Brüder als ihre Gatten, und keiner darf sie ausschließlich für sich beanspruchen. Die Kinder erkennen alle Brüder als ihre Väter an und nennen sie alle »Vater«. Sie erben gemeinsam das Eigentum, das schon ihre Väter gemeinsam besaßen. Wenn sich eine Familie aufteilt, werden die Kinder jedem »Brudervater« entweder durch Los oder durch die Mutter oder nach der Geburtenfolge zugeteilt (Berreman 1962, S. 62).

Unter den Ethnologen hat es große Diskussionen darüber gegeben, welche Faktoren diese Polyandrie erklären. Manche sahen in ihr ein Mittel, die Aufteilung des Eigentums unter die Brüder zu vermeiden, die Zahl der Erben zu beschränken und Erbstreitigkeiten vorzubeugen, da alle mit einer Frau zusammenleben, die sie gemeinsam besitzen. Andere benachbarte oder fernere Völker jedoch, die dasselbe Gemeinschaftserbe kennen, haben deswegen keineswegs die Polyandrie übernommen. Im übrigen ist eine Gesellschaft selten rein polyandrisch, sie ist häufig zugleich auch polygyn. Bei den Pahari sind nur 49 Prozent der Familien polyandrisch, während 61 Prozent polygyn sind, womit aber die Zahl der Erben nicht, wie behauptet, gesenkt werden kann. Andere Ethnologen meinten, die Polyandrie sei für Gesellschaften von Vorteil gewesen, wo Fernhandel, Herdenwanderung oder Kriegsdienst die Männer über lange Zeit von ihrem Zuhause fernhielten. Erinnern wir uns etwa, daß die Nayar eine Kriegerkaste bildeten und daß alle Männer mit Erreichen der Volljährigkeit zum Militär eingezogen wurden, wo sie den größten Teil ihres Lebens verbrachten. Die Polyandrie ist dort eine Reaktion auf die Abwesenheit der Männer, die als Soldaten dienen.

Es ist auch behauptet worden, daß die Polyandrie, ob brüderlich oder nicht, ihre Erklärung in Fakten der Bevölkerungsentwicklung finde. So erklärt sie Rivers bei den Toda durch die Praxis der Kindstötung bei Mädchen, wobei die Polyandrie wieder den Ausgleich zwischen den Geschlechtern schaffe (Rivers 1907, 1914). Andere Schriftsteller meinten, das höhere Heiratsalter der Männer mache diese Einrichtung nötig. Bei den Lele im zentralafrikanischen Kasai wurden die Mädchen schon in der Kindheit mit bereits erwachsenen Männern verlobt, die dann warten mußten, bis sie zur Geschlechtsreife herangewachsen waren. Die Männer ertrugen die lange Wartezeit nur schwer, und die dort übliche Polyandrie gab ihnen das Recht, »eine Frau aus dem Dorf zu nehmen«. Den in Altersklassen zusammengefaßten Jugendlichen wurde gemeinsam eine Frau zugewiesen; alle trugen zur Bezahlung des Brautpreises bei. Kinder einer »Gattin des Dorfes« waren die Söhne des ganzen Dorfes, doch die Männer, die mit den Müttern dieser Kinder zusammenlebten, hatten ihnen gegenüber besondere Verpflichtungen (Douglas 1963).

Die Vielfalt der Situationen, in denen man Polyandrie antrifft, zeigt, daß es müßig ist, nach einem einzelnen und ausschließlichen Grund für ihr Vorhandensein zu suchen. Im übrigen sind die meisten Gesellschaften, wie bereits bemerkt, weder völlig polyandrisch noch ausschließlich polygyn, sondern meist beides zugleich. Bisweilen wird die Situation noch komplexer, wenn die Gruppe Scheidungen gestattet und Männer und Frauen sich jeweils wieder verheiraten, oder auch in Gesellschaften mit Nebenehen, bei denen eine Frau weitere Ehebünde eingehen kann, ohne daß ihre sogenannte Hauptehe deswegen aufgelöst würde. Im letzteren Fall wird der Brautpreis nicht wie bei einer Scheidung zurückerstattet, und die Frau bleibt immer noch mit ihrem Mann oder ihren Männern verheiratet, obwohl sie sie offiziell verlassen hat. Diese Mehrehen sind aus mehreren Gesellschaften Zentralafrikas belegt. Bei den nigerianischen Rukuba »kann ein Mann soviele Nebenfrauen nehmen, wie er will. Eine Frau

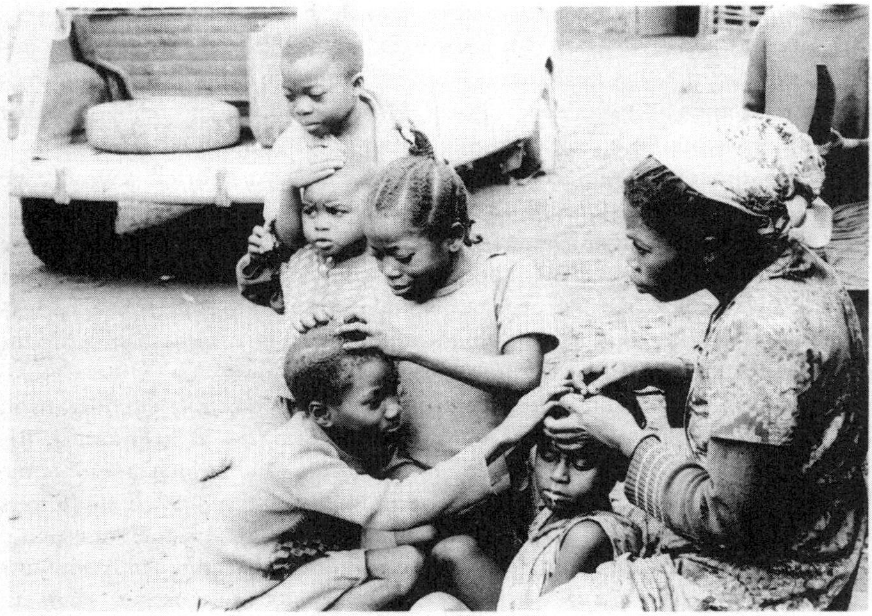

Entlausung bei den M'Kako in Kamerun.

kann nacheinander so viele Nebenehen eingehen, wie ihr beliebt, vorausgesetzt sie dauern mindestens ein Jahr.« (Muller 1976, S. 123) Außerdem hat in derselben Gruppe die Frau das Recht, sich während ihrer Hauptehe offiziell einen Liebhaber zu halten, und dieser Liebhaber kann später von seiner Exgeliebten eine Tochter als Braut für seinen Sohn verlangen. Komplizierter kann man es sich kaum vorstellen, doch werden hier die Ehen immerhin zwischen Personen verschiedenen Geschlechts geschlossen. Was sollen wir von Gesellschaften halten, bei denen die Gatten gleichgeschlechtlich oder Lebende und Tote sind?

Die sudanesischen Nuer, eine Bevölkerungsgruppe, die um 1935, als Evans-Pritchard sie beschrieb, etwa 200 000 Köpfe zählte, kennen drei Formen der Ehe. Die erste ist polygam und entspricht der eben beschriebenen. Die zweite wird als »Weiberheirat« bezeichnet, und eine Frau kann dabei den Eltern einer anderen Frau einen Brautpreis zahlen und sie heiraten: Sie hat dann unumschränkte Verfügungsgewalt über diese Frau und deren Kinder und kann die Zeugungspflichten an einen Mann abtreten. So weit kommt es bei den Nuern aber nur, wenn die Frau unfruchtbar ist. Dann erwirbt sie in ihrer Lineage Sonderrechte, womit sie Vieh als Hauptvermögen ihrer Gruppe erben und bei Verheiratung der Mädchen ihrer Lineage einen Teil der Brautpreise kassieren kann.

Mit diesem Geld kann sie wiederum eine oder mehrere Frauen heiraten. Diese »Mann-Frau« herrscht in ihrem eigenen Haus, in dem ihre Gattinnen leben, die nachts von ihren Liebhabern besucht werden; sie besitzt eine eigene Herde, wird von ihren Ehefrauen als Mann behandelt und von den Kindern, denen gegenüber sie sich wie ein männlicher Vater verhält, mit »Vater« angesprochen. Schließlich praktizieren die Nuer noch die Geisterheirat, die von Witwen im Namen ihres erbenlos gestorbenen Mannes eingegangen wird; oder sogar von einer Schwester im Namen ihres ohne Nachwuchs verstorbenen Bruders. Im übrigen treiben die ebenfalls afrikanischen Kikuyu das Spiel mit der Ehe noch weiter: Eine Witwe, die zu alt ist, um mit einem Liebhaber ein Kind zu haben, das ihren verstorbenen Mann beerben könnte, kann dort mit dem Geld des Hingeschiedenen eine Frau kaufen und von ihr das Gebären von Nachwuchs verlangen. Die Frau wird dann als Gattin des Toten betrachtet, und die Kinder sind erstrangige Erben, weil ihre Mutter mit dem Geld des Toten gekauft worden ist.

Bei den Nuer kann nur eine unfruchtbare Frau wie ein Mann handeln und Vermögen anhäufen, doch bei anderen westafrikanischen Gruppen, die einen umfangreichen Handel treiben und deren Kommerz häufig in der Hand der Frauen ist, genießen diese eine große Selbständigkeit. Um ihren Wohlstand zu halten und zu mehren, können sie durch Heirat Frauen erwerben, die in ihrem Namen dann Kinder gebären und für sie arbeiten.

Indessen kann bei den Lovedu im Transvaal trotz ihrer kaum entwickelten Ökonomie jede beliebige Frau Eigentum erwerben und verwalten und den Preis einer Braut für den Sohn bezahlen, die ihr dann als Schwiegertochter dient. Hat sie keinen Sohn oder will dieser nicht, so kann die Frau selber das junge Mädchen heiraten. Die Lovedu haben außerdem die Sitte, ihre Töchter mit ihrer Königin zu vermählen, um Regen zu machen oder persönliche Gunsterweise und politische Vorteile zu erlangen. Die Königin verteilt ihre Bräute weiter an Verwandte oder Klienten. An diesem Fall wird deutlich, daß solche Heiraten zwischen Frauen als Teil des Fundaments zu einem politischen System gehören. Auch haben diese Völker einen weiteren Begriff von Heirat, der weniger mit den sexuellen Bedürfnissen der Partner und mehr mit einem harmonischen Zusammenleben der Gesellschaft in ihrer Gesamtheit zu tun hat (Krige 1974).

Die eben beschriebenen verschiedenen Eheformen legen einige Bemerkungen nahe. So abwegig, wenn nicht absurd sie uns auch erscheinen, dürfen sie deswegen doch nicht ins Archaische oder Primitive kaum zivilisierter Gesellschaften verwiesen werden. Ganz im Gegenteil finden sich die meisten dieser Eheformen in Gesellschaften mit hoher Bevölkerungsdichte und hochentwickelter Kultur. Und entdecken wir diese Dinge nicht selbst gerade neu, wenn wir erlauben, daß eine Frau mit dem tiefgefrorenen Samen ihres verstorbenen Mannes befruchtet wird oder sich als Leihmutter hergibt?

Natürlich wird man keine rationalen Begründungen zur Erklärung dieser Heiratsinstitutionen finden, die jeweils ein wesentliches Element ihres gesellschaftlichen Systems bilden. Zusammengenommen sind sie »die Veranschaulichung einer Reihe logischer Möglichkeiten, die sich aus der Anwendung recht einfacher Grundbegriffe ergeben, die uns nur deswegen fremd erscheinen, weil wir nicht selber auf sie gekommen sind« (Muller 1976, S. 14).

Diese Haupt-, Neben- oder Vielehen, diese Ehen zwischen Frauen und zwischen Lebenden und Toten bieten sich nicht als Anschauungsmaterial für die Stabilität der Familie an, wie sie in unserer abendländischen Kultur als unerläßlich für eine harmonische Entwicklung der Kinder angesehen wird (oder wurde) und die wir fälschlicherweise auch bei fremden Völkern gegeben glaubten. Das belegen die Beobachtungen eines Ethnologen, der jeweils nach ein paar Monaten Abwesenheit zu den Mossi (Burkina Faso) zurückkehrte. »Bei keinem unserer wiederholten Besuche in der Häuptlingsfamilie Batenga fanden wir die Leute so vor wie beim letzten Mal. Am verblüffendsten erschien uns die Mobilität bei den Gattinnen der Männer der *zaka* (des Krals): binnen eines Jahres war der doppelt verheiratete Ali wieder Junggeselle; lebte Karim, den wir beim ersten Besuch im Kreise dreier Ehefrauen kennengelernt hatten, wieder monogam, hatte Umaru seiner Hado eine Nebenfrau zugesellt, Sibri sich die bittere Erinnerung an Sarrata mit der stillen Ninkindse vertrieben, und war sogar der Junggeselle Rapuyimdu mit seinem Sohn, der von den Schwägerinnen so verspottet worden war, wenige Monate vor unserem Besuch von 1971 in den Hafen der Ehe eingelaufen.« (Lallemand 1977, S. 155)

Die Vielfalt der Eheformen zeigt, daß es dabei weder um die Befriedigung sexueller Bedürfnisse noch um die Aufzucht der Kinder geht. Hauptzweck ist es, einen Bund zwischen zwei Individuen zu stiften und zu gewährleisten, daß sie fortan in der Ehe verbunden bleiben. Die Vertragsbedingungen sind im Grunde nicht wichtig; was zählt, ist, daß es einen Vertrag gibt. Wir werden darauf noch zurückkommen.

Mutterschaft und Vaterschaft

Wenn die Regelung der Beziehungen zwischen den Geschlechtern schon nicht der Ursprung der Familie ist, könnte es dann die Fortpflanzungsbeziehung sein? Heißt es nicht häufig, die Beziehung zwischen Eltern und Kind stehe im Mittelpunkt der Familie, und sie ergebe sich aus der biologischen Beziehung von Befruchtung und Fortpflanzung? Tatsache ist, daß diese biologische Beziehung keineswegs erforderlich ist, um Verwandtschaftsbande und affektive Bindungen zwischen Vater, Mutter und Kindern herzustellen und damit eine Familie zu gründen.

So ist die Adoption, in unserer Gesellschaft heute bedingungslos anerkannt, nichts anderes als »das Zeichen der sozialen Manipulation der biologischen Fortpflanzung« (Mathieu 1977, S. 44), denn sie knüpft zwischen Adoptiveltern und -kindern Bande, die identisch mit denen der Blutsverwandtschaft sind. Im übrigen verbietet das Bürgerliche Gesetzbuch auch den Inzest zwischen Adoptiveltern und -kindern, und sie dürfen unter keinen Umständen heiraten. Dagegen hat die biologische Beziehung zwischen einem leiblichen Kind und seinem Vater keine soziale Auswirkung, weil unser Recht zwischen *Pater* und *Genitor* trennt. Die Nuer gehen genauso vor, da ein Kind einen Toten oder eine Frau zum sozialen Vater haben kann. Bei ihnen allerdings ist der Erzeuger bekannt, denn er ist häufig ein Knecht aus einer anderen, als minderwertig betrachteten Ethnie, der zum Lohn für seine Dienste jedesmal eine Kuh als »Sprunggeld« erhält, wenn eine der von ihm gezeugten Töchter heiratet. Im übrigen kann dieser Mann zwar affektive Beziehungen zu seinen leiblichen Kindern haben, wird aber von ihnen nichtsdestoweniger als Knecht behandelt und betrachtet und kann ihnen gegenüber in dieser Gesellschaft nie als »Vater« auftreten.

In Gesellschaften mit Polyandrie ist der »Vater« entweder der älteste einer Brüdergruppe oder die Gesamtheit der Ehemänner der Mutter, oder auch der Mutterbruder wie bei den Nayar. In letzterer Gruppe kann ein Mann liebevolle Beziehungen zu einem Kind haben, wenn er aus gutem Grund annehmen kann, daß es seins ist: »Er darf ihm kleine Geschenke machen, bei Besuchen mit ihm spielen und ihm beim Heranwachsen sogar Rat und Hilfe anbieten. Dennoch hat er keinerlei Recht, in die Kindeserziehung einzugreifen, und das Kind hat nach Brauch und Sitte keinerlei Verpflichtungen gegenüber diesem leiblichen Vater. Bricht der Mann die Beziehungen zur Mutter ab, hat er zugleich keine mehr zum Kind.« (Gough 1961, S. 364) Bei den Rukuba, die, wie gesehen, keine zeitverschobenen Haupt- und Nebenehen kennen, hat der Hauptgatte zeitlich befristete und bisweilen dauerhafte Rechte auf die Kinder seiner Gattin von einem anderen Mann. Tatsächlich leugnen alle diese Gesellschaften eine ausschließliche Vaterschaft, weil diese unter mehrere Männer aufgeteilt werden kann.

Das eben Gesagte zur vielfach belegten Differenzierung zwischen biologischer und sozialer Vaterschaft läßt sich genausogut auf die Mutterschaft anwenden, denn häufig werden auch *Mater* und *Genitrix* getrennt. Gewiß nehmen alle Gesellschaften Rücksicht auf biologische Zwänge der Fortpflanzung, doch ist

Mutter und Kind bei den Fali (Nordkamerun).

die leibliche Mutter nicht zwangsläufig auch die soziale. Anschaulich zeigt dies wiederum S. Lallemands Untersuchung über die Mossi: Ihr fiel auf, daß viele Kinder des Krals »von einer anderen Frau als ihrer leiblichen Mutter nachts behütet und tags ernährt und erzogen werden. Auch machen die Mossi einen Unterschied zwischen der Stillmutter (mit dem kindlichen Kosewort *ya* bezeichnet) und der Frau, bei der sie nach dem Abstillen leben, der *roogo-ma* oder ›Hüttenmutter‹. Desgleichen unterscheiden sie unter den vielen Frauen, die ein Recht auf die Anrede ›*ma*‹ (›Mutter‹) haben, zwischen der *m ma roaka* (›Mutter, die mich geboren hat‹) und der *m ma wubuduga* (›Mutter, die mich großgezogen hat‹ oder ›Mutter, die mich erzogen hat‹).« (Lallemand 1976, S. 109) Mütter dürfen ihren Nachwuchs nicht für sich behalten, sondern er wird unter den Mitfrauen der leiblichen Mutter oder den Frauen des Vaterbruders oder des Großvaters aufgeteilt. Jede dieser Frauen kann das Kind beanspruchen, doch muß eine solche Adoptivmutter die Menopause hinter sich haben. »In jungen Jahren geben die Frauen ihre Kinder ab oder lassen sie sich wegnehmen; im Alter eignen sie sich selbst den Nachwuchs anderer an.« (Ebd. 1976, S. 110)

Demnach »wird Mutterschaft weniger durch das Gebären als durch die soziale Rolle begründet, die der Mutter zugeschrieben wird« (Mathieu 1977, S. 43). Im übrigen gehen manche Völker mit ihrer scheinbaren oder tatsächli-

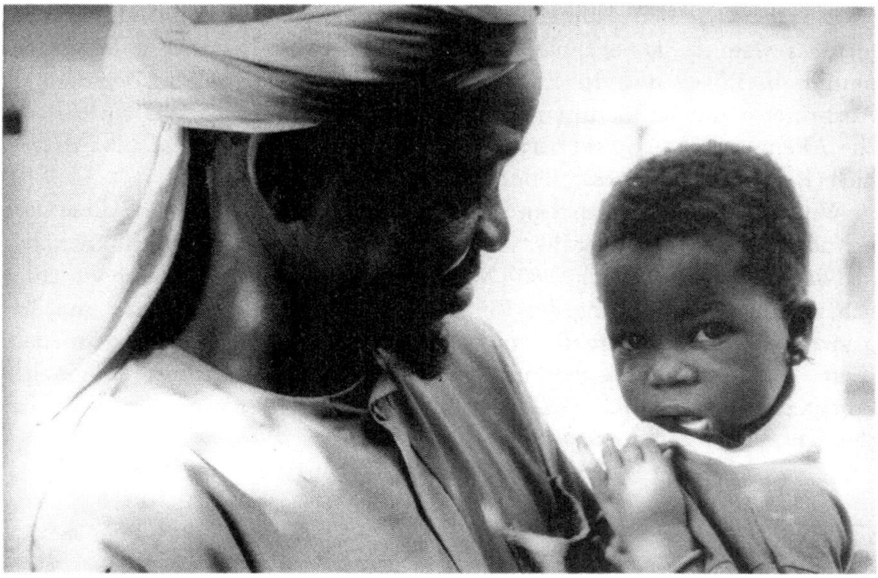

Vater und Sohn (Burkina Faso).

chen Leugnung der Rolle des Mannes oder der Frau oder gar beider noch weiter.

Die Bellonais, die auf einer Insel der Salomonen leben und patrilinear sind, stellten bis zur Ankunft der Missionare 1938 keine Beziehung zwischen Geschlechtsverkehr und Zeugung her. Wurde eine verheiratete Frau schwanger, dann nicht, weil sie mit ihrem Gatten verkehrt hatte, sondern weil die Götter und Ahnen der Patrilineage ihres Gatten mit diesem Ehebund glücklich waren und ihm Nachkommen schenkten. Bekam eine unverheiratete Frau ein Kind, hielt man das für einen Dank der Ahnen an ihre Verwandtschaft. Da aber dieses Kind keiner Patrilineage angehörte, wurde es adoptiert (Monberg 1975).

Die matrilinearen Trobriander leugnen jeden Anteil des Gatten der Mutter bei der Fortpflanzung. Bei ihnen zeugt die Mutter das Kind, und der Mann ist darauf beschränkt, »den Durchgang freizumachen«. Das bedeutet nicht, daß die Kinder nicht an ihrem leiblichen Vater hängen, wie wir oben gesehen haben. Bande der Zuneigung und des Schutzes bestehen zwischen ihnen, doch gehören die Kinder vollständig zur Lineage ihrer Mutter; ihr gesetzlicher Vater ist der Mutterbruder, der auch die Erziehungsgewalt über sie hat. Der leibliche Vater ist für sein Kind ein »angeheirateter Verwandter«, er ist nur der Gatte ihrer Mutter (Malinowski 1929).

Die alten Griechen glaubten dagegen, die Frau sei nur das Gefäß für den Samen des Mannes. Sie behaupteten, die Kinder entwickelten sich in der Gebärmutter wie Pflanzen in der Erde aus der Saat. Diese Vorstellung der Frau als Ausbrüterin und des Mannes als alleinigem Erzeuger übertrug sich ins christliche Abendland, wo sie sich lange Zeit in vielen mythischen Glaubenssätzen hielt (Klapisch-Zuber 1983; Belmont 1982).

Wir wollten uns nicht an dem Streit der Ethnologen beteiligen, ob diese Völker die Rolle der Frau oder des Mannes bei der Zeugung tatsächlich nicht kennen oder nur so tun (Leach 1980). Mit diesen Betrachtungen wollten wir lediglich nochmals die Stellung des Biologischen in der Elternfunktion und den prinzipiell sozialen Charakter von Verwandtschaft und Familie hervorheben. Kein Verwandtschaftssystem ist das ausschließliche Ergebnis biologischer Fortpflanzung, und die Familie, die aus diesem System erwächst, entzieht sich ebenfalls diesem Zusammenhang.

Das Eheleben

Von einem Ehepaar wird normalerweise angenommen, daß es an einem Ort zusammenlebt, wo sich sein Intimleben abspielt und wo es mit seinen Kindern wohnt. Nun haben wir jedoch gesehen, daß Gesellschaften diese Kohabitation auf ganz verschiedene Weise gelöst und bisweilen sogar ausgeschlossen haben.

Erinnern wir uns an die »heimlichen Ehemänner« der Menangkabau, die »Versuchsgatten« der Ashanti oder die »abwesenden Gatten« der Nayar – alles Beispiele zur Veranschaulichung der Tatsache, daß die Familie existieren kann, ohne daß die Eltern deswegen zusammenleben müssen. Wenn der Gatte woanders wohnt, bestehen die Haushalte aus Müttern, Brüdern, Schwestern und den Kindern dieser Schwestern und Töchter. Diese als *konsanguin* (blutsverwandt) bezeichneten Familien werden unserer Meinung nach fälschlicherweise häufig mit sogenannten *matrizentrischen* Familien gleichgesetzt, die man bei den ärmsten Schichten der früheren Kolonien (in der Karibik) oder zu Beginn der Industrialisierung vorfindet. Dieser letztere Familientyp besteht aus einer Mutter und ihren Kindern, ohne daß je ein Mann dabei wäre (Blumberg/Garcia 1977; Fonseca 1984). Ein wesentlicher Unterschied zwischen beiden besteht in der Form der Herrschaftsausübung durch den Mann.

Häufig sind diese blutsverwandten Familien als archaisch angesehen worden. Dennoch sind in Europa durchaus kleine Gesellschaften bekannt, die sehr gut mit dieser Form zurechtkommen. Die Einwohner der Insel Tory (Fox 1978) heiraten in der Kirche, und dann kehren beide Ehepartner rasch in ihr Eltern-

Eskimo-Familie.

haus zurück. Dort sind die brüderlichen oder kindlichen Bande wichtiger als die Heirat: Bevor man die alten Eltern im Stich läßt, verzichtet man lieber auf das gemeinsame Eheleben. Im alten Japan (vgl. Bd. 2, Kap. 7) gab es diese Regelung zumindest für die jüngsten Geschwister, die nach der Hochzeit im Elternhaus verblieben. Um real und rechtlich zu existieren, braucht die Familie kein gemeinsames Dach über dem Kopf.

Doch treten matrizentrische Familien in unseren heutigen Gesellschaften mit ihren häufigen Scheidungen nicht allmählich an die Stelle der monogamen konjugalen Familien, wie wir sie kennen? Das Problem muß in die allgemeinere Perspektive der Krise gerückt werden, die die Institution Ehe im Westen zur Zeit offenbar durchmacht.

Was wir hier hervorheben wollten, ist die Vielfalt der möglichen räumlichen Anordnung einer Familie. In polygamen Gesellschaften hat jede Ehefrau ihr eigenes Haus, und der Mann kommt eine nach der andern besuchen, weilt aber nie dauernd bei einer von ihnen und auch nicht bei den gemeinsamen Kindern. Wie bei den Mossi ist es möglich, daß der Ehemann seine eigene Hütte hat, doch kommt es auch vor, daß er über keinerlei eigenen Wohnsitz verfügt. Bei den M'Kako in Kamerun haben die polygamen Männer früher vermutlich über keine eigene Behausung verfügt. Sie schliefen in der Hütte bei der einen oder anderen ihrer Ehefrauen und verbrachten den Tag unter Männern im gemeinsamen Haus der Lineage (Copet-Rougier 1985).

So vielfältig die Formen der Ehelichkeit, der Verknüpfung zwischen biologischer und sozialer Vaterschaft/Mutterschaft und so unterschiedlich die Formen der Kohabitation auch sein mögen, die Familie, wie wir sie oben definiert haben, existiert doch um nichts weniger.

WARUM DIE FAMILIE?

Die Antwort zieht sich wie ein roter Faden durch unsere bisherigen Ausführungen, in denen wir die Erkenntnisse der Ethnologie und die daraus folgenden theoretischen Überlegungen zusammengefaßt haben. Sie wird von Lévi-Strauss in seiner Einführung zu diesem Werk klar formuliert: »Ohne Familien gäbe es keine Gesellschaft, aber es gäbe auch keine Familien, wäre nicht schon eine Gesellschaft vorhanden.« Mit anderen Worten, es gibt die Familie, damit es die Gesellschaft gibt und damit diese sich von Generation zu Generation reproduzieren kann; doch zugleich besteht die Gesellschaft nur, weil die Familie zu einem bestimmten Zeitpunkt entstanden ist, der uns immer verborgen bleiben wird (vgl. Kap. 1).

Diese zirkuläre Argumentation erfordert gewisse Erläuterungen, wie sie in Lévi-Strauss' Analysen in seinem Artikel »Die Familie« (1945) und in den ergänzenden Aufsätzen von F. Héritier (1979) enthalten sind.

Wir haben gesehen, daß biologische Gründe allein das Vorhandensein der Institution Familie nicht erklären können: Weder Vaterschaft noch Mutterschaft lassen sich auf die biologische Rolle reduzieren, sie sind wie Vater- oder Mutterliebe gesellschaftlich vermittelt. Desgleichen gibt es keinen natürlichen Grund, mit dem eine Pflicht zur Aufrechterhaltung sexueller Beziehung lebenslang zwischen denselben Partnern erklärt werden könnte. Doch läßt sich feststellen, daß jede Gesellschaft einen Unterschied zwischen der legalen und rechtlich sanktionierten Ehe und der freien Lebensgemeinschaft (dem Konkubinat) oder gelegentlichen sexuellen Beziehungen macht, ob diese nun von der Gruppe nur gestattet oder sogar vorgeschrieben sind. In allen traditionellen, nach Altersklassen organisierten Gesellschaften sind die Verheirateten klar von den Unverheirateten getrennt, und in vielen Gesellschaften werden Unverheiratete nach Erreichen eines bestimmten Lebensalters bemitleidet: Sie haben weder eine genau umrissene Rolle noch einen anerkannten sozialen Status. Ihre Lage ist bemitleidenswert, weil nur der Ehestand als normal angesehen wird.

Im übrigen wird der Übergang vom Ledigsein zum Ehestand von Feiern begleitet und mit zivilen oder religiösen Ritualen umgeben, die der Gemeinschaft insgesamt die stattgefundene Veränderung mitteilen. Selbst in matrilinearen Gesellschaften, bei denen die Rolle des Gatten wenig ausgeprägt ist, sogar in

Familienmahlzeit bei den M'Kako von Kamerun. Kinder und Frauen essen gemeinsam, während der Sippenälteste getrennt speist.

solchen, die jede Rolle des Mannes bei der Fortpflanzung leugnen oder wiederum in jenen, in denen Frauen untereinander heiraten, wird die Vereinigung durch ein Jawort und durch rituelle Handlungen besiegelt.

Die offizielle Trauung findet aber nicht aus Gründen der Sexualmoral oder zur Kanalisierung der Sinnenlust statt, sondern sie ist immer auf ökonomische Überlegungen ausgerichtet. Gemeinsamer Bestandteil aller dieser Ehen ist nämlich die Festsetzung gegenseitiger Dienstleistungen zwischen Mann und Frau. Die Ehe begründet eine geschlechtsspezifische Aufgabenteilung, die sich dahingehend auswirkt, die beiden Geschlechter voneinander abhängig zu machen. Wer überleben will, muß sich zusammentun.

Diese geschlechtsspezifische Aufgabenteilung hat jedoch durchaus keinen biologischen Charakter und ist bei Männern oder Frauen in keiner Weise naturbedingt; sie kann von einer Kultur zur anderen, ja sogar von einer Gruppe zur anderen ganz anders ausfallen. Je nach Gesellschaft sind für Ackerbau, Fischfang, Sammeln, Weben, Korbflechten oder Töpfern die Männer oder die Frauen zuständig. Die Frauen sind durch das Gebären besonders in häusliche Aufgaben eingebunden und die Männer haben in den meisten Gruppen ein Monopol auf Jagd und Krieg (Gough 1975). Wenngleich die Modalitäten der Aufgabenteilung je nach Gesellschaft verschieden sind, hat es den Anschein, als würden

Geschlechtsspezifische Arbeitsteilung: »Waschtag der Frau des 20. Jahrhunderts«. Humoristische Fotografie von 1901.

überall den Männern die prestigeträchtigen Tätigkeiten und den Frauen die niederen Verrichtungen übertragen: Die Aufgabenteilung ist immer so ausgerichtet, daß die Vorherrschaft des Mannes über die Frau nicht in Frage gestellt werden kann (Tabet 1979).

Doch welche Form sie auch annimmt, die Aufgabenteilung zwischen den Geschlechtern wird immer eingehalten, so daß mit allen Ehen ein Vertrag zur gegenseitigen Unterstützung einhergeht. Hinzu kommt die Festsetzung der sexuellen Pflichten, denn die eheliche Gemeinschaft ist der bevorzugte Ort der Fortpflanzung und der Aufzucht von Kindern. Überdies wird in zahlreichen Gesellschaften eine Ehe erst dann als vollzogen betrachtet, wenn das erste Kind geboren ist. In China oder Japan (vgl. Bd. 2) war eine Ehe nur dann gültig, wenn Söhne vorhanden waren, die die weitere Ahnenverehrung und damit auch die eigene Verehrung nach dem Tod gewährleisten konnten. In bäuerlichen Gemeinschaften des alten Europa wurde man erst nach einem Wartestand in einer etwas zwitterhaften Altersgruppe der »Jungverheirateten« als Erwachsener anerkannt und erst, wenn ein oder mehrere Kinder geboren waren (Van Gennep 1909).

Wie es eine Gesellschaft auch anstellt, der Beschaffenheit der Familie ihren Stempel aufzudrücken: feierliche Hochzeit, Arbeitsteilung, Regelung der sexuellen Beziehungen und schließlich Kinderzeugung, so besteht keine dieser Regelungsformen aus einem natürlichen Zwang. Matrimoniale Zusammenschlüsse mit ähnlicher Rolle hätten sich genausogut aus sehr nahen Verwandten bilden können, zwischen Vater und Sohn, Mutter und Sohn, Brüdern oder Schwestern. Die Menschheit würde sich dann aus einer Reihe blutsverwandter und in sich abgeschlossener Gruppen zusammensetzen, die benachbarten und ähnlichen Gruppen im wesentlichen feindlich gegenüberstünden, da zwischen ihnen nur Gewalt und Frauenraub herrschen würde. Jedesmal nämlich, wenn sich in einer Gruppe das Gleichgewicht der Geschlechter verzerrte, hätte diese sich die fehlenden Partner nur durch Gewalt, also durch Krieg beschaffen können. Im Ergebnis hätte sich keinerlei stabile Gesellschaftsform herausbilden können. Erst durch das *allgemeingültige Inzestverbot*, das auf gewiß sehr verschiedene Art und Weise den Austausch von Ehepartnern impliziert und die sexuellen Beziehungen regelt, konnte eine Gesellschaft entstehen und überdauern. Gesellschaft könnte nicht existieren, gäbe es nicht irgendwo Familien, die bereitwillig einen Mann und eine Frau abtreten, durch deren Heirat eine neue Familie entsteht.

Die Heirat, die jede Familie begründet, findet ihre Legitimation also darin, daß sie tauschbereite Gruppen in Beziehung zueinander setzt; sie ist ein Faktor der Öffnung zu anderen, allerdings nicht beliebigen Gruppen. Wir haben gesehen, daß jede Gesellschaft auf recht verschiedene Art und Weise Verwandte danach unterteilt, ob sie geheiratet werden dürfen oder nicht, und entsprechend Regeln zur Gattenwahl aufstellt. In unseren Gesellschaften mit großer Bevölkerungszahl und starker -durchmischung kann hier freie Wahl gelassen werden und sind Verbote nur für sehr nahe Blutsverwandte nötig. Doch anderswo, in kleinen Gruppen mit geringer Siedlungsdichte und statischer Bevölkerung, konnte die wechselseitige Abhängigkeit zwischen Familien nur durch strikte Regeln für den Tausch von Ehepartnern und die Fortdauer dieses Tausches gewährleistet werden, damit die Gruppe im Laufe der Generationen ihre Identität bewahren konnte. Wie wir in der Einführung nachgewiesen haben, sind diese Vorgänge des eingeschränkten oder verallgemeinerten Tausches stets von einer unilinearen, bilinearen oder kognatischen Filiationsregel begleitet, mit der die Stellung der Kinder gegenüber ihren Eltern festgelegt wird.

»Wie die Menschen darauf verfallen sind, diese Abhängigkeit der Gesellschaft vom Naturreich anzuerkennen, werden wir wahrscheinlich nie erfahren. [...] Die Weisung aber lautet, den Marsch fortzusetzen, und die Gesellschaft besteht ebenso wenig aus bloßen Familien, wie die Reise sich nicht auf die Etappenorte reduziert, die ihren Verlauf vorübergehend unterbrechen. Wie von den Zwischenaufenthalten bei der Reise, so läßt sich von den Familien in der Gesellschaft sagen, daß sie ihre Bedingung und zugleich ihre Negation sind.« (Lévi-Strauss 1993b, S. 94 u. S. 104)

Kapitel 1

Die Vorgeschichte der Familie

Claude Masset

Jäger und frühe Bauern

Die Zeit vor der Entwicklung der Schrift umfaßt mehr als 99 Prozent des Menschendaseins auf dieser Erde. Im Laufe dieses ungeheuren Zeitraums sind folglich die meisten menschlichen Verhaltensweisen entstanden. Gern wüßte man, wie sich verschiedene Typen der Interaktion zwischen den Menschen und besonders die Familienverhältnisse in diesen Jahrhunderttausenden entwickelt haben.

Die archäologischen Daten

Leider sind die prähistorischen Befunde naturgemäß sehr wenig dynamisch. Sie bestehen aus Werkzeugen und Knochen und aus den Überresten von Menschen gestalteter Räume, aus Gräbern, die bisweilen Grabbeigaben enthalten, aus Siedlungshorizonten, in denen bisweilen um einen Herd herum Arbeitsspuren, wie etwa der Herstellung von Werkzeugen aus Feuerstein, zu finden sind, und seltener aus Pfostenlöchern und sonstigen Resten jetzt verschwundener Hauswände. Die Spuren von Tätigkeiten können wir erfassen, einzeln und in Abfolge, nicht aber die Absichten derer, die sie ausführten. Zwar ist die Technik und sogar die Wirtschaft prähistorischer Menschengesellschaften inzwischen relativ gut bekannt, doch wissen wir so gut wie nichts über ihre soziale Organisation.

Gelegentlich kommt es schon vor, daß aus diesem oder jenem Fund Familienverhältnisse herauszulesen sind. So etwa aus den Abdrücken menschlicher Fußsohlen im tansanischen Laetoli. Diese 3,6 Millionen Jahre alten Abdrükke stammen von drei verschieden großen Hominiden (zwischen 1,20 und

3,6 Millionen Jahre alte Fußspuren, gefunden in Laetoli in Tansania. Unter einer Schicht aus Vulkanasche versteinert, wurden sie auf einer Länge von 27 m ausgegraben. Sie sind älter als die ersten Steinwerkzeuge und wurden von drei Primaten mit aufrechtem Gang hinterlassen.

1,50 Metern). Die beiden größeren, nach allem, was man von diesen frühen Hominiden derzeit weiß, vermutlich Erwachsene, sind hintereinander gegangen, wobei der zweite in die Fußstapfen des ersten trat. Man denkt natürlich sofort an ein halbwüchsiges Kind in Begleitung seiner Eltern, aber wer sähe nicht, daß viele andere Interpretationen genauso berechtigt wären? Haben sich vielleicht die zwei Stärksten zum Tragen einer Last zusammengetan, die zu schwer für einen allein gewesen ist?

Die aufrecht gehenden Primaten von Laetoli sind noch keine »richtigen« Menschen. Aus anderen, näher an unserer Zeit liegenden Funden ist auf eine »aufmerksame, andauernde und kundige« Krankenpflege zu schließen, wie J. Dastugue über eine unfallverletzte Frau aus der Mittelsteinzeit (etwa 9000 v. Chr.) schreibt. Wegen mehrfacher Knochenbrüche fast völlig bewegungsunfähig, hat sie noch recht lange gelebt. Offenbar wurde sie von einer Familiengruppe gepflegt. Mehr sagen die schief zusammengeheilten Knochen aber leider nicht aus.

Auch die Gräber von Grimaldi aus der jüngeren Altsteinzeit (um 25 000 v. Chr.) könnten auf soziale Beziehungen familiären Charakters hinweisen, denn es handelt sich um gleichzeitig begrabene Menschen. In einem Kollektivgrab fand man zwei Erwachsene und ein fünfjähriges Kind; in einem anderen einen Mann, eine Frau und einen Jugendlichen; in einem dritten lagen zwei Männer beisammen und etwas abseits zwei etwa zehnjährige Kinder. Das berühmteste Paar sind die beiden »Negroiden« (die sicher nicht schwarz waren), deren außergewöhnlich angeordnete Skelette aber als Illustration in zahlreichen Büchern über die Vorgeschichte abgedruckt sind: Auf einem zuvor bestatteten Jugendlichen war eine ältere Frau mit stark hochgezogenen Beinen, vermutlich gebunden, in Bauchlage beerdigt worden. Was kann aus solchen und ähnlichen Befunden geschlossen werden? So gut wie nichts. So interessant solche Skelette auch sind, lassen sie doch keine genauen Aussagen über die gesellschaftlichen Verhältnisse derer zu, von denen sie stammen.

Manche Verfasser haben versucht, diese Hürde durch die sogenannte »Ethnoarchäologie« zu umgehen, das heißt durch die völkerkundliche Untersuchung der Hinterlassenschaften modernerer Populationen, deren Lebensweise und soziale Organisation uns aus anderen Quellen bekannt sind. Gibt es beispielsweise in der Gegenwart oder in der jüngsten Vergangenheit typische Überreste, bei denen ein statistischer Zusammenhang mit der Wohnfolge von Ehefrauen in die Familie des Gatten oder der Wohnfolge von Ehemännern in die Familie ihrer Frauen besteht, etwa in der Aufteilung der Wohnbauten oder in der Verzierung von Töpferware? Und bringen wir nicht ein entscheidendes Merkmal einer längst vergangenen Familienorganisation ans Licht, wenn wir bei prähistorischen Grabungen eben solche Funde und Befunde freilegen? Ohne diese Forschungen geringschätzen zu wollen, muß man doch einsehen, daß sie ihre Grenzen haben. Sie führen bestenfalls zu Mutmaßungen. Von jeder beobachteten Korrelation zwischen der Sachkultur und gesellschaftlicher Organisation, die lediglich statistischer Natur ist, gibt es immer auch Ausnahmen. Wir laufen also Gefahr, ungewollt auf eine solche Ausnahme hereinzufallen, wobei diese Gefahr um so größer wird, je weiter wir in die Vergangenheit zurückgehen. Und was läßt sich aus einer Wohnfolgeordnung für die Familienorganisation schließen? Nicht gerade viel. Hier ist der Rahmen recht weit gespannt, und es lassen sich ganz unterschiedliche Familientypen darin einordnen, auch wenn manche häufiger vorkommen. Wir stehen vor einem Dilemma, das in der Vorgeschichte häufig ist: Wollen wir einen Irrtum riskieren oder uns so allgemein äußern, daß unsere Aussage nicht mehr viel hergibt?

Philosophisch spekulieren?

Weil die Daten selbst nichts aussagen, könnte man in Versuchung geraten, sich aufs Spekulieren zu verlegen: Stellen wir uns doch einfach mal vor, wie die vorgeschichtliche Menschheit gelebt haben mag, aufgrund unseres Wissens über deren Umwelt und über das, was wir als »menschliche Natur« bezeichnen. Wir wären nicht die ersten. Jean-Jacques Rousseau hat in seinem Diskurs *Über den Ursprung und die Grundlagen der Ungleichheit unter den Menschen* genau das versucht und weit vor ihm Lukrez in Buch V seines Werks *Von der Natur* ebenso. Lukrez schildert, wie der Urmensch sich im tiefen Walde oder in Höhlen verbirgt und wie sein Familienleben nur aus Zufallskopulationen (»Und in den Wäldern vereinte die Körper der Liebenden Venus«, Vers 960-963) und Säugen der Kinder besteht. Folgen wir Lukrez weiter, entsteht viel später die Kernfamilie, die schon damals patriarchalisch organisiert war (»Und da schloß nun der Mann mit dem *einen* Weibe den Ehebund. / So ward das heilige Recht des ersten Herdes begründet / Und der Familie, im Kreis der dem Bunde entsprossenen Kinder«, Vers 1012-1013). Solche Rekonstruktionsversuche, die einander alle stark ähneln, sind längst überholt. Ihre Autoren gehen nämlich allesamt davon aus, am Anfang habe ein fertiger Mensch gestanden, der wenigstens potentiell bereits über alles verfügte, was die menschliche Natur ausmacht, und dies bevor überhaupt eine menschliche Gesellschaft bestand. Diese Hypothese ist unhaltbar. Die Hominiden von Laetoli und andere Primaten aus dieser Frühzeit lebten bereits in Gruppen und waren mit ihren gewaltigen Kiefern und schimpansenähnlichen Schädeln trotzdem noch keine Menschen. Die Familie der Hominiden, zu der sie ebenso gehören wie wir auch, ist ein Zweig der Ordnung der Primaten, welche eigentlich nur gesellig lebende Gattungen umfaßt: Paviane, Makaken, Rhesusaffen, Gibbons usw. sind alle sozial und kennen Abhängigkeitsverhältnisse, denen besonders ihr Geschlechtsleben unterliegt. Sollte der Mensch die einzige Ausnahme sein? Im Gegenteil, wenn ihn etwas von anderen Primaten unterscheidet, dann die Herstellung von Werkzeugen, die ohne individuelles Lernen nicht möglich ist. Und heute prägt die Gesellschaft schon dem Kleinkind seine »Menschennatur« auf.

Also wurde keineswegs rein zufällig im tiefen Walde kopuliert, bevor die Gesellschaft entstand. Was sich Lukrez, Rousseau und ihre Epigonen ausdachten, leidet durchweg an diesem Mangel. Dasselbe gilt für den Gedanken der »Urpromiskuität«, der manchen Marxisten so lieb und teuer ist: Warum sollte die Familienorganisation des vorgeschichtlichen Menschen unbedingt primitiver als die von Gorillas oder Makaken gewesen sein?

Die Fehler dieser philosophischen Argumentationen, die dennoch über Generationen anerkannt blieben, sollte uns eine Warnung sein. Wenn wir das durch andere, modernere, aber genauso unüberprüfbare Spekulationen ersetzen wollten, laufen wir Gefahr, in die gleichen Fehler zu verfallen. Unsere vertiefte Erkenntnis darüber, wie unendlich vielfältig die Menschengesellschaften sind, und die der anderen Primaten obendrein, liefert nur weitere mögliche Hypothesen, aber nicht ein einziges erhärtetes Kriterium, an dem wir etwas messen könnten. Diese Erkenntnis verschafft uns die Illusion, wir wüßten es besser als Lukrez oder Rousseau, ändert aber nichts am wissenschaftstheoretischen Status solcher Überlegungen. Sie gehören allesamt in den Bereich von Mutmaßung, Traumtänzerei, Meinungskundgebung und keineswegs in die exakte Wissenschaft. Schlimmer noch: Wo zwei Philosophen im Abstand von nahezu zwei Jahrtausenden zu denselben Folgerungen kamen, würden heutige Forscher lauter verschiedene Schlüsse ziehen. Ein Beispiel dafür ist der Amerikaner C. O. Lovejoy, dem auffiel, daß es erst eine Million Jahre vor dem Gebrauch von Steinwerkzeugen zum aufrechten Gang gekommen sein soll; er fragte sich deswegen, was für sonstige Gründe wohl noch dazu hätten führen können, daß die Hominiden die Hände freibekamen. Seine Vermutung ist erst recht frappierend: damit sie etwas forttragen konnten! Im einzelnen meint er, die Australopithecinen hätten einen unschätzbaren Selektionsvorteil erworben, als ihnen die geschlechtsspezifische Arbeitsteilung gelang, bei der das Weibchen sich ausschließlich der Aufzucht des Nachwuchses widmete und das Männchen auf Nahrungssuche umherzog. Wenn er recht hat, muß es Familien vom menschlichen Typ gegeben haben, bevor es den Menschen gab.

Warum auch nicht? Leider sind derlei Spekulationen müßig. Daß die Vormenschen die Hände frei bekamen, kann auch auf etwas ganz anderes zurückzuführen sein: auf den Gebrauch von Werkzeugen, die spurlos vergangen sind, oder auf eine frühere Anpassung an das Leben auf Bäumen wie bei den Gibbons. Die neuesten Forschungen zur Anatomie des Australopithecus stellen tatsächlich ganz andere körperliche Merkmale heraus, die geeignet sind, das Leben in den Bäumen zu erleichtern. Und warum soll nicht das Weibchen, das nicht, wie die anderen Primaten, ein Fell hatte, in dem sich die Jungen festkrallen konnten, zum aufrechten Gang gekommen sein, damit es die Nachkommenschaft auf dem Arm tragen konnte? Und weshalb sollen die Weibchen in der Ernährung so abhängig von den Männchen gewesen sein? Bei den heutigen Buschmännern in Südafrika kann die Sammeltätigkeit der Frauen offenbar 70 Prozent des Nahrungsmittelbedarfs der Gruppe decken, während die Jagd als wichtigste Tätigkeit der Männer nur die restlichen 30 Prozent beibringt. Kurz, man kann auf diesem Gebiet vielleicht nicht gerade Beliebigkeiten äußern, aber durchaus ein wackliges Gedankengebäude errichten, das andere Forscher dann mit Wonne wieder einreißen. Dergleichen hat mehr mit Glücksspiel zu tun als mit Wissenschaft, ganz zu schweigen von den Unwahrscheinlichkeiten wie dem »Urmatriarchat«, das zum marxistischen Credo gehört, seit es sich der große Philosoph von der zeitgenössischen Ethnologie ausborgte, ohne sich Böses dabei zu denken. Nicht nur haben unsere nächsten Verwandten, die Gorillas und Schimpansen, Sozialorganisationen, deren Kern immer ein Männchen oder eine Gruppe von Männchen ist, sondern es gibt unter 90 Primatenarten nicht eine einzige, bei der die Weibchen die Autorität über die Gruppe innehaben. Um Herden zu finden, bei denen normalerweise Weibchen die Leittiere sind, muß man sich eher europäische Hirsche oder Wisente vornehmen, die allerdings wohl kaum zu unseren nächsten Verwandten zählen.

Einige Zwänge

Wenn wir schon den Ehrgeiz aufgeben müssen, längst vergangene Gesellschaften rekonstruieren zu wollen, können wir uns doch zumindest bemühen, einige Determinanten zu untersuchen, denen sie unterworfen waren. Hier bewegen wir uns auch auf viel sichererem Boden.

Zunächst muß man sicherlich annehmen, daß es schon früh ein Leben in der Gesellschaft gegeben hat. Darauf lassen Grabungsfunde schon seit der Zeit von Laetoli schließen, dort und anderswo. Beobachten wir unsere Verwandten, die anderen Primaten als Beispiel gesellig lebender Tiere par excellence, kommt gar keine andere Möglichkeit in Betracht. Dann wollen wir davon ausgehen, daß die prähistorischen Menschengruppen sehr klein waren und höchstens ein paar Dutzend Individuen umfaßten. In der Natur haben es bei den Großsäugern tatsächlich nur die Pflanzenfresser zu großen Herden gebracht; die anderen, ob Fleischfresser, Früchtesammler usw. müssen ihre Herdengröße dem anpassen, was ihr Lebensraum an Nutzungsmöglichkeiten hergibt. Das läßt sich etwa für Wölfe oder Großaffen nachweisen. Doch war der Mensch nie ein reiner Pflanzenfresser, wie schon sein Gebiß beweist.

Gendrift

Alle sozial in Kleingruppen lebenden Säugetiere wechseln die Sexualpartner über Gruppengrenzen hinaus. Bei einigen wie Hirsch oder Löwe sogar systematisch. Bei anderen Arten kann das Phänomen seltener vorkommen, wurde aber jedesmal festgestellt, wenn man sich die Mühe machte, die Tiere in ihrem Lebensraum lange genug zu beobachten. Bei den Rhesusaffen zum Beispiel wird die Stabilität der Gruppe von den Weibchen sichergestellt während die jungen Männchen ihrem Wandertrieb folgen. Bei den Schimpansen dagegen wechseln die Weibchen ständig die Gruppe, bis sie durch eine erste Geburt gruppentreu werden. Dieses Abwandern junger Männchen oder junger Weibchen ist unerläßlich für die Erhaltung der Art. Es konnte sogar nachgewiesen werden (Bocquet-Appel 1982; Bocquet-Appel/Masset 1982), daß das Geschlechterverhältnis in einer Kleingruppe großen Zufallsschwankungen ausgesetzt ist, vor allem der fortpflanzungsfähige Anteil, und solche Schwankungen wirken sich natürlich um so stärker aus, je geringer die Kopfzahl ist. Der Gruppe fehlen also fast ständig fortpflanzungsfähige Tiere vom einen oder anderen Geschlecht, und sie ist folglich vom Aussterben bedroht. Rechnerisch läßt sich nachweisen, daß eine Gruppe von wenigen Dutzend Individuen schon nach wenigen Jahrhunderten ausstirbt. Diese Gefahr kann durch Polygamie und Polyandrie nur abgemildert werden. Wirksamer wäre es, die Zahl der Geburten zu erhöhen, aber das ist nicht einfach und kann sich obendrein als unzureichend erweisen. Die einzig wirklich zufriedenstellende Lösung wurde von allen sozial lebenden Säugern übernommen: der Wechsel von Sexualpartnern von einer Gruppe zur anderen, was den zusätzlichen Vorteil einer Erweiterung des Genpools bietet.

Haben die ersten Hominiden Männchen getauscht, wie die meisten Affen, oder Weibchen wie die Schimpansen, ihre nächsten Verwandten, und wie die meisten Jäger und Sammler der jüngsten Vergangenheit? Wir werden es sicher nie erfahren. Es bleibt nur die erdrückende Tatsache, daß der Austausch junger Erwachsener des einen oder anderen Geschlechts wiederum mit dem in allen menschlichen Gesellschaften bekannten Inzestverbot verknüpft ist. Aus dieser Sicht ist es unwichtig, ob der Mann oder die Frau auf Wanderung geht. Wir haben hier eines der ältesten Merkmale von Familiensystemen der Gattung Mensch vor uns.

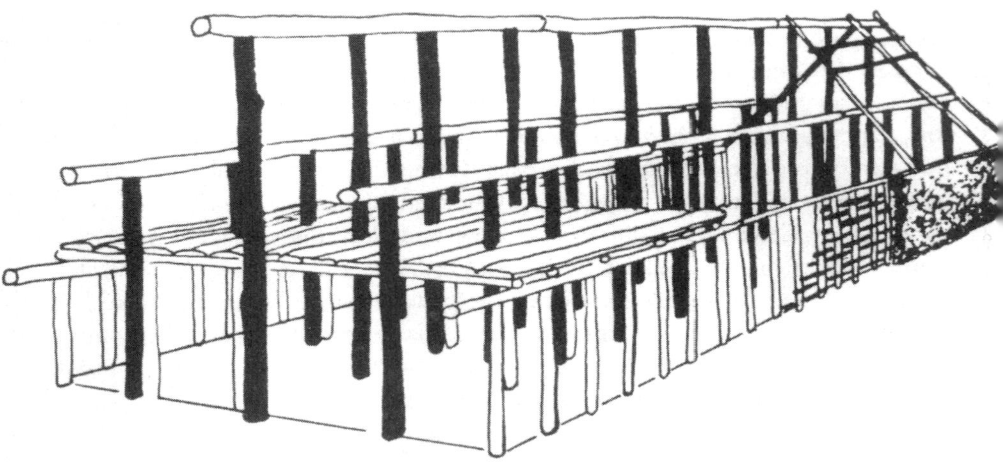

Rekonstruktion (Modell) eines Hauses aus der Jungsteinzeit (5. Jahrtausend v. Chr.) in Cuiry-les-Chaudarde (Aisne). Die Pfostenlöcher liefern einen detaillierten und genauen Grundriß, nach dem der Aufbau, teilweise hy pothetisch, wiederhergestellt wurde. Die Häuser aus dieser Zeit bestechen durch ihre Abmessungen: Durch schnittlich sind sie 20 m lang, manchmal sogar länger. In Verbindung mit der Tatsache, daß sie später durch vie kleinere Wohnbauten ersetzt wurden, läßt sich schließen, daß jedes davon einer erweiterten Familie Obdach bo

Eines der seltenen prähistorischen Dokumente zum Familienleben, hier in Zusammenhang mit Viehzucht. Aus den Wandmalereien von Sefar (4. Jahrtausend v. Chr., Tassili-des-Ajjer), von der Expedition von Henri Lhote.

In Ausgrabung befindliche Bestattungsnische auf dem Grund einer Gräbergalerie aus dem 3. Jahrtausend v. Chr. (La Chaussée-Tirancourt, Somme). Jetzt vergangene Wände, vermutlich aus Holz, trennten die Knochenansammlungen von zwei anderen, bereits ausgegrabenen auf beiden Seiten. Die anthropologische Untersuchung hat ergeben, daß die in derselben Grabnische Bestatteten häufig eine »Familienähnlichkeit« zeigen.

In allen Gesellschaften unterliegt dieser »Frauentausch«, wie ihn die Ethnologen nennen, mehr oder minder strengen Regeln. Überall gibt es die Einrichtung der Ehe, die diesen Tausch zugleich sanktioniert und daraus hervorgegangene Kinder als rechtmäßig anerkennt. Überall ist die Heirat mit Gütertausch und Feiern verbunden. Was ergeben alle diese Beobachtungen, wenn nicht den Eindruck, daß es sich hier wahrscheinlich um uralte Strukturen handelt? Leider ist es nicht möglich, den Zeitraum anzugeben, in dem sich diese Strukturen gebildet haben, mit einiger Sicherheit geschah dies jedoch bereits während prähistorischer Epochen.

Geburtenkontrolle

Eine weitere Notwendigkeit, vor der alle prähistorischen Gesellschaften wie viele höherentwickelte Tiere standen, ist die Kontrolle ihrer Fruchtbarkeit. In den sehr seltenen heutigen Fällen, in denen diese nur durch die Zeit des Stillens beschränkt wird, kann eine Frau bis zum 50. Lebensjahr ungefähr ein Dutzend Kinder haben. Die Kindersterblichkeit nicht berücksichtigt sind aber zur Erhaltung der Generationen nur zwei Nachkommen erforderlich. Jede Art, die ihre Fruchtbarkeit nicht selber reguliert, ist darauf angewiesen, daß Hungersnöte, Parasiten und Raubtiere diese Aufgabe übernehmen. In der Tat ist dies die hauptsächliche Aufgabe von Raubtieren in der freien Natur. Unabhängig von dem Tribut, den sie so zollen müssen, passen viele höherentwickelte Tiere ihre Fruchtbarkeit recht gut an die Möglichkeiten ihres Lebensraums an. Schon für Pflanzenfresser von Nutzen, wird die Geburtenkontrolle für Gattungen wie der unseren, die von Raubtieren weitgehend verschont bleiben, zur unabdingbaren Notwendigkeit. Löwenmännchen zögern beispielsweise nicht, die Nachkommen eines Rivalen zu töten. Der Baßtölpel (*Morus bassanus*), ein Meeresvogel, kann nur auf bestimmten Felsen nisten. Überzählige erwachsene Tiere können sich folglich erst paaren, wenn ein Nistplatz auf einem dieser Felsen frei wird. Wer nicht schnell genug zugreift, hat das Nachsehen.

Bis in die jüngste Zeit hielt sich der Glaube, diese Frage habe sich dem prähistorischen Menschen wegen der hohen Müttersterblichkeit gar nicht erst gestellt. Viele anthropologische Untersuchungen an vorgeschichtlichen Skelettserien ließen tatsächlich auf eine außerordentlich hohe Frauensterblichkeit schließen, die man sich nur durch Komplikationen bei der Geburt oder im Kindbett erklären konnte. Dies verleitete zu der Annahme, die Menschheit habe nur überlebt, indem sie ihre Möglichkeiten zur Fortpflanzung voll ausschöpfte. Zur Ehrenrettung unserer Vorfahren erwies sich das als Interpretationsfehler. Wollte man nämlich das Sterbealter eines prähistorischen Skeletts bestimmen, verglich man es mit vielen neuzeitlichen Skeletten, bei denen das Sterbealter bekannt war. Es hat sich aber gezeigt, daß dieser Vergleich viel diffiziler ist und schwierige statistische Probleme aufwirft und daß insbesondere die Kriterien für die Schätzung des Sterbealters bei Frauen häufig nicht anwendbar sind, weil sie aus Sammlungen vorwiegend männlicher Skelette entwickelt wurden (Masset 1973, 1982). Kurz, es gibt heute keinen stichhaltigen Grund mehr für die Annahme, daß die Sterblichkeit von Frauen während der Vorgeschichte größer gewesen ist als die ihrer männlichen Gefährten. Heute herrscht sogar die Überzeugung vor, daß beide Geschlechter viel länger lebten als bisher angenommen.

Damit stehen wir erneut vor dem Problem des Verhältnisses zwischen Menschen und Raubtieren: Der Selektionsdruck durch letztere beeinflußte sowohl die Fortpflanzungsrate als auch die Organisation der Familie, denn Raubtiere erbeuten vorzugsweise Kinder. Eine neue und bemerkenswerte Arbeit des südafrikanischen Forschers C. K. Brain zeigt, daß der Australopithecus, von dem nicht bekannt ist, ob er bereits Jäger war, immerhin recht häufig wilden Tieren zum Opfer fiel; insbesondere der ausgestorbenen Großkatze *Dinofelis*. Allerdings findet man für die Zeit ab zwei oder eineinhalb Millionen Jahren vor unserer Zeitrechnung keine Hinweise dafür, daß Raubtiere Hominiden erbeuteten, die damals durch den *Homo habilis* vertreten wurden, wenn nicht bereits durch den *Homo erectus*. Damit soll natürlich nicht gesagt werden, daß die Gattung Mensch von da an für alle Zeit und überall vor Raubtieren sicher war. Doch zeigt es zumindest, daß der Selektionsdruck von Raubtieren auf unsere Vorfahren schon sehr viel früher abnahm, als man bisher glaubte, und vielleicht schon früh jede statistische Bedeutung verlor. Die Menschheit stand damit schon sehr rasch vor der Notwendigkeit, ihre eigene Fruchtbarkeit zu kontrollieren (sofern sie das nicht bereits tat), wenn sie ihre Mitglieder nicht an Hunger und Elend sterben sehen wollte, was sich durch die Knochenfunde nicht belegen läßt. Lassen wir uns einmal auf das Gedankenspiel ein, in einer vorgeschichtlichen Menschengesellschaft hätte der Sieg über die Raubtiere die Sterblichkeitsrate nur um ein halbes Prozent reduziert und die Geburtenrate wäre danach überhaupt nicht zurückgegangen. Bei einem Sinken der jährlichen Sterbeziffer von etwa 3,5 auf 3 Prozent und bei einer gleichbleibenden Geburtenrate von 3,5 Prozent hätte sich dann eine Population von anfangs 35 Individuen bei einem jährlichen Zuwachs um 0,5 Prozent nach 139 Jahren verdoppelt und nach 923 Jahren verhundertfacht. Viertausend Jahre später hätten diese 3500 Individuen dann 1600 Milliarden Nachkommen gehabt, also das Vierhundertfache der heutigen Bevölkerung unseres Erdballs – wahrhaftig erschreckend viele Jäger und Sammler.

Es ist vermutet worden, die Rolle der Raubtiere sei womöglich vom Krieg übernommen worden. Außer daß es hierzu vor der Jungsteinzeit, ab 5 900

v. Chr., überhaupt keinen Beleg gibt, hätte Krieg auf traditionelle Populationen kaum Wirkung, weil er Frauen und Kinder verschont und damit genau diejenigen übrigläßt, die der Schlüssel zur Zukunft sind. Wir müssen daher schon für eine sehr frühe Epoche der Menschheitsgeschichte Mechanismen im Brauchtum und Kulturverhalten annehmen, die auf die Fruchtbarkeit einwirkten und das Wachstum bei etwa Null hielten. Solche Mechanismen sind von allen heutigen oder historischen Gesellschaften bekannt. Es handelt sich dabei um soziale Prozesse, die kulturell verankert sind und sich daher nur sehr langsam ausbilden: Ein vorübergehendes Ungleichgewicht kann sich einstellen, wenn die Sterblichkeit drastisch in die eine oder andere Richtung ausschlägt. Dies gilt heute für die Dritte Welt, wo Fortschritte im Bereich der Hygiene sowie Impfprogramme seit einigen Jahrzehnten eine rasche, aber höchstwahrscheinlich nur vorübergehende Bevölkerungszunahme bewirkt haben.

Wir dürfen daher vorgeschichtlichen Gesellschaften a priori Verfahren unterstellen, mit denen sie ein ungebremstes Wachstum verhindern konnten. Wie in Afrika und bei amerikanischen Indianerstämmen griffen manche Populationen auf sexuelle Tabus zurück, die häufig an eine verlängerte Stillzeit gebunden waren. Andere schoben, wie in Europa vor ein paar hundert Jahren, das Heiratsalter der Mädchen hinaus und gingen schließlich sogar so weit, manche Mädchen als Nonnen lebenslänglich zur Jungfernschaft zu verdammen. Sogar Empfängnisverhütung und Abtreibung, die wir gern für ein Vorrecht von Hochkulturen halten, werden in allen Erdteilen von vielen traditionell lebenden Völkern praktiziert. Doch von allen Einwirkungsmöglichkeiten auf die Fruchtbarkeit ist die einfachste und die am weitesten verbreitete die Kindstötung, die sowohl bei den Eskimos, Buschmännern und bei australischen Ureinwohnern als auch in Hochkulturen wie dem klassischen Griechenland oder dem heutigen China ausgeübt wurde und wird. Auch bei unseren Vettern, den wildlebenden Schimpansen, und bei anderen Tierarten ist die Kindstötung beobachtet worden und dürfte seit der frühesten Vorgeschichte das bevorzugte Mittel der Geburtenkontrolle gewesen sein.

Altersstruktur

Die Kindstötung, für uns eine schreckliche Vorstellung, ist im Kontext einer Kindersterblichkeit zu beurteilen, die bei weitem alles übertrifft, was wir heute kennen. Sowohl im 20. Jahrhundert bei den Buschmännern der Kalahari als auch bei den französischen Bauern des 18. Jahrhunderts starb jedes vierte Kind vor Vollendung des ersten Lebensjahrs, und nur jedes zweite erreichte das Erwachsenenalter (heute liegen die entsprechenden Zahlen bei ein und drei Prozent!). Bei den anderen Primaten in der freien Natur ist die Sterblichkeit vergleichbar mit der unsrigen vor ein paar hundert Jahren. Wie die vorgeschichtliche Familie auch ausgesehen haben mag, wir müssen sie uns mit vier bis sechs Kindern vorstellen, von denen die meisten nicht alt wurden. Obendrein wurde diese Familie recht häufig vom frühen Tod eines Elternteils betroffen. Beim Vergleich mit Gesellschaften jüngeren Datums ist zu berücksichtigen, daß nur jeder zweite Erwachsene (über 20 Jahre) das 60. Lebensjahr erreichte, und hochbetagte Alte viel bereitwilliger verehrt wurden, da ihre Zahl gewiß sehr klein war (Masset 1975; Bocquet-Appel/Masset 1977).

Die geschlechtsspezifische Arbeitsteilung

Eines der wesentlichen Merkmale der menschlichen Familie, das in Affengesellschaften nicht beobachtet werden kann, ist die geschlechtsspezifische Arbeitsteilung. Diese Aufgabenteilung zwischen Mann und Frau, die ohne Ausnahme in allen traditionellen Gesellschaften bekannt ist, wird normalerweise sehr streng gehandhabt. Kann man sich vorstellen, daß ein Europäer vor drei oder vier Jahrhunderten statt seiner Gattin die Wolle spinnt und nicht er, sondern sie die Ochsen zum Pflügen führt? Ganze Bände ließen sich über die gesellschaftliche Funktion dieser Arbeitsteilung schreiben, die aus dem Paar die ökonomische Grundzelle macht, die ihren Lebensraum viel besser bewirtschaften kann als jeder der Partner einzeln. Unter einem anderen Gesichtspunkt könnte man diese Aufgabenteilung auch so betrachten, daß sie den dauerhaftesten Zusammenhalt der Familiengruppe darstellt, da keiner der Partner ohne den anderen auskommen kann. Genauso wurde früher die geschlechtsspezifische Arbeitsteilung erlebt: Um die häuslichen Tugenden von Kaiser Augustus zu rühmen, wurde behauptet, er trage gern Kleider, die von seiner Frau oder Tochter geschneidert seien.

Die Aufgaben, die den Männern oder den Frauen vorbehalten sind, sind von einer Menschengruppe zur anderen nicht unbedingt gleich, was die Frage nach dem Ursprung dieser Arbeitsteilung noch weiter kompliziert. Das Weben zum Beispiel, bei den Pueblo-Indianern von Arizona eine rein männliche Tätigkeit, war beim Nachbarvolk der Navahos stets den Frauen vorbehalten. Dennoch ist die Annahme berechtigt, daß die Sorge für die Kleinkinder überall den Frauen übertragen war: So ist es bei allen Säugetieren und in allen historisch bekannten Gesellschaften. Zwangsläufig wurden sie dadurch in ihrer Mobilität eingeschränkt, und dies um so mehr, weil der kleine Mensch erst nach mehr als einem Jahr Laufen lernt, während ein Pflanzenfresser dafür nur ein paar Stunden braucht. Dies erklärt deutlich, wie es zur geschlechtsspezifischen Arbeitsteilung kommen konnte. Bei den Affen, die fast ausschließlich vom Sammeln leben und so gut wie keine Werkzeuge benutzen, können die beiden Geschlechter ohne weiteres die gleichen Tätigkeiten ausführen. Für die Hominiden gilt dies nicht mehr wegen zweier anderen Primaten unbekannter Besonderheiten: wegen der Jagd und der Nutzung des Feuers. Die Jagd spielte schon früh eine Rolle, und sie nahm bis zur Jungsteinzeit stetig zu. Es gab sie vermutlich schon zur Zeit des *Homo habilis* vor mehr als einer Million Jahren, und sie wurde vom *Homo erectus* allmählich so weit vervollkommnet, daß dieser vor etwa 200 000 Jahren schon den Auerochsen und das Mammut überwältigen konnte. Nun ist aber die Jagd zu

Weibliche Tonstatuette aus dem 5. Jahrtausend v. Chr. (Vinča-Kultur). Wie andere Figuren derselben Epoche aus diesem Gebiet des früheren Jugoslawien stellt sie offenbar das ewige Thema von Mutter und Kind dar. Zagreb, Museum für Archäologie.

schwierig und zu gefährlich, als daß man Kleinkinder mitnehmen könnte. Man kann daher annehmen, daß diese immer unter der Obhut ihrer Mütter blieben und von ihnen beim Sammeln angeleitet wurden, während die Männer auf Großtierjagd gingen. Das Feuer wiederum machte sich vor 500 000 oder 600 000 Jahren ebenfalls der *Homo erectus* zu eigen. Seine Gefährtin, die wegen der Kinder nicht so mobil war wie der Mann, konnte sich nicht gleichweit vom Feuer entfernen; bestimmt mußte sie dafür sorgen, daß es nicht ausging. Die Frau bei der Feuerstelle ist wahrscheinlich eines der ältesten Bilder des Familienlebens. Bei heutigen Jägern und Sammlern ist überall dieser uralte Gegensatz zwischen den Tätigkeiten der beiden Geschlechter zu beobachten: Jagd auf der einen Seite, Herdfeuerpflege und Sammeln auf der anderen.

Folglich könnte die lange Abhängigkeit des Kleinkinds von seiner Mutter am Anfang der geschlechtsspezifischen Arbeitsteilung und damit der Familie gestanden haben: Beide stellen sozusagen zwei Facetten desselben Phänomens dar. So ist bei der Gattung Mensch in allen Klimazonen und Lebensweisen eine doppelte Verknüpfung gegeben: Innerhalb einer mehr oder minder großen und hierarchisierten Gesellschaft, die eine Arbeitsteilung unter ihren Mitgliedern kennt oder nicht, ist ausnahmslos jedes Mitglied zugleich Teil des kleineren Familienverbandes, der sowohl auf den Blutsbanden als auch auf der sich ergänzenden Tätigkeit von Individuen verschiedenen Geschlechts beruht.

Die Besonderheit der menschlichen Sexualität

Zu den besonderen Merkmalen der menschlichen Familie gehört noch ein weiteres, nicht weniger eigenartiges Charakteristikum. Unter allen Primaten kennt nur das Weibchen unserer Gattung keine Brunst: Es wird beim Eisprung nicht »läufig«. Seit mehr als vier Millionen Jahren, also der Zeit, auf die die Molekularbiologie die Trennung zwischen Hominiden und Schimpansen datiert, hat die Frau die bei den Säugetieren so verbreitete Fähigkeit verloren, Männchen nur dann anzulocken, wenn die Empfängnis am wahrscheinlichsten ist. Mit ihrer ständigen Anziehungskraft bleibt sie sogar in der Schwangerschaft sexuell bereit, ein Sonderfall unter den Lebewesen. Deswegen ist unsere Gattung selten ohne sexuelles Begehren: Die langen Zeiten der Enthaltsamkeit, das übliche Los der anderen Säugetiere, kennen wir nur in der Kindheit und im hohen Alter. Zu der Rivalität unter den solcherart ständig aufgereizten Männchen kommt bei uns eine ebenso heftige Konkurrenz zwischen den Weibchen. Jede ist bemüht, nicht weniger attraktiv zu sein als die anderen und nutzt verschiedene Tricks, die sozusagen die unwiderstehliche

Lockung der einstmaligen Brunst vertreten. So tritt Kultur an die Stelle der Natur. Um beispielsweise nach den ästhetischen Maßstäben des 17. Jahrhunderts attraktiv zu wirken, aßen sich Frauen dick und rund und bleichten sich vornehm mit allerhand Tinkturen den Teint.

Bei fast allen höheren Tieren gibt es Mechanismen wie Dominanzverhalten und Territorialinstinkt, welche die Beziehungen zwischen den Individuen einer Gattung regeln. Der Mensch hat auf die biologische Innovation des Ausbleibens der Brunst womöglich mit der Bildung monogamer Paare reagiert. Mit solchen Paarbildungen konnte die Rivalität zwischen Individuen gleichen Geschlechts gedämpft und im selben Zuge die geschlechtsspezifische Arbeitsteilung in den Dienst der Kinder gestellt werden. Monogamie ist im übrigen bis heute in den menschlichen Gesellschaften die verbreitetste Art des Zusammenlebens.

Nach der Evolutionstheorie muß die sexuelle Bereitschaft auch außerhalb der Zeiten des Eisprungs ein Selektionsvorteil sowohl für die Individuen als auch für die Gattung insgesamt gewesen sein. Nichts zwingt uns indessen, die neodarwinistische Theorie zu übernehmen, derzufolge jeder Entwicklungssprung unbedingt zum Vorteil der Betroffenen sein muß. Überdies könnte uns die Suche danach, welcher Natur dieser Selektionsvorteil gewesen ist, auf den trügerischen Grund willkürlicher Hypothesen locken. Es läßt sich allenfalls konstatieren, daß die menschlichen Gesellschaften sich als fähig erwiesen haben, diese Neuerung auszunutzen, und daß sie zum Zusammenhalt der Familiengruppe beigetragen haben kann.

Viel mehr kann man dazu nicht sagen, ohne sich in Mutmaßungen zu verlieren. Wie gezeigt, wissen wir nur recht wenig darüber, wie die Familie zur Zeit der Jäger und Sammler oder der ersten Ackerbauern organisiert gewesen sein mag. Dies um so weniger, als Familienstrukturen überall auf der Welt und durch die Jahrtausende hinweg noch weitaus vielfältiger als alles gewesen sein müssen, was die Anthropologie und Soziologie heute beobachten kann. Unsere kurze Untersuchung hat zwar wenige, aber dafür gesicherte Befunde erbracht: Die Familie gibt es schon seit der Frühzeit, und sie ist sicherlich mit der geschlechtsspezifischen Arbeitsteilung und der sexuellen Dauerbereitschaft der Frau verbunden. Außerdem ist relativ gut belegt, daß die monogame Paarbildung Vorrang vor anderen Formen des Zusammenlebens erlangte und daß althergebrachte Sitten und ein Zusammenhalt über die Familie hinaus schon in der Frühzeit zu einem Tausch von Sexualpartnern zwischen Gruppen führte und später zu einer Norm für Heiraten und der Respektierung bestehender Paare (zumindest bis zu einem gewissen Grad). Außerdem muß es eine gewisse Geburtenkontrolle gegeben haben, wobei es verwunderlich wäre, wenn Kindstötung dabei keine Rolle gespielt hätte. Schließlich wurden Familienstrukturen auch häufig durch den Tod eines Gatten verändert. Insgesamt ein leider recht mageres Ergebnis.

AM VORABEND DER GESCHICHTE

Für die Jahrhunderte unmittelbar vor der Erfindung der Schrift sind die Daten nicht ganz so dürftig. Nicht, daß wir über Texte verfügten, deren Verfasser das Familienleben ihrer Vorfahren beschrieben hätten: In ihren Anfängen diente die Schrift ganz anderen Zwecken. Erst um etwa 3000 v. Chr. treten zwei neue und zudem voneinander unabhängige Kategorien von Befunden und Erkenntnismöglichkeiten auf.

Die Kollektivgräber in Westeuropa

Das starke Bevölkerungswachstum nach der Einführung des Ackerbaus geht in der Jungsteinzeit einher mit einer zunehmenden Anzahl von Gräbern; für den Prähistoriker eine Informationsquelle erster Güte. In Westeuropa sind es häufig Kollektivgräber, von denen die ältesten bis zum Ende des 6. Jahrtausends v. Chr. zurückreichen, Dolmen- und Ganggräber, natürliche oder künstliche Grabhöhlen, mit Erdhügeln überdeckte Grabkammern aus Baumstämmen oder Steinplatten. Die in Deutschland und im Pariser Becken ungefähr zur gleichen Zeit wie die Pyramiden Ägyptens errichteten Grabstätten enthalten gewöhnlich Überreste von mehreren hundert Individuen, die darin nicht zufällig verteilt sind. In einem besonders gut bekannten Monument, dem eingetieften Ganggrab von La Chaussée-Tirancourt bei Amiens, waren die meisten Menschenknochen durcheinandergeworfen. Doch ließen sich in diesem Grabraum auch Bereiche ausmachen, in denen die Skelette häufig noch anatomisch richtig lagen: Die Totenruhe war also nicht gestört worden. Ein Teil der verstreuten Knochen um diese »Grabkammern« herum stammten offenbar aus denselben, doch andere stammen allem Anschein nach von Leichen, die außerhalb des Kollektivgrabs verwest waren (Masset 1979; Scarre 1984).

Diese in derselben Grabkammer beigesetzten Verstorbenen sind mit einiger Sicherheit Mitglieder ein und derselben sozialen Gruppe gewesen. Die Skelettanalyse läßt bei ihnen auch tatsächlich sogenannte »Familienmerkmale« erkennen. Einige nichtpathologische und vererbbare Knochenanomalien sind bei

Skeletten aus einer Grabkammer ungewöhnlich häufig vertreten. Es handelt sich also vermutlich um Individuen, die einen Teil ihres Genoms miteinander gemein hatten.

Vielleicht läßt sich noch ein wenig mehr erschließen. In derselben Grabkammer befinden sich in gleicher Zahl Individuen beiderlei Geschlechts, die im selben Maße die anatomischen Besonderheiten ihrer Kleingruppe aufweisen. Daß es sich dabei um echte endogame Kleingruppen handelt, ist völlig ausgeschlossen, wie wir oben gesehen haben. Also bleiben nur zwei Hypothesen.

Nach der ersten wurden Verheiratete beiderlei Geschlechts, nachdem sie mit ihren Partnern gelebt hatten, nach dem Tode für die Ewigkeit in die Familie ihres gegengeschlechtlichen Elternteils zurückgeführt. Mit anderen Worten: War die Wohnfolge virilokal, wurde die Gattin in der Grabkammer ihrer Vaterfamilie bei ihren Brüdern bestattet. War sie uxorilokal, wurde die sterbliche Hülle des Gatten in der Mutterfamilie bei seinen Schwestern begraben. Ohne besonders häufig zu sein, wurden solche Verlagerungen Verstorbener von einer Familie zur anderen auch in jüngerer Zeit von Ethnographen beobachtet. Sie sind daher alles andere als unwahrscheinlich.

Nach der zweiten Hypothese enthält die Grabkammer die sterblichen Überreste von Menschen, die zwar einen Teil ihres Genoms miteinander gemein hatten, die aber dennoch untereinander geheiratet hatten. Die Grabkammer birgt danach also die Überreste einer endogamen Gruppe, obwohl ihre Kopfzahl Endogamie auszuschließen scheint. Es gibt nur zwei Lösungen für diesen Widerspruch.

Entweder war die Gruppe tatsächlich endogam, jedoch umfangreicher als es scheint; und damit hätten nur einige Auserwählte ein Recht auf Bestattung im Hügelgrab gehabt, und die anderen wären anderswo beerdigt worden. Oder die Gruppe, deren Mitglieder in der Grabkammer bestattet wurden, war entgegen dem Anschein exogam, unterhielt jedoch besondere Beziehungen zu einer ähnlichen Gruppe außerhalb, mit der sie ihre Kinder vorzugsweise verheiratete. Nach einigen Generationen ähnelten die Gruppen auf beiden Seiten einander sehr. Wir hätten also zwei hierarchisierte Menschengruppen vor uns. Die erste, eine durch das Kollektivgrab repräsentierte Territorial- oder Familiengruppe, muß exogam gewesen sein, da es zwischen den Skeletten der verschiedenen Grabkammern in dem Ganggrab keine auffälligen Ähnlichkeiten gibt. Die andere war eine Untergruppe der ersten und ist in derselben Grabkammer vertreten. War diese Untergruppe durch das Verwandtschaftssystem abgesondert, das etwa Heiraten zwischen Kreuzvettern und -kusinen verlangte? Beruhte die Trennung auf dem sozialen Status ihrer Mitglieder (ob reich oder arm, Schäfer oder Bauern, Anhänger von Gott A oder Göttin B usw.)? Die Befunde liefern derzeit noch keine Antwort. Insbesondere weist nichts eindeutig auf eine unilineare, bilineare oder kognatische Verwandtschaftsbeziehung hin. Erst recht wäre die Annahme fahrlässig, es müsse eine Entwicklung von der einen zur anderen vorgelegen haben.

Eine Entscheidung für eine dieser beiden Hypothesen ist noch nicht möglich, doch besteht Hoffnung, sie irgendwann treffen zu können oder zumindest das Problem zu verdeutlichen. Bereits seit Mitte des 19. Jahrhunderts werden solche Kollektivgräber mehr oder weniger fachmännisch ausgegraben, doch sind sie erst seit kurzem an solchen Problemstellungen mit Blick auf relevante anatomische Knochenmerkmale orientiert. Es darf also auf eine große Zahl weiterer Befunde gehofft werden. Außerdem läßt sich die Qualität der Vergleiche durch genauere Untersuchungen der Knochen jüngerer Populationen mit bekannten Verwandtschaftsverhältnissen verbessern. Kurz, es handelt sich bei den obigen Aussagen um reine Hypothesen. Anders als die nicht überprüfbaren Spekulationen J.-J. Rousseaus, C. O. Lovejoys und anderer müßten diese Hypothesen anhand der neuen Befunde überprüft werden können.

Was die Linguistik beitragen kann

Jedesmal, wenn in einer historischen Epoche eine neue Sprache auftritt, stellen die ältesten überlieferten Texte in dieser Sprache eine kostbare Momentaufnahme ihrer Entwicklung dar. Häufig sind mehrere verwandte Sprachen bekannt, die weit entfernt voneinander vorkommen und trotzdem unbestreitbare Ähnlichkeiten aufweisen. Wenn diese Ähnlichkeiten tatsächlich auf einen gemeinsamen Ursprung zurückgehen, was meist der Fall ist, kann die prähistorische Herkunftssprache mit den Verfahren der Linguistik ziemlich genau rekonstruiert werden. Es zeigt sich, daß sich in allen Sprachen der Welt gerade die Verwandtschaftsbegriffe am hartnäckigsten gegen Entlehnungen aus einer anderen Sprache sperren. Eine prähistorische Sprache zu rekonstruieren, heißt daher festzustellen, wie der Wortschatz für die Verwandtschaft in dieser Sprache lautete. Dies gewährt Zugang zu gewissen Erkenntnissen über die Verwandtschaftsstrukturen jener untergegangenen Gesellschaft, in der diese Sprache gesprochen wurde.

Für mehrere Sprachfamilien liegen solche Arbeiten vor. Wir beschränken uns hier auf die indogermanischen Sprachen, die am besten untersucht sind und von denen manche schon vor mehreren tausend Jahren aufgezeichnet wurden: Hethitisch, Griechisch und Sanskrit schon im 2. Jahrtausend v. Chr. Zum Zeitpunkt ihres Eintritts in die Geschichte wurden sie in großen Teilen Europas und Asiens gesprochen, von Bengalen bis Irland. Heute werden sie auf allen Kontinenten

Fernand Cormons phantasievolle Darstellung des prähistorischen Familienlebens, wie man es sich vor einem Jahrhundert vorstellen konnte. Um einen Herd von anachronistischer Form gruppieren sich Frauen und Kinder. Hinter einem Greis zeichnet sich die unvermeidliche Höhle ab. Das Vorhandensein einer Harpune (für Bärenjagd verblüffend) und noch mehr von Hunden datieren die Szene an das Ende der Altsteinzeit. Das Nähen war da schon ein paar Jahrtausende lang bekannt, aber obwohl die Szene noch in der Eiszeit spielt, sah der einfallsreiche Maler das Schneidern nicht als Hauptbeschäftigung seiner wenig kälteempfindlichen Heldinnen an. Saint-Germain-en-Laye, Musée des Antiquités Nationales.

von etwa der Hälfte der Weltbevölkerung verwendet. Die diachronische Untersuchung dieser Sprachen verweist auf einen zeitlichen Ursprung, den man gern genauer datieren würde. Es könnte sich um das 5. oder 4. Jahrtausend handeln, doch leider sind die Verfahren, mit denen festgestellt werden kann, wie schnell sich die Sprache entwickelt (»Glottochronologie«), sehr ungenau.

Die neueste Synthese zum Wortschatz der Verwandtschaft in der frühen indoeuropäischen Welt verdanken wir E. Benveniste (1969). Dieser Wortschatz weist einige verblüffende Merkmale auf, die in den Tochtersprachen schon lange verschwunden sind: Er ist klassifikatorisch. Ein Wort wie **bhrāter* (lateinisch *frater*, französisch *frère*, deutsch *Bruder*) gilt nicht nur für den männlichen Nachkommen desselben Vaters, sondern auch für die Nachkommen der Vaterbrüder usw. Dasselbe gilt für andere Begriffe der Verwandtschaft wie **pater* (Vater), **swesor* (Schwester) usw. Die Sprachen der Neuzeit waren genötigt, entweder die alten Worte mit besonderer Bedeutung zu belegen oder neue aus Beinamen zu schaffen. So kann man im Lateinischen zum Beispiel angeben, ob ein *frater* ein *germanus* (leiblicher Bruder vom selben Vater und derselben Mutter; spanisch *hermano*) oder ein *patruelis* (Nachkomme eines Onkels väterlicherseits, im Lateinischen *patruus*) ist. Substantiviert kann *patruelis* für sich stehend den Vetter (in ausschließlich männlicher Linie) bezeichnen.

Zwischen den beiden Geschlechtern besteht eine ausgeprägte Asymmetrie. Während ein Mann nur sehr allgemeine Bezeichnungen für die Mitglieder seiner Schwiegerfamilie hat, verfügt eine Frau über einen kompletten Spezialwortschatz: »Schwiegervater« oder »Schwiegermutter« natürlich, aber auch »Bruder des Gatten«, »Schwester des Gatten« und sogar »Frau eines Bruders des Gatten«. Aus männlicher Sicht wird die Heirat mit Verben, aus weiblicher mit Substantiven beschrieben. Der Mann heiratet, er »führt eine Frau heim«. Ein anderer Mann »gibt« ihm seine Tochter zur Ehe. Diese aber heiratet nicht aktiv, sie ändert nur ihren Familienstand: vom Mädchen wird sie zur Frau. Das Lateinische besagt, daß sie *in matrimonium* gegeben oder genommen wird: um in den Stand einer *mater* (Mutter) zu gelangen.

Diese beiden Merkmale des Ur-Indoeuropäischen kennzeichnen eine Gesellschaft, in der die Frau in der Familie ihres Gatten wohnt und diese mit ihren Brüdern und Vettern in männlicher Linie eine homogene Gesamtheit von *fratres* darstellt, um das lateinische Wort aufzugreifen. Nach Benveniste handelt es sich um einen patrilinearen Klan mit virilokaler Ehe, um das, was auch als patriarchalische Gesellschaft bezeichnet wird. Es läßt sich ohne weiteres mutmaßen, daß diese *fratres*, zwischen denen die Sprache jede Unterscheidung verweigert, offenbar dicht beieinander lebten.

Die Sprachanalyse ermöglicht noch eine weitere Vertiefung. Beim Übergang von einer indoeuropäischen Sprache zur anderen stellt man fest, daß das in den meisten von ihnen vorhandene Urwort **nepot* sowohl »Neffe« wie »Enkel« bedeutet, bisweilen, wie im Lateinischen, sogar beides. Es verblüfft schon, daß ein so wichtiges Wort, das immerhin in so vielen verschiedenen Sprachen beibehalten wurde, eine so unterschiedliche Bedeutung haben kann. Diese Anomalie überlagert noch eine zweite. Mehrere indoeuropäische Sprachen verfügen von Anfang an über eine besondere Bezeichnung für den Onkel mütterlicherseits, was an sich schon bemerkenswert ist. In einer rein patrilinearen Gesellschaft ist der Onkel mütterlicherseits bedeutungslos. Er gehört einem anderen Klan an. Nun hat er aber nicht nur einen Namen, sondern von diesem leitet sich in den modernen Sprachen auch noch die Vokabel für den Onkel im allgemeinen ab: Onkel stammt vom lateinischen *avunculus* ab, nicht vom *patruus*; das gleiche gilt für das Althochdeutsche, wo *oheim* ursprünglich der Onkel mütterlicherseits und keineswegs der mit *fetiro* bezeichnete Onkel väterlicherseits war. Und noch eine Überraschung: Das lateinische Wort *avunculus*, Onkel mütterlicherseits, ist eine regelhafte Verkleinerung von *avus*, Großvater mütterlicherseits. Dieses Kuriosum ist zusammen mit der Doppelbedeutung des Wortes *nepos* zu sehen, der lateinischen Form von **nepot*: Enkel (des Großvaters väterlicherseits) und Neffe (Onkel mütterlicherseits).

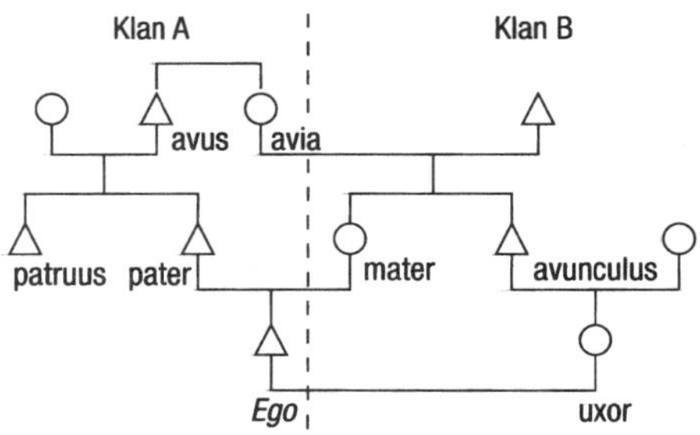

Abb. 22: Die Verwandtschaft in der indoeuropäischen Gesellschaft. Diagramm nach Benveniste 1969.

Für alle diese Schwierigkeiten gibt es eine gemeinsame Erklärung: die Kreuzvetternheirat. Nehmen wir in einem Klan A einen Mann, den wir *Ego* nennen wollen. Sein Vater und seine Mutter sind Vetter und Kusine ersten Grades, aber aus verschiedenen Klans. Daraus folgt, daß sein Großvater mütterlicherseits *avus* zugleich sein Großonkel mütterlicherseits ist (vgl. *Abb. 22*): Der Großvater von *Ego*, *avus*, hatte seinen Sohn, den Vater von Ego, die eigene Nichte heiraten lassen, die Tochter seiner in Klan B verheirateten Schwester; diese Nichte von *avus* ist die Mutter von *Ego*. Gegenüber *avus* ist *Ego* ein *nepos*: zugleich

Neffe (eines Großonkels mütterlicherseits) und Enkel. Wenn *Egos* Mutter einen Bruder hat, ist dieser ebenso der Neffe, wie sie die Nichte, von *avus*. Er ist der Onkel mütterlicherseits von *Ego*, der häufig sein *nepos* ist, wie er auch der *nepos* von *avus* ist. Daß *Ego* ihn *avunculus* nennt, in der Verkleinerungsform von *avus*, scheint also recht natürlich.

Die Wirklichkeit könnte wegen des klassifikatorischen Prinzips etwas anders aussehen: Die »Schwester« des Großvaters könnte durchaus auch seine Kusine sein, und der »Bruder« der Mutter von *Ego*, dessen Tochter dieser zur Frau nahm, war nicht unbedingt der, den wir »Bruder der Mutter« genannt hätten. Jeder beliebige Vetter in männlicher Linie käme vermutlich dafür in Frage. Wenn die Ehe üblicherweise zwischen den beiden selben Klans geschlossen wurde, also zwischen zwei »Hälften«, braucht die Kreuzvetternheirat überhaupt nicht bevorzugt werden: Die Männer derselben Generation und derselben Hälfte waren für *Ego* allesamt je nachdem *avui*, *patres*, *avunculi* usw.

So fremd uns dieses System auch erscheint, hat es doch nichts Außergewöhnliches: Es wurde ja auf mehreren Erdteilen von verschiedenen Populationen eingehalten. Es läuft darauf hinaus, daß *Ego* gleichzeitig, wenn auch auf sehr verschiedene Art und Weise, zu zwei unterschiedlichen Familiengruppen gehört: zum patriarchalischen Klan **gen* (lateinisch *gens*) oder **dem* (lateinisch *domus*), wie in Abbildung 22 zu sehen: Das ist eine Familie von Rechts wegen, die ihm Erbe und Schutz bietet, von ihm aber absolute Gefolgschaft verlangt. In manchen der ältesten indoeuropäischen Gesellschaften ist *Ego* dem *pater* auf Leben und Tod ausgeliefert.

Nicht weniger bedeutend, vor allem auf der affektiven Ebene, ist die Gruppe **swe*, zu der zugleich *Ego*, seine für Klan B bestimmten Schwestern (**swesor*) und die mit *Ego* verschwägerten *gentes* von Klan B gehören, in erster Linie seine Onkel mütterlicherseits. Von dort stammt seine Mutter, dort werden er selbst und seine Söhne sich Frauen nehmen. Die Bindekraft einer Gruppe **swe* wird schon dadurch veranschaulicht, daß die indoeuropäische Vokabel **swe* in vielen modernen Sprachen Ursprung des rückbezüglichen Fürworts ist, etwa von *sich* und *sein* im Deutschen und von *se* und *soi* im Französischen.

Folglich kann eine Sprachanalyse viel aussagekräftiger sein als die Analyse von Knochenfunden, auch wenn sie nicht ganz so konkret ist. Die Ergebnisse von Knochenuntersuchungen sind zwar eingeschränkter, spiegeln aber die biologische Verwandtschaft getreu wider, während die von der Sprache bezeichneten Verwandtschaftsverhältnisse erheblich von dieser abweichen können. In jedem Wortschatz der Verwandtschaft gibt es einen interpretativen Teil: Gleiche Begriffe verweisen nicht auf gleiche soziale Situationen.

Diese beiden vielversprechenden Untersuchungsmethoden liefern aufschlußreiche, aber schwer interpretierbare Daten. Man müßte ihre Ergebnisse für dieselbe prähistorische Population miteinander vergleichen können, zum Beispiel wissen, ob die westeuropäischen Kollektivgräber indoeuropäisch gewesen sind. Dies ist wegen der Unzulänglichkeit der linguistischen Daten und der Seltenheit einwandfreier Grabungsbefunde noch nicht möglich.

Für den größten Teil der Vorgeschichte, also grob gesprochen von 4 000 000 bis 4000 v. Chr., muß eine archäologische Untersuchung der Familienstrukturen scheitern, und logische Rekonstruktionsversuche sind derart spekulativ, daß sie kaum Aufmerksamkeit verdienen. Nur ein rein biologischer Ansatz läßt erkennen, daß die Urfamilie bereits in einer Gesellschaft gelebt haben muß und sich bestimmten Erfordernissen nicht entziehen konnte. Unter letzteren waren zweifellos der Austausch von Sexualpartnern, Geburtenkontrolle und auch sehr früh eine gewisse Arbeitsteilung zwischen den Geschlechtern die wichtigsten Erfordernisse.

Erst für jüngere Perioden verfügen wir über einige weitere Daten aus der Knochenuntersuchung in Kollektivgräbern und vor allem aus der Linguistik. Die daran erkennbaren Familienstrukturen sind bereits bemerkenswert komplex. So gesehen, stehen sie denen viel jüngerer Gesellschaften einschließlich der unseren in nichts nach.

Kann man aufgrund solcher Angaben eine Vorstellung gewinnen, wie die Familie vor 5000 oder 10 000 Jahren oder gar noch früher ausgesehen haben mag? Bis zu einem gewissen Punkt läßt sich die Frage sicher bejahen. Für die Familie gilt dasselbe wie für die Sprache: Als beide um 3000 v. Chr. in die Geschichte eintraten, hatten sie nachweislich bereits einen seither nicht übertroffenen Organisations- und Komplexitätsgrad erreicht. In 350 Jahren hat sich die griechische Sprache sehr verändert, doch leistet das Neugriechische für die Kommunikation zwischen den Menschen auch nicht mehr als das Altgriechische. Die Familienstrukturen von heute, die an die moderne Gesellschaft besser angepaßt sind, als es ein Klansystem wäre, zeigen ansonsten auch keine qualitativen Fortschritte. Sie scheinen sich insofern eher zurückzubilden, als der Staat heute viele Aufgaben übernehmen soll, die traditionell der Familie vorbehalten waren: Schutz des einzelnen, Erziehung der Kinder, Versorgung der Alten.

Sowohl bei der Familie wie bei der Sprache ist der für die Zeit um 3000 v. Chr. feststellbare Entwicklungsstand sicher nicht plötzlich dagewesen. Er muß sich erst sehr allmählich im Laufe der Jahrhunderte und Jahrtausende der Altsteinzeit entwickelt haben. Ohne etwas über Sprache und Familienorganisation der Menschen des Magdalénien zu wissen, die vor 10 000 Jahren die Höhle von Lascaux ausmalten, dürfen wir ohne weiteres mutmaßen, daß beide bereits so komplex und an ihren Lebensraum so gut angepaßt waren wie Sprache und Organisation der indoeuropäischen Völker. Ihre Stein- und Knochenwerkzeuge sind denen der Jungsteinzeit ebenbürtig; und was sind schon 10 000 Jahre im Verhältnis zu den Anfängen des Menschseins vor rund vier Millionen Jahren?

Sehr lange vor dem *Homo sapiens* des Magdalénien, zur Zeit des *Homo erectus* vor mehreren 100 000 Jahren, dürften die wirklich entscheidenden Momente der Entwicklung der Familie liegen. Es war die Zeit, in der der Mensch das Feuer beherrschte und die Großwildjagd erlernte. Über solche Distanzen aber ist der Nebel leider zu dicht und unsere Kenntnis zu dürftig.

Paar, einander anblickend. In einer zärtlichen Geste faßt jeder den anderen am Rücken wie zu Beginn einer Umarmung. Terrakotta (Tello) vom Beginn des 2. Jahrtausends v. Chr. Paris, Louvre.

Kapitel 2

Von Sumer bis Babylon

Bewirtschaftungsgruppen und Herrscherfamilien

Jean-Jacques Glassner

»Meine Herren, Semiramis war eine große Hure.« Das ist nicht etwa das ferne Echo auf eine Beleidigung, wie sie Shamshi-Adad V., der königliche Gatte von Sammu-ramat (griechisch Semiramis), oder ihr erhabener Sohn und Thronfolger Adad-narari III. bei einem Familienkrach gebrüllt haben könnte, sondern ein Ausspruch, den der außerordentlich seriöse russische Schriftsteller und große Bewunderer Puschkins, Juri Tynianov, einem Gelehrten und Mitglied der russischen Akademie in den Mund legte – ein Ausspruch, der auf Katharina II., »die Semiramis des Nordens«, und nicht auf die gleichnamige Assyrerkönigin gemünzt war. Ob das beleidigend gemeint war und wem er galt, ist unwichtig, traf doch der Vergleich ins Schwarze. Er war sozusagen die Frucht einer alten Legende, die entstand, als Babylon und die großen Hauptstädte des alten Mesopotamien in Vergessenheit gerieten und unter Trümmern begraben wurden. Herodot ist es zu verdanken, daß wir jahrhundertelang an sexuelle Ausschweifungen der Frauen des Orients glaubten, denn er teilte immerhin mit, alle Frauen Babylons müßten sich mindestens einmal im Leben Tempelbesuchern oder durchreisenden Fremden hingeben. Vom Bild der »Erzhure Babylon« auf einem Kapitell der Kirche St. Pierre de Chauvigny, vielleicht ein Werk des Gofridus, bis hin zum »Zug unvorstellbarer Huren, babylonischer Mösenweiber, uralten Sitten verhaftet« bei Gabriel García Márquez wurde die Legende schichtweise aus ewig gleichbleibenden Bildern aufgebaut.

Seit etwa anderthalb Jahrhunderten jedoch ist diese lüsterne und falsche Darstellung auf dem Rückzug. Dank der hartnäckigen Bemühungen der Archäologen wird die Geschichte der mesopotamischen Kultur nachvollziehbarer. Neue, gesicherte Erkenntnisse bleiben dabei längst nicht mehr nur einem erlesenen Kreis von Fachgelehrten vorbehalten, sondern finden in Büchern etwa wie Thomas Manns Roman *Joseph und seine Brüder*, in dem die Größe der mesopotamischen Kultur geschildert wird, ihre Verbreitung.

Das Land und seine Geschichte

Die Geschichte Mesopotamiens verlief in ihren mehr als dreitausend Jahren durchaus nicht einheitlich. Das war schon geographisch unmöglich, da Mesopotamien aus fünf verschiedenen Regionen besteht. In der Mitte des Zweistromlandes befindet sich die Wiege von Sumer, Akkad und Babylon, wo die Felder mangels ausreichender Niederschläge künstlich bewässert werden müssen. Im Süden und jenseits der großen Sümpfe, in die sich Tigris und Euphrat ergießen, bevor sie ins Meer münden, erstreckt sich die Susiane: eine Ebene, die von Karun und Kerkha bewässert wird und deren Hochtäler Zugang zur iranischen Hochebene gewähren. Im Norden führt ein Jahrtausende alter Paß vom Tal der Diyala durch das Zagrosgebirge zum Iran. Im Westen liegen die Täler des Tigris und seiner Nebenflüsse mit den assyrischen Oasen, in denen die Winterregen für den Ackerbau ausreichen, und südwestlich davon erstreckt sich das Tal des Euphrat mit seiner großen Handelsstraße nach Nordsyrien und zum Mittelmeer.

Auch die Völkerschaften aus aufeinanderfolgenden Zuwanderungswellen konnten Einheitlichkeit nicht fördern. Die Menschen von Obeid – benannt nach der ersten archäologischen Fundstelle zur Identifizierung ihrer Kultur – breiteten sich im 5. Jahrtausend v. Chr. im mesopotamischen Zweistromland aus. Die Existenz der Sumerer ist an der Wende vom vierten zum dritten Jahrtausend zusammen mit dem ersten Auftreten der Keilschrift nachgewiesen, die sie nach herrschender Meinung erfunden haben (die Elamiten, die damals die Susiane beherrschten, erfanden ungefähr um dieselbe Zeit ein anderes, als »proto-elamitisch« bezeichnetes System, das sich aber nur vorübergehend halten konnte): Sie lebten jahrhundertelang in enger Gemeinschaft mit den Akkadiern. Andere Völkerschaften kamen später, verdrängten sie (das Sumerische war schon in den ersten Jahrhunderten des 2. Jahrtausends v. Chr. eine tote Sprache) oder vereinigten sich mit ihnen. Dauerhafte Spuren hinterließen vor allem die Amoriten, Aramäer und Chaldäer, Halbnomaden oder Nomaden aus den Wüstensteppen des Südwestens, die sich mit indoiranischen Gruppen vermischten, mit Hurritern und Chassiden, die aus der iranischen Hochebene und aus dem Zagrosgebirge in die Ebene oder die angrenzenden Regionen herabgestiegen waren.

Regionen also voller Kontraste, in denen Nomaden und Seßhafte so nahe beieinander lebten, daß in den Randzonen von Steppen und Städten Schäfer von Großgrundbesitzern und wandernde Herdentreiber nicht auseinanderzuhalten waren. Jede dieser Regionen hatte ihre eigene lange Geschichte, reich an Wendungen und Brüchen. Jede Welle von Zuwanderern brachte ihre eigenen Traditionen mit und ging unmerklich im Ganzen auf.

Die Familie

Sagt die Bemerkung, die Familie sei die Keimzelle der Gesellschaft und gewährleiste deren Zusammenhalt und Fortbestand, nicht bereits alles aus? In Wahrheit wird mit derlei Postulaten das Problem mehr oder minder elegant umgangen. Der Charakter der Familie (Beschaffenheit der Ehe, Vorhandensein oder Abwesenheit von Sklaven und Dienern, Abstammung, Fortpflanzung usw.), ihre Stellung und Bedeutung für die gesellschaftlichen Prozesse insgesamt werden nämlich in unterschiedlichem Maße von der sozialen Umwelt und den Vorstellungen darüber, vom Bevölkerungsdruck, von den Produktionsbedingungen, aber auch von der Dynamik der Allianzen und vom politischen Rahmen bestimmt. So definiert, ist die Institution Familie eine positive Realität, geht in die

Die »Federgestalt«. Der Text neben dem Relief erwähnt eine umfangreiche Übertragung von Grund und Boden. Kalkplatte aus Tello um 2600 v. Chr. Paris, Louvre.

Geschichte ein und wandelt sich im Laufe der Zeit. Damit ist schon gesagt, wie falsch es wäre, ein einheitliches und für die drei Jahrtausende der mesopotamischen Geschichte allgemeingültiges Bild der Familie zeichnen zu wollen.

Ebenso unmöglich ist es, ihre Geschichte zu schreiben, und man sollte sich nicht von der Summe der bisherigen Erkenntnisse täuschen lassen, die aus mehreren hunderttausend, hauptsächlich auf Tontäfelchen in Keilschrift überlieferten schriftlichen Dokumenten gewonnen wurden. Diese Quellen lassen das nicht zu: Zeitlich und räumlich sind sie sehr ungleich verteilt, sie lassen ganze Geschichtsepochen bestimmter Landschaften im Dunkeln und rücken andere dafür ins Rampenlicht. Wie könnte es wohl auch anders sein, da alles, woraus wir Auskünfte beziehen können, vom Zufall archäologischer Grabungsfunde abhängt.

So versteht es sich gleichsam von selbst, daß die Fachleute für Mesopotamien – wie alle Altertumsspezialisten – nur ein unvollständiges Korpus vor sich haben, dessen Lücken füllen zu können sie kaum hoffen dürfen. Die Kunst liegt auch hier in der Beschränkung. Die Teile dieses Korpus erlauben es nicht, die von der Grundeinheit Familie aufgeworfenen Probleme umfassend anzugehen; für die Erforschung der Familie sind sie größtenteils nicht einmal brauchbar. Wir können daher nur ein paar Themen anreißen.

Zudem waren Rechtsakte und Verträge bis in die Neuzeit hinein gemeinhin mündlicher Art und konnten daher keinerlei Spuren hinterlassen. Wenn Verträge in schriftlicher Form vorliegen, so läßt sich das einzig und allein durch Ausnahmesituationen erklären: Schriftlich wurden nur Dinge festgehalten, die später nicht angefochten werden sollten.

Die Mesopotamier hatten allgemein wenig Neigung, über sich selbst zu sprechen bzw. zu schreiben, und wenn sie es einmal taten, dann immer mit großer Zurückhaltung. Daß ihre schriftlichen Hinterlassenschaften recht trocken und lakonisch sind und im Wortschatz und ihren sprachlichen Wendungen bisweilen auch mehrdeutig, macht uns das Verständnis der Urkunden auch dann nicht leichter, wenn sie glücklicherweise völlig unversehrt erhalten sind. Ein böser Genius der Assyrologie scheint nämlich andererseits dafür gesorgt zu haben, daß der Sinn der wertvollsten Texte unrettbar verloren ist, weil gerade diese Tontäfelchen an den kritischen Stellen zerbrochen sind.

Dennoch gibt es eine Kategorie schriftlicher Zeugnisse, von denen man mit Recht Schlüsselinformationen erwarten darf: die »Gesetzbücher«. Von diesen sind mehrere bekannt: das von Ur.Nammu (um 2100 v. Chr.), von Lipit-Ishtar (1920 v. Chr.), von Eshnunna (um 1800 v. Chr., wobei hier der Name der Hauptstadt des Reiches anstelle des gesetzgebenden Königs angegeben wird, weil dieser in einer Lücke der Tontafel verschollen ist), von Hammurapi (1760 v. Chr.) – von allen Königen der bekannteste – und schließlich noch Fragmente des mittelassyrischen Kodex (um 1100 v. Chr.) sowie verstreute Teile einiger sumerischer und neubabylonischer Gesetzessammlungen. Diese Werke sind wegen ihres Umfangs und der erklärten Absichten ihrer Verfasser (»dies sind die gerechten Urteile, die der weise und erfahrene König Hammurapi um der festen Zucht und guten Ordnung willen für sein Land erlassen hat«) Quellen von höchstem Wert.

Wir wollen unser Augenmerk auf drei Elemente in der Geschichte der mesopotamischen Familie richten: auf die Gruppen der Landbesitzer und ihren Untergang im zweiten Drittel des 3. Jahrtausends, auf bestimmte Aspekte der Familie im 2. Jahrtausend und schließlich auf die Königsfamilien und ihre hervorstechenden Merkmale.

Bewirtschaftungsgruppen

Eine fleißige oder auch nur flüchtige Lektüre der Übersetzungen von Keilschrifttexten von den Sumerern bis zu den Seleukiden erteilt dem Leser Auskunft über die Eheverhältnisse, da diese bei der Personenfeststellung stets angegeben wurden. So wimmeln die Texte von Angaben wie »X Bruder/Schwester von Y«, »X Gattin von Y«, »X Sohn/Tochter von Y«, »X Vater/Mutter von Y«; seltener sind »X Sohn von Y Sohn von Z«. Die Filiation über die Mutter »X Sohn von Y (matronym)« ist belegt, wenn auch nur selten außerhalb des Kontexts der Leibeigenschaft, wo sie im Gegenteil üblich war.

Doch eine Handvoll Grundbesitzdokumente aus dem zweiten Drittel des 3. Jahrtausends legt eine andere Organisationsform der Gesellschaft auf der Grundlage viel größerer Gruppierungen nahe. Diese Dokumente sind einzig in ihrer Art. Als gewöhnlich in Stein gehauene Grenzsteine oder Stelen, die wahrscheinlich Vorübergehenden die Besitzverhältnisse anzeigen sollten (was ihnen zugleich amtlichen Charakter verlieh), beurkunden sie die Übertragung von Grund und Boden und zeichnen sich durch mehrere Merkmale aus:

- Bis auf eine Ausnahme nennen sie eine mehr oder minder große Anzahl von Veräußerern, aber nur einen einzigen Erwerber. Manche Quellen stellen eine große Zahl von Verkäufern vor und machen darüber hinaus sogar Angaben über die Beziehungen zwischen ihnen.
- Die Fläche des übertragenen Bodens ist gemeinhin sehr groß, auch wenn sie nicht die 38 000 Hektar erreicht, auf die das »Federgestalt« (etwa um 2600 v. Chr.) genannte Zeitzeugnis anspielt.

- Die Transaktion stellt sich schließlich in Gestalt eines ungleichen Vertrags dar, bei dem der Erwerber den Verkäufern Sonderleistungen über den reinen Bodenwert hinaus versprach. Bei der Zuweisung dieser Zusatzzahlungen wurden gewisse Unterschiede gemacht, da Hauptverkäufer mehr bekamen als nachrangige und andere überhaupt nichts. Mit anderen Worten, der Hauptzweck dieser Vermögensübertragung bestand darin, eine soziale Beziehung zu festigen, weil der Vertrag ein Allianzritus war.

Der Obelisk von Man-ishtūsu

Von allen diesen steinernen Urkunden die berühmteste und vollständigste ist der Obelisk von Man-ishtūsu. Dieses Denkmal, benannt nach dem König von Akkad (etwa 2200 v. Chr.), der es anläßlich des Erwerbs von Grundstücken mit einer Gesamtfläche von ungefähr 3500 Hektar von acht Verkäufergruppen, vermutlich aus der Umgebung der Stadt Kisch, mitten im Lande Akkad in Stein hauen ließ, ist wegen seiner genauen Angaben eine erstrangige Quelle. Die Verwandtschaftsbeziehungen zwischen den Verkäufern werden darin ausführlich beschrieben, mit Hilfe lapidarer Formeln wie: A *DUMU* B; C *shu* D; E *DUMU shi* F; G *DUMU* H *DUMU. DUMU* I; J *DUMU* K *shi* L; M *DUMU* N *DUMU.DUMU shi* O; P *DUMU* Q *DUMU. DUMU* R *shi* S; T *DUMU* U *shu* V *shi* W. (Im alten Mesopotamien gab es zwei Hauptsprachen, das Sumerische und das Akkadische; zur Vermeidung sinnloser Wiederholungen werden letztere im weiteren nur durch ihre Transkription bezeichnet, das Sumerische in Kleinbuchstaben, das Akkadische *kursiv.* Die Worte in Großbuchstaben sind Logogramme bisweilen ungewisser Lesart. Die Punkte unter den Konsonanten (ṣ) und (ṭ) bedeuten Hervorhebungen. NP steht für Eigennamen.)

Alle diese Ausdrücke sind mehrdeutig, und die meisten bieten einen sehr breiten Fächer von Möglichkeiten, da sie von der üblichen Bedeutung in Abstammungsstrukturen abweichen und in eine Bedeutung ohne jede familiäre Konnotation münden. *DUMU*, also *marum* (»Sohn«, oder seltener *martum*, »Tochter«), kann als »Enkel«, »Knecht« oder »Ortsansässiger« verstanden werden; später erhielt es die Bedeutung von »Nachkomme« oder »Mitglied einer Stammesgruppe«. *DUMU.DUMU* bezog sich gewöhnlich auf dieselben Gegebenheiten, wobei die Wortverdoppelung nur eine rein graphische Pluralkennung war; auf dem Obelisken hatte der Ausdruck, dessen akkadische Lesart unbekannt ist, die nur dort angetroffene Bedeutung von »Enkel« oder »Nachkomme«. *Shu* schließlich und sein unabhängiger Fall (Casus obliquus) *shi* wa-

Obelisk des Königs von Akkad, Man-ishtūsu. Der Text verzeichnet den Erwerb von etwa 3500 Hektar durch den König Diorit. Um 2250 v. Chr. Paris, Louvre.

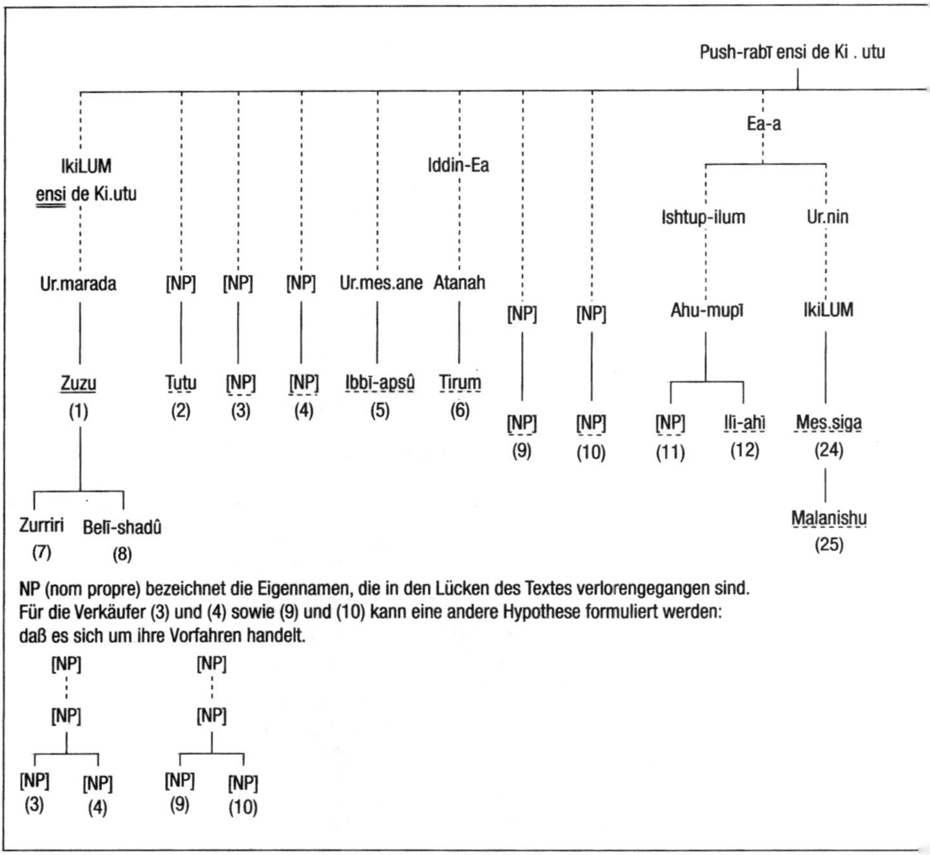

Abb. 23: Stammbaum der Verkäufer.

ren das akkadische Demonstrativpronomen. Im amtlichen Schrifttum sehr häufig, bezeichnet es die Zugehörigkeit zu einem Haus, eine Beziehung der Knechtschaft oder Abhängigkeit; auf dem Obelisken könnte es ungefähr dieselbe Wertigkeit wie *DUMU.DUMU* haben, mit dem es gelegentlich permutiert. Alle Termini bezogen sich bei unterschiedlich weitreichender und selten genauer Genealogie auf die Vorfahren der Verkäufer. Der Name des Vorfahren ist bisweilen ausgelassen und durch den Titel eines Amtes ersetzt, das er in seinem Leben lange genug ausgeübt hatte, um damit unverwechselbar bezeichnet werden zu können.

Mit diesen Daten insgesamt läßt sich der Stammbaum der Verkäufer zumindest skizzieren. Als Beispiel wollen wir den Stammbaum einer Gruppe von 26

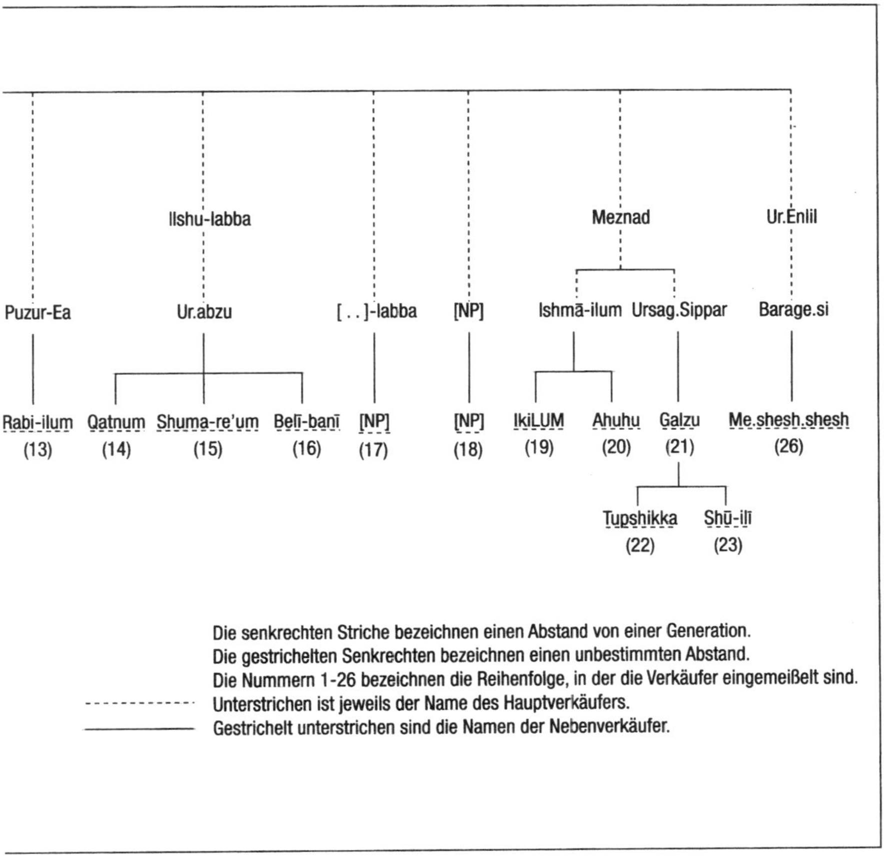

Verkäufern aufstellen, die dem König etwa 840 Hektar übereignete (*Abb. 23*). Sie verteilen sich auf mehrere Abstammungsgruppen und erkennen alle einen gemeinsamen Vorfahren an. Wenn man die Zusatzzahlungen des Erwerbers an jeden als Kriterium nimmt, deren Umfang von einer Verkäufergruppe zur anderen schwankte, ragt der erste Veräußerer Zuzu durch eine bessere Beteiligung heraus. Dieser selbe Zuzu war außerdem der Nachkomme eines gewissen Iki-LUM, der wie der Gründer der Gruppe den Titel eines lokalen Herrschers trug. Zusammen führen diese beiden Gründe zu der Erkenntnis, daß Zuzu in dieser Konfiguration der Vertreter der dominanten Abstammungsgruppe gewesen sein muß. Die anderen Verkäufer dagegen bildeten keine homogene Gruppe und müßten nach genauer Lektüre der Urkunde wiederum in zwei oder drei

Untergruppen unterteilt werden. Da Zuzus Kinder zwischen dem sechsten und neunten Verkäufer eingeschoben sind, wurden diese anderen Verkäufer in mindestens zwei Gruppen geschieden, und zwar in die mit ihren Namen vor den Söhnen Zuzus und die dahinter. Schließlich nahm auch die Abstammungsgruppe von Me.shesh.shesh eine Sonderstellung ein, denn alle ihre Mitglieder tragen sumerische Namen und wirken in diesem grundsätzlich akkadischen Text fremd. Es darf mit Fug und Recht angenommen werden, daß diese Abstammungsgruppe adoptiert war.

Es ist zweifelhaft, ob der Stammbaum wirklich sechs Generationen zurückreicht, wie es auf den ersten Blick scheint. Wir haben gesehen, wie ungenau der Wortschatz hier ist und kennen die Kluft zwischen einem behaupteten Stammbaum und einem echten. Für die Verfasser war nur wichtig, die Gründer der Abstammungsgruppe irgendwo in aufsteigender Linie zwischen den nächsten Verwandten und dem Begründer der Gruppe einzuordnen.

Die Verwandtschaftsgruppen auf den vier Seiten des Obelisken bildeten selbst nur Teile viel größerer Gruppen. Der gemeinsame Vorfahr Tupshikka einer anderen Gruppe war seinerseits Nachfahre eines gewissen Puzrum, dessen Name sich auf eine Verwandtschaftsgruppe mit einem viel weiter zurückreichenden Stammbaum bezog.

Ungleiche Gruppen von Grundbesitzern

Wie die Beschriftung des Obelisken von Man-ishtūsu zeigt, ging es ausschließlich um Benennung der Verkäufer und um die Aufzeichnung ihrer Abstammungsverhältnisse zu den anderen Mitgliedern ihrer Gemeinschaften. Daher bleiben viele Beziehungen im dunkeln. Zumindest fehlen die Namen der Frauen, Mütter, Töchter oder Gattinnen sowie die der Enkel. Doch gibt es noch andere Auslassungen. Die auf dem Denkmal erwähnten 98 Verkäufer, zu denen noch einige Zeugen kommen, stammten aus etwa 60, in acht Verwandtschaftsgruppen dargestellten Abstammungsgruppen. Schon die Gegenüberstellung dieser Zahlen zeigt zur Genüge, daß 98 eine viel zu geringe Zahl ist, als daß man darin die Gesamtheit der Mitglieder dieser Gruppen erblicken könnte. Im übrigen ist nicht bekannt, wie der Grund und Boden unter ihnen aufgeteilt war.

Mangels weiterer Angaben und angesichts der Tatsache, daß die Gesamtheit jeder Lineage bei der Abtretung eines Teils ihrer Güter vertreten war, kann man annehmen, daß diese Einheiten Grundbesitzergruppen bildeten, die diese Böden, die ihnen Nahrung und Unterhalt boten, gemeinsam bewirtschafteten.

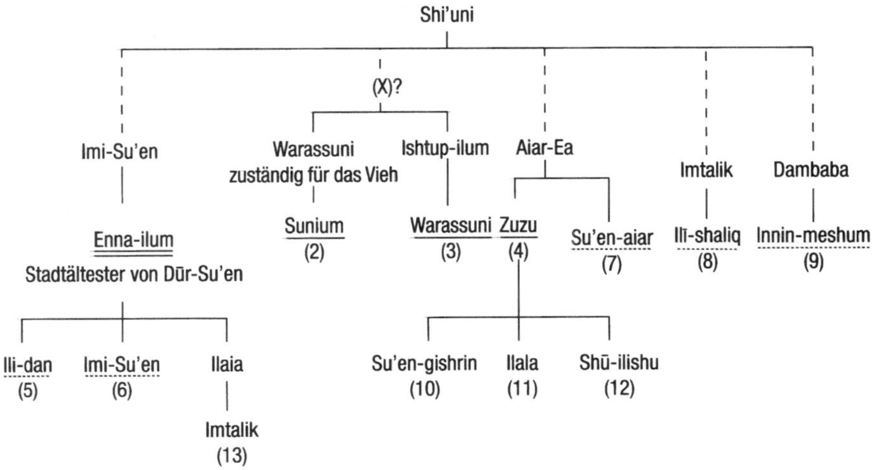

Die durchgezogenen Senkrechten bezeichnen einen Abstand von einer Generation.
Die gestrichelten Senkrechten bezeichnen einen unbestimmten genealogischen Abstand.

══════	(Nr. 1):	Hauptverkäufer
──────	(Nr. 2-4):	Verkäufer zweiten Ranges
··········	(Nr. 5-9):	Verkäufer dritten Ranges
	(Nr. 10-13):	Zeugen

Der gemeinsame Vater (x) von Warassuni und Ishtup-ilum wird im Text nicht erwähnt: Es handelt sich um eine hypothetische Rücknahme, die darauf beruht, daß ein Kind den Namen seines Großvaters (Imi-Su'en im selben Dokument) oder Onkels väterlicherseits tragen konnte; das war vielleicht bei Warassuni, dem Sohn des Ishtup-ilum, der Fall. Ilaia ist nicht unbedingt der jüngere Sohn von Enna-ilum; da er an der Transaktion nicht beteiligt wurde, wird angenommen, daß er verstorben war.

Abb. 24: Stammbaum der Verkäufer.

Grund und Boden war damals kein Individualbesitz, sondern gehörte der Gruppe, die den Zugang dazu regelte.

Die Angabe einer dominanten Abstammungsgruppe und die Unterschiede zwischen den Zusatzzahlungen an die Verkäufer sind ein Hinweis darauf, daß die Rechte in diesen Gruppen ungleich verteilt waren. Die auf dem Obelisken genannten Verkäufer waren nicht von gleichem Rang, sie waren sogar alles andere als das. Ihr Rang wurde durch die Terminologie festgelegt, die zwischen »Ackerherren«, *bēlū eqlim*, und »Ackerherrnbrüdern«, *SHESH-bēlū eqlim* (ein nur auf diesem Obelisken belegtes Koppelwort), nach dem Umfang der erhaltenen Zahlungen oder nach der Reihenfolge ihrer Auflistung unterschied: Dem Vertreter der dominanten Abstammungsgruppe folgen in absteigender Rangordnung die der Nebengruppen. Der Hauptverkäufer war Oberhaupt der dominanten Abstammungsgruppe und vermutlich das einflußreichste Mitglied der Gesamtgruppe.

Richtete sich die Verteilung der Bewirtschaftungsgruppen nach dem Alter? Bekanntlich hatten die »Ältesten« große Autorität über die soziale Gesamtgruppe: Das akkadische *shibum* bedeutete zugleich »Ältester« und »Notar«. Nach den Bedingungen eines zweiten Vertrags auf demselben Obelisken (*Abb. 24*) über etwa 300 Hektar waren die Verkäufer in vier Gruppen unterteilt, von denen die letzte die Zeugen umfaßte, doch waren diese in jenen frühen Zeiten in ihrer Eigenschaft als Mitglieder derselben Lineage bekanntlich gleichfalls Vertragspartei. Die Kinder des Hauptverkäufers waren nach Ende der zweiten und vor der dritten Gruppe eingefügt; damit ordneten sie sich zwischen zwei Brüder ein, deren älterer der einen und deren jüngerer der anderen Gruppe angehörte. Es wurde also gewissermaßen ein Unterschied zwischen »Älterem« und »Jüngerem« wahrgenommen, doch läßt sich aus diesem Beispiel keine eindeutige Schlußfolgerung ziehen.

Ein sumerisches Dokument, die Tafel von LummaTUR, nach dem Namen eines Fürsten von Lagasch (etwa 2450 v. Chr.), enthält einen besser gesicherten Beleg. Dort werden unter den Verkäufern die lugal.gana.me, »Ackerherren«, von den TUR.gana.me, den »Ackerjungen«, geschieden, vielleicht eine Anspielung auf eine Unterteilung der Gruppe nach Altersrang. Der Begriff *lugal* (zugleich der wichtigste Königstitel) galt für den Hauptverkäufer, seine Brüder, die Söhne seiner verstorbenen Brüder und deren Witwen; die Vokabel TUR, deren Lesart ungewiß ist, bezeichnete die Ehefrauen und Kinder der *lugal*.

In diesem Stadium unserer Untersuchung ist es unerläßlich, Sumerer und Akkadier zu trennen, deren Bräuche sich stark unterschieden. In Ländern mit akkadischer Sprache wurde der Zugang zu Gütern hauptsächlich durch Verhältnisse agnatischer Filiation geregelt. Womöglich bestand die Möglichkeit, eine Abstammungsgruppe zu adoptieren, und dies wahrscheinlich mit dem Ziel einer Verstärkung der Gruppe. Auf sumerischem Boden, wo bisher kein dem Obelisken von Man-ishtūsu vergleichbares Dokument gefunden wurde und wo die Gruppen von geringerer Größe und egalitärerem Zuschnitt gewesen zu sein scheinen, legen einige Anhaltspunkte den Gedanken nahe, daß der Gemeinschaft der Nachbarn und den Allianzverhältnissen größere Bedeutung zukam als den Blutsbanden: Man denke zum Beispiel an den Ausdruck lu.ki.inim.ma, »Leute vom Ort-des-Geschäfts«, mit dem die Zeugen bezeichnet wurden, und an die Auflistung sowohl der Gattin als auch eines Schwiegersohns unter den Verkäufern.

Die Verkaufsurkunden teilen uns die alten Namen dieser Verwandtschaftsgruppen nicht mit. Zwei Termini, die auch anderweitig zu finden sind, lassen sich indes anführen. Der erste ist das sumerische *é*, dem das akkadische *bītum* genau entspricht und womit alles bezeichnet wurde, was man unter dem Begriff »Haus« verstehen kann: die von der Autorität des Oberhaupts abhängigen Personen, das Haus selbst mit seinen Nebengebäuden, alle Besitztümer und Ländereien und schließlich alle Personen, die von einem gemeinsamen Vorfahren abstammten. Später, im Laufe des 2. Jahrtausends v. Chr., sollte *bītum* »Stamm« und »Dynastie« bezeichnen.

Ein zweiter sumerischer Terminus – im.ru(.a), später auch in der Form im.ri.a anzutreffen –, könnte sich ebenfalls auf eine Verwandtschaftsgruppe beziehen: Ein buchhalterisches Dokument aus der Stadt Shurup-pak um 2600 v. Chr. enthält eine Liste von »539 dumu.dumu 7 im.ru«, also »539 Personen in sieben Verwandtschaftsgruppen«. Der erste Sinn des Wortes scheint »Raum« gewesen zu sein; sein akkadisches Äquivalent *kimtum* ist aus dieser frühen Zeit nur aus Namensverzeichnissen bekannt.

Das Verschwinden der Bewirtschaftungsgruppen

Wer die Geschichte dieser Gruppen schreiben will, kann sich nur schwer dem unangenehmen Eindruck entziehen, vor einem Paradoxon zu stehen: Ihre Existenz ist uns nur durch Akten bekannt, die ihre Auflösung beschreiben, bei der Grund und Boden auf einen Schlag oder durch aufeinanderfolgende Teilungen auf Personen übergehen, die so zu Alleineigentümern werden. Am Ende des 3. Jahrtausends gibt es nur noch eine einzige Quelle, aus der das Vorhandensein einer von einer Verwandtschaftsgruppe bewirtschafteten Bodenparzelle hervorgeht, doch vielleicht handelt es sich dabei nur um ein ungeteilt gebliebenes Besitztum. Wenn man das kassitische Babylonien und Nuzi ausnimmt, wo solche Gruppierungen kurzzeitig bestanden, und ebenso die Nomaden oder Halbnomaden (deren Welt eine ganz andere war), gibt es von dieser Zeit an keine solchen Bewirtschaftungsgruppen mehr.

Angesichts der Quellenlage ist es unmöglich, die Entwicklung zu erklären, die nach Ende eines halben Jahrtausends zu einem derart radikalen Wandel der politischen, ökonomischen und sozialen Strukturen der mesopotamischen Welt geführt hat. Dennoch wollen wir ein paar Aussagen riskieren.

Diese Gesellschaften mußten mit erheblichen Problemen fertig werden: Das Schwinden der Wasserressourcen, die Klimaerwärmung und Bodenversalzung verursachten eine zunehmende Unfruchtbarkeit der Ackerböden (dieses Phänomen ist bereits 2000 v. Chr. durch eine Verfluchungsformel gegen möglicherweise Vertragsbrüchige nachgewiesen: »Möge [der Gott] Enlil das Salz in den Ackerfurchen aufsteigen lassen!«). Hinzu kamen ein starkes Bevölkerungswachstum und schließlich die Notwendigkeit, das Handelsvolumen mit den Randgebieten und Lieferanten von Rohstoffen auszuweiten, die in Mesopotamien völlig fehlten.

Aus Gründen, die sich unserer Kenntnis entziehen, wurden die Gleichgewichtsregeln für Lineagengesellschaften außer Kraft gesetzt und bestimmte Abstammungsgruppen dominant. Es ist denkbar, daß die Lineagenstrukturen selbst eine solche Hierarchisierung hervorbrachten: Der Obelisk von Manishtūsu ist ein Beispiel dafür. In einem anderen Fall, auf den uns diesselbe Quelle verweist, hatte der Begründer der dominanten Abstammungsgruppe ein hohes Verwaltungsamt bekleidet. Woanders, wie in Lagasch im sumerischen Süden, zwang eine fremde Gruppe um 2550 v. Chr. in der Person des Königs Ur.Nanshe den verschiedenen Verwandtschaftsgruppen des Stadtstaats ihr eigenes Gesetz auf. Zur selben Zeit bemächtigte sich eine Oligarchie von Grundbesitzern der bestellbaren Böden und beutete erfolgreich eine beschränkte Bodenfläche aus, die immer mehr Menschen ernähren mußte.

Die für Verwandtschaftsgruppierungen typische Tendenz zur Zersplitterung nahm immer mehr ab, während eine Handvoll Familien Güter und Macht in ihren Händen sammelten. Dieser Prozeß vollzog sich nicht ohne Zusammenstöße und Konflikte, doch um 2100 v. Chr. hatte sich in der Geschichte Mesopotamiens das Blatt gewendet.

Die Familie im 2. Jahrtausend v. Chr.

Zu dem Zeitpunkt, an dem diese Untersuchung ansetzt, sind ein oder zwei Jahrhunderte seit Auflösung der letzten großen, von Eigentümern gemeinschaftlich bewirtschafteten Güter vergangen. Unsere Untersuchung der mesopotamischen Familie des 2. Jahrtausends v. Chr. erhebt nicht den Anspruch einer Gesamtdarstellung, sondern legt den Schwerpunkt auf drei Epochen: die altbabylonische Periode Hammurapis und seiner Nachfolger (vorwiegend das 18. und 19. Jahrhundert v. Chr.), das 14. Jahrhundert v. Chr. mit Blick auf die im Vergleich zum eigentlichen Babylonien randständige Stadt Nuzi und schließlich die mittelassyrische Epoche, also das letzte Drittel des Jahrtausends. Diese Auswahl hat drei Gründe: Anhand von Archiven läßt sich die Geschichte mancher Familien über mehrere Generationen rekonstruieren; die sozialen Milieus waren homogen; und schließlich – doch gilt das vor allem für die altbabylonische Epoche – war die Gesellschaft nach dem Muster der Familie organisiert: Hammurapi war für sein Volk »Herr und Gebieter wie ein leiblicher Vater«. Das Wort *abum*, »Vater«, war in relativ zahlreichen Koppelwörtern wie *abu ṣābim*, »Befehlshaber einer Truppe«, *abu alim*, »Ältester« (wörtlich: »Vater der Stadt«), oder *abu ashlim*, »Haupt der Zimmermannsgilde«, enthalten. Gleiches galt für *mārum*, »Sohn«: *mār alim* oder *matim* bezeichnete »Stadtbewohner« oder »Landeskind«, *mār nish ilim* das »Mitglied einer religiösen Bruderschaft«, *mār awilim* oder *mushkenim* das Mitglied der gesellschaftlichen Gruppe der *awīlū* oder *mushkēnū*, *mār* in Verbindung mit der Berufsbezeichnung das Gewerbe eines Handwerkers usw. Selbst wenn die Begriffe im übertragenen Sinne zu verstehen sind, erstreckte sich das Bezeichnungssystem der Verwandtschaft auf andere Bereiche der gesellschaftlichen Organisation. Das galt sogar für die Schule, das berühmte »Haus der Tontäfelchen«, é.duba, das wie eine Familiengruppe begriffen und organisiert war und das eine gedachte Familie bildete, bestehend aus dem Lehrer als »Vater«, ad.ad.é.dub.ba.a., den Schülern als »Söhnen«, dumu é.dub.ba.a, und der Rangordnung der Schreiber, die als »ältere Brüder«, shesh.gal, und »jüngere Brüder«, shesh.ban.da, anerkannt waren.

Das Sumerische verfügte wie gesagt über zwei Termini zur Bezeichnung der Idee der Familie, é und im.ri.a. Der akkadische Wortschatz gestattete mehr Abstufungen. Neben *bītum*, das dem sumerischen *é* entsprach, verwendete es die Wörter *kimtum*, *nishūtum* und *salātum*, die man als »Familie, Schwiegerverwandte und Sippschaft« auffassen kann, *quinnum*, »Familie«, »häusliche Gruppe« (wörtlich: »Nest«) im 1. Jahrtausend, *shīru u damu*, »Fleisch und Blut«, in Anspielung auf die Abstammung, und schließlich *illatum* und *tillatum*, deren Bedeutungen nicht ganz klar sind. Mit diesen Begriffen, von denen manche vielleicht die Betonung auf das Eigentum legten, wurden alle Personen bezeichnet, die von der Autorität des Vaters abhingen, einschließlich der Sklaven, sofern solche vorhanden waren.

Die Familie war patriarchalisch, sie beruhte auf der väterlichen Gewalt und der agnatischen Verwandtschaft. In Babylon war der »Vater«, bei den Nomaden Oberhaupt des Klans oder Stamms wie Kudur-mabuk (etwa 1850 v. Chr.), als »Vater von Amurrum« und »Vater von Emūt-Bāl« das Oberhaupt der Familie.

Die klassische babylonische Familie scheint die Kernfamilie gewesen zu sein. Sie war generell monogam und umfaßte außer dem Vater die Mutter und die unverheirateten Kinder: Von 112 Paaren, die in den Verwaltungsarchiven gegen Ende des 3. und zu Beginn des 2. Jahrtausends v. Chr. erfaßt waren, lebte nur eines in Doppelehe und hatten alle im Durchschnitt zwei bis drei Kinder. (Die unklare Anspielung auf das Verbot der Doppelehe in einem Text aus der Mitte des 3. Jahrtausends ist als Quelle zu ungewiß.)

Es gab auch Großfamilien, und die Ausdrücke im.ri.a dagal/*kimtum rapash*-

tum hatten genau diese Bedeutung. Zu solchen kam es, wenn ein Sohn nach der Heirat im Vaterhaus bei seinem noch lebenden Vater und den unverheirateten Brüdern und Schwestern wohnen blieb und mit ihnen eine Stammfamilie bildete, auf akkadisch vielleicht als *kissitum* bekannt. Dieser Typ der häuslichen Gruppe konnte auch die Gestalt eines Zusammenschlusses verheirateter Brüder annehmen, auf sumerisch é.shesh.shesh (»Haus der Brüder«).

Familienrituale

Das »Schicksal« jedes einzelnen, um wie die alten Babylonier in Anspielung auf die höhere Gewalt zu sprechen, die ihrem Glauben zufolge über ihr Geschick entschied, unterteilte sich in drei Hauptstadien, die nicht verfehlt werden durften, wollte man nicht als Rebell gegen die Gesetze der Gesellschaft im Leben zu einer trüben und elenden Randexistenz und einem grauenhaften Vegetieren im Jenseits verdammt werden. Das waren Heirat, Geburt eines Kindes und Tod. Der »alleingebliebene Mann« oder die »ungeöffnete« Frau, beide um ihre Hochzeitsnacht gebracht, das unfruchtbare Paar ohne Nachkommen und schließlich der Mann, der starb und dabei »weder Sohn noch Nachkommen noch irgendeinen hatte, ihn in die Erde zu legen« und für ihn den Ahnenkult zu gewährleisten, gehörten zu den Verdammten und liefen Gefahr, sich in böse Geister zu verwandeln. Als gefürchtete Dämonen suchten sie dann die Lebenden heim und säten Krankheit und Tod.

Die Heirat

Der Volksmund riet, »eine Frau nur nach Gefallen zu nehmen«, und im alten Mesopotamien war die Ehe ohne weitere Formalitäten damit geschlossen, daß ein Paar entweder durch Brautraub oder in gegenseitigem Einvernehmen zusammenkam. Ein Mythos schildert die Brautwerbung des Gottes Su'en um seine Mitgöttin Ningal wie folgt: »Er näherte sich ihr, um sie zu freien, er entjungferte sie, ohne bei ihrem Vater um ihre Hand anzuhalten, er schwängerte sie, ohne ihre Mutter zu fragen.« Auch wenn solche Vorgehensweisen hingenommen wurden, beurteilte der »Gesetzgeber« ein noch so langes Zusammenleben auf einer solchen Basis nicht als gute Ehe und erkannte die beiden nicht als verheiratet an.

Die Ehe war eine ernste Sache. Als Akt der Begründung der Familie war sie ein juristisches Band, eine Verbindung zwischen zwei Gruppen, die damit eine Verpflichtung auf Gegenseitigkeit anerkannten, eine Allianz, die gestiftet oder bekräftigt wurde. Die Ehe war eine gesellschaftlich anerkannte Beziehung, in der die Wohnfolgeordnung und darüber hinaus auch Abstammungsregeln eine wesentliche Rolle spielten, denn die Ehe diente in erster Linie der Fortpflanzung und der Erzeugung eines männlichen Erben für das Familienoberhaupt.

Im Sumerischen wie im Akkadischen hatte die Ehe keinen Namen. Zu ihrer Bezeichnung begnügte man sich damit, zwei abstrakte Begriffe, *ashshūtu u mutūtu* (»die Eigenschaft von Gattin und Gatte«) zu verknüpfen, oder man sagte vom Mann ganz einfach, er »nehme eine Frau« (dam...tuku/*ashshatam ahāzum*). Die Heirat bestand faktisch darin, daß der Mann die Frau in Besitz nahm und damit ihr Gatte wurde.

In der Praxis konnte die Ehe schon früh arrangiert werden, schon in der Kindheit, und zwar von den Familien der künftigen Ehemänner. Sie begann also lange vor ihrem eigentlichen Vollzug und dem gemeinsamen Leben, da die Ehefrau das Elternhaus erst mit der Heiratsfähigkeit verließ (bekannt ist nur, daß Knaben etwa mit zehn Jahren ehefähig waren). Die Mesopotamier kannten also die inchoative Ehe, bei der die Frau bereits der Autorität ihrer Schwiegerfamilie unterworfen war, während sie noch von ihrer Elternfamilie erzogen wurde. Gestiftet wurde die Ehe, indem der Vater oder der Vertreter des künftigen Ehemanns für seinen Sohn oder Verwandten eine Frau aussuchte und deren Familie eine ni.mi.us.sa/*terhatum* genannte Zahlung in Geld oder Naturalien leistete, die sozusagen ein Heiratsversprechen darstellte und das Recht begründete, sich eine Frau zu nehmen.

Ob das *terhatum* tatsächlich bezahlt wurde, richtete sich nach Lokalbrauch oder sozialer Schicht. Für die Gültigkeit der Ehe gab es eigentlich nur eine unerläßliche Formalität, den Vertrag (*riksātum* oder *riksu*, beide von der Wurzel *rks* [»verbinden«] abgeleitet); mit dem Vertragsabschluß war der Ehebund gültig. Sobald Einigung erzielt war, gehörte die Frau ihrem Gatten, und wenn man sie »in der Umarmung eines anderen Mannes« ertappte, wurde sie gnadenlos umgebracht.

Der Vertrag war mündlich, er bestand aus dem Deklamieren feierlicher Worte, deren Tenor glücklicherweise indirekt in literarischen Werken oder magischen Ritualen erhalten geblieben ist: »Werde du meine Frau, ich will dein Mann sein.« In Altbabylonien erklärte sich der Zukünftige mit diesen Worten im Haus des Schwiegervaters der Erwählten seines Herzens oder der für ihn Ausgesuchten. Später wurde die Formel verändert: »Gewißlich ist sie meine Frau« hieß es dann, und diese Worte waren nicht mehr an die Braut gerichtet, sondern an ihren Vater.

Schriftliche Verträge gab es selbstverständlich auch, und manche sind sogar erhalten geblieben. Als typisches Merkmal haben sie jedoch alle gemein, daß sie sich immer nur auf Besonderheiten bezogen, etwa den Personenstand, wie bei der Freilassung eines Sklaven, eine außergewöhnliche Gabe oder die Festsetzung eines besonderen Anspruchs. Diese Verträge waren nicht umfassend und enthielten ausschließlich ungewöhnliche Klauseln, die sich in schriftlicher Form besser als durch mündliche Erklärung gegenüber potentiellen Anfechtungen schützen ließen.

Kurz, »die Heimführung« der Frau in das Haus ihres Mannes bildete nur die Schlußphase eines unter Umständen jahrelangen Prozederes. So ist die Mahnung eines Schwiegervaters erhalten, die Schwiegermutter möge doch ihre Schwiegertochter endlich ins eigene Haus holen: »Schon seit einem Jahr lang ist meine Tochter jetzt heiratsfähig, und warum hast du sie noch nicht heimgeholt?«

Ihren allegorischen Ausdruck findet diese Ehe im Mythos von der Hochzeit des Gottes Enlil mit der Göttin Sud. Nach vergeblichen Bemühungen, Sud aus ihrem Vaterhaus zu holen, und der beharrlichen Weigerung der Göttin: »Wer könnte mich da herausreißen? Andere werden meine Mutter gewogen stimmen und meine Hände mit Geschenken füllen!« verzichtet der kampfesmüde Enlil auf seine ursprüngliche Absicht des Brautraubs, unterwirft sich den Regeln und schickt der Mutter von Sud Geschenke, während er durch den Mund seines Boten zugleich formvollendet um ihre Hand anhält: »Ich will deine Tochter zur Frau nehmen, gewähre mir deine Zustimmung. In meinem Namen biete ich dir mein Hochzeitsgeschenk, nimm mich an!«

Anhand solcher verstreuter Belege des heiligen Hochzeitsrituals, zu denen auch eine detaillierte Kostenaufstellung einer altbabylonischen Familie von Ur zur Hochzeit ihrer Töchter zählt, können wir uns annähernd eine Vorstellung davon machen, welche Feierlichkeiten, Zahlungen und Riten bei einer Hochzeit üblich waren. Jeder Abschnitt wurde durch große Freudenfeiern und Gelage hervorgehoben (es ist bekannt, wie gern die alten Mesopotamier gemeinsam tafelten), mit Darbietungen von Musikanten, Jongleuren, Tänzern und Tänzerinnen. Neben den Weihegaben für verschiedene Göttertempel und einigen ähnlichen Handlungen gab es vier aufeinanderfolgende Festlichkeiten, auf die besonderer Wert gelegt und mit denen die Ehe schrittweise geschlossen wurde.

Zunächst machte der junge Mann seiner Auserwählten den Hof, die ihm wiederum direkt oder über ihren Vater ein Geschenk (*quīshtum*) darbringen ließ, im allgemeinen Kleidung und Edelmetall. Dabei blieb es, bis die Familie des Bewerbers das *biblum* aus Speisen und Getränken »darbrachte«, bisweilen ergänzt durch andere Gaben zur Aufbewahrung und nicht zum Verzehr. Das *biblum* wurde auf einem Tablett überreicht und normalerweise am selben Tag aufgegessen. »Ich werde köstliche Hochzeitsspeisen auf das Festtablett häufen!« ruft der erste Mensch, den Enkidu nach seiner Rückkehr aus der Wildnis in dem berühmten Zitat aus dem Gilgamesch-Epos trifft, während er zu seinen Gästen zurückeilt. Der Brauch erforderte, daß der Vater des Mädchens das Tablett ähnlich beladen den Eltern des künftigen Schwiegersohns zurückbrachte. Andere ähnliche Geschenke, die *zubullû*, konnten das *biblum* ergänzen.

Manche Dokumente lassen vermuten, daß der junge Mann diesen feierlichen Augenblick nutzte, um seinen Antrag vorzubringen, sofern er noch nicht ausgesprochen war, und zudem bei dieser Gelegenheit das *terhatum* bezahlt werden konnte. Doch lassen sich aus diesen Quellen keine absoluten Regeln aufstellen, da das *terhatum* sowohl viel früher als auch viel später entrichtet werden konnte. In Nuzi wurde bisweilen in Raten gezahlt und der Saldo erst nach Vollzug der Ehe oder Geburt des ersten Kindes gestellt, da Fruchtbarkeit absolute Zahlungsvoraussetzung war.

Ehevertrag, noch in seiner Umhüllung, nachdem »Herr Sharatum seine Tochter Herrn Ipiq-Ishtar zur Ehe gibt«. Das Brautgeschenk des Bräutigams beträgt zehn Silberschekel (ungefähr 85 g) an drei verschiedene Personen, sicher die Brüder der jungen Frau (B. André-Leiknam, in: Catalogue de l'éxposition Naissance d'écriture, *Paris 1982). Keilschrifttäfelchen aus Kisch um 1820 v. Chr. Paris, Louvre.*

Die Familie von Ur.Nanshe, König von Lagasch, um 2550 v. Chr. Im Vordergrund trägt der König einen Korb auf dem Kopf, die konventionelle Darstellung des Tempelbaus. Eine seiner Töchter und vier seiner Söhne sehen ihn an. Unten sitzt der König und trinkt, hinter ihm will ihm ein Mundschenk nachschenken, vor ihm sein Minister, das Oberhaupt der Schlangenbeschwörer, gefolgt von drei anderen Königskindern. Votivtäfelchen aus Kalkstein (Tello). Paris, Louvre.

König Assurbanipal (669-630 v. Chr.) bei einem Bankett unter einer Laube mit der Königin. Flachbild in Alabaster aus dem Palast des Assurbanipal in Ninive. London, British Museum.

Oberer Teil der Stele von Hammurapi. Der König steht als Betender. Welche Gottheit vor ihm sitzt, ist nicht genau bekannt. Der auf der Stele eingemeißelte Text war der des von diesem König verkündeten »Kodex«. Bestimmungsversuche der Gottheit schwankten zwischen Marduk, dem Gott von Babylon, und Shamash, dem Sonnengott der Gerechtigkeit. Basalt, um 1750 v. Chr. Paris, Louvre.

Nach Erfüllung der Übergangsriten, durch die der junge Mann und das junge Mädchen den Statuswechsel zur Ehe vollzogen und in ein neues Leben eintraten, beschleunigte sich der Rhythmus der Feierlichkeiten und wurde die Ehe immer konkreter. Die Mutter des jungen Mannes waltete als erste ihres Amtes, doch weiß man nicht, mit welchem Ritual ihr Sohn sein Junggesellenleben ohne Hindernis oder Gefahr beenden konnte. Einige Zeit später fand das Gegenstück dazu in Form einer Bade- und Salbungszeremonie bei der Braut statt, zur Vorbereitung ihres Leibes. Mit Seife und klarem Wasser wurde alles Unreine von ihr abgewaschen, und der junge Mann oder sein Vater salbte sie dann mit Zedernöl und verschiedenen Essenzen. Mit dem Trankopfer des *kirrum* vom selben Tag waren das die Bestandteile eines im alten Orient wohlbekannten Übergangsritus. Die Salbung oder die Bereitstellung von *huruppāte* für ein Festmahl genügten in der mittelassyrischen Epoche, um eine Ehe unwiderruflich zu begründen.

Danach bestanden keine Hindernisse mehr für den Einzug des Bräutigams ins Haus seines Schwiegervaters, bekleidet mit seinen schönsten Gewändern und an der Spitze seiner Gefolgschaft von *susapinū*, die nach altem Brauch die Jungvermählten in die Kammer mit dem vorbereiteten Brautbett geleiteten. Auch wenn es keine gesicherten Beweise dafür gibt, darf man wohl annehmen, daß auch bei dieser Gelegenheit feierliche Worte gesprochen wurden. Der Aufenthalt des Bräutigams und seines Gefolges bei der Familie der Braut konnte mehrere Monate dauern, wobei der Schwiegervater für aller Wohl sorgen mußte.

Schließlich kam der Tag, an dem die Frau ihr Vaterhaus verließ, um zu ihrem Ehemann zu ziehen, denn es galt die virilokale Wohnfolge. Fortan war sie gehalten, einen Schleier zu tragen, ein Brauch, der in Quellen bereits gegen Ende des 3. Jahrtausends nachgewiesen ist.

Erst mit dem Verlassen der Elternfamilie erhielt die Frau ihre Mitgift *(sheriktum* oder *shirku)*, in Nuzi, wo dies nicht ständiger Brauch war, bisweilen *nudunnû* oder *mulūgu* genannt. Je nach den Möglichkeiten der Familie war sie mehr oder minder umfangreich und konnte Grundbesitz, Sklaven, Schmuck, einfache Möbel oder Gebrauchsgegenstände umfassen. Die Zusammenstellung war für jede Familie gewiß Anlaß zu Sorge und Bedenken, wie für jenen verzweifelten Vater, der klagte: »Ich will meine Tochter einem Manne geben und habe außer ihr selbst nichts anzubieten!«

Die Heirat war damit Vorwand für einen Austausch verschiedener Geschenke und wirtschaftlich nutzbarer Güter, für Riten und Festgelage. Zusammen mit dem Vertrag besiegelten die Geschenke die Allianz. Der Tausch erfolgte in beiderlei Richtung in einer Art Geben und Nehmen zwischen den beiden Familien, und das dargebrachte und zurückerstattete *biblum* veranschaulichte dies aufs treffendste, da jede Familie die andere zu verpflichten und ihr dabei zugleich den Rang abzulaufen suchte. Das Heiratsgut war Zeichen für das Sozialprestige eines jeden Gebers. Dieser Wettbewerb konnte zum gegenseitigen Überbieten führen; in einem Sprichwort heißt es: »Was bringt der Bräutigam mit, welches Geschenk macht der Schwiegervater?«

Über die Regeln, die die Allianzen beherrschten, ist nichts bekannt. Gab es so etwas wie eine bevorzugte Heirat? Die Analyse der sumerischen und akkadischen Verwandtschaftsbezeichnungen ergibt kaum Aufschlüsse, da klassifikatorische Begriffe die Ausnahme waren. Wir können sagen, daß im Sumerischen der Onkel oder der Großvater väterlicherseits (pabilsag) zum Neffen oder Enkel (dumu.K.A) eine besondere Beziehung hatte. Manche altbabylonischen Quellen bezeichnen bei manchen Nomadenvölker am Rand der syrischen Steppe ein ähnliches Verhältnis zwischen dem Onkel mütterlicherseits *(hālum)* und seinem Neffen. Das Amoritische betonte dagegen wie das Sumerische die Rolle des Onkels väterlicherseits *(hammum)*.

Die Mesopotamier kannten das Inzestverbot. Medizinische Texte erwähnten bestimmte Praktiken, die in »Gesetzestexten« mißbilligt und verurteilt wurden: das Verhältnis eines Sohns mit seiner Mutter oder Adoptivmutter, sofern diese nicht zuvor schon Kinder gehabt hatte, des Schwiegervaters mit seiner Schwiegertochter, allerdings nur dann, wenn sie schon Verkehr mit ihrem Gatten gehabt hatte (andernfalls wurde die Ehe damit schlicht ungültig). Für alle diese Akte waren verschiedene Strafen vorgesehen, vom Tod auf dem Scheiterhaufen bis zu Ertränken oder Verbannung.

Die mesopotamische Ehe ist als »gemäßigte Monogamie« bezeichnet worden, da die Polygynie als Konkubinat oder Mehrehe durchaus gängige Praxis war. Das Babylonien zur Zeit Hammurapis gestattete ohne Umschweife zwei Ehefrauen (dam.nitalam/*hīrtum* und dam.egira/*ashshatum shanītum*), also »Erstfrau« und »Zweitfrau« des Ehemanns (*hawīrum* oder *mūtum*). Die Gesellschaft von Nuzi war polygam, wie gewisse Klauseln in schriftlichen Verträgen belegen, die eine Zweitehe ausschlossen. Im Kappadokien der syrischen Kaufleute war es einem Mann untersagt, »im Lande«, d.h. in Kappadokien, eine Zweitehe einzugehen, doch durfte er sich »in der Stadt«, das heißt in Assur, eine *quadishtu* oder »Tempelsklavin« halten.

Zwei Schwestern durfte ein Mann heiraten, wobei nach dem Ehevertrag die jüngere die ältere bedienen mußte. Und wenn es einem Mann in den Sinn kam, eine *nadītum* zu heiraten, eine zur Kinderlosigkeit verpflichtete Hohepriesterin, konnte diese ihrem Mann »welche verschaffen«, indem sie ihn eine ihrer jüngeren oder Adoptivschwestern heiraten ließ oder ihm eine Sklavin zubilligte. Wenn das nicht ging, konnte der Mann, um sich einen Erben zu sichern, als Zweitfrau eine *shugētum* oder niedere Priesterin nehmen.

Es gab noch weitere Eheformen, in denen die Frauen den Status einer *kallatum* hatten, über deren Natur sich die Spezialisten noch streiten. Im Babylon zur Zeit Hammurapis war eine *kallatum* offenbar die Frau des Sohnes, der im Vaterhaus wohnen blieb und dessen Brüder selbständige Haushalte gründeten. In Nuzi verstand man unter diesem Begriff von ihren Herren adoptierte Frauen und damit eine grundverschiedene Eheform. Die Herren behielten dabei das Recht, diese Frauen an einen aus ihrer Gefolgschaft, einen Sohn oder Knecht, weiterzuverheiraten, wobei die Nachkommen aus dieser Ehe als Arbeitskräfte herhalten oder verkauft werden konnten, sofern es sich bei ihnen um Leibeigene handelte.

Weder das Levirat – die Pflicht, die Witwe des verstorbenen Bruders zu heiraten und Gut und Erbschaft zu übernehmen, sowie deren umgekehrte Pflicht, den Schwager zu ehelichen – noch das Sororat, bei dem ein Mann seine verstorbene Ehefrau durch ihre jüngere Schwester ersetzt, wurden wirklich praktiziert. Die Mesopotamier, die eine Reihe von Rechten, aber keine Zwangsverpflichtungen kannten, hatten davon nur eine sehr verschwommene Vorstellung. Von dem Recht der ersten Nacht, das Gilgamesch bei den Einwohnerinnen von Uruk genoß, ist nicht genau bekannt, ob es sich um eine alte Sitte oder einen Machtmißbrauch dieses Herrschers handelte; im übrigen ist die Bedeutung dieser Textstelle nicht ganz gesichert.

Die Geburt

Erklärter Zweck einer Ehe war die Geburt eines Kindes, besser noch eines männlichen Erben. Der Verfasser des Atra-hasis-Mythos verweilt – nachdem er kurz die Geburt des ersten Menschen nach neun Tagen Schwangerschaft erwähnt hat – bei der Beschreibung der Liebesnächte des ersten Menschenpaares: »Nachdem das Bett bereitet ist, mögen Gattin und Gatte zusammenliegen, und wenn sie zur Bekräftigung ihrer Ehe gemeinsam die Göttin Ishtar preisen [...] soll neun Tage eitel Freude herrschen.« Die Fortsetzung dieses Textes in dem es um die Geburt eines Kindes als Frucht der Vereinigung gehen muß, ist leider in einer Lücke des Tontäfelchens verlorengegangen. Die Entsprechung zwischen der Dauer der Flitterwochen und der der Schwangerschaft sagt allerhand über die Vorstellungen des Verfassers aus. Einen Erben zu zeugen, war das zentrale Thema eines weiteren Mythos, in dem der sagenhafte König Etana, dessen Frau ihm keinen Sohn schenken konnte, die Götter anflehte, ihm die einzig mögliche Abhilfe zu schicken, eine »kindergebärende Pflanze«.

Während der nächsten Phase der Schwangerschaft wurden tausend Vorkehrungen getroffen, um die Frau vor drohenden Gefahren zu schützen, und zur Niederkunft wurde ein passendes Ritual »für eine Frau in den Wehen« abgehalten, um eine schnelle und gefahrlose Geburt zu bewirken. Jede Etappe des Rituals war vom Aufsagen bestimmter Gebete begleitet: der Anrufung des Mondgottes und gewisser mythischer Gestalten seines Gefolges, Anspielungen auf die Empfängnis, Darstellungen von der Reise des Kindes über einen aufgewühlten Ozean, »in dessen Tiefen das Auge der Sonne nicht reicht«, und Lobpreisungen der Mutter, die mit einem mit Kostbarkeiten beladenen Schiff verglichen wurde.

Das Ritual hatte drei Phasen: die Salbung der Frau; die Entbindung mit Unterstützung von Hebammen, wobei einem Knaben unmittelbar nach der Geburt eine Waffe und einem Mädchen eine Spindel ins Händchen gedrückt wurde; und schließlich der letzte Vorgang, mit dem das Schicksal des Kindes besiegelt werden wollte, die Durchtrennung der Nabelschnur. Während der ganzen Niederkunft wurde der Leib der Gebärenden massiert und bekam sie bisweilen zur Beschleunigung der Geburt gewisse Arzneien verabreicht. Nach der Geburt blieb die bereits während der ganzen Schwangerschaft als unrein geltende Frau dies noch weitere dreißig Tage lang.

Wahrscheinlich erhielt das Kind seinen Namen kurz nach der Geburt. Ohne Namen konnte es nämlich keinerlei Schutz der Götter beanspruchen und riskierte Unheil durch böse Dämonen, da es nach der mesopotamischen Namenslehre sozial noch nicht existent war. Im übrigen sind auch Namen von »Brustkindern« bekannt.

Der Tod

Mūtu, der Tod, wurde nicht als abruptes Aufhören allen Lebens betrachtet, sondern als Übergang zu einer neuen, wenn auch kaum beneidenswerten Existenzform. Die Kontinuität gegenüber der früheren Lebensweise wurde durch das gewährleistet, was vom Verstorbenen blieb: seine Gebeine, *eṣemṭū,* und sein Schatten, *eṭemmu.*

Verstorbene Verwandte, deren Aufzählung weit bis zu den fernsten Vorfahren zurückreichen konnte, die Gründer einer Familie und Stifter ihres Grabes bildeten zusammen den hingeschiedenen Teil der Familie, *etem kimti,* deren »Schatten«. Die Lebenden hatten für sie zu sorgen. Die Toten wiederum konnten bei den Göttern für ihre Nachkommen Fürbitte einlegen, denn nach verbreitetem Glauben vermochten sie – obgleich Bewohner eines »Landes ohne Wiederkehr« – in die Welt der Lebenden einzugreifen.

Wenn jemand starb, mußten die Nachkommen des Verstorbenen Trauer tragen, ihn »beweinen«, und nach mehr oder minder komplexen Riten beerdigen, über deren Zusammensetzung nicht viel bekannt ist. Die Bestattung erfolgte stets unter die Erde, als solle dem Verstorbenen damit wie in einer Art Vorraum der Zugang zur Unterwelt erleichtert werden. Schon früh, gegen Ende des 5. Jahrtausends v. Chr., setzte sich die Beerdigung auf dem Friedhof durch, doch der Brauch, die Toten unter dem Fußboden des eigenen Hauses, mitten unter den Ihren zu bestatten, verlor sich nie ganz. Ein vollständiges Mobiliar, aber auch Speisen und kostbare Gegenstände, um sich ihr Wohlwollen zu sichern, begleiteten die Toten ins Jenseits.

Wenn sie beerdigt waren, durften die Verstorbenen nicht in Vergessenheit geraten und mußten mit Speisen und dem als unerläßlich erachteten »klaren Wasser« versorgt werden. Hierzu wurde der Verstorbene durch »Aussprechen seines Namens« angerufen, um ihm Präsenz und Realität zu verleihen, und bei jedem erkennbaren Bedarf zelebrierte man das Ritual des *kispum*. Das war ein Gelage, eine Art »Verbundenheitsmahl« (die Wurzel *ksp* bedeutet »Speisen zerkleinern und teilen«), bei dem alle lebenden Mitglieder sich um die Schatten der Familie versammelten und mit ihnen tafelten, um die wichtigen Bande zwischen ihnen zu stärken.

Familienporträts

Unter den bruchstückhaften Quellen, die sich seit dem 3. Jahrtausend v. Chr. bis heute erhalten haben, befindet sich eine, die auf ihre Art das quasi allgemeingültige Prinzip der männlichen Vorherrschaft veranschaulicht: In einer Verwandtschaftsgruppe werden die an einer Transaktion beteiligten Gattinnen auf den Rang von Kindern verwiesen und nur die verwitweten Mütter haben denselben Status wie die Hauptverkäufer. Im folgenden wird das ungleiche Verhältnis zwischen den Geschlechtern beschrieben, wobei davon ausgegangen wird, daß ein Mann und seine Frau in ihren eigenen Sozialwelten die Rechte und Privilegien besaßen, die ihrem Rang gebührten.

Der Mann

Er war *bēlum*, »der Herr«, und hatte als *bēl ashshatim*, »Herr der Gattin«, Verfügungsgewalt über diese; in seiner Eigenschaft als *bēl himtim*, »Familienoberhaupt«, befahl er den Verwandten; als *bēl bītim*, »Grundbesitzer« und Inhaber der Herrschaftsgewalt, hatte er Macht über die Personen, die vom Grund und Boden abhängig waren oder dort eine Tätigkeit ausübten. War er in bestem Alter, verheiratet, mit Kindern gesegnet und wohlhabend, lebte er in der besten aller möglichen Welten.

Diese Autorität ging unmittelbar von seiner Person aus: Er war das unbestrittene Oberhaupt und setzte seinen Willen durch, erhielt die Ahnenverehrung aufrecht und wachte darüber, daß die Hausgötter gnädig blieben. Über die Familienmitglieder hatte er praktisch unumschränkte Gewalt. Nach Gutdünken bestrafte er Mißachtung, Versäumnisse oder Vergehen seiner Frau oder seiner Kinder gegen seine Person oder vergab ihnen; war er mittellos oder als Schuldner in Verzug, konnte er sie als Sklaven verkaufen, »abtreten« oder bis zur Begleichung der Schuld verpfänden, und schließlich konnte er seine Kinder sogar verpachten. Seine Vorrechte wurden ausgeglichen durch gewisse Pflichten, die bisweilen eine teure Last waren, vor allem beim Verheiraten seiner Töchter und Söhne.

Ihm wurden von der babylonischen Gesellschaft aber aber auch gewisse Einschränkungen auferlegt. Ein Mann war keinesfalls Herr über Leben und Tod seiner Ehefrau und durfte sie ebensowenig als Schwerkranke verstoßen; außerdem war es einem Vater verboten, ein Kind ohne triftige Gründe zu enterben, und er war vom »Gesetzgeber« zur Nachsicht gehalten. Zur Schuldentilgung durfte er die Kinder höchstens drei Jahre lang »verleihen« oder verpfänden. Ansonsten findet man nach Ende des 3. Jahrtausends in der akkadischen Literatur so gut wie keine Kinderverkäufe mehr, außer in Notlagen: So verhieß eine Prophezeihung etwa »ein solches Elend, daß die Leute ihre Kinder zum Verkauf auf den Markt brachten«. In neun Dokumenten aus der neubabylonischen Zeit wird über Kinderverkäufe in der belagerten und von Hungersnot heimgesuchten Stadt Nippur berichtet, wo die ärmsten Eltern ihren Nachwuchs für ein Scherflein feilboten.

Erst im Assyrien der zweiten Hälfte des 2. Jahrtausends wurden die Vorrechte des Mannes mit äußerstem Nachdruck bekräftigt. Dort erhielt er gegenüber seiner Gattin ein Züchtigungsrecht von seltener Brutalität und durfte sie nach Belieben schlagen, auspeitschen, an den Haaren ziehen, kurz sie nach seinem Gusto »durchbläuen« und »versehren«. Stockhiebe auf die Fußsohlen allerdings erforderten die Anwesenheit eines Richters, und Verstümmelungen wie das Abschneiden von Nase oder Ohren die eines Priesters mit ärztlichen Grundkenntnissen; ertappte er seine Frau jedoch in flagranti beim Ehebruch, war sie ihm ausgeliefert auf Leben und Tod.

Die Frau

Ihr ganzes Leben lang war die Frau nacheinander dem Willen ihres Vater, Schwiegervaters und Gatten unterworfen. Auf irgendeine Art gehörte sie immer jemandem, und diese Unterworfenheit hing vor allem damit zusammen, daß sie bei ihm wohnte, daß sie in ihrer Bewegungsfreiheit eingeschränkt war und nicht ohne Gefahr aus dem Haus gehen konnte. Die extreme Unterdrückung der assyrischen Frau gegen Ende des 2. Jahrtausends ist allerdings eine Ausnahme; vielleicht hat das kriegerische Assyrien derartige Auffassungen von Autorität und Strafe hervorgebracht.

Eine Sammlung von Merksätzen gibt in Form ironischer Ratschläge die Eigenschaften wieder, die von einer guten Ehefrau erwartet wurden: »Nimm zur Frau nie eine Dirne mit ihren unzähligen Männern, noch eine den Göttern geweihte Priesterhure, noch eine Kurtisane mit weitem Herzen: Im Unglück werden sie dir nicht beistehen, sie kennen weder Achtung noch Unterwerfung ... und verschleudern euer gemeinsames Eigentum.«

Indem sie Gattin wurde, wurde die Frau auch *bēlit bītim*, »Hausherrin«; damit erhielt sie einen gewissen Bewegungsspielraum und war nicht mehr ausschließlich im Frauenwohnhaus eingesperrt, wo sie vor allem für einen reibungslosen Haushalt sorgen mußte. Sie hatte Zugang zu den Haushaltsgütern, konnte kaufen und verkaufen, verleihen oder Schulden machen, für die ihr Mann haftete; sie konnte mieten oder vermieten, Geschenke machen, adoptieren, vor Gericht auftreten und Eide schwören, Beschwerde führen und klagen. Als Person war sie gesellschaftlich, rechtlich und moralisch voll anerkannt. In Kappadokien gab es sogar assyrische Kauffrauen.

Sie hatte ihren eigenen Besitz von ihren Eltern oder vom Ehemann, auch wenn dieser es zu seinen Lebzeiten verwaltete. Ganz zu schweigen von ihrer Mitgift und allem, was dazu gehörte, konnte ihre Herkunftsfamilie ihr das ganze *terhatum* oder einen Teil zurückerstatten. Eine Klausel in einem altbabylonischen Vertrag besagt, daß der Vater seiner Tochter zur Hochzeit den ganzen Betrag schenkte, indem er ihn wie zur Bekräftigung in den Saum ihres Kleides, das Symbol der jungen Ehefrau, einnähte. Dem Ehemann war es freigestellt, ihr ein *vitum nudunnû* auszusetzen, eine Art Wittum oder Altersrente als Witwe; er konnte ihr auch *dumāqū* »umhängen«, Schmuck und Geschmeide aller Art, doch handelte es sich dabei nur um eine Kapitalanlage, denn diese Gegenstände blieben sein Eigentum. Es existierte also etwas, das im Prinzip der Gütertrennung sehr nahe kommt.

Diese etwas trockene Aufzählung belegt nur, um was es Gesetzgebern ging. Andere Quellen, Privatkorrespondenz und Weissagungen, bieten einen abwechslungs- und facettenreicheren Blick auf das Verhältnis zwischen Frau und Mann. Sie schildern die verschwenderische Frau, die »das Hab und Gut ihres Gatten vergeudet«, oder eine, die Macht über ihren Mann ausübt und »deren Wort mehr gilt als das ihres Gatten«; auch eine Frau, die »aus Eifersucht Feuer im Haus ihres Gatten legt« und »sein Bett verbrennen« will. Auch werden Ehebrecherinnen beschrieben, die es recht toll trieben: »Die aufeinanderfolgenden Gattinnen des Klägers, nacheinander verführt, wollen nicht bei ihrem Mann bleiben.« »Die Gattin des Klägers, von einem anderen schwanger, will nicht aufhören, die Göttin Ishtar anzurufen und mit Blick auf ihren Gatten zu sagen: ›Möge ich ein Kind bekommen, das meinem Gatten ähnlich sieht!‹« Es konnte noch schlimmer kommen, wenn die Frau ihren Liebhaber umgarnte und ihn zum Mord anstachelte: »Bring meinen Mann um und heirate mich!« Der »Kodex« des Hammurapi, ansonsten in seinen Strafandrohungen sehr moderat, sah für die Anstifterin eines solchen Gattenmords unerbittlich die Pfählung vor.

Alles in allem war es die Sumererin, der im Laufe des 3. Jahrtausends v. Chr. die größten Rechte und Freiheiten zuteil wurden. Die Autorität des Ehemanns wurde zwar anerkannt, doch hatte die Frau an seiner Seite und in Rechtsgeschäften ein Ausmaß an Selbständigkeit, wie wir sie später in der orientalischen Literatur nicht mehr wiederfinden. Ein Dokument von etwa 2200 v. Chr. belegt, wie ein gewisser Ur.Shara und seine Frau Ama.é Aufgaben und Zuständigkeiten der Verwaltung eines großen Besitztums aufteilten. Der Mann kümmerte sich um die Großviehherde und die Frau um die Bewirtschaftung von etwa 200 Hektar Ackerland.

Eine Ehe mit uxorilokaler Wohnfolge garantierte am besten die Rechte der verheirateten Frau. Ein Mann ohne Söhne und mit nur einer Tochter konnte auf Wunsch einen Schwiegersohn als späteren Erben »einsetzen«; dabei wurde dieser vorsichtshalber auch adoptiert, weil sonst die Kinder aus dieser Ehe und mit ihnen sein Hab und Gut zu einer anderen Abstammungsgruppe gehört hätten.

Das »Los« der Frau an sich bestand darin, Kinder zur Welt zu bringen und sie großzuziehen. Die einzig bekannten Mittel zur Empfängnisverhütung waren »Verhütungssteine« oder Analverkehr: Eine Priesterin, heißt es in einem Orakeltext, »gestattet nur den Analverkehr, um nicht schwanger zu werden«. Die Abtreibung war strikt verboten und wurde in Assyrien wie die Kindstötung oder Kindesaussetzung mit Pfählung und Begräbnisverweigerung bestraft.

Einmal Mutter geworden, hatte die Frau zusätzliche Vorrechte. Ihr Mann durfte sie nicht mehr verstoßen – wohingegen Unfruchtbarkeit ein Scheidungsgrund war –, und sie brauchte keine Nebenfrau mehr zu dulden. In Rechtsgeschäften erhielt sie je nach den Zugeständnissen ihres Mannes größere Vollmachten. So ist belegt, daß sie in allen Fragen des Familienlebens eine Rolle spielte, angefangen mit den Stillverträgen, wenn das Kind an eine Amme gegeben wurde, bis zu Miet- oder Adoptionsverträgen und bei der Verheiratung der Kinder.

Die große Mehrheit der Quellen belegt die Unterwerfung der Familienmitglieder unter die Autorität des Vaters. Es kam indessen vor, daß dieser vorübergehend oder auf Dauer abwesend war. Für die alleinstehende oder alleinerziehende Frau war das ein Problem, da sie plötzlich ohne Beschützer dastand.

Zur möglichen Rückkehr des Gatten nahm der »Gesetzgeber« nicht eindeutig Stellung. Vereinfachend läßt sich sagen, daß eine alleinstehende und mittellose Frau gehen konnte, wohin es ihr beliebte. Wenn sie jedoch ein Familienvermögen verwaltete oder Kinder hatte, schuldete sie dem Abwesenden normalerweise Treue; in assyrischen »Gesetzen« ist diese Verpflichtung befristet. Bei Nichtbeachtung dieser Gebote hatte der Mann bei seiner eventuellen Rückkehr Anspruch auf Rückerstattung seiner Frau und Kinder, in Assyrien einschließlich der inzwischen geborenen Kinder von einem anderen Mann.

Der Tod des Gatten bedeutete für die Witwe nur dann die Auflösung der Ehe, wenn sie ohne Kinder und Schwiegervater war oder wegging und ihr Vermögen bis auf die Mitgift preisgab. Dann war sie nach dem Ausdruck des assyrischen »Kodex« eine *almattu* und konnte »einen Gatten nach ihrem Herzen wählen«, weil zwei Jahre Zusammenleben mit diesem Mann ausreichten, um die neue Ehe rechtsgültig zu begründen.

Ansonsten galt sie immer nur als eine Frau, deren Mann gestorben war, und stand unter der Vormundschaft ihrer Kinder oder ihres Schwiegervaters, die ihr Nahrung und Obdach gewähren mußten. Wohnte sie kinderlos noch im Haus ihres Vaters, konnte sie ihr Schwiegervater an einen anderen seiner Söhne vergeben oder sogar selbst heiraten. Handelte es sich bei ihr um eine Zweitfrau, hatte einer der Söhne der Hauptfrau ihres Gatten das Recht, sie zur Frau zu nehmen. Waren ihre Kinder noch minderjährig, hatte sie ihnen gegenüber bestimmte häusliche Vorrechte, da sie sie großzog und in ihrem Interesse das Familienvermögen verwaltete, über das sie verfügen konnte. Sollte sie wieder heiraten wollen, wahrten Richter, wie noch zu sehen sein wird, die Rechte der Kinder auf Hab und Gut des ersten Gatten, wie sie umgekehrt auch die Witwe vor Kindern schützten, die es mit dem Erben zu eilig hatten.

Manche Texte aus Nuzi zeigen, daß ein Vater, der seinen Tod nahen fühlte, in dieser Stadt seiner Frau für die Zeit danach alle seine Vollmachten übertragen konnte. Eine Frau, die diese »Vatergewalt«, *abbūtu,* ausübte, symbolisierte damit den Fortbestand der Familie; erst nach ihrem eigenen Ableben erlangten die Söhne das Erbe und konnte der vom Vater dafür bestimmte Sohn zum Verantwortlichen für den Ahnenkult werden. Hatte der Erblasser mehrere Frauen, erlangte nur eine die Vollmacht über alle Güter und Kinder des Verstorbenen. Diese Verfügungsgewalt hatte jedoch Grenzen: Die Inhaberin konnte nichts von dem ihr anvertrauten Familiengut an einen Fremden verkaufen oder verschenken. Wenn sie dieses Verbot übertrat, waren die Söhne berechtigt, ihre Kleider in Fetzen zu reißen und sie nackt aus dem Haus zu jagen. Mit dieser Selbstjustiz wurde der Frau die Identität genommen und öffentlich bekannt gemacht, daß sie von diesem Tage an aller Rechte verlustig war. Meist wurde allerdings diskreter verfahren.

Erwähnen wir zum Schluß ein eigenartiges Testament aus der Stadt Emar am Euphratbogen aus dem 12. Jahrhundert, in der eine Frau als »Vater und Mutter« eingesetzt und die Kinder zu ihrem Unterhalt verpflichtet wurden. Die Rechte der Frau waren also nicht einfach ein Spiegelbild derer des Mannes. Der Unterschied war subtiler, wie die folgenden beiden Beispiele zeigen. Verleugnete ein Kind seine Adoptiveltern, konnten sie es aus dem Haus jagen, aber nur der Vater durfte das Kind zum Sklaven machen. Und bei einer Vergewaltigung trat die Frau nie als Klägerin auf, da die Sache zwischen dem Vergewaltiger und dem »Besitzer« der Frau geregelt wurde. So konnte die Strafe darin bestehen, daß der Vergewaltiger seine unbeteiligte Frau dem Kläger ausliefern mußte. Das Scheidungsverfahren zeigt einen weiteren Aspekt dieser Asymmetrie.

Die Scheidung

Theoretisch hatte allein der Mann das Recht, seine Frau zu verstoßen oder sich von ihr zu scheiden. Eine Klausel in den schriftlichen Eheverträgen sagte dazu eindeutig: »Wenn (die Gattin) jemals zu ihrem Gatten sagt: ›Du bist nicht mehr mein Gatte‹, soll sie gebunden und in den Fluß geworfen werden«; umgekehrt brauchte der Mann nur denselben Satz auszusprechen – »Du bist nicht mehr meine Gattin« –, um die Scheidung rechtskräftig zu machen. Das waren die Regeln für die Scheidung, wenn sie aus einem zulässigen Grund begehrt wurde, etwa wegen Unfruchtbarkeit oder ehewidrigen Verhaltens. Ansonsten mußte der Mann seiner Frau eine Entschädigung für die Verstoßung *(uzzubû)* bezahlen, und ihr Mitgift und persönlichen Besitz zurückerstatten.

Ganz wie bei der Eheschließung mußten bei der Scheidung gewisse rituelle Gesten ausgeführt werden, wobei etwa der Ehemann, der seine Frau verstieß, ein Stück von ihrem Kleidersaum *(sissiktam batāqum)* abschnitt.

Es wäre indessen falsch zu glauben, daß die Frau keine Möglichkeit hatte, die Scheidung zu begehren, doch mußte sie dafür einwandfreies Verhalten nachweisen, und es wurde eine Untersuchung veranlaßt, bei deren negativem Ausgang sie wie eine Ehebrecherin gebunden in den Fluß geworfen werden konnte, sofern sie sich als lasterhaft oder untreu erwiesen hatte. Der Antrag war also riskant, doch ein Gerichtsprotokoll beweist, daß die Sache möglich war. Ein Mann, der seine Frau verstoßen wollte, ohne ihr ihre umfangreiche Mitgift zurückzuerstatten oder ihr die vom »Gesetz« geforderte Entschädigung auszuzahlen, wollte sie des ehewidrigen Verhaltens bezichtigen. Angesichts der einhelligen Zeugenaussagen zugunsten der Frau und gegen ihn wurde er von den

Stillende Frau. Terrakotta aus Tello, 2. Jahrtausend v. Chr. Paris, Louvre.

Richtern abgewiesen. Ein weiteres Gerichtsprotokoll zeigt, daß eine Scheidung zu Lasten eines Mannes ausgesprochen werden konnte, der homosexueller Praktiken überführt worden war.

Ein anderes Dokument schließlich zeigt noch ganz andere Scheidungsfolgen auf. Ein Scheidungsverbot im Ehevertrag sah vor, daß der Mann, wenn er die Scheidung begehrte, das Haus mit leeren Händen verlassen und die Palastställe ausmisten sollte; wurde sie dagegen von der Frau verlangt, so sollte diese splitternackt aus dem Haus gejagt und an den Pranger gestellt werden.

Die Kinder

Das Kleinkind, das »Brustkind« (TUR.GABA), blieb bis zum Abstillen im Alter von etwa drei Jahren bei der Mutter. Danach war es kein Säugling mehr und kam unter die Erziehungsgewalt des Vaters, der die Ausbildung in die Hand nahm. »Ich wäre kein Mann, wenn ich nicht auf meinen Sohn achten würde«, ist von einem sumerischen Vater überliefert. Von diesem Zeitpunkt an wurde mit Knaben anders verfahren als mit Mädchen.

Die Erziehung des Mädchens konnte auf Ehe und Mutterschaft oder auf die Religion ausgerichtet werden, in welchem Fall sie Priesterin eines gewissen Rangs und von ihrem Vater wie für eine Heirat ausgestattet wurde. Die *nadātū*, Priesterinnen des Gottes Marduk in Babylon beispielsweise, rekrutierten sich aus den wohlhabenden Bevölkerungsschichten und konnten über ihre Mitgift bzw. ihr Erbteil wie über eigenes Gut verfügen und es für sich anlegen.

Der Sohn war die Hoffnung der Familie. Über seine Erziehung gibt es leider keine Angaben, nur über die möglichen Züchtigungen. Wenn er seinem Vater ungehorsam war, konnte dieser ihn auspeitschen oder mit Fußfesseln aus Messing anketten; war er eigensinnig oder aufsässig, konnte der Vater seinen Sohn mit einem Brandzeichen am Kopf versehen oder ihn einsperren, vermutlich in ein besonders dafür vorgesehenes Gelaß.

Wenn beim Tode des Vaters minderjährige Kinder zurückblieben, waren die erwachsenen Söhne für die Erziehung und Güterverwaltung ihrer jüngeren Geschwister zuständig, in gemeinsamer Vollmacht mit ihrer Mutter. Erwachsene Brüder mußten das Erbteil ihrer jüngeren Brüder bewahren, sie notfalls mit dem Geld für das *terhatum* ausstatten und ihren Schwestern die Mitgift ausrichten.

Über die Rechte einer unverheirateten Jungfrau ist nichts zu sagen. Vielleicht hatte sie überhaupt keine. Sie war vor allem Wertobjekt, und um sie rankten sich daher die Heiratsstrategien ihrer Eltern. Mit dem *terhatum*, das bei ihrer Hochzeit eingestrichen wurde, konnte sich der Sohn oder ein unverheirateter oder verwitweter Bruder eine Frau kaufen. In Nuzi wurde bisweilen versucht, mehrere Mädchen zu adoptieren, um sie gegebenenfalls zu verheiraten. Eine Witwe mit Töchtern aus früherer Ehe zu heiraten, erwies sich als ebenso einträglich, weil letztere für das neue Paar eine künftige Einkommensquelle darstellten.

Es konnten sich allerdings Ausnahmesituationen ergeben, in denen die Tochter eine Hauptrolle spielte. Ein Bruder, der seine Schwester zur Ehe weggab, ließ sich dabei von einer älteren Schwester vertreten. Wenn sich ein Bruder auf diese festgelegten Bedingungen *(ana qabê)*, einließ, verzichtete er damit stillschweigend auf jede künftige Anfechtung dieses Rechtsakts, denn die häusliche Gewalt wurde dann von seiner älteren Schwester übernommen, und er selbst war gehalten, wie ein Entrechteter aufzutreten. Ein weiteres Beispiel für eine solche Situation liefert uns wiederum ein Familienarchiv aus Nuzi. Ein Erblasser schrieb vor, daß nach dem Tode seiner Frau, der er das *abbūtu* anvertraut hatte, eine ihrer Töchter diese Verfügungsgewalt über ihre Brüder und Neffen ausüben solle.

Übertragung von Vermögen und Bewahrung des Familienerbes

Eine der Aufgaben der Familie bestand darin, für die Kinder und die Toten zu sorgen. In diesen Gesellschaften, die sich über alles Zeitliche hinwegsetzten und in denen Lebende und Tote beständigen Umgang miteinander pflegten, waren die Besitzer des Familienerbes nicht dessen alleinige Eigentümer, sondern zu diesen gehörten auch die Familiengötter, die es urbar gemacht hatten, noch gegenwärtig waren und dort hausten und wirkten genau wie die Ahnen, deren Andenken geehrt wurde und die bisweilen auf demselben Grund begraben waren. Das Familienerbe und insbesondere die Ackerböden hatten also nichts Beliebiges; sie bildeten zusammen mit denen, die sie bestellten und ihren Ahnen und Göttern ein unauflösliches Ganzes, das zwischen ihnen vielfache und unverbrüchliche Bande stiftete. Die Erben erhielten also einen Teil des materiellen Guts, übernahmen aber auch die Götter, die Schatten, die Kultorte und Kultgegenstände, die Opfergaben, und eine komplette Lebensweise.

Der Boden war theoretisch unveräußerliches Gut. Seine Abtretung war ein riskanter Akt, zu dem man sich nur mit großem Widerwillen entschloß. Wenn in Nuzi die nackte Not zum Verkauf zwang, wurde der Käufer einfach adoptiert und so fiktiv in den Familienkreis aufgenommen, wo ihm allerdings der Zugang zu den Göttern verwehrt blieb. Dieser Adoptionskauf, wie ihn die Fachleute nennen, war vielleicht das letzte Glied in einer komplexeren Handlungskette, mit dem ein Individuum durch Verehrung der zuständigen Götter und Aufnahme in eine neue Familie zum Besitzer eines Stückes Land werden konnte. Tehip-tilla, der reichste Grundbesitzer von Nuzi, ließ sich mehr als 120mal adoptieren, und alle Mitglieder seiner Familie taten es ihm nach.

Der Tod des Familienoberhaupts gefährdete jedoch die Familiengruppe, deren Zerfall drohte: Die Götter und Ahnen wurden womöglich vorübergehend nicht mehr verehrt, und die Aufteilung des Erbes unter die Kinder konnte es in alle Winde verstreuen.

Wer erbte?

Die Kinder des Vaters waren seine Erben. Derart vereinfacht ist diese Feststellung allerdings falsch und bedarf einer weiteren Nuancierung. Aus den Texten geht eine Unterscheidung zwischen dem Erben *(aplum)* und dem Sohn *(mārum)* hervor, ohne daß bisher bekannt ist, worin der Unterschied bestand, es sei denn, daß nicht jeder Sohn unbedingt erbte. In einer Gesellschaft, in der Monogamie keine strenge Regel war und verschiedene Gattinnen ungleichen Rangs oder gar Konkubinen demselben Mann Kinder schenken konnten, waren nur die in einer von der Gesellschaft als rechtmäßig anerkannten Ehe geborenen Kinder Erben. Die anderen waren von der Erbfolge ausgeschlossen. Das hinderte ihren Vater nicht, elterliche Gewalt über sie auszuüben und sie nach Belieben zu adoptieren.

Die Adoption war im alten Mesopotamien gängige Praxis. Man konnte einen Sohn oder eine Tochter, eine Schwiegertochter, einen Bruder oder eine Schwester, ja sogar einen Vater adoptieren, in welchem Falle sich der Adoptierende verpflichtete, den Adoptierten zu unterhalten, dafür jedoch im Erbfall Anrecht auf dessen Hab und Gut hatte. Die Adoption von Kindern oder Erwachsenen hatte letztlich verschiedene Zwecke: Mit ihr wurden Sklaven befreit, Altersrenten ausgesetzt, eine Gattin für einen Sohn gewählt, Verkäufe getätigt, Kinder anerkannt und bei drohendem Aussterben der Abstammungsgruppe Nachkommen geschaffen. Man konnte sogar einen leiblichen Bruder adoptieren, um ihm bei der Erbteilung einen zusätzlichen Anspruch zu verschaffen.

Der Adoptionsvertrag war ein zweiseitiges Rechtsgeschäft, das die Vertragspartner miteinander verband: Die Verwandten, die sich später wieder lossagten, riskierten den Verlust eines Teils ihres Vermögens oder die Verbannung; das Kind, das seine Eltern verleugnete, wurde aus der Stadt gejagt oder zum Sklaven gemacht. Sofern die leiblichen Eltern bekannt waren, wurde mit der Adoption jede Verbindung zu ihnen abgebrochen. Eine neuere babylonische Urkunde spricht hier bildlich von einer Kindesaussetzung, mit der alle Elternrechte erloschen.

Eine Adoption erforderte ein schriftliches Dokument, da immer mit Anfechtungen durch andere Berechtigte zu rechnen war; hingegen brauchte die Erbberechtigung durch Blutsbande nicht nachgewiesen zu werden, außer vielleicht bei Kindern, die nach dem Tod des Vaters geboren wurden. Ein altbabylonisches Gerichtsprotokoll aus Nippur und ein Artikel des mittelassyrischen »Kodex« waren diesen schwierigen Problemen gewidmet. Das Kind einer von einem verstorbenen Mann schwangeren Witwe, die vor der Entbindung wieder geheiratet hatte, erbte von seinem Vater, aber nichts von ihrem Schwiegervater.

Bis auf wenige Ausnahmen wird bei der Erbfolge kein Unterschied zwischen leiblichen und Adoptivkindern gemacht. Starb der Erblasser kinderlos, ging sein Hab und Gut an die noch lebenden Mitglieder seiner Familie über. Waren die Söhne vorher verstorben, erbten deren Kinder, sofern sie welche hinterlassen hatten.

Töchter hatten nur dann Anspruch auf das Erbe ihres Vaters, wenn keine Söhne vorhanden und sie selbst nicht verheiratet waren. In allen anderen Fällen waren sie ausgeschlossen und erhielten zum Ausgleich bei ihrer Heirat eine Mitgift, die wohl eine vorgezogene Erbabfindung darstellte. Allerdings gab es einige Ausnahmen von dieser Regel. Die *nadātū*, Priesterinnen des Gottes Marduk in Babylon, erhielten einen Teil des Erbes zur freien Verfügung, desgleichen die unverheirateten Töchter mancher Familien aus Nuzi, die zugleich mit ihren Brüdern erbten. Allerdings waren in diesen beiden Fällen die Erbteile der Töchter kleiner als die der Söhne.

Die Erbsitten

Angenommen, es sei anerkanntes Prinzip gewesen, daß die Kinder von ihren Vätern und Müttern erbten, waren sie dann innerhalb der Erbengruppe gleichberechtigt oder gab es Vorrechte für einzelne Erbberechtigte, wie das Recht der Primogenitur oder die Anerkennung eines Vorausvermächtnisses? Eine allgemeingültige Antwort auf diese Frage ist nicht möglich, weil die Sitten sehr verschieden waren und die Erbteilung nach Gewohnheitsrecht oder Testament erfolgte.

In Nordbabylonien, in Babylon selbst und in Sippar war Gleichbehandlung die Norm. Im Süden dagegen, in Mari am Euphrat, ist die Besserstellung eines der Söhne, gewöhnlich des ältesten, belegt, auch wenn sie nicht immer ausdrücklich erwähnt wurde. Sie läßt sich jedoch nicht mit Gewißheit bestimmen, da sie von Stadt zu Stadt verschieden ausfiel und es an dokumentarischen Belegen zu ihrer Bewertung fehlt. In Ur, Nippur und Isin war sie auf den Zehnten des Gesamterbes festgelegt, in Larssa war der Erbteil des bessergestellten Sohnes doppelt so hoch.

In Assyrien und in Nuzi, wo der älteste zwei Teile fordern konnte, erhielt jeder Sohn »einen Teil des Erbes nach seinem Fuß«, wie es in den Texten heißt. Diese Formulierung erklärt sich aus der Form gewisser Rechtsakte in Nuzi, wo der Verkäufer und damit zugleich Adoptierende seinen Fuß kurz anhob und in dessen Abdruck den Fuß des Käufers und damit Adoptierten setzte. Dies zeigt, daß die Fußspur eines Mannes seine Stellung und Verfügungsgewalt definierte. Jeder Sohn erhielt also den Teil, der ihm zustand.

Der Vorrang des Ältesten war also ein weithin anerkannter Grundsatz. Bekräftigt wurde diese Stellung insbesondere durch den Besitz der Hausgötter, Statuetten und Kultgegenstände, die meist auf ihn übergingen. Die übrigen Erben wurden, allgemein betrachtet und von Ausnahmen abgesehen, im Erbrecht eher gleich behandelt. Um die Zerstückelung des Familienerbes zu vermeiden und den Zusammenhalt und Bestand der Familiengruppen zu erhalten, wurde in allen Epochen vorzugsweise ungeteilt vererbt.

In Nuzi wurde der Wille des Vaters, das Familienerbe ungeteilt zu belassen, bisweilen klar formuliert; dort durften die Kinder erst teilen, wenn dem Enkel des Erblassers der Kinnbart sproß. Ein ähnliches Beispiel bietet ein altbabylonisches Familienarchiv aus Kutalla, einer Kleinstadt bei Larssa, wo bestimmte Familiengüter 53 Jahre in gemeinschaftlichem Eigentum verblieben, davon 48 Jahre unter Brüdern und fünf Jahre unter Vettern.

Die Abneigung gegen die Zerstückelung eines Familienerbes hat auch insofern Spuren hinterlassen, als die Erben ständig bemüht waren, ein verstreutes Familienerbe durch Rückkauf wieder zusammenzufügen. Es kam öfter vor, daß Erbteile von Vettern oder das Erbgut eines zum Notverkauf gezwungenen Bruders oder Verwandten zurückgekauft wurden. Es gab ein Vorrecht für die Lineage, mit dem ein Gut vom Erwerber zurückgekauft werden konnte.

Diese Bemühungen um Schutz und Erhaltung des Familienerbes sind auch aus Vorsorgeklauseln für das Scheitern der Ehe zu entnehmen, die vom vorzeitigen Gattentod bis zum Bruch der Verlobung reichten. Ohne sich auf die Details dieses endlosen Dschungels von Rechtsbestimmungen einzulassen, genügt es hervorzuheben, daß das Hab und Gut nach Abzug von Kranzgeldern und anderen Entschädigungen an die jeweiligen Geber oder ihre Familien zurückfloß. Die »Gesetze« von Eshnunna faßten diesen Grundsatz in der griffigen Formel zusammen, daß der junge Witwer bei vorzeitigem Tod der Gattin der Schwiegerfamilie die Differenz zwischen dem von ihm entrichteten *terhatum* und der von der Gattin empfangenen Mitgift erstatten mußte: Mit der Tilgung der Schuld wurde die Symmetrie der Beziehung wiederhergestellt und die Allianz aufgelöst.

Die Probleme beim Tod eines Ehemanns wurden im selben Geiste gelöst: Weder Witwer noch Witwe konnten aus dem Vermögen des verstorbenen Gatten erben; dieses fiel an die Kinder oder zurück an dessen Quellen, sofern keine Kinder da waren. Wenn die Witwe wieder heiratete, fiel sie unter die Ehegewalt eines neuen Mannes, und die Rechte der Kinder aus erster Ehe konnten gefährdet sein; in diesem Fall forderte der Kodex des Hammurapi von den Richtern eine schriftliche Aufstellung über das Erbgut des Ehemanns.

Nuzi bietet ein weiteres Beispiel für solche Bemühungen. Wenn in einer Familie zufällig die Barmittel zur Bezahlung, etwa eines Teils des *terhatum*, fehlten, konnte sie sich gezwungen sehen, ein Stück Grundbesitz zu veräußern. Das war das letzte Mittel, zu dem die Familien nur in äußerster Not griffen; Beispiele dafür sind keineswegs selten. Für diesen Fall scheint häufig ein Rückkaufrecht vereinbart worden zu sein, das bis über zwei Generationen in Kraft blieb.

Doch früher oder später wurde die Teilung unvermeidlich. Nachdem die Parzellen festgelegt waren, wurde im Einvernehmen oder durch Los geteilt. Angesichts der winzigen Maße mancher Parzellen gibt es sogar Gründe für die Annahme, daß die Teilung nur theoretisch, aber nicht praktisch erfolgte. Um den Schaden durch Zerstückelung zu begrenzen, konnte der Vater in Nuzi einige Kinder von der Erbfolge ausschließen oder sie von Dritten adoptieren lassen.

Familie und Königtum

Waren es sich die Herren dieser Welt schuldig, es ihren Untertanen nicht gerade in allen Punkten nachzutun? Wenn man die königlichen Rituale, die heiligen Heiratsriten oder die Beerdigungsriten (insbesondere in den Grabmälern von Ur mit ihrem Hofstaat zum Selbstmord gezwungener Diener) einmal ausnimmt, die strenggenommen nicht in die Geschichte der Familie gehören, ist nur wenig über ihre Lebensweise oder die ihres Hofstaats und ihrer Vertrauten bekannt.

Königinnen und der königliche Harem

Ur.Nanshe, König von Lagasch um 2550 v. Chr., und Naram Sin von Akkad, drei Jahrhunderte später, hatten beide mindestens acht Kinder. Shulgi dagegen, der um 2050 v. Chr. König von Ur wurde, hatte etwa zwanzig und wahrscheinlich eher mehr. Angesichts der schlichten Logik dieser Zahlen müssen wir vor allem bei letzterem Herrscher davon ausgehen, daß er mehrere Frauen hatte. Im übrigen kennen wir mindestens zwei Frauen des Fürsten von Gudea von Lagasch um 2150 v. Chr. mit Namen, und vier von Shulgi, von denen eine die Hauptfrau (dam) und zwei andere Konkubinen minderen Ranges (lukur) waren. Könige hatten also mehrere Gattinnen, und unter diesen galt eine gewisse Hierarchie; nur eine scheint jeweils die Königinnenwürde innegehabt zu haben. Als Zimrī-Lim von Mari um 1800 v. Chr. die Fürstin Shibtu als Königin in seinen Palast heimführte, wurde offenbar die frühere Gattin Dam.huraṣi hinausgesetzt und in eine Provinzresidenz verbannt. Keine Beweise gibt es allerdings dafür, daß die beiden namentlich bekannten Gattinnen des Assyrerkönigs Sennacherib (704-681 v. Chr.) nicht nacheinander Königinnen waren.

Mesopotamien aktzeptierte die Polygamie; die Zahl der Zweitfrauen oder Konkubinen wurde einzig durch das Vermögen des Gatten begrenzt. Es war also normal, daß der reichste und angesehenste Mann viele Frauen hatte; der assyrische König Ninurta-tukulti-Ashshur (um 1150 v. Chr.) etwa besaß mehr als vierzig. Die Archive von Mari machen hierzu die wertvollsten Angaben. Ein Teil des Palasts, der Harem, war den Frauen vorbehalten. Damals gab es noch keinen Namen dafür, außer dem Wort *tubqum* für einen kleinen, von Mauern umschlossenen »Innenraum«. Im Gegensatz zur Königin, die sich in der Hauptstadt und sogar im ganzen Land frei bewegen konnte, waren die Haremsfrauen »Eingeschlossene« oder *sekrētū*. Der König erwählte sie selbst und suchte sich nach einem siegreichen Feldzug unter den Gefangenen die »von den Haarwurzeln bis zu den Zehennägeln« schönsten aus. Sie bildeten eine mehr oder weniger homogene und hierarchisierte Gruppe, in der auch die Harems etlicher besiegter Könige auszumachen sind.

Über das Leben dieser Frauen ist wenig bekannt außer einer auf Befehl des Assyrers Tiglatpileser zu Beginn des 11. Jahrhunderts erstellten Sammlung von Palastvorschriften, die trotz ihrer Lückenhaftigkeit sehr aufschlußreich sind. Alle Themen des Lebens im Palast und der Bewohner werden dort angeschnitten: Hofetikette, Haremsfrauen, Palastpersonal und das Verhalten letzterem gegenüber. Verheiratete Frauen im Dienst des Palastes durften diesen nicht ohne königliche Genehmigung verlassen; Eunuchen mit Zugang zu den Frauengemächern mußten sieben Schritte Abstand halten, wenn sie mit einer der Frauen sprachen. Allen Hofbeamten war es verboten, Gesang oder Streitigkeiten zu belauschen; die Aufseher mußten alle Regelverstöße ihrem Vorgesetzten melden, auch solche von Arbeitern von draußen, die gehalten waren, alle Frauen wegzuscheuchen, die sie bei der Arbeit beobachteten. Die Frauen selbst hatten ihre eigenen Dienerinnen und durften sie bestrafen. Wurde die Residenz verlegt, so mußten alle Frauen im Gefolge des Königs wohlgekleidet und mit der nötigen Wäsche erscheinen; während der Monatsregel war ihnen jede Berührung des Königs verboten. Schließlich gab es noch mehrere Erlasse zum Innenleben dieser abgeschlossenen Welt mit ihren zahlreichen Intrigen und Ränken.

Die Königin hatte verschiedene Aufgaben, von der Teilnahme an bestimmten religiösen Zeremonien bis hin zur Verwaltung der Palastgüter oder eines Tempels; gelegentlich hatte sie bei Abwesenheit des Monarchen alle seine Vollmachten. In Mari wurden die Königinnen und Prinzessinnen als Kundige der Traumdeutung bisweilen als Orakel befragt, und eine unter ihnen erwarb schließlich sogar den Ruf einer regelrechten amoritischen Kassandra.

Im Assyrien des 1. Jahrtausends v. Chr. erlangte die Königin, wenn sie Witwe und Königinmutter wurde, erheblichen Einfluß auf die Staatsangelegenheiten. Naqui'a (oder Zakūtu mit ihrem aramäischen Namen), die Witwe Sennacheribs, spielte eine Schlüsselrolle bei der Thronfolge ihres Gatten und später sogar ihres Sohnes Asarhaddon (680/669 v. Chr.). Thronfolger von Königen waren normalerweise deren Söhne, doch wenn sie mehrere Frauen nacheinander gehabt hatten, von denen jede ihren eigenen Ehrgeiz entwickelte, gab es immer mehrere potentielle Thronerben, und die Entscheidung fiel nicht leicht, da jede Mutter die Kandidatur des eigenen Sohnes unterstützte. Naqui'a/Zakūtu muß erheblichen Druck ausgeübt haben, um ihren Sohn Asarhaddon als Jüngsten bei Hofe durchzusetzen. Viel später, nach dessen Tod und angesichts der Unruhen um die Thronbesteigung ihres Enkels Assurbanipal (669/630 v. Chr.) mischte sie sich ein zweites Mal energisch in die Staatsangelegenheiten ein und ließ ganz Assyrien den Treueid auf den von Mitgliedern seiner eigenen Familie bekämpften jungen Herrscher schwören.

Liebespaar auf einem Bett. Die Frau umklammert mit den Schenkeln die Lenden des Mannes, der sie am Hintern hält. Der Sockel unter den Füßen des Mannes vermittelt den Eindruck, daß die Partner stehen: das Bett stellt dann lediglich das Schlafzimmer dar. Terrakotta aus dem 2. Jahrtausend v. Chr. Paris, Louvre.

Politische Ehen

Ehen zwischen Königshäusern waren keine Liebesheiraten, sondern wurden häufig aus politischen Rücksichten geschlossen. Sie hatten höchste Vorbilder, wie eine Episode aus einer sumerischen Sage über die Taten des Gilgamesch beweist, in der der König von Uruk den Riesen Huwawa, den Hüter der Zedern, die der König zu fällen beabsichtigte, dadurch umgarnen wollte, daß er ihm seine diversen Schwestern als Gattinnen andiente, gleichsam als Faustpfand ihrer Allianz.

Die mesopotamischen Könige nutzten diese politischen Heiraten nacheinander für sehr unterschiedliche Zwecke. In der Dynastie Ur.Bawa (um 2150 v. Chr.) suchten sie durch Ehe mit den Töchtern des Begründers die eigene Macht zu legitimieren; die Könige von Ur gegen Ende des 3. Jahrtausends wollten durch die Verheiratung ihrer Töchter mit auswärtigen Fürsten vielleicht einen Ring von Bündnissen um ihre eigenen Staaten schaffen. In ähnlicher Weise wollte sich Zimrī-Lim von Mari die Vasallentreue der von ihm Unterworfenen sichern: »Er ist der Gatte der Tochter von Zimrī-Lim und er gehorcht Zimrī-Lim«, hieß es über einen von ihnen. Dieser König ging sogar so weit, einem Kleinkönig zwei seiner Töchter zu schenken, was ihm zornige Briefe von der jüngeren eintrug, die der älteren aufwarten mußte und damit nicht glücklich war. Die Briefe zeigen, daß vor einer Einigung häufig erbittert gefeilscht wurde und königliche Prinzessinnen nicht immer ein glückliches Los hatten.

Zimrī-Lims Vorgänger Yasmah-addu hatte die Tochter eines syrischen Königs geheiratet. Hinter dieser Ehe stand die politische Absicht, die Expansionsbestrebungen eines mächtigen Nachbarn zu durchkreuzen, dessen Tochter Zimrī-Lim eilfertig heiratete, nachdem er seinen Gegner Yasmah-addu vom Thron gestoßen hatte.

In der Amarnazeit (14. Jahrhundert v. Chr.) hatten die Herrscher aller Großmächte des Orients begriffen, wie wichtig es war, auch in internationale Beziehungen Gabe und Gegengabe als Unterpfand guter persönlicher Beziehungen einzuführen. Mehrere kassitische Prinzessinnen schmückten so die Harems der Pharaonen, während die Herrscher Babyloniens Gold und Material für ihre politischen Großbauten zur Verherrlichung ihrer Dynastie empfingen. Politische Allianzen und wirtschaftliche Vorteile waren zwei Seiten derselben Medaille. Keiner ägyptischen Prinzessin von königlichem Geblüt jedoch wurde gestattet, Ägypten zu verlassen, und der Babylonier Kadashman-Enlil (ungefähr 1300 v. Chr.) mußte mit einer beliebigen Ägypterin Vorlieb nehmen, denn wer wollte »behaupten, sie sei nicht von königlichem Blute«?

Diese Verfahren hielten sich während der gesamten Dauer der mesopotamischen Reiche, sie gingen sogar bis zur geplanten Verheiratung einer Tochter

Asarhaddons mit dem gefürchteten Skythenkönig Bartatua, der die assyrische Macht bis in ihre Grundfesten zu erschüttern drohte, oder bis zur Hochzeit Nebukadnezars II. von Babylon (604-562 v.Chr.) mit einer Tochter des letzten Mederkönigs Astyages, von dem nur Berosus berichtet.

Das sind die Stücke eines Puzzles, von dem vieles, wenn nicht gar Wesentliches fehlt. Die mesopomatische Familie in großen Zügen definieren zu wollen, wäre daher ein kühner Vorgriff. Trotz allem, das gesagt werden konnte, bleibt uns das alte Mesopotamien im Grunde unbekannt und seine Familie eine Abstraktion. Viele Aspekte sind überdies im dunkeln geblieben oder absichtlich ausgelassen worden: die assyrische oder babylonische Familie im Kontext der Großreiche des 1. Jahrtausends; oder die elamitische Königsfamilie, über die große Ungewißheit herrscht. So kann man sich etwa nur schwer erklären, warum das elamitische *ruhushak* (»Nachkomme«) eineinhalb Jahrtausende lang durchgängig mit dem akkadischen *mār ahātim* (»Schwestersohn«) übersetzt wird.

Der Kreis der Familie war nicht starr eingegrenzt. Er konnte von der ehelichen Beziehung zwischen den Gatten, der Frau und den gemeinsamen Kindern bis zu verschiedenen Typen häuslicher Gemeinschaften reichen. Je nach Epoche und Umständen konnte er in viel umfangreicheren Gruppierungen aufgehen. Der Übergang von diesem Kreis der Familie zu dem der Nachbarschaft, der Kollegialität, der Freundschaft und schließlich der Fremden war fließend.

Im historischen Rahmen der Herausbildung von Großstaaten mit Weltreichambitionen ist behauptet worden, Glaubensgemeinschaften und Zünfte seien am Ende wichtiger geworden als Verwandtschaftsgruppen, da letztere ihre Grundfunktionen von Statusvergabe und Eigentumsschutz nicht mehr erfüllen konnten. In Wirklichkeit ist nur sehr wenig über solche Zusammenschlüsse bekannt. Dagegen, und damit wollen wir schließen, gibt es einige Erkenntnisse über den Kodex der Ehre und Solidarität, der der Familie Stärke und Zusammenhalt gab.

Die Einrichtung des »Blutgeldes«, obwohl nur in einer Handvoll Quellen nachgewiesen, ist für die Zeit der assyrischen Kolonien in Kappadokien bis zum Zusammenbruch der Großreiche des 1. Jahrtausends nachgewiesen. Das Familienoberhaupt, durch seine zentrale Stellung auf die Rolle des »Bluträchers« *bēl napishtim/nasphāte* (»Herr des Lebens«) oder *bēl mītūte* (»Herr der Toten«) verwiesen, nahm dieses Vorrecht für sich allein in Anspruch. Aus den assyrischen »Gesetzen« geht hervor, daß ein des Mordes überführter Mann dem »Bluträcher« seines Opfers ausgeliefert wurde, der ihn töten, ihm sein Hab und Gut oder eines seiner Kinder wegnehmen konnte. Eine neuere assyrische Urkunde aus der Regierungszeit Assurbanipals bestätigt das, indem sie die Auslieferung eines Sklaven zum »Abwaschen des Blutes« fordert und im Weigerungsfall die Hinrichtung des Mörders auf dem Grab seines Opfers ankündigt.

Die »Gesetzgebung« Hammurapis läßt sich als Versuch werten, dieses Privatrecht und mit ihm den familiären Zusammenhalt zu brechen. Tatsächlich ist ein Brief erhalten geblieben, in welchem ein Mann, von dem mehrere Knechte ermordet wurden, den »Herrn (seines) Lebens« anruft und ersucht, nicht Selbstjustiz walten zu lassen, sondern beim König zu seinen Gunsten zu intervenieren. Allem Anschein nach ist diese Gesetzgebung jedoch langfristig gescheitert.

Vase in Gestalt von Mutter und Kind. 13. Dynastie (1550-1300 v. Chr.). Lackierte Terrakotta. Paris, Louvre.

Kapitel 3

Die Erhaltung des Namens und die Ordnung der Pharaonen

Annie Forgeau

Entstehen und Fortbestand der ägyptischen Kultur erklären sich aus der politischen Einheit, die sich entlang des Niltals von Assuan am ersten Katarakt bis hin zum Mittelmeer herausgebildet hat. Diese Einheit ist das Ergebnis eines langen Prozesses, der Ende des 4. Jahrtausends abgeschlossen war, als das zu diesem Zeitpunkt bereits als Königreich etablierte Oberägypten das Delta teilweise oder ganz unterwanderte. Das gesamte ägyptische Territorium wird fortan von der Hauptstadt oder »Residenz« aus durch den Pharao regiert, dessen Name durch die Bibel überliefert ist und sich aus dem Ausdruck per-aa (»großes Haus«) ableitet, mit der ursprünglich der Palast des Herrschers und später im Ägypten des 2. Jahrtausends seine Person bezeichnet wurde. Die Erfindung der Schrift kurz vor der Gründung Ägyptens ermöglichte im übrigen den Aufbau einer für die Ausübung einer Zentralgewalt unerläßlichen Staatsverwaltung.

Mit der Ideologie des Königtums wurde die historische Wirklichkeit der ersten Epoche semantisch überlagert, das anfangs zersplitterte Ägypten zum Doppelreich vereint und der Topographie des Niltals das dualistische Prinzip auferlegt, demzufolge das Gleichgewicht der Welt die Frucht eines unablässigen Kampfes zwischen den Kräften von Ordnung und Chaos ist. Die Schöpfung ist aus dem Chaos hervorgegangen, doch das an den Rand gedrängte Chaos bleibt ein potentiell gefährliches Element, das nur durch den Pharao als Verkörperung des Weltschöpfers und einzigen Mittler zwischen Menschen und Göttern gebändigt werden kann.

Nach deutschen Autoren des 19. Jahrhunderts werden die starken eroberungsreichen Perioden des Pharaonentums als »Reiche« bezeichnet (Altes Reich: etwa 2660-2180 v. Chr., Mittleres Reich: etwa 2040-1780 v. Chr., Neues Reich: 1552-1070 v. Chr.), während die unruhigen Epochen von Machtkonkurrenz und äußerer Bedrohung »Zwischenzeiten« genannt werden. Während des

1. Jahrtausends v. Chr. kann die politische Schwäche Ägyptens in der Dritten Zwischenzeit und der Spätzeit noch die Einzigartigkeit seiner Institutionen und seiner Kultur wahren, obwohl das Land infolge innerer Krisen mehrfach geschwächt, erobert und unterdrückt wird. Auch leistet es keinen Widerstand gegen die Einfälle Alexanders, der es vom persischen Joch befreit. Im Jahre 333 v. Chr. gehen so drei Jahrtausende einheimischer Geschichte zu Ende, die gewöhnlich nach dem hellenisierten ägyptischen Priester Manetho aus dem 3. Jahrhundert. v. Chr. in 31 Dynastien unterteilt werden, in denen jeweils Könige zusammengefaßt sind, die demselben Lokalgott huldigten. Sicher greift dieser Dynastiebegriff auch die ägyptische Vorstellung vom »Haus« auf. Vom Tod Alexanders bis zur Eroberung durch Rom im Jahre 30 v. Chr. ist das hellenistische Ägypten ein unabhängiges Reich, regiert von der Dynastie der Ptolemäer oder Lagiden, so nach ihrem Begründer, dem makedonischen Heerführer Ptolemaios I. benannt, der ein Sohn des Lagos war. Dennoch halten sich unter der griechischen und später römischen Besetzung lange Zeit spezifisch ägyptische Verhaltens- und Denkweisen. Aus diesem Grund muß eine Untersuchung der ägyptischen Familie auch die Entwicklung der autochthonen Praktiken in der Ptolemäer- und Römerzeit umfassen.

Entsprechend der geographischen Lage Ägyptens an der Kreuzung vierer Welten, des nilotischen Afrika, der Sahara, des Nahen Ostens und des Mittelmeerraumes, dürfte die pharaonische Kultur in den Anfängen der ägyptischen Geschichte das Ergebnis eines komplexen Wechselspiels von Einflüssen sein. Das afrikanische Element als das chronologisch erste erwies sich sowohl im Überdauern bestimmter sozialer und religiöser Strukturen als auch in der Vorstellung des Raums als grundlegend. Nubien, die natürliche Verlängerung Ägyptens, wurde vom Alten Reich erobert, vom Mittleren Reich bis zum zweiten, vom Neuen Reich bis zum vierten Katarakt kolonisiert. Ein stark »ägyptisiertes« nubisches Reich bildete sich im 1. Jahrtausend v. Chr. und eroberte seinerseits Ägypten von 730-663, also während der auch als »äthiopisch« bezeichneten 25. Dynastie. Im Osten wurden die Bergwerke des Sinai die gesamte ägyptische Geschichte hindurch ausgebeutet. Die libyschen Regionen im Westen wurden schon in den frühesten Epochen annektiert, die Oasen bereits im Alten Reich besetzt; die 22., sogenannte »libysche« Dynastie (945-722), die sich des ägyptischen Throns bemächtigte, wurde als usurpatorisch, nicht aber als fremd betrachtet. Nach den ausgewerteten Quellen werden zum ägyptischen Reich im strengen Sinne auch die Grenzgebiete gezählt, sofern ihre Ursprünge dieselben sind wie die der Pharaonenkultur und von dieser anhaltend geprägt wurden.

Das ägyptische Recht ist weder in seinem öffentlichen noch seinem privaten Teil je zu besonderen Gesetzessammlungen zusammengefaßt worden, und daher ist kein Text zum Familienrecht erhalten. Hierzu muß man verstreute ikonographische und schriftliche Quellen befragen und einander gegenüberstellen: zum einen Statuen und Flachbilder mit den entsprechenden Beschriftungen und zum anderen Papyri und Ostraka, d.h. zum »Konzeptschreiben« benutzte Kalksteinplättchen. Auf juristischem Gebiet muß man bis zum 1. Jahrtausend warten, bevor man ordentlich aufgesetzte Eheverträge findet, auch wenn manche Textstellen darauf hindeuten, daß es sie auch schon in früheren Epochen gab. Andere Aktenbestände enthalten diverse Angaben über Grundstücksverkäufe, Testamente, Gerichtsprozesse. Die Indizien aus literari-

Namenlose Familiengruppe: Die Frau legt den Arm um den Mann; das Kind mit Locke und Daumen im Mund steht zwischen den Eltern. Altes Reich (um 2400 v. Chr.). Kalkstein. Paris, Louvre.

schen Werken variieren je nach untersuchter Gattung; in Biographien und Erzählungen werden gelegentlich Familiensituationen geschildert und in Liebesliedern Gefühle geäußert, während die Familienmoral einen großen Platz in den *Weisheitslehren* einnimmt, die die gesammelten Ratschläge des »Vaters« an den »Sohn« enthalten, wie er am besten seinen »Lebensweg« gehen soll. »Bist du einer, der sich selbst ernähren kann, dann gründe einen Haushalt [wörtlich: ein Haus] und verehre deine Frau darin, wie es sich gehört«, lehrt der Wesir Ptahhotep seinen Sohn in einer der ältesten *Weisheitslehren* (*Ptahhotep*, 325-326, in Brunner 1988, S. 122); die didaktische Literatur in Ägypten ist voll von ähnlichen Lobpreisungen des Eheglücks.

Seit dem Alten Reich zeigen auch die Statuetten und Flachbilder auf ewig erstarrte lächelnde Paare, zum Teil mit den Kindern in Familiengruppen dargestellt. Die Frau ist ungeachtet ihrer Stellung in der Regel kleiner dargestellt als der Mann, allenfalls gleich groß, hat den Arm um seine Schulter, Taille oder Hüfte geschlungen oder steht schräg hinter ihm und verheißt Nachkommenschaft noch über den Tod hinaus. »Sie [die Frau] ist ein fruchtbarer Acker für ihren Herrn«, fährt Ptahhotep fort (*Ptahhotep*, 330 in Brunner 1988, S. 122): Ägypter brauchten einen Sohn, der für sie den Totenkult ausrichtete und garantierte, daß »ihr Name weiterlebte«.

»Ein Haus gründen«

Die Heiratsvoraussetzungen

In der ägyptischen Sprache gibt es keine Bezeichnung für die Institution Ehe, was übrigens auch für andere alte Sprachen gilt, etwa für das Indoeuropäische. Das liegt daran, daß bei der Hochzeit keine öffentliche oder religiöse Zeremonie stattfindet, zumindest nicht bei Normalbürgern (d.h. »Untertanen« des Pharao, im Unterschied zu den Mitgliedern der königlichen Familie). Als privater und nichtjuristischer Akt begründet die Eheschließung einen faktischen Zustand, der sich durch Zusammenleben ergibt. Eine Ehe liegt vor, wenn der Mann »ein Haus gegründet« hat, womit an sich schon die Regel des eigenen (neolokalen) Wohnsitzes für das Paar explizit formuliert ist. »Bau dir ein Haus«, schreibt ein Weiser und Schreiber des Neuen Reichs und warnt seinen Sohn vor den Ungewißheiten des Erbens (*Ani* VI, 6 in Brunner 1988, S. 205). Eine für die Ramessidensprache belegte lexigraphische Entwicklung veranschaulicht diese Regel; das Wort, das ursprünglich »sich setzen« (*ḥms*) bedeutet, wird allmählich mit verschiedenen Konnotationen angereichert und bezeichnet schließlich den Einzug der Frau in die Wohnung des Gatten, und das durch Erweiterung (*iryt nt ḥms*) gestaltete Wort »Wohngesellin« wird zum Synonym für die Gattin. Die Paare, die sich diesem Prinzip nicht unterwerfen und sich im Haus der Gattin oder bei den Eltern eines der Gatten niederlassen, sind eine sehr seltene Ausnahme: im Laufe dreier Jahrtausende sind in den Quellen nur etwa ein Dutzend Fälle auszumachen. In literarischen Werken wie in Autobiographien wird die Eigeninitiative des Mannes immer wieder mit der Umschreibung »eine Frau nehmen« zum Ausdruck gebracht. Zu Beginn des Neuen Reiches beschreibt ein Flottenkommandant seine Jugendlichkeit bei Übernahme des Postens wie folgt: »Ich hatte noch keine Frau genommen und schlief immer noch im Kinderhemd.« Die Karriere beginnt erst nach der Heirat: »Nachdem ich ein Haus gegründet hatte, wurde ich wegen meines Mutes zur Nordflotte versetzt.« (*Biographie des Ahmose*, in Lichtheim II, 1976, S. 12)

In der Sprache des Rechts läßt sich besser erfassen, um was es bei der Heirat ging. Im 1. Jahrtausend wurde in oft erst nach der Heirat und der Geburt von Kindern geschlossenen Verträgen die Vermögensaufteilung zwischen Mann und Frau schriftlich festgehalten. In den frühesten erhaltenen Dokumenten wird der Vertrag zwischen Ehemann und Schwiegervater geschlossen, der ihm seine Tochter »zur Frau gibt«, eine auch in früheren Quellen belegte Formel. Die Gattenwahl für ein Mädchen gebührt also dem Vater oder hängt zumindest von dessen Erlaubnis ab. Beispiele für diese Praxis gibt es im Überfluß: »Seine Majestät gab ihm die älteste Königstochter zur Gattin«, heißt es in einem Grab der 4. Dynastie (Breasted I, 1906, S. 118), während ein Vater in der Spätzeit seinem Sohn riet: »Wähle einen umsichtigen Mann für deine Tochter und keinen Reichen.« (*Anchscheschonqi* 25, 15 in Brunner 1988, S. 289) In einem Bericht aus dem Mittleren Reich gibt (wörtlich: »weist zu«) ein syrischer Fürst dem exilierten Sinuhe seine Tochter zusammen mit Ackerland, damit er sich bei ihm niederlasse und er seine Fähigkeiten nutzen könne. Sinuhe gründet eine Familie in der Fremde, bewahrt im Herzen aber sein Heimweh nach Ägypten, wohin er nach einem Gnadenerlaß des Pharao zurückkehrt und seine Kinder im Gastland läßt, nicht ohne ihnen Vermögen übertragen zu haben (*Geschichte des Sinuhe,* in Lichtheim I, 1973, S. 223-233). Herodot (II, 47) liefert ein ähnliches Beispiel unter Hinweis auf die Endogamie in den Unterschichten, wie beispielsweise bei den Schweinehirten: »Auch pflegt ihnen niemand seine Tochter zu geben oder die Tochter eines Sauhirten zu heiraten. Sie heiraten nur untereinander.« Aus diesen Zitaten muß noch lange nicht auf eine völlige Passivität der Tochter gegenüber der väterlichen Autorität geschlossen werden. Aus dem Neuen Reich ist ein Text über eine syrische Prinzessin überliefert, die ihrem Vater droht, sie werde ihrem Leben ein Ende setzen, wenn er sie nicht den Er-

[links] Eine Statue von Isis, den jungen Gott Horus stillend, beliebte ikonographische Darstellung der Spät 26. Dynastie (um 600 v. Chr.). Bronze aus Bubastis. Wien, Ägyptisch-Orientalische Sammlung.

[rechts] Tempelrelief, genannt »Königsliste«: Während sein ältester Sohn Ramses II. die Formeln rezitiert, brennt Sethos I. Weihrauch vor 76 namentlich aufgeführten Vorfahren. Mit jeder Regierungszeit muß die un änderliche Ordnung der Schöpfung nachvollzogen werden. 19. Dynastie (um 1300 v. Chr.). Kalkstein. Ab Tempel Sethos I.

[rechts] Grab des Nacht, Schreiber und Astronom Amuns: Jagdszene der Familie, dargestellt durch wilde Vögel, gegen die der Tote, von seinem Sohn nachgeahmt, das Wurfholz schleudert. 18. Dynastie (um 1400 v. Chr.). Malerei. Theben, Westufer, Scheich Abd el-Gurna, Grab Nr. 52. [unten] Grab des Sennedjen, Diener des Platzes der Wahrheit. Landwirtschaftliche Grabszenen; die Frau beteiligt sich an der Flachsernte, begleitet das Pflügen und liest die Ähren auf, die ihr Mann gesichelt hat. 19. Dynastie (um 1300 v. Chr.). Malerei. Theben, Westufer, Deir el-Medineh, Grab Nr. 1.

wählten ihres Herzens heiraten lasse, einen unter falschem Namen aus Ägypten geflohenen Prinzen. Der König lenkt ein und »vergibt« seine Tochter zusammen mit einem Haus, Feldern und Herden (*Der Verwunschene Prinz*, in Brunner-Traut 1963, S. 26 f.). Die Episode spielt sich zwar in Asien ab, Brauch und Sprache sind aber ägyptisch.

Vom 6. Jahrhundert an lassen Eheverträge eine gewisse Emanzipierung der Frau von der väterlichen Verfügungsgewalt erkennen. An sie ist künftig die Formel des Bräutigams gerichtet: »Ich habe dich zur Frau genommen.« Die analoge Formel der Gattin (»ich habe dich zum Mann genommen«) wird nur gesprochen, wenn der Ehebund aufgelöst werden soll: Die geschiedene Frau wird zur selbständigen Person und ist stolz, als solche gehandelt zu haben. Die ägyptische Ehe beruht auf Pflicht und Konsens, entzieht sich der Einmischung der Gemeinschaft und beweist so eine große Anpassungsfähigkeit an die jeweilige Lage des einzelnen. Dieselbe Vertragsfreiheit herrscht in den Klauseln über das Ehegut: Im Unterschied zu Griechenland kannte Ägypten kein starres System der Mitgift, und es konnte ohne vorherigen Vertragsschluß geheiratet werden.

Aus politischen Motiven geschlossene Heiraten zwischen Königshäusern sind von üppigen Geschenken begleitet. So betonen ägyptische Quellen die Pracht der Geschenke bei der Hochzeit zwischen Ramses II. und einer Hethiterprinzessin, mit der der Frieden nach der Schlacht von Kadesch besiegelt werden soll. Dabei ist die Macht auf seiten des Pharao, obwohl der Sieg nicht so vollständig war, wie eine sorgfältig abgestimmte Propaganda glaubhaft machen will. Die Verbitterung des Pharao darüber, daß der Hethiterkönig seinen Verpflichtungen so zögerlich nachkommt, geht aus einem Briefwechsel hervor (Kitchen 1982, S. 83-84).

Bei Privatleuten schwankt die Praxis je nach Vermögensstand, sozialer Schicht und Örtlichkeit. Bei den in der *Geschichte der Sinuhe* oder dem *Verwunschenen Prinzen* berichteten Hochzeiten statten die ausländischen Kleinkönige ihre Töchter prachtvoll aus; umgekehrt geht aus anderen Unterlagen eine Schenkung des Bräutigams an den Brautvater hervor. Die Alternative Mitgift oder Brautkauf findet sich auch in der Rechtssprache der Verträge des 1. Jahrtausends, einem kodifizierten Wiederaufgreifen älterer Bräuche, wobei die Frau entweder die Mittel für ihren Unterhalt in Gestalt von Hausrat, Nahrungsvorräten oder Edelmetall mitbringt oder der Mann eine reale oder fiktive Garantiezahlung in Form von Nahrungsmitteln, Kleidung und Schmuck leistet. Zahlenmäßig wirken die Beträge oft lächerlich gering und symbolisch, denn es handelt sich nicht unbedingt um reale Wertübertragungen. Das Ziel dieser Verträge bestand nämlich vor allem darin, einen Interessenausgleich im Fall der Scheidung zu sichern.

Die Lektüre solcher Texte und die Interpretation noch weniger aussagekräftiger Belege aus früheren Epochen scheint zu ergeben, daß ägyptische Ehen allgemein nicht aufgrund ökonomischer Zwänge geschlossen wurden. Sicher gab es trotz der ausschließlichen Verfügungsgewalt des Pharao, der theoretisch alleiniger Grundbesitzer Ägyptens war, ansatzweise Privateigentum in Gestalt von persönlichen Besitztümern und bisweilen sogar von Grund und Boden, die veräußerlich und übertragbar waren. Indessen waren diese nur gehaltenen und nicht rechtlich einwandfrei erworbenen Ackerflächen viel zu begrenzt, um Anlaß für die Entwicklung von Heiratsstrategien zwischen den Familien zu sein.

Die Heiratsregeln

Von allen Beweggründen der Gattenwahl war den Ägyptern die Zuneigung am wichtigsten, denn die Liebe als Thema wird ausführlich behandelt, vor allem im Neuen Reich. Liebende sprechen über ihre Hoffnungen, auch ihre Qualen, vertrauen sich Müttern an, lassen die Spannungen zwischen ihren Wünschen und den familiären oder gesellschaftlichen Zwängen sichtbar werden: »›Siehe, ich bin dein‹, werde ich ihm zu verstehen geben, / er aber wird mich rufen lassen / und mich in das Haus / eines Mannes aus seinem Gefolge geben.« (Schott 1956, S. 63) Hier werden eher Befürchtungen als unerfüllte Sehnsüchte formuliert. Die Namen für den Geliebten oder die Geliebte waren dem Wortschatz der Verwandtschaft entlehnt; die zarten Bande zwischen Bruder und Schwester dienten oft als Bezugsgröße für Liebesbeziehungen, aber auch für eheliche, als Zeichen ihrer vollkommenen Übereinstimmung. Von der 18. Dynastie an wird die Bezeichnung »Schwester« als Synonym für »Gattin« gebraucht, eine terminologische Gleichsetzung, die nicht wörtlich verstanden werden darf, andererseits aber den Schluß erlaubt, daß Geschwisterehen zumindest nicht grundsätzlich verboten waren.

Ägypten wird häufig als Ausnahme vom weltweit gültigen Inzestverbot angeführt, weil in den Texten keinerlei Einschränkungen der Gattenwahl ausgesprochen werden und solche auch in der Praxis nicht galten. C. Lévi-Strauss unterstellt in seinen *Elementaren Strukturen der Verwandtschaft*, inzestuöse Ehen seien in Ägypten eine Konzession an das Geburtsrecht der älteren Schwester gewesen. Mit dieser Hypothese lassen sich zwar manche Ehen erklären, aber keineswegs alle. Die klassischen Schriftsteller, die sich mit dem ptolemäischen und römischen Ägypten befaßten, verzeichneten solche Ausnahmeerscheinungen, die Herodot allerdings entgingen. Sowohl die Heiratspraxis am Hofe der Ptolemäer als auch die häufigen Geschwisterehen bei den Normalbürgern zur Zeit der römischen Besatzung verstießen so massiv gegen die griechische und später römische Gesetzgebung, daß ihre Wurzeln im autochthonen Ägypten vermutet wurden. So kommentiert jedenfalls Pausanias (I, 7) die Ehe der Philadelphen zwischen Ptolemaios II. und Arsinoë II., die das erste griechischstämmige Geschwisterpaar auf dem Pharaonenthron waren und deren Vereinigung von dem zeitgenössischen griechischen Dichter Sotades heftig angeprangert wurde: »Dieser Ptolemäer verliebte sich in Arsinoë, seine Schwester vom selben Vater und von derselben Mutter, und heiratete sie; er handelte nicht länger nach makedonischem Brauch, sondern nach dem Brauch der Ägypter, seiner Untertanen.« Diese häufig vorgetragene Theorie beruht auf der doppelten Mutmaßung, die Ptolemäer hätten sich bei den Einheimischen anbiedern wollen und Geschwisterehen seien beim Einmarsch von Alexanders Heer in Ägypten ohnehin sehr verbreitet gewesen, was durch neuere Forschung allerdings ausgeschlossen werden konnte. Was die Relevanz solcher Aussagen über Ägypten angeht, sollte uns mißtrauisch machen, daß sich ausgerechnet bei Herodot, der auf jede noch so kleine Wunderlichkeit fremder Bräuche erpicht war, keine Bemerkung darüber findet. Schon gar nicht sollten wir, wie etwa Diodor (I, 27, 1) ungefähr 400 Jahre später, verallgemeinern und aufgrund der Tatsache, daß Geschwisterehen nicht verpönt waren, behaupten, sie seien gar Pflicht gewesen. Daß Diodor die Dinge so interpretierte, könnte daran gelegen haben, daß es noch Nachzügler dieser Praxis gab und diese Abweichung von der ihm vertrauten Norm ihn regelrecht verstörte. In der Zeit zwischen Herodot und Diodor hat sich das historische Umfeld stark gewandelt: Die Ptolemäer mußten inzwischen eigene dynastische Imperative berücksichtigen, und die Eigentumsverhältnisse in Ägypten hatten sich bis zum Jahrhundert von Kaiser Augustus grundlegend verändert. Es fragt sich, wie viele von diesen Geschwisterehen auf tradiertes lokales Brauchtum und wie viele auf Anpassung an neue politische und gesellschaftliche Rahmenbedingungen zurückzuführen sind.

Königliche Heiraten

Zur Zeit der ägyptischen Pharaonen bestimmt sich die Thronfolge nach der Primogenitur, wie sie auf der Ebene des Mythos durch den Sieg des Horus, Sohn des Osiris, im Kampf um die Nachfolge des Osiris belegt wird. Das Anrecht auf den Thron bestimmt sich durch die königliche Abkunft sowohl des Vaters als auch der Mutter, wogegen der Usurpator von neuem Geblüt beim Wechsel der Dynastie als »Sohn eines Mannes« und/oder »Sohn einer Frau« definiert wird. Ist kein Bruder vom selben Vater und derselben Mutter vorhanden, kann eine Pharaonentochter auch ihren Halbbruder heiraten, um die dynastische Kontinuität zu wahren, doch liegt die Macht dann beim Gatten, während die Frau nur Garantin für die Reinheit des königlichen Blutes ist, das an künftige Erben weitergegeben wird. Bis auf wenige Ausnahmen, deren berühmteste Hatschepsut (1513-1484 v. Chr.) war, bleibt die Macht der Pharaonen Männern vorbehalten, weil zwischen der Königswürde, von der die Frau ausgeschlossen ist, und königlichem Geblüt unterschieden wird. Mit solchen Heiraten zwischen Halbgeschwistern, also Kindern desselben Vaters, aber nicht derselben Mutter, läßt sich erklären, warum sich die 18. Dynastie derart lange an der Macht halten konnte. In der Folgedynastie machte Ramses II. eine seiner Schwestern zur königlichen Gemahlin, übertrug ihr aber nur eine bescheidene Rolle. Bei den Nubierkönigen, die Ägypten Ende des 8. Jahrhunderts v. Chr. eroberten, scheint die Ehe mit der Vollschwester oder der patrilateralen Parallelkusine ein, wenn nicht allgemeiner, so doch zumindest verbreiteter Brauch gewesen zu sein. Der Königinmutter fallen dabei durch ihre Dreifachstellung als königliche Tochter, Königsgemahlin und Königinmutter wichtige Ehren zu. Die Erbfolgeregel von Bruder zu Bruder bis zum Erlöschen des Zweigs, dann vom Onkel zum Sohn des ältesten Bruders, bestätigt diesen Vorrang der Patrilinearität. Über geschichtliche Mutationen hinweg hat die ägyptische Kultur zahlreiche Spuren ihrer altafrikanischen Herkunft bewahrt. Die Thronansprüche von Horus und Seth sind Ausdruck zweier konkurrierender Systeme der Thronfolge. Die Geschwisterehen stellen vielleicht eine weitere der Kontinuitäten dar, die im ganzen Niltal auszumachen sind.

Andererseits tragen in Ägypten etliche »Königstöchter« zugleich den Titel »Königliche Gemahlin«, und es gibt Beweise dafür, daß Herrscher tatsächlich und öffentlich die eigene Tochter heirateten, wie Ramses II. Binet-Anat. Allerdings sind die Formulierungen mit Vorsicht zu genießen, denn ägyptische Titel erweisen sich bei vielen Gelegenheiten eher als Rangbezeichnungen denn als Beleg für eine echte Funktion. Sogar Fürstentitel wie »Königssohn« und »Kö-

Goldmünze, die zur Zeit von Ptolemaios III. geprägt wurde. Sie zeigt Ptolemaios II. und Arsinoë II., das Paar der Philadelphen, welches anhand der Aufschrift »(Götter) Bruder und Schwester« identifiziert wurde. Paris, Cabinet des médailles.

nigliche Schwester« sind mit der Ausübung bestimmter Ämter verbundene Ehrennamen und bedeuten nicht unbedingt Verwandtschaft mit der Herrscherfamilie; die Würde einer königlichen Gemahlin war bisweilen nur das schlichte Recht auf Teilnahme an einem Ritual, wie etwa bei den zur Jungfräulichkeit verpflichteten Gottesgemahlinnen des Amun aus dem 1. Jahrtausend, die sich »Gattin« oder »Hand« Gottes nennen durften. Ehen mit einem Gott leiten sich aus der inneren Struktur von Mythen ab, da die ersten Paare von einem einzigen Schöpfer stammten und gar keine Alternative zum Inzest gehabt hatten. Die Legende bemächtigte sich vor allem des osirischen Dreigestirns, das allmählich zum Archetyp der Kleinfamilie wurde. Die Bande zwischen Isis und Osiris werden schon in den *Pyramidentexten* des Alten Reichs besungen, ohne daß wir sie deswegen als Projektion einer zeitgenössischen Alltagsrealität betrachten müssen. Umgekehrt kann die wachsende Beliebtheit dieses Mythos und die Verehrung von Isis' Hingabe erst an den verstorbenen Gatten und dann an den Sohn besser als ein Wunsch zur Nachahmung königlicher Sitten erklären, warum Verwandtschaftsbezeichnungen in der Liebe oder Ehe Verwendung fanden.

Unbestreitbar ist, daß die Eheverbote aus dem biblischen Deuteronomium den Pharaonen nicht geläufig waren. Für jeden dort verbotenen Grad von Verwandtschaftsehe gibt es in Ägypten ein Gegenbeispiel, so etwa Echnaton, der die Frau seines Vaters heiratete. Ob solche Ehen tatsächlich blutschänderisch waren, läßt sich allerdings nur durch den Vergleich von Daten und Titeln ermitteln; bei anderen wachsen um so größere Zweifel, als Vorsicht angesichts der Unbestimmtheit einer Verwandtschaftsterminologie geboten ist, die Generationen vertauscht und bisweilen für Großeltern und Eltern oder Kinder und Enkel dieselben Bezeichnungen verwendet.

Ehen unter Normalbürgern

Bei den Normalbürgern ist Namensgleichheit das erste Hindernis für jeden Versuch einer Rekonstruktion von Stammbäumen. Nur aus sehr genauen Quellen läßt sich der Grad der Blutsverwandtschaft zwischen den Gatten ermitteln. Kreuzvetternheiraten scheinen am häufigsten gewesen zu sein, doch findet man auch Ehen zwischen Onkeln väterlicherseits und ihren Nichten oder umgekehrt zwischen Tanten väterlicherseits und ihren Neffen, desgleichen Ehen zwischen Halbbrüdern und Halbschwestern vom selben Vater oder von derselben Mutter. In der dritten Zwischenzeit, der Zeit der Legitimitätskrise, hielten sich die Hohepriester des Amun, die königliche Privilegien beanspruchten, an eine strenge Endogamie. Zwei Extremfälle von Geschwisterehe sind bekannt und betreffen Brüder: Smendes II. und seine Gattin beanspruchten für sich dieselbe mütterliche Filiation, und es gibt gute Gründe für die Annahme, daß sie auch denselben Vater hatten. Pinudjem II. dagegen hatte zwei Gattinnen, seine Nichte und seine Vollschwester. Ein häufig als Beleg für Geschwisterehe angeführter Fall bezieht sich ein Jahrhundert später auf Mitglieder der regierenden libyschen Königsfamilie, obwohl die Frage offen bleibt, ob es sich um eine Verbindung eines Bruders mit seiner Vollschwester oder mit seiner Halbschwester vom selben Vater handelt. Auf einer tieferen Ebene der Gesellschaft, in einer spätzeitlichen Priesterfamilie der libyschen Oase Bahria, ist die Ehe zwischen Bruder und Schwester für zwei aufeinanderfolgende Generationen belegt.

Systematische genealogische Untersuchungen würden mit Sicherheit weitere Beispiele dieser Art ergeben (so ist ganz am Ende des ägyptischen Nationalstaates offenbar die Ehe eines Priesters aus dem Nildelta mit seiner Tochter nachgewiesen), doch gibt es genug Forschungsergebnisse, um den Schluß zu erlauben, daß keine Verbote gegen eine eheliche Verbindung zwischen Blutsverwandten bestanden. Alle diese Ehen waren erlaubt und die Kombinationen theoretisch unbeschränkt; in der Praxis jedoch blieben Ehen zwischen sehr nahen Verwandten relativ selten. Das königliche Blut oder das Amt des Staatsbeamten oder das Priesteramt wird zunächst über den Sohn vererbt und über die Tochter nur dann, wenn kein Sohn vorhanden ist. Die Ehe zwischen Bruder und Schwester als Grenzfall einer auf Zusammenfassung von Funktionen ausgerichteten Heiratspolitik wahrt den Zusammenhalt der Familie und wird als äußerstes Mittel nur dann angewandt, wenn ein solcher Rückzug auf die Familie absolut unerläßlich ist. Solche Ehen sind zwar alles andere als ein allgemein üblicher Brauch, daß sie aber überhaupt möglich sind, bleibt trotzdem im Vergleich zu anderen Kulturen eine Anomalie.

Im Ägypten der Pharaonen geht es bei der Heirat weniger um einen ökonomischen Tausch als um die Sicherung einer Nachkommenschaft, die die Erinnerung an die Familie am Leben erhält: Die Gattenwahl ist dabei mehr die Sache des einzelnen als der Gruppe. Ein demotischer Text aus dem 3. Jahrhundert v. Chr. legt einer Pharaonentochter die Argumente in den Mund, die sie und ihre Mutter erfolgreich vortragen, damit sie ihren Bruder gegen den Willen des Pharao heiraten kann, der mit Sohn und Tochter lieber eine exogame Doppelallianz nach außen stiften würde. Liebe und Brauch obsiegen über politische Absicht: »Selbst wenn ich außer diesen beiden Kindern keine anderen habe, entspricht es nicht dem Gesetz, sie miteinander zu verheiraten?« (*Setne-Roman*, in Lichtheim III, 1980, S. 127) Diese Darstellung, erst in der Griechenzeit verfaßt, aber für Ägypter gedacht, spiegelt sowohl die altägyptische – es geht dabei um einen Sohn Ramses II. – als auch die zeitgenössische Einstellung zum Inzest wider, der zwar gestattet, aber nicht häufig belegt ist.

Die Ehen der Ptolemäer

Im Ägypten der Ptolemäerzeit bestehen die Gemeinden der Ägypter und ihrer makedonischen Besatzer nebeneinander, ohne daß es zu einer Verschmelzung kommt. Deshalb ist es auch müßig, die Heiratsbräuche der Ptolemäer etwa damit zu erklären, daß sie sich bei ihren Untertanen einschmeicheln wollten, oder zu mutmaßen, daß sich ihre aus griechischen Eheverträgen ablesbare hellenistische Mentalität unter dem Einfluß lokaler Bräuche verändert hätte. Ägyptische Familien verhalten sich nach dem Muster ihrer Vorfahren und reproduzieren mit ihren Heiraten die gleichen Schemata. Die Griechen dagegen behalten die Sitten ihrer Herkunftspolis bei, und die wenigen nachgewiesenen Ausnahmen sind mit Vorsicht zu genießen oder zu verwerfen.

Von den 14 Ptolemäern, die in Alexandria herrschten, heirateten acht die eigene Schwester und setzten sich damit bewußt über griechisches Recht hinweg. Das taten sie aus ökonomischen, persönlichen oder diplomatischen Beweggründen und mitnichten aus Rücksicht auf ein ungeschriebenes dynastisches Gesetz. Eheschließungen mit Königstöchtern aus dem Ausland kamen entweder nicht in Frage oder nicht zustande, ebenbürtige Gattinnen aber waren unbedingt geboten, und die Frauen der Ptolemäer genossen schließlich als Trägerinnen dynastischer Kontinuität hohes Ansehen. Die Ehen der Ptolemäer zwischen Blutsverwandten sind zudem untrennbar verbunden mit der Vergöttlichung der Könige, die sich in zwei Etappen vollzog. Um seine Ehe mit Arsinoë zu rechtfertigen und den Vorwurf der Blutschande zu kontern, berief sich Ptolemaios II. auf die Schirmherrschaft von Zeus und Hera; in der Götterverehrung, die Ptolemaios II. und Arsinoë II. schon zu Lebzeiten zuteil wurde und ihren Höhepunkt in deren Aufstieg zum Götterhimmel fand, hatte Arsinoë einen selbständigen Platz. Nach Ptolemaios IV. und Arsinoë III., dem zweiten Geschwisterpaar auf dem Thron, wurde die Dynastie selbst verehrt, deren konsanguine Ehen die Reinheit des Blutes wahrten. Zwar begründet das wiederholte Vorkommen solcher Ehen nach der Regierungszeit Ptolemaios VI. die »lagidische Gynokratie« (Vatin 1970, S. 61), doch kamen exogame Heiraten nicht mehr in Betracht, da das fortan von Rom beherrschte Ägypten im Mittelmeerraum ziemlich isoliert war.

Heiraten in der Römerzeit

Unter der römischen Herrschaft nahm die Häufigkeit von Heiraten unter Blutsverwandten in der griechisch-ägyptischen Bevölkerung stark zu. Hier stellt sich die Frage, ob und aus welchen Gründen sich die Sitten verändert haben, oder aber ob derartige Ehen dank einer ausgebildeten Bürokratie, die systematische Volkszählungen durchführt und regelmäßige Angaben zur Person verwaltungstechnisch speichert, nicht bloß auffälliger geworden sind. Diese Masse an Dokumenten, deren Wert sowohl in ihrem Umfang als auch im Detailreichtum der Angaben liegt, ermöglicht sogar eine statistische Auswertung. Sie ergibt, daß 15 bis 20 Prozent aller Ehen zwischen Blutsverwandten geschlossen werden, wobei sich die Fehlerquote aus unvollständigen Angaben zur Filiation ergibt, weil nicht immer »vom selben Vater und von derselben Mutter« vermerkt ist. Für diesen Umfang des Phänomens drei Jahrhunderte n. Chr. werden etliche Erklärungen demographischer, ökonomischer und politischer Art angeboten. Sollte man darin jedoch nicht eher die Anwendung und Betonung einer Praxis sehen, die lediglich sporadisch war, bis sie durch die fremde Besatzung intensiviert und vom griechischen Bevölkerungsteil übernommen wurde? Das römische Recht machte der Geschwisterehe erst mit Diokletians Erlaß von 285 ein Ende. Bei heutigen Forschungen zu Auftreten und Häufigkeit der Geschwisterehe in Ägypten müssen historische und chronologische Daten unbedingt berücksichtig werden, um die Folgen der Einverleibung Ägyptens durch das Römische Reich hervorzuheben. Das Familienverhalten läßt sich genauer erfassen, und dies läuft auf den Nachweis hinaus, daß endogame Heiratsstrategien nur eingeschränkt möglich waren.

Ausländerheiraten

Gegenüber den verschiedenen Fremdherrschaften, die den Verlauf seiner Geschichte kennzeichneten, versuchte Ägypten die Ursprünglichkeit seiner Kultur zu wahren (auf die Gefahr einer verhängnisvollen Abschottung hin) und entwickelte schließlich eine heftige Fremdenfeindlichkeit. Dieses Ressentiment, entstanden aus einer »nationalen« Reaktion auf die Invasion der Hyksos im 2. Jahrtausend, verfestigte sich dann gegenüber den fremden Dynastien des 1. Jahrtausends v. Chr. Daß die Pharaonen die philhellenische Karte gegen die Assyrer oder Perser ausspielten oder Alexander als Befreier empfangen wurde, führte deswegen noch lange nicht zu einer echten Verschmelzung mit den in Ägypten niedergelassenen Griechen. In dem im 6. Jahrhundert entstandenen Naukratis blieben die beiden ethnischen Gemeinden räumlich gegeneinander abgegrenzt und Ehen zwischen ihnen unbekannt – die früheste nachgewiesene Mischehe wurde erst 256 v. Chr., also unter den Ptolemäern geschlossen. Während der gesamten hellenischen Zeit blieben griechisch-ägyptische Ehen selten und die Quellen über eine eventuelle Heirat zwischen einem Ägypter und einer Griechin stumm. Zwar haben sich die Ägypter allmählich hellenisiert (sie legten sich griechische Namen zu und lernten Griechisch), doch läßt der langsame Verlauf dieses Prozesses auf passiven Widerstand schließen.

Auch in früheren Epochen, in denen Fremde nicht als Besatzer wahrgenommen wurden, waren Mischehen relativ selten. Im Mittleren Reich läßt sich ein nubischer Bogenschütze neben seiner ägyptischen Frau darstellen; der exilierte Sinuhe heiratete die Tochter des Fürsten von Retjenu, nahm aber die Kinder aus dieser Ehe nicht mit zurück nach Ägypten. Obwohl im Neuen Reich asiatische Kolonien im Delta gegründet wurden und immer mehr Kriegsgefangene ins Land kamen, bewahrten die Ägypter, die fremde Götter immerhin wohlwollend aufnahmen, ihre Familien ausnahmslos vor dem Einfluß fremden Blutes.

In einer seßhaften und konservativen Bevölkerung, die fest mit ihrer Scholle verwurzelt ist, auf der das eigene Grab angelegt werden soll, und die an einem bis in die letzte Einzelheit vorgeplanten Bestattungsritual hängt, werden Ehen zumindest faktisch, wenn nicht gar rechtlich, nur zwischen Personen von gleicher Tradition und gleichem Status geschlossen. Die Bemerkung Herodots (II, 47) über die soziale Ausgrenzung der Schweinehirten gilt auch für zahlreiche andere Handwerkermilieus, wenn man sie nicht wie er als normativ betrachtet: für Handwerker und Schreiber, Verwaltungsbeamte und Priester, deren Ämter und Berufe sich in den väterlichen und mütterlichen Abstammungsgruppen ständig wiederholen. Das Einzelschicksal ist der Familiengeschichte unterworfen, denn der ewige Kreislauf der Zeit, gegliedert nach dem täglichen Lauf der Sonne, den Phasen des Mondes und den jährlichen Überschwemmungen des Nils, bemißt sich außerdem nach Generationen, und jede muß ihn neu beginnen.

Mann und Frau

Hinter Texten und Darstellungen, die ein stereotypes Bild harmonischer Familienverhältnisse zeichnen, läßt sich eine widersprüchlichere Realität erahnen; die Ermahnungen aus den *Weisheitslehren* über gutes Einvernehmen in der Ehe und umgekehrt auch die häufigen Warnungen vor Untreue beweisen nur, wie brüchig die Norm war, was auch durch zahlreiche literarische und juristische Texte bestätigt wird.

Die Scheidung

»Wenn du eine Frau geheiratet hast, die voll der Freude ist [...], dann jage sie nicht fort« (*Ptahhotep* 499-506, in Brunner 1988, S. 127), rät Ptahhotep, und offenbart damit die Praxis der Verstoßung, gemeinhin durch den Ehemann. Die juristische Anerkennung des Bruchs – wenngleich nicht obligatorisch – bekräftigt nur den privaten Entschluß, das Zusammenleben zu beenden, die dem eigenen Urteil eines Mannes oder einer Frau überlassen blieb. Zwar waren bestimmte Vorwürfe wie Ehebruch eines der Partner (wenn auch jenes »größte aller Vergehen« zumeist auf seiten der Frauen geortet wurde) oder Unfruchtbarkeit ein absoluter Scheidungsgrund, doch wurden auch Entfremdung und Abneigung akzeptiert sowie Haß, Unverträglichkeit nach einer Krankheit, Begehren eines anderen Mannes oder einer anderen Frau und schließlich der Wunsch der Frau, ihren Mann zu verlassen. Weil die bloße Feststellung der Unvereinbarkeit ohne weitere Vorwände genügte, spielte Logik keine Rolle, wie aus folgender Erklärung eines Mannes hervorgeht, der seine Gattin verstoßen will: »Du bist wie eine Einäugige, die zwanzig Jahre im Haus eines Mannes gelebt hat; doch er hat nun eine andere gefunden und sagt [zur ersten]: ›Ich trenne mich von dir, denn du siehst nur auf einem Auge, wie alle sagen.‹ Sie antwortet: ›Das also hast du nach zwanzig Jahren gemerkt, die ich in deinem Haus verbracht habe?‹« (Théodoridès 1977, Sp. 285) An diesen Realismus der Gefühle knüpften sich finanzielle Garantien für die Gattin, die bei ihrer Verstoßung aus dem ehelichen Heim, außer wenn sie des Ehebruchs schuldig war, eine vertraglich genau fixierte und bisweilen erbittert ausgefeilschte Entschädigung erhielt, ganz gleich, auf wessen Wunsch der Entschluß zur Trennung zurückging. Ziel solcher Vorkehrungen war mit Sicherheit, die ökonomische Abhängigkeit der Frau auszugleichen, aber auch, mögliche Profite aus einer Scheidung einzuschränken.

Das ptolemäische Recht zog schließlich die letzte Konsequenz aus der Flüchtigkeit menschlicher Gefühle, indem es die Ehe auf Zeit anerkannte, ein extremes Beispiel, das aber zeigt, wie flexibel die Institution Ehe war.

Mehrehen

In den Beamtengräbern der Zentral- oder Provinzverwaltung und sogar in den Gräbern der Handwerker aus dem Dorf Deir el-Medineh, die an dem Bau der Pharaonengräber beteiligt waren, teilen nicht selten bis zu fünf »Gattinnen« die Ewigkeit mit dem Toten. Es ist häufig schwer festzustellen, ob es sich um aufeinanderfolgende oder gleichzeitige Ehen handelt. Zwar ist klar, daß Wiederheirat nach Verwitwung oder gar Scheidung nicht systematisch das Gedenken an frühere Gattinnen, deren Rolle schon für die Kinder unauslöschlich blieb, oder gar ihre Darstellung ausschloß, doch darf in manchen Fällen auch von der Hypothese gleichzeitig bestehender ehelicher Bindungen ausgegangen werden. Eine Bestätigung ist nur durch vergleichende Lektüre der genaueren Bestimmungen möglich, die hinter den Namen der diversen Gattinnen stehen. Wenn eine Aufeinanderfolge ausdrücklich bestätigt ist, wenn eine der Frauen einen zusätzlichen Beinamen hat, der die besondere Vorliebe des Toten für sie bekundet, wenn alle bis auf eine als »gerecht« bezeichnet werden, sind es ebenso viele monogame Ehen wie aufgezählte Frauen gewesen; lauten die Bezeichnungen dagegen für alle gleich und sind sie in der Ikonographie ähnlich hervorgehoben, spricht nichts gegen eine Mehrehe. Die bei Hofe amtlich anerkannte Polygamie wurde von Privatleuten zwar nie besonders herausgestellt, aber auch nie als unzulässig verurteilt.

Die Einrichtung des königlichen Harems, dessen Bezeichnung im Ägyptischen auf dieselbe Sprachwurzel wie »Gefängnis« zurückgeht, läßt sich auf die ersten Zeiten des Pharaonentums zurückverfolgen, doch muß man sich davor hüten, die Übersetzung wörtlich zu nehmen und eine Atmosphäre von *Tausendundeiner Nacht* auf den ägyptischen Hof zu übertragen. Als Wohnsitz der Königinnen und ihres Hofstaats, an den Palast angrenzend oder völlig getrennt davon, bildet der Harem eine selbständige Wirtschaftseinheit mit umfangreichem Personal, das von Fraktionsbildungen nicht verschont wird, da sich Haremsverschwörungen durch die ganze ägyptische Geschichte ziehen und diese aller Wahrscheinlichkeit nach zwei Pharaonen das Leben gekostet haben. Kinder haben eine wichtige Stellung im Harem, Königskinder, aber auch Kinder von Hofbeamten, die der König auszeichnen wollte, oder sogar Kinder von ausländischen Höfen, denen Kultur beigebracht werden sollte. Die Damen, die den Harem bevölkern, »Palastschönheiten« oder »Geliebte des Königs«, widmen sich der Zerstreuung des Herrschers, sind aber nicht mit Nebenfrauen vergleichbar. Aus einer Erzählung des Mittleren Reiches geht hervor, wie sich Pharao Snofru, um die Langeweile zu vertreiben, von 20 Haremsfrauen rudern ließ, »die schön von Leib waren, von straffem Busen, mit gesträhltem Haar und Brüsten, die noch kein Kind gestillt hatten« (*Drittes Märchen des Papyrus Westcar*, in Brunner-Traut 1963, S. 14-16). Nicht selten wurden diese Damen im Neuen Reich eifrigen Höflingen zur Frau gegeben, was für deren Karriere förderlich war. Im diplomatischen Verkehr jener Zeit waren Frauen hochgeschätzte Freundesgaben (Amenophis II. erhielt auf diese Weise 170 Frauen vom König von Mitanni geschenkt), doch diese schönen Ausländerinnen, die den Harem des Pharaos zierten, wurden nicht wie die fremden Prinzessinnen behandelt,

Memnonskoloß mit dem Bildnis von Amenophis III.: Der König sitzt auf einem Thron, dessen Seitenwände mit Gewächsen aus Ober- und Unterägypten verziert sind. Zu seiner Linken seine Mutter, zu seiner Rechten seine Gemahlin. Die Griechen haben im nördlichen Koloß die Darstellung des homerischen Helden Memnon, Sohn der Aurora, gesehen. 18. Dynastie (1400 v. Chr.). Quarzfels. Theben, Westufer.

die als Geschenk von einem König zum anderen weitergereicht wurden, um Bündnisse zu besiegeln; zumal sie dem König ebenbürtige Nachkommen gebären konnten. Die große Zahl von Kindern, die Ramses II. zeugte, fast 100, war gleichermaßen ein Zeichen für das Ansehen Ägyptens wie für die Lebenskraft des Herrschers.

Als Instrument der pharaonischen Politik – und als gelegentliche Gefahrenquelle – wird der Harem nicht als erweiterte Familie gesehen, sondern als

Ausschnitt der Vorderseite des nördlichen Tempels von Abu Simbel: In den sechs Nischen sind sechs riesige Statuen dargestellt, vier davon mit dem Bildnis von Ramses II., zwei mit dem Bildnis seiner Gemahlin Nefertari, die Charakteristika der Göttin Hathor aufweist. 19. Dynastie (1260 v. Chr.). Sandstein.

selbständige Struktur, die das durch die Reinheit des Blutes vereinte Königspaar in den Vordergrund schob. Dieser Vorrang wird auch durch die Ikonographie belegt. In aller Regel gewährt der Pharao ein Recht auf Porträtierung nur der »ersten königlichen Gemahlin«, der im Falle eines Machtvakuums die Regentschaft anfällt und nach einer Thronfolge unbedingt der Rang einer Königinmutter zusteht. Die sogenannten Memnonskolosse stellen Amenophis III. daher auf dem Thron dar, in Kniehöhe flankiert von seiner Mutter und seiner Gemahlin. Nur die lange Dauer der Regierungszeit Ramses' II. erklärt, warum es derart viele Hauptgattinnen gibt, doch nur für eine wurde ein Tempel gebaut: Im kleinen Nordtempel von Abu Simbel nimmt Nefertari die Züge der Himmelsgöttin Hathor an, während der Haupttempel, in welchem vier Götterstatuen stehen, darunter auch Ramses selbst, der Sonnentheologie so angepaßt ist, daß das zweifach vorhandene Denkmal die königliche Ehe in Analogie zur täglich wiederkehrenden Vereinigung von Himmel und Sonne verewigt wird. Die Beinamen aus dem Hofprotokoll der Königin zeigen, welchen Vorrang sie im Herzen des Gatten einnimmt, so etwa die Bezeichnung »Fürstin aller Frauen« (Gitton 1978, S. 389-390), eine ausgefallene Formulierung, die dem Sprachgebrauch nicht königlicher Personen entlehnt ist, die untereinander die monogame Bindung bevorzugten.

Kein ägyptisches Gesetz machte allerdings die Verstoßung zur Vorbedingung einer neuen Eheschließung, so daß manche Männer ihre Macht dadurch demonstrieren konnten, daß sie sich zwei und ausnahmsweise sogar vier Frauen nahmen, um das königliche Beispiel nachzuahmen oder schlicht ihre Aussichten auf männliche Nachkommen zu verbessern. Zwar gibt es weithin gesicherte Beispiele für Polygynie bei Privatpersonen, doch war die Praxis auf wenige Einzelfälle begrenzt. Auch in diesem Punkt scheint es, daß Herodot (II, 92), demzufolge bei den Ägyptern »jeder nur ein Weib hat, ebenso wie die Hellenen«, die Sitten zutreffend beschreibt, während Diodor (I, 80, 3) den Unterschied zum griechischen Recht verallgemeinert, wenn er behauptet: »Bei den Ägyptern heiraten die Priester nur eine Frau, aber die anderen so viele, wie ihnen beliebt.« Dieses Urteil muß um so mißtrauischer machen, wenn man – wie bei jeder fundierten Untersuchung – auch zeitliche und soziologische Faktoren einbezieht, denn eine Abschottung der Priesterkaste ist nirgends erkennbar. Im Gegenteil waren ziviles und religiöses Leben nicht voneinander getrennt, und der ägyptische Priester, der auch verwaltungstechnische und militärische Funktionen ausüben konnte, amtierte von vier Monaten jeweils nur einen im Tempel. Andererseits gestattet das gelegentliche Abbild einer Frau neben zwei Männern durchaus nicht den Schluß auf Polyandrie: Sie hätte zu große Verwirrung gestiftet und wäre unvereinbar mit der Rolle der ägyptischen Frau gewesen, für die rechtmäßige Geburt des Nachwuchses einstehen zu müssen.

Das Liebesleben

Diese Indifferenz gegenüber der Polygynie zeigt erneut, wie tolerant die Gemeinschaft gegenüber dem Verhalten des einzelnen war. Daß das Gleichgewicht der Familie durch Scheidung und Wiederheirat erschüttert wurde, ist häufig belegt, wie die ausgemeißelten Namen in Grabkammern beweisen, und die literarische Figur der bösen Stiefmutter, die in der Geschichte vom *Verwunschenen Prinzen* zur Erklärung seiner Flucht aus Ägypten erfunden wird, nochmals unterstreicht: »Meine Mutter ist gestorben und mein Vater hat eine andere genommen, aber sie begann mich zu hassen, und ich bin fort und vor ihr geflohen.« (*Der Verwunschene Prinz,* in Brunner-Traut 1963, S. 25) Aus diesem Grund werden die wegen ihrer Flexibilität in ihrer Wirksamkeit bedrohten Sitten und Bräuche durch einen rigorosen Moralkodex mit hohen Anforderungen an die Selbstdisziplin ergänzt.

Die ägyptische Vorstellung von Sexualität kennt durchaus auch die Idee der Unreinheit, auch wenn diese als Lebensnotwendigkeit gesehen wird. Die Unreinheit der Regelblutung fällt auf den Geschlechtsakt selbst zurück und macht auch den Mann unrein, der sich der Frau genähert hat. Für den Tempeldienst wird Enthaltsamkeit gefordert, und dort ist auch jede Form des Geschlechtsverkehrs verboten, während die Handwerker von Deir el-Medineh während der »Reinigung« genannten Regel ihrer Gattinnen oder Töchter von der Arbeit befreit sind. Mit Ausnahme eines Papyrus in einem Turiner Museum und einigen Ostraka mit freizügigeren Darstellungen und Kopulationsszenen aus der Götter- oder Tierwelt kennt die Ikonographie keine erotischen Akte. Liebesstimmung wird nur durch ein System stark kodierter Bilder suggeriert. Diese Diskretion der graphischen Darstellung steht im Gegensatz zu einer größeren Freizügigkeit von Schriftstellern in der Darstellung von Liebesangelegenheiten, die sich weniger auf den Akt selbst als auf die Sehnsüchte von Frauen und Männern bezogen. Diese Dichter verherrlichen die brennende Liebessehnsucht und ihre Poesie beschreibt das unstillbare Begehren, das die Schönheit des Leibes unter Liebenden weckt und auf sofortige körperliche Vereinigung drängt. Im übrigen konnte man sich auch das Leben nach dem Tod nicht ohne Wiedererlangung der sexuellen Potenz vorstellen, die dadurch gefördert werden sollte, daß dem Toten in der Grabkammer Statuetten mit übertriebenen weiblichen Geschlechtsmerkmalen beigegeben wurden.

Gesellschaftlich gesehen, scheint die ägyptische Ehe von der Frau mehr gefordert zu haben als vom Mann, und deshalb spricht sich der Tote in seinen Beteuerungen vor den Göttern des Totengerichts von der Schuld frei, »Verkehr mit der Frau eines anderen Mannes gehabt zu haben« (Hornung 1979, S. 237). Auf der ethischen Ebene wird strikte Treue als hohe Tugend gepriesen: »Du hast nie feststellen müssen, daß ich dich wie ein Fellache beleidige, der in ein anderes Haus geht.« (Schott 1956, S. 156) Mit diesen Worten verteidigte sich ein Witwer, der sein Leid dem posthumen Haß seiner Frau zuschreibt, in einem Brief ins Jenseits. Der Ehebruch durch die Gattin ist Ursprung einer ganzen Reihe von Strafen, die vom Gericht verhängt werden, an das sich der Ehemann wenden kann. Die einzigen Zeugnisse für sofortige Selbstjustiz sind literarischer Art, wie im Falle jenes Obersten Vorlesepriesters, der seine Frau wegen ihrer heimlichen Liebschaften auf dem Scheiterhaufen verbrennt, dieweil ihr Liebhaber von einem Krokodil gefressen wird (*Zweites Märchen des Papyrus*

Westcar, in Brunner-Traut 1963, S. 13); oder die Geschichte vom Bauern, der sich zu Unrecht durch seinen jüngeren Bruder betrogen fühlt und zum Mord entschlossen ist, »da er wie ein Leopard geworden war« (*Das Zweibrüdermärchen*, in Brunner-Traut 1963, S. 31). Um des größeren Nachdrucks willen behauptet der Weise sogar, daß Untreue zum Tode führt. Wo Ptahhotep in einem Abschnitt über den Wert der Freundschaft feststellt, daß »ein kurzer Augenblick einem Traum gleicht, und dann kommt am Ende der Tod davon, mit den Frauen im Hause bekannt« gewesen zu sein (*Ptahhotep* 277-288, in Brunner 1988, S. 120f.), schreibt mehr als zwei Jahrtausende später Anchscheschonqi: »Wer sich in eine verheiratete Frau verliebt, wird auf ihrer Türschwelle umgebracht werden.« (*Anchscheschonqi* 23, 6-7, in Brunner 1988, S. 287) Allerdings scheint die Todesstrafe nicht amtlich gewesen zu sein, denn wenn überhaupt Sanktionen auszumachen sind, wird der Liebhaber (allerdings nur bei Rückfälligkeit) mit dem Abschneiden von Nase und Ohren sowie Verbannung und die Frau mit Verstoßung bestraft. In anderen Fällen wird der Schuldige lediglich aus seinem Priesterorden ausgestoßen und zu einer Geldstrafe verurteilt. Frauen können sich durch einen Schwur der Unschuld entlasten; in einem solchen Fall muß ihnen der Mann wegen falscher Anschuldigung eine Entschädigung zahlen. Die Gattin hat auch das Recht, sich gegen einen ehebrecherischen Mann zu wenden und ihn zur Scheidung zu zwingen. Diese Maßnahmen, die in erster Linie vom Ehebruch abhalten sollen, werden jedoch nicht systematisch ergriffen, besonders nicht im Falle körperlicher Züchtigungen, so daß sich bisweilen dieselben Verfahren mit denselben Handelnden wiederholen. Der reichlich skrupellose Arbeitsaufseher Pa-neb von Deir el-Medineh verführte mehrere verheiratete Frauen des Dorfes, ohne daß dies seiner Karriere schadete. Diodor (I, 78, 3-4) entfernt sich weit von den Fakten, wenn er behauptet, daß »der Ehebrecher 1000 Stockhiebe erhält, während der Frau die Nase abgeschnitten wird«. Abgesehen von einer grundsätzlichen Hierarchie der Strafen geht es im übrigen um eine Art von Erbauung, die der ägyptischen Literatur nicht fremd ist, welche es sich darüber hinaus zur Aufgabe macht, der Unzulänglichkeit juristischer Sanktionen entgegenzuwirken, indem sie die weiblichen Listen und Lockungen aufs Schärfste verurteilt.

Von der Frau »aus einer anderen Stadt«, mit der wohl eine Prostituierte gemeint ist, über das »Wasser, dessen Trübe man nicht durchschaut« (*Ani* III, 13-14, in Brunner 1988, S. 200), voll der Süße, aber unfähig zur Wahrung des Geheimnisses, bis hin zur Verführerin, die abgewiesen wird und sich mit der Beschuldigung des Begehrten rächt (*Das Zweibrüdermärchen*, in Brunner-Traut 1963, S. 31), liegen uns lauter Beschreibungen verführerischer Reize vor, die einen Kontrapunkt zu den Segnungen der Treue bilden. Daß in den Werken, die von Beamten für Beamte geschrieben wurden, heimtückische Ränke nur Frauen unterstellt werden, während der Mann auf dem Pfad der Tugend wandelt, der umgekehrte Fall aber nie vorkommt, liegt sicher daran, daß es keine Texte gibt, die den weiblichen Standpunkt vertreten. Homosexualität wird nur beiläufig behandelt; Päderastie scheint einhellig mißbilligt worden zu sein, vom Rat des Ptahhotep, »nicht mit einem weibischen Jugendlichen zu kopulieren« (*Ptahhotep* 457-462, in Goedicke 1967, S. 97-102) bis zu der Fürbitte für einen Toten, in der sie mit Perversion gleichgesetzt wird (Barguet 1967, S. 159 und 161). Die gleichgeschlechtliche Liebe unter Erwachsenen wurde zwar nicht förmlich verurteilt, aber in Bildern des Chaos dargestellt, ganz gleich, ob sie sich zwischen den Göttern Horus und Seth oder dem Pharao und seinem General abspielte.

Obwohl das Gleichgewicht der Institution Familie den Wechselfällen des Schicksals oder den Irrungen menschlichen Verhaltens ausgesetzt war, konnte diese biologische oder rechtliche Anfälligkeit weder ihre Existenz in Frage stellen noch ihre immerwährende Neubildung unterbrechen.

Familiengruppe: Oberaufseher eines Getreidespeichers zwischen seiner niederknieenden Frau und seinem in kindlicher Nacktheit dargestellten Sohn. Altes Reich (um 2400 v. Chr.). Kalkstein. New York, Brooklyn Museum.

Die Familie als Keimzelle

Familie und Abstammungsgruppe

Lexigraphisch gibt es nur zwei Ausdrücke zur Bezeichnung der Kleinfamilie (*ḥ3w* und *mhw*), die vielleicht eine gemeinsame Wurzel mit dem Wort für Gatte (h3y, »derjenige, welcher zeugt«) haben, das die Rolle des Vaters in der Familienbiologie bezeichnet. »Ich gebe dir deinen Phallus, damit du deine Familie mehrst«, sagt ein Gott zum Pharao im ptolomäerzeitlichen Tempel von Edfu. Der Text ist in doppelter Hinsicht aufschlußreich: Einerseits betont er, wie wichtig es ist, Nachkommen zu haben, da die Zeugung ein Gottesgeschenk ist, und andererseits bezieht er sich nur auf den Erzeuger, ohne die Mutter auch nur zu erwähnen. In ähnlicher Weise wird in der Hieroglyphenschrift, in der der Mann normalerweise durch das Determinativ einer sitzenden männlichen Person bezeichnet wird, das Bildzeichen für »Ehemann« durch das Determinativ des Phallus präzisiert, während die Schriftform des Wortes »Gattin« das (im Tierreich verwendete) Determinativ für die Gebärmutter nicht kennt und von dem einer sitzenden weiblichen Person begleitet ist. Wenn auch die Frau mit dem Zeugungsvorgang nichts zu tun hat, wird doch ihre soziale Funktion als Mutter schon sehr früh bekräftigt. Dem Bild des Vaters als Kinderzeuger entspricht das der Mutter, die als Empfangsgefäß die Verbindung zwischen den verschiedenen Gliedern in der Familienkette schafft.

Ägypten ist zwar eine patrilineare Gesellschaft, trägt aber in seinen Bräuchen auch der Rolle der Frau Rechnung. Einzelpersonen wurden durch einen oder bisweilen zwei Vornamen bei der Geburt gekennzeichnet, die gegebenenfalls durch einen Familiennamen und einen Hinweis auf die Abstammung ergänzt wurden. Während die patrilineare Linie während der ganzen Geschichte Ägyptens zu finden ist, kann die matrilineare neben ihr stehen oder gar so weit mit ihr konkurrieren, daß nur die mütterlichen Vorfahren erwähnt werden, ein im Mittleren Reich bevorzugtes Verfahren. Die allgemeine Entwicklung tendiert indessen zur Zusammenfügung der beiden Abstammungslinien und damit zu einem Abbild der Zusammensetzung der Familieneinheit, während die Gottheiten im Pantheon zu familiären Dreiergruppen zusammengefaßt werden. Die wuchernden Stammbäume, die im 1. Jahrtausend entwickelt werden, bezeugen das Bemühen um Verankerung in der Familie als Reaktion auf eine allgemeine soziale Verunsicherung. In der weiteren Darstellung werden die ursprünglich symmetrischen Beziehungen zu Vater und Mutter fortschreitend differenziert: Der väterlichen Filiation entspricht die schlichte Identitätsaussage (»Sohn von«/»Tochter von«), während die mütterliche Filiation die organische Verbindung anzeigt, indem der Akt des Gebärens hervorgehoben wird (»geboren von«). Manchmal wird in diesem Fall sogar das Verb »gemacht« verwendet, das ursprünglich der Zeugung durch den Mann vorbehalten war. Daß der Mutterrolle schließlich eine größere Bedeutung zukommt als der Vaterrolle, entspricht dem wachsenden Stellenwert der Frau innerhalb der ägyptischen Gesellschaft. Im Neuen Reich manifestiert sich diese Rollenverschiebung auf höchster Ebene in der Theogamie, die, wie Texte und Flachbilder anschaulich zeigen, die zentrale Rolle der Königinmutter bei der Weitergabe des königlichen Blutes hervorhebt.

Die Mutter brachte das Kind nicht nur physisch zur Welt, sondern gab ihm auch den Namen, wodurch es im ägyptischen Denken erst zur Person wurde. Ob dieser Name neu war oder die Abstammung bezeichnete, für den Empfänger wurde er zu einem Programm für das Leben. Wurde der Name der Verwandtschaft des Vaters oder der Mutter entnommen, erhielt der Sohn den Namen des Vaters und die Tochter den der Mutter. Am häufigsten aber wurde der Name des Großvaters oder der Großmutter väterlicherseits wiederholt, wobei die Namenswahl der Mutter gleichsam zur Festschreibung der patrilinearen Abstammung beitrug. Dennoch konnte mit subtilen Bedeutungsspielen wenn nicht der Wortlaut, so doch zumindest der Geist eines Namens bewahrt werden: In solchen Fällen konnte man sich genausogut auf die mütterliche wie auf die väterliche Abstammung beziehen. So erkannte sich jede Familie in einer besonderen Namensgebung wieder, in der die agnatische Weitergabe des Familiennamens mit Anspielungen auf Anthroponyme im uterinen Zweig vermengt wurde.

Verwandtschaft und häusliche Gruppe

Während sich das Individuum zur Selbsteinordnung stark auf seine Vorfahren beruft und außerdem häufig die Gesamtheit der Blutsverwandten zitiert, spielt sich sein Leben im Rahmen der Kernfamilie ab. Im typischen Haushalt lebten Eltern und Kinder beisammen, auch wenn aus den vereinzelten Quellen kaum allgemeine Regeln für jeden Ort und jede soziale Schicht abgeleitet werden können. Archäologische Spuren aus Städten sind selten, und juristische Dokumente oder Grabinschriften erwähnen so gut wie nie die genauen Wohnbedingungen. Einiges über die Zusammensetzung der Familie geht aus der Verwandtschaftsterminologie hervor. Von dieser Grundeinheit ausgehend, umfaßt sie ausschließlich Wörter für direkte und unmittelbare Beziehungen: Vater, Mutter, Sohn, Tochter, Bruder und Schwester. Randmitglieder werden folglich, außer gelegentlich die Schwiegereltern, mit einer Umschreibung (»Vater des Vaters«, »Sohn des Bruders« usw.) oder durch eine Sinnerweiterung einer der

Grundvokabeln (»Vater« für jeden Vorfahren, »Sohn« für den Enkel usw.) bezeichnet. Die eingehende Quellenanalyse bestätigt, was bereits dem Wortschatz zu entnehmen war. Nur in Ausnahmefällen wohnen erweiterte häusliche Gruppen unter einem Dach, auch wenn durchaus nicht selten ein alleinstehender Verwandter aufgenommen wird, meist die verwitwete Mutter. Demographische Bedingungen sorgten bereits dafür, daß die Generationen nur kurz zusammenleben konnten, auch wenn früh geheiratet wurde.

Die didaktische Literatur betrachtete Jugend als Voraussetzung für den Erfolg einer Ehe und legte das ideale Heiratsalter wie folgt fest: »Nimm eine Frau, wenn du zwanzig bist, so hast du einen Sohn, solange du noch jung bist.« (*Anchscheschonqi* 11, 7, in Brunner 1988, S. 273) Die Wirklichkeit, die in der griechisch-römischen Epoche greifbarer und demographisch konkreter wird, bestätigt Eheschließungen zwischen Jugendlichen, wobei Mädchen mit 14 oder gar 12 Jahren und Jungen mit 15 heirateten. In den meisten Fällen wurden Ehen innerhalb derselben Generation geschlossen, worauf, unabhängig vom affektiven Aspekt, die Bezeichnung »Schwester/Ehefrau« verweist; die Altersunterschiede können aber auch beträchtlich sein. Die Wiederheirat ist folglich ungeschriebenes Gesetz, so daß der Witwer, der sein Leiden der verstorbenen Gattin im Jenseits zuschreibt, seine anhaltende Treue zu ihr als Beweis für die Ungerechtigkeit des Schicksals anführt, das ihn nun befallen hat: »Siehe, ich habe danach [nach deinem Tod] drei Jahre [allein] gelebt, und habe nicht wieder geheiratet, obwohl dies einem Manne meines Standes gebührt.« (Schott 1956, S. 157) Daß Wiederheirat üblich war, belegen sowohl biographische Quellen als auch ein Beiname der Isis, »die der Witwe einen Gatten und dem jungen Mädchen eine Aussteuer gibt«.

Hausmodell aus einer Grabausstattung, das einen Herren, der seine Diener empfängt, darstellt. 12. Dynastie (um 1900 v. Chr.). Holz. Lyon, Musée des Beaux-Arts.

Dorf von Deir el-Medineh, wo die Handwerker, die mit dem Bau der königlichen Gräber beauftragt waren, wohnten. Innerhalb der Stadtmauer sind sehr kleine Reihenhäuser (im Durchschnitt 72 m²) zu sehen, die entlang der Hauptstraße angeordnet sind. Die Häuser außerhalb der Mauer sind weiter verstreut. Neues Reich (1506-1070 v. Chr.). Stein und Backstein. Theben, Westufer.

Für die griechisch-römische Zeit wird die durchschnittliche Lebenserwartung der Frauen auf 30 und die der Männer auf 34 Jahre geschätzt, wobei die Säuglingssterblichkeit in diese Zahlen nicht eingeht, weil es dazu keine Unterlagen gibt. Diese Daten sind sicher auf frühere Epochen übertragbar, für die sich ein statistischer Ansatz als unmöglich erweist. Es gibt außergewöhnliche Lebensspannen von bis zu 90 Jahren, die in Gedenkinschriften sorgfältig festgehalten sind, doch ein hohes Alter, Herzenswunsch eines jeden Ägypters, erreichten nur wenige. Auch wenn sich Erfolg an der Zahl der Nachkommen bemaß und das Idealbild des Weisen ihn »mit seinen vielen Kindern um sich, geführt wie führende Bürger ihrer Stadt« zeigt (Brunner 1988, S. 131), war nicht nur Kinderreichtum, sondern auch Wohlstand das Ziel, und darin kann man sicher einen Grund für die empfängnisverhütenden Maßnahmen sehen, die aus medizinischen Abhandlungen belegt sind. Die Fortpflanzungsrate war nie besonders hoch, da bereits eine Familie mit mehr als fünf Kindern als sehr groß galt.

Der Umfang häuslicher Gruppen schwankt je nach Stellung des Familienoberhaupts in der ägyptischen Gesellschaft: Die einfachsten Gesellschaftsschichten entziehen sich zwar jeder Untersuchung, doch weisen die Handwerkerfamilien von Deir el-Medineh im Neuen Reich über fünf Jahrhunderte lang ein stabiles Muster mit einer Durchschnittszahl von fünf bis sechs Personen pro Haushalt auf, die in bescheidenen Hütten lebten. Wohlhabendere Schichten unterhielten größere Haushalte; die Hofbeamten von Tell el-Amarna besaßen weitläufige Anwesen mit Dienstbotenhaus im Garten. Die Briefe, die der Totenpriester Heqanacht, der zu Beginn des Mittleren Reichs lebte, aus der Ferne an die Mitglieder seines Haushalts schrieb, gestatten gewisse Rückschlüsse auf die Zahl der bei ihm wohnhaften Personen und die Spannungen zwischen ihnen: vier Männer (bestimmt Söhne, zum Teil mit Familie), ein Vorarbeiter und seine Familie, die Mutter des Briefschreibers, zwei weibliche Verwandte, eine Magd und eine Frau, die von den anderen angefeindet wurde (vermutlich eine Konkubine).

Familienhierarchien

Die Briefe Heqanachts zeigen, welch schweren Stand eine Konkubine hatte, die an die Stelle der verstorbenen Gattin getreten war und keinen anderen Schutz als das Wohlwollen des Hausherrn genoß. Sowohl auf der sprachlichen wie auf der juristischen Ebene wird die rechtmäßige Ehe sorgfältig vom Konkubinat unterschieden, obwohl beide faktisch auf eine simple Feststellung des Zusammenlebens hinauslaufen. So reichlich die Angaben über die Stellung der Ehefrau in der Familie und in der Gemeinschaft sind, so schwer ist es, die Rechte einer Konkubine zu ermessen, wenn sie überhaupt solche hatte, und herauszufinden, nach welchen Regeln die Rollenverteilung erfolgte.

Der Status der Gattin

Die Klassiker waren beeindruckt von den Freiheiten, die die ägyptische Frau genoß, und glaubten im Vergleich zu griechischen Bräuchen an einen kompletten Rollentausch. Die häufig frei erfundene Aufzählung Herodots (II, 35) laut dem die »Sitten und Gebräuche der Ägypter fast in allen Stücken denen der übrigen Völker entgegengesetzt« sind, enthält folgende malerische Schilderung: »So gehen in Ägypten die Frauen auf den Markt und treiben Handel, und die Männer sitzen zu Hause und weben.« Aus rechtlicher Sicht behauptete Diodor (I, 27, 2), die Frau habe »Vollmacht über den Mann, und in den Eheverträgen versprechen die Männer, sich in allem der Bestimmungsgewalt ihrer Frau zu unterwerfen«. Zwar kannten die Ägypter nicht die griechische Vormundschaft des Mannes über die Frau mit dem Vorrecht, für sie als Zeuge auszusagen, vor

Gericht zu erscheinen, Dokumente zu unterschreiben und über ihr Eigentum zu verfügen, doch war die ägyptische Gesellschaft deswegen kein verdecktes Matriarchat, wie es manche Feministinnen heutzutage offenbar mit Blick in diesen griechischen Zerrspiegel und in meist polemischer Absicht gern behaupten.

Die Autorität des Familienoberhaupts ergibt sich aus der Gesellschaftsordnung insgesamt, in der die Männer politisch, ökonomisch und kulturell dermaßen dominierten, daß die Anerkennung einer natürlichen Gleichheit der Geschlechter das Ungleichgewicht des Status nicht aufheben konnte. Der Mann sichert durch seine Ämter oder seine Arbeit das Haushaltseinkommen, ihm obliegt die Entscheidungsgewalt sowohl über die Verwaltung des Eigentums als auch in Grundfragen wie der Verheiratung der Kinder, der Vererbung seines Amtes und der Errichtung von Denkmälern. Nichts veranschaulicht die Stellung der Frau in der Familie besser als der Titel »Hausherrin« (*nbt pr*), mit dem sie vom Mittleren Reich an bezeichnet wird. Während es zwei Termini für die Beschreibung des Mannes in seiner Funktion als Ehegatte gibt, werden die Kategorien von Frau und Gattin im selben Wort (*ḥmt*), das durch die Doppelbezeichnung *nbt pr* nicht aufgehoben wird, miteinander vermischt. Diese Synonymie belegt eindeutig, daß die Frau nur in ihrer Rolle als Gattin definiert werden kann. »Oh teurer Freund, was mein Herz ersehnt, ist dein Eigentum als Herrin deines Hauses zu besitzen, mit deinem Arm über meinem.« (Théodoridès 1977, Sp. 283) Dieser Seufzer der Geliebten besagt, daß die Vorteile einer Ehe längst nicht nur emotionaler Natur waren. Dennoch war die ägyptische Auffassung der Rolle der Gattin von keinerlei Passivität geprägt und wurde ihr Rat in allen Fragen gehört, die a priori unter die Entscheidungsgewalt des Ehemanns fielen. So widerrief ein Heeresschreiber nach Beratung mit seiner Frau seine Entscheidung, einen Pächter zu entlassen (Schott 1956, S. 124). Die Geschichte verzeichnet, daß die Pharaonen zahlreiche Königinnen in ihr Handeln einbezogen oder sie im eigenen Namen gewähren ließen, entweder weil sie sich königliche Vollmachten angemaßt hatten oder weil die politischen Umstände Spielraum gewährten. So übernahmen sie bei Minderjährigkeit des Thronerben die Regentschaft, oder, wenn sich der Herrscher auf Feldzügen befand, sogar dessen Pflichten. Nach Wiederherstellung der königlichen Autorität im Neuen Reich preist ein Pharao die hervorragende Rolle seiner Mutter bei der Neuordnung des Landes durch ungewöhnliche Epitheta (»die alle Staatsangelegenheiten kennt, die Ägypten einigt«) und lobt ihr entschlossenes Eingreifen sowohl im Innern wie nach außen (Vercoutter 1965, S. 123).

Abgesehen von solchen Ausnahmefällen hat die Gattin gewisse Vorrechte in Bereichen, wo ihre Autorität nicht angefochten wird, wie Haushaltsführung oder Erziehung der Kleinkinder. So mahnt der Schreiber Ani den Gatten zur Zurückhaltung (»Überwache deine Frau nicht in ihrem Bereich, wenn du weißt, daß sie tüchtig ist« [*Ani* IX, 3-4, in Brunner 1988, S. 210]), den Sohn zur Dankbarkeit (»Nähre deine Mutter, wie sie dich genährt hat, trage sie auf Armen, wie sie dich getragen hat ...«) und erinnert an die dreijährige Stillzeit, das Trockenlegen und das regelmäßige Zubereiten des Essens während der Schuljahre (*Ani* VII, 17, VIII, 1, in Brunner 1988, S. 208). Im Laufe der Zeit werden die beispielhaften Tugenden der Hausherrin bisweilen angezweifelt, und Anchscheschonqi mahnt etwa, sich sehr vor ihrem Wankelmut in acht zu nehmen (*Anchscheschonqi* 12, 13; 13, 16 und 13, 20-23, in Brunner 1988, S. 275 f.). Die Darstellung solcher häuslichen Idyllen schließt eine Berufstätigkeit der Frau nicht aus, vor allem dann nicht, wenn der Gatte von hohem Rang und sie daher von vielen Haushaltspflichten befreit ist. Zwar sind Fellachenfrauen selten an der Feldarbeit beteiligt, sieht man einmal davon ab, daß sie bei der Ährenlese helfen und jeden Abend die Heimkehr des Gatten erwarten, um ihm »Wasser über die Hände zu gießen« (*Das Zweibrüdermärchen*, in Brunner-Traut 1963, S. 31), doch haben Handwerker viel Gesinde, und die Frauen der privilegierten Schichten sind intensiv an Götterverehrung, Krankenfürsorge, Kulturereignissen oder Festlichkeiten beteiligt. Auf Darstellungen von Banketten des Neuen Reichs sitzen die vornehmen Thebanerinnen entweder Paar an Paar mit Männern oder in reinen Frauengruppen, während Tänzerinnen und Musikantinnen für Zerstreuung sorgen. In der Bildhauerei, in der zu allen Zeiten die Größe oder Körperhaltung der Frau im Verhältnis zum Gatten variiert, das heißt manchmal gleich und bisweilen verschieden dargestellt wird, sollen keine hierarchischen Verhältnisse zum Ausdruck kommen, sondern nach ästhetischen Gestaltungsprinzipien die Gefühle einer treuen Gefährtin verdeutlicht werden, sozusagen in ikonographischer Formulierung der Lebensregel: »Mach einen jeden Tag zum Feste [...] solange die Frau, die in deinem Herzen wohnt, neben dir sitzt.« (Schott 1956, S. 140)

Wenn der Tod des Gatten diese Idylle auseinanderreißt, übernimmt die Witwe den Haushaltsvorstand. Sie verfügt unbeschränkt über das von ihr eingebrachte und das während der Ehe gemeinsam erworbene Vermögen, kann Familienoberhaupt sein und sogar bis zur Volljährigkeit des ältesten Sohns ein Amt übernehmen. Zwar geht aus etlichen abweichenden Quellen hervor, daß die Witwe ins Haus ihres Vaters zurückkehrte oder der Onkel mütterlicherseits Erziehungsgewalt über die Kinder erhielt, doch überwiegen emanzipierte Witwen wie die Handwerkerfrau von Deir el-Medineh, die drei ihrer Kinder aus zweiter Ehe enterbt, weil sie sie im Alter vernachlässigt haben: »Wer mir nichts gegeben hat, erhält auch nichts von meinem Vermögen.« (Théodoridès 1977, Sp. 289) Entgegen Herodots Behauptung (II, 35) besteht weder für die Töchter noch für die Söhne rechtlich eine Fürsorgepflicht für ihre Eltern im Alter, doch

Grab des Nacht, Schreiber und Astronom des Amuns: Mit Tanz und Musik verbundene Trauermahlszene. Die Frauen, die in Gruppen dargestellt und reich geschmückt sind, atmen den Duft des blauen Lotus ein. 18. Dynastie (um 1400 v. Chr.). Wandmalerei. Theben, Westufer. Scheich Abd el-Gurna, Grab Nr. 52.

eine Vernachlässigung dieser moralischen Pflicht rechtfertigt testamentarische Sanktionen. Die geläufige Praxis, einen verwitweten Elternteil bei sich aufzunehmen, geht aus didaktischen Texten über das rechte Verhalten der Kinder hervor.

Die Stellung des Kindes

Das Kind als eigentlicher Sinn und Zweck der Familie stand im Mittelpunkt moralischer Erwägungen, und seine Rechte wurden ebenso stark betont wie seine Pflichten. Ein Schreiber geriet nicht nur deshalb in Verruf, weil seine Ehen vermeintlich mit Absicht kinderlos blieben, sondern auch deshalb, weil er sich nicht einmal um Adoption bemüht hatte: »Du bist kein Mann von Ehre, weil du deine Frau nicht geschwängert hast. [...] Wer kein Kind hat, soll sich einen Waisen besorgen und ihn aufziehen.« (Schott 1956, S. 124) Auch wenn ein Sohn

Grab des Katasterbeamten Menna: Bei der Ernte streiten sich zwei junge Mädchen um Getreideähren, die auf die Erde gefallen sind. 18. Dynastie (um 1400 v. Chr.). Wandmalerei. Theben, Westufer, Scheich Abd el-Gurna, Grab Nr. 69.

für die Nachfolge wichtig ist, wird nach der Geburt nicht geschlechtlich diskriminiert, was den an die Aussetzung weiblicher Säuglinge gewöhnten Griechen Strabon (XVII, 2, 5) verblüfft: »Sie ziehen alle Kinder auf, die ihnen geboren werden.« Die Ikonographie zeigt diese Gleichberechtigung von Mädchen und Knaben durch eine identische Darstellungsform (Haarlocke, Daumen im Mund, Nacktheit) und fügt sie in das übliche Szenenrepertoire ein: Trauerfeiern, Bestattungsriten, Bankette, Fisch- und Vogelfangausflüge, Waschen und Ankleiden oder sogar Feldarbeit. Das Hauptaugenmerk gilt allerdings immer dem ältesten Sohn. In der pharaonischen Ideologie hat das Motiv des Stillens, primär ein Mutterbild, ein Bedeutungsfeld weit über den rein familiären Rahmen hinaus, weil das Königskind seine Milch von einer Göttin erhält und ihm kraft ihrer göttlichen Natur die Königswürde verliehen wird.

Die bereits zitierte Regel der Patrilinearität bestimmt die soziale Anerkennung des Kindes, und wer den Namen seines Vaters nicht weiß, ist nach einem Bericht aus dem Neuen Reich dem Hohn und Spott der Klassenkameraden ausgesetzt (*Wahrheit und Lüge*, in Brunner-Traut 1963, S. 41 f.). Dem Vater obliegt die Aufgabe, zumindest bei den Gebildeten, dem Sohn nach dem Kleinkindalter die Früchte seiner Erfahrungen mitzuteilen. Diese moralische Erziehung war als Ergänzung zur geistigen und körperlichen Ertüchtigung in den Schreibschulen gedacht. Die Ägypter glaubten mehr an die Tugend erworbenen Wissens als an das Recht vornehmer Geburt, weil »keiner als Gelehrter geboren

Flachbild, das Echnaton und Nofretete darstellt, die mit ihren drei Ältesten spielen. Szene der familiären Geborgenheit, die für die Amarnazeit charakteristisch ist. 18. Dynastie (um 1360 v. Chr.). Kalkstein aus Tell el-Amarna. Berlin, Ägyptisches Museum.

wird« (*Ptahhotep* 41, in Brunner 1988, S. 111). Jedes Kind, das gelernt hat, zuzuhören und folglich zu gehorchen, kann demnach ein Weiser werden, wie ungebärdig es auch vordem gewesen sein mag, in Anlehnung an das – nicht immer nur metaphorische – Beispiel von der Zähmung wilder Tiere. Auch wenn die Quellen die Mädchenerziehung nur andeutungsweise berühren, wird immerhin deutlich, daß sie gefördert wurden, denn sie lernten Tanzen und Musizieren, manchmal auch Schreiben. Diese Dichotomie weist von Kindheit an die künftigen Rollen zu: die des Familienoberhaupts den Knaben, die der verantwortlichen Hausherrin den Mädchen.

Die Bilder, die die Ägypter für die Nachwelt anfertigten, enthalten keine Spur von Konflikten, wie sie anderen Quellen zu entnehmen sind. Eintracht in der Familie blieb das überlebenswichtige Ideal. Auf ihr beruhte auch der Verhaltenskodex, der die sozialen Beziehungen im Alltag regelte. Schwierigkeiten wurden nicht ignoriert, doch Gesellschaftsorganisation und Glaubenssystem waren stark genug, ein Arsenal strenger Gesetze zu erübrigen. In einer Welt der Repräsentation, die von einem Pharao als allgegenwärtiger Institution und Verkörperung unveränderlichen Gotteswerks regiert wurde, war kein Platz für Selbstverwirklichung, außer in strikter Einhaltung der Ordnung. Ihre Verkörperung findet diese Ordnung in der Vorstellung der *Maât*, und deshalb werden nach damaliger Morallehre »Verstoß und Übertretung, Rebellion und Aggression« gleichgesetzt (Yoyotte 1961, S. 21). Auch die Familie als Rahmen, innerhalb dessen die Individuen in den Kreislauf der Zeit eingebunden waren, bildete einen Teil dieser unverzichtbaren Ordnung. Daher sah das Recht auch nur in Extremfällen die Notwendigkeit, Verstöße gegen die Ordnung durch Verbannung aus der Gemeinschaft zu ahnden. Die stillschweigende Akzeptanz der Familientugenden erklärt, warum kein Ehevertrag die gegenseitigen Verpflichtungen der Gatten erwähnt, ganz anders als in vergleichbaren Dokumenten griechischer Sprache aus ptolemäischer Zeit. Die zunehmende Emanzipation der Frau läßt sich genauso erklären; sie war möglich, weil sie nicht als Bedrohung begriffen wurde, und mag sogar als Mittel zum besseren Interessenausgleich gesehen worden sein. Frauen und Kinder waren an Streiks der Handwerker von Deir el-Medineh beteiligt, während die Bindung zwischen Meistern und Schülern nach dem Vorbild der Familie gestaltet war.

In dem Maße, wie sich der Verwaltungsapparat entwickelte, führte die Notwendigkeit, die Interessen des einzelnen, der Familie und der Gesellschaft zu harmonisieren, zur fortschreitenden Institutionalisierung der Familie. Dieselbe Tendenz zeigte sich auch auf der Darstellungsebene und wurde durch Zufälle der Geschichte weiter verstärkt. Als das Ägypten des Neuen Reichs infolge seiner Eroberungen mit anderen Kulturen konfrontiert wurde, reagierte es mit Aufteilung seiner Götter in Dreiergruppen nach dem Vorbild der Familie, und als wiederholte Fremdherrschaften das System ebendieser gemeinschaftlichen Werte im 1. Jahrtausend v. Chr. bedrohten, diente die Osirisverehrung mit ihrer Verherrlichung der Familientugenden dem ägyptischen Volk als eines der letzten Mittel zur Behauptung seiner Identität.

Kapitel 4

Ein Streben nach Transzendenz

Das hebräische Muster der Familie und die jüdische Praxis

Franck Alvarez-Péreyre und Florence Heymann

Am Anfang verschmilzt der jüdische Familienbegriff mit der Geschichte der Familie Abrahams. Ihr Entwicklungsweg begründet Denk- und Verhaltensmuster, und diese weisen der Familie eine Schlüsselrolle in der Abfolge der Zeiten und für die Menschheitsgeschichte zu.

Als funktionale Einheit auf der individuellen, gesellschaftlichen und spirituellen Ebene wird die jüdische Familie von einem sehr detaillierten Korpus von Regeln und Gesetzen definiert, von denen ein Teil von Anfang an im Pentateuch festgelegt ist – in den fünf Büchern Mose. Vollständig dargestellt und systematisiert werden ihre juristischen Grundlagen allerdings in mehreren Abhandlungen des Talmud, der zugleich Kodex und Kommentar der religiösen und weltlichen Gesetze ist. Hierzu kommt im Laufe der Jahrhunderte noch eine umfangreiche rabbinische Literatur, die in ergänzender und immer noch gültiger Rechtsprechung Regeln und Gesetze präzisiert.

Die eng mit den weltanschaulichen Schlüsselentscheidungen verbundene juristische Literatur und Praxis hat ihre eigene Geschichte, die sowohl die der Gesamtheit des Judentums gemeinsamen Rechtsauffassungen als auch seine inneren Strömungen widerspiegelt. Diese Strömungen wiederum bilden ebenso wie der direkte oder indirekte Einfluß nichtjüdischer Denk- und Verhaltensweisen verschiedene Standpunkte aus, weil die jüdischen Gemeinden in der langen Geschichte des Volkes Israel an seinen verschiedenen Siedlungsorten nicht immun gegen Anleihen und Druck von außen waren. Solche Einflüsse erklären die relative soziologische Verschiedenheit der Praxis der Familie und erhellen zugleich die Geschichte der Rechtsquellen.

Bezogen auf die Familie haben diese Strömungen innerhalb des Judentums noch heute ihre Bedeutung für die spezifische Art und Weise, wie hier und dort Hierarchien zwischen sonst überall gleichermaßen geltenden religiösen Geboten gebildet werden, und schließlich für die Art, wie der einzelne und die Gemeinde die Verknüpfung zwischen Praxis, rechtlichen Regeln und weltanschaulichem Modell denken und leben.

Über die Praktiken und ihre relative Vielfalt hinaus können genau diese weltanschaulichen und juristischen Grundlagen der Familie und die durch sie bewirkte Ordnung der Kategorien der Praxis wenigstens teilweise erklären, warum das hebräische Modell der Familie 4000 Jahre lang Bestand haben konnte.

In diesen 4000 Jahren hat das Volk Israel nur zeitweilig einen eigenen Staat gehabt: von 1033 bis 586 v. Chr., dann kurz von 165 v. Chr. bis 70 n. Chr. und erneut seit 1948, ohne daß deswegen jemals alle Juden Bürger des hebräischen Staates gewesen wären.

Bis zum Seßhaftwerden der zwölf Stämme in Kanaan waren die Juden zuerst Nomaden und wurden dann, nach dem Untergang beider Königreiche und der Provinzen Israels und seit der Zerstörung des ersten Tempels im Jahre 586 v. Chr., in alle Welt verstreut. Als Volk ohne Staat haben sie dennoch überall ein gesellschaftliches Gerüst bewahrt, dessen Grundlagen die Tora (die schriftliche Lehre: Pentateuch, Propheten und Hagiographen) und der Talmud (die von der Schrift ausgehende Lehre oder Belehrung) sind. Aufgabe des Talmud ist es nach überlieferter jüdischer Interpretation, die Zeitachse zu bestimmen, anstatt die räumliche zu besetzen. Hierbei ist die Familie das Herz der jüdischen Gesellschaft, eine der unverzichtbaren Bedingungen ihres Fortbestehens.

Die weltanschaulichen Grundlagen: eine Familie für die Geschichte

Für die jüdischen Familien hier und heute beruhen sowohl der Alltag als auch die individuelle und kollektive Identität auf einer tatsächlichen wie symbolischen Kontinuität der Abstammung und auf ihrem Rückbezug zu einer Urgeschichte: der Erschaffung von Mann und Frau, der Zeugungsvorgänge bis zu den Nachfahren Noachs und dem Schicksal der Erzväter (Abraham, Isaak und Jakob) und Erzmütter (Sara, Rebekka, Rachel und Lea).

Wenn die Eltern Woche um Woche ihre Kinder zu Beginn des Sabbats segnen, erleben die Töchter des Hauses ihr persönliches Schicksal mit dem von Sara, Rebekka, Rachel und Lea verbunden. Die Knaben wiederum gehören zur organischen Gesamtheit der Kinder Jakobs durch direkten Rückverweis auf Efraim und Manasse, die Söhne Josephs, die Jakob vor seinem Tode als eigene Kinder gesegnet hat (*Abb. 25*).

Die Wahl der Vornamen bei der Geburt und die wöchentliche, öffentliche

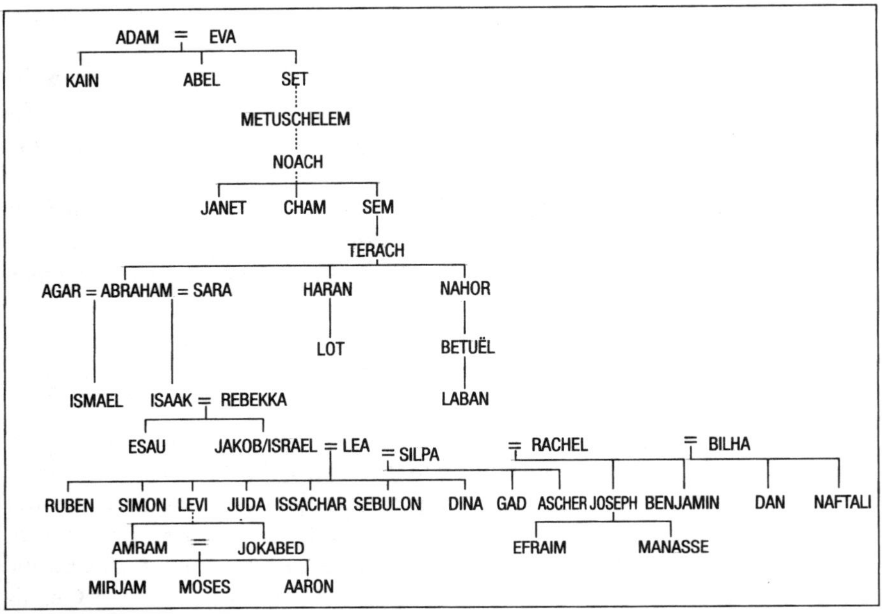

Abb. 25: Stammbaum des Alten Testaments.

Lesung aus dem Pentateuch in der Synagoge sind Gelegenheiten zur Erneuerung der Bande zwischen Enkel und Großvater und zwischen Sohn und Vater. Über die reine Rezitierung der Abstammung hinaus werden hierbei auch biblische Gestalten genannt – die Erzväter und Moses, Aaron und Josua.

Abstammungslisten, für das Familiengedächtnis und die gesellschaftliche Stellung des einzelnen absolut unerläßlich, waren bis in die frühchristliche Zeit jahrhundertelang verbindlich und geläufig. In den Judengemeinden des mittelalterlichen Nahen Ostens wurden solche Gedenklisten immer noch bei der Verkündung eines Todesfalls in der Familie, am Ende des ersten Trauermonats und an Jom Kippur rezitiert. Diese Stammbäume, die damals durchschnittlich über sechs Generationen gingen, gehören zu den Pflichtbestandteilen jeder juristischen Erörterung von Heirat oder Scheidung, Abstammung und Erbe. Für ähnliche Zwecke bezogen die Juden Äthiopiens bis vor kurzem sieben Generationen oder Verwandtschaftsgrade ein. Im antiken Israel war solche Genauigkeit allgemein üblich und regelte zudem sowohl die Schwagerehe wie die Auslösung des Erstgeborenen und die Priesternachfolge im Tempeldienst.

Die Spaltung der jüdischen Nation in zwei Königreiche im 10. Jahrhundert v. Chr. hatte offenbar keine Folgen für Herausbildung und Pflege des Familiengedenkens. Mit der Zerstörung des ersten und dann des zweiten Tempels (586 v.

Chr. und 70 n. Chr.) verlor die Kontinuität der Abstammung dagegen ihren Status als grundlegende und kollektive Realität, und dies für das ganze Volk: Das Exil ließ das gesellschaftliche und ethnische Beziehungsgeflecht verkümmern und die Voraussetzungen einer gemeinsamen Ahnenkunde zerfließen.

Abgesehen von diesen historischen Entwicklungen waren aufgezeichnete und erinnerte Stammbäume seit frühester Zeit Grundlage für die Lösung von Rechtsfragen. In ständig wiederholter Aufzählung der Abstammungsfolge wurde überdies das starke Gefühl der Zusammengehörigkeit und der Akzeptanz grundlegender Muster konkret. Dieses Merkmalsbündel findet seine weltanschauliche Grundlage in der Bibel (besonders im Buch Genesis) und in vielen, hauptsächlich mündlich überlieferten Kommentaren zum Pentateuch.

Das Paar: spirituelles Wissen und eheliche Pflichten

»Seid fruchtbar und mehret euch, und füllet die Erde, und machet sie euch untertan.« (Gen 1: 22, 28) Am fünften Schöpfungstag für die Tiere und am sechsten für die Menschen verkündete Gott dieses chronologisch erste der 613 Ge- und Verbote, die das Leben des praktizierenden Juden bestimmen sollten. Dasselbe Gebot wird noch zweimal wiederholt, für Noach und die Seinen unmittelbar nach der Sintflut (Gen 9: 1, 7).

Aus Erde – *adamah* – am sechsten Schöpfungstag geschaffen, vereinigt Adam in sich das männliche und das weibliche Prinzip. Sein Reproduktionsakt entspricht also einer Art Jungfernzeugung, einem instinktiven Prozeß. Er ist keine Frucht freien Willens und setzt kein Gefühl der Liebe voraus.

Mit der Schaffung der Frau jedoch tritt alsbald eine Philosophie des Paares auf den Plan. »Und es sprach der Ewige Gott: Es ist nicht gut, daß der Mensch allein sei; ich will ihm machen eine Gehilfin, wie sie ihm zustehe« (*eese lo eser kenegdo*, Gen 2: 18). »Der Talmud kommentiert *eser* (Hilfe, Unterstützung) und *kenegdo* (wie sie ihm zustehe) wie folgt: Wenn er gut ist, hilft sie ihm, wenn er schlecht ist, spricht sie gegen ihn.« (Amado Levi-Valensi 1980) Abraham und Isaak sollten schon bald erfahren, wie dieses Gegenreden aussah, in dem die Gattin ihre von der Überlieferung gelobten Alternativen aufzeigt. Gegen die beiden ersten Patriarchen, die spontan Ismael und Esau bevorzugten, hatten Reden und Handeln von Sara und Rebekka kundgetan, daß erst Isaak, dann Jakob das künftige Volk Israel verkörpern (Gen 21: 9-13; 25; 28 und 27: 1-40).

Für den Mystiker hat die Art und Weise der Verbindung zwischen den Gatten Folgen. Auf die Trennung des weiblichen vom männlichen Prinzip folgte der Sündenfall von Adam und Eva, und mit der Vertreibung aus dem Paradies das

Ende des ewigen Lebens und das Sterben. Nun hängt aber von der Natur der Vereinigung zwischen den Gatten ab, welche Sühne der Mensch fortan leisten muß; und davon wiederum, wie die Vereinigung von Himmel und Erde als Bedingung des Bandes zwischen Schöpfer und Schöpfung aussieht. Außerdem folgt hieraus eine bestimmte Auffassung der Genealogie. Diese richtet sich nicht mehr in erster Linie nach den (dennoch erforderlichen) rechtlichen Voraussetzungen der Geburt, sondern nach dem Verlangen der Gatten. In diesem Verlangen zeigt sich nicht mehr brutale Geschlechtsgier, sondern der Wille zur Buße, zur Heilung und Wiederzusammenführung der versprengten Teile der Schöpfung.

Kaum waren sie geschaffen, mit Namen benannt und in eine Komplementarität eingefügt, die weit über die physische und physiologische Sphäre hinausreicht, machten die Gatten durch ihre Vereinigung das Paradox der Verwandtschaft sichtbar: »Darum verläßt der Mann seinen Vater und seine Mutter und hängt an seinem Weibe, und sie werden zu Einem Fleische.« (Gen 2: 24) Eine Familie kann also nur entstehen, wenn zuvor eine andere zerfällt. Das Wort *laasow* (verlassen, im Stich lassen) findet ein genauso kräftiges Korrelat im Begriff *ledabek* (sich binden), welches festlegt, daß es eine affektive Bindung zwischen den Gatten gibt. Nach dem Zerfall der alten entsteht eine neue Einheit, »ein Fleisch«, von dem der traditionelle Kommentator Raschi des 11. Jahrhunderts sagen sollte: »Das ist das Kind. ›Und sie werden ein Fleisch‹: Den beiden wird ein Kind geboren, und dadurch wird ihr Fleisch eins.«

Fortpflanzung im Geist der Treue ist keine Kopulation zwischen einander Fremden. Wenn es in der Bibel heißt »Adam erkannte Eva, sein Weib« (Gen 4: 1), ist darunter nach Ansicht der Kommentatoren zu verstehen, daß die Liebe um so inniger wird, je besser jeder der Partner den anderen seelisch erkennt. Die eheliche Liebe hat alles Tierhafte abgelegt. Sie fußt auf noch anderem als der Zeugung von Kindern. Die ehelichen Pflichten des Ehemanns gegenüber der Ehefrau werden in Heiratsverträgen ausdrücklich aufgeführt. Abraham bindet sich erneut (Gen 25: 1) und zeigt damit, daß ein verwitweter Familienvater wieder heiraten muß, nachdem er die Kinder verehelicht hat. Der Grund dafür ist weniger die Fortpflanzungspflicht, sondern vielmehr die Sorge, den Alleingebliebenen vor unreinen Gedanken zu bewahren.

Die Gesetze über die Reinheit der Familie gehören in dieselbe Philosophie des Ehepaares und tragen dazu bei, ihr rituell Ausdruck zu verleihen. Ihre Grundsätze sind im Levitikus (15: 19 ff.; 18: 19; 20: 18) niedergelegt. Ein Traktat des Talmud (Nidda) und viele rabbinische Texte und Exegesen stellen ihre Modalitäten und Daseinsgründe dar. Diese Gesetze, die zum Teil für die ehelichen Beziehungen gelten, beziehen sich alle umfassend auf Mann und Frau gemeinsam und bestimmen den Rhythmus ihrer Sexualität.

Wie Geschichte entsteht: Zeugung und Generationenverkettung

Wenn der Mann Vater und Mutter verläßt und sich an seine Frau »bindet«, sagt Raschi, kann seine Partnerin weder seine Mutter sein (Verbot der Blutschande) noch ein anderer Mann (Verbot der Homosexualität), noch die Frau des Nächsten (Verbot des Ehebruchs); außerdem darf es nur eine Partnerin geben und das Bett nicht geteilt werden (Vorherrschen der Monogamie).

Diese Verbote zeigen das von der jüdischen Überlieferung geprägte Bemühen, sozusagen sogleich nach der Erschaffung von Mann und Frau dafür zu sorgen, daß das Paar und die Familie auf eine soziale und moralische Grundlage gestellt werden. Die Herausbildung dieses Modells läßt aber auch Spannungen besonders bei Inzestverbot und Monogamie deutlich werden.

Das Inzestverbot ist der erste Schritt der Menschheit zur gesellschaftlichen Organisation. Dennoch bestätigt die jüdische Überlieferung auch, daß die Welt durch Inzest erschaffen wurde. Die Frauen Kains und Abels können nur deren Zwillingsschwestern gewesen sein.

Der gleichfalls weltanschauliche Gegensatz zwischen Einehe und Mehrehe ist nicht so konfliktträchtig. Man sollte daher besser von einer wechselseitigen Durchdringung von Familie und Geschichte, von unbewußten Trieben und transzendenten Gesetzen sprechen.

Die Einehe ist Vorbild. Der Mann »bindet sich« an »seine« Frau und nicht an seine Frau*en*. Das Musterpaar in der Überlieferung sind Isaak und Rebekka. Die Liebe von Abrahams und Saras Sohn zu Rebekka hat nichts mit plötzlicher Leidenschaft zu tun, sondern erwächst daraus, daß die Tugenden der Ehefrau entdeckt werden und festgestellt wird, daß sich die Ehefrau und die Mutter moralisch zutiefst ähneln. Hier ist schon ein großer Abstand zur Bigamie der Generation vor der Sintflut, wo die eine Frau für die Fortpflanzung da war und die andere für die Lust.

Es gibt allerdings Fälle, in denen die Mehrehe zwingend erforderlich scheint. Sie ist dann jeweils letzte Möglichkeit, die Zeugungen zu sichern, aus denen später das Volk Israel erwachsen soll. Als Folge von Unfruchtbarkeit nämlich wird die Doppelehe rechtmäßig. Als sie Abraham nach zehn Jahren Ehe noch keine Kinder geschenkt hat, legt Sara ihrem Mann ihre ägyptische Magd Hagar ans Herz (Gen 16: 1-4). Raschi schreibt, zehn Jahre seien »die Grenze für eine kinderlose Frau. Der Mann muß dann eine andere nehmen.« Auch wenn Unfruchtbarkeit nach der Überlieferung gottgewollt ist, ist sie dennoch ein Schicksalsschlag, denn die Frauen wissen nur zu gut, daß Nebenfrauen nur wegen des Gebots »seid fruchtbar und mehret euch« zulässig sind. Unfruchtbarkeit ist also eine Plage und schreit nach Aufdeckung ihrer Ursachen. Dann kann nur noch ein Ausweg zur erwünschten Geburt verhelfen. So wurden die beiden Söhne Abrahams, Ismael und Isaak, von zwei verschiedenen Müttern geboren.

In der von Rachel, Lea und ihren jeweiligen Mägden verkörperten Polygamie geht es um die Geburt des Volkes Israel. Zum ersten Mal in der Menschheitsgeschichte seit Adam fließt die Lineage mit der Geburt der zwölf Söhne Jakobs breit in die Horizontale und läßt eine regelrechte Allee von Stammbäumen hochschießen, nachdem ihre Entwicklung zuvor bis Jakob eingleisig und labil verlaufen ist (Oden 1983; vgl. *Abb. 25*).

Aus der Tatsache, daß sich die jüdische Lineage bis zur Entstehung der zwölf Stämme Israels nur in der Hauptlinie fortgepflanzt hat, darf geschlossen werden, daß die Geburt von Kindern in jeder Generation seit Adam zur Bildung ebenso vieler Völker geführt haben muß (Andriolo 1973).

Diese Doppelbewegung wird von einem noch grundlegenderen Gegensatz bestimmt. Die fortschreitende Verzweigung der Völker erklärt nicht nur, warum es so viele nahe oder ferne Verwandte dieser Lineage gibt, sondern in ihr kommt auch zum Ausdruck, daß jedes Kind, also jedes Volk ein anderes Verhaltensmuster und Kulturideal darstellt, gegen das sich die Hebräer jeweils behaupten müssen. Andererseits bildet die Geschichte der jüdischen Lineage schon an sich ein Muster, das im starren Rahmen einer Familienphilosophie und mit der Einordnung der Familie in die Geschichte bedeutsam wird.

Einer der Bestandteile dieses Musters ist die Auflehnung gegen die naturgesetzliche Bevorzugung des Erstgeborenen. Die jüdische Lineage wird nämlich durch den Jüngsten fortgeschrieben. Umfassend erörtert wird diese Bevorzugung des Jüngsten in überlieferten Kommentaren zu biblischen Texten, die darin den Vorrang des Ethischen vor dem Biologischen erblicken. »Ältester sein heißt im Grunde, sich verantwortlich fühlen. Und verantwortlich sein heißt, sich nachrangig zu dem fühlen, für den man verantwortlich ist, ihm also den Hintern wischen.« (Eisenberg/Abecassis 1981 zu Gen 25: 24-26)

An einem Linsengericht wird das Erstgeburtsrecht erörtert. Die roten Linsen hat Jakob für seinen Vater Isaak zubereitet, der nach dem Tod Abrahams eine erste Trauermahlzeit zu sich nehmen will. »Und Esau sprach zu Jakob: Laß mich doch schlingen von dem Roten, dem Roten da, denn ich bin matt ... Da sprach Jakob: Verkaufe mir heute deine Erstgeburt. Und Esau sprach: Siehe ich gehe zum Tode, und wozu da mir die Erstgeburt?« (Gen 25: 30-32)

Zu dieser Zeit umfaßt das Erstgeburtsrecht keine materiellen Vorteile, sondern nur die Anbetung Gottes als Pflicht des Ältesten. Esau aber sieht keinen Sinn in einem Dasein jenseits des physischen Todes. Damit stellt er sich entschieden gegen das hebräische Familienmodell, in dem jeder eine Verkörperung der Generationen ist, deren Bedeutung sich ungeachtet der Sterblichkeit des einzelnen allein aus ihrer Verkettung ergibt.

So folgt jeder der Erzväter seinem persönlichen Lebensweg und sieht sein Schicksal mit dem seiner Vor- und Nachfahren verknüpft. Bei Abraham und Jakob spiegeln die Namenswechsel von Abram zu Abraham und von Jakob zu Israel innere Entwicklungen, bei denen es um mehr geht als um den einzelnen, nämlich um Überleben und Schicksal der Gemeinschaft. Dasselbe gilt für ihre Taten und die Orte, an denen sie stattfanden. Für die Überlieferung fügt sich der Lebensweg des einzelnen in einen Generalplan, bei dem der Sohn mit seiner Lebensbahn die des Vaters fortsetzt. Genau diese Auffassung leugnet Esau, der biologisch Erstgeborene.

Seit Jakob wird die vertikale Komplementarität zwischen den Generationen um eine horizontale ergänzt: Zwölf Brüder bilden eine Gemeinschaft, von der Jakob sich fragt, ob sie einig bleiben wird. Die Antwort seiner Söhne ist zugleich Hauptgebet des Judentums, Siegel des Monotheismus und Bekräftigung der notwendigen Einheit in der Vielfalt: »Höre, Israel, der Ewige, unser Gott, der Ewige ist einzig.«

Als Wesensmerkmal des hebräischen Familienmodells findet diese vertikale und horizontale Verknüpfung (Verkettung der Generationen statt Generationenkonflikt und Zusammenhalt in der Bruderschaft) eine allerdings nicht ganz gleichwertige Entsprechung bei den Frauen und Nebenfrauen mit ihrer horizontalen Komplementarität oder Ergänzungspflicht zugunsten *eines* Ehemanns. Damit werden sowohl »andere« als auch Mitglieder der jüdischen Lineage erzeugt, gleichviel, ob sich diese mit nur einem Nachkommen in jeder Generation fortsetzt oder zu zwölf Sprößlingen auffächert. Vertikal kann bei Frauen ein getreues Abbild der Mutter wiedererstehen, je nachdem, ob es gelingt, die ungreifbaren Tugenden der Frau und der Gattin auszubilden, die mit für die Erhaltung der Stammesidentität sorgen.

Fortpflanzung und Erziehung: die Geschichte bauen

Wenn klar ist, daß Individuum und Familie eine Bedeutung für die Entstehung Israels haben, und wenn Israel als spirituelle Gemeinschaft auserwählt ist, nicht bloß ein weiteres Nomadenvolk zu werden, sondern andere Werte zu verkörpern, wird auf einmal verständlich, warum die Fortpflanzung eine Notwendigkeit ist, und daß Eltern und Kinder in ihrem besonderen Bauwerk auf Erden miteinander verbunden bleiben und der Zusammenhalt im Alltag und die Erziehung in den Rang von Tugenden erhoben werden.

Die unfruchtbare Sara legt Abraham nahe, sie könne durch ihre ägyptische Sklavin Hagar zu einem Kind kommen. Der Bibeltext legt Sara Worte in den Mund, die sowohl im Sinne von »vielleicht komme ich durch sie zu einem Kind« als auch »vielleicht werde ich durch sie erbaut« gelesen werden können (Gen 16: 2).

Auch Rachel ist unfruchtbar. »Als Rachel sah, daß sie dem Jakob keine Kinder gebar, da beneidete Rachel ihre Schwester und sprach zu Jakob: Schaffe mir Kinder; wo nicht, so sterbe ich.« (Gen 30: 1) Obwohl ihre Worte die bittere Klage einer kinderlosen Frau sind, sind sie durchaus nicht melodramatisch. Wiederholen nicht alle praktizierenden Juden in jedem Morgengebet folgenden Vers: »Deine Kinder nenne nicht deine Kinder, sondern deine Erbauer«? (Berachot 64a) Und heißt es nicht im Midrasch, der Sammlung rabbinischer Kommentare zu biblischen Texten: »Samuel sagte: Vier gelten als tot zu Lebzeiten, der Blinde, der Aussätzige, der Verarmte und der Kinderlose« (Midrasch Rabba, Gen 80: 1)? Es ist nämlich Gesetz, daß der einzelne außerhalb der gemeinsamen Geschichte keine Bedeutung hat und gar nicht lebt.

Ohne Kinder bauen Vater und Mutter nicht, und indem sie nicht erbauen, bleiben sie Außenstehende. Wenn die Ankunft eines Kindes dem Dasein seiner Eltern einen Sinn gibt, wird umgekehrt auch dessen neues Erdenleben von der Einstellung zu den Eltern bestimmt: »Ehre deinen Vater und deine Mutter, damit deine Tage lang werden in dem Lande, das der Ewige, dein Gott, dir gibt.« (Ex 20: 12) »Damit deine Tage lang werden« muß nicht wörtlich als Zusage von Langlebigkeit, sondern vor allem im Sinne von Nachkommen verstanden werden, ohne die es keine historische Kontinuität geben kann. Ob es Nachkommen gibt, hängt aber eben davon ab, ob diese Verpflichtung gegenüber den Vorfahren anerkannt wird, also auch davon, welches Verhältnis das Kind zu seinen Eltern entwickelt. »Und es sah Cham, der Vater Kanaans, die Blöße seines Vaters.« (Gen 9: 22) Er nimmt fortan nur noch die Körperlichkeit seines Vaters Noach wahr. Da er ihm gegenüber jede Scham verloren hat, stellt Cham das Spirituelle dessen in Frage, was ihn mit seinem Vater – mit jedem Vater – verbindet, und dadurch den Sinn jeden Lebens im Verhältnis zur Schöpfung (Munk I, 1981, S. 102).

Das Individuum steht weder diachronisch (entwicklungsgeschichtlich) noch synchronisch (in seinem gegenwärtigen Sein) für sich allein. Es gibt zahlreiche Beispiele für die Auszeichnung von Söhnen für die Ruhmestaten ihrer Väter, aber auch für die Brandmarkung künftiger Generationen durch eine einmalige Missetat (Pes 119b).

Die Namen der zwölf Söhne Jakobs haben jeweils ihre eigene Bedeutung, die ihre volle Daseinsberechtigung jedoch erst aus der Existenz der anderen

Jakobs zwölf Söhne und seine Tochter Dina, Yahuda Haggadah, Deutschland, 1450-1500. Jerusalem, Israel Museum.

Namen bezieht. Neben der Tatsache, daß die zwölf Söhne von vier verschiedenen Müttern stammen (Lea, Silpa, Rachel und Bilha), legt die Namensvielfalt nahe, daß die zwölf sowohl individuelle als auch gemeinschaftliche Lebensentwürfe haben, die sich gegenseitig ergänzen sollen.

Noch grundsätzlicher kommt die Zwangssolidarität der Familie als Schicksalsgemeinschaft in dem Gleichnis vom Volk Israel als einer Schiffsmannschaft auf hoher See zum Ausdruck, deren einer eine Planke unter seinem Sitz lockert und so das ganze Schiff und aller Leben in Gefahr bringt (Midrasch Levitikus Rabba 4: 6).

Daß Erziehung zur Elternpflicht erhoben wird, spiegelt ebenfalls, wie die Familie ihr Fundament und ihre Funktion in die allgemeine Geschichte einordnet. »Und der Ewige sprach: Sollt' ich verbergen vor Abraham, was ich tun will? Und Abraham wird ja werden zu einem Volke, groß und mächtig, und sich segnen werden mit ihm alle Völker der Erde. Denn ich hab' ihn ersehen, daß er es hinterlasse seinen Söhnen und seinem Hause nach ihm, daß sie wahren den Weg des Ewigen, zu tun Gebühr und Recht – damit der Ewige kommen lasse auf Abraham, was er über ihn ausgesprochen hat.« (Gen 18: 17-19)

Für die Kommentatoren erwächst aus diesen Bibelversen die Erziehungspflicht des Familienvaters und der Eltern allgemein. Diese Pflicht gilt für Söhne wie Töchter (»seine Söhne und sein Haus«) und ist inhaltlich unbeschränkt. Erst im 5. Buch Mose (11: 19) wird die Pflicht zur Unterweisung in der Tora nur für Söhne festgelegt.

Für die Erziehung der Kleinkinder ist in den ersten Jahren die Mutter zuständig, die ihnen die Grundlagen der Moral beibringt, dann der Vater, für den die Weitergabe der Überlieferung eine der grundlegendsten Pflichten ist (Ex 10: 2; Dtn 4: 9; 6: 7 etc.). Die Bedeutung dieser Pflicht ist erheblich, denn der Talmud sagt, daß »die Welt nur vom Atem der Kinder lebt, die zur Schule gehen« (*Ein Yaakow*, Schabbat 183). Wissensvermittlung wird besonders hoch bewertet: »Rabbi Josua ben Levi hat gesagt: Wenn ein Mann seinen Enkel die Tora lehrt, ist es, als habe er sie selbst auf dem Berge Sinai entgegengenommen.« (*Ein Yaakow*, Kid 6) Die reiche Talmudliteratur greift mehrfach verschiedene theoretische und praktische Facetten (Sexualität, schulische und außerschulische Erziehung, Entwicklungsstufen und Einfügung in die Gesellschaft) auf und konkretisiert damit Auffassungen über das Kind und den Heranwachsenden (Kraemer 1989).

Acht Tage nach der Geburt eines Knaben folgt die Beschneidung (Gen 17: 1-14), ein Eingriff, der viele entscheidende Bestandteile des hebräischen Familienmodells versinnbildlicht: die Verkettung der Generationen und die Weitergabe des Wissens, die Rechenschaftspflicht eines jeden gegenüber Vorfahren, Nachkommen und der eigenen Generation, die Anerkennung und Erneuerung des Bündnisses mit Gott aus der Vergangenheit und für die Zukunft.

Als Unterpfand dieses Bündnisses ist die Beschneidung ein Akt, der den Geschlechtstrieb unmittelbar berührt: Wie bei der Primogenitur, dem Erstgeburtsrecht, und wie bei den Beziehungen zwischen den Gatten macht die Beschneidung den Betroffenen nachdrücklich klar, daß das Ethos stets Vorrang vor dem Biologischen hat und daß es jeden Mühe kostet, diese richtige Rangordnung so verschiedener Kategorien einzuhalten.

Als Vorläufer des Gesetzes aufgefaßt, stellt die Beschneidung das zweite Gebot Gottes nach der Erschaffung des Menschen und nach der Aufforderung zur Fortpflanzung dar. Die Beschneidung ist Sache der Eltern, doch wenn der Vater sie nicht in die Wege leitet, kann sie von der rechtlichen und religiösen Autorität des *bet din* (Gerichtshof) oder letztendlich sogar vom Betroffenen selbst verlangt werden (Kid 29a).

Geschichte und Halacha – die Entstehung des rechtlichen Rahmens

Der Ursprung der Familie ist im Buch Genesis durch einen Bruch gekennzeichnet: Um das erste Menschenpaar zu gründen, sich mit einer Frau zu verbinden und fortzupflanzen, also das Überleben der Gattung zu sichern, muß eine frühere Familie verlassen werden.

Im Laufe der Zeit erzeugt dieser Vorgang von Bindung und Lösung über Generationen hinweg die Gesellschaft und sorgt für ihren Fortbestand. Das Geflecht von Schwiegerverwandtschaft und Blutsverwandtschaft kommt allerdings nicht ohne ein Stützkorsett von Geboten und Verboten aus, das in seiner Gesamtheit die Ökonomie der Verwandtschaft regelt.

Dieses System funktioniert sozusagen nach Gegensatzpaaren, indem es zwei Gruppen von Frauen einander antithetisch gegenüberstellt, nach den beiden für Familiengeschichte und Eheallianzen prägenden Gesetzen: Inzestverbot einerseits und Spannungsverhältnis zwischen Endogamie und Exogamie andererseits.

Endogamie und Exogamie

Sicherheitsdenken und Abschottung sind die Grundlagen einer Endogamie, die die jüdische Ideenlehre zur Norm erhebt, weil sie als wesentlich für die Erhaltung der Reinheit des Volkes und/oder des Glaubens erlebt wird.

Dieses theologische Dogma war indes im Laufe der Geschichte mit einer geopolitischen Realität konfrontiert, besonders im alten Palästina als einer Agglomeration kleiner Völker, die von den Israeliten nur durch Eroberung untertan gemacht werden konnten.

Die Spannung zwischen Endogamie und Exogamie, die von den ersten biblischen Darstellungen bis heute besteht, muß also in einem ständig erneuerten Widerspruch gelöst werden, der je nach Epoche auf verschiedenen Ursachen

Beschneidung (Regensburger Pentateuch), Deutschland 13. Jahrhundert. Jerusalem, Israel Museum.

fußt: auf politischen, sozialen, rassischen oder religiösen (Stahl 1988, 1989). In ein und derselben Epoche können nebeneinander weltanschaulich konforme und diskrepante Ausprägungen festgestellt werden. In überlieferten Texten wird allerdings gelegentlich gegen die Norm entschieden: Als Mirjam und Aaron Moses wegen seiner Ehe mit einer Äthiopierin verurteilen, erzürnt sich Gott über sie und schlägt Mirjam mit Aussatz (Num 12).

In den ersten biblischen Berichten setzt sich die Endogamieregel so kräftig durch, daß die Binnenheirat mehrfach bis zum verbotenen Inzest getrieben wird. Ohne die Beziehungen zwischen Lot und seinen Töchtern (deretwegen die Israeliten offenbar die Moabiter und Ammoniter, ihre orientalischen Nachbarn, blutschänderischer Herkunft bezichtigen und so das Verbot von Außenheiraten mit diesen begründen konnten) oder die homosexuellen zwischen Cham und Noach auch nur zu erwähnen, schreibt der Midrasch vor, daß »nahe« geheiratet werden soll, innerhalb der Familie oder der Sippe (Gen 20: 12; 11: 29; 24: 15; 28: 9; Num 26: 59; Jos 15: 16-18). Und obwohl Ehen zwischen verschiedenen Stämmen offenbar dennoch häufig sind, ist eine solche Ehe unbedingt zu meiden, damit kein Erbbesitz verlorengeht.

Quelle ist hier die Geschichte von den Töchtern Zelafchads. Ursprünglich gehören Grund und Boden den Männern, nur Söhne können erben. Aber Zelafchad stirbt ohne männliche Nachkommen. Seine Töchter verlangen, daß der Grund und Boden ihres Vaters an sie verteilt wird. Moses gewährt ihre Bitte und entscheidet nach der Bibel durch die Stimme Gottes, daß der Erbbesitz erst an die Töchter und danach an die Brüder des Verstorbenen fallen soll (Num 27: 6-11). Erbinnen nach der neuen Gesetzgebung müssen einen Mann aus der Sippe ihres väterlichen Stammes heiraten, also strikt endogam und patrilinear, damit der Erbbesitz nicht an einen andern Stamm fällt (Num 36: 6-12). Diese Gesetzgebung nach Maßgabe der Bibel verschwindet zu Beginn der rabbinischen Periode (3. Jahrhundert v. Chr.), ohne daß deswegen die Tradition der Binnenheiraten in der Familie erlischt.

Die Erhaltung des für eine von Ackerbau und Weidewirtschaft geprägte Gesellschaft überlebenswichtigen Erbbesitzes wird neben der »Reinheit der Familie« zum schlagenden Argument. Nach der biblischen Epoche sorgt man sich ständig um die Reinheit der Abstammung, besonders in den Priesterklassen der *cohanim* und *leviim.* (Rechte und Pflichte der Cohen oder Priester als Nachkommen von Moses Bruder Aaron sind im Levitikus [21, 22] festgelegt. In biblischer Zeit versahen die *cohanim* den Dienst im Tempel von Jerusalem. Nach seiner Schleifung blieben ihre Rechte und Pflichten in Erwartung des Wiederaufbaus bestehen.)

In ähnlicher Weise sind die Leviten mehr als die direkten Nachkommen des Stammes Levi. Auch sie hatten eine Rolle in der Tempelliturgie und haben bis heute bestimmte Vorrechte; so müssen sie etwa den Erstgeborenen nicht auslösen. Das Gebot der Reinheit wirkt sich zugunsten der Vetternheirat aus, und Familien ohne genügend Beweise für ihre Reinheit müssen deshalb innerhalb ihrer Gruppe, ja sogar innerhalb ihrer Familie heiraten. Eine regelrechte Aristokratie bildet sich heraus, hauptsächlich in den Priesterfamilien, aber nicht ausschließlich. Der Aufschwung der Städte der *cohanim* zu Beginn der Mischna-

Periode (Ende des 1. und Anfang des 2. Jahrhunderts) ist wahrscheinlich eine Folge von deren Endogamie. Später, um 500 n. Chr., in einer Zeit des Niedergangs der Priesteraristokratie, die wohl mit der Erschöpfung ihrer Stammbäume zusammenhängt, werden Ehen innerhalb der Familie seltener und nur noch vom Milieu begünstigt: durch räumliche Nähe und optimale Begegnungsmöglichkeiten.

Die großen Angriffe auf die exogame Heirat werden nach einer nationalen Krise von einer Reformbewegung ausgelöst. Die Eroberung ihres Landes, die die Israeliten mit verschiedenen Völkern in Berührung bringt, führt zu einer leidigen Aufweichung des Verbots exogamer Ehen. Der Wunsch nach politischem und religiösem Zusammenschluß mit den Nachbarvölkern steht dagegen. Verschiedene Einflüsse spalten das Volk in Anhänger und Gegner der Außenheirat, in Bewohner der Grenzgebiete und der Landesmitte, Bauern und Gebildete, Könige und Priester/Propheten. Die einen halten die exogame Heirat für ein notwendiges Übel, um mit feindlichen Nachbarn Frieden zu halten, die andern kämpfen als Eiferer des Monotheismus oder »Konservative« heftig gegen sie an (Epstein 1942, S. 181ff.).

Das Heiratsverbot mit den autochthonen »sieben Völkern« Kanaans (Hethiter, Girgaschiter, Amoriter, Kanaaniter, Perisiter, Hiwiter und Jebusiter; Ex 23: 23; 34: 11, 15-16; Dtn 7: 1-4) ist teilweise politisch, beruht aber auf einer religiösen Argumentation (Dtn 7: 3-5).

Anderweitig setzen sich politische Gründe durch. Die Amalekiter repräsentieren den Feind, mit dem selbst minderwertige Vereinigungen, also mit einer Sklavin oder Gefangenen, verboten sind. Ebenso sind Ehen mit Ammonitern und Moabitern untersagt, »daß sie euch nicht zuvorgekommen sind mit Brot und mit Wasser auf dem Wege bei eurem Auszuge aus Ägypten« (Dtn 23: 5). In der Mischnazeit wird das Verbot auf Männer begrenzt (Jeb 72b) (Rut ist Moabiterin). Kein Greuel aber soll der Ägypter sein, »denn ein Fremdling warst Du in seinem Lande«, und auch nicht der Edomiter, »denn er ist dein Bruder« (Dtn 23: 8-9).

Zu dieser Liste kommen noch die verbotenen Völker, die Sidonier, von denen sich Salomon einige seiner 700 Frauen geholt hatte (I Kön 11: 1), die Midianiter, bei denen Moses jede Frau als verboten erklärt, die bereits mit einem Mann geschlafen hat, sogar die Gefangenen und Sklavinnen (Num 31: 15-17) – seine eigene Frau ist allerdings Midianiterin (Ex 2: 21) – und die Aschdoditer (Neh 13: 23).

Im Gegensatz zum späteren Gesetz wirft das Verbot des Deuteronomiums nicht die Frage auf, ob eine exogame Ehe gültig sei. Der Status der Kinder wird von der damaligen Familienstruktur bestimmt: Sie folgen dem Vater in einem patrilinearen System von Stämmen und Sippen.

Die Unterwerfung durch Babylon, die die Juden mit anderen eroberten Völkern zusammenbringt, reißt die Kluft zwischen Ideal und Wirklichkeit erneut auf. Exogame Ehen werden häufig. Die Babylonische Gefangenschaft, die hauptsächlich die Oberschicht der Gesellschaft trifft, schafft zwei Pole: Endogam heiratete die Aristokratie in Babylon, exogam das gemeine Volk in Palästina. Die erste Restauration unter Serubabel zu Beginn des 5. Jahrhunderts v. Chr. brachte eine Gruppe von Männern nach Palästina zurück, die gebildeter, aber nach den damaligen Vorstellungen bisweilen von zweifelhafter Herkunft waren, sogar unter den Priestern: »Diese suchten ihre Schrift der Geschlechterverzeichnisse; sie ward aber nicht gefunden, und sie wurden ausgestoßen aus dem Priestertume.« (Esra 2: 59-62; Neh 7: 61-64)

In der Reform Esras im 5. Jahrhundert v. Chr. tritt eine neue Idee auf den Plan: Die Juden, »heiliger Samen«, dürfen sich nicht mit Heiden vermischen, »Völker(n) in ihrer Unreinheit« (Esra 9: 11). Das angestrebte Ziel ist die Herausbildung eines Volks von reinem Geblüt und reiner Kultur. Serubabel gründet einen Gerichtshof, der entscheiden soll, ob jemand zur ursprünglichen Volksgemeinschaft gehört oder als »zweifelhaftes« Element hinzugekommen ist, wie zum Glauben Übergetretene, Kinder aus exogamen Ehen, fremdvölkische Ehefrauen. Ebenfalls zweifelhafter Herkunft waren auch die *nethinim*, Nachkommen der Gibeoniten, die beschnitten worden waren und ein Bündnis mit Israel geschlossen hatten, aber nicht als vollwertige Juden betrachtet wurden, da sie ihren Übertritt zum jüdischen Glauben erschlichen hatten. Sie erhielten also den minderen Status von »Holzhauern und Wasserschöpfern« (Jos 9: 21).

Das Volk wird in drei Gruppen unterteilt, die wie Kasten fungieren: die adligen *mejuchasim*, Priester und Aristokraten (Kid 76a); die Masse der Bevölkerung, deren abstammungsmäßige Reinheit nicht immer eindeutig festgestellt werden kann; und als dritte Gruppe schließlich die eben erwähnten *nethinim*, die *gerim* oder »Konvertiten«, Kinder aus Mischehen, die *harurim*, freigelassene Sklaven, die *mamserim*, Kinder aus blutschänderischen und ehebrecherischen Verbindungen, die *halalim*, Kinder aus für Priester verbotenen Ehen, die *schetukim*, Kinder unbekannten Vaters und schließlich die *asuwim* oder Findelkinder. Zwischen der Rückkehr aus Babylon und dem Aufstand der Hasmonäer bzw. Makkabäer verliert Esras Lehre an Boden. Proselytenmacherei greift um sich und schafft eine liberalere Einstellung zu den Übergetretenen. Die von Assimilationsbewegungen geprägte hellenistische Periode weicht das Exogamieverbot noch einmal auf.

Die Endphase in der Herausbildung der Ideenlehre vom Kampf gegen die exogame Ehe datiert auf die Talmudzeit: Das Verbot der exogamen Ehe erhält denselben Rang wie ein biblisches Gesetz; und Übertretung wird mit Auspeitschung geahndet (Kid 68b; Aboda Zara 36b). Die Rabbiner des Talmud, denen das Heidentum ein solcher Greuel ist, daß sie es in einem ganzen Traktat des Talmuds (Aboda Zara) verdammen, erklären die Ehe zwischen Juden und Heiden nicht nur für a priori verboten, sondern für null und nichtig, da ein Heide definitionsgemäß keine Ehe nach jüdischem Recht eingehen kann.

Verbotene Ehen und Inzestverbot

Das Gebot der Endogamie und das Inzestverbot wirken in entgegengesetzte Richtungen. Das Endogamiegebot zieht eine Grenze nach außen, jenseits derer Ehen verboten sind; das Inzestverbot eine solche nach innen. Folglich können einfache statistische Wahrscheinlichkeiten durch ein System von Allianzregeln und Ehekategorien ersetzt werden (Epstein 1942, S. 220).

Das Buch Genesis umschreibt entsprechend dem damaligen Verwandtschaftsaufbau nur geringfügige Verbote, die sich mehr auf Bluts- als auf Schwiegerverwandtschaft beziehen und die Matrilinearität begünstigen. Das Gesetz untersagt dem Mann Beziehungen zur Mutter und zur matrilateralen Halbschwester als Blutschande ersten Grades, zur Tochter als Blutschande zweiten Grades. Sexuelle Beziehungen zur Sohnestochter werden zwar nicht gebilligt, sind aber damals keine Blutschande im strengen Sinne. Judas Techtelmechtel mit Tamar, der die Verschleierte mit einer Dirne verwechselte, fällt also nicht unter die Kategorie des Inzests (Gen 38: 13-26).

Die Gesetzgebung des Deuteronomiums, die sich auf eine vorwiegend patrilineare Familie bezieht, erkennt dasselbe Verbot sowohl für agnatische wie für uterine Verwandte an (bei dieser Gleichbehandlung von Patrilinearität und Matrilinearität gibt es jedoch eine Ausnahme, die angeheiratete Tante: Die Frau des Vaterbruders ist tabu, die Frau des Mutterbruders erlaubt). Die längste Aufstellung verbotener Ehen in der Bibel findet sich im 18. Kapitel des Levitikus. Die Bekräftigung früherer Verbote wird durch weitere in aufsteigender, absteigender und Seitenlinie ergänzt. Das grundlegende Prinzip in der Gesetzgebung des Levitikus ist die »Verwandtschaft des Fleisches«, *sche'er basar*. »Niemand soll seiner Blutsverwandten sich nahen, ihre Scham aufzudecken.« (Lev 18: 6) Nach diesem Grundsatz reicht das Verbot über die Kernfamilie und die erweiterte, Leben und Wohnung teilende Familie hinaus.

Die Ehe schafft offenbar ein unauflösliches Band, denn solche Verbote bleiben auch nach dem Ableben der Ehefrauen oder der Scheidung in Kraft, außer für die Schwester der Ehefrau, bei der das Eheverbot für den Fall der pflichttreuen Leviratsehe aufgehoben wird (Sanh 76b; Jeb 94b; Jad, Issure Bia 2: 7-8). Etliche Eheverbote sind allmählich von den Rabbinern des Talmud hinzugefügt worden; sie beziehen sich nicht auf Blutschande im engen Sinne, doch entspricht ihre Struktur dem biblischen Gesetz des Inzestverbots. Von diesen *schenijot* genannten Sekundärverboten gibt es zwölf; hinzu kommen noch diejenigen, die die Halacha nach dem Namen eines Schülers von Rabbi Juda ha-Nassi als »Zweitverbote des Rabbi Chijja« bezeichnet und die für alle Urenkelinnen gelten; auf seiten der Ehefrau für alle angeheirateten Urenkelinnen und für alle angeheirateten Urgroßmütter (Jeb 22a). Im Mittelalter erweiterte Rabbi Isaac de Dampierre das Verbot auf die Frau des Bruders väterlicherseits des Vatervaters, auf die Schwester väterlicherseits des Vatervaters und schließlich auf die Schwester der Muttermutter (Tos, Jeb 21b) (*Abb. 26*).

Ehehindernisse

Andere Eheverbote beruhen weder auf dem Inzestverbot noch auf dem Endogamiegebot, sondern haben andere gesellschaftliche oder gar physiologische Grün-

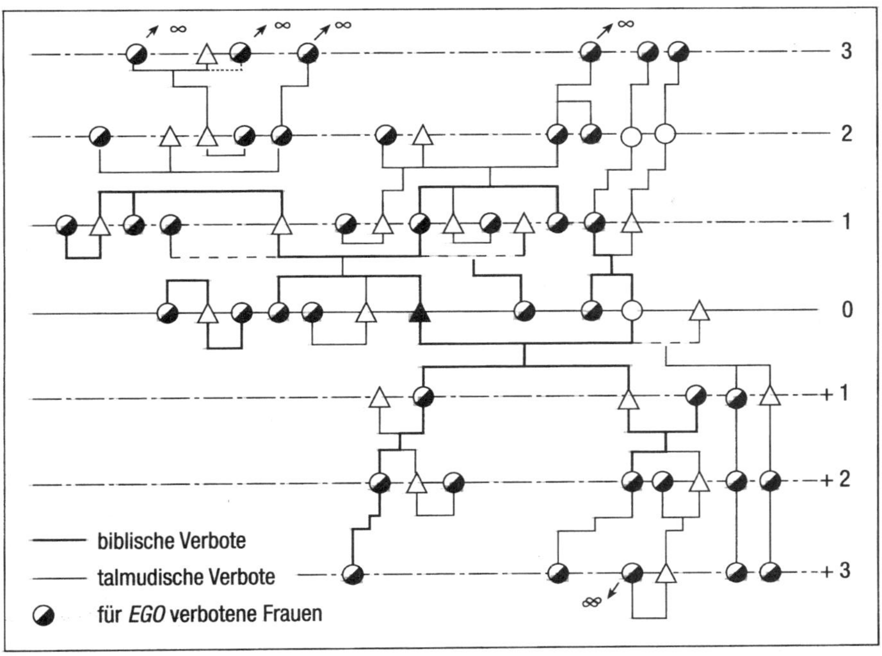

Abb. 26: Die wichtigsten Eheverbote im Alten Testament und im Talmud.

de. Manche gelten für alle Israeliten, andere nur für bestimmte Gruppen wie für die Priesterschicht; manche gelten immer, andere nur zeitweilig; und schließlich kann es sich sowohl um gesetzliche Verbote als auch um solche des Gewohnheitsrechts handeln.

Das Deuteronomium verbietet dauerhaft drei Ehen: mit einem Bastard (Dtn 23: 3), einem Entmannten (23: 2) oder das erneute Heiraten einer Frau, von der man geschieden wurde, wenn sie durch eine Zwischenehe mit einem anderen Mann unberührbar geworden ist (24: 4).

Die Kinder aus verbotenen Ehen haben den Status von *mamserim* (Plural von *mamser*), was allgemein mit »Bastard« übersetzt wird, ohne deswegen einen Unterschied zwischen rechtmäßig und unrechtmäßig zu implizieren. *Mamserim* sind Kinder aus blutschänderischen oder ehebrecherischen Vereinigungen. Diese Definition der Halacha (Jad, Issure Bia 15: 1; E.H. 4: 13) hat sich allerdings je nach Epoche und Schule verändert. (In der altrabbinischen Halacha und der Agadah wird der Begriff auf jedes Kind aus exogamer Ehe oder freier Verbindung zwischen Juden und Heiden angewandt. Für Rabbi Hillel ist es das Kind einer *sona*, das heißt einer Ehebrecherin oder Frau mit lockerem Lebenswandel. Später entsteht aus den Schulen Hillels und Schammais der Begriff eines Kindes aus einer blutschänderischen Verbindung.) *Mamserim* sind bis ins zehnte Glied von der Versammlung des Ewigen ausgeschlossen (Dtn 23: 3). Sie dürfen allerdings entsprechend ihrer eigenen Herkunft in bestimmte Kategorien heiraten: »Reine« *mamserim* dürfen nur andere »reine« *mamserim* oder Bekehrte heiraten, ein »zweifelhafter« *mamser* (das Kind unbekannten Vaters *schetuki* und das Findelkind *'asufi* werden nicht als »reine« *mamserim* betrachtet, sondern als »zweifelhafte«) dürfen weder ihresgleichen heiraten noch »reine« *mamserim*, sondern nur Bekehrte (Jad, Issure Bia 15: 21-24; Levitsky 1989).

Das Deuteronomium verbietet einem Eunuchen oder *saris,* »dessen Hoden zerquetscht oder dessen Glied verstümmelt ist«, eine Jüdin zu heiraten (Dtn 23: 2). Dieses Verbot ergibt sich daraus, daß eine solche Ehe wegen der Zeugungsunfähigkeit dem Wesen der Ehe zuwiderliefe. Wie der *mamser* kann der Eunuch indes Frauen aus den »minderwertigen« Gruppen ehelichen.

Texte zur Wiederheirat einer Frau mit dem geschiedenen ersten Mann sehen ein Problem der »Verruchtheit des Landes« (Jer 3: 1), und stellen damit eine direkte Beziehung zwischen der Rechtmäßigkeit des Volkes auf seiner Scholle und der Reinheit der Eheallianzen und Nachkommen her. In der Wiederheirat sah das Deuteronomium gleichfalls eine Ehe blutschänderischen Typs (Wenham 1979). Weitere mindere Verbote leiten sich aus öffentlicher und territorialer Moral her: Eine zweifach verwitwete Frau wird als *katlanit,* »Töterin«, bezeichnet, und die dritte Ehe ist ihr verboten; dieses Gesetz leitet sich vermutlich aus der Geschichte der Tamar ab, der Juda die Ehe mit seinem dritten Sohn verweigerte (Jad, Issure Bia 21: 31; E. H. 9, 1). Ein Mann, der Grund für eine Scheidung war, darf die Frau anschließend nicht heiraten, ebensowenig der Überbringer der Scheidungsurkunde oder der, der für eine Witwe das Ableben des Gatten bezeugt hat (Jeb 2: 9-10). In der Mischna werden eine Reihe Verbote gegen die Wiederheirat einer Frau hinzugefügt, die aufgrund körperlicher oder seelischer Leiden geschieden wurde (Git 45b, 46b; Tos, Git 3: 3; Nid 12b; Ket 70a-71a, 100b; Jad Ischut 24: 15).

Besondere Einschränkungen werden der Priesterklasse zugemutet (Lev 21: 7, 13-14). Zunächst wird die Endogamie strenger als bei den anderen Stämmen Israels gehandhabt. Doch handelt es sich nur um eine gesellschaftliche Regel, und Ehen mit Mitgliedern anderer Stämme werden zwar nicht gefördert, aber auch nicht bestraft. Die Halacha beschränkt die Eheverbote für Priester auf die folgenden, mit der Rechtmäßigkeit der Geburt oder der Unanfechtbarkeit des Status verbundenen Regeln: Ein *cohen* oder Priester darf keine geschiedene Frau, keine Bekehrte und auch keine *haluzah* (siehe oben) ehelichen; er darf zwar eine Frau heiraten, deren Vater oder Mutter jüdisch geboren ist, aber nicht die Tochter bekehrter Eltern; er darf keine Tochter einer Jüdin und eines Nichtjuden oder (unbekehrten) Sklaven ehelichen; und schließlich darf er keine Frau oder Witwe heiraten, die *issah* ist. (Diese Bezeichnung für einen Teig aus gesiebtem Mehl und Kleie drückt Zweifel an der Reinheit einer Person oder Familie aus.) Im übrigen verlangt der Levitikus (21: 14), daß der Hohepriester nur eine jüdische Jungfrau heiraten darf.

Die Ehe: Typen und Struktur

Die Bibel liefert Beispiele verschiedener Ehetypen. Die einfachste, die man »Beiwohnung« nennen könnte, ist eine Heirat durch Jawort und Beiwohnung, auf hebräisch *biah, ba alea*, »er ist zu ihr/ über sie gekommen«. Für den Talmud bezeichnet der Begriff mehr noch als den Beischlaf mit Eheabsicht sexuelle Beziehungen ganz allgemein (Jed 53b, 61b; Ket 46a). So verhält es sich bei Judas Heirat: »Und sah dort die Tochter eines kanaanitischen Mannes mit Namen Schua und nahm sie, und kam zu ihr.« (Gen 38: 2)

Die Ehe mit einer jüdischen Magd *ama* wird im Buch Exodus wie folgt definiert: »Und wenn jemand seine Tochter verkauft als Magd, so soll sie nicht ausgehen, wie die Knechte ausgehen. Mißfällt sie den Augen ihres Herrn, der sie sich bestimmt hatte, so muß er ihr zum Loskaufe verhelfen; an fremde Leute hat er nicht Gewalt sie zu verkaufen, da er treulos an ihr handelt. Und wenn er sie seinem Sohne bestimmt, soll er nach dem Rechte der Töchter ihr tun. Wenn er sich eine andere dazu nimmt, soll er ihre Kost, ihre Kleidung und ihre Wohnung nicht verringern. Und wenn er diese drei Dinge ihr nicht tut, so geht sie umsonst aus, ohne Geld.« (21: 7- 11) Die Interpretation des Talmud geht von dem Grundsatz aus, daß die Magd Ehefrau ihres Erwerbers wird. Der rechtliche Status einer solchen Sklavin ist ähnlich dem einer per *mohar* (oder »Brautpreis«) verheirateten Frau. Man darf also annehmen, daß zur Trennung die Scheidung erforderlich ist, obwohl das Deuteronomium zuvor keine andere Formalität als die Verstoßung kennt. Zu den Eigentumsrechten ist wenig bekannt: Vermutlich hatte sie persönliches Eigentum, das vom Ehemann verwaltet wurde und das sie bei seinem Ableben oder bei der Scheidung zurückerhielt. Ihre Kinder wurden als Kinder der Familie betrachtet (Gen 36: 12; I Chr 1: 36; Num 27: 1-5; I Chr 7: 14), waren aber geringer geachtet als die der Hauptfrau (Gen 33: 2).

Das Heiraten einer Kriegsgefangenen wird im Deuteronomium beschrieben (21: 10-14). Das spätere rabbinische Gesetz befaßt sich indessen nicht mit diesen »minderwertigen« Ehen. Die Einrichtung des Konkubinats ist im Schwinden begriffen, und die rabbinischen Erörterungen über den Status der Gefangenen (Jeb 48a-b; Sanh 21a; Jeb 47b) zeigen, wie müßig das Problem ist: Vor ihrem Glaubensübertritt und der Hochzeit kann eine Gefangene nicht Ehefrau sein; danach ist sie keine Gefangene mehr.

Die gebräuchlichste Form der Eheschließung im alten Israel ist die Hochzeit nach Zahlung eines Brautpreises, dem *mohar*. Der Vater oder Erzieher des Bräutigams zahlt eine bestimmte Summe an die Brauteltern, schenkt ihnen Güter oder bietet ihnen sonstige Leistungen an, etwa in Form von Geldanlagen.

Bei der Verlobung oder Hochzeit besteht das Hochzeitsgeschäft in gegenseitigen Geschenken und in der Zahlung des *mohar*, wobei die übliche Summe 50 Silberschekel gewesen sein dürfte (Ex 22: 15-16; Dtn 22: 28-29). Damit wird die Ehe rechtsgültig. Wirksam wird sie aber erst nach Beiwohnung und Vollzug. Ihre Gültigkeit hängt von einer wichtigen Bedingung ab: daß die Braut Jungfrau ist. Wird diese Bedingung nicht erfüllt, kann der Ehemann seine Frau zurückschicken, wenn sich aber keine Beweisstücke für die Unberührtheit des Mädchens beibringen lassen, »soll man die junge Frau hinausführen an den Eingang des Hauses ihres Vaters, und die Leute ihrer Stadt sollen sie steinigen, daß sie stirbt; denn sie hat Schimpfliches verübt in Jisraël, im Hause ihres Vaters zu buhlen.« (Dtn 22: 20-21) Ebenso muß ein Mann, der ein unberührtes Mädchen gepackt und sich mit ihr hingelegt hat, ein Brautgeld von 50 Silberschekeln zahlen und sie zur Frau nehmen (Dtn 22: 28-29).

Neben dem »Brautpreis« umfaßt das Ehegeschäft allgemein auch noch andere Elemente. Die *chiluhim* oder Mitgift wird der Braut von ihrem Vater mitgegeben. Sie besteht aus zwei Teilen: einem Teil des *mohar*, der an die Braut als Preis für die Jungfräulichkeit zurückentrichtet wird, und ihrem Anteil am Vatererbe, den sie bei der Hochzeit erhält. Der Wert der Mitgift hängt vom Wohlstand des Vaters ab: Rebekka erhält eine Amme und Mägde (Gen 24: 59-61). Laban gibt seinen beiden Töchtern seine eigenen Mägde mit (Gen 29: 24, 29). Und Achsa erhält von ihrem Vater Kaleb »die Quellen des Oberlandes und die Quellen des Unterlandes« (Ri 1: 15). Der Pharao, der König von Ägypten, gibt seiner Tochter zu ihrer Hochzeit mit Salomo die Stadt Geser, nachdem er sie erobert und eingeäschert und die Kanaaniter, die darin wohnten, getötet hat (I Kön 9: 16).

In der Gemara-Periode setzt sich die *nedunia* genannte Mitgift aus zwei Teilen zusammen (Baba Metsia 47b): den *nichsei zon barsel*, wörtlich »die Güter des eisernen Schafs«, die Aussteuer der Braut, und den *nich sei melug*, wörtlich Vermögensbestandteile mit Nießbrauch, die aus dem späteren Erbteil der Frau stammen. Die *matan* ist ein Brautgeschenk. Unter anderem hat sie die Bedeutung eines Heiratsgeldes oder einer Brautgabe, die die Braut vom Bräutigam vor oder bei der Hochzeit erhält (für die biblische Epoche Gen 34: 12 und für die talmudische Periode Ket 54b, 55a-56a; siehe auch Epstein 1942, S. 85). Die *migdanot* als Beigeschenke sind Gaben an die Brautfamilie; es kann sich dabei um köstliche frische Früchte handeln (Dtn 33: 15-16; Hld 4: 13; 7: 14).

Nach biblischem und talmudischem Gesetz erfolgt die Hochzeit in zwei Phasen. Die erste heißt *erussin* oder *kidduschin* und entspricht ungefähr einer Verlobung oder Brautzeit: Der Mann gibt der Frau Geld oder einen Wertgegenstand oder auch ein schriftliches Eheversprechen oder Verlöbnis *(tenaim)* wörtlich »Bedingungen« (Kid 1: 1). Danach gilt die Ehe in ihren meisten rechtlichen Aspekten als geschlossen: Die Frau darf keinen andern heiraten oder sexuelle Beziehungen zu ihm aufnehmen; letztere werden als Ehebruch betrachtet und ziehen die Todesstrafe nach sich; zur Auflösung des entstandenen Bands ist Scheidung notwendig (Jad, Hil. Ischut 1: 3). Das Paar indessen darf noch keine ehelichen Beziehungen aufnehmen (Ket 1: 1, 5). Die zweite Phase *nissuin* beginnt damit, daß die Braut in das Haus des Gatten oder unter den Hochzeitsbaldachin *chuppa* tritt.

Ein Ehevertrag oder *ketubba* bindet die Gatten. In der Terminologie der Mischna bezieht sich das Wort *ketubba* immer auf den Betrag der Mitgift, der an die Stelle des antiken *mohar* getreten ist und je nach Frau verschieden ist: Eine Jungfrau erhält 200 Denare oder *susim*, eine Witwe oder Geschiedene nur die Hälfte (Ket 1: 2). Die Summe, die 50 Silberschekeln (oder im Wortschatz der Mischna *selaim*) entspricht, ist als Strafe für den Verführer oder Vergewaltiger eines unberührten Mädchens angegeben (Dtn 22: 28-29). Der Hauptgrund für

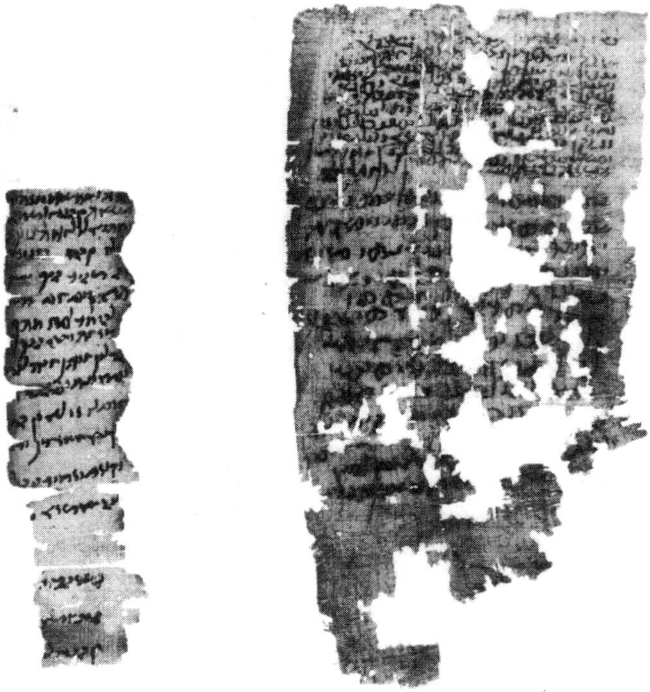

Babata Ehevertrag (ketubba) *auf einem aramäischen Papyrus aus der Höhle der Schriften (Cave of the Letters), Nahal Hever. Jerusalem, Israel Museum.*

die Festsetzung der *ketubba* dürfte gewesen sein, die Frau vor mutwilliger Scheidung zu schützen, da das Reugeld abschreckend genug ist. Der Talmud (Pea 8: 3) gibt nämlich an, daß 200 *susim* den Lebensunterhalt eines Menschen für ein Jahr decken. Der Gatte kann den Betrag nach Belieben erhöhen (Mischna, Ket 5: 1), aber in keinem Fall kürzen. All diese Ehegeschäfte sind nur in der Phase des *nissuin* und nicht während der *erussin* wirksam.

Aus den rituellen Kalendern abgeleitete rabbinische Verbote untersagen Hochzeitsfeiern an bestimmten Tagen im Jahr; während der Trauerzeit (dieses Verbot währt 30 Tage und gilt nach dem Talmud für Mann und Frau, wurde aber für letzteren wegen der Pflicht zur Fortpflanzung auf sieben Tage verkürzt); für eine Frau nach dem Tod des Gatten; vor der Entbindung für eine Schwangere (Spr 22: 28); bis zum Abstillen für eine stillende Mutter (Tos, Nid 2: 2; Ket 60a-b).

Scheidung, Verwitwung, Wiederheirat und *agunah*

Das Deuteronomium (24: 1) führt rechtlich die Scheidung des Judentums in Form einer Verstoßung ohne Gegenseitigkeit ein. Die spätere Gesetzgebung verpflichtet hierbei den Mann, der Frau vor zwei Zeugen eine Scheidungsurkunde auszustellen, mit der die eheliche Beziehung beendet wird (Jad, Geruschin 1: 1). Diese Urkunde taucht im Talmud unter der Bezeichnung *get* auf (plural *gittin*; eine ganze Abhandlung dieses Namens ist Scheidungsproblemen gewidmet). Das Dokument kann in beliebiger Sprache verfaßt werden, nach dem Brauchtum jedoch wird Aramäisch nach dem hebräischen Alphabet der Tora-Rollen bevorzugt. Es muß also von einem zugelassenen Schreiber *(sofer)* aufgesetzt werden.

Ein Ehevertrag (ketubba) *geschrieben auf Pergament, Holland, 1648. Jerusalem, Israel Museum.*

Ursprünglich ist die Scheidung wie die Heirat ein privater Rechtsakt, bei dem nur der Mann eine aktive Rolle spielt: Der Mann übergibt seiner Frau den *get* und schickt sie fort. Die Zustimmung der Frau ist dazu nicht nötig. Im antiken Israel kann dieses quasi absolute Recht des Mannes zur Verstoßung der Gattin allerdings aufgehoben werden, zum Beispiel bei falscher Anschuldigung (Dtn 22: 13-19). Zu diesem biblischen Scheidungshindernis fügt die Gesetzgebung der Mischna und des Talmud drei weitere hinzu: Der Mann kann sich nicht scheiden, wenn die Frau sich in Gefangenschaft befindet (Ket 4: 9) oder verrückt (Jeb 14: 1) oder minderjährig ist und nicht weiß, was dieser Akt bedeutet.

Das Problem, das entsteht, wenn der Mann die Absicht faßt, sich von einer namentlich benannten Frau zu trennen, ist grundlegend für das jüdische Scheidungsrecht. Tatsächlich ist die Vorstellung verbreitet, daß der Mann sich damit der moralischen Mißbilligung aussetzt: »Nach Rabbi Elieser weint sogar der Altar Tränen über den, der seine erste Frau verstößt.« (*Ein Yaakow*, Sanh 34)

Die Wiederheirat einer geschiedenen Frau ist rechtens, doch derselbe Text, der die Scheidung ins jüdische Recht einführt, verbietet einer Frau die Wiederheirat mit dem ersten Gatten, wenn sie zwischenzeitlich mit einem anderen verheiratet war (Dtn 24: 2-4).

Da der Mann bei der Scheidung das Antragsrecht hat, kommt es zu einer Hängepartie, wenn er zu keiner Rechtshandlung imstande ist: Die Frau kann aus dem Ehebund nicht entlassen werden, und eine Zweitheirat wird unmöglich. Eine Frau in dieser Lage wird *agunah* oder »Gebundene« genannt. Diese Lage kann eintreten, wenn der Mann vermißt ist und kein Beweis für sein Ableben beigebracht werden kann, wenn er die Scheidung verweigert oder wenn er geisteskrank und damit unzurechnungsfähig ist. Angesichts der Nachteile aus einer solchen Lage versuchten die rabbinischen Autoritäten, die Regeln so weit wie möglich zu entschärfen: Ein einziger Zeuge, der sogar ein Verwandter, eine Frau oder die Gattin selbst sein kann (E. H. 17: 43), genügt statt der zwei sonst vorgeschriebenen, um den »Tod« des Ehemanns zu beweisen (E. H. 17: 3).

Wiederheirat von Witwen und Levirat

Eine Witwe kann ihre Pflicht, einen überlebenden Erben zu heiraten, auf dreierlei Art erfüllen: durch Sukzession, Lösung und Levirat (Heymann 1994).

Die Sukzession herrschte während der Nomadenzeit des antiken Judentums vor, als die erweiterte Familie mehrere Brüder und ihre Nachkommen umfaßte. Der Älteste der ältesten Generation ist der Hausvater. Bei seinem Tod nimmt der Nächstfolgende seine Stelle ein. Eine Vermögensbewegung findet nicht statt. Zu seinem Erbe werden insbesondere die Frauen seines verstorbenen Bruders gerechnet. Diese Einrichtung verlor an Bedeutung, als die Juden seßhaft wurden.

Die *geula* oder Lösung, deren einziges biblisches Beispiel sich im Buch Rut (2: 20; 3: 12; 4: 4-7, 9-10) findet, ist eine weitere Variante der Unteilbarkeit des Erbbesitzes. Beim Tod eines Mannes geht sein Vermögen auf einen neuen Besitzer über und wird Teil eines anderen Familienvermögens, doch innerhalb der Nahverwandtschaft nach festgelegter patrilinearer Reihenfolge: Vaterbruder, dann Vatersohn, dann andere Verwandte. Mit der Seßhaftigkeit und dann der Verstädterung schwindet der Zusammenhalt der Lineage und die Verantwortung des einzelnen wird gestärkt (Verbot der Sippenhaft, Dtn 24: 16). Die *geula* oder Lösung ist im Gegensatz zum Levirat keine Pflicht, vor allem nicht, wenn Erben vorhanden sind.

Die Leviratsehe *(jibbum)* gilt ursprünglich im Rahmen einer patriarchalischen Familieneinheit, »wenn zwei Brüder zusammenwohnen« und die Frau des Verstorbenen nicht die Frau eines fremden Mannes außerhalb der Familie werden soll (Dtn 25: 5-6). Der Bruder des erbenlos verstorbenen Mannes soll die Schwagerehe mit der Witwe vollziehen, selbst wenn sie nicht mehr im gebärfähigen Alter ist, um für den Verstorbenen einen Namen zu schaffen und seinen Zweig wieder an den Stammbaum zu »pfropfen«. Die Geschichte von Juda und Tamar (Gen 38: 1-30) bietet dafür das erste biblische Beispiel (Roth 1988).

In älteren Texten gilt der Erstgeborene aus einer solchen Schwagerehe als Kind des Verstorbenen; daher die Aufforderung an Onan: »Erwecke einen Samen in deinem Bruder« (Gen 38: 8-9). Im Deuteronomium ist das Kind nicht mehr »Samen«, sondern führt den Namen des Verstorbenen weiter (25: 5-6) und kommt beim Tod des Patriarchen direkt oder indirekt an das Erbteil des verstorbenen Bruders. Mit dem Niedergang der patriarchalischen Familie wird der Schwager unmittelbarer Erbe (wie etwa Boas als Löser und *levir* im Buch Rut) und das Kind Enderbe. In der rabbinischen Periode wird das Kind aus der Schwagerehe endgültig zugunsten des Schwagers vom Erbe ausgeschlossen, nach einer rabbinischen Interpretation, bei der der »Erstgeborene« des Deuteronomiums nicht mehr mit dem Knaben, sondern mit dem älteren der beiden Schwäger gleichgesetzt wird (Jeb 24a). Die Leviratsregel erweist sich daher als Ausnahme zur im Buch Numeri (27: 8-11) festgelegten Erbfolge, da der »Levir« (Schwager) oder *jawam* nicht am Erbe seiner Vettern teilhat. Das Levirat setzt sich sowohl über das Sukzessionsrecht wie über das Inzestverbot hinweg.

Das Gesetz über den *jibbum* oder die Schwagerehe enthält zugleich ein Gebot (einen der Brüder des Gatten zu heiraten) und ein Verbot (keinen Fremden zu heiraten). Gewisse Umstände machen die Schwagerehe möglich und damit notwendig: 1) Die Ehe zwischen dem verstorbenen Bruder und der Witwe war gültig und hätte fruchtbar sein können; 2) es sind keine Kinder, ob Knaben oder Mädchen, vorhanden; 3) es gibt einen lebenden Bruder; 4) eine gültige Ehe zwischen dem Schwager und der Witwe ist möglich.

Das Band *sika*, das beim Tod des Bruders zwischen der *sekuka* genannten Witwe und den überlebenden Brüdern entsteht, muß den Rabbinern zufolge als ehegleichwertig betrachtet werden und errichtet dadurch neue Verbote: Die einen beziehen sich auf Verwandtschaft und machen für den Schwager Beziehungen zu Nahverwandten der Witwe blutschänderisch; andere machen jede Ehe der Witwe mit einem Fremden unwirksam (solange dieses Band nicht durch *jibbum* oder durch *chaliza* gelöst ist) und nach der Mischna Kinder aus einer solchen Ehe zu *mamserim*.

Im Unterschied zur »normalen« Ehe wird die Schwagerehe ursprünglich nur durch den Vollzug ohne jede Verlobung *(kiddushin)* und ohne Hochzeitsbaldachin *(chuppa)* wirksam. Die Rabbiner des Talmud haben indes eine Vorbereitungszeit oder *maamar* eingerichtet, eine »Erklärungsfrist«, deren Name ihren rechtlichen Charakter unterstreicht. In der nachtalmudischen Zeit kommen der Segen über einen Becher Wein, die *chuppa* und die sieben Segenssprüche hinzu (Jad, Jibbum 2, 2).

Die Tora (Dtn 25: 7-10) bietet ein Mittel, die Witwe aus der *sika* zu lösen, wenn die Brüder sie nicht heiraten wollen: die öffentliche und offizielle Zeremonie der *chaliza* oder des »Schuhausziehens«: »und seine Schwägerin soll zu ihm hintreten vor den Augen der Ältesten, und seinen Schuh von seinem Fuße abziehen und vor ihm ausspeien, und anheben und sprechen: Also geschieht dem Manne, der nicht bauet das Haus seines Bruders! Und sein Haus werde genannt Jisraël: des Barfüßers Haus.« Danach darf die Witwe einen Fremden heiraten. Das Verfahren ist unumkehrbar, und die Brüder sind ihr von da an verboten.

Die *chaliza* kann nur stattfinden, wenn der *jibbum* oder die Schwagerehe möglich ist, aber verweigert wird. Ist sie ausgeschlossen, ist die *chaliza* mit wenigen Ausnahmen überflüssig.

Im Laufe der Geschichte wurde je nachdem das eine oder andere Verfahren vorgezogen. Im Deuteronomium wird die *chaliza* als Schande dargestellt. Die Mischna, die hinter den Absichten des doppelt profitierenden Schwagers nicht immer den reinen Wunsch nach Erfüllung eines göttlichen Gebotes vermutet, zieht die *chaliza* vor (Jeb 39b, 109a). Auch die palästinischen Talmudisten teilen diese Einstellung, anders als die babylonischen, die mehr zur Schwagerehe neigen (Jeb 39b). Später sind die babylonischen Akademien über die Frage gespalten: In Sura wurde der *jibbum*, in Pumbedita die *chaliza* übernommen.

In manchen Fällen besteht indes keine Wahl: Die *chaliza* ist nicht durchführbar, wenn Schwager oder Witwe minderjährig, schwachsinnig oder geisteskrank sind. Umgekehrt ist der *jibbum* unmöglich und nur die *chaliza* gestattet, wenn der Schwager auf Dauer impotent oder wenn er entmannt ist (Jad, Jibbum 6, 4). Es gibt sogar einen Fall, wo das Band *sika* weder durch den *jibbum* noch durch die *chaliza* gelöst werden kann und lebenslänglich bestehen bleibt: dann nämlich, wenn der Verstorbene (oder sein einziger überlebender Bruder) König von Israel war (Sanh 18a).

Konkubinat, Polygamie und Monogamie

Das Konkubinat, eine im ganzen Orient des Altertums bekannte Einrichtung, ist auch in der jüdischen Geschichte belegt. Es bildet eines der Attribute der Polygynie, wobei die Konkubine *(pilegesch)* den rechtlichen Status einer Nebenfrau hat. Indessen schwindet das Konkubinat (das in der römischen Gesellschaft gang und gäbe war und in der Bibel nur selten erwähnt wird) parallel mit dem Rückgang der Sklaverei so weit, daß es in der talmudischen Gesetzgebung praktisch nicht mehr vorkommt. Nach den wenigen verfügbaren Dokumenten wird angenommen, daß bei eigenem Vermögen der Konkubine der Mann dieses während der Dauer der Lebensgemeinschaft verwaltete und sie es bei der Trennung oder beim Tod des Ehemanns zurückerstattet bekam. Ihre Kinder zählten als Kinder der Familie (Gen 36: 12; I Chr 1: 36; Num 27: 1-5; I Chr 7: 14), aber mit minderem Rang als die Kinder der Hauptfrau. Hat die Hauptfrau Söhne, werden die Söhne der Konkubine Nacherben und ihr Erbteil vermindert sich auf Geschenke (Gen 25: 5-6). Die Rechte der Kinder der Konkubine sind großenteils vom guten Willen des Vaters und dem der rechtmäßigen Ehefrau abhängig (Gen 25: 5-6; 39: 1-28).

In der talmudischen Literatur rechtlich zulässig, scheint die Mehrehe faktisch nur von begrenzter Verbreitung gewesen zu sein, und wo sie bestand, war sie bevölkerungspolitisch, wirtschaftlich, strukturell oder gar weltanschaulich begründet. Da das Verhältnis von Frauen und Männern ungefähr ausgeglichen war, dürfte Polygamie zumindest von manchen Gruppen nur bei Bevölkerungsschwund praktiziert worden sein.

Unter dem Königtum, als die Gesellschaft stark hierarchisiert war, legte sich die durch die Prärogative der Macht bevorteilte Klasse eine große Zahl Ehefrauen zu. Dies ging so weit, daß es der Talmud für nötig hielt, die Zahl der Königsgattinnen auf 18 und die des gemeinen Mannes auf vier zu beschränken.

Faktisch, und das ist wahrscheinlich einer der entscheidenden Faktoren für die geringe Ausbreitung der Polygamie, mußte man reich sein, um sich mehrere

Frauen zu verschaffen und sie zu unterhalten. Für jede mußte ein *mohar* entrichtet oder nach dem Vorbild Jakobs mehrere Jahre beim Brautvater oder Brautbruder abgedient werden.

An der Tendenz zur Monogamie innerhalb eines polygamen Systems und dann zur Monogamie im strengen Sinne ist nichts Überraschendes. C. Lévi-Strauss sagt dazu: »Dennoch fände die Polygamie, einmal zum System erhoben, ihre Grenze automatisch an den Strukturveränderungen, die sie der Gesellschaft auferlegte.« (Lévi-Strauss 1993, S. 81)

Auch religiöse oder symbolische Gründe können zu ihrer Begrenzung beigetragen haben. Die Monogamie sei das Abbild der Beziehung zwischen Gott und dem Volk Israel. Umgekehrt sei die Polygamie ein Symbol für Vielgötterei (Esra 16: 8; Hos 2: 18-19) und moralischen Verfall. In der biblischen wie in der talmudischen Epoche werden Mehrehen negativ gesehen, und zahlreiche Textstellen der Propheten setzen eine monotheistische und monogame Gesellschaft voraus (Esra 24: 16-18; Jes 54: 5). Zum König der Juden, die bei der Ankunft des Volks auf dem Boden Israels nach der Eroberung des gelobten Lands bestimmt werden wird, sagt das Deuteronomium: »Auch soll er sich nicht viel Weiber nehmen, daß sein Herz nicht abtrünnig werde.« (17: 17)

Schon die Regeln für die Polygamie wurden in den verschiedenen Gemeinden unterschiedlich ausgeformt, bisweilen sogar unabhängig von Einflüssen aus der nichtjüdischen Welt. Unter vielen anderen Aspekten spiegelt auch die Polygamie Merkmale und Grenzen der zeitlichen und räumlichen Entwicklung des rechtlichen Rahmens der Familie recht getreu wider.

Von der ersten Tempelzeit bis zu den ersten nachchristlichen Jahrhunderten unterscheiden sich Wohlhabende und gemeines Volk nach Mehrehe und Einehe. Im Spanien des 14. Jahrhunderts dagegen ist die Doppelehe Realität und reicht offenbar bis in alle Schichten der Gesellschaft.

Jüdische Verhaltensformen entwickelten sich unbestreitbar auch durch Einflüsse von außen. Das von einer klassischen Umwelt geprägte babylonische Judentum neigte viel eher zur Polygamie. Zur gleichen Zeit lebte das palästinische Judentum wenn nicht prinzipiell, so doch überwiegend monogam (Gafni 1989).

Die Praxis der Juden, die im Jahr 212 n. Chr. römische Bürger wurden, stand unter dem Druck der Gesetze und Thesen von Diokletian, Theodosius und Justinian, die im 3., 4. und 6. Jahrhundert nacheinander Front gegen die jüdische Polygamie machten. Im Byzanz des 10. Jahrhunderts wurde sie auf der Grundlage von Justinians Kodex abgeschafft.

Für Frankreich und Deutschland wird die weithin übliche Monogamie des 12. Jahrhunderts und der Folgejahrhunderte auf ein Verbot der Mehrehe durch Rabbi Gerschom ben Juda (Anfang 11. Jahrhundert) zurückgeführt. Eine differenziertere Betrachtung setzt den neuen rechtlichen Konsens etwas später an und zeichnet die zunehmende Einwirkung der christlichen Umwelt auf die Entwicklung der jüdischen Praxis nach (Finkelstein 1924; Falk 1966; Chazan 1969).

Offenbar hat in Spanien und Nordafrika die muslimische Umgebung in einer ersten Zeit zu einer positiveren Einstellung den Gattinnen gegenüber geführt, die sich in zahlreichen Eheverträgen ausdrückt. Im 13. Jahrhundert halten sich die rabbinischen Autoritäten in Spanien an die Lehren, die Rabbi Gerschom ben Juda zugeschrieben werden. In Aragon wird Juden trotz königlichen Verbots der Polygamie gegen Geld die Doppelehe erlaubt, weil die Bigamie nicht gegen das jüdische Gesetz verstoße (Assis 1981).

Diese verschiedenen Tendenzen zeigen, wie stark sich äußere Faktoren auswirkten. Doch setzten sie sich nur allmählich gegen Prinzipien durch, die weniger in den Neigungen der Ehemänner als in der Notwendigkeit wurzelten, bestimmte Aspekte der ehelichen Beziehungen aufzulösen. Im Nahen Osten vom 10. bis 12. Jahrhundert, in Babylon um die Zeit der Entstehung des Talmud, in Frankreich und Deutschland vor dem 11. Jahrhundert, in Marokko bis zum 15. Jahrhundert und noch später gibt es Doppelehen in manchen Gemeinden nur bei Unfruchtbarkeit während der ersten zehn Ehejahre und als Schwagerehe (Goitein 1978; Falk 1966; Friedman 1989; Zafrani 1972).

In solchen Fällen konnten die Gemeinden leichter zur Monogamie finden, indem sie zur Vermeidung der Ehe des Bruders des Verstorbenen mit der Witwe lieber die *chaliza* ausführen ließen. Gleiches gilt für Frankreich und Deutschland im 13. Jahrhundert, und Leon da Modena stellte es auch für die italienischen und deutschen Juden Ende des 16. und Anfang des 17. Jahrhunderts fest (Modena 1929). Als Grund für die Doppelehe kommt neben Levirat und Unfruchtbarkeit der Frau auch bisweilen in Betracht, daß die erste Ehe nicht vollzogen werden oder die Frau keine Kinder aufziehen kann.

Für den Zeitraum vom 10. bis zum 12. Jahrhundert zeigt die Dokumentenlage für die Juden im mediterranen Nahen Osten neben monogamen Verhaltensweisen häufig Polygynie und Konkubinat als Nachahmung der herrschenden Praxis des muslimischen Umfelds.

Im Marokko des 15. bis 18. Jahrhunderts schließlich bestehen zwei jüdische Rechtssysteme nebeneinander und verschmelzen schließlich. Das Recht der marokkanischen Judengemeinden hält sich an die Regeln des Talmud, was Levirat und Doppelehe angeht, doch das Gewohnheitsrecht fügt manchmal Klauseln zugunsten der Ehefrauen ein. Das kastilische Eherecht wird nach 1492 von jüdischen Flüchtlingen aus Spanien mitgebracht und untersagt die Polygamie. Dieses Recht sollte für die kastilischen jüdischen Gemeinden Marokkos bis ins 16. Jahrhundert gelten. Indessen gestattet dasselbe Recht seit Ende dieses Jahrhunderts Doppelehe bei Unfruchtbarkeit oder Levirat und außerdem wenn männliche Nachkommen ausgeblieben sind (Zafrani 1972).

Familienbräuche zwischen Tradition und Wandel

Wegen des langen Bestehens des jüdischen Volkes und der Fähigkeit der Juden, in verschiedenen geopolitischen und soziokulturellen Umständen immer wieder neue Gemeinwesen zu gründen, können Familienbräuche über einen langen Zeitraum beobachtet werden und zugleich läßt sich feststellen, wie sich überlieferte Modelle erhalten haben. Außerdem kann man ermitteln, unter welchen Umständen es zu Umschwüngen oder ausgefeilten Kompromissen kam. Schließlich wollen wir die Funktion und die Dynamik der Familie nachzeichnen, die bewußten Strategien und die unbewußte Ökonomie unter den Kernfamilien.

Familie, Synagoge, Gemeinde

Gleichviel, ob sie sich vorrangig für Ökonomie oder Bevölkerungsentwicklung, Soziologie oder Recht interessierten, haben Historiker der jüdischen Familie ihr Augenmerk meist darauf gerichtet, welche Formen Ehe und Verwandtschaft annehmen und wie die Familie zustandekommt und zerfällt. Verblüffenderweise scheint es, als hätten sich Polygamie, Heirat und Scheidung im Laufe der Geschichte in ziemlichem Gleichtakt entwickelt.

Die Familie war einer immer größeren Spannung zwischen Öffentlichkeit und Privatsphäre ausgesetzt. Diese Spannung, die sich zum Teil aus den Entwicklungen im Christentum und im Islam nährte, wurde noch verschärft durch immer größere Vollmachten der *kehillah*, der statutenmäßigen Versammlung, die die Angelegenheiten jeder jüdischen Gemeinde regelt, wo immer sie besteht.

Andererseits wurden der rechtliche Rahmen der Familie und ihre Praxis durch die im Laufe der Zeit wachsende Bedeutung der rabbinischen Rechtsprechung geprägt, die selbst zweifachem Druck ausgesetzt war. Durch die Politik und Verwaltung des nichtjüdischen Umfelds wurden die Rabbiner für ihre Gemeinden immer wichtiger; im übrigen waren die Rabbiner und die rabbinischen

Eine Hochzeitsfeier: Moses und Zippora, Yahuda Haggadah, Deutschland, 1450-1500. Jerusalem, Israel Museum.

Gerichte zunehmend zur Schnittstelle zwischen der jüdischen Welt und nichtjüdischen Modellen geworden, die in ihrer historischen Entwicklung ebenfalls nicht stehenblieben.

Und schließlich war die jüdische Familie zwar eindeutigen (weltanschaulichen, ökonomischen, sozialen und pädagogischen) Zwängen ausgesetzt, doch bildete sich zwischen diesen immer wieder eine neue Dynamik, die je nach Ort und Epoche verschiedene Ergebnisse zeitigte.

Bei der Entwicklung von Heirat und Scheidung in diesem Umfeld ging es vor allem darum, wie öffentlich oder privat und wie offiziell oder formlos beide wurden und unter welchen Bedingungen sie abliefen und welche Rechtsstellung die Ehe- oder Scheidungspartner dabei hatten (Falk 1966).

Nach dem Talmud zerfiel die Heirat in zwei verschiedene Teile, Verlobung und Hochzeit, die Monate oder Jahre auseinanderliegen konnten, doch wurde daraus vom 11. Jahrhundert an in Frankreich und Deutschland und in Ägypten am Ende eine einzige, amtliche und öffentliche Zeremonie. In ähnlicher Weise verschmolzen die beiden Phasen unabhängig vom europäischen Muster in den jüdischen Gemeinden im Irak und in Nordafrika, während sie in Süditalien, Palästina und in Randgebieten Nordafrikas klar getrennt blieben. In Venedig sprach ein Rabbi Ende des 16. Jahrhunderts von zwei separaten Rechtsakten (Modena 1929).

»Und er wird ihr eine Scheidungsurkunde ausstellen«. Wandmalerei aus Äthiopien. Tel Aviv, Beth Hatefutsoth.

In Westeuropa ist diese seit dem 11. Jahrhundert erkennbare Entwicklung zweifellos dem Einfluß des Christentums zuzuschreiben, dessen Bischöfe in Frankreich und Deutschland ab dem 10. Jahrhundert alle Familiensachen eisern im Griff hatten. Doch während das Konzil von Trient (1563) jede nicht nach Kirchenregel geschlossene Ehe für null und nichtig erklärte, kannte die jüdische Welt einen solchen Alleinvertretungsanspruch nicht. Dennoch wurde die Heirat in verschiedenen jüdischen Gemeinden schon lange vor dem 11. Jahrhundert relativ formal und öffentlich, zum Teil in der Absicht, ein Auge auf die Bestimmungsgewalt des Bräutigams zu haben und sie einzuschränken.

So mußte im 2. Jahrhundert n. Chr. eine Verlobung, obwohl sie als privater Rechtsakt nur die Anwesenheit zweier erwachsener Zeugen verlangte, durch Trauergebete von mindestens zehn erwachsenen Männern in der Synagoge begleitet werden. Bereits vom 3. Jahrhundert an hatte die Synagoge, in der am Ende der Hochzeitssegen gespendet wurde, eine immer größere Bedeutung für Familienereignisse erlangt. Im 8. Jahrhundert gestattete der öffentliche Charakter der Trauung auch der Braut das Jawort und schützte sie so vor späterer Anfechtungsklage. Und später unterschrieben schließlich auch die Zeugen mit.

Was die Scheidung angeht, haben wir gesehen, daß das biblische Gesetz keine Rücksicht auf die Bedürfnisse der Frau nahm und keine öffentliche Einmischung Dritter in Streitigkeiten zwischen den Gatten duldete. Um die Mitte des 12. Jahrhunderts wurde in Frankreich und Deutschland das Einverständnis der Frau zur Scheidung Bedingung. Im Laufe des 13. Jahrhunderts wurde auch der richterliche Beistand eines Rabbis üblich. Auch hier ist der Einfluß der Entwicklung im Christentum unübersehbar, ohne daß der innere Wandel der jüdischen Welt völlig gleich verlaufen wäre. Der jüdische Ehemann, der sich gegen den Willen der Frau scheiden läßt, wird nicht länger als schuldiger Teil betrachtet, sofern sie einen neuen Mann findet. Außerdem zeigt die Geschichte der jüdischen Gemeinden, daß Scheidungen verschiedenenorts immer wieder zum öffentlichen Verfahren gemacht worden waren, um in Sonderfällen die Frau aus der Allgewalt des Mannes zu lösen.

So läßt sich anhand einer jüdischen Urkunde aus dem Ägypten des 5. Jahrhunderts feststellen, daß die Gemeinde darüber berät und der Antrag auf Scheidung sowohl vom Mann wie von der Frau gestellt werden kann. Im Libanon und in Syrien bis zum 11. Jahrhundert verfaßte und in der *genisa* von Kairo wiederentdeckte *kettubot* spiegeln im wesentlichen den Standpunkt der palästinensischen Doktores der Jurisprudenz (Friedman 1980). Jede Seite darf die Scheidung begehren, ohne dies begründen zu müssen. Verlangt sie der Ehemann, muß er nicht die ganze *ketubba* bezahlen, wenn die Gattin sich ehewidrig verhalten hat. Der Frau, die die Scheidung verlangt hat, wird die *ketubba* ausgezahlt, wenn klar ist, daß ihr Begehr auf ehewidriges Verhalten des Gatten (zu wenig Haushaltsgeld für Ernährung und Kleidung und Vernachlässigung der ehelichen Pflichten) zurückgeht. Eine rabbinische Entscheidung im Babylon des 9. Jahrhunderts und Eheurkunden aus dem Spanien des 11. Jahrhunderts zeigen ebenfalls Flexibilität gegenüber dem Talmud und Rücksicht auf die Frau.

Doch gelten die genannten Verfahren bis zum Wandel des 12. und 13. Jahrhunderts in Frankreich und Deutschland und zugleich bei den Juden Spaniens und der Provence nicht für die Mehrzahl der Scheidungen, die eher im Einklang mit talmudischen Grundsätzen vollzogen werden und sich folglich mehr nach dem Willen des Ehemanns richten. Etliche Historiker gehen davon aus, daß die sachlichen und rechtlichen Voraussetzungen für die Ausstellung einer Scheidungsurkunde erkennen lassen, daß auf dem Antragsteller *ipso facto* erheblicher Druck von außen lastete (Falk 1966; Zafrani 1972).

Kernfamilien, Aufgaben und Strategien: die Gleise der Endogamie

Struktur der Ehe und Wortlaut des Ehevertrags zeigen recht deutlich, um welche Fragen es dem Brautpaar ging, welche Stellung die Gatten einnahmen und wie angesehen die Ehestifter und Familienberater von nah oder fern waren.

In Avignon und im Comtat Venaissin läuft die Eheschließung im 16. und 17. Jahrhundert (also fünf bis sechs Jahrhunderte nach dem Wandel in Deutschland und Frankreich) nicht in zwei, sondern in drei Phasen ab (Kohnstamm/Moulinas 1979). Zunächst wird Einvernehmen zwischen den künftigen Schwiegerfamilien über Hochzeitsdatum und Ehe erzielt und über die Mitgift, die die Tochter vom Vater erhält. Bekräftigt werden kann dies durch notariellen Vertrag oder durch ein öffentliches oder privates Gelöbnis (im letzteren Falle auf die zehn Gebote), dann ist das Eheversprechen bindend und kann gegen einen wortbrüchigen Bräutigam eingeklagt werden.

Die Verlobung ist privat. Sie erfolgt durch Schenken eines Rings oder einer Münze vor zwei Zeugen (in der talmudischen Zeit wird die Verlobung in Palästina auch ohne die vorgeschriebenen Formeln durch den Ring rechtskräftig; für die Rechtssprechung von Babylon jedoch genügt der Ring allein nicht, vgl. Margulies 1938).

Die Hochzeit dagegen ist eine ganz öffentliche Zeremonie und findet unbedingt in der Synagoge statt. Bei ihr müssen ein Rabbiner und mindestens zehn Männer und die Vorsteher der Gemeinde anwesend sein.

In der gleichen Epoche finden Verlobung und Hochzeit in Deutschland in einer einzigen Zeremonie statt (Katz 1959). Vorher wird eine Eheurkunde aufgesetzt, die allerdings noch nicht den Ehebund stiftet und ohne Scheidung für nichtig erklärt werden kann. Ihre Klauseln dürften jedoch einen Rückzieher sehr erschwert haben. Wird der Bräutigam wortbrüchig, muß er ein hohes Reugeld bezahlen und wird aus der jüdischen Gemeinde ausgestoßen.

Nach dem talmudischen Muster liegen in Avignon und im Comtat während des ganzen Mittelalters mehrere Monate oder Jahre zwischen Verlobung und Hochzeit. So sollen offenbar Frühehen vermieden werden und die Eltern noch zu Lebzeiten Vorsorge für die eheliche Zukunft ihrer Kinder treffen können. Die lange Zeit zwischen Verlobung und Hochzeit schafft aber bisweilen Zwistigkeiten unter den Verlobten und ihren Familien, und manchmal wird ein Prozeß unvermeidlich (Kohnstamm/Moulinas 1979).

In Deutschland oder ganz Mitteleuropa sind dagegen vom Mittelalter bis zum Beginn der Neuzeit Frühehen häufig (Katz 1959; Hundert 1986; Baumgarten 1992). Die Familien sehen darin bessere Aussichten auf materielle Absicherung und die Voraussetzung für einen gesunden Umgang mit der Sexualität. In der jüdischen Welt ist Ehelosigkeit wegen der ausbleibenden Fortpflanzung und der damit zusammenhängenden psychologischen und sittlichen Störungen traditionell verpönt (Katz 1945; Ehrman 1978). Im mediterranen Nahen Osten werden Ehen im 10. bis 12. Jahrhundert ebenfalls sehr früh geschlossen (Goitein 1971). Während der zweiten Tempelzeit wollte es der Brauch, daß die Brautleute einander unmittelbar nach der Verlobung beiwohnten, während die Braut noch bei ihren Eltern lebte (der Segen wurde dann bei der Verlobung gegeben, da er die Zugehörigkeit bekräftigte, vgl. Falk 1966). Überall ist jedoch festzustellen, daß eine Frühehe mit einer Tochter aus reicher Familie eher zustandekam.

Im Deutschland vor der Emanzipation wurde die Anbahnung der Ehe durch Dritte mit günstigen psychologischen und sexuellen Voraussetzungen für das Paar und mit wirtschaftlichem Kalkül begründet. Weil bei der Stiftung einer neuen Ehe so viel auf dem Spiel steht, ließen jüdische Familien in Deutschland, aber auch die Gemeinden, Liebesheiraten nach Möglichkeit gar nicht erst zu (Katz 1945). Die hohe Scheidungsrate in Hessen und Bayern ein Jahrhundert zuvor dürfte jedoch zum Teil auf ebendiese psychologischen Bedingungen zurückgehen (Baumgarten 1992; Grossman 1992; Yuval 1983).

Zu allen Zeiten aber waren ökonomische Zwänge bestimmend. Soziale Endogamie, also Binnenheirat innerhalb derselben sozialen Schicht, war zwar nicht verbindlich, erschien aber als Garantie wirtschaftlicher Gleichberechtigung und führte häufig zu geographischer Exogamie, also Ausheirat in andere jüdische Gemeinden. Hieraus ergibt sich eine gewisse Schichtung innerhalb der jüdischen Gemeinde. Doch hat sie nicht immer die gleichen Ursachen und Wirkungen, und der Fall Deutschland ist in diesem Kontext sehr aufschlußreich (Grossman 1992).

Die Kernfamilie wird mit einer Aussteuer gegründet, die ihr Eigentum wird, einem Geldbetrag von der Familie der Braut oder des Bräutigams (Baumgarten 1992; Katz 1945). Wenn diese nicht zahlen können, springen andere Verwandte ein. Kann auch die erweiterte Familie diese im Grundsatz anerkannte Solidarleistung nicht erbringen, treten wohltätige Gesellschaften an ihre Stelle, von denen manche wie die Vereine der *kehillah* eigens zu diesem Zweck gegründet werden.

Sehr bald allerdings muß das junge Paar für sich selber sorgen. Unter diesem Gesichtspunkt gibt es in den jüdischen Familien in Deutschland eine doppelte Tendenz. Die ökonomische Solidarität innerhalb der Verwandtschaft ist insofern konkret, als die Verzweigung der Familie an mehrere Orte Geschäfte begünstigt. Die Prämissen dieser Solidarität sind aber sehr streng: Die Beteiligten sind jeweils reine Geschäftspartner, deren Verwandtschaftsverhältnis nicht zu

Verstößen gegen formalrechtliche, ökonomische und verwaltungstechnische Vorschriften führen darf. Außerdem hat die jüdische Gemeinde ein Auge auf solche familiären Verflechtungen. Klagen Familien gegeneinander, sind nahe und entfernte Verwandte vom Richteramt ausgeschlossen (Katz 1959).

Ganz wie die jüdischen Familien in Deutschland stehen auch die in der Provence und Spanien im Mittelalter, im vorkolonialen Marokko oder im Nahen Osten des 10. bis 12. Jahrhunderts unter denselben ökonomischen, eherechtlichen oder gesellschaftlichen Zwängen (Assis 1992; Bensasson 1992; Coulet 1987; Stouff 1987; Wernham 1987; Deshen 1983; Goitein 1978). Dennoch sind die Dinge nicht überall gleich geregelt.

In Salon-de-Provence, Arles und Aix-en-Provence halten sich jüdische Familien vom 13. bis zum 15. Jahrhundert an eine ausgeprägte schichtspezifische Endogamie. In Salon werden gebrochene Eheversprechen und Scheidungen bisweilen damit begründet, die Brautleute seien nach Stand und Vermögen zu ungleich. Diese soziale Endogamie geht mit einer sehr starken familiären Endogamie einher, ohne daß deswegen die Eheverbote der talmudischen Gesetzgebung übertreten würden. In allen Fällen führen die sozialen und familiären Vorlieben zur Ausheirat in eine andere jüdische Gemeinde, was die Kluft zwischen armen und reichen Juden noch vertieft.

Infolge von Ausgleichsstrategien der Familien oder Machtspielen der Gemeindevorsteher führt die soziale Schichtung bei den Juden zu Auseinandersetzungen in der jüdischen Gemeinde. In Spanien werden jenseits der Machtstrukturen wohltätige Gesellschaften gegründet, die mittellose Töchter zur Hochzeit ausstatten. In Deutschland nimmt die Gemeinde von sich aus Rücksicht auf Vermögensunterschiede, nicht um sie auszugleichen, sondern um ihre schädlichen Auswirkungen auf das selbst wiederum von ökonomischen und sozialen Strategien beeinflußte Eheleben zu mindern.

Im Marokko des 17. und 18. Jahrhunderts hat die Kernfamilie keine klare Individualität. Da ihr keine besondere ökonomische Grundlage geschaffen wird, ist sie sehr stark in die erweiterte Familie eingebunden und wirtschaftlich von ihr abhängig. Solche Familien heiraten auch lieber untereinander: So wird der teure Ehevermittler entbehrlich. Hier sind weder Mobilität noch Ausheirat in andere Gemeinden üblich.

Innerhalb der Ehe übernimmt der Mann die wichtigste Wirtschaftstätigkeit sowohl im Hinblick auf Einkommen wie auf einen Teil der häuslichen Gewohnheiten und Riten. Auch der Tätigkeitsbereich der Frau im Zusammenhang mit Kleidung und Ernährung hat einen ökonomischen Aspekt. Vorrechte hat sie jedoch nur im Bereich der ehelichen Intimität, die in allen Einzelheiten im Talmud festgelegt ist und von den Gatten noch weiter ausgestaltet werden kann. Im vorkolonialen Marokko verhalten sich Frauen und

Männer hierzu anders als in Mitteleuropa: In diesem geokulturellen Milieu griff die rabbinische Rechtssprechung systematischer und häufiger auf Antrag des Ehemanns ein.

In den alten Zeiten der *genisa* ist familiäre Endogamie die Regel. Die Vetternheirat ist häufig vertreten, aber öfter mit der Tochter des Vaterbruders als mit der des Mutterbruders. Die vom Talmud als natürlich betrachtete Onkelehe ist dagegen selten. Hierin muß eine der Spuren des Einflusses der jüdischen Karaïten im mittelalterlichen Nahen Osten gesehen werden. Diese zu Beginn des 8. Jahrhunderts entstandene Sekte, die die talmudische und rabbinische Überlieferung leugnet, betrachtet die Ehe zwischen Onkel und Nichte als blutschänderisch.

Wie im Marokko des 17. und 18. Jahrhunderts hat die Familie rund ums Mittelmeer im 10. bis 12. Jahrhundert großen Einfluß. Die Verflechtung von Kernfamilien und erweiterten Familien wird als förderlich für den Bund der Ehegatten angesehen, und die Familiensolidarität als moralische Sicherung gegenüber der Außenwelt betrachtet.

Im ökonomischen Bereich ist die erweiterte Familie in den Augen der Gemeinde für ihre Mitglieder zuständig. Dies gilt sogar noch, als später die ökonomischen Partner der gleichen Kernfamilie kein gemeinsames Vermögen mehr haben.

Die Verknüpfung zwischen der Kerngruppe und der erweiterten Familie erscheint indessen weniger eng als später in Marokko. Geographische Mobilität ist in der Zeit der *genisa* durchaus gegeben, häufig aus ökonomischen Gründen, manchmal aber auch der Bildung wegen. Selbst wo dies nicht gegeben ist, haben die Kinder nicht systematisch ihren Wohnsitz bei den Eltern, womit im allgemeinen die Eltern des Ehemannes gemeint sind.

Noch eine letzte Faktorenreihe wirkt prägend auf die Praxis ein: die Pflicht der Kinder, zu lernen und ihre Eltern zu ehren. Bildung, die in der Weltanschauung der jüdischen Familie Vorrang hat, ist praktisch ständige Pflicht. Die Eltern sind es sich schuldig, die Erziehung ihres Nachwuchses anzuleiten, und übernehmen im übrigen einen beträchtlichen Part. Außerdem reicht die Studierpflicht eines jeden weit über die Jugend hinaus (Etkes 1989; Hundert 1989; Katz 1945).

Wenn ein Vater über längere Zeit von zu Hause abwesend sein muß, muß er regelmäßig Geld für den Unterhalt und die Ausbildung seiner Kinder schicken. Diese für den Nahen Osten schon im Mittelalter verbürgte Praxis ist im Deutschland des 12. Jahrhunderts Gegenstand eines rabbinischen Erlasses. Bei Waisen tritt die Gemeinschaft für Vater und Mutter ein, im Bewußtsein der entscheidenden praktischen und moralischen Bedeutung der Erziehung.

Zwei Waisenmädchen, deren Großmutter gestorben ist und die keine Familie mehr haben, sind Thema eines Briefs einer wohlhabenden Frau an den Vorsteher einer Judengemeinde im mittelalterlichen Ägypten: »Die Großmutter ist gestorben, und niemand kümmert sich um sie außer mir. Da ist auch die Frau von Rabbi Josef, dem Vorsänger und Schüler des verstorbenen Mitglieds der al-Kamukhi-Akademie; sie ist kinderlos und würde die beiden Mädchen gern zu sich nehmen und ihnen Sticken beibringen; außerdem müßte jemand ins Haus kommen und sie die Gebete lehren, damit sie nicht wie Tiere heranwachsen, ohne auch nur das *Höre Israel* zu kennen.« (Goitein 1971)

Bei der Hochzeit können die Studierpflichten in Widerspruch zu der Pflicht geraten, Vater und Mutter zu ehren, und in ähnlicher Weise wie Geldnöte zu Spannungen führen.

Im Deutschland des 16. Jahrhunderts wird dieser drohende Streit dadurch gedämpft, daß die jungen Eheleute während der ersten beiden Jahre nach der Hochzeit noch der Familie zur Last fallen. Diese Zeitspanne hängt unmittelbar mit der Studierpflicht zusammen. Im Marokko des 17. und 18. Jahrhunderts setzen Jugendliche und Erwachsene ihre traditionellen Studien an Ort und Stelle fort. Die religiösesten unter ihnen nehmen ihren Wohnsitz am selben Ort wie die Eltern des Ehemanns und in unmittelbarer Nähe zur Familie der Frau. Hier werden Talmudstudien und Pflichten gegen die Eltern ohne Widerspruch miteinander vereint.

Im mittelalterlichen Nahen Osten verläßt ein Sohn nicht selten den Wohnsitz der Familie, um zu studieren oder Geld zu verdienen. Der Sohn vernachlässigt so eine Zeitlang seine Pflicht gegenüber den Eltern in voller Kenntnis der praktischen Bedeutung und des Gewichts der Ideen dieses Gebots.

In Deutschland und zur selben Zeit in Lettland ist es im 19. Jahrhundert eine Ehre und die Regel, daß der Vater oder Schwiegervater des Bräutigams das junge Paar bei sich aufnimmt, um dem Sohn oder Schwiegersohn die Fortsetzung seiner religiösen Studien zu ermöglichen.

Ebenfalls in Deutschland stellten manche religiöse Juden die Spiritualität in den Vordergrund, und sie wurde so zur wichtigen Überlegung, wenn eine neue Familie gestiftet wurde. Diese Präferenz entwickelte sich im Gegensatz zu anderen Schichten des Judentums, die nicht davon ausgingen, daß ihre religiöse Praxis in einer mystischen Beziehung zum weltanschaulichen Vorbild stand. Der Schwerpunkt, der auf die Bildung gelegt wird, veranschaulicht, wie wichtig die Erziehung der Kinder in der jüdischen Welt genommen wird (Karnafogel 1985); außerdem fördert er eine philosophische und spiritualistische Endogamie zu Lasten einer sozialen, ökonomischen oder familiären (Marcus 1981). Anhänger der *chasside aschkenas* (»die Frommen Deutschlands«, eine mystische Frömmigkeitsbewegung innerhalb des deutschen, später zum Teil auch des französischen Judentums im 12./13. Jahrhundert) gaben damals der Spiritualität Vorrang vor allen anderen Beziehungen, auch vor familiären. Das erzeugte zwangsläufig potentielle Spannungen innerhalb des weltanschaulichen Modells selbst, bei dem die Pflicht der Kinder gegenüber den Eltern einer der Antriebe für die Pflege des Stammbaums ist.

Insgesamt läßt sich aus der Beobachtung der jüdischen Familienpraxis über lange Zeit auf das Bemühen schließen, einem detailliert ausgearbeiteten Ideenmodell getreulich zu folgen. Dies fördert die Vernetzung religiöser, ökonomischer, psychologischer und sozialer Faktoren und scheint damit das individuelle und soziale Gleichgewicht erhalten zu können. Allem Anschein nach haben zahlreiche innere und äußere Faktoren trotzdem das Überleben oder den praktischen Erfolg dieses Modells immer wieder erschwert. Nie aber haben diese Faktoren und die Entwicklungen, die sie auslösten, den maßgeblichen Rang der Familie in der Geschichte der jüdischen Kultur in Frage gestellt.

Götter und Menschen: Herakles und Deianeira, Tochter von Oineus, und ihr Sohn Hyllos. Rotfigurige Vase (erste Hälfte des 5. Jahrhunderts v. Chr.). Paris, Louvre.

Kapitel 5

Die Familie im griechischen Stadtstaat

(5. bis 6. Jahrhundert v. Chr.)

Giulia Sissa

Will man die Familie im griechischen Stadtstaat untersuchen, ist man gut beraten, sich auf die Autorität des Aristoteles zu berufen. Das erste Buch seiner *Politik* beginnt er nämlich mit einer genauen Analyse der Gemeinschaft (*koinonia*), die sich aus drei Grundverhältnissen zusammensetzt: dem Verhältnis zwischen Herrn und Sklaven, der Verbindung von Mann und Frau und der Beziehung zwischen Vater und Kindern. Diese *Gemeinschaft* heißt *oikia* oder *oikos* (Haus, Familie).

Angesichts der Komplexität von Angaben über die Familie während der griechischen Geschichte hat ein Rückgriff auf Aristoteles nur Vorteile: Der Philosoph definiert zunächst einen Gegenstand, die *oikia*, umreißt dann den zugleich natürlichen und sozialen Status der *syngeneia* (Verwandtschaft) und ordnet die Familie schließlich zwischen dem einzelnen und der Polis als eine Gruppierung ein, die für das reibungslose Funktionieren der politischen Struktur unerläßlich ist. Anstatt ratlos vor Unwägbarkeiten der Lexik und Unzulänglichkeiten der historischen Dokumentenlage zu stehen, können wir dank der Vorarbeit des Aristoteles von einem einfachen und klaren Begriff der Kernfamilie ausgehen, in der lediglich die Allgegenwart von Sklaven eine Besonderheit darstellt. Alle Grundfragen, die sich Historiker eingangs stellen müßten, etwa wie sich die Familie im alten Griechenland entwickelt hat, was bei den Griechen das Äquivalent für den Klan, die Gens oder die erweiterte Familie war, und was ein *genos* oder eine *phratria* sein mag, also genau die Probleme, mit denen sich die Spezialisten einer griechischen Sozialgeschichte herumschlagen, treten hier in den Hintergrund zugunsten einer Reflexion über die *oikia* als eine komplexe, mit einer spezifischen »natürlichen« Funktion ausgestatte soziale Struktur.

Wie W. K. Lacey in seinem bedeutenden Werk *Die Familie im antiken Griechenland* wollen wir uns daher an Aristoteles und seine Eingangsbetrachtung

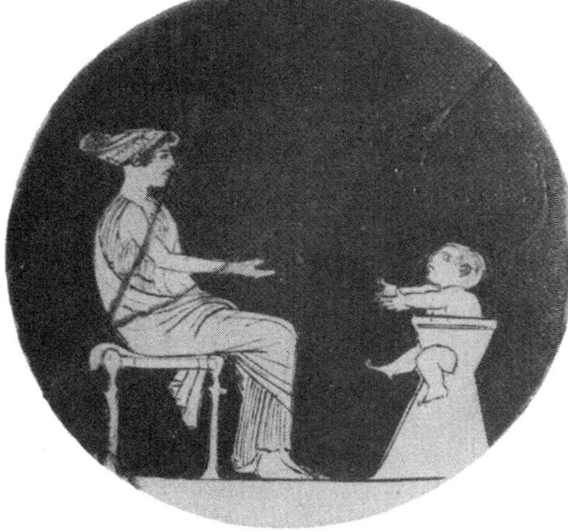

[oben] Paar im Bett. Terrakotta der mykenischen Spätzeit (12. Jahrhundert v. Chr.). Budapest, Kunstmuseum.

[oben rechts] Mütterlichkeit. Rotfiguriger attischer Becher (5. Jahrhundert v. Chr.). Brüssel, Musées Royaux des Beaux-Arts.

[rechts] Die treue Amme. Terrakottafigur aus Tanagra (4. Jahrhundert v. Chr.). Paris, Louvre.

[oben] Hyllos zwischen Herakles und Deianeira. Paris, Louvre, Ausschnitt der Vase von Seite 236.

[unten] Lesestunde. Becher des Malers von Eretria (etwa 430-420 v. Chr.). Paris, Louvre.

der häuslichen Gemeinschaft halten, dabei aber den Text seiner *Politik* mehr als sozialanthropologische Abhandlung auffassen denn als Zeugnis der Familienwirklichkeit im alten Griechenland – so geistreich und unmittelbar er auch sein mag.

EINE PHYSIOLOGIE DES SOZIALEN

In der *oikia* als Gruppierung um einen Mann, der zugleich Vater, Sklavenhalter und Ehemann ist, sieht Aristoteles keine Gruppe, die sich je nach den Wechselfällen des Privatlebens beliebig bilden kann, sondern im Gegenteil einen festen Bestandteil der Polis. Die Polis setzt sich also nicht aus Individuen zusammen, die gemeinsam an einem Ort siedeln und eine Reihe von Einrichtungen und Gesetzen miteinander gemein haben; beim Stadtstaat handelt es sich vielmehr um ein Aggregat von Haushalten. »Jede Stadt setzt sich aus Familien zusammen.« (Aristoteles, *Politik* I, 3, 1) Obwohl komplex, weil aus drei verschiedenen Beziehungen gebildet, stellt die *oikia* sozusagen das Molekül der politischen Gemeinde dar. Weit davon entfernt, lediglich Austragungsort individueller Leidenschaften und Verhaltensweisen ohne staatsbürgerliche Gesinnung zu sein, bildet die Familie eine zwar unvollkommene, aber strukturell und historisch unerläßliche Keimzelle. Keine Stadt ohne Familie: weder historisch noch vom Standpunkt gesellschaftlicher Logik aus gesehen. Wohl ist der Mensch ein »Tier, dem bestimmt ist, in einer Stadt zu leben« (*zoon politikon*), doch erfüllt sich diese Bestimmung nur über das Haus. »Man *muß* also vorerst die vereinigen, die ohne einander nicht existieren können, wie zum einen das Weibliche und das Männliche um der Fortpflanzung willen – und das nicht zufolge einer freien Entscheidung, sondern wie das sowohl bei den anderen Tieren als auch bei den Pflanzen als Trieb *naturgegeben* ist, ein derartiges anderes Wesen zu hinterlassen, wie man es selbst ist; zum andern aber das von Natur aus Herrschende und das Beherrschte wegen der Lebenserhaltung. Aus diesen beiden Gemeinschaften nun entsteht zuerst das Haus, und zu Recht sagte Hesiod in seiner Dichtung: ›ein Haus zuallererst, eine Frau und einen pflügenden Ochsen‹, denn der Ochse wird bei den Armen anstelle eines Hausknechts gehalten.« (*Politik* I, 2, 2)

Da niemand für sich existieren kann, laufen sexuelle Vereinigung und das Verhältnis zwischen Herrn und Sklaven auf eine ursprüngliche Form der Vergesellschaftung hinaus, in der kein Platz für Wille und Absicht ist. Daß man den anderen begehrt und braucht, bestimmt den natürlichen Vertrag, nach dem das

Leben überhaupt gefristet werden kann. »Die für jeden Tag also bestehende Gemeinschaft ist naturgemäß das Haus.« Aber dieser spontan entstandene Organismus ist nur vorübergehend selbstgenügsam und wächst sich alsbald zu einer größeren Gemeinschaft aus: »Doch die erste Gemeinschaft, die sich wegen eines über den Tag hinausreichenden Bedürfnisses zusammensetzt, ist das Dorf (*kome*).« (*Politik* I, 2, 4) Nur ein einziger Grad von *koinonia* trennt das Haus vom Dorf, und diese Nähe zwischen häuslicher Gemeinschaft und Dorfgemeinschaft sorgt für eine aufschlußreiche Kontinuität im Wortschatz: Das Dorf »scheint naturgemäß eine Erweiterung des Hauses zu sein«, eine Niederlassung der Familie, eine *apoikia* der *oikia*, und bei den Dorfbewohnern »handelt es sich um die, die einige ›Milchbrüder‹ nennen und ›Kinder und Kindeskinder‹.« (*Politik* I, 2, 5) Dadurch daß sie dasselbe essen, definieren sich die Mitglieder einer *oikia*, bei Epimenides »Krippengenossen«, und bei Charondas »Brotkastengenossen« genannt; es ist *dieselbe Milch*, die die Einwohner eines Dorfes eint.

Während sich aber im Dorf als der Erweiterung des Hauses eine Gemeinschaft bildet, die man als eine kindgemäße bezeichnen könnte und in der sich die Einzelwesen unter der väterlichen und königlichen Obhut der Alten ernähren, entwickelt sich das zivilisierte Leben erst in der Stadt zur Vollendung: »Doch die aus mehreren Dörfern zusammengesetzte vollkommene Gemeinschaft ist der Staat, der sozusagen bereits über die Grenze der vollen Selbstgenügsamkeit verfügt, der nun zwar des Lebens wegen entstanden ist, aber doch um des guten Lebens willen besteht.« (*Politik* I, 2, 8) Dieser Unterschied zwischen *Leben* und *gutem Leben* bezeichnet den Bruch zwischen einer Familienexistenz in ländlicher »Seßhaftigkeit« und der Lebensart, die sich in der Stadt entfaltet. Auch die Stadt ist aus einem Herdentrieb entstanden, den die Menschen mit den Tieren gemein haben, doch ihr Hauptzweck besteht darin, vernunftbegabten Wesen eine gewisse Lebensqualität zu bieten, die ihnen nach Aristoteles wegen ihrer herausragenden Stellung in der Tierwelt auch zukommt. Die fließende Verbindung zwischen Dorf und Stadt wird nur angeführt, um zu zeigen, wie unvollkommen diese ländlichen Siedlungen noch waren. Ihre Erfüllung ist die *polis*, und erst in dieser wird der Drang des Menschen zur *koinonia* gestillt. Demnach war die Herausbildung des Stadtlebens für Aristoteles eine Naturerscheinung, genauso physisch wie die Entstehung der Familie und ebenso spezifisch menschlich. Denn wo es keine Stadt der Tiere gibt, gibt es auch keine *oikia* in der Tierwelt. »Die Stimme nun bedeutet schon ein Anzeichen von Leid und Freud, daher steht sie auch den anderen Lebewesen zu Gebote, ihre Natur ist nämlich bis dahin gelangt, daß sie über Wahrnehmung von Leid und Freud verfügen und das den anderen auch anzeigen können. Doch die Sprache *(logos)* ist da, um das Nützliche und das Schädliche klarzulegen und in der Folge davon das Gerechte und das Ungerechte. Denn das ist im Gegensatz zu den anderen Lebewesen den Menschen eigentümlich, daß nur sie allein über die Wahrnehmung des Guten und des Schlechten, des Gerechten und des Ungerechten und anderer solcher Begriffe verfügen. Doch die Gemeinschaft mit diesen Begriffen schafft Haus und Staat.« (*Politik* I, 2, 11)

Obwohl zuerst vorhanden und vom Willen unabhängig, ist die häusliche Gemeinschaft nicht der Ordnung von *logos* und Gesetz entzogen. Jedes der drei Verhältnisse, aus denen sie sich zusammensetzt, hat nämlich seine eigene Gestalt, die analog zu politischen Modellen definiert ist. »Es gibt nun freilich drei Teile in der Kunst der Hausverwaltung; einer ist die Wissenschaft vom Herrenwesen, worüber früher gehandelt wurde, einer die vom Vaterwesen und der dritte vom Ehewesen. Man muß nämlich auch über die Frau und die Kinder herrschen, über beide zwar als freie, aber nicht in derselben Art und Weise der Herrschaft, sondern über die Frauen nach der Art eines Staatsmannes, über die Kinder aber mit der Macht eines Königs. Denn das Männliche ist von Natur aus führungsgeeigneter als das Weibliche – falls es nicht irgendwo zu einem Verhältnis wider die Natur kommt –, und das Ältere und Reife ist das mehr als das Jüngere und Unreife.« (*Politik* I, 12, 1) Die *oikia* wird als Teil des Stadtstaates aufgefaßt; sie war tatsächlich nur in bezug auf die Gewalten der *polis* denkbar. Obwohl er sich bemüßigt fühlt, eine Gleichheit von Mann und Frau anzuerkennen, was er übrigens sofort wieder korrigiert, verwendet Aristoteles ständig das Paradigma der Staatsverfassung zur Beschreibung der Autoritätsausübung im Privaten. »In den meisten bürgerrechtlichen Staaten nun wechselt das Herrschende und das Beherrschte, denn dieser Staat will seiner Natur nach, daß es Gleichheit gibt und keinen Unterschied. Trotzdem aber, jedesmal wenn der eine herrscht und der andere beherrscht wird, trachtet man danach, daß es doch einen Unterschied gibt in der äußeren Haltung, in der Führung der Rede und in den Ehren ... Das Männliche verhält sich im Hinblick auf das Weibliche immer in derselben Art. Die Herrschaft über die Kinder ist eine königliche. Denn das Erzeugende ist sowohl in der Liebe als auch im Alter das Herrschende, und das bedeutet eben die Art einer königlichen Herrschaft... Denn der König muß sich seiner Natur nach von den anderen unterscheiden, der Gattung nach aber derselbe sein; und das erfährt das Ältere gegenüber den Jüngeren und der Erzeuger gegenüber dem Kind.« (*Politik* I, 12, 2)

Zu diesem Stadtstaat gehörig wie ein Arm oder Bein zu einem Körper, ist die Familie für Aristoteles eine Realität, deren Notwendigkeit und Grenzen nicht unterschätzt werden dürfen. So macht dieses erste Buch seiner *Politik* bemerkenswert ausführliche Angaben über den *oikos* im 4. Jahrhundert v. Chr., doch dienen diese lediglich der polemischen Beweisführung. Aristoteles möchte gegen Platon den Nachweis erbringen, daß die Familie *naturgegeben* ist. Es handelt sich folglich um die Replik eines Philosophen auf einen anderen Philosophen. Gegen die platonische Utopie verteidigt Aristoteles, was er als wahres Wesen der Familie in der griechischen Gesellschaft ansieht, und klammert dabei die problematischsten Aspekte aus: Nach Aristoteles ist der *oikos* im Grunde eine Kernfamilie, die sich nach einem Wohnsitz definiert. Was aber ist mit der erweiterten Verwandtschaft, der *syngeneia* oder *anchisteia*? Gibt es Normen, die das kulturelle und natürliche Verhältnis zwischen Familie und Stadtstaat regeln? Gibt es rechtliche oder rituelle Verfahren, durch die die Zugehörigkeit zum Stadtstaat von der Zugehörigkeit zu einem *oikos* abhängig gemacht wird? Das Modell des Philosophen der *Politik* läßt viele Fragen offen, und die für uns wichtigste ist dabei, ob der Stadtstaat wirklich die Grundlage ist, von der aus die Familie für das alte Griechenland betrachtet werden sollte.

Die Familie im Stadtstaat

Die Familie ist Teil des Stadtstaats. Mit dieser politischen Bestimmung konnte Aristoteles den *oikos* in seiner natürlichen Funktion definieren. Eine derartige Formel würde uns nicht so fesseln, wäre sie nur die Meinung eines Griechen aus dem 4. Jahrhundert v. Chr. Warum sollte sie mehr Gewicht haben als die in Platons *Staat* dargelegte Überzeugung, derzufolge eine Stadt ohne Familie nicht nur möglich, sondern den zeitgenössischen Zuständen in Griechenland sogar vorzuziehen sei, weil das öffentliche Wohl immer von der Privatsphäre am Erblühen gehindert wird? Aristoteles' Ansicht hat deswegen mehr Gewicht, weil er auf seine Art und trotz seiner Berufung auf die Natur gleichwohl einen Grundsatz des griechischen Rechts berührt, der in der athenischen Gesetzgebung über die Staatsbürgerschaft niedergelegt ist.

Die Familie ist für den einzelnen eine notwendige Station zur Einordnung in den Stadtstaat: Das gilt für jedes Kind, das im 4. und 5. Jahrhundert vor unserer Zeitrechnung in einem Haus Athens geboren wird. Denn daß es das Licht der Welt in Athen oder eines beliebigen anderen *demos* (Herkunftsort, A.d.Ü.) Attikas erblickt hat, macht das Neugeborene noch nicht zum Athener. Die Polisbürgerschaft als Vorbedingung nicht nur einer politischen Laufbahn, sondern auch der Teilhabe am öffentlichen Leben, an Volksversammlungen und an den Gerichten war nämlich an sehr strenge Voraussetzungen der Abkunft gebunden.

»An der Willensbildung nehmen alle teil, deren Eltern beide die Staatsbürgerschaft hatten.« Mit seiner trockenen Beschreibung der *politeia*, die im Athen seiner Zeit gilt, formuliert Aristoteles dieses erste Kriterium: Das Bürgerrecht des Stadtstaats wird durch bilaterale Vererbung übertragen. Auf Vorschlag des Perikles beschloß die Versammlung der Athener 451 v. Chr., »es solle nicht das Bürgerrecht genießen, wer nicht von beiden Elternteilen her zur Stadt gehöre« (*Der Staat der Athener* 26, 4). Das bedeutet, daß von da an ein athenischer Vater allein nicht gewährleisten konnte, daß seine Kinder Stadtbürger wurden. Auch die Mutter mußte Athenerin sein.

Das Bürgerrecht als Erbtitel: Nicht die Stadt verleiht einem Individuum den Stand eines Atheners, sondern seine familiäre Herkunft. Der Name *Athener* konnte nur über Zeugung oder Adoption erworben werden (Loraux 1981a). Doch auch diese erste Bedingung, die beidseitig athenische Abstammung, genügt noch lange nicht: kein Bürgerrecht für diejenigen, die nicht ehelich geboren sind, oder, in Aristoteles' Worten, nicht »den Gesetzen entsprechende Eltern haben« (*Der Staat der Athener* 42, 1). Nach dem Gesetz geboren zu sein, bedeutet im übrigen das Geborensein durch »eine Frau, die vom Vater oder vom Blutsbruder oder vom Großvater väterlicherseits ordentlich zur Ehe gegeben wurde« (Demosthenes, *Gegen Stephanos* II, 18). So verlangt es das geschriebene Gesetz. Der Status des Atheners ist also nur unter dem Zeichen der *nomoi* übertragbar: Die Rechtmäßigkeit der Geburt hängt von der Rechtmäßigkeit der Ehe zwischen den Eltern ab. Doch diese Rechtmäßigkeit, die vom Stadtstaat streng mit einer Klausel festgelegt ist, ergibt sich nicht aus einem zivilen Rechtsakt. Nicht weil sie öffentlich vor einem Standesbeamten geheiratet haben, der die Gatten anschließend registriert, werden ein Athener und eine Athenerin zum rechtmäßigen Paar. Die Fähigkeit, kleine Bürger zu erzeugen, wird nur dadurch garantiert, daß die *ekdosis*, mit der eine Frau zur Ehe gegeben wird, durch einen männlichen Verwandten erfolgt: Je näher er ihr steht, desto größer seine Zuständigkeit. Daraus ergibt sich, nach abgestuftem Verwandtschaftsgrad, folgende Reihenfolge: zunächst der Vater, wenn dieser nicht mehr lebte, der Vatersvater und schließlich, im äußersten Notfall, der Vatersohn, also der Bruder der Braut. Fühlte sich ein Mann dem Tode nahe, hatte er das Recht, seine Frau einem von ihm ausgewählten Erben ehelich zu vermachen, etwa einem Neffen und Brudersohn (Demosthenes, *Gegen Aphobos* II, 16). Und in dem Sonderfall, wo die Braut nicht einmal Brüder hatte, ob eheliche oder vom Vater adoptierte, und so beim Tod ihres Erzeugers zur alleinigen »Erbin« des Familienvermögens wurde, übte immer noch der leibliche Vaterbruder vorrangig die Rolle des Vormunds aus und war verpflichtet, sie entweder mit einer Mitgift auszustatten oder selbst zu heiraten. Hatte der verstorbene Vater zu Lebzeiten oder per Testament einen Knaben oder Mann adoptiert, fiel diesem in seiner Eigenschaft als »gemachtem« (*poietos*) Bruder die Pflicht zu, die Hand des jungen Mädchens zu vergeben, oder auch das Recht, sie selbst zur Frau zu nehmen (Isaios III, 50 ff.; 69 ff.). Da oft ein Verwandter adoptiert wurde, der

Neffe oder Schwager, ist leicht zu verstehen, warum auch diese Form der Heirat unter die Bestimmungsgewalt eines Familienoberhaupts fiel. Kurz, die rechtmäßige Ehe als Fundament des Bürgerrechts ist im athenischen Stadtstaat Sache der Familie. *Egos* Vater mußte seine Frau (einschließlich Mitgift) aus den Händen eines Mannes, ihres Vaters oder eines männlichen Stellvertreters, erhalten haben, damit das Bürgerrecht der Ahnen auf *Ego* übertragen werden konnte.

Die große Bedeutung, die das Recht dieser Vaterfigur auf der Frauenseite zuschrieb, also dem Muttervater (oder seinem Vertreter), bedeutete, daß *Ego* nur dann rechtmäßig geboren war, wenn die Ehe seiner Eltern – und folglich zuvor auch die Geburt seiner Mutter – rechtmäßig gewesen war. Nur wenn die Braut vom Vater oder Vormund mit einer Mitgift ausgestattet und formvollendet übergeben wird, ist gewährleistet, daß ihr Vater sie als rechtmäßiges Kind anerkennt. Eine uneheliche Tochter wird, wenn sich ihr Vormund überhaupt um sie kümmert, nicht nach klassischer Zeremonie zur Ehe vergeben (Isaios III, 48). Nach Isaios' Rede *Über den Nachlaß des Kiron* ist die rechtmäßige Geburt der Gattin nicht nur die Voraussetzung für die Rechtmäßigkeit einer Ehe, sondern auch für die Aufnahme künftiger Kinder in die Phratrie, die als unerläßliches Durchgangsstadium zur Integration in die Polis gilt. Die Kinder einer Frau, der nachgesagt wird, sie sei Tochter einer Konkubine, verteidigen sich vor dem Tribunal durch Vorlage aller Beweise für die rechtmäßige Geburt ihrer Mutter: »Als unser Vater sie zur Ehe nahm, richtete er ein Hochzeitsessen aus und lud drei seiner Freunde zusammen mit seinen nächsten Verwandten ein; er gab außerdem den Mitgliedern seiner Phratrie ein Festbankett, wie es ihnen gebührt ... Unser Vater hat uns nach unserer Geburt seiner Phratrie vorgestellt und nach dem Gesetz beschworen, daß wir von einer rechtmäßig verheirateten Bürgerin geboren sind; von den Mitgliedern der Phratrie hat keiner Einwände erhoben oder die Gültigkeit seiner Erklärung angezweifelt; obwohl die Versammlung groß war und die Untersuchung in solchen Fällen streng ist. Es ist doch kaum zu glauben, daß unser Vater, wenn unsere Mutter das gewesen wäre, was unsere Gegner behaupten [nämlich unehelich], ein Hochzeitsessen oder Festbankett für die Phratrie gegeben hätte; nein, er hätte alles geheimgehalten ... Die Mitglieder der Phratrie hätten uns nicht aufgenommen; sie hätten Klage erhoben, eine Untersuchung angestellt, wenn nicht einstimmig festgestellt worden wäre, daß unsere Mutter rechtmäßige Tochter des Kiron war.« (Ebd., 18-20). Im Eid vor seiner Phratrie sagt der Vater zwar nicht ausdrücklich, daß seine Gattin rechtmäßig geboren ist, doch unterstellt er mit seinem Schwur, daß auch sie Bürgerin aus rechtmäßiger Ehe und nicht die Tochter eine Konkubine ist. Diese Voraussetzung entscheidet, ob *Ego* eine Zukunft als Stadtbürger hat: Er könne nichts werden, wäre er der Enkel einer Geliebten oder Prostituierten.

Die Mutter spielt also eine bestimmende Rolle in der Übertragung des Bürgerrechts als Tochter eines Vaters, der sie anerkennt, und seiner Frau, die eine rechtmäßige Tochter ist. *Ego* verdankt seine Anerkennung als Athener sowohl der mütterlichen Abstammungsgruppe als auch seinem Vater, auch wenn die Vollmacht, die Rechtmäßigkeit einer Geburt (durch Schwur oder rituelle Praktiken) zu beurkunden, ausschließlich in die Zuständigkeit des Vaters fällt. Auf die Verteilung männlicher und weiblicher Elemente bei der Abstammung und den verschiedenen Formen der Erbfolge werden wir noch zurückkommen.

Was *Ego* betrifft, so ist klar, daß Unehelichkeit (die eigene oder die der Mutter) noch stärker die Zukunft eines Mannes als die einer Frau belastet. Von der väterlichen Erbfolge ausgeschlossen, muß die Tochter einer Hetäre eine minderwertige Ehe eingehen, die für eine rechtmäßige Tochter ein Makel wäre. Dennoch wird eine uneheliche Tochter, weil sie nur eine Frau war, nur privatrechtlich benachteiligt. Ein Knabe dagegen, der von seinem »natürlichen« Erzeuger (seinem gesetzlichen Vater) nicht anerkannt wurde, wird viel krasser zurückgesetzt: Er hat kein Recht auf Erbfolge und wird obendrein um das Bürgerrecht und damit um die Beteiligung am politischen Leben gebracht. Bei Euripides ist ein *nothos* (Bastard) ein Nichts, der Sohn eines Niemand. Erst durch die Anerkennung der Vaterschaft kommt der Sohn zu »Stadt, Erbe, Vater« (*polis, ousia, pater*) oder, mit einem Wort, was diese, nicht vom Status eines *polites* zu trennenden Aspekte zusammenfaßt, zu *patris*, dem Vaterland (Demosthenes, *Gegen Boiotos* I und II). Die Reden des Isaios in seiner *Verteidigung des Euphiletos* und Demosthenes' *Gegen Euboulides* wären für sich genommen schon überzeugend, wenn nicht noch belegt werden müßte, daß die Anerkennung von Vaterschaft und Bürgerrecht zwei Seiten derselben Medaille sind. Die beiden Plädoyers betreffen nämlich zwei Berufungsverfahren vor dem Stadtgericht nach Streichungen aus dem Register des *demos*. Was kann jemand tun, der Wiedereintragung fordert? »Ich jedenfalls glaube«, heißt es im Text des Isaios, »daß er nichts vorzubringen hätte, außer daß seine Mutter rechtmäßig verheiratete Bürgerin und sein Vater Bürger ist; zum Beweis daß er wahr gesprochen hat, muß er seine Eltern (*syngeneis*) als Zeugen beibringen.« (Isaios XII, 7) Und womit waren auf dem Höhepunkt eines solchen Plädoyers die athenischen Richter am besten zu beeindrucken? Indem man ihre Gefühle als Familienväter und Bürger ansprach: »Euphiletos hier ist unser Bruder und euer Mitbürger!«, plädiert der eine (Isaios XII, 12). »Macht aus mir keinen Staatenlosen (*apolis*)«, fleht der andere, »nehmt mir nicht alle Verwandten und verurteilt mich damit nicht zum Tod. Denn bevor ich die Meinen verlasse, wenn sie mich schon nicht retten können, töte ich mich selbst, auf daß ich wenigstens von ihnen in der Erde meiner Väter (*en te patridi*) begraben werden kann.« (Demosthenes, *Gegen Euboulides* 57, 70)

Der Stadtbürger

Der Stadtbürger ist also in erster Linie ein Wohlgeborener von gesicherter Herkunft (*gnesios*). Kein Bürgerrecht ohne rechtmäßige Geburt; keine *polis* für einen Athener ohne *pater*. Doch in der Rechtmäßigkeit, zu deren Garant sich der Vater macht, ist die Zugehörigkeit zur Stadt nur potentiell enthalten. Denn die Stadt gibt dem Vater zwar die Vollmacht, einen Bürger zu machen, wacht aber sehr sorgfältig darüber, wie er sie nutzt.

Der künftige *polites* erblickt das Licht der Welt im Haus seines Vaters, allen Blicken entzogen. Nach zehn Tagen wird ein komplexes Ritual zelebriert, das eine doppelte Funktion hat: dem Kind einen Namen zu geben und es einer bestimmten Anzahl von Verwandten und Freunden vorzuzeigen. Erst durch diese *amphidromia* und »Fest des zehnten Tages« genannte Zeremonie wird ein Neugeborenes vor Zeugen durch seinen Erzeuger anerkannt: Der Säugling wird erst um den Herd herumgetragen (vielleicht von der Hebamme) und dann auf den Boden gelegt, und er erhält in dieser Lage einen Namen, um seine Zugehörigkeit zur agnatischen Lineage zu besiegeln. Der erste Sprößling eines Mannes hat Anrecht auf den Namen des Großvaters väterlicherseits (Demosthenes, *Gegen Boiotos* I, 27), wodurch er zwar erbrechtlich vor seinen jüngeren Brüdern nicht bevorzugt wird, aber die Kennmarke einer unanfechtbaren Identität erhält. Am selben Tag wird ein Kranz an der Haustür befestigt (Athenaios IX, 370 c-d), und ein Geruch nach gebratenem Kohl signalisiert Passanten das Fest im Hausinnern. Opfer und das Festessen des zehnten Tages sind tatsächlich ein grundlegendes Ereignis für den Neugeborenen. Später, falls sein Status je angezweifelt werden sollte, wird er die Rechtmäßigkeit seiner Geburt in erster Linie mit Zeugenaussagen von dieser Familienfeier beweisen können. Bei Erbstreitigkeiten zwischen Nachkommen spielt die Erinnerung an das Fest des zehnten Tages eine Schlüsselrolle, weil sie unwiderleglicher Beweis der rechtmäßigen Geburt ist. Die Rede des Demosthenes (*Gegen Boiotos* I) zeigt dies ganz deutlich. Im Verlauf einer Auseinandersetzung, in der er die rechtmäßige Geburt eines Adoptivbruders anficht, ruft der Kläger aus: «Mein Vater soll für ihn wie für mich die Feier des zehnten Tages abgehalten und ihm diesen Namen gegeben haben; darüber hat er das Zeugnis von Leuten beigebracht, die man nie zusammen mit meinem Vater gesehen hat. Doch setzt er auf etwas, denke ich, was ihr alle wißt: Niemand würde den zehnten Tag eines Kindes feiern, das er nicht als seinen rechtmäßigen Sohn betrachtet.« (*Gegen Boiotos* I, 22) Der Kläger dagegen kann andere, glaubwürdigere, weil näher verwandte Zeugen beibringen.

Opfer und Festessen des zehnten Tages weihen im allgemeinen ein Kind unwiderruflich als *gnesios* (rechtmäßig): der allererste Schritt zur Aufnahme (Isaios III, 70) in die Gesellschaft. In diesem Stadium gibt es noch keine öffentliche oder private Registrierung des Akts, sondern nur eine auf den engen Kreis von Verwandten und Freunden beschränkte Öffentlichkeit. Mit diesem Brauch im Rücken greift der Protagonist der ersten Rede *Gegen Boiotos* seinen Gegner an. Der zehnte Tag bleibt im Grunde ein Ritus für die engsten Angehörigen und hinterläßt nur im Gedächtnis der Familie Spuren. Durch die Namensgebung, durch das Herumtragen um den Herd im Innern des Hauses wird das Kind in die Lineage seines Vaters aufgenommen und in den häuslichen Raum integriert. Das Schweigen der Quellen läßt vermuten, daß die Mutter überhaupt keine Rolle spielte; man könnte sogar meinen, mit dem Ablegen des Säuglings auf den Fußboden werde das ursprüngliche Verhältnis zur Erde, die »Autochthonie« als Gründungsmythos des athenischen Staates nachgeahmt (Loraux 1981a). Mit dem Boden in Berührung gebracht, erlebt das Kind eine andere Herkunft, die die Niederkunft in Blut und Ausscheidungen seiner Mutter aufhebt. Es ist die Geburt in die Vaterwelt, die am zehnten Tag inszeniert wird: eine juristische Geburt, da das griechische Recht die Abstammung erst akzeptiert, wenn sie vom Vater anerkannt ist (*Gegen Boiotos* I, 29).

Damit die Rechtmäßigkeit des Kindes in einer Form anerkannt werden kann, die weniger privat und riskant ist, muß ein größerer Zeugenkreis gesucht und vor allem der Name schriftlich festgehalten werden. Dies findet durch Vorstellung des Kindes und seine Einschreibung in die Phratrie statt. Der Akt wird vom Vater ausgeführt, der den Namen seines Sohns oder seiner Tochter kundtut, spielt sich aber unter der Autorität der *phrateres* ab, die die Macht haben, den kleinen Kandidaten die *engraphe* (Einschreibung) mit einer einzigen Handbewegung zu verweigern, indem sie das Aufnahmeopfer zurückweisen (Isaios VI, 22). Zwischen *oikos* und *polis* steht die Phratrie. Zwischen der Feier des zehnten Tages und der Einschreibung in die Register des *demos* liegt der entscheidende Moment, der die Ablösung vom Haus und die Verpflichtung zum Heeresdienst bezeichnet: die Vorstellung vor der Gruppe der *phrateres*.

Wer sind diese *phrateres*, bei denen der Name von *Ego* eingetragen werden muß? Wer sind diese »Brüder«, unter die jedes wohlgeborene Kind im Verlauf eines dreitägigen Fests aufgenommen wird, das *Apaturia* heißt, Fest der Kinder »desselben Vaters«? Die Phratrien sind Bruderschaften, in denen die Mitglieder mehrerer Abstammungsgruppen zusammengefaßt sind. In Isaios' Rede *Über den Nachlaß des Apollodoros* berichtet der Prozeßführer: »Um die Zeit des Thargeliafests führte er (mein Vater) mich vor die Altäre und stellte mich den Mitgliedern seines *genos* und seiner Phratrie vor. Diese Vereinigungen haben eine gemeinsame Regel: Wenn ein Mann ihnen ein Kind vorstellt, das ihm natürlich geboren oder von ihm adoptiert wurde, muß er die Hand auf die Weiheopfer legen und schwören, daß das vorgestellte Kind von einer rechtmäßig verheirateten Bürgerin geboren ist und außerdem, daß es sich um sein leibliches oder adoptiertes Kind handelt. Wenn der Vater geschworen hat, stimmen die anderen Mitglieder dennoch ab; fällt die Entscheidung günstig aus, wird das Kind ins amtliche Register eingetragen, aber nie vor der Abstimmung. Derart genaue Formalitäten schreiben die Statuten der Bruderschaften vor.« (Isaios VII, 16) Schwur des Vaters, Abstimmung einer Versammlung: das Gesetz über die Einschreibung in die Phratrie zeigt, daß diese Gruppe klassifikatorischer Brüder, in die nur (anerkannte oder adoptierte) Kinder ihrer Mitglieder aufgenommen werden, zwar eine Abstammungsgemeinschaft ist, aber auch den Kreis darstellt, in den ein Individuum aufgrund eines bereits zivilen Kriteriums wie des Geborenseins von einer *Athenerin* zugelassen wird. Die Phratrie kontrolliert die Rechtmäßigkeit der Geburt jedes Kandidaten, aber auch die Bürgereigenschaft der Vorfahren. Wenn es wegen des Einspruchs eines der »Brüder« nicht in eine Phratrie aufgenommen wird, bleibt ein Kind von der Polis ausgeschlossen (Demosthenes, *Gegen Boiotos* I, 31, 34; II, 10, 48). Indem sie sich versammeln und per Abstimmung äußern (beides hochpolitische Verfahren), verkörpern die *phrateres* tatsächlich das Bindeglied zwischen Familie und *polis*; indem sie verlangen, daß jedes ihrer Mitglieder »von einer rechtmäßig verheirateten Bürgerin geboren ist«, treffen sie dieselbe strenge Auswahl wie die Mitglieder des *demos*.

Ein *demos* ist seit Kleisthenes der Herkunftsort jedes Bürgers. Jeder *demos* besitzt ein Bürgerregister, in dem jeder Athener männlichen Geschlechts mit 18 Jahren eingetragen wird. Es wird sicher nicht erstaunen, daß die für diese letzte »Anerkennung« nötigen Eigenschaften primär in der Abstammung von Eltern, die beide das Stadtrecht haben, bestehen. Aristoteles schreibt dazu: »Sie werden in die Bürgerliste aufgenommen, wenn sie 18 Jahre alt geworden sind. Wenn sie zur Einschreibung anstehen, stimmen die Gemeindemitglieder nach Verteidigung über sie ab, zunächst, ob sie das gesetzliche Alter erreicht zu haben scheinen – wenn es noch nicht so scheint, kommen sie wieder zu den Kindern –, sodann, ob sie freigeboren sind und den Gesetzen entsprechende Eltern haben.« (*Der Staat der Athener* 42, 1) In ein Register eingetragen, tritt das zum Epheben erhobene Kind endgültig in die Bürgerschaft ein, und diese Aufnahme realisiert ein Potential, das in einer makellosen Herkunft angelegt war. Die Aufnahme in den *demos* ratifiziert und erweitert diese athenische Identität, deren Garant der Vater war und die von den »Brüdern« überprüft und für gültig befunden worden ist. Wenn ein Mann mit Streichung aus dem Register unter dem Vorwand bedroht wird, er sei ein Fremder, kann er sich dagegen nur auf das Zeugnis der Mitglieder der Phratrie und des *genos* und aller seiner Verwandten väterlicherseits berufen. In Berufungsprozessen wegen Erschleichung des Bürgerrechts beschränken sich die Plädoyers auf Verwandtschaftsnachweise.

Die Stadt von gemeinsamem Blute

Die hervorragendste Eigenschaft eines Atheners ist, rechtmäßig geboren zu sein, so daß er seinen Bürgertitel erben kann. So werden Macht und Größe der Stadt durch das allen Athenern gemeinsame Abstammungsprinzip legitimiert: Der Vorrang der Athener unter den Griechen rührt vom außergewöhnlichen Ursprung ihrer Stadt, die sich nicht von einer Gründung oder einer Kolonisierung eroberten Bodens herleitet, sondern im Gegenteil von einem ursprünglichen Entstehen, einer spontanen und urwüchsigen Erzeugung. Im Mythos der Autochthonie, der noch im 4. Jahrhundert v. Chr. durchaus lebendig war, faßte sich die Gesellschaft der Athener als Erbin einer Lineage auf, die ihren Ruhm mit ihrer hervorragenden Geburt begründet. Nie waren sich die Bürger untereinander fremd, denn sie sind rechtmäßige Kinder ihrer Erde. Von dort stammen sie, dort sind sie geboren. »Denn wir bewohnen dieselbe [Stadt] nicht etwa«, verkündet der *Panegyrikos* des Isokrates, »nachdem wir andere daraus vertrieben oder sie als leerstehende in Besitz genommen haben, noch auch als Mischlinge aus vielen Völkern zusammengelesen, sondern wir sind von so edler und reiner Abkunft, daß wir das Land, aus welchem wir abstammen, allezeit ohne Unterbrechung besessen haben, da wir Eingeborene sind und unsere Stadt mit demselben Namen, wie unsere nächsten Verwandten, belegen dürfen. Denn uns allein unter den Hellenen steht es zu, ein und dieselbe Nährerin Vaterland und Mutter zu nennen; und einen solchen Ursprung ihres Geschlechts müssen doch die haben, welche mit Grund stolz sind und mit Recht um die Hegemonie streiten und ihre angestammten Vorzüge so häufig erwähnen.« (*Panegyrikos* 24-25; Loraux 1981, S. 150-151 und 425, Fn. 153)

In dieser höchst amtlichen und ideologischen Rede stellen sich die Athener als Vertreter eines gemeinsamen Adels vor, der auf eine mythische Abstammung zurückgeht. Sogar bei der Bestattungsfeier der Stadt für ihre im Krieg Getöteten, beim öffentlichen Begräbnis, greifen die Trauerreden dieses Bild des familiären Zusammenhalts als imaginäre Grundlage der Demokratie auf. Gemeinsam gedachte die Stadt ihrer Abkunft, ihres *genos*. So wird ein doppeltes Band zwischen dem Bereich der Familienbeziehungen und dem öffentlichen, politischen Raum geknüpft: Rechtlich rekrutiert die Stadt ihre Mitglieder aus den Häusern; in ihrem Ursprungsmythos ist sie nur die älteste der Familien, die reinrassigste überhaupt. Die rechtmäßige Geburt jedes Kindes *(gnesios)* setzt die »edle und rechtmäßige« Fortpflanzung der Lineage der »Kinder der Athene« auf Dauer fort (Loraux 1981b), die von reiner Tugend und außerdem autochthon ist (Lysias, *Epitaphios* 43).

Die Familie ist Teil des Stadtstaats und die aristokratische Familie ihr Vorbild. Das ist keine Übertreibung. Genau wie angeborenes Bürgerrecht dekkungsgleich ist mit rechtmäßiger Geburt, ist jede Einbürgerung – der Sprache und dem Verfahren nach – nichts anderes als eine Adoption *(poiesis)*. Für einen Mann ist die Adoption die Möglichkeit, sich »ein Kind zu machen« (*poieisthai*), ohne es zu zeugen (*gennan*). Die Vaterschaft wird so ohne Mitwirkung des männlichen Leibes durch einen Benennungsakt geschaffen: Das adoptierte Kind wird in die Phratrie unter dem Vatersnamen des Adoptierenden und als dessen Sohn eingeschrieben. Das Verfahren ist dasselbe, mit dem ein »natürlich« geborenes Kind von einer Phratrie anerkannt wird. Ganz wie der Kläger in der bereits zitierten siebten Rede des Isaios sagt: »Wenn ein Mann ihnen ein Kind vorstellt, das ihm natürlich geboren oder von ihm adoptiert worden ist, muß er die Hand auf die Opfer legen und schwören, daß das vorgestellte Kind von einer rechtmäßig verheirateten Bürgerin geboren ist und außerdem, daß es sich um sein leibliches Kind oder um ein adoptiertes handelt.« (Isaios VII, 16) Das gesamte religiöse und politische Ritual ist in beiden Fällen völlig gleich. Selbst eine postume Adoption, mit der ein Kind etwa in die Phratrie eines verstorbenen Großvaters mütterlicherseits eingetragen werden kann, läuft nach demselben Muster ab. In der Rede des Pseudo-Demosthenes *Gegen Makartatos* berichtet der Erzeuger eines Kindes, das er auf Wunsch seines verstorbenen Schwiegervaters dessen Phratrie abgetreten hat: »Die Mitglieder dieser Phratrie, in Sachen der Verwandtschaft beschlagener als alle anderen, konnten sehen, daß Makartatos [der Prozeßgegner, der die Adoption anfocht] sich nicht um die Erfüllung seiner Pflichten kümmerte und das Opfer nicht vom Altar wegnahm, wie er es hätte tun müssen, wenn die Vorstellung des Kindes nicht rechtmäßig gewesen wäre: Er wollte von ihnen nur, daß sie ihren Eid brächen. Als sie abgestimmt hatten und in dem Moment, als das Opfer an Zeus *phratrios* brannte, sprachen sie in Gegenwart des Makartatos ihr gerechtes Urteil: Das Kind wurde pflichtgemäß und ordentlich als Sohn des Euboulides [des Großvaters mütterlicherseits] eingetragen.« (Pseudo-Demosthenes, *Gegen Makartatos* 14)

Es gibt nur eine einzige Zeremonie der Einführung in die Phratrie, wie es die Inschrift der Dekrete der Phratrie der Demotioniden zeigt, in der Statuten und Zulassungsregeln für diese Gruppe von »Brüdern« festgelegt sind (*Sylloge* III, 371, 45, 921, 109-110). Der Eid der Zulassungszeugen besteht aus einem einzigen Satz: »Ich bezeuge, daß das Kind der von einer verheirateten Frau geborene, rechtmäßige Sohn des Vorstellenden ist.« Offenbar gibt es keine spezielle Variante, in der das adoptierte Kind als *poietos* bezeichnet wird: Mit der Adoption wird es tatsächlich *zum Sohn* des Mannes, der es der Phratrie vorstellt. Die künstliche, »gemachte« Abstammung ahmt die natürliche Zeugung so weit wie möglich nach. Zunächst wird Adoption vom Gesetz nur dann gestattet, wenn keine rechtmäßigen Kinder männlichen Geschlechts vorhanden sind. Für die Redner des 4. Jahrhundert ist dies ein Akt, der immer als Folge eines Mangels an selbstgezeugten Erben gerechtfertigt werden muß. »Ein Kind machen« konnte nicht als freie Entscheidung betrachtet werden, jemanden aus Zuneigung oder Freundschaft auszuwählen, damit er das Haus mit seiner Adoptivverwandtschaft teilen konnte. Nach der gesamten Dokumentenlage *ersetzt* es die physische Zeugung, wenn ein Kind »gemacht« wird. Ein Adoptivkind besetzt ein leeres Kästchen und füllt eine Fruchtbarkeitslücke: Es ist Abhilfe gegen Einsamkeit im Alter oder das Aussterben eines *oikos*. In der zweiten Rede des Isaios verteidigt sich ein Mann, dessen Erbrecht bestritten wird, unter Berufung auf die völlige Gesetzmäßigkeit seiner Adoption: »Ich möchte euch als nächstes beweisen, daß diese Adoption rechtlich einwandfrei war. Lest mir bitte das Gesetz vor, welches vorschreibt, daß ein Mann nach Belieben über sein Eigentum verfügen kann, wenn er keine rechtmäßig geborenen männlichen Erben hat. Der Gesetzgeber, ihr Richter, hat dieses Gesetz geschaffen, weil er gesehen hat, daß die einzige Abhilfe gegen Vereinsamung und der einzige Daseinstrost für kinderlose Männer das Recht war, jemanden zu adoptieren, der ihnen gefiel. Da ihn also das Gesetz zur Adoption ermächtigte, und er keine Kinder hatte, hat er mich adoptiert.« (Isaios II, 13-14)

Der Akt war also erlaubt, ja sogar pflichtgemäß, weil der *de cuius*, ein Mann namens Menekles, sich darum bemühte, »nicht kinderlos zu bleiben und jemanden zu haben, der zu Lebzeiten für sein Alter sorgte, ihn nach dem Tode bestattete und danach die üblichen Pflichten erfüllte.« (Isaios II, 10) Und die Auswahl wurde in Übereinstimmung mit dem Wunsch getroffen, den »nach dem Samen« nächstmöglichen Ersatz für dieses ungeborene Kind zu erhalten: Der Adoptierte war nach Angaben seines Plädoyers der nächste Vertraute des unglücklichen Alten, nämlich der Bruder seiner Exgattin, die Menekles zur Wiederheirat freigegeben hatte, nachdem er sich mit seiner eigenen Zeugungsunfähigkeit abgefunden hatte. Nach Angaben des Beklagten hatte Menekles es für richtig gehalten, »einen Sohn aus der gleichen Familie zu adoptieren, von der er Kinder auf natürlichem Wege begehrt hatte«. Wenn keine Blutsverwandten (*syngeneis*) vorhanden sind, richte sich die Auswahl auf die Schwiegerverwandten (*oikeioi*): Die Beachtung dieses Austauschkriteriums beweise, wie vernünftig die Handlung des Verstorbenen gewesen sei. Wollten die Gegner des *poietos* etwa behaupten, der alte Menekles habe unter dem Einfluß einer Frau (der Exgattin) gehandelt, weil er bereits nicht mehr zurechnungsfähig gewesen sei? Schon die bloße Tatsache, einen Nahestehenden, den nächsten gewählt zu haben, daß er den adoptierte, »der ihm gefiel«, zeige, daß er sich wirklich an die Regel über die freie Verfügung über sein Eigentum gehalten habe. Er habe keinen Fremden in sein Haus eingeführt, sondern jemanden, der dort hätte hineingeboren werden sollen.

Der Fall des Menekles veranschaulicht eindeutig die Logik der Substitution in ihrer extremsten Form. Die meisten Adoptionen aus der Kasuistik der Rechtsprechung betreffen nämlich Verwandte der Seitenlinie. »Ich war kein Fremder, sondern sein eigener Neffe« (Isaios VII, 35): So hätte sich jeder Adoptierte verteidigen können. Hinter dem Akt der Adoption steht also das «genetische» Band. L. Gernet hat einmal eine Liste der bei den attischen Rednern erwähnten Adoptionen zusammengestellt, um den Nachweis zu führen, daß das Gesetz des Solon mit seiner Festlegung des Rechts der Verfügung über das Eigentum nicht zum Ziel hatte, die Macht der großen alten Familien durch Beeinträchtigung der Erbfolge innerhalb des Verwandtenkreises zu brechen, wie es Plutarch wollte. Ganz im Gegenteil, durch die Freiheit der Wahl eines Erben als Ersatz für ein männliches Kind gestattet das solonische Gesetz dem einzelnen, selbst festzulegen, welcher *von seinen Nächsten* sein unmittelbarer Nachkomme werden soll. Es handelt sich kurz um eine »präferentielle Adoption« (Gernet 1955).

Ein adoptierter Sohn verläßt endgültig sein Vaterhaus und verliert automatisch das Recht, von seinem leiblichen Vater zu erben. Er wird zum Sohne eines anderen. Dennoch hat er weder das Recht auf Grundbesitz noch auf ein eigenes Testament. Diese beiden Beeinträchtigungen des Status eines »gemachten« gegenüber einem gezeugten Kind sind sehr wichtig. Einerseits erhält der gekorene Sohn nicht wie der geborene selbstverständlich das väterliche Erbe. Er muß es rechtlich einfordern, gewiß eine reine Formalität, doch ein Akt, der seine Gekorenheit unterstreicht (Isaios III, 60). Wenn man sich erinnert, daß es verboten ist, zugunsten eines beliebigen gezeugten Kindes testamentarisch zu verfügen, denn »das Gesetz weist dem Sohn das Vermögen des Vaters zu« (Isaios VI, 28), versteht man sofort, daß die Vererbung von einem Vater auf einen Adoptivsohn immer Vertragscharakter hatte. Andererseits darf ein Adoptierter nicht selbst adoptieren, sondern muß der Abstammungsgruppe, in die er aufgenommen worden ist, ein rechtmäßiges Kind hinterlassen, weil er sich »natürlich« darin verwurzeln und die Kontinuität der Erbfolge durch den Samen wiederherstellen soll. Das Adoptivkind soll eine Abstammungsgruppe vom Aussterben bewahren und darf unter keinen Umständen eine Verteilung des Familienerbes nach außen bewirken. Mit der Adoption verwandelt sich ein Band der Bluts- oder Schwiegerverwandtschaft in eines der Filiation, um eine vorübergehende Lücke in der natürlichen Erbfolge zu schließen.

Wie verhält es sich mit dem Gegenstück, der Adoption als Bürger, der athenischen Einbürgerung? Wie ein Privatmann »macht« auch die Stadt Bürger, indem sie unter denen auswählt, die ihr am nächsten stehen. Der Wortschatz der *syngeneia* wird hier durch den der Freundschaft (*philia*) und der Militärallianz (*symmachia*) ersetzt, aber das Kriterium ist das gleiche: Es werden keine unbekannten Fremden zugelassen. »Es gibt zunächst ein vom Volk erlassenes Gesetz: Es ist ihm verboten, den zu einem Athener zu machen (*poiesasthai Athenaion*), der es nicht durch hervorragende Leistungen für Athen verdient hat, Bürger zu werden ... Erst seinen Nachkommen gewährt dieses Gesetz volle Rechte; außerdem nur mit dem Zusatz, daß sie von einer gesetzlich in die Ehe gegebenen Athenerin geboren sein müssen.« (Pseudo-Demosthenes, *Gegen Neaira* 89-92)

Die Stadt adoptiert, doch ein so gekorener Bürger muß nach den Regeln der athenischen Fortpflanzung Kinder zeugen, damit er seine erworbene Identität leiblichen und rechtmäßigen Erben hinterlassen kann. Gleichermaßen muß ein Adoptivsohn, wenn er in ein Haus aufgenommen wird, in dem eine rechtmäßige Tochter lebt (die so seine Adoptivschwester wird), diese Frau heiraten. Dies ist die notwendige Bedingung, damit seine Kinder ihren Großvater mütterlicherseits beerben können, der zugleich der Adoptivvater ihres Vaters ist. Wie der durch eine Tochter der Stadt eingebürgerte Fremde ist ein gekorener Sohn neben einer leiblich im *oikos* geborenen Frau nur eine Art Prinzgemahl. In diesem Fall geht das Erbe vermittels der Tochter von ihrem Vater auf die Kinder über, die sie mit dessen Adoptivsohn bekommt, denn dieser kann nur dadurch in den Genuß des Vemögens kommen, daß er mit der Tochter seines Adoptivvaters leibliche Kinder hat. Nach Isaios ist ein Verstoß gegen diese Heiratsregel gleichermaßen töricht und ungesetzlich: »Ich kann mir nicht vorstellen, daß Endius oder ein anderer Adoptivsohn so töricht oder so wenig gesetzesfürchtig gewesen sein könnte, um derart gegen die rechtmäßige Tochter des Verstorbenen und Erblassers zu handeln und sie einem anderen zu geben, anstatt sie selbst zu heiraten. Denn er wußte genau, daß die von einer rechtmäßigen Tochter geborenen Kinder Anrecht auf das Gesamterbe ihres Großvaters haben. Und wie könnte ein Mann mit diesem Wissen ein eigenes Vermögen an einen anderen verschenken?« (Isaios III, 50) Außerdem wäre die Adoption selbst rechtlich wirkungslos, wenn der Erblasser nicht zugleich über seine Tochter und sein Vermögen verfügt hätte. »Das Gesetz erklärt nämlich ausdrücklich, daß man nicht beliebig über sein Vermögen verfügen kann, wenn keine rechtmäßigen Kinder da sind; sind Mädchen vorhanden, muß über sie mitverfügt werden.« (Ebd., 68) Was auf die Feststellung hinausläuft, daß die *epikleros* oder Erbtochter untrennbar mit dem Erbe verbunden ist und ein Adoptierter oder *poietos* das eine nicht ohne das andere bekommen kann, genau wie ein eingebürgerter Athener eine Athenerin zur Frau nehmen muß, um seinen athenischen Namen an seine Nachkommenschaft weitergeben zu können.

Eine Rede, die Demosthenes zugeschrieben wird, veranschaulicht einen weiteren Aspekt dieser Parallelität: Ein gekorener Athener hat nicht das Recht, als Privatmann ein Testament zu machen oder ein Kind zu adoptieren. Das gleiche solonische Gesetz über die Adoption untersagte allen Adoptierten, ihrerseits zu adoptieren. »Allen, die nicht adoptiert und rechtmäßige Söhne von Geburt sind, gibt das Gesetz das Recht, über ihr Vermögen zu verfügen, so sie keine Kinder haben. Sein Vater jedoch, sagt der Kläger, ist vom Volk als Bürger adoptiert worden: ein weiterer Grund, weshalb er kein Testament machen konnte.« (Demosthenes, *Gegen Stephanos* II, 15)

Ein Athener zu werden, jemandes Kind zu werden, bedeutet, sich auf endogene Fortpflanzung einzulassen. Es handelt sich hier aber nicht nur um eine Analogie zwischen der Zugehörigkeit zum Stadtstaat und zu einer Familie: Ebenso wie ein rechtmäßiges Kind der Phratrie vorgestellt werden muß, um als Bürger registriert zu werden, wird der erwachsene Fremde, den die Volksversammlung öffentlich adoptiert hat (und diese Entscheidung muß von einer Folgeversammlung von mindestens 6000 Athenern bestätigt werden), als neues Mitglied des Vaterlandes in eine Phratrie und einen *demos* seiner Wahl eingeschrieben (*Sylloge* III, 371, 45). Und das Dekret über die Einbürgerung präzisiert durchaus, daß das Vorrecht, Athener zu sein, sowohl die fragliche Person als auch ihren Nachwuchs betrifft. Andererseits sind Stadt und Familie bemüht, Fremde nach strengen Kriterien der Nähe und Freundschaft so scharf wie möglich auszulesen. Wenn aber andererseits Verwandte oder Freunde als adoptionswürdig anerkannt werden, müssen sie ihre Dankbarkeit in der wirksamsten Form der Assimilation zeigen: indem sie in ihrer neuen Abstammungsgruppe Kinder zeugen.

Eine Stadt ohne Familie?

Im Lichte dieser Betrachtungen über die Rolle des *oikos* als Bestandteil und Grundmuster der Stadt erscheint das in Platons *Staat* skizzierte Projekt so unmöglich (nach Platons eigenem Eingeständnis) wie absurd (in Aristoteles' Kritik). In seinen Überlegungen zur Auflösung der Familiengruppe beschränkte sich Platon nicht darauf, die »Privatheit« zugunsten einer rein politischen Organisation des gesellschaftlichen Lebens abzuschaffen: Die Auslöschung der genealogischen Bande der Einzelbürger bedeutet faktisch, daß die Stadt selbst eine Wurzelbehandlung erfährt, das Ziel der in Platons Dialog skizzierten totalen Reform.

Platons Operation läuft darauf hinaus, die Stadt so zu einigen, daß sie einem Einzelwesen gleicht: Aus dieser Sicht müssen alle Gelegenheiten abgeschafft werden, bei denen ein Bürger um etwas streiten kann, was ihm gehört. Dann gäbe es also keine nach außen geschlossenen Häuser mehr, in denen Paare mit ihren leiblichen Kindern als Erben privaten Familienvermögens leben. »Daß diese Frauen allen diesen Männern gemeinsam angehören und keine mit einem allein leben darf. Auch sollen die Kinder gemeinsam sein, und weder der Vater soll ein Kind kennen noch das Kind seinen Vater.« (*Der Staat* V, 457 d) Vom Wohnsitz losgelöst, wird die Fortpflanzung somit unabhängig von allen Rechtshandlungen der Identifikation, Namensgebung und Anerkennung, mit denen die Funktion des Vaters als Garant der Rechtmäßigkeit der Kinder gegenüber der Stadt festgelegt ist. Neue Gesetze müssen dann eben verhüten, daß die Vaterschaft »aus dem Samen« in ein sichtbares und ausschließliches Band der Vormundschaft verwandelt wird. Die Kinder, die diesen neuen Paaren, die sich kollektiv »Tisch und Bett« und Heeresdienst teilen, »geboren werden, nehmen die dazu bestellten Behörden an sich, bestehen sie nun aus Männern oder Frauen oder beiden – denn auch die Ämter sind Frauen und Männern gemeinsam« (ebd., 460 b). Danach sollen die Schönsten dieser Neugeborenen an Ammen gegeben werden, die in einem besonderen Viertel der Stadt untergebracht sind. Die Mütter mit ihren milchschweren Brüsten sollen in eine Säuglingsanstalt geführt werden, damit sie mit verbundenen Augen und anonym ein beliebiges Kind des Vaterlandes stillen: Alles soll so gestaltet sein, daß sie ihren eigenen Nachwuchs nicht herausfinden und bevorzugen können (ebd., 460 c-d).

Kurz, anstatt einen neuen Bürger aus den Händen seines Vaters zu empfangen, müßte die Stadt jedes Kind direkt aus dem Mutterleib an sich nehmen. Das im 4. Jahrhundert v. Chr. geltende Verfahren wird gründlich umgestülpt: Platon war sich dessen so gut bewußt, daß er den Gedanken wie eine müßige Träumerei eines einsamen Spaziergängers vorstellt. Diese Umkehrung aber hat einen eigenartigen Aspekt. Wohl wird die Familie zugunsten einer Stadt ausgeblendet, die das Leben aller organisiert, aber die familienlose Stadt wird faktisch zur einzigen und alleinigen Familie. Denn der Mann, der nicht das Recht hätte, die von ihm selbst gezeugten Kinder anzuerkennen, wäre statt dessen gehalten, alle Kinder, die neun Monate nach seiner Hochzeitsnacht das Licht der Welt erblicken, »Söhne« und »Töchter« zu nennen. Es bestünde damit eine Altersklasse der »Väter« und »Mütter« und eine Altersklasse der »Kinder« (zu denen noch die Generation der noch lebenden »Großväter« und »Großmütter« hinzukäme). Und die »Kinder«, die gemischt zusammenlebten, wären gehalten, sich untereinander »brüderlich« und »schwesterlich« zu begehren. Was nicht nur unumgänglich, sondern so gewollt ist, da für den Stadtstaat diejenigen Vereinigungen am vorteilhaftesten sind, bei denen nah verwandte und ähnliche Wesen zusammenkommen, also die Männer und Frauen, die alle Vorzüge guter »Wächter« miteinander gemein haben. Die gleichförmige Erziehung von Männern und Frauen erzeugt eine »Naturverwandtschaft« zwischen den beiden Geschlechtern: eine kultivierte, unschätzbare Verwandtschaft, die durch eugenische Selektion (bei der Geburt jedes Kindes) von Generation zu Generation verbessert werden soll. Platon stellt eine Stadt von »Genossen« vor, die sich endogam und vor allem durch Geschwisterinzest reproduziert.

Das Wort »Inzest« ist hier nicht fehl am Platz. Denn in dieser fiktiven *polis* sind Sexualverbote allgemein. Aristoteles wirft Platon vor, die Unkenntnis der Blutsbande müsse zur Ausbreitung unsühnbarer Vatermorde und zu »höchst unsittlichen« sexuellen Beziehungen zwischen Blutsverwandten führen. Unter dem Deckmantel einer klassifikatorischen *syngeneia* würden die widernatürlichsten Vereinigungen unvermeidlich und unkenntlich. Platon nahm den Inzest aber durchaus in Kauf: »Wenn aber nun die Frauen und die Männer über das Zeugungsalter hinaus sind, dann werden wir wohl den Männern volle Freiheit geben beizuwohnen, wem sie wollen, nur darf es keine Tochter oder Mutter, kein Tochterkind und keine Vorfahre der Mutter sein, und ebenso den Frauen, nur darf es kein Sohn oder Vater oder ein Abkomme oder Vorfahr von diesem sein.« (Ebd., 461 b-c) Sexuelle Kontakte zwischen den verschiedenen Altersklassen sind verboten: die »Kinder« sollen sich der »Eltern« und der »Großeltern« enthalten und umgekehrt. Innerhalb jeder Generation, nämlich zwischen »Brüdern« und »Schwestern«, sollen Vereinigungen erlaubt und Heiraten möglich sein, »wenn das Los so fällt und die Pythia es bestätigt« (ebd., 461 e).

Weit davon entfernt, zu einer hemmungslosen und ehebefreiten Sexualität zu ermuntern, schafft die »Gemeinschaft der Weiber und Kinder« eine paradoxe Situation. Da diese Republik eine Kernfamilie ist, sind praktisch alle sexuellen Beziehungen eigentlich verboten. Doch im Rahmen dieses »klassifikatorischen Inzests« macht die *oikos*-Stadt die Geschwisterehe zur ausschließlichen Form ihrer Fortpflanzung. Vereinigungen, die eigentlich verboten sind, werden zu bevorzugten. Und jede dieser Ehen soll durch manipulierte Verlosung mit dem Ziel gestiftet werden, nicht beliebig eine »Schwester« mit einem »Bruder« zu verkuppeln, sondern zwei »Zwillingsseelen« mit manifester Affinität zusammenzuführen. Feierliche, zugleich religiöse und politische Zeremonien seien erforderlich, um diesen für die familienlose Republik idealen Inzest öffentlich zu bestätigen.

In Aristoteles' Augen war diese Vermischung des Natürlichen und des Gesellschaftlichen pure Perversion: Warum die Blutsbande verschweigen, diese wahren Bande, die auf den Leib geschrieben sind und durch Ähnlichkeiten immer wieder verraten werden? Warum die wirkliche Verwandtschaft abschaffen, um zu einer vorgetäuschten Familie zu gelangen? Die politische Gemeinschaft auf die *koinonia* des Hauses zu reduzieren, hieße die spezifischen Funktionen beider Einheiten verkennen. Was Sokrates in den Vordergrund stellt, nämlich das Verschwinden der Gerichte und aller normalerweise von »Geld, Kindern und Verwandten ausgelösten Prozesse« (ebd., 464 e), hat für Aristoteles überhaupt keinen Wert, weil Gier und Besitzeslust a priori natürlich seien. Nur durch List oder Gewalt, gegen alle tiefsten Gefühle des Menschen oder diesen zum Trotz könne ein solcher Plan der Ichvernichtung ins Werk gesetzt werden. Nein, nach Ansicht des Philosophen und Verfassers der *Politik* ist die platonische Utopie völlig unsinnig, so grotesk wie die Hoffnung, den Unterschied zwischen der linken und der rechten Hand abschaffen zu können. Wer Platons *Staat* heute liest, kann nur verblüfft sein ob der Absicht, eine Sozialform abschaffen zu wollen mit dem Ergebnis, daß dieselbe Sozialform als einziges und totales Paradigma des zivilisierten Lebens eingeführt wird.

DER BEREICH DER VERWANDTSCHAFT

Bisher war von der häuslichen Gemeinschaft (*oikos, oikia*) als Gegenstand einer Reflexion die Rede, die hauptsächlich auf die Stadt gerichtet ist; ebenso wurde hervorgehoben, daß die Familie und insbesondere die väterliche Autorität für die Integration des einzelnen in die Stadtbürgerschaft eine reale juristische Rolle spielt.

Oikos/polis: Sowohl in der aristotelischen Analyse wie in der platonischen Utopie ist der Gegenpol der Stadt nicht der Bereich der Verwandtschaftsbeziehungen, sondern die selbständig lebende Kernfamilie, die aus dem Paar und seinen Kindern (Sklaven sind mehr belebte Werkzeuge als Personen) gebildet wird. Die ökonomische Literatur (über die Hauswirtschaft) bestätigt, daß jeder Diskurs speziell über das Leben eines *oikos* sich an eine Kernfamilie wendet. Xenophons *Oikonomikos* und die fälschlicherweise Aristoteles zugeschriebene *Oikonomika* betreffen beide die Verwaltung des Besitztums eines verheirateten Einzelbürgers. Xenophons Text ist in dieser Hinsicht besonders aufschlußreich: Dem klugen und weisen Gutsbesitzer Ischomachos gelingt es, sein Vermögen (*oikos*) zu mehren, weil er sein Gesinde vernünftig und mit fester Hand anleitet, aber auch weil er seine Frau bei der Aufnahme in sein Haus richtig erzogen hat. Eine gute *oikonomia* wird eingerichtet, sobald das eheliche Zusammenleben beginnt. Die Gatten brauchen sich nicht in eine erweiterte patriarchalische Gemeinschaft neben andere Ehepaare einzufügen: Sie sind für sich. Hierbei ist bezeichnend, daß Ischomachos seinen Vater nur erwähnt, wenn er berichtet, wie er gelernt hat, mit Immobilien zu spekulieren. Ebendieser Vater hat ihm gute Geschäfte vorgemacht, indem er günstig gelegene, aber heruntergekommene Landgüter kaufte, um sie wiederherzurichten und dann für einen guten Preis loszuschlagen (Xenophon, *Oikonomikos* XX, 22). Die Vaterfigur erscheint lediglich als Hintergrund, abgelöst von einer Ideologie der Verbundenheit mit der Scholle und dem Kult der Verwurzelung im Eigentum der Familie. In den pseudo-aristotelischen *Oikonomika* geht es um das Ehepaar und die Art und Weise, wie es Hab und Gut richtig verwaltet: lebendiges Gut, also die Sklaven, und unbelebtes Gut wie Felder, Gebäude, Werkzeug. Kurz, bei Reflexionen über die Familie als Teil der Stadt ist in spezifisch ökonomischen Werken nur vom Kern-*oikos* und nicht von erweiterten Großfamilien die Rede.

Ein so klarer Bruch mit der Verwandtschaft und ein so lässiges Herangehen an den selbständigen Wohnsitz scheint auch von der juristischen Literatur bestätigt zu werden. Beim Erbrecht »haben alle rechtmäßigen Kinder gleichen Teil am Familienerbe« (Isaios VI, 25). Und die Rede des Pseudo-Demosthenes *Gegen Makartatos* legt überzeugend nahe, daß die Aufteilung eines Erbes (*ousia*) zur Bildung mehrerer getrennter »Häuser« (*oikoi*) führt. Der Prozeßführer spricht: »Bouselos aus dem *demos* von Oion hatte fünf Söhne ... Sie kamen alle ins Mannesalter; ihr Vater teilte das Familienvermögen (*ousia*) vollkommen gerecht unter sie auf, wie es sich gehört. Wonach jeder von ihnen sich nach dem Gesetz verheiratete; sie bekamen alle Kinder und Enkel: So entsprangen aus dem einzelnen Haus (*oikos*) von Bouselos fünf Häuser (*oikoi*), da jeder Sohn sich niedergelassen und eine Familie gegründet hatte.« (Pseudo-Demosthenes, *Gegen Makartatos* 19)

Der Begriff *oikos* impliziert daher die Trennung des volljährigen Sohnes von den Eltern, eine Trennung, die Aristoteles mit der Abnabelung des Neugeborenen vom Leib der Mutter vergleichen sollte, jenem nährenden Gehäuse, in dem alle lebendgebärenden Spezies zu Beginn ihres Lebens wohnen. Geheiratet wird erst nach der Entlassung des Sohnes aus der väterlichen Gewalt, als sei der Auszug aus dem Vaterhaus die Bedingung für die Gründung eines neuen *oikos*. Zwar wird in diesem Text hervorgehoben, daß das Muster einer demokratischen Aufteilung des Familienvermögens mit anschließender neolokaler Heirat sittlich, gerecht und üblich sei. Und es ist ebenso richtig, daß man, wie S. Humphreys (1983) bemerkt, bis auf das homerische Beispiel von Priamos und Nestor zurückgehen muß, um Großfamilien zu finden, in denen Dutzende von Brüdern und Schwestern mit ihrem Nachwuchs zusammenleben (ohne darüber zu vergessen, daß Priamos kein Grieche ist, und daß die Atridenbrüder Agamemnon und Menelaos in zwei verschiedenen Städten wohnen und regieren). Dennoch sind auch andere Szenarien möglich: Die Ungeteiltheit des Vermögens ist nicht selten, und es ist der Fall eines Junggesellen bekannt, der zugunsten eines im Vaterhause wohnenden Bruders auf seinen Anteil verzichtet und fortzieht (Demosthenes 44, 10 und 18). Ein Sohn konnte sich zu Lebzeiten seines Vaters in dessen Haus verheiraten (ebd. 40, 50), und ein Paar mit Kindern durfte ebenfalls dort wohnen bleiben, zum Beispiel zusammen mit Adoptivbrüdern (ebd. 57).

[oben links] Häusliches Leben. Verzierung eines weißgrundigen Sakralbehältnisses (um 460-450 v. Chr.). London, British Museum.

[unten links] Hochzeitszug. Verzierung eines schwarzfigurigen Wasserkrugs (6. Jahrhundert v. Chr.). London, British Museum.

[unten] Auszug des jungen Kriegers. Rotfiguriger attischer Becher des Malers von Brygos (500-470 v. Chr.). Rom, Vatikanmuseum.

Die Sprache der Redner zeigt einerseits, daß der Begriff *oikos* exakt definiert werden kann, legt aber andererseits nahe, daß Wohnfolge und Ehe im Athen des 4. Jahrhunderts v. Chr. recht unterschiedlich praktiziert wurden. Hinzuzufügen ist, daß die Hauswirtschaftslehren den *oikos* zwar immer eindeutig definieren, die Rhetorik aber die Konventionen, mit denen sie zu tun hat, viel weniger respektiert. In der oben zitierten Rede des Pseudo-Demosthenes *Gegen Makartatos* wird klar gesagt, daß jeder erwachsene Sohn beim Vater auszieht und seinen eigenen *oikos* gründet, dieses »Haus«, das im Sinne einer »Abstammungsgruppe« über mehrere Generationen und sogar im Sinne einer »Lineage« verstanden werden muß. Von der Tochter eines Vetters heißt es etwa, sie gehöre zum selben *oikos* wie der Verstorbene (Pseudo-Demosthenes, *Gegen Makartatos* 43, 32). Und ein so komplizierter Vorgang wie die posthume Zuweisung eines Adoptivkinds an den Großvater mütterlicherseits besagten Kindes eines Vetters des ohne Nachkommen Verschiedenen wird gleichfalls durch die Fürsorge für das Haus gerechtfertigt, für das gewährleistet werden muß, daß Nachkommen es weiterführen (ebd. 43, 12).

Der Begriff des *oikos* ist »formbar«, wie L. Gernet schreibt, und öffnet sich dem umfassenden Bereich der Verwandtschaftsbeziehungen, der von der politischen und ökonomischen Literatur über die Familie unbehandelt geblieben ist. Nur in hellem Zorn gegen Platons *Staat* zitiert Aristoteles das Umfeld der Kernfamilie des *oikos* und erklärt: »Lieber ein echter Vetter« als ein platonischer Sohn sein zu wollen, einer jener tausend klassifikatorischen Söhne, aus denen sich jede Altersklasse bei Platon zusammensetzt und die durch kein reißfestes Band mit ihren »Vätern« oder »Brüdern« verbunden seien.

Diese Seitenverwandtschaft, die Aristoteles unumwunden als *syngeneia* durch Blutsverwandtschaft oder Einheirat klassifiziert, steht im 4. Jahrhundert im Mittelpunkt der Kasuistik des Zivilrechts. Die Übertragung des Erbes (*kleros*) ist durch ein Gesetz geregelt, das die Erbberechtigten und die Erbfolge innerhalb eines bestimmten Verwandtenkreises festlegt. Im Kreise dieser als *anchisteia* bezeichneten erbberechtigten Verwandten müssen die Männer dieselbe Rangfolge respektieren, wenn sie eine Erbtochter (*epikleros*) fordern und zur Frau nehmen wollen. Anhand der Prozesse um den Nachlaß und um Frauen als Teil des Erbes wollen wir nun einige herausragende Aspekte der attischen Verwandtschaft darlegen. Doch vor der Darstellung der athenischen Gesetzgebung zu *kleros* und *epikleros* wollen wir unsere Sprachbetrachtungen ergänzen.

Ebenso wie *oikos* in ein und derselben Rede Kernfamilie, Abstammung und Verwandtschaft bedeuten kann, ist auch *syngeneia* kein festumrissener Terminus. Aristoteles verwendet ihn als Gattungsbegriff; Isaios legt dagegen in seiner Rede *Über den Nachlaß des Kiron* eine spezifische Bedeutung nahe. Kirons Enkel (*Tochter*sohn) macht einem Vetter seiner Mutter (Kirons *Bruder*sohn) das Erbe

Ein junger Sportler wäscht sich. Rotfiguriger Weinkrug (Ende des 5. Jahrhunderts v. Chr.). Berlin, Antikenmuseum.

streitig. Sich dafür entschuldigend, »allgemeine Wahrheiten zu wiederholen« (Isaios VIII, 34), trifft er vor den Richtern folgende Unterscheidung: »Ich nehme an, daß Ihr im Grunde als selbstverständlich anerkennt, daß ein *mit* dem Verstorbenen Geborener diesem nicht näher verwandt sein kann als ein *von* ihm Geborener. Wie könnte es auch anders sein? Die einen sind Seitenverwandte (*syngeneis*), die anderen Nachkommen (*ekgenoi*) des Verstorbenen. Wer ist näher mit Kiron verwandt, seine Tochter oder sein Bruder? Eindeutig die Tochter: Die eine hat den Verstorbenen zum Erzeuger; der andere nur den gleichen Erzeuger wie er. Für Tochtersohn und Bruder gilt dasselbe: Die näheren Verwandten sind ganz gewiß die Kinder, *sie sind Nachkommen und keine Angehörigen der Seitenlinie*. Wenn wir in diesem Punkt einen höheren Anspruch haben als der Bruder, dann erst recht, wenn unser Prozeßgegner nur Sohn dieses Bruders ist.« (Isaios VIII, 30-33)

Die *syngeneia* entspricht einem Verwandtenkreis (hier: *anchisteia*), der jenen engen Kern direkter Beziehungen, das *genos*, die Abkunft berührt. Rechte (hier auf Eigentum an Grund und Boden) und Pflichten (Altenfürsorge) sind denen vorbehalten, die zur selben Abstammungslinie gehören, während die Seitenlinie schwächere Erbrechte und Fürsorgepflichten hat (Isaios VIII, 32). Die Lineage schlägt in Erbsachen derart durch, daß der Ehemann einer Erbtochter, wie der Kläger mahnt, kein Eigentum am Vermögen seiner Ehefrau erwirbt. Dieses Vermögen fällt noch zu Lebzeiten beider Erzeuger an die Kinder, und zwar zwei Jahre nach Ende der Pubertät (ebd., 31).

Der Unterschied zwischen *genos* und *syngeneia*, zwischen Abstammung und Seitenverwandtschaft könnte nicht klarer festgestellt werden. Aber halten sich auch die gewieften Redner an diese Definitionen? *Genos* und *syngeneia* werden faktisch zu Synonymen der Verwandtschaft, etwa wenn ein Neffe von sich behauptet, der nächste Verwandte des Verstorbenen zu sein, und gegen die testamentarisch eingesetzten Erben ins Feld führt, was er in ständiger Abwandlung mal *genos* oder *syngeneia* oder *oikeiotes* oder *anchisteia* nennt (Isaios I, 41-42). Viel später sollte der Lexikograph Pollux in seiner vollständigen Aufstellung der Verwandtschaftsbezeichnungen eine neue Unterscheidung zwischen *genos* und *syngeneia* aufzeigen, die diesmal auf dem Gegensatz zwischen *Natur* und *Recht* beruht. Alle Blutsverwandten, Agnaten und Kognaten, werden im *genos* als einer Position unveräußerlicher Nahverwandtschaft zusammengefaßt, dem alle von Geburt (*genesis*) an zugehörig sind. *Syngeneia* dagegen bezeichnet die labile und zufallsabhängige Gesamtheit der Schwiegerverwandten, zu denen nach den Wechselfällen von Heirat oder Scheidung Beziehungen aufgenommen oder abgebrochen werden (Isaios III, 5-6). Diese Einteilung erscheint der Sprache des 4. Jahrhunderts v. Chr. fremd, wo in direktem Gegensatz zu *syngeneia* überhaupt nur die Bezeichnungen *kedeia* oder *oikeiotes* zur Verfügung stehen. *Oikeios* dürfte der Fachausdruck für «Schwiegerverwandte» im Fragment einer Abhandlung über die Verwandtschaftsterminologie sein, die Aristophanes von Byzanz (2. Jahrhundert v. Chr.) zugeschrieben wird. Doch derselbe Spezialist bemerkt, daß die Sache von den klassischen Autoren nicht so genau genommen wird (Frag. VI Nauck = Photius, S. 318.18). Isaios verwendet *oikeios* mal im Sinne von »Blutsverwandten« (Isaios VIII, 21), mal im Sinne von »Schwiegerverwandten« (Isaios II, 5, 21-22).

Schon diese kurze und unvollständige Bemerkung zeigt, daß der Wortschatz der Verwandtschaft im Altgriechischen nicht streng gehandhabt wird. Erkennbar sind Versuche zur Systematisierung der Alltagssprache durch Ordnung der Verwandtschaftsverhältnisse nach Gegensätzen, doch der Sprachgebrauch zeigt ständig semantische Verschiebungen, vor allem in der Sprache der Redner, aus der wir hauptsächlich wissen, wie von Verwandtschaft und Schwiegerverwandtschaft gesprochen wurde. Eine immerhin beachtenswerte Konstante sind *räumliche* Begriffe zur Kennzeichnung von Verwandtschaftsverhältnissen oder relativer *Stellung* zueinander. Nicht von Banden oder Linien oder Graden der Verwandtschaft ist die Rede, sondern von Nähe oder Ferne. Formulierungen zur Umschreibung von Verwandtschaft waren *genei engys einai*, »durch Geburt nahestehen«, oder *prosekein*, ein Verb für »nahesein«. In Nachlaßverfahren müssen die Prozeßbeteiligten erklären, wie nahe sie mit dem Erblasser verwandt waren, und dies auch beweisen, denn nur wer in der Schlange der lebenden Erbberechtigten an vorderster Stelle steht, hat Anrecht auf einen Erbschein. Erbberechtigte Verwandtschaft wird *anchisteia* genannt, wörtlich übersetzbar mit »Nähe«.

Vermögen und Töchter

Von den Gesetzesreformen des Solon zitiert Aristoteles den Text über »Erbe und Erbtöchter« als Beispiel für ein mangelhaft verfaßtes Gesetz. Nach allgemeiner Ansicht lade ein so formuliertes Gesetz zu Erbstreitigkeiten geradezu ein (*Politik* IX, 2) und bürde dem Gericht die Einzelentscheidungen darüber auf.

In der Tat ist die Vererbung von Vermögen und Erbtöchtern im Verwandtenkreis der Hauptgrund für gerichtliche Auseinandersetzungen und üppiger Nährboden für eine Literatur über Zivilverfahren. Dieses Erbgesetz wird ausführlich zitiert, besonders zu dem strittigsten Aspekt von Erbauseinandersetzungen. Sein Wortlaut findet sich in der Rede des Pseudo-Demosthenes *Gegen Makartatos* und in der des Isaios *Über den Nachlaß des Hagnias*. In beiden Plädoyers geht es um die Zuordnung desselben Erbes, doch in verschiedenen Stadien des Rechtsstreits. Der Gesetzestext lautet wie folgt: »Hat der Verstorbene nicht über den Nachlaß verfügt und Töchter hinterlassen, geht der Nachlaß mit ihnen. Hat er keine Töchter, werden folgende Verwandte Herren (*kyrioi*) über das Vermögen: blutsverwandte Brüder (*homopatores*), sofern solche vorhanden sind, und wenn nur noch deren rechtmäßige Kinder leben, erhalten diese das Erbteil ihres Vaters. Sind keine Brüder oder Bruderkinder vorhanden [...], erhalten deren Kinder das Erbteil nach denselben Regeln; Söhne und Sohneskinder haben unter der Nachkommenschaft auch dann Vorrang (*kratein*), wenn sie von Geburt entfernter verwandt sind. Gibt es auf der Vaterseite bis auf Vetternkinder keine Verwandten, erben die Verwandten der Mutterseite nach denselben Regeln. Gibt es in diesem Kreise keine Verwandten, weder auf der einen noch auf der anderen Seite, steht der Nachlaß dem nächsten Verwandten der

Vaterseite (*kyrios einai*) zu. Seit dem Archontat des Eukleides ist das uneheliche Kind ungeachtet seines Geschlechts weder nach Recht noch nach Glauben noch nach Vermögen mit der einen oder anderen Seite verwandt.« (Pseudo-Demosthenes, *Gegen Makartatos* 43, 51)

Die Darstellung des Isaios schließt die obige Lücke in der schriftlichen Überlieferung und skizziert die Exegese eines sehr knappen Textes: »Das Gesetz weist den Nachlaß an erster Stelle Brüdern und Neffen der Vaterseite zu, denn sie sind des Verstorbenen nächste Verwandte. Sind keine solchen vorhanden, führt das Gesetz an zweiter Stelle die Schwestern des Vaters und deren Kinder auf [diese Textstelle fehlt bei Pseudo-Demosthenes]. Sind keine solchen vorhanden, erkennt das Gesetz das Erbrecht eines dritten Abstammungsgrades (*genos*) an, das heißt der Vettern auf Vaterseite bis zu den Vetternkindern. Wenn es auch an solchen mangelt, verweist es zurück zum Abstammungsgrad (*genos*) [des Verstorbenen] und bezeichnet die auf der Mutterseite des Verstorbenen vorhandenen als Herrn des Vermögens (*kyrioi*) nach denselben Regeln, die es für das Erben von Anfang an setzt.« (Isaios XI, 1-2)

Damit stellt sich sofort die Frage nach der *epikleros* oder Erbtochter. Der erste Gedanke des Gesetzgebers gilt der, die weder vom Vater hintangesetzt noch von erbberechtigten Verwandten verdrängt werden darf. Das Recht auf letztwillige Verfügung über das eigene Vermögen ist per Gesetz doppelt eingeschränkt: Erstens dürfen keine Söhne vorhanden sein, was überhaupt erst zum Verfassen eines Testaments berechtigt, und zweitens muß über Töchter, sofern solche vorhanden sind, im selben Testament mitverfügt werden. »Sind Töchter vorhanden, muß über sie zugleich verfügt werden.« (Isaios III, 68) Eine rechtmäßige Tochter ist daher nicht Erbberechtigte, sondern ein Teil des Erbes. Setzt ihr Vater anstelle des fehlenden Sohnes einen anderen Erben ein, darf er sie nicht umgehen, sondern muß sie seinem Adoptiverben *zusammen* mit dem Vermögen hinterlassen. Wenn für ein Familienvermögen der Erbfall eintritt, weil jemand ohne Testament und männliche Erben verstirbt, gehört die Tochter keineswegs zu den erbberechtigten Personen, sondern zum Vermögen, also zu den Erbsachen. Deswegen kann ein *stemma* nach der Gesetzesvorschrift über das Los der Tochter sich nie auf diese konzentrieren, denn bevorrechtigt sind männliche Erbberechtigte nach dem Grad ihrer Verwandtschaft mit dem Vater. Kurz, über ein »weibliches Kind« wird genauso bestimmt wie über das Vermögen. Geregelt wird das nicht durch ein Gesetz über Erbtöchter, sondern durch eines über Erbfolge und Testament, deren Gegenstände *kleros* und *epikleros*, Erbvermögen und Erbtochter, für Redner wie Aristoteles untrennbar miteinander verbunden sind.

Derselbe Titel *kyrios*, also »Herr und Meister«, bezeichnet die Rechtsstellung des Erben gegenüber dem Erbe insgesamt, das heißt auch gegenüber der

Tochter. Mit einem einzigen Akt konnte vor dem Archon das Erbe eingefordert werden, mit oder ohne weibliche Zugabe: mit der *epidikasia* oder dem Erbantrag (Isaios III, 74). Das Gesetz erwähnt nicht einmal die Heirat, mit der ein *kyrios* die Erbtochter in Besitz nimmt, sondern gibt nur an, daß Kinder weiblichen Geschlechts, sofern solche vorhanden sind, stets zum Erbe geschlagen werden müssen.

Doch warum wird das Los der Töchter in den Normen des Erbrechts im ersten Artikel geregelt? Etwa weil sich das Gesetz großzügigerweise mit der Vormundschaft für Personen beschäftigt, die entrechtet und ohne Mitgift und Familienvermögen verstoßen werden könnten? Eine Tochter ohne Brüder hat eher den Rechtsstatus einer lebenden Erbsache als den einer Erbin. Dem Gesetzgeber geht es weniger darum, dieser Person ein Erbteil oder *kleros* zu sichern, das sie rechtlich quasi zum Sohn erheben und finanziell wirklich selbständig machen würde. Ganz im Gegenteil: Wie nach dem Gesetz mit ihr umzugehen ist, nämlich daß über sie *mitverfügt* und sie *mitvererbt* werden muß, zielt darauf ab, ihre mangelnde Rechtsfähigkeit zu verewigen. Hat die Erbtochter je Verfügungsgewalt über den *kleros*? Unmöglich, weil der *kleros* für die Söhne bestimmt ist, die schon zu Lebzeiten ihrer Mutter mit 18 Jahren dessen Eigentümer werden, wie gesetzlich vorgeschrieben: »Hat die Erbtoch-

Mutter und Vater mit Kind. Schwarzgrundiges Salbengefäß (Ende 5. Jahrhundert v. Chr.). Oxford, Ashmolean Museum.

Die Familie beweint einen Toten. Von links nach rechts: Die Brüder (adelphoi); *der Vater* (pater); *eine Tante* (thetis); *eine Tante väterlicherseits* (thetis prospater); *die Mutter* (meter); *die Schwester* (adelphe); *eine Großmutter* (thethe). *Bemalte Pinax (Anfang 5. Jahrhundert v. Chr.). Paris, Louvre. Zeichnung von F. Lissarague (Centre de recherches comparées sur les sociétés anciennes).*

Verzierung der Außenwandung der kylix *(Becher) von Thetis und Peleus, von Peithinos, einem attischen Töpfer (5. Jahrhundert v. Chr.). Auf der einen Seite lebhafte Gespräche zwischen jungen Männern und Frauen, auf der anderen Liebesumarmungen von Knaben. Die Rundung und die Nutzung der Wölbung zur Motivwiederholung steigert die erotische Wirkung. Berlin, Antikenmuseum.*

ter einen Sohn und liegt die Pubertät zwei Jahre hinter ihm, so erhält dieser Sohn das Erbe (*kratein ton chrematon*) mit der Auflage, seiner Mutter Unterhalt zu zahlen.« (Isaios VIII, 31; III, 50; Demosthenes, *Gegen Stephanos* II, 20)

Der Kläger, der diesen Text zitiert (der Sohn einer Erbtochter, der die Wiederheirat seiner Mutter anficht und das Erbe seines Großvaters einfordert), begründet seine Klage mit den Hinweis, seine Herrschaft über das Vermögen mit der Auflage des Unterhalts für die Mutter bedeute, daß er zu ihrem *kyrios* oder Vormund werde. Bevor der *kleros* an den gesetzlichen Erben des Großvaters fällt, ist die Erbtochter als Zwischeninstanz (Isaios X, 23) Eigentümerin (*kyria*) zwar nur nach Titel und in Vertretung ihres Vaters, doch wird das Erbe dennoch von ihrem Gatten verwaltet, denn er ist ja ihr *kyrios* oder Herr und Gebieter. Eigentümerin *(kyria)* ist sie durch Abstammung und als Tochter ohne Brüder kraft ihrer Stellung »über« dem Vermögen (ebd., 21), »über« dem Gesamtvermögen (ebd., 4); doch diese Eigenschaft kann völlig theoretisch bleiben, wie in dem im Plädoyer *Gegen Aristarchos* zitierten Fall, wo die Erbtochter, obwohl von ihrem Sohn als *kyria* bezeichnet, zu keinem Zeitpunkt als solche anerkannt und behandelt worden ist. Abschließend könnte man sagen, daß die Erbtochter im Prinzip den *kleros* besitzt, aber wegen der praktisch mangelnden Rechtsfähigkeit ihres Geschlechts – die in keinem Gesetzestext über das Erbtochtertum in Frage gestellt und in der Rede *Gegen Aristarchos* definiert wird, also paradoxerweise in demselben Text, der die *kyrieia* der Erbtochter über den grünen Klee lobt (ebd., 10) – immer Frau bleibt und unter der Kuratel ihres Gatten und *kyrios* steht. Er ist zwar ihr *kyrios*, doch nicht der des Vermögens, wie aus einer weiteren Textstelle aus Isaios hervorgeht (VIII, 31). »Zu Lebzeiten der Frau ist der Ehemann nicht Herr des Vermögens seiner Gattin, das den Kindern gehört«, heißt es im Plädoyer. Wohl gehören Hab und Gut der Erbtochter, doch Herren darüber sind ihre und ihres Gatten Söhne; und obwohl die Erbtochter ihrem Gatten gehört, kann der volljährige Sohn

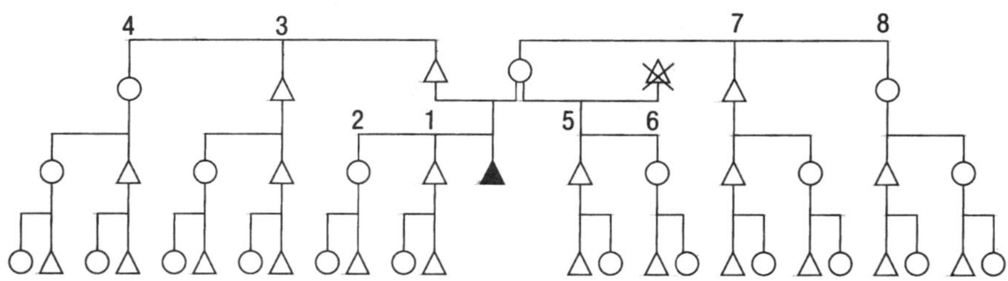

Die Zahlen 1, 2, 3,... 8 entsprechen den *gene* (Abstammungsgruppen) nach ihrer Festlegung in der Rede des Pseudo-Demosthenes *Gegen Makartatos* und in der des Isaios *Über den Nachlaß des Hagnias*.

Abb. 27: Gesetzliche Erbfolge ohne Testament.

den Ehegefährten seiner Mutter auf Gewährung der *kyrieia* oder Vormundschaft über die Mutter verklagen.

Menanders Komödie *Der Schild* zeigt hervorragend, wie die Tochter zum Zankapfel ihrer Vormünder wird: Eine junge Waise wird plötzlich Erbtochter, als man den Tod ihres Bruders in der Schlacht meldet. Der älteste Bruder ihres verstorbenen Vaters beschließt, sein Recht geltend zu machen und die Nichte mitsamt dem Hab und Gut zu übernehmen. Ein weiterer Bruder des Vaters jedoch, liebevoller Onkel und Erzieher des Mädchens, schlägt dem Alten einen Handel vor: Im Namen seines Schützlings wolle er auf das Vermögen verzichten, dafür aber solle der Geizhals die junge Frau freigeben, für die schon ein junger Mann auf Freiersfüßen wandele. Die Mitgift wolle der gutmütige Onkel selber ausrichten. Doch der aufs Erbe versessene Onkel verweigert sich diesem Pakt: Gebäre die junge Frau einen Knaben, lautet sein Einwand, könne der ihn verklagen. Was tatsächlich auch in den Reden VIII und X des Isaios vorkommt, wo Söhne von Erbtöchtern vor Gericht die Vermögen einfordern, die ihren Müttern »zu Unrecht« genommen wurden und bei den Brüdern des Verstorbenen gelandet sind. Der Onkel väterlicherseits fürchtet also den Sohn der Erbtochter: Zwar kann der Tochter selbst das Vermögen genommen werden, doch obliegt es ihrem Sohn, mit seinem Erbanspruch als Enkel des Verstorbenen das Recht der Hauptlinie gegen die Seitenlinie behaupten. Eingezwängt zwischen Vater und Gatten, zwischen Gatten und Sohn, kann sich die Erbtochter nie von ihrer Eigenschaft als Wertsache freimachen, die gegeben und genommen wird und in der Verwandtschaft in Umlauf bleibt. Allgemein haben Männer große Verfügungsgewalt über Töchter, weil eine Frau niemals rechtsfähig werden kann. Ein Vater darf eine Tochter sogar dann zurückholen, wenn er ihre Hand selbst vergeben hat (Harrison 1968, S. 30-32). Und selbst wenn sie rechtmäßig verheiratet ist, kann eine Frau, die durch das Ableben ihres Vaters plötzlich Erbtochter wird, vom nächsten Verwandten eingefordert werden (Isaios III, 64-65). Nicht zu vergessen: Der einzige Fall, für den der Gesetzgeber Solon erlaubte, einen freien athenischen Menschen zu verkaufen – wohingegen er die Schuldsklaverei ausdrücklich verbot –, betrifft eine Tochter, die vom Vater oder Bruder des vorehelichen Geschlechtsverkehrs überführte worden ist.

Wie werden diese Vermögen und Töchter übertragen? Die Erbfolge, von den beiden zitierten Texte in verkürzter Form wiedergegeben, entfaltet sich wie in der Übersicht unserer Tafel (vgl. *Abb. 27*). Dazu ist vorauszuschicken, daß die entferntesten Erbberechtigten die Kinder bilateraler Vettern sind. In Verwandtschafts*graden* entsprechen diese dem fünften Grad nach römischem Zivilrecht. Doch dieses Muster ist den Griechen fremd, die nach anderen Kriterien zwischen den Abstammungsgruppen (*gene*) unterscheiden, denen zufolge etwa ein Vetternkind näher verwandt ist als ein Kusinenkind: Der geschlechtsspezifische Unterschied erzeugt eine Verschiebung, eine Kluft, die vom Begriff des Verwandtschaftsgrades verdeckt wird, aber für die Einordnung der Verwandten und die Erbfolge entscheidend ist.

Außerdem kann sich ein Verwandter gegenüber *Ego* »als Vettersohn« bezeichnen, auch wenn er in Wirklichkeit Sohn einer Vaterkusine von *Ego* (und sechsten Grades verwandt) ist. Sein Vater und *Egos* Vater sind Vettern; folglich sind er und *Ego* Kinder von Kusinen (Isaios X, 8 und 10). Bei strikter Einhaltung von Verwandtschaftsgraden wäre eine solche Mogelei unvorstellbar. Der fünfte Verwandtschaftsgrad, offenbar die Grenze der Erbberechtigung, und der sie ausschließende sechste werden hier faktisch beide durch den Ausdruck »Vetternkinder« abgedeckt. Die Stellung eines »Vetterkindes« entspricht tatsächlich der äußersten Grenze der konkret im Erbfall, aber gleichermaßen bei Trauerfällen (Pseudo-Demosthenes, *Gegen Makartatos* 43, 62) und Mordfällen (Demosthenes 43, 47; 57, 72) als »relevant« definierbaren Verwandschaft. Wenn verkündet wird, daß eine Bluttat geschehen ist, sind sowohl die Schwiegerverwandten als auch die Mitglieder der Phratrie einbezogen. Bei der Beerdigung, wo die solonische Gesetzgebung lautes Klagen unterbinden will, »soll keine Frau unter sechzig Jahren in das Totenzimmer ein- und ausgehen noch dem Toten folgen, wenn er zur Grabstätte geleitet wird bis auf diejenigen, die zum Kreis der *arepsia dori* [Vettern] gehören«.

Wie verhält es sich in diesem Zusammenhang mit den Geschlechtern? Das Gesetz über die Erbfolge ohne Testament belegt, daß die Filiation undifferenziert oder kognatisch ist (Lévi-Strauss 1983, S. 133). Es äußert sich zu Männern und Frauen sowohl auf der Vater- wie auf der Mutterseite. Wenn außer dem Vermögen eine Tochter da ist, kann das Erbe insgesamt zwar nicht an Frauen fallen, aber dennoch von Schwestersöhnen oder Kusinen der Toten beansprucht werden. Frauen sollen nur erben, um sofort weiterzugeben. Dennoch bewirkt die starke Begünstigung der Patrilinearität trotz Anerkennung der mütterlichen Abstammungsgruppe eine krasse Asymmetrie, die das Gesetz mit dem Verb *kratein* ausdrückt. Männer und deren Nachkommen werden gegenüber Frauen und ihren Nachkommen *bevorzugt*, und dieser Vorrang kommt zwischen Verwandten vom selben Grade (Vorrang des Bruders vor der Schwester), aber auch zwischen entfernter verwandtem Mann und näher verwandter Frau von derselben Abstammungsgruppe zur Geltung: Der Vetternsohn erbt vor der Kusine.

Der geschlechtsspezifische Unterschied schafft nicht nur eine Hierarchie innerhalb desselben Verwandtschaftsgrades und derselben Abstammungsgruppe, sondern bestimmt die Struktur der *anchisteia*, indem er den entscheidenden Schnitt zwischen den Agnaten der Hauptlinie (Vaterbruder bis Vettern zweiten Grades) und den Kognaten der mütterlichen Seitenlinie (vom uterinen Schwesterbruder bis zu Kusinen zweiten Grades) vollzieht: Agnaten haben Vorrang vor Kognaten. Die grundlegende Kluft der *anchisteia* liegt zwischen Vaterbruder und dem uterinen Schwesterbruder. Der *homopatrios*, der hier nicht nur Halbbruder des Vaters, sondern jeder nichtuterine Bruder sein kann, besetzt also den Platz, der dem des verstorbenen *Ego* am nächsten ist (Isaios X, 1), und diese Verwandtschaftsnähe gibt ihm das Recht, dessen Vermögen zu beanspruchen, indem er seine Tochter heiratet. Der »Nähegrad« wird als notwendige und hinreichende Bedingung dieses Rechts besonders betont.

In diesem Zusammenhang ist es angebracht, das Erbtochterwesen unter dem Gesichtspunkt der endogamen Ehe zu untersuchen. Daß innerhalb der Verwandtschaft Ehen geschlossen werden können, ist ein Gemeinplatz im juristischen Diskurs. Wie zeigt man seine Hingabe an das eigene Haus und an die Lineage, der man angehört? »Nachdem ich die Mutter dieses Kindes rechtmäßig geheiratet hatte«, erinnert sich ein Kläger, »wurden mir vier Söhne und eine Tochter geboren [...] Ich habe meine Tochter nicht nach außen gegeben, sondern an meinen Neffen, damit ihre Kinder, sollten die Götter ihnen das Leben schenken, vom selben Geschlecht wie Hagnias sind.« (Pseudo-Demosthenes 43, 74) Eine Heirat unter Einforderung einer Kusine und Erbtochter oder eine Verheiratung der Tochter an einen Neffen sind nur zwei verschiedene Aspekte ehrenhaften Verhaltens, für das öffentliche Anerkennung erwartet wird. Der Rechtfertigung bedarf nur das Gegenteil: »Nach allgemeiner Meinung versöhnen Heiraten selbst solche, die durch keinerlei Verwandtschaft geeint sind, sich nur zufällig kennen und in schwerem Streite liegen, wenn sie einander anvertrauen, woran ihr Herz hängt.« (Isaios VII, 11-12) Mit diesen Worten versucht ein anderer Prozeßbeteiligter zu belegen, daß auf heftige Auseinandersetzungen innerhalb der Familie geschlossen werden darf, wenn Seitenverwandte untereinander nicht heiraten. Die Eheschließungen zwischen patrilateralen Parallelvettern und -kusinen innerhalb der umfangreichen Nachkommenschaft des Buselos hatten schon fast System (Broadbent 1968, S. VII); denn mit ihnen wurden Sonderbeziehungen zwischen bestimmten Abstammungsgruppen geschaffen.

Wenn die Ehe bereits Allianzen zwischen Fremden stiften kann, muß sie die Bande der Verwandtschaft um so enger knüpfen. Die bemerkenswerteste Erscheinungsform dieser Neigung zur Verwandtschaftsendogamie ist die Ehe mit der agnatischen Halbschwester, die vom Standpunkt der *anchisteia* die nächste Verwandte ist. Während Verkehr mit einer leiblichen Schwester oder Halbschwester von derselben Mutter verboten ist, darf die Schwelle des Inzestverbots schon bei einer Halbschwester vom selben Vater überschritten werden (*Abb. 28*).

Infolge der männlichen Vorherrschaft der Frauennehmer (Lévi-Strauss 1983, S. 135) belegt dieser Ehetyp den Unterschied zwischen der *syngeneia pros patros* – der dominanten Verwandtschaft, die vom Gesetz bekräftigt, aber genau-

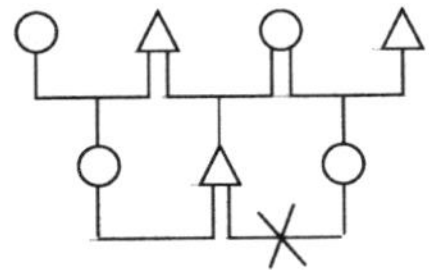

Abb. 28: Heiratsverbote.

sogut aufgehoben werden kann – und der *syngeneia pros metros*, der rezessiven, aber unauslöschlichen Verwandtschaft. Ein adoptierter Sohn wird zum Sohn eines anderen, er verläßt den leiblichen Erzeuger und verliert jedes Recht, von diesem zu erben. Dagegen »löst die Adoption das Kind nicht von seiner Mutter ab: sie ist immer die Mutter, ob das Kind nun im Vaterhaus verbleibt oder sich durch Adoption daraus entfernt« (Isaios VII, 25). Daß Rechtshandlungen wie Anerkennung und Adoption, Verstoßung oder Einführung eines Kindes in das Haus eines Verstorbenen dem Vater vorbehalten sind, zeigt die Macht des Mannes, die Abstammung zu gestalten (*poiein*), Nachkommen einzusetzen und auszutauschen, ihnen einen Namen zu geben und sie in Umlauf zu bringen. Sowohl hinsichtlich ihrer männlichen als auch ihrer weiblichen Nachkommen üben die Männer eine *kyrieia* oder Vormundschaft aus, eine Erweiterung ihrer Kompetenz, durch Töchtertausch Allianzen zu bilden. Eine vergleichbare Macht der Mütter ist undenkbar: Zwischen der Mutter und ihrem leiblichen Nachwuchs besteht ein Intimverhältnis, das so unverzichtbar wie namenlos ist. So kann ein Kind auf der Vaterseite aus der Lineage herausgelöst werden und ein Halbbruder seine Halbschwester heiraten. In der uterinen Abstammungslinie dagegen kann die Übertragung nicht unterbrochen werden, und die sexuelle Beziehung unter Geschwistern gilt hier als blutschänderisch (Héritier 1979).

Die Machtstellung der Frauennehmer ist der wahre Schlüssel zu diesem System, da ein Sohn zwar immer über seine Mutter, eine Mutter aber nie von ihrem Sohn erben kann. Die Lineage von *Ego* hat eine Frau *epiproikos* erhalten, also mit einer Mitgift oder als Dreingabe zu einer solchen (das Wort ist homolog zu dem der *epikleros* oder Erbtochter); sie kann auf demselben Wege ein Erbe erlangen, wird aber nie einwilligen, daß ihr Vermögen über *Egos* Mutter wieder an die Lineage der Frauengeber zurückfällt. Sogar die Mitgift kann von der Lineage der Ehefrau nur dann zurückerlangt werden, wenn die Ehe geschieden wird oder beim Tode der Frau keine Kinder vorhanden sind: Diese *proix* kehrt mit der Geschiedenen zu deren agnatischen Verwandten zurück; und auch bei kinderloser Ehe wird sie an diese zurückgegeben (Harrison 1968, S. 55-57). Erfüllt die Ehe dagegen ihre Fortpflanzungsfunktion, woraus sie überhaupt erst ihre Daseinsberechtigung bezieht, verwandelt sich die Mitgift der Mutter in das

Erbe der Kinder (Demosthenes, *Gegen Boiotos* II, 50, 56). Mehr noch: Wie der Sohn einer Erbtochter kann ein volljähriger Sohn, dessen Mutter noch lebt, aber verwitwet ist, *kyrios* des Mitgiftvermögens werden. Mit 18 Jahren besitzt er bereits das Vermögen, das ihm früher oder später als unumschränktes Eigentum zufallen wird. Diejenige, die es mit in die Ehe gebracht hat, wird dagegen nur am Nießbrauch »beteiligt« (Demosthenes, *Gegen Phainippos* 24).

Die athenische Ehe, für die eine Neigung zur Endogamie und zur Dominanz der Frauennehmer, also der Patrilinie über die matrilaterale Verwandtschaft typisch ist, wird in ihrer raffiniertesten Form über das Erbtochtertum zustande gebracht. Denn mit dieser schon fast präferentiellen Allianz (die sich zugleich aus Pflicht und Recht ergibt) kann in einer bestimmten Situation entgegengesetzten Ansprüchen entsprochen werden. Sind keine männlichen Nachkommen vorhanden und ist die patrilineare Vererbung des Vermögens unmöglich, gibt es zwei Möglichkeiten: Entweder läuft die Erbfolge über die Seitenverwandten des Verstorbenen oder über seine Tochter. Im ersten Fall würde ein Verhältnis der *syngeneia* trotz Vorhandenseins einer leiblichen Tochter durchschlagen, während sich im zweiten Fall die Filiation trotz des weiblichen Geschlechts der Erbin als alleinbestimmendes Kriterium durchsetzen würde. Die Wahlmöglichkeit zwischen Geschwistern und Nachkommen wird in Nachlaßangelegenheiten zum realen Streitfall: Wenn nämlich keine ordentlich nach den Regeln des Erbtochterwesens geschlossene Ehe vorliegt, konkurrieren Enkel und Brüder oder Neffen des Toten mit um das Erbe (Isaios VIII und X). Dagegen wird diese Konfrontation bei endogamer Ehe vermieden. Nur durch sie lassen sich die Interessen von Kindern aus beiden Linien zur Deckung bringen.

Zugleich ist das Erbtochtertum die einzige Lösung, mit der der zwiespältigen Stellung der Tochter, sowohl unmittelbarer Nachkomme als auch weiblichen Geschlechts zu sein, Rechnung getragen wird: Man berücksichtigt sie, ohne ihr den Status einer vollwertigen Erbin zuzuerkennen. Kurz, wenn sich eine Lineage nicht vom Vater über den Sohn fortsetzen kann, wird die Kontinuität weder durch Übertragung auf den nächsten Verwandten (der die Tochter ausstatten und das Erbe einbehalten könnte) noch durch Vererbung auf die Tochter (die dann wie ein Mann behandelt werden müßte) gewährleistet, sondern durch einen Kompromiß, bei dem die unbestreitbare, aber als minderwertig angesehene Fähigkeit des Frauenleibs genutzt wird, die patrilineare Identität in sich aufzunehmen und weiterzugeben. Das gesamte System der *anchisteia* (dessen einer Aspekt das Erbtochterwesen ist) beruht auf dem Prinzip einer zweigängigen Erbübertragung: Ist der agnatische Erbgang unterbrochen, müssen die Frauen stellvertretend für einen männlichen Erzeuger die Nachkommenschaft des Verstorbenen sichern. Außerdem verhindert das Erbtochterwesen, daß die Abstammungsgruppe des Verstorbenen ohne Gegenleistung von Seitenverwandten geplündert wird. Mit der Verpflichtung, die *epikleros* (Erbtochter) zu heiraten, wenn er in den Besitz des *kleros* (Erbvermögens) gelangen will, wird der Verwandte des Verstorbenen regelrecht gezwungen, für diesen einen direkten Erben zu zeugen, indem er seine Tochter schwängert. Als Blutsverwandter empfängt er ein Erbe und dessen Nießbrauch, aber als Schwiegerverwandter schenkt er der Lineage des Verstorbenen einen Erben. Dieser Tausch wird als solcher wahrgenommen und wurde, wenn die Aufnahme des Schwiegersohns abgeschlossen war, durch die posthume Einführung eines Kindes ins Haus des Verstorbenen abgeschlossen. In diesem Falle wurde ein Enkel (oder Neffe, wenn das »Erbe« der Frau von einem Bruder stammte) in den Stand eines »Sohnes« erhoben (Isaios III, 73; Pseudo-Demosthenes 43, 11-13). Gegen diese Regel der Reziprozität zu verstoßen, war eine Schande (Isaios VII, 31), denn nur die posthume Adoption ermöglichte die Vererbung eines unangetasteten Familienvermögens innerhalb derselben Abstammungslinie von einem »Vater« auf einen »Sohn«. Mangelte es an dieser Gegenseitigkeit, wurde das Vermögen des Großvaters mütterlicherseits offenbar unter alle Söhne der Erbtochter aufgeteilt und wäre dann eigentlich für deren *genos* verloren gewesen. So rühmt sich der Gatte einer Erbtochter seiner Familientreue mit der Feststellung, er habe einen seiner Söhne in das Geschlecht seines Schwiegervaters eingebracht, damit dessen Haus nicht aussterbe (Pseudo-Demosthenes 43, 11). Dank des Erbtochterwesens und, genauer, des Erbtochterwesens mit posthumer Adoption wird eine Abstammungsgruppe, deren Name vom Untergang bedroht ist und deren Verwandtschaft nach dem Vermögen giert, vor dem Aussterben bewahrt.

Letztendlich soll diese Form der Endogamie, die nur bei Unterbrechung der Patrilinearität zum Zuge kommt, eine Abstammungsgruppe retten, doch unter Wahrung des asymmetrischen Verhältnisses zwischen Blutsverwandtschaft und Schwiegerverwandtschaft, zwischen männlich und weiblich und zwischen Geben und Nehmen.

Kapitel 6

Rom: Väter als Bürger in einer Stadt der Väter

(2. Jahrhundert v. Chr. bis 2. Jahrhundert n. Chr.)

Yan Thomas

Zählte ein Zeitgenosse Ciceros oder Senecas auf, was ihm auf der Welt am wichtigsten war, nannte er der Tradition entsprechend zuerst seine Söhne, danach die in der Stadt Rom erworbenen Ehrenbezeugungen (die sich der Ehrenstellung eines berühmten Geschlechts anfügten oder den Anspruch auf die Erneuerung der Ehrenämter in der folgenden Generation begründeten) und zugleich sein Vermögen, das väterliche Haus mit dem Gedränge von Klienten und Freunden als Zeichen seines glanzvollen Namens. Am Ende dieser Aufzählung stand die Gattin. Ein Jahrhundert zuvor hatte Cato Gelöbnis- und Gebetsformeln aufgeschrieben, mit denen Grundbesitzer den Schutz der Götter für »mich, meine Kinder, mein Haus (*domus*), mein Hab und Gut (*familia*)« erflehen konnten (*De agri cultura* 132; 134; 139). Die häusliche Gruppe und die Erbschaftstradition, worin sie sich situiert, erscheinen so in der auf das Ich des Vorstehers und Lenkers bezogenen Sichtweise. *Domus* und *familia* sind die zentralen Begriffe. Die Bezeichnung des Wohnhauses, *domus*, umfaßte auch die Familie, die darin wohnte. Desgleichen bezog sich das Wort für das Vermögen, *familia,* das zunächst die Herde der Sklaven bezeichnete und worin diese Bedeutung immer dominierte, über Sklaven und Güter hinaus auf die unter derselben Hausgewalt stehenden Nachkommen. Damit überlagern sich bruchlos Begriffe für Personen und Sachen, ohne ineinander aufzugehen.

Die juristischen Definitionen und der allgemeine Sprachgebrauch verweisen mit »Haus« zugleich auf das Bild des gemeinsamen Dachs und auf jenes einer sozialen Einheit unter der Gewalt des ältesten männlichen Familienmitglieds, die erst mit dessen Tod erlosch. In Übereinstimmung mit einem in Grabreden und in Grabinschriften anzutreffenden Stereotyp brauchte Cato der Ältere die Gattin, die auch dieser Gewalt untergeordnet war, nicht eigens zu erwähnen, während er aus diesem kompakten Block zunächst das Familienoberhaupt herausheben mußte, das nach Aussage der Juristen zugleich Teil und Herr der Fa-

Fresko aus Pompeji. Der (wie alle trojanischen Helden) verwundete Aeneas grüßt seine göttliche Mutter, die seine Flucht beschützt hat. Die Aeneassage findet vom 5. Jahrhundert v. Chr. an große Verbreitung. Die ikonographischen Belege dafür sind meist italisch: Entweder trägt Aeneas seinen Vater Anchises, oder er hält seinen Sohn Askanios an der Hand, oder alle drei sind zusammen dargestellt. Stets fehlt die unterwegs verschollene Mutter. Neapel, Nationalmuseum.

milie war (so Gaius in *Digesten* 50, 16, 196), und dann die Söhne, die in der Folge ihres Vaters aufzuzählen waren, weil sie nach dessen Tod ihrerseits den Status eines Hausherrn erlangten. Die Zusammensetzung der *familia* dagegen ist sehr viel komplexer: Der Begriff bezeichnet Sklaven, Freigelassene eines gleichen Patrons, Erbvermögen, häusliche Gruppe und in seltenen Fällen auch Nachkommen in männlicher Linie (*Digesten* 50, 16, 155, 4). Zusammengehalten wird dieses vielschichtige Konglomerat vom Hausvermögen und von der Hausgewalt. Es gibt nur die Begrifflichkeit von Gewalt und Vermögen des Hausherrn, und es fehlt jede spezifische Bezeichnung für die Gemeinschaft von Verwandten unter seiner Bestimmungsgewalt, die überhaupt nur dank dieser besteht: »*Familia* nennt man auch eine große Zahl von Leuten, die entweder kraft Recht oder kraft Natur der Gewalt eines einzelnen unterworfen sind. Sie umfaßt den Familienvater, die Mutter, den Sohn, die Tochter und alle danach, Enkel und Enkelinnen usw. Der Familienvater übt die Gewalt in seinem Hause aus, und eben darum heißt er *pater familias.*« (*Digesten* 50, 16, 195, 2)

Macht und Vaterschaft

Recht und Natur, Adoption und Fortpflanzung in rechtmäßiger Ehe waren für die Theoretiker des klassischen Zeitalters die beiden Modalitäten bürgerlicher Abstammung. Blutsbande galten nicht als notwendige Bedingung für die Kon-

Ahnenrelief, gefunden in Italien (etwa Beginn der Kaiserzeit). Im Atrium von Adelshäusern waren Abbildungen der Toten in Nischen aufgehängt, die bei wichtigen Gelegenheiten geöffnet wurden. Dann konnten die großen Vorfahren des Geschlechtes ebenso wie die der verbündeten Familien betrachtet werden, da die Gattinnen ihre eigenen Familienreliefs mitbrachten. Paradoxerweise handelt es sich hier um ein Freigelassenenpaar, also um eine sozusagen angemaßte Ehre. Kopenhagen, Nationalmuseum.

stituierung dieses Familienkerns. Die Adoption war zur Aufnahme in die Familie durchaus üblich und ebenso »natürlich« wie die Geburt. Zwar will sie die Geschichtsschreibung manchmal ausschließlich auf aristokratische und dynastische Strategien zurückführen (Münzer 1920; Prévost 1949), doch bietet die Kasuistik der Juristen eine große Zahl von Beispielen, worunter sich unschwer die abstrakten *exempla* und die konkreten Fällen unterscheiden lassen. Kinder in Adoption zu geben oder selbst zu adoptieren war zum Ausgleich demographischer Wechselfälle in den Familien oder zur Veränderung der Reihenfolge der erbberechtigen nahen Verwandten durchaus geläufig. So setzte etwa ein Familienältester einen Enkel an die Stelle seines aus väterlicher Gewalt entlassenen Sohnes, dessen Wiederheirat er fürchtete; um einen Bruder vom Erbe auszuschließen, adoptierte ein Onkel seinen Neffen; oder ein Herr erwählte, um entferntere Verwandte auszuschließen, einen in seinem Hause aufgewachsenen Sklaven und setzte ihn zum erstrangig berechtigten Erben (*heres suus*) ein. Wie häufig solche Verfahren waren, geht aus Grabinschriften nicht unbedingt hervor: Wenn innerhalb der Familie ein Sklave adoptiert wurde oder die Adoption zeitlich begrenzt war (denn der aus der väterlichen Gewalt entlassene Sohn kehrte oft zum »leiblichen« Vater zurück), so hinterließen diese Adoptionen keine Namensspuren. Inschriften verschweigen also meist Ereignisse, über die wir nur aus literarischen Quellen erfahren können.

Von Bedeutung ist die Adoption in Rom übrigens nicht wegen ihrer Häufigkeit, sondern aufgrund der Vorstellung, die väterliche Abstammung sei im wesentlichen eine Sache willentlicher Entscheidung. In eine Familie hineingeboren zu sein, gewährleistet allein noch nicht den Rechtsstatus des legitimen Nachkommens. Der Vater nahm das Kind an oder wies es zurück. Heute ist unbestritten, daß die Aussetzung von Kindern in Rom nichts Besonderes war: P. Veyne (1978) sieht darin zu Recht eine geläufige Form der Geburtenkontrolle bei Armen wie Reichen. Aber was den einen neue hungrige Mäuler vom Leibe schafft und den anderen zur Vermögenserhaltung zugunsten eines früher Geborenen dient, wie Musonius Rufus (frg. 15 b) im 1. Jahrhundert schreibt, ist mehr als ein Mittel zur Regelung von demographischen oder Vermögensfragen. Es handelt sich dabei um einen formellen Akt häuslicher Souveränität, deren Mittel noch ein severischer Jurist (Paulus, *Digesten* 25, 3, 4) aufzählt: Auf-die-Straße-Werfen, Ersticken, Nahrungsmittelentzug (unblutige Tötungsformen im Gegensatz zur Hinrichtung eines Bürgers). Diese Handlungen erklären ihr Gegenteil: Ein Kind annehmen bedeutete vor allem anderen, das Kind annehmen *wollen*.

Wenn ein römischer Bürger eine Frau geheiratet hatte, »um Söhne zu bekommen« – so die Rechtsformel –, beherrschten ihn zwei Schreckensphantasien: Er fürchtete sich davor, es könnte ihm ein Kind untergeschoben werden, wogegen das Recht immer mehr »Wächter des Bauches« vorsah, und davor, der Bauch (*venter*) könnte ihm den Erben vorenthalten. Mit *venter* wird die Gebärmutter und das, was sie enthält, metonymisch aber auch die Frau bezeichnet. Auch als Witwe oder Geschiedene unterlag die Ehefrau Normen, die in ihr nur die Leibeshülle für einen Sohn sahen, auf den der Vater Anspruch hatte (und den andere Erben fürchten mußten, weil er sie ausschloß). Ein Reskript Mark Aurels zeigt, wie umfassend dieses Recht öffentlich anerkannt war. Unter dem Prätor Valerius Priscianus hatte sich eine Frau von ihrem Mann geschieden, der ihr unterstellte, schwanger zu sein: Er setzte durch, daß sie von drei Hebammen untersucht und bis zur Niederkunft von Hüterinnen bewacht wurde (*Digesten* 25, 4, 1). Die seltsame Verschmelzung von juristischen und körperlich-organischen Aspekten, von Vaterschaft und Mutterschaft stellte die Juristen vor ein Problem; Ulpian kommentiert: »Der Embryo (*partus*) ist unveräußerlicher Teil (*portio*) der Frau, ihrer Eingeweide. Aber sobald der Säugling endgültig vom Leib der Mutter getrennt ist, kann der Mann nach eigenem Recht (*iure suo*) Anspruch auf ihn erheben, verlangen, ihn zu sehen, mit sich fortnehmen« (*Digesten* 25, 4, 1, 1); auf diese Weise »hilft der *prin-*

Patrizier mit den Büsten seiner Vorfahren (Ende des 1. Jahrhunderts v. Chr.). Der Aristokrat in der Toga zeigt mit der unterschiedlichen Höhe, in der er die imagines *hält, daß sie zwei verschiedenen Generationen angehören. Folglich ist eine männliche Ahnenreihe und der Abgebildete selbst erst nach seinem Tode dargestellt: gedanklich muß man ihn sich aus der Sicht eines Vierten vorstellen, seines Sohnes. Dieser verehrt als* pater familias *seine drei Vorväter und ist selbst unsichtbar. Rom, Kapitolmuseum.*

ceps den Klagenden, wenn die Notwendigkeit es gebietet«. Die Unterscheidung von »Bauch« und »Recht« war in einem Maße selbstverständlich, daß sie selbst über den Tod des Ehemannes hinaus Gültigkeit behielt. Für eine Witwe, die sich als schwanger ausgab, wurden Besuchsrechte, Bewachung und vor der Niederkunft Verwahrung »im Hause einer ehrbaren Frau« durch ein Edikt des Prätors (*Edictum perpetuum* 118) geregelt. Diese Kontrolle wurde von den Verwandten des verstorbenen Gatten auferlegt. Verwahrt werden mußte die schwangere Witwe in einem verschlossenen Raum (*conclave*), dessen Eingang zu verriegeln und dessen Seitentüren mit Brettern zu vernageln waren und vor dem drei Frauen und drei Männer im Status von freien römischen Bürgern, gemeinsam mit zwei Helfern, Wache standen. Niemand durfte dieses Entbindungsgefängnis ohne körperliche Durchsuchung betreten oder verlassen. Beim Einsetzen der Wehen wurden zehn freie Römerinnen und sechs Sklavinnen nach einer Leibesvisitation in den verschlossenen Raum geschickt, wo mindestens drei Lampen »das für eine Kindesunterschiebung so günstige Dämmerlicht« aufhellen mußten. Hier wechselt der Text vom Imperativ in die Zeit des Futur II und betont so das Ereignis, das dieses Überwachungsdispositiv vorbereitet: »Wenn das Kind geboren sein wird, soll man es den Betroffenen oder ihren Vertretern zeigen, sofern sie es untersuchen wollen.« Doch eher als die väterlichen Verwandten redet gleichsam der tote Vater: »Erzogen soll es dort werden, wo es der Vater angeordnet hat. Hat er keinerlei Anweisung hinterlassen [...] werde ich den Ort der Erziehung bestimmen.« Dieses »Ich« des Prätors ersetzt das Schweigen des Vaters, dessen Testament mit Sicherheit verlesen wurde. Von der Mutter (die demnach keine Erziehungsgewalt bekam) heißt es nur, sie dürfe ihr Kind bis zum dritten Monat alle zwei Wochen, bis zum sechsten Monat einmal monatlich, bis zum ersten Lebensjahr alle zwei Monate besuchen, und »ab dem ersten Jahr bis das Kind zu sprechen beginnt einmal alle sechs Monate«. Die Mutter verschwindet, sobald das Kind sprechen kann, denn dann ist es nicht mehr *infans*, sondern *puer*. Dann geht es nur noch um seine Erbrechte, um seinen Anspruch auf das Vatererbe und die Konflikte mit den agnatischen Verwandten.

Bei der Geburt hob der Vater den Knaben vom Boden auf, wo ihn die Hebamme abgelegt hatte: eine Geste der Aneignung und der Unterstellung unter das Recht des Vaters, denn *tollere liberos* heißt auch »die väterliche Gewalt annehmen«. War das Kind ein Mädchen, befahl er lediglich, es an die Brust zu legen. Daß das Mädchen »ernährt« (*ali iubere*) werden sollte, war die Ausdrucksform für die Anweisung, es am Leben zu lassen, wohingegen das erste Stillen des Knaben die Folge einer Handlung war, womit der Vater seinen Sohn in die Folge der ererbten und später zu vererbenden Gewalt eingliederte. Der Unterschied zwischen Knaben und Mädchen verläuft entlang einer Grenze, welche

Detail eines Sarkophags (2. Jahrhundert n. Chr.). Römische Matrone beim Baden ihres Kindes. Gewiß handelt es sich hier um das erste Bad, von dem in Texten die Rede ist: Mägde beschäftigen sich, eine gießt warmes Wasser ein, für das schon lange vor der Niederkunft Brennholz bereitgestellt wurde. Rom, Kapitolmuseum.

die Ordnung der Erbfolge – ein rechtliches System – von der biologischen Notwendigkeit trennt.

Recht und Ernährung sind als Gegensätze hingestellt. Die väterliche Gewalt ist Gegenstand der erfindungsreichen juristischen und rhetorischen Texte, die mit besonderem Interesse dieses für die Moral wie auch für die Politik so exemplarische Verhältnis zu umreißen suchen, das sie mit den fiktionalen Erzählungen der Annalenschreiber illustrieren. Das Gesetz zeigt sich hier als bedingungslose Entscheidungsgewalt über den Tod: Das »Recht über Leben und Tod« des Vaters, das so viele positivistische Historiker platt auf eine gesellschaftliche Tatsache reduzieren – sie zählen seine Umsetzung in die Praxis aus, geben sich zunächst skeptisch angesichts der Seltenheit der Hinweise und schließlich überzeugt von der Wirkungslosigkeit dieser Rechtsnorm, weil sie so wenige kindermordende Väter finden –, war nie etwas anderes als die in höchster Abstraktion formulierte Bezeichnung der Absolutheit der väterlichen Verbindung zum Kind (Thomas 1984). Absolut deshalb, weil man keinen Zweifel daran hatte, daß es dem Vater anheimgestellt war, sie ebenso aufzuheben, wie er

Familie von Freigelassenen, Via Salaria in Rom (Ende der Regierungszeit des Augustus). Zwischen den beiden Freigelassenen desselben Hauses präsentiert der kleine Junge die bulla *(Amulett, von den freigeborenen Kindern getragen); er ist nicht mehr Frucht einer Sklavenehe. Sein Vater trägt die Toga des römischen Bürgers, dessen Rechte er erworben hat. Die Freigelassene eines anderen Hauses, Antonia Rufa (links) ist entweder eine frühere Gattin oder eine Verwandte des Vettius. Mit dieser Aufnahme in die Familiendarstellung wird ihrer würdig gedacht.*

sie begründet hatte. Im Gegensatz dazu löste die Ernährung des Säuglings die Väterlichkeit auf in der Verschwommenheit einer undefinierten Natur. Denn mehr als von der Mutter hieß es vom Vater, er »ernähre« das Kind. Deutlich sichtbar wird der Vater als Ernährer in jenen Fällen, wo er nicht – oder nicht mehr – rechtlich Vater ist. In Hunderten von Inschriften wird mit »Säugling« (*alumnus*) jener bezeichnet, der irgendeine Form von Hilfe erhielt, die ihm erlaubte, zu leben: »Ernähren« ist die Kurzformel für die willentlich aufgenommene Verbindung zu einem Sklaven, einem Freigelassenen, einem Kind, das man aufzog oder das man von einer Sklavin hatte. Der väterliche Ernährer ist vor allem ein Vater, von dem nichts außer Nahrung verlangt werden kann. Die *Digesten* führen Beispiele vor, in denen geschiedene Frauen gleichsam als »Bauch« auf der Suche nach dem Gatten, der sie verlassen hatte, gezeigt werden, damit die »Leibesfrucht«, sobald sie ausgeschieden war, die Nahrung erhalte von diesem auf seine Ernährungsfunktion beschränkten Mann: »Auf jeden Fall muß er den Neugeborenen ernähren: Möge er ihn als Sohn danach verleugnen, wenn er es will.« (*Digesten* 25, 3, 1, 15)

Während die rechtliche Vaterschaft nur in den Grenzen existiert, die insbesondere durch Ehe, Anerkennung und Willensentscheidung gezogen werden, während die Willkürlichkeit dieser Grenzen vom Recht mit akademischen Spitzfindigkeiten überspielt wird, ist die auf die Ernährungsfunktion reduzierte

Vaterschaft derart verschwommen, daß die Natur dem Recht ein Schnippchen schlägt. Bei Ernährungspflichten »verkündet der Richter nicht: ›Er ist der Sohn‹, sondern: ›Er ist zu ernähren‹« (*Digesten* 25, 3, 5, 9), so entschied Mark Aurel. Ulpian fragte, was aus den Kindern wird, die nicht mehr der väterlichen Gewalt unterstellt sind: »Muß der Vater Söhne ernähren, die er aus seiner Gewalt entlassen oder auf die eine oder andere Weise in eigene Rechte eingesetzt hat? Ich meine ja. Obwohl sie keine *liberi in potestate* mehr sind, erhalten sie Unterhalt von ihren Eltern und sind umgekehrt ihnen gegenüber das Gleiche schuldig.« (*Digesten* 25, 3, 5, 1) In diesem Netz von Unterhaltspflichten gab es keine unterschiedlichen Kategorien. So »schamlos« und »unwürdig« es dem Rhetor Seneca oder Pseudo-Quintilian zufolge war, »rechtliche Gleichheit des Vaters und der Mutter« zu behaupten oder den »Großvater mütterlicherseits mit dem Vater« gleichzusetzen, weil nämlich »nur dem Vater das Recht zu töten zusteht« (Seneca, *Controversiae* 9, 5, 7; Quintilian, *Declamationes maiores* 19, 5), gingen Rhetoren und Juristen einhellig davon aus, daß sowohl gegenüber Vorfahren wie Nachfahren, zwischen Verwandten der väterlichen wie der mütterlichen Linie stets eine Unterhaltspflicht bestehe. Daß er ernährte, war also eine zugleich notwendige und unspezifische Funktion des Vaters: die Funktion, die ihn nicht zum *pater* machte. Daraus begründet sich die Häufigkeit der Diskussionen um durch ihre Mutter unterhaltene Söhne, durch ihre Töchter unter-

Relief der Vettii, einer Familie von Freigelassenen. Rom, Via Tiburtina (1. Jahrhundert v. Chr.). Die Gatten sind mit allen Attributen der Bürgerwürde dargestellt: Toga beim Gatten, Schleier (flammeum) *der Gattin als äußeres Zeichen der Ehe. Die Tochter aus dieser rechtmäßigen Ehe ist zwischen den Eltern dargestellt. Vettia Hospita (rechts) ist nicht freigeboren, als nur Freigelassene und daher vor der Befreiung ihrer Eltern Empfangene ist sie ihrer jüngeren Schwester aus dieser Ehe nicht gleichgestellt (Fabre 1981, S. 204).*

haltene Väter, einer Thematik, welche die Ordnung verwandtschaftlicher Zugehörigkeit ständig störte.

Sind diese »Fälle« nur Aufgaben für Rhetorikübungen oder Spielerei mit philosophischen-rhetorischen Paradoxa? Sicher nicht für die Armen, für die untersten Schichten der römischen *plebs*, in denen, wie L. Ross Taylor (1961) nachgewiesen hat, Freigeborene, Freigelassene und Sklaven in freien Verbindungen zusammenlebten. Aus als provisorisch geltenden Lebensgemeinschaften wurden Kinder geboren, die als »natürliche«, »Bastarde« oder »von unbekannt gezeugte« (*vulgo concepti*) betrachtet wurden. Sie erhielten den Namen der Mutter und kannten keinen anderen Vater als – vielleicht – den Erzeuger oder den ihnen affektiv Verbundenen. In diesem rechtsfreien Raum sind die Unterhaltsprozesse zu verorten, von denen die *Sententiae Hadriani* berichten. So wird ein Kind wegen seines Anrechts auf die kostenlose Weizenverteilung zum Zankapfel eines Streits zwischen seinem angeblichen Vater und der Mutter, die den Sohn außerehelich empfangen hat und nachweisen kann, daß er der ihre ist (*Corpus glossariorum latinorum* III, 389); ein Mann vernachlässigt seinen verarmten Vater, der sich für seine Erziehung ruiniert hatte (III, 387), ein anderer will seine Mutter nicht mit dem Geld unterstützen, das Hadrian verteilt (III, 389): »Sei deinem Vater, der dich erzeugt hat, eine Stütze! Und daß mir nichts mehr von dir zu Ohren komme!«; »Du willst sie nicht als deine Mutter anerkennen? Dann anerkenne ich dich nicht mehr als römischen Bürger.« Der richtende Kaiser urteilte unter diesen einfachen Menschen, von denen die Inschriften erkennen lassen, daß höchstens ein Drittel der Familien durch legitime Heirat – eine nur unter *Bürgern* eingegangene Verbindung – konstituiert sind. Nur aus Pietät wurde bisweilen ein Vater genannt, der Sklave war oder Freigelassener eines anderen Patrons oder Gatte einer Mutter, die Sklavin war und später freigelassen wurde; doch konnte er ebensogut überhaupt nicht erwähnt werden. Die städtischen Inschriften vermitteln den Eindruck von Beziehungen unter Individuen, nicht von zusammengehörigen Gruppen: Es fehlt die Einheit der Verfügungsgewalt und des Namens. Wird eine Familieneinheit angegeben, beschränkt sie sich in der Hälfte der Fälle entweder auf ein Ehepaar oder auf einen Elternteil (meist die Mutter) mit Kind: Nie umfaßt die Gruppe einer solchen Gedenkinschrift mehr als zwei Generationen. Diese Kerngruppen, in den Städten wie Rom, Ostia, Aquileia bei weitem die Mehrheit, waren sehr zerbrechlich. Sie verfügten nicht über die Kontroll- und Erbschaftsstrukturen, die das Recht in der Zusammenfügung von Hausgewalt und Familienvermögen der legitimen Familie vorbehielt, sie zerfielen und verloren offenbar sehr schnell die Erinnerung an sich als Gruppe. Sie bildeten weder eine »Familie« im Sinne von *familia* noch ein »Haus« im Sinne von *domus*. Die Familie ist auf eine Dauer hin angelegt, die ein Vater bis zu seinem Tod garantiert und worin sich auf Zeit eine Lineage verkörpert.

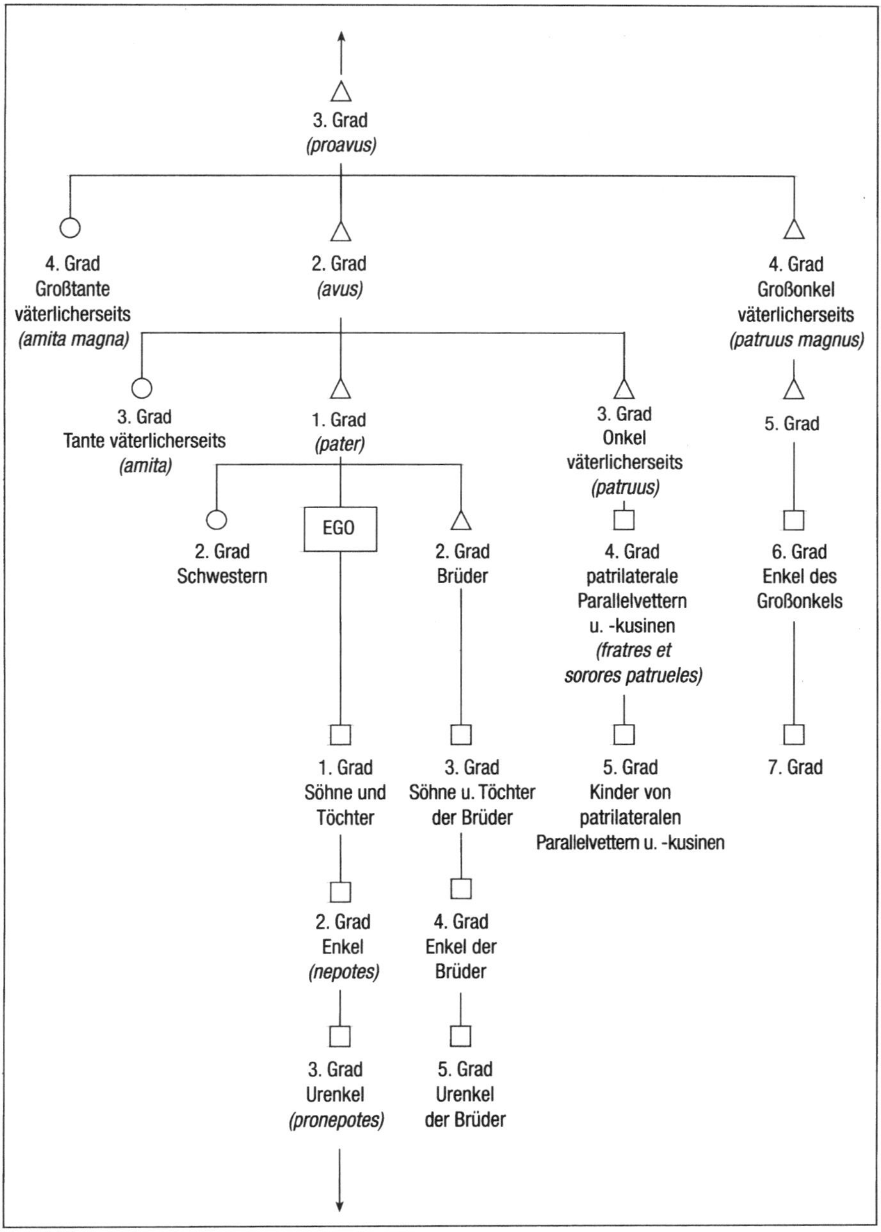

Abb. 29: Schaubild der römischen Verwandtschaft, in dem nur die Agnaten bis zum siebten Grad der Seitenverwandtschaft (dem Ende der Erbfolge) aufgeführt sind.

Nach einer in klassischer Zeit vielfach entwickelten Vorstellung umfaßt die Familie so viele Generationen, wie unter der Gewalt eines einzelnen gemeinsam stehen können. Nur die Nachkommen der männlichen Linie gehören dazu. Mit dem Tod des ältesten Vorfahren werden jene der Folgegeneration zu Familienoberhäuptern und stehen an der Spitze ihrer je eigenen Familien. Die agnatische Verbindung zwischen Seitenverwandten »aus demselben Haus« reicht bis zum sechsten Verwandtschaftsgrad: Innerhalb einer Generation schließt sie patrilaterale Vettern ein, deren Eltern mindestens einen Großvater oder eine Großmutter gemeinsam haben. Mit eben diesem Verwandtenkreis sind Inzestverbot und legitime Erbfolge unter Agnaten umrissen (vgl. S. 291 ff.). Schwiegertöchter zählten als Töchter, und verehelichte Töchter lösten sich völlig von ihrer Herkunftsgruppe. Allerdings trifft dies im 1. Jahrhundert v. Chr. nur noch sehr

Auszug aus Gaius, *Kommentar zum Provinzialedikt* (*Digesten* 38, 10, 1, pr.-1):

»Die aufsteigende und absteigende Verwandtschaft beginnen beide mit dem ersten Grade; bei der Querlinie oder Seitenverwandtschaft gibt es keinen ersten Grad, sie beginnt also mit dem zweiten Grade. Ersten Grades aufsteigender Linie sind Vater und Mutter, absteigender Linie Sohn und Tochter. Zweiten Grades aufsteigender Linie sind Großvater und Großmutter, absteigender Linie Enkel und Enkelin, in der Seitenlinie Bruder und Schwester. Im dritten Grade aufsteigender Linie stehen der Urgroßvater und die Urgroßmutter; in absteigender Linie der Urenkel und die Urenkelin, in der Seitenlinie Sohn oder Tochter des Bruders und der Schwester und entsprechend Bruder oder Schwester des Vaters.«

Paulus in der Sonderschrift über *Verwandtschaftsgrade, Verschwägerte und ihre Bezeichnungen* (*Digesten* 38, 10, 10, 10, pr. u. 9-10):

a) D. 38, 10, 10 pr.: »Der Rechtsgelehrte muß die Abstufungen der Blutsverwandten und Verschwägerten kennen; denn nach den Gesetzen fallen Erbschaften und Vormundschaften regelmäßig an den gradnächsten Agnaten. Doch der Prätor gibt in seinem Edikt den Nachlaßbesitz auch jeweils dem nächsten Kognaten. Außerdem werden wir nach dem Gesetz über ordentliche Strafverfahren gegen unseren Willen nicht gezwungen, gegen Verschwägerte und Blutsverwandte als Zeugen auszusagen.«

b) D. 38, 10, 10, 9-10.: »Jedesmal, wenn man den Verwandtschaftsgrad einer Person wissen will, muß man dies aus der Sicht dessen tun, für den man diese Verwandtschaft sucht. Wenn es sich um niedrigere und höhere Verwandtschaftsgrade handelt, in aufsteigender oder absteigender direkter Linie, ist der Verwandtschaftsgrad leicht zu finden: Man zählt den nächsten, indem man alle Grade nacheinander überspringt; so ist der im zweiten Grade mit mir verwandt, der unmittelbar nach dem kommt, der sich aus meiner Sicht im ersten Grade findet – und so fort, wobei die Zahl der Grade zunimmt, je mehr andere Personen man antrifft. Ebenso ist für Grade der Seitenverwandtschaft vorzugehen. So ist mein Bruder im zweiten Grade verwandt, weil ich, um zu ihm zu gelangen, über den Vater oder die Mutter gehen muß, über die wir verbunden sind. Das Wort ›Grad‹ wird aus Gründen des Vergleichs mit Leitern oder Rampen verwendet: Wir ersteigen sie, indem wir vom ersten Grad zum nächsten gehen – das heißt, indem wir den Grad erreichen, der aus dem vorigen hervorgegangen scheint.«

Auszug aus dem römischen Berechnungsmodus der Verwandtschaftsgrade.

selten zu: Seit dieser Zeit behält die Ehefrau die Rechte auf ihr Familienerbe und gehört nicht mehr der Gruppe ihres Ehemannes an. Dieser Wandel, aus den Texten des 2. Jahrhunderts v. Chr. kaum ersichtlich, ist zur Zeit des Tiberius bereits abgeschlossen: Kein einziger Vater läßt sich finden, dessen Gattin unter seiner ehelichen Gewalt (*manus*: »in seiner Hand«) stünde und der deshalb seine Tochter dem *flamen Dialis*, dem Jupiterpriester, als *flaminica* übergeben könnte. Die Ehefrau, die nicht mehr der *manus* unterstellt ist, nimmt im Hause ihres Gatten nicht länger den Status einer »Tochter« (*filiae loco*) ein und bleibt Agnatin ihren Verwandten väterlicherseits. Dieser tiefgreifende Wandel wird irrigerweise damit erklärt, daß Individualismus und Selbständigkeit an Boden gewonnen und die Unterwerfung unter die väterliche Gewalt sich gelockert hätten. Dieser Gemeinplatz einer Befreiung der Frau ist deswegen absurd, weil sie, nicht mehr dem Ehemann unterstellt, weiterhin unter der Gewalt ihres Vaters und unter seinem Züchtigungsrecht steht. Zur Zeit von Cato dem Zensor durfte ein Gatte seine Frau im Falle des Ehebruchs töten. Unter Augustus liegt dieses Recht der Bestrafung beim Vater der Gattin. Die Gewalt hat sich nicht gelockert, vielmehr ist die Ehe zu einer Beziehung auf Zeit geworden: Frauen werden nun gleichsam in Umlauf gebracht, sie bleiben dabei aber an das Vaterhaus gebunden; wie gleich gezeigt wird, werden sie verliehen und zurückgegeben. Die Kinder sind der Familie ihrer Mutter immer noch fremd, mehr noch, sie sind ihrer eigenen Mutter gegenüber Fremde geworden, weil diese nun zu einer anderen häuslichen Gruppe gehört. Noch mehr als in der Vergangenheit sind die Frauen in der Spätzeit der Römischen Republik und unter dem Kaiserreich Durchgangsweg zur Fortsetzung der väterlichen Linie.

Diese traditionelle Struktur verknüpft (in ihrer genealogischen Ausformung) rechtliche Gewalt, Verwandtschaft und sogar Wohnsitz. Denn in ihren Überlegungen zur sozialen Einheit, welche durch die sechs anerkannte Verwandtschaftsgrade umfassende Seitenlinie gebildet wurde, stellten die römischen Juristen fest, daß der so bezeichnete Kreis der Agnaten einer Stammbaumtiefe von vier Generationen entsprach. Dieser durch Eheverbote und durch Erbberechtigung umrissene Verwandtenkreis erschien ihnen als Abbild eines Hauses, in welchem drei Generationen erbberechtigter Verwandter unter der Gewalt eines gemeinsamen Urgroßvaters zusammenlebten; die Frauen, die nicht geheiratet werden durften, wurden – wie Labeo zur Exogamieregel festhielt – »Schwestern« genannt (Aulus Gellius, *Noctes Atticae* XIII, 10, 3). Ausdrücklich wird in den Texten festgehalten, die Natur erlaube nicht, diese Grenze zu überschreiten: Nach dieser bestmöglichen Hypothese wurde das Modell der erweiterten Familie konstruiert. »Die erste Gesellschaft«, schreibt Cicero (*De officiis*, 17, 54), »beginnt mit dem Ehepaar selbst und gleich danach mit den Kindern. Dann kommt eine einzige *domus*, in der alles gemeinsam ist. Hierin liegt der Keim der Gemeinschaft, sozusagen die Pflanzschule des Staates. Es folgen die Bande zwischen Brüdern, dann zwischen Vettern ersten und zweiten Grades; und dann, weil sie nicht mehr in einem einzigen Hause Platz finden, ziehen letztere aus, um andere Häuser wie Kolonien zu gründen.« Die Entstehung des Staates aus der Familie entwickelt Cicero in Anlehnung an das Modell des Aristoteles, und gleichwohl kennzeichnet sie hier eine römische Eigenart: Der ursprüngliche Kern beschränkt sich nicht auf die Familie als Ehegemeinschaft, sondern ist auf drei Generationen erweitert; die Aufspaltung dieser erweiterten Familie erfolgt nicht bei der Heirat oder Volljährigkeit der Söhne, sondern beim Tod des Urgroßvaters. In ähnlicher Darstellung schrieb der Jurist Modestinus (*Digesten* 38, 10, 4 pr.) zu Beginn des 3. Jahrhunderts n. Chr., »die Natur erlaubt nicht, daß Verwandte über den siebten Grad hinaus zusammenleben«. Eine solche Bemerkung hätte keinerlei Sinn, wenn mit dem von ihr beschriebenen Verwandtenkreis nicht das Zusammenleben dreier Generationen von Nachkommen unter einem gemeinsamen Vorvater gemeint wäre.

Wenn jeder Mann in seiner Vorstellung über eine Nachkommenschaft herrschte, die nicht über die Generation der Urenkel hinausreichte, so hatte jeder umgekehrt auch drei Vorväter im Totenreich zu ehren. Das Wort *parens* erweitern Lexikographen und Juristen in seinem institutionellen Gebrauch (der sehr selten die Mutter umfaßt, wobei in diesem Fall das Wort sein männliches Geschlecht behält) auf den Vater, den Großvater und den Urgroßvater des Ich, von dem die Berechnung ausgeht (*Ego*). Wenn es auch keinen Beweis für P. de Francisis (1959) Behauptung gibt, die Totenriten der *parentalia* seien auf diese drei Vorfahren beschränkt gewesen, zeigen doch die Gebräuche der Namengebung und die Anrufung der »drei Götter« in manchen Grabinschriften, daß mit dieser Dreierstruktur in den beiden Richtungen der Vor- und der Nachfahren ein Verwandtschaftskreis umrissen ist, der eine ideale *domus* im gesellschaftlichen Kontext ausmacht, und der drei Vorväter umfaßt, die im genealogischen Gedächtnis noch als individuelle Personen faßbar sind. Die Namensnennung der Vorväter ist ebenfalls in einem Dreiermodus gegliedert (Benveniste 1965) und reproduziert damit das eben beschriebene System: Vom Ausgangspunkt *avus* wurde zurückgegangen bis zum »Ururgroßvater« sechs Generationen vor *Ego*. Das ist vermutlich die ideale Grenze des Ritus der *parentalia*: Jenseits liegt die unbekannte Welt der Ahnen, der *maiores* (zum Unterschied zwischen *parentes* und *maiores* vgl. Paulus in: *Digesten* 38, 10, 10, 7).

Drei Vorväter sind der Maßstab der Aristokratie für Erlangung oder Verlust der Legitimität. Der Urgroßvater wurde jedesmal aus der Vergessenheit hervorgeholt, wenn man jemandem vorhalten wollte, von welch niederer Herkunft er doch sei: Antonius verkündete lauthals, Augustus' Urgroßvater sei ein Freigelassener gewesen (Sueton, *Augustus* 2). Umgekehrt wurde Cato der Zensor nicht müde, die Anerkennungen seines *proavus* durch die Bürgerschaft hervorzuheben, um so seine obskure Herkunft zu verschleiern (Plutarch, *Cato der Ältere* 1). So wird verständlich, warum im Jahre 54 v. Chr. der Vater des M. Aemilius Scaurus, Konsul im Jahre 115 v. Chr., obwohl er Patrizier war, als *homo novus* (»Aufsteiger«) hingestellt werden konnte: Weder sein Urgroßvater noch ein anderer Vorfahre seither hatten ein Amt bekleidet (Asconius, *In Scaurianam*, S. 23). Nach den Gesetzen des Augustus geht der Senatorenstatus in der vierten Generation der männlichen Linie verloren; dann ist es der Familie nicht mehr verboten, ihr Blut mit dem unreinen von Freigelassenen zu vermischen (*Digesten* 23, 2, 44); unter Tiberius brauchte der Senatorenstatus nicht mehr gegen die Schande der Gladiatur oder des Auftritts im Theater bewahrt zu werden (*Senatus consultum de Larino*). Immer stehen im Zentrum die genealogische Erinnerung, das ideale Bild der *domus*, die Legitimität, aber auch die politische Repräsentation: Nimmt Rom die Stellung des *Ego* ein, können drei Gründerväter angeführt werden, denn Aeneas trägt seinen Vater auf den Schultern und führte seinen Sohn an der Hand. Anchises jedoch, der getragene Vater, hält die *sacra* der Ahnen: Der Eine und die drei, aber auch die drei und dieses Gesamte, das nur als Ursprung eine Einheit ist.

Vererbung des Familienvermögens Agnaten und Matrilineare, Interne und Externe

Erbschaften antreten und weitergeben, diese Funktion, vernachlässigt von einer bestimmten historischen Anthropologie, die sich mehr mit dem Spiel der Ehestrategien beschäftigte als mit der Ordnung (im lateinischen Wortsinn), worin das Statische, das Sich-Gleichbleibende Struktur ist, hat das römische Recht zu seinem wesentlichen Inhalt gemacht. Die gesellschaftliche Norm verlangte, daß das, was man besaß, aus väterlichem Erbe stammte, und daß das Ererbte weitergegeben wurde. Kein Motiv wird in Schimpfreden häufiger bemüht als der Vorwurf, Neureicher zu sein oder das Vermögen zu verschleudern: Als verachtenswert galt jede Unterbrechung – gegenüber Vorfahren wie Nachkommen – der Kette der Erbübertragung, mit der die Institution Familie öffentlich betraut war. Die Beurteilung von Reichtum und die Kritik bestimmten Verhaltens hängen ab von dieser tief verankerten Bedeutung der zeitlosen Dauer.

Die gesetzmäßige Erbfolge war streng agnatisch; an erster Stelle standen die unmittelbaren Nachkommen in männlicher Linie, die Teil der *domus* des Verstorbenen waren und damit nicht »Erben«, sondern *sui*, »die Seinen« (Magdelain 1983): Sie waren je nach Grad und Abstammung gleichberechtigt. Waren keine *sui* vorhanden, ging das Erbe an den nächsten Seitenverwandten innerhalb des agnatischen Verwandtschaftskreises bis zum siebten Grade. Das war die »gesetzmäßige« Erbfolge. Als der Prätor in der Spätzeit der Republik auch die Erbberechtigung der Verwandten in mütterlicher Linie einführte, geschah das nicht zur Gleichstellung beider Linien: Kognaten erbten nur, wenn keine Agnaten vorhanden waren. Diese neue Ordnung der Erbfolgeberechtigten, die nach derselben Rechnung wie beim *proximus agnatus* auch den *cognatus* bis zum siebten Verwandtschaftsgrad einbezog, war nachrangig und gelangte nur bei Fehlen erstrangiger Berechtigter zur Anwendung. Die Besserstellung der mütterlichen Linie erscheint als aktuelle Reformmaßnahme, hat aber ihre eigene Geschichte. Sie wird beschlossen, als einerseits die Sippe (*gens*), aus dem sich die Agnaten ergänzten, als Solidargruppe verschwindet und andererseits die Mutter keine Verbindung mehr zu ihren Söhnen hat, da sie – weiterhin Teil der *domus* ihres Vaters – nicht mehr durch die Heirat an das Haus ihrer Kinder gebunden wurde. Die Aufhebung der mütterlichen Verbindung zu den Kindern, verschleiert durch die gemeinsame Häuslichkeit, wird vom Gesetz in jenem Moment kompensiert, in dem die Mutter nicht mehr zur *domus* gehört.

Zur *gens* ist hier etwas von großer Tragweite festzuhalten. Die Zwölftafelgesetze von 450 v. Chr. belegen, daß das Vermögen kollektiv der *gens* zufiel, wenn keine *sui* und keine agnatischen Verwandten vorhanden waren. Was eine *gens* zur Gemeinschaft machte, war der Name, einziges Zeichen einer gemeinsamen Abstammung, und weder das Verhältnis noch der Grad der Verwandtschaft waren genauer umschrieben: Das Bezeichnungssystem endet mit dem Vetter zweiten Grades (*sobrinus*). Doch bedeutet die gentilizische Namensgemeinschaft zugleich eine ökonomische Solidargemeinschaft, weil ihr Erbschaften ohne Erbberechtigte zufielen. Schließlich war die *gens* auch eine Sakralgemeinschaft mit ihren Riten und Grabmälern, die Generationen von Verstorbenen beherbergten, was das kürzlich von L. Devoto (1983) untersuchte Monument der Furii in Tusculum bezeugt oder das dank F. Coarelli (1972) gut erschlossene Grabmal der Cornelii Scipiones in Rom. Aus den Beschreibungen der Archäologen geht hervor, daß die sterblichen Hüllen und Graburnen, verbunden durch eine Gleichheit, die der Name verleiht, nach der Reihenfolge der Ankunft in der umfassenden, im Grabmonument vereinten Abstammungsreihe deponiert wurden, ohne nach Familien oder Geschlecht angeordnet zu werden: Im Grabraum wurden die zu Lebzeiten bestehenden spezifischen Verbindungen nicht rekonstituiert. Allerdings war unter Agnaten und *gens* kein Platz für Nachkommen aus mütterlicher Linie. Nur die Gattin, die sich üblicherweise vom Vaterhaus gelöst hatte, war von Rechts wegen zur Agnatin ihrer neuen Verwandten geworden. Allein aufgrund der väterlichen Gewalt, der sie gemeinsam mit ihrer

Mutter unterstellt waren, konnten die Kindern sie beerben, die Blutsverwandtschaft hatte dabei keine Bedeutung.

Im 1. Jahrhundert v. Chr. läßt sich ein Wandel bilanzieren, der zuvor mangels Belegen kaum festzumachen ist. Die Eheformen, bei denen die Frau der *manus*, der rechtlichen Gewalt ihres Ehemanns unterstellt ist, sind am Verschwinden; zur Zeit Ciceros hat der Prätor bereits die kognatische Erbfolge eingeführt; Erbansprüche der *gens* wirken überzogen, und ihre Rechtmäßigkeit wird nicht länger anerkannt. Daß diese drei Veränderungen zueinander in Beziehung stehen, ist wahrscheinlich: Die Aufhebung der rechtlichen Verbindung der Kinder zur Mutter wird kompensiert durch ihre Erbberechtigung, welche diejenige ihrer eigenen Verwandtschaft nach sich zieht; zugleich erfährt das Inzestverbot eine Verschiebung. Traditionell galt es für agnatische Parallelvetter väterlicherseits bis zum siebten Grade, also für das bekannte Idealbild der *domus*. Andererseits wurde dieses Verbot durch die Regel der Heirat mit der patrilateralen Kreuzkusine ergänzt, der Tochter der Vaterschwester (Benveniste 1969; Moreau 1978). Nun dehnt sich aber das Inzestverbot auf alle kognatischen Verwandten, ohne Unterschied ob in väterlicher oder mütterlicher Linie, aus. Während sich das Verbot auf die andere Seite der Verwandtschaft erweitert, reduziert es sich aber in bezug auf die betroffenen Verwandtschaftsgrade: Im 2. Jahrhundert v. Chr. werden Ehen geschlossen mit Kreuz- und Parallelkusinen väterlicherseits oder mütterlicherseits; solche Ehen bedeuteten sowohl einen alternierenden Austausch zwischen den Linien als auch den Rückzug auf reine Agnatenehen (Thomas 1981). Im selben Zuge jedoch trat der Kreis der Kognaten an die Stelle der einstigen sippenmäßigen Verwandtschaftserweiterung der *gens*: Neue Solidaritäten umgeben die männliche Verwandtschaft. Solidaritäten, die enger sind und aktiver als die alten, weil sie mit der Vatergruppe, worin die väterliche Gewalt entscheidender ist als die Blutsverwandtschaft, konkurrieren können. Was sich grundlegend gewandelt hat, ist die Ehe: Eine Frau wird einem Gatten nur noch auf Zeit übergeben. Die Wiederverheiratungen waren im 2. Jahrhundert v. Chr. allgemein üblich (Humbert 1972), sie sind ein wesentliches Verbindungsglied zwischen den gesellschaftlichen Gruppen. In den Oberschichten wie unter Freigelassenen begründet sich die Auflösung der Ehe nicht nur, wie im 3. Jahrhundert, mit der Unfruchtbarkeit der Frau, die Ehe ist vielmehr zu einer Sache der Absprache zwischen Männern geworden, die einander Töchter, Schwestern und sogar Ehefrauen leihen. Daraus erklären sich die Berichte über jene Frau, deren Vater sie vom Ehemann scheidet, oder über jene andere, die sich nach ihrer Entlassung aus der väterlichen Gewalt mit ihrer Mitgift aus der Ehe zurückzieht, oder über jene dritte, die von ihrem Gatten an einen Freund abgetreten wird. Auf diese intensive Zirkulation von Frauen wird zurückzukommen sein. Es ist unschwer zu verstehen, warum in diesem Spiel vielfältiger und instabiler Allianzen die Mutterseite großes Gewicht erhielt: Der Vater kann seine Tochter zurücknehmen, die Mitgift folgte ihr, sie erbt ein Vermögen, über das sie und die Ihren per Testament verfügen konnten. Hier geht es sichtlich um Vermögensstrategien, um emotionale Erpressung, wobei Reichtum ein Druckmittel ist: Es läßt sich feststellen, daß sich zuweilen ein Ehemann, d.h. ein Vater, all dem nachgibt bis zur – durch ein Vermächtnis kompensierten – Unterwerfung unter die Bedingung, seinen Sohn aus der väterlichen Gewalt zu entlassen, wenn die Mutter, ihr *pater* oder der Onkel mütterlicherseits dies zur Voraussetzung machten für die Einsetzung des Sohnes als ihren Erben.

Die Dinge waren also durchaus in Bewegung geraten, doch sollte man die Sache nicht auf den Kopf stellen und vergessen, daß neben dem offenbar regen Austausch von Frauen und Vermögen die männliche Rechtsgewalt um so mehr verfestigt wurde, um sich von Generation zu Generation zu übertragen: Die Kontrolle über den legitimen Nachwuchs blieb in den Grundsätzen unverändert, und obwohl die Gesetzgebung eine Verlagerung der Frauen vom Gatten zum Vater verzeichnet, bleibt das auf dem Vater und dem Vermögen ruhende System, obgleich zuweilen umgangen, erhalten. Es bewahrt seine Gültigkeit in den Rechtsnormen, es bewahrt sie in den Praktiken, auch in den testamentarischen Praktiken, obwohl eine neuere, vor allem angelsächsische Geschichtsschreibung darin ein Mittel zur Zirkulation von Gütern, zur Auflösung und neuen Zusammensetzung von Familienvermögen sehen will, die willkürlich von einer Hand in eine andere fließen (Crook 1973; Hopkins 1983). Man könnte glauben, es hätten sich in einem großen Durcheinander am Ende Distanz gegen Nähe durchgesetzt, und selbst eingesetzte entfernte Verwandte der Römer gegen die vom Gesetz vorgeschriebenen nahen. In der Tat lassen uns Tacitus, Sueton, die Biographien von Plutarch und die Briefwechsel von Cicero und Plinius erkennen, wie opulente Geschenke aus aufgesplitterten Familienvermögen verteilt werden, von denen schon ein kleiner Bruchteil zum Vermögensnachweis für den Senatorenstatus genügt hätte. Das Testament ist die feierlich zelebrierte Offenlegung der zahlreichen und weitverzweigten Solidaritäten, in deren Mittelpunkt zu stehen jeder gerne behauptete, und es ist die Grundlage der ostentativen Freigebigkeit, die den Tod notwendig begleitete. In bestimmten Testamenten erblickte sich die gesamte römische Oberschicht wie im Spiegel: so in jenem der Junia, einer Nichte von Cato Uticensis, worin alle außer Tiberius namentlich aufgeführt waren (Tacitus, *Annalen* III, 76). Doch die eindrucksvollen Listen von Namen und Vermächtnissen, die eine strenge Etikette einhielten und worin der Wohltäter seinem Status gemäß die Hierarchie der Wertschätzungen ausbreitete – eine Momentaufnahme der Rivalitäten unter den Lebenden zum Zeitpunkt seines Todes –, sind nur die Spitze des Eisbergs der aristokratischen Vermögen, das Scherflein, das die gesellschaftlichen Eitelkeiten befriedigte und Klatsch und Korrespondenz in Gang hielt. Zu fragen ist nach dem unsichtbaren Teil, welcher der Familie zugute kam: Zahlreiche Anhaltspunkte zwingen dazu, den Anschein umzukehren und im Unsichtbaren das Wesentliche anzunehmen.

Die Einsetzung des Erben bezeichnete den künftigen Besitzer des Vermögens und den Schuldner der prunkvollen Verteilungsanordnungen. Allerdings zeigt die Praxis, daß der Erbteil der Vermächtnisse um so geringer ausfiel, je näher der Erbe verwandtschaftlich dem Verstorbenen stand. Das sogenannte gesetzliche Viertel täuscht: Dieser Pflichtteil schützte vor allem Familienfremde, die der Erblasser nur eingesetzt hatte, weil er mangels Kindern oder naher Verwandter beliebig verteilen durfte. Der Nachlaß an legitime Erbfolger wurde nie in einem solchen Maße reduziert: Vor allem wurde von ihnen nicht verlangt, Grundbesitz oder ein Haus als Vermächtnis an Dritte zu verteilen, sondern Geld. In den Fallbeispielen der *Digesten* ist die *familia* (im Sinne des Familienbesitzes) nahen Verwandten und die *pecunia* (das Geld) Außenstehenden vorbehalten. War Grundbesitz oder ein Haus Gegenstand eines Vermächtnisses, dann nur im engen häuslichen Bereich: es wird Kindern oder Enkeln zusätzlich zu ihrem Erbteil vermacht. So heißt es im Kapitel über Grundbesitz und Häuser: »Ein Vater hatte mehrere seiner Söhne als Erben eingesetzt. Zwei von ihnen hatte er über ihr Erbteil hinaus als Vorvermächtnis das Eigentum seiner Mutter, ihrer Großmutter, hinterlassen« (*Digesten* 33, 7, 2); »ein Vater, Kaufmann und Geldverleiher gegen Zins, hatte seine zwei Söhne und zwei Töchter als Erben eingesetzt. Er hatte folgende Klausel hinzugefügt: ›Ich gebe und vermache meinen beiden Söhnen mein Haus mit allem, was darin ist.‹« (*Digesten* 33, 7, 12, 43) Der Kreis, innerhalb dessen Immobilien vererbt werden, reicht in keinem Fall über die Nachkommen und sehr nahe Seitenverwandte wie Brüder und Schwestern hinaus. Entfernten Verwandten werden Freigelassene vorgezogen: Kinderlose Erblasser wählen einen ihrer Sklaven, um ihn freizulassen und als Erben einzusetzen; desgleichen finden sich auch Ziehkinder (*alumni*) angeführt, kinderlose Witwen (die auch verpflichtet werden konnten, den größten Teil des Vermögens in Vermächtnissen weiterzugeben), bisweilen eine Kusine ersten Grades. Noch verblüffender – im Widerspruch zur allzu weit verbreiteten Vorstellung der Folgen der Testierfreiheit – ist, wie regelmäßig die Erbenwahl mit der gesetzlichen Erbfolge übereinstimmt. Bei Nachkommen setzte sich das Testament zwar bisweilen über die Gleichbehandlung hinweg und privilegierte verheiratete Söhne oder Töchter, doch es gibt keine Anhaltspunkte dafür, daß etwa der Älteste oder die Söhne systematisch bevorzugt worden wären. Wesentlich bleibt indes der dramatische Ausnahmecharakter einer Enterbung. Es war bereits ein Skandal, daß ein Erblasser seinem eigenen Neffen Marcus Anto-

Abguß eines Reliefs aus dem Kapitolmuseum in Rom (2. Jahrhundert n. Chr.). Ein junger Mann, der bei einem Beerdigungsbankett auf einer Speiseliege unter dem Bild seines Vaters (?) liegt, hält eine Börse in der Rechten und in der auf das Knie einer Matrone (vermutlich seiner Mutter) gestützten Linken ein gesiegeltes Dokument (Testament?). Dahinter stellt ein junger Sklave Berechnungen an. Rom, Museum der Römischen Kultur.

nius vorgezog (Cicero, *Zweite Philippika* 41); die Enterbung eines Sohnes aber mußte begründet werden. Bei Cicero wie bei Valerius Maximus, bei Plinius wie in den *Digesten* erscheint der Außenerbe nur dann, wenn keine nahen Verwandten vorhanden sind, und die Enterbung, die in jedem Falle Aufsehen erregt, ist immer Reaktion auf ein schweres Vergehen: eine Strafmaßnahme. Wenn Seneca (*De clementia* I, 14, 1) feststellt, ein guter Familienvater wisse die Züchtigung abzustufen und greife zur Enterbung nur als letztem Mittel (*ultima*), genauso wie die Todesstrafe (*supplicia*) nur dann verhängt werde, wenn alles andere wirkungslos bleibe, zitiert er nur eine Binsenwahrheit der Juristen. Zur Zeit der Severer schreibt Paulus (*Digesten* 28, 2, 11), ein Vater habe alle Vollmacht, seine Söhne zu enterben oder zu töten. Also war Enterbung ein Vorrecht der souveränen väterlichen Gewalt, gleichwertig dem Tötungsrecht, das nur dazu diente, als Norm festzuhalten, daß die väterliche Entscheidung, ein Kind leben zu lassen, eine ständige Gnade war: eher ein Ordnungsinstrument als ein Tauschmittel, ein Werkzeug der Abschreckung zur Durchsetzung der väterlichen Kontrolle der *domus*. Daher auch der Rat Martials (*Epigramme* VI, 62), dem Manne Geschenke zu machen, der seinen Sohn verloren hat.

Die Zirkulation des Vermögens ist der Vererbung untergeordnet. Der »interne« Hausangehörige hat Vorrang vor dem »externen« Fremden, die »eigenen« (*sui*) und »nahen« (*necessarii*) Erben wurden jenen anderen vorgezogen, die ihrerseits auch eher ein Erbe ausschlagen konnten und daher »Willenserben« (*voluntarii*) genannt wurden. Waren keine *sui* vorhanden und nicht einmal ein Sklave, den man zum Erben einsetzen oder zum Vormund machen konnte anstelle eines Bruders, der das Haus verlassen hatte, wurden Agnaten jeweils Kognaten vorgezogen. In Fällen mit bekannten Familienverhältnissen werden als externe Erben (*extranei*) in den *Digesten* nur Bruder oder Schwester, Brudersohn oder Brudertochter, oder der Onkel väterlicherseits genannt, also über den gemeinsamen Vater verwandte Erben, die zwar nicht länger zum engen

Kreis der *sui* gehörten, aber solche gewesen waren oder hätten sein können. Danach kamen die Verwandten der Mutterseite. Selten ist belegt, daß ein Schwesterkind, wie man es so häufig vom Onkel (der *avunculus*, der unter allen Männern der Familie nach Brauch und Sitte speziell zärtlich geliebt werden soll) beschützt, verwöhnt, adoptiert findet, vor patrilateralen Verwandten gleichen Grades bedacht wird. Diese Trennlinie war die Regel. Bei den Bürgern der umbrischen Stadt Larinum werden in der Zeit der Republik testamentarisch nur dann Verwandte der Mutterseite aufgeführt, wenn keine Verwandten väterlicherseits vorhanden sind (Moreau 1986). Allein die Mutter ist eine Ausnahme. Sie bedenkt ihre Kinder: Früher war sie, als mit der Verheiratung der *manus* des Gatten Unterstellte, deren agnatische Verwandte, jetzt nutzt sie das Testament, um eine Verbindung fortzusetzen, die unter dem alten System durch das Zusammenleben unter derselben Vatergewalt geknüpft worden war. So bilden sich, erstmals faßbar in dieser Epoche der gleitenden Veränderungen in dieselbe Richtung, solche *bona materna* mit Übertragung von Muttervermögen auf das Kind heraus, dem es (wie Cicero in bezug auf den jungen Marcus bemerkt) der Vater nicht mehr wegnehmen kann.

KERN- ODER GROSSFAMILIE? ABHÄNGIGKEIT, KONTROLLE, WOHNFORM

Es wäre unbedacht, aus solchen Rechtsnormen und Falldarstellungen, in denen Haus, agnatische Verwandtschaft und genealogisches Gedächtnis ein System bilden, auf eine Realität der Großfamilien in der Frühzeit zu schließen, welche für unsere klassischen Quellen immer der imaginäre Bezugspunkt sind. Das gängige Vorurteil, das stets von »Überresten« früherer Epochen ausgeht, postuliert eine Evolution, die vom *consortium*, der um Seitenverwandte erweiterten, gemeinschaftlich und egalitär lebenden Familie, zur patriarchalen Familie um ein Oberhaupt mit freier Erbenwahl geführt haben soll (Westrup 1934, 1939, 1944; Wieacker 1940; Franciosi 1980); später soll diese sich in kleinere Einheiten aufgespalten haben. Verbreitet ist der Glaube an einen allmählichen Niedergang der *patria potestas*, der väterlichen Gewalt (Crook 1967; Watson 1977). Damit reduziert man die Geschichte der römischen Familie praktisch auf den Rückgang der häuslichen Gewalt und Emanzipation der ihr Unterworfenen. Ein solcher Historienroman mag nett erzählt und sogar pedantisch recherchiert sein, läßt aber die Regelungsprozesse außer acht, die unter Anpassung ihrer Einflußbereiche die sozialen Veränderungen – die Mobilität der Vermögen und die Mobilisierung der Eheallianzen – umgingen, um das Entscheidende zu bewahren: die Macht über den Nachwuchs und die Kontrolle über dessen Reproduktion.

Beginnen wir mit dem nostalgischen Bild der Gemeinschaft der Zusammenlebenden. Wohl gibt es die *consortia*, doch waren sie nicht ursprünglich (der Ursprung ist bei den Historikern der *primordia* das innere Wesen einer Sache). Nur die relative Seltenheit verleitete zum Glauben an ihre Ursprünglichkeit, da sie ja verschwunden waren. Wenn ein Jurist des 2. Jahrhunderts n. Chr. die *consortia* in die »Vorzeit« verweist (Gaius, *Institutiones* III, 154 a), dann aufgrund ihrer Einzigartigkeit: Er versteht seltene Praktiken als früher häufigere Praktiken. Dazu einige Beispiele zu einem Thema, das sich beliebig verlängern ließe. Im Pompeji vor Ausbruch des Vesuv gab es Häuser, die Brüdern gehörten. Von zwölf Häusern, deren Inschriften mehrere Familienoberhäupter verzeichnen (was den Haushalt eines unter dem Dach des Vaters lebenden Sohnes aus-

Stele mit Darstellung eines Vaters und seiner freigeborenen Tochter (Ende des 2. Jahrhunderts n. Chr.). Das Denkmal ist von zwei Miterben errichtet worden, deren einer ein Bruder des Verstorbenen ist. Aus den Grabinschriften ist die Größe der Familiengruppe nur schlecht zu ermessen. Häufig enthält das Grab eine Einzelperson, ein Ehepaar oder ein Elternteil mit einem Kind. Und sowohl dem Außenerben wie dem Binnenerben obliegt es, das Grab bauen zu lassen und zu widmen: Namen der anderen Verwandten und Empfänger von Legaten werden nicht unbedingt aufgeführt. Bordeaux, Musée d'Aquitaine.

schließt, weil dort ansonsten nur ein einziger Name stünde), weisen sechs für ihre Bewohner den gleichen Gentilnamen aus; vier Häuser gehörten Notabeln und zwei Freigeborenen: Es handelt sich um Häuser von Brüdern und von Seitenverwandten. Von Häusern mit mehreren Namen wird mit Recht angenommen, ein Eigentümer habe sie zusammen mit einem Mieter bewohnt (Della Corte 1965); nicht auszuschließen ist jedoch, daß es auch ein Schwiegervater mit seinem gleichberechtigten Schwiegersohn gewesen sein könnte. In der Spätzeit der Republik und in der Kaiserzeit sind solche Fratrien durch Inschriften auf Grabmälern belegt, worin sich gewiß ein Familiensinn dokumentiert, der sich über den Tod der Eltern hinaus erhalten hat. Vereint das Grab allerdings zwei Brüder, einen Bruder und eine Schwester, zwei Schwestern mit ihren gemeinsamen Freigelassenen, wie in Rom oder Ostia bisweilen zu sehen, haben wir ein Unternehmen vor uns, das auf häuslichem Zusammenschluß beruht. Deswegen ist das immer wieder zitierte Beispiel der Aelii Tuberones aus dem 2. Jahrhundert v. Chr. keineswegs antiquiert. Die Brüder teilten sich ein Haus mit Frauen und Kindern: 13 Personen lebten so unter einem Dach. Zur Aufteilung zu dürftig, hatte man das Erbe ungeteilt belassen – eine Strategie der Armen (Plutarch, *Aemilius Paullus* 4). Doch auch die Reichen nutzten sie zur Kumulierung von Erbvermögen, wie Lucius und Quintus Fulvius, der Zensor im Jahre 174 v. Chr., oder Domitius Lucanus und Domitius Tullus, Zeitgenossen von Plinius dem Jüngeren.

Allerdings besteht ein Unterschied zwischen diesen unter Seitenverwandten ungeteilt belassenen Erbvermögen und der gesetzlich immer vorgesehenen Weitergabe an die Nachkommen. Von diesem Modell ausgehend bieten die *Digesten* eine außergewöhnliche Kasuistik zum Umgang mit Vermögen und Hausgewalt. Bestimmte Fälle sind, so seltsam sie anmuten, durchaus ernst zu nehmen, denn sie zeigen die *realia* der Hausverwaltung. So etwa, wenn die Texte versichern, der Familienälteste habe die Haushaltskosten zu tragen: Ihm stand die Mitgift seiner Schwiegertöchter zu, und erst nach seinem Tode erhielt sie der Ehemann und Sohn aus seinem Erbteil, weil er »nunmehr selbst die Lasten der Ehe tragen muß« (*Digesten* 10, 2, 20, 2; 10, 2, 46). Von den Adoptionsstrategien innerhalb der Familie war bereits weiter oben die Rede; als bewußte Eingriffe in die natürliche Abstammungsfolge dienen sie stets der Veränderung der Erbfolge. Immer geht es um Macht und Familienvermögen, dies sind unumgängliche Realitäten. Das behindert jedoch keineswegs den grenzenlosen rhetorischen Einfallsreichtum: Die schulischen Rhetorikübungen gehen von Konflikten aus, worin die – keineswegs zur Wirklichkeit in Widerspruch stehenden – Phantasmen durch die Institution gelenkt, die Widersprüche der Gesetzesnormen in ihrer Umsetzung in die Realität bis zur Absurdität und die sentimentalen Aporien des Rechts auf die Spitze getrieben werden. Söhne gehen in den Freitod aus Angst vor der Versuchung zum Vatermord, Väter töten ihre Söhne aufgrund des unberechtigten Verdachts vatermörderischer Absichten, Stiefmütter beschuldigen ihre Schwiegersöhne unberechtigterweise des Inzests – unter dem gemeinsamen Dach hausen Mißtrauen und Furcht (Thomas 1983): tragikomische Varianten über das Thema des Rechts.

Wenn es Texte gibt, aus denen wir etwas über diese patriarchalen Großfamilien erfahren, so gehören sie zur Gattung der *exempla*. Die Beispielhaftigkeit dieser Familien liegt in ihrer Fruchtbarkeit und großen Kopfzahl, und sie ließen sich als Muster bürgerlicher Tugend zitieren. So herrscht einer, abgesehen von seinen Klienten (um nicht die Sklaven zu erwähnen, deren Aufzählung nicht zur Sittenthematik, sondern zu jener des Reichtums gehörte), über fünf Töchter, vier Söhne und über deren Nachwuchs; ein anderer ließ sich von 27 Söhnen, Töchtern, Schwiegertöchtern, Enkeln und sogar Schwiegersöhnen, die er bestimmt selbst zu sich ins Haus geholt hatte, *pater* nennen. Wenn Plutarch jedoch berichtet, daß der spätere Triumvir Marcus Crassus mit seinem Bruder unter dem väterlichen Dach lebte, stellt er klar, daß beide eine Gattin hatten und alle an einem Tische speisten (*Crassus*, 1): selbstverständlich war das nicht. Darin zeigt sich eine Besonderheit, welche Plutarchs Quelle hervorgehoben hatte und die damit zum Dokument wurde. P. Veyne (1978) ging daher mit Recht davon aus, daß verheiratete Söhne das väterliche Haus verließen. Genauer: in der Oberschicht und unter Bedingungen, die es im folgenden zu beschreiben gilt.

Sichtbar wird der Drang zur Selbständigkeit auch darin, wie ungeduldig Knaben von der verwitweten Mutter wegziehen wollen. Selbst Nero setzte dieses Verlangen schließlich durch. Seneca preist das außergewöhnliche Verdienst des Metilius, der unter dem Dach seiner Mutter nicht nur nach seiner Volljährigkeit mit 14 Jahren, sondern sogar noch nach seiner Heirat wohnen blieb (*Ad Marciam de consolatione* 24). Es brauchte das Glück einer Marcia, damit eine Frau das Privileg genießen konnte, ihren Sohn bei sich zu behalten, oder die Durchsetzungskraft einer Volumnia, der Mutter Coriolans: Diese Witwe verfügte, der Legende nach, über mehr Autorität als alle *patres* zusammen, um ihren widerspenstigen Sohn von Rom fernzuhalten. Seneca beschreibt, was die Regel war: »Sie wohnen in getrennten Häusern.« Im umbrischen Larinum zur Zeit der Republik wohnte Cluentius nicht bei seiner Mutter, genausowenig wie die beiden Söhne der Pudentilla in Afrika im 2. Jahrhundert n. Chr., zur Zeit des Antoninus Pius: Der ältere geht, sobald er erwachsen ist, kurz nach seinem 14. Geburtstag nach Rom und weilt später mit seiner Gattin gerade zwei Monate auf Besuch bei der Mutter; der jüngere zieht es noch früher vor, bei seinem Onkel zu wohnen.

Auch wenn er noch der Gewalt seines Vaters unterstand, suchte ein Sohn aus guter Familie, sobald er die *toga virilis* trug, durchzusetzen, daß ihm eine eigene Wohnung in der Stadt gemietet wurde. Für diesen Freiheitsdrang gibt es zahlreiche Beispiele – angefangen bei Ciceros Sohn und seinem Neffen –, die zuweilen, mit Hilfe des mütterlichen Vermögens, zu einer eigenständigen Wohnstätte führten. Die Moral rügte diese Nachgiebigkeit, denn ohne gemeinsamen Wohnsitz gab es nur noch lockeren Lebenswandel und Untergrabung der Sitten. Für den jungen Sulla, der allerdings mittellos war, war es ein schlechter Start ins Leben, daß er sich bei Fremden einmieten mußte (Plutarch, *Sulla* 1). Als Caelius gescholten wurde, weil er mit 26 Jahren allein in einer Wohnung auf dem Palatin lebte, verteidigte ihn Cicero damit, sein Vater habe ihn näher beim Forum haben wollen, damit er sich leichter in Redekunst und Politik übe *(Pro Caelio* 18): Die Vorbereitung der aristokratischen Laufbahn war die Entschuldigung, die ein Vater dem Vorwurf mangelnder Aufsicht entgegenhielt. In diesen Zusammenhang gehört auch die Geschichte vom Bauern, der seinen Sohn in die Stadt ziehen ließ und sich dann selbst die Schuld daran zuschreiben mußte, daß er verdorben von dort zurückkehrte (Quintilian, *Declamationes minores* 298). So erklären sich auch die Gemeinplätze in den *Digesten*, welche die Entfernung von Söhnen aus dem Vaterhaus begründen mit Feldzügen, politischen Aufträgen oder Studien in einer Stadt, wo sich Schulen befinden.

Lassen diese Tatsachen auf den Individualismus als Regel und auf eine dominierende Lebensform in Kleinfamilien schließen? Überflüssig zu erwähnen, daß literarische Dokumente sich fast nur auf städtische Eliten beziehen und in ihrer Aussagekraft begrenzt sind. Allein den Reichen stellte das Recht Mittel zur Verfügung, um die enge Verbindung zwischen häuslicher Gewalt und Familienvermögen zu lockern: ein allgemeines Prinzip wird von einigen unterlaufen, ohne daß jedoch durch diese Umgehung das Prinzip als solches verletzt würde.

Um die Wende vom 1. Jahrhundert v. Chr. zum 1. Jahrhundert n. Chr. vertrauen Väter ihren Söhnen, wie sie es bereits seit langem, allerdings aus anderen Gründen, gegenüber Sklaven taten, ein kleines Vermögen an, worüber die Söhne verfügen, das sie aber nicht besitzen durften. Während der Sklave mit seinem *peculium* arbeiten und, bereichert durch sein Handwerksgeschick und seine Geschäftstüchtigkeit, sich freikaufen konnte, blieb der Sohn in völliger Abhängigkeit. Eine reiche Kasuistik zeigt, daß für ihn dieses Vermögen nicht dem Aufstieg diente, sondern ein Mittel war, um Unabhängigkeit und Abhängigkeit, seinen Status als Bürger und die häusliche Zugehörigkeit zu vereinbaren (Thomas 1982). Er erhielt weder ein Geschäft noch Gewerbekapital, sondern ein Haus, eine Rente und Sklaven. Seine politischen Ausgaben als Magistrat oder Senator in Rom, als Ädil oder Dekurio in einer Landstadt wurden ihm vom Vater als dem zuständigen Vermögensverwalter zugeteilt. Er konnte in eigenen vier Wänden wohnen, vor allem als Verheirateter, denn der Vater sorgte für Un-

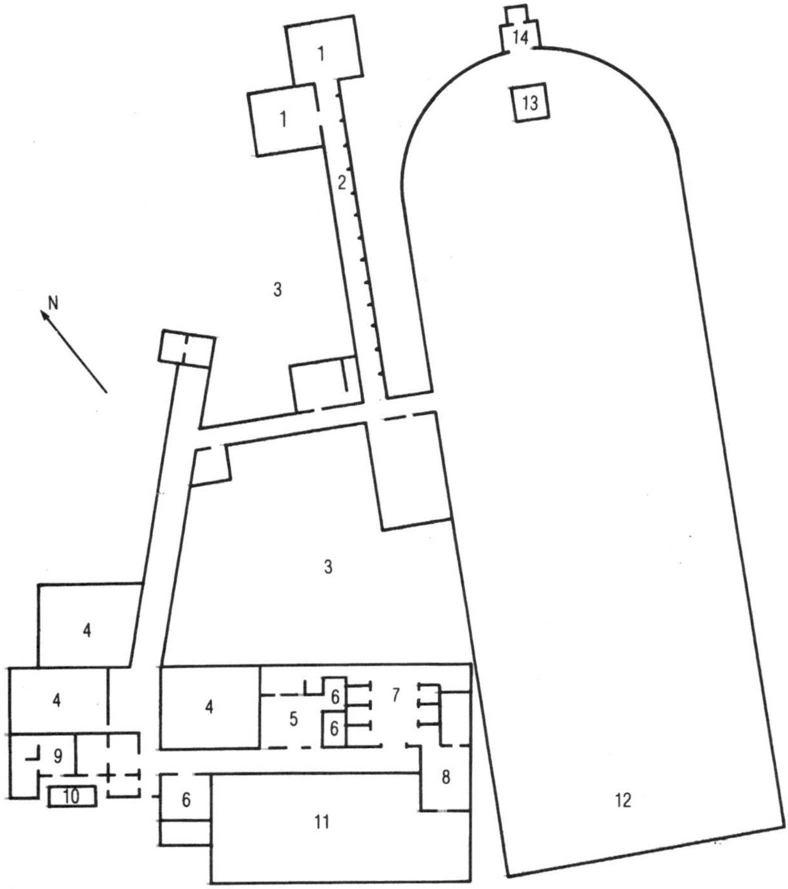

Plan der Villa Pinius' des Jüngeren in den toskanischen Ausläufern des Apennin. Ausgegraben wurden Pavillons (1 und 4), ein Bogengang (2), Weingärten (3), ein Hof (5), Zimmer (6), ein Atrium (7), ein Triklinium (8), ein Gymnastik- und Baderaum (9 und 10) und ein Wandelhof (11). Im Halbrund der Reitbahn (12) Speisesaal und Leseraum (13 und 14). Nach Winnerfeld, in: Fredouille, Dictionnaire de la civilisation romaine, *Paris 1968.*

terhalt und Wohnung. Der Gegensatz zwischen Kernfamilie und der in Richtung der Nachkommenschaft erweiterten Familie ist für diese römische Welt der Städte und des Wohlstands weniger relevant, als es auf den ersten Blick scheint: Eigener Wohnsitz geht nicht zwingend mit wirtschaftlicher Selbständigkeit einher, und erst recht nicht mit rechtlicher Autonomie. Die Geschlossenheit der erweiterten Familie bleibt, sofern es die Zahl ihrer Mitglieder erlaubt, trotz Trennung des Wohnsitzes erhalten. Man könnte eine Fülle von

Beispielen für solche verheirateten oder ledigen Söhne zitieren, deren Leben von einem in Geldsachen großzügigen, aber auf seine väterliche Gewalt erpichten Despoten von ferne gelenkt wurde. Sein Tod wurde deshalb nicht selten herbeigesehnt und manchmal herbeigeführt. Das obsessive Echo solcher Verbrechen und mehr noch der Angst davor hallt aus rhetorischen und Rechtstexten wider.

Daß Kinder getrennt von ihren Eltern lebten, ist zwar bisweilen belegt und für die Reichen auch ein juristisch lösbares Problem, doch alles andere als die Regel. Zunächst war es üblich, daß ein Sohn nach Trennung seiner Ehe die Kinder entweder von seiner Mutter erziehen ließ oder selbst mit ihnen ins Vaterhaus einzog: Sein Stand als Unverheirateter rechtfertigte diese Rückkehr. Eine Masse von Texten weisen auf diese Rolle der Großeltern väterlicherseits in der Erziehung der Enkel hin. Ihre traditionelle Erziehungsfunktion verstärkt sich mit zunehmenden Wiederheiratspraktiken, welche es erforderlich scheinen ließ, die Kinder aus erster Ehe von der Stiefmutter zu entfernen oder gar die Halbbrüder und Halbschwestern, Vettern und Kusinen gemeinsam zu erziehen und beim Großvater eine gemeinsame Verankerung finden zu lassen. Gelegentlich zogen auch Vater und Mutter an diesen Wohnsitz der Enkel, wenn sie nicht wieder heirateten. Als vierjähriger Halbwaise zog Octavian (der spätere Kaiser Augustus) mit seiner Mutter zu seinem Großvater väterlicherseits; zum Zeitpunkt von dessen Tod wohnten beide Töchter des Metelius mit ihm bei Marcia, von der er sich im übrigen nie trennen sollte. Greifen wir aus der Fülle von Beispielen eines heraus, von dem Cicero als Augenzeuge berichtete: Bei seinem Freund M. Laenius in Brindisi eingeladen notiert er ohne Überraschung, dieser teile sein Haus mit seinem Vater, seinen Söhnen, seinem Bruder und seinen Neffen (*Pro Sestio* 131 und *Pro Plancio* 97). Die Gattinnen läßt Cicero unerwähnt, so daß vermutet werden kann, die beiden Brüder seien, verwitwet oder geschieden, ganz selbstverständlich zu ihren *penates* zurückgekehrt, falls sie sie überhaupt je verlassen hatten.

Auf die sehr begrenzte Bedeutung des autonomen Wohnsitzes weist eine weitere Gewohnheit hin: Die Einrichtung einer Wohnung für den Haushalt des Sohnes im Hause des Vaters. Plutarch (*Cato der Ältere* 24) berichtet folgende Szene, die von Übersetzern nicht verstanden wurde, weil sie sich nicht vorstellen können, wie man zugleich separat und zusammen wohnen kann. Cato hat soeben seinen Sohn verheiratet. »Aus einem Häuschen«, formulieren die Übersetzer, beobachtet »eine junge Frau« das Kommen und Gehen einer Sklavin, die der würdige Greis insgeheim zu sich bestellt. Diese Konkubine kam aber auch am Zimmer des jungen Cato vorbei, und dessen mißbilligender Blick entging dem Vater keineswegs, so daß er sogleich den Entschluß zu einer standesgemäßeren Sexualität faßte und die eben ins heiratsfähige Alter gekommene Tochter eines Klienten ehelichte. Der griechische Text aber bezeichnet die Beobachterin als *nymphè* (»junge Gattin«). Das »Häuschen«, wo sie wohnt, ist folglich jenes Gebäude, worin auch das *domation* gelegen ist, das Schlafzimmer des Jungvermählten, der im Vaterhaus wohnt. Die Szene spielt also im selben Haus. Im bescheidenen Haus des älteren Cato verfügte vermutlich der Haushalt des Sohnes über eine autonome Wohnung, die auch »Schlafzimmer« enthielt. Die Übersetzer der Neuzeit verstanden nichts davon, weil sie den griechischen Text durch die Brille ihrer zeitgenössischen Kleinfamilie lasen. Es ist absurd, im Kontext der unmittelbar nach der Hochzeit des Sohnes folgenden Eskapaden des Schwiegervaters die *nymphè*, die beobachtet, anderswo wohnen zu lassen als den Jungvermählten, der urteilt, und damit die beiden Personen wie Fremde zu betrachten. Die Selbständigkeit in der Unselbständigkeit war für die Kleinfamilie ein unlösbarer Widerspruch; das Rechtsdenken aber konstruiert dieses Zusammenspiel von Unabhängigkeit und Abhängigkeit. Es findet sich auch in den Grundrissen der römischen Häuser. Und schließlich weisen auch wiederholte Formulierungen der *Digesten* wie *insula domui iniuncta* oder *adiacens* darauf hin: eine Wohnung, die an ein Haus angebaut ist, wobei das Ganze gemeinsam erworben und bewohnt wird.

Es wäre Sache der Archäologen zu ermitteln, wie die materiellen Strukturen solchen Zusammenwohnens aussahen. Bedauerlicherweise wird nie untersucht, wie die Wohnformen der Familie in den privaten Wohnbauten Ausdruck finden; man begnügt sich mit der Erkenntnis, daß es Freie und Sklaven, Hauseigentümer und Mieter gab: Weitere Fragen werden nicht gestellt. Dennoch sagen die Texte deutlich genug, wie sehr die Integration der Sklaven ins Haus ihres Herrn Gefängnischarakter hatte. Wie in einem Gefängnis lebten aber nicht nur die Sklaven, sondern auch die Freigelassenen. Ein von G. Fabre (1981) treffend zitiertes Fragment der *Digesten* (21, 1, 17, 15) weist dem Freigelassenen entweder eine *cella* zu, die auf mit den Sklavenräumen geteilten Gang (*iter*) hinausgeht, oder eine *habitatio*, die er mit den ihm unterstellten Sklaven getrennt bewohnt, die sich jedoch noch immer im Hause seines Herrn befindet, d.h. unter derselben Schlüsselgewalt. Bei diesen Einheiten wird zwar nach Selbständigkeit und einer vom Delegationsprinzip gestalteten Haushierarchie differenziert; sie verfügen aber – bildlich gesprochen – über keinerlei Notausgang. Was ist von diesen ineinandergehenden Wohneinheiten zu halten, von denen manche einen separaten Eingang haben? Von diesen doppelstöckigen Wohnungen mit Innentreppe und Außentreppe, wie einige in Ostia zu sehen sind? Warum soll man sich nur Sklaven, Freigelassene oder Mieter als Bewohner der *caenacula* vorstellen, von denen Varro spricht, den Nebenwohnungen im ersten Stock mit Loggia und Treppe zur Straße? Und ist schließlich für alle Häuser – oder genauer: für jene in Pompeji – mit ihrer klaren Unterscheidung zwischen Räumen für den Hausherrn und für die anderen, gesichert, daß einem jeden Wort, das Vitruv erwähnt, ein separater Raum entspricht und nicht manchmal auch komplexere Raumkombinationen oder Zimmerfluchten (solche Zuweisungen lassen sich im übrigen auf den Planskizzen der klassischen Werke nie durch die Texte rechtfertigen: sie sind nicht mehr als gelehrte, leblose Topoi)? Das Wort *diaeta* etwa wird mitunter einem Salon zugeschrieben, der auf das *atrium* hinausgeht, auf den Innenhof. Doch bei den luxuriösen Landhäusern, mit denen uns Plinius der Jüngere bekannt macht, wird unter diesem Wort ein einzeln stehender Pavillon verstanden, der bisweilen ein Eßzimmer und zwei Schlafzimmer enthält und von einem baumbepflanzten Hof umgeben ist. Wenn seine Frau fort war, begab sich Plinius zu der Stunde, wo er sie sonst zu besuchen pflegte, in eine *diaeta*: Calpurnia bewohnte offenbar ein separates Gebäude. Wird im Innern eines Hauses auf eine *diaeta* verwiesen, darf man also mit Fug annehmen, daß es sich um eine Folge von Räumen handelt, die eine Einheit bilden. Nötig wäre ein umfassendes Inventar der Texte, die den einzelnen Räumen und den untergeordneten Raumkomplexen je ihre Funktion zuweisen: Nur so könnte die Struktur der häuslichen Gruppe mit jener des Wohngebäudes in Beziehung gesetzt werden.

In manchen Gerichtsreden zu Straffällen wird eine mit einem einzigen Schlüssel verschließbare Wohneinheit (*conclave*) erwähnt, worin ein Vater mit seinen erwachsenen Söhnen schläft, oder eine Mutter mit ihrem jungen Sohn; auch sind aneinanderliegende Zimmer für mehrere Brüder genannt. Oder dann gibt es so nahe zusammenliegende Räume, daß ein junger Vetter seine ganze Zeit mit seiner Kusine verbringen, mit ihr schlafen kann, wie bei Apuleius zu lesen ist: Die Geschichte endet mit einer Hochzeit, aber sie erzählt nicht, ob Vetter und Kusine auch danach im gleichen Raum schliefen. Im allgemeinen teilten die Ehegatten nur auf Verabredung einen gemeinsamen Schlafraum. Mit der Frau ein gemeinsames Schlafzimmer zu haben, wird in den Texten speziell hervorgehoben als Element, das für die gerichtliche Untersuchung relevant ist: Das war folglich nicht selbstverständlich.

In vielen Häusern gibt es Zimmergruppen mit einer Verbindungstür in der zwei Häusern gemeinsamen Trennmauer: Entsprachen diese Unterteilungen nicht komplexeren Einheiten? Einmal mehr schweigen die Steine ohne die entsprechenden Texte. Der Historiker, der über die Dinge des häuslichen Lebens arbeitet, muß sich damit abfinden, daß Archäologen Texte nur im Zusammenhang mit dem öffentlichen Raum benutzen. Für sie bleibt der Römer gewickelt in seine Toga und scheint fast in den Säulenhallen zu schlafen, bedrängt durch einen Tagesablauf, worin nur Wahlen, Reden, Opferungen und Festlichkeiten vorgesehen sind. Hier nur ein Text unter vielen: Zu Beginn des 1. Jahrhunderts

v. Chr. beschließt der Senat, die Sklaven, die, obwohl unter dem gleichen »Dach« präsent, ihrem Herrn nicht geholfen hatten, als er ermordet wurde, der Befragung zu übergeben. Da die Bedingung dieser Befragung unter der Folter die Anwesenheit unter dem gleichen Dach zum fraglichen Zeitpunkt war, mußte der Begriff definiert werden. *Tectum* wurde somit Gegenstand von Kommentaren, und diese gelehrte Überlieferung setzt sich fort bis zu einem in den *Digesten* erhaltenen Fragment Ulpians (29, 5, 1, 27). Als erstes mußte die Ausdehnung der Einheit »Dach« analysiert werden, weil die Sklaven mobil sind und sich im Augenblick des Verbrechens irgendwo befinden können; die Rechtshermeneutik umfaßt zwingend die Frage nach Buchstabe und Sinn: Sollen die Felder, die das Landhaus umgeben, auch unter das »Dach« gehören? Aber vom Standpunkt des Opfers aus ist das *tectum* auch als der Raum zu definieren, innerhalb dessen der Hausherr einen gesetzlichen Anspruch auf Sühne hat: Gilt nun das »Dach«, unter dem jener, der unter der Gleichgültigkeit der Sklaven umgebracht wird, gerächt werden muß, nur für den Hausherrn? Oder hat die Gattin Anrecht auf das gleiche Privileg? Oder auch der Sohn? Die Tochter? Der verheiratete Sohn? Die verheiratete Tochter und der Schwiegersohn? Die Kasuistik entwickelt vielfache Kombinationen, wobei als Kriterium zur Beurteilung der Streitfrage auch die diversen Vermögen hinzugezogen werden, denen die verschiedenen Sklaven entstammen: Gehören sie dem Hausherrn, seiner Ehefrau oder dem Schwiegersohn? Dies ist der subtile Kontext von Ulpians Kommentar. Meine Übersetzung folgt der Logik der immer größeren Einheiten, die einbezogen werden: »Wie ist ›unter einem Dache‹ zu interpretieren? Ist es die Raumeinheit, die zwischen vier Wänden liegt (*utrum intra eosdem parietes*)? Oder, darüber hinaus (*an et ultra*), ist es das, was sich innerhalb der gleichen Zimmerflucht (*intra eamdem diaetam*) oder in einer Kammer (*vel cubiculum*, d.h. in einem Zimmer dieser Flucht) befindet? Oder aber ist es das gleiche Haus (*vel eamdem domum*)? Oder dieselben Gärten (*vel eosdem hortos*)? Oder das ganze Landgut (*vel totam villam*)?« Es zeigt sich eine Bewegung vom Innern zur äußeren Umgebung, und innerhalb des Inneren von der kleinstmöglichen Einheit der vier Wände zum ganzen Haus; geht man davon aus, daß *cubiculum* ein Schlafzimmer ist, dann kann *diaeta* nur als eine mittlere Einheit zwischen Zimmer und Haus interpretiert werden, die zugleich umschließt und umschlossen ist: eine Wohnung oder Zimmerflucht.

Wir stehen damit vor einer komplexen Strukturierung, einem Familienmodell, das sich aus mehreren Kernfamilien zusammensetzt. Auch wenn dies nur ein Beispiel ist, läßt sich daraus gleichwohl ein Hinweis gewinnen. In Ulpians Kommentar, festgehalten in der Zeit der Severer, wird das römische Haus verstanden als ein Ganzes, zusammengesetzt aus kleineren, untergeordnet zusammengefaßten Einheiten, die den Raum darstellen für das Leben und Sterben der

Mitglieder der verschiedenen Kernfamilien unter der Gewalt eines Familienoberhaupts.

FORTPFLANZUNG – WIEDERHEIRAT UND HEIRATSALTER

Es existierten also voneinander abhängige Familieneinheiten. Doch wie groß waren sie? Wie stand es um ihre Fruchtbarkeit? Wir werden es vermeiden, das Problem in seinen rein demographischen Aspekten aufzugreifen – nicht etwa weil die Frage sich nicht stellen würde, sondern weil sie auf dieser Ebene keine Antwort finden kann. Über die allgemeine Lebenserwartung, die Lebenserwartung bis zum Heiratsalter, die Erwartung, so lange zu leben, bis man die eigene Nachkommenschaft sich reproduzieren sieht, darüber liefern die Inschriften, so eindrucksvoll ihre Zahl auch sein mag, keine statistisch verläßlichen Daten. Zu nachhaltig ist bewiesen, wie solche von kulturellen und gesellschaftlichen Einstellungen zum Tode geprägten Dokumente die Wirklichkeit verzerren können (Moretti 1959; Hopkins 1966), als daß es noch glaubwürdig sein könnte, Anregungen aus den Bevölkerungskurven für präindustrielle Gesellschaften, wie sie K. Hopkins (1983) verwendet, zu beziehen. Nehmen wir bestenfalls an, daß bei einer durchschnittlichen Lebenserwartung von fünfundzwanzig Jahren 45 Prozent einer Generation die ersten zwei Lebensjahrzehnte überlebte, 30 Prozent mehr als vierzig Jahre alt wurden und 13 Prozent das sechzigste Altersjahr erreichten. Falls diese Annäherungen der Demographen vernünftig sind, muß das von Inschriften und Texten überlieferte Bild müßiger und unfruchtbarer Paare revidiert werden. Wie soll man sich in einer von der Allgegenwart des Todes gekennzeichneten Welt, in der mindestens ein Drittel der Neugeborenen und fast die Hälfte der Kinder vor der Pubertät starben, das Überleben von Familien erklären, wenn einem berichtet wird, die Paare, die einen eigenen Hausstand gründeten oder in einen solchen einzogen, hätten im Durchschnitt gerade zwei Kinder, die das Alter erreichten, in dem ihr Name nach der Sitte in den Grabstein eingehauen werden mußte, lange vor der Geschlechtsreife?

Mit sehr seltenen Ausnahmen sind die Kleinkinder, deren Tod verzeichnet ist, älter als ein Jahr. Jene Inschriften, die von vollständigen Kernfamilien Zeugnis ablegen, d.h. erstellt wurden zum Zeitpunkt, als ein überlebender Gatte all seine Angehörigen verzeichnete, Geschwister ihre beiden Eltern oder einen Elternteil in Erinnerung riefen, lassen nur in sehr seltenen Fällen eine Zahl von drei oder mehr Kindern erkennen. R. Meiggs (1960) führt drei Beispiele für

Ostia und A. Calderini (1930) zwölf für Aquileia an. Die große Masse der Inschriften erwähnen, wenn überhaupt, zwei Kinder oder ein Einzelkind. Dieser katastrophale Eindruck ergibt sich nicht aufgrund einer spezifischen soziologischen Auswahl der Grabdokumente. Zwar finden sich in städtischen Inschriften vorwiegend Freigelassene, denen es wichtig war, die Überwindung ihres Sklavenstatus und den Aufstieg zum Bürger oder zur Bürgerin öffentlich zu machen und zugleich ihre Dankesschuld gegenüber dem ehemaligen Herrn darzulegen (Ross Taylor 1961); es besteht aber kein Grund zur Annahme, daß die einfachen Leute unter den Freigeborenen – deren Tod noch weniger als jener der zuweilen von Herren betrauerten Sklavinnen und Sklaven Gelegenheit fand, eine Spur zu hinterlassen – im Laufe ihres Ehelebens fruchtbarer gewesen wären als die Freigelassenen. In der Oberschicht galten Paare mit großer Kinderzahl als exemplarisch: In Rom kannten alle die Fruchtbarkeit der Gracchenmutter Cornelia oder jene der Agrippina, der Gattin des Germanicus, über deren Schwangerschaften das Volk sich genauso freute wie darüber, daß ihre Rivalin Livia Iulia, Gattin des Tiberius-Sohnes Drusus, auf dieser Ebene nicht mithalten konnte. Ansonsten aber war es schon viel, wenn drei Kinder eines Paares überlebten. Von zwölf durch Ph. Moreau (1983) für Larinum untersuchten Paaren haben fünf ein Kind, vier zwei Kinder, und drei sind kinderlos.

Solche Paare lebten allerdings nur auf Zeit zusammen. Soweit mehrere Nachkommen von republikanischen Aristokraten bekannt sind, wissen wir, daß sie aus verschiedenen Ehen hervorgingen. In Larinum ging jeder Munizipalaristokrat im Laufe seines Lebens im Durchschnitt drei Ehen ein: Oppianicus, das Monster des bei Cicero nachzulesenden Dramas, hatte sechs Frauen, eine mehr als Sulla, Pompeius oder Mark Anton, zwei mehr als die Kaiser Augustus,

Sarkophag mit Anrufung des Toten (conclamatio) *und Ritus der Geburt (2. Jahrhundert n. Chr.). Verwandte beweinen den Toten, während sein Name ausgerufen wird: die erste Totenklage. Rechts wird der sitzenden Mutter von der Hebamme das Neugeborene gezeigt, die sein Geschlecht verkündet und seine körperliche Beschaffenheit überprüft...*

Claudius oder Caligula. Eine große Zahl für einen einzigen Mann. In der römischen Welt jedoch war das Lob der Einehe ein Nachhall aus dem Zeitalter der Helden, und Wiederheirat nach Verwitwung oder Scheidung war in allen Gesellschaftsschichten alltäglich (Humbert 1972): Ein Mann konnte sich ohne jeglichen Prestigeverlust von seiner Frau scheiden lassen, und für sie bedeutete es keinerlei Beleidigung. So trennte sich Sulla von seiner dritten Frau in allen Ehren und überhäufte sie mit Lob und Geschenken: Er wünschte sich eine vierte und fruchtbarere Frau (Plutarch, *Sulla* 6). Sicher, die Scheidung war gelegentlich eine Folge mangelnden Einvernehmens, aber meist schlicht die Feststellung, daß der Schuh nicht zum Fuß paßte: Von Papiria mit Kindern reichlich bedacht, entgegnet Aemilius Paullus auf die Frage »Ist sie nicht tugendhaft? Schön? Fruchtbar?« knapp: »Es ist wie bei einem Schuh: Von außen sieht man nicht, wo er drückt.« (Plutarch, *Aemilius Paullus* 4) Mehr noch: Die Scheidung beendet nicht die Allianz, die mit der Heirat geknüpft worden war. Von diesem einvernehmlichen Wechsel von einem zum andern wurde so wenig Aufhebens gemacht, daß dafür keine weitere Formalität erforderlich war als ein Brief oder eine schriftliche Mitteilung. Folglich war es manchmal schwierig, den Rechtsstatus von Kindern aus Verbindungen festzustellen, die vor dem förmlichen Ende der vorigen Ehe geboren waren. Ein Mann verließ seine schwangere Frau in Spanien und hinterließ bei seinem Tod in Rom eine zweite, ebenfalls schwangere Ehefrau: Waren nun beide Neugeborenen rechtmäßige Erben? Der Fall wird von Cicero berichtet (*De oratore* 1, 183), der an anderer Stelle vermerkt: »Paulla Valeria hat sich ohne Grund am selben Tag von ihrem Mann geschieden, an dem er aus der Provinz heimkehren sollte. Sie wird Decimus Brutus heiraten.« (*Ad familiares* 8, 7)

...doch ist nicht gesichert, ob diese Bilder einen Lebenslauf darstellen und von rechts nach links gelesen werden müssen. Denn von links nach rechts könnte der Glaube dargestellt sein, daß der Tod eines nahen Verwandten durch die Geburt eines Verwandten desselben oder näheren Grades ausgeglichen wird. Paris, Louvre.

Allerdings läßt sich die Häufigkeit der Wiederheiraten nicht auf die rein politische Bedeutung reduzieren, welche die meisten Historiker seit Münzer (1920) ihr zuordnen: aristokratische Strategien, Vervielfachung der Allianzen, Herstellung von Beziehungsgeflechten zwischen Schwiegervätern und Schwiegersöhnen und unter Schwägern, bei denen Frauen wie Brücken den einen mit dem andern verbinden. Zwar wurden politische Allianzen regelmäßig mit Wiederheiraten besiegelt. Doch der Allianzaspekt erklärt nicht die Tatsache, daß auf vielen Grabinschriften von Freien oder Freigelassenen der Gatte an die vorigen Gatten der Verstorbenen erinnert, daß die überlebende Gattin auf der Grabinschrift des Ehemannes so oft auch die anderen Gattinnen aufzählt, oder daß Männer gemeinsam ein Grabmal für die Frau errichten, mit der sie nacheinander verheiratet waren (Humbert 1972). Noch weniger kann der Allianzaspekt erklären, was Plutarch (*Vergleich von Lykurg und Numa* 3) als Ethnograph festhält: Römer leihen einander Ehefrauen aus, wenn einer nicht genug Kinder hat. Im Gegensatz zu den Spartanern, die den Mitbürger, von dem sie stramme Söhne wünschen, in ihr Haus führen, lassen die Männer Roms ihre Gattinnen zirkulieren.

Auf welche Sitte spielt Plutarch an? Es genügt nicht, das Beispiel des Hortensius anzuführen, dessen Verhalten aufgrund der Rede, die ihm die Schultradition zuschreibt, die Aufmerksamkeit auf sich zieht. Hortensius wollte Kinder von der Tochter Catos; doch Portia war bereits mit Bibulus verheiratet, dem Konsul des Jahres 59 v. Chr. Das sei für ihn kein Hinderungsgrund: Wenn Bibulus Wert darauf lege, wolle ihm Hortensius die Frau nach der Niederkunft zurückerstatten; auf diese Weise werde er »durch diese Gemeinschaft der Kinder noch enger mit Bibulus und Cato verbunden« sein. Der Redner, ein Zeitgenosse Ciceros, soll dies auf folgende Weise formuliert haben (Plutarch, *Cato der Jüngere* 25): »Nach Menschenmeinung kann ein solches Vorgehen seltsam scheinen. Wenn man sich aber auf den Standpunkt der Natur stellt, ist es eine schöne und für die Gemeinschaft der Bürger nützliche Sache, daß eine junge Frau in der Zeit ihrer Fruchtbarkeit und in der Blüte ihres Lebens nicht müßig bleibt und ihre Gebärfähigkeit nicht brachliegen läßt. Sie soll kein Haus in Armut stürzen, in dem es bereits von überzähligen Kindern wimmelt, doch sie soll reichlich Tugend schaffen, indem sie sich Männern guten Rufes hingibt, die sie untereinander teilen; sie soll die Tugend in ihren Geschlechtern verbreiten und zum Grundpfeiler des Staates werden, indem sie die Bürger durch ihre Ehen miteinander verbindet.« Catos Weigerung macht Hortensius nicht irre: Er ändert seine Absicht und verlangt schlankweg Catos eigene Gattin: »Sie war noch jung genug, um ihm Kinder zu schenken, während Catos Nachkommenschaft bereits gesichert war.« Und Catos Antwort ? »Er sagt lediglich, Philippus, der Vater Marcias, müsse um seine Meinung gefragt werden.« Ein Gatte kann nicht verweigern, was der Vater erlaubt: Cato »war beim Jawort anwesend«. Später wird Marcia Witwe und Cato nimmt sie als reiche Erbin ihres Zwischengatten zurück. So wird eine Frau zunächst verliehen und dann zurückerstattet. Beachtenswert ist, daß Cäsar in seiner Schmährede gegen Cato diesem nicht vorwirft, daß er seine Frau abgetreten hat, sondern ihn nur dafür verspottet, er habe sie reicher zurückerhalten; Cato wird nicht etwa als Gatte mit lockeren Sitten, sondern als käuflicher Gatte hingestellt (Plutarch, *Cato der Jüngere* 52). R. Flacelière (1976) bemerkt zu dieser Geschichte nur, hier werde der Gegensatz zwischen zwei Eheauffassungen sichtbar: der alten, in der nur der Nachkommen wegen geheiratet worden sei, und der neuen, worin die Einehe in ehelicher Liebe ihre Erfüllung finde. Mißlich ist an dieser Interpretation zunächst, daß eine Gebärmutter einem einzelnen genau die gleichen Dienste erweist wie wenn sie von mehreren geteilt wird; und dann war dem römischen Denken der postulierte Zusammenhang zwischen ehelicher Liebe und Monogamie offensichtlich völlig fremd.

Ein Detail ist der Aufmerksamkeit der Kommentatoren entgangen: Die ausgeliehene Gattin, gewissermaßen die zweite Wahl, deren Abtretung ihr Mann akzeptierte, war schwanger. Hortensius nahm also an, daß Cato seine Frau das Kind bei einem anderen zur Welt bringen ließe und damit einverstanden war, daß es, gleichsam in Form pränataler Adoption, zum Kind eines andern werde. Aemilius Paullus kann vergleichsweise angeführt werden (und die vielen Namenlosen, die von den Rednern in Szene gesetzt werden), der, mit vier Söhnen von zwei Frauen gesegnet, die beiden ersten zur Adoption freigab, einen an die Familie eines Fabiers, den anderen an die Familie eines Scipionen. Ein in Rom häufig bezeugtes Vorgehen ist die Abtretung einer von einem Schwiegersohn schwangeren Tochter – oder auch der eigene Frau, wenn ihr Vater nicht mehr lebte. Mit Hortensius beschreibt Plutarch lediglich den Extremfall, der das zugrundeliegende System aufdeckt und zugleich weniger spektakuläre, alltägliche Beispiele verdeckt. Sulla nimmt die Tochter seiner Gattin ihrem Ehemann weg und bietet sie als Schwangere dem Pompeius an. Augustus hat Livia durchaus nicht ihrem Gatten Claudius Nero »entführt«, wie Sueton behauptet (der sich in dieser Frage übrigens widerspricht: *Augustus* 62; *Tiberius* 4), sondern läßt sie sich im sechsten Monat abtreten, was durch Neros Präsenz – wie schon Cato im gleichen Fall – bei der Hochzeit bestätigt wird (Dio Cassius 48, 44). Im Hause des Augustus geboren, wird der Säugling wenig später für eine bestimmte Zeit zu seinem Erzeuger gebracht, der ihn höflich wieder zurücksendet. Augustus beweist so die guten Manieren eines Bürgers, der seine Frau durchaus nicht entführt, sondern von einem Freund erhalten hat, und dem er nun zeigt, welches Geschenk er ihm verdankt. Tiberius muß seine schwangere Frau verstoßen, um Julia heiraten zu können. Hier ist zwar die politische Allianz offensichtlich, aber mit Mitteln, die durch die »Allianz« nicht hinreichend erklärt werden können: Warum konnte die Niederkunft der Gattin nicht abgewartet werden? In den Darstellungen von Tacitus, Sueton und Dio Cassius gibt es unzählige solcher »entführter« (*abductae*) Frauen, doch sie sind allesamt von ihren Gatten abgetreten worden. Unter den Freundesdiensten zählt Seneca auch die mißbräuchliche Ausleihe von Frauen auf (*De beneficiis* 1, 9, 3). Die einzige Gefahr war in diesem Zusammenhang eine Verwechslung von Abtretung und Ehebruch, eine Verwischung des Unterschieds zwischen einer Verliehenen und einer Entführten. So auch in der merkwürdigen Geschichte über Kaiser Nero, der einem seiner Freunde Poppäa in Obhut gab, die er gerade ihrem Gatten »entführt« hatte (d.h. die er dem Gatten verdankt). Otho empfing sie in seinem Haus, aber *nuptiarum specie*, wie eine Ehegattin empfangen wird. Nero verlangte vergeblich die Herausgabe. Sein ganzes Wehklagen vor der Tür des Freundes nützte nichts: Er wurde abgewiesen. In der Folge löst Nero – der wohlgemerkt als Tyrann gilt – die Ehe schließlich auf und bestrafte den untreuen Obhutsverwalter mit keiner schärferen Strafe als der Entfernung nach Lusitanien (Sueton, *Otho* 3).

Aristokratische Spielereien? Was ist dann von den so oft in den *Digesten* zu lesenden Bestimmungen zu halten, welche die Situation der Ehefrau regeln, die zu ihrem ersten Gatten nach der Ehe mit einem anderen zurückkehrt? Wie lassen sich dann diese Zwischenehen erklären und die Probleme der Mitgiftgebräuche, die sie aufwerfen? Was fangen wir an mit testamentarischen Verfügungen zugunsten einer fruchtbaren Wiederheirat des Gatten (Humbert 1972)? »Ich hinterlasse diese Summe dem Titius, auf daß er meine Witwe Maevia heirate«, heißt es in den *Digesten* (31, 77, 32), und an anderer Stelle: »Ein Gatte vermachte seiner Witwe für ein Drittel seines Vermögens das Nutzungsrecht und, sollte sie später Kinder gebären, dessen Besitz.« (*Digesten* 22, 1, 48) Verlangt wurde von jenem, der etwas anordnet, daß er seinen Willen klar ausdrückte: »Ein Mann vermacht seiner Frau Grundbesitz unter der Bedingung: ›wenn sie Kinder zur Welt gebracht hat‹. Die Frau gebärt, nach vollzogener Scheidung, Kinder eines anderen und kehrt nach Auflösung dieser zweiten Ehe zum ersten Gatten zurück. Die Bedingung scheint auf diese Weise nicht erfüllt zu sein, denn der Gatte sprach aller Wahrscheinlichkeit nach nicht von Kinder, die sie zu seinen Lebzeiten von einem anderen bekommen hätte.« (*Digesten* 35, 1, 25) Dies war die Meinung Julians, eines Zeitgenossen von Hadrian. Vermeidet Mißverständnisse, Ehemänner.

War dieser Austausch, die intensive Zirkulation der Gebärerinnen, ein Überbleibsel aus archaischen Zeiten noch im 2. Jahrhundert n. Chr.? Eine Vorgehensweise der Oberschicht, worin sich materielle Vorteile und die Vermietung von Gebärmüttern vermischen? Allem Anschein nach galten fruchtbare

Frauen als selten; ob sie es wirklich waren, steht auf einem anderen Blatt, auch wenn eine Textstelle wie die folgende von Dio Cassius dafür zu sprechen scheint (54, 16, 1-2): »Unverheirateten Männern und Frauen legte er [Augustus] schwere Steuern auf und gewährte andererseits bei Vermählung und der Erziehung vieler Kinder Vergünstigungen. Und da es in den oberen Schichten weitaus mehr Männer als Frauen gab, gestattete er außer den Senatoren allen, die dies wünschten, auch eine Freigelassene zu heiraten, und er ordnete an, daß ihre Nachkommenschaft legitim sei.« Unverheiratete Männer waren offensichtlich in einer schlechten Lage (was Satiriker und Moralisten zur Genüge belegen), der abgeholfen werden mußte. Vor diesem Hintergrund ist der Text des Pomponius zu verstehen, eines Autors aus dem 2. Jahrhundert n. Chr.: »Das öffentliche Interesse gebietet, die Mitgift der Frauen unangetastet zu erhalten. Denn es ist im höchsten Maße notwendig, daß die Frauen ausgestattet bleiben, um gebären und die Stadt mit Kindern füllen zu können.« (*Digesten* 24, 3, 1; der Text wird von bestimmten Juristen zu Unrecht – sie kennen nicht die literarischen Parallelen – als interpoliert betrachtet.) Die Mitgift »erhalten« heißt garantieren, daß die Frau sie bei Verwitwung oder Scheidung zurückerhält. Was mit Sorgfalt bewahrt wird, was die Institutionen schützen, was das Recht mit Garantien bedenkt, das ist die gebärfähige Frau, die von zu vielen Männern unter sich geteilt werden muß.

Ich vermeide es, mich auf die Diskussion demographischer Realitäten einzu-

Sarkophag mit Darstellung der Dextrarum Iunctio *(3. Jahrhundert n. Chr.). Diese seit Ende des 2. Jahrhunderts n. Chr. häufigen Darstellungen verweisen nicht auf einen Hochzeitsritus, sondern symbolisieren das Einverständnis zwischen den Gatten, die Eintracht, wie sie üblicherweise in den Inschriften unterstellt wird. Diese idealisierten Szenen enthalten dennoch zeremonielle, ebenso imaginäre Merkmale: eine im allgemeinen in Gesichtszügen der Juno oder der Venus dargestellte Pronuba. Später wird diese Rolle von einer Abbildung Christi eingenommen. Rom, Thermenmuseum.*

lassen: Wurden neugeborene Mädchen häufiger als Knaben ausgesetzt? Das Verbot, »die Erstgeborene« zu töten, läßt diesen Eindruck entstehen. Zudem raffte der Tod im Kindbett viele Frauen zwischen 18 und 25 Jahren dahin, wie aus Texten und Inschriften auf beklemmende Weise deutlich wird. Gewiß, es gab weniger Frauen als Männer, und die fruchtbare Phase ihres Lebens wurde früher unterbrochen. Deutlicher als diese Vermutungen läßt sich jedoch festhalten, daß die Angst vor dem Mangel an Frauen das Verhalten der Männer bestimmte. Die Schreckensphantasie des Mangels führte zum hektischen Austausch von Frauen, weil es um die Erhaltung der Rasse der römischen Bürger ging.

Von männlicher Tugend und römischer als ein Römer war daher die Frau, die aufopferungsvoll ihren Platz an eine andere abtrat, die fruchtbarer war als sie. Augustinus überliefert ein traditionelles Handeln: »Bei den Alten war es einem Mann auf ausdrücklichen Wunsch seiner Gattin gestattet, eine andere Frau zu nehmen, die ihnen gemeinsame Kinder gebar: Aus dem Koitus und Samen des Mannes entsprungen, unterstanden sie auch nach Recht und Gewalt der Gattin.« (*De bono coniugali* 15) Unter diesen drei Personen waren die Hauptfiguren klar die Gattin, die eine fruchtbare Frau ins Haus holte, und der Gatte, dessen Samen *communes filii* erzeugte. Schwierig zu verstehen ist allein dieses »Recht«, das die uneigennützige Gattin – wahrscheinlich nach Weggang der Frau, die mit ihrer auf Zeit zur Verfügung gestellten Gebärmutter einen Dienst leistete – über die Söhne behielt. Diese rechtliche »Gewalt« der Mutter war ein Anachronismus, doch nur für die Zeit des Augustinus: Der Begriff der mütterlichen Gewalt taucht in ägyptischen Papyri auf, und eine Regelung aus dem Jahre 390 v. Chr. bestätigt, daß Mütter zum Vormund ihrer rechtmäßigen Kinder eingesetzt werden konnten. Im Unterschied dazu war die Erwähnung »gemeinsamer Kinder« aus dem Bauch einer Dritten begrifflich durchaus präzise: Die heldenhafte Turia – ihre Grabinschrift führt eine Frau vor Augen, die ein Leben in Form einer Aneinanderreihung exemplarischen Verhaltens zu führen wußte – wurde zur Zeit des Augustus gepriesen, weil sie selbst dieses Mittel gegen Unfruchtbarkeit vorgeschlagen hatte (*Laudatio Turiae* II, 31-39). Schon in frühester Jugend war sie fähig, Vater und Mutter zu rächen, ganz allein das gemeinsam mit dem Gatten ererbte Familienvermögen gegen ihre *gens* zu bewahren, den letzten Willen ihres Vaters in allen Dingen durchzusetzen, und über all diese Tugenden hinaus, mit denen eine Frau bisweilen die Schwäche ihres Geschlechts überwindet und durch Charakterstärke ausgleicht, bemühte sie sich, gegen ihren eigenen Körper die bürgerliche Funktion der Ehe zu erfüllen: sie wollte für ihren Mann eine fruchtbare Fraue finden, um ihm zu einer Nachkommenschaft zu verhelfen. Sie schlug vor, ihren Platz zu räumen und »das Haus der Fruchtbarkeit einer anderen zu überlassen«. Der Gatte wies dies

Auf einem Prunkbett ein nacktes Paar in enger Umschlingung. In Italien wurden Gatten nicht so dargestellt: Zwischen der Erotik der Kurtisanen und der verhüllten Würde der Matronen ist kein Platz für den Leib. Ein besonderes gallisch-römisches Kulturdokument? Saint-Germain-en-Laye, Musée des Antiquités Nationales.

zurück, und dies erlaubt uns, in ihrer Grabinschrift die Gemeinplätze zu lesen, womit die seltsame Abtretung von Rechten – eine Frau, die sich selbst aus der Ehe zurückzieht und, weit davon entfernt, weggeschickt zu werden, über die erneute Verheiratung ihres Mannes entscheidet – vor den Augen derjenigen, die am Grabmahl vorübergehen, glorifiziert wird: »Deine einzige Sorge galt dem Bemühen, eine Gattin auszusuchen und die Heirat mit einer Frau vorzubereiten, die meiner würdig ist; unser gutes Einvernehmen war zu gut bekannt, als daß man daran hätte zweifeln können; du hast bekräftigt, daß du die Kinder dieser Frau als [gemeinsame] und als die deinen ansehen würdest; du wolltest nicht, daß das ungeteilte Familienvermögen geteilt werde; du hast dir nichts vorbehalten und wolltest nichts für dich; du versprachst, mir fortan mit den Pflichten und dem Respekt einer Schwester oder Schwiegermutter zu begegnen.« (*Laudatio Turiae II* 33-39). Als M. Durry (1950) in die Lücke eines Adjektivs zu *liberos* das Eigenschaftswort *communes* einsetzte, hatte er sicher recht: Augustinus verwendet genau diesen Begriff im selben Kontext. Doch während Turia ihren Platz räumt, was sie nicht daran hindert, selbst die Ersatzfrau auszusuchen und trotz des Rückzugs die Gemeinschaftlichkeit von Gütern und Kindern zu bestätigen, scheint die Matrone bei Augustinus sich nur kurzfristig zurückzuziehen; ihre Bereitschaft beschränkt sich auf eine für die

Leihmutter genügende Zeitspanne, um ein Kind zur Welt zu bringen. Selbstverständlich war eine Scheidung erforderlich, damit dieses Kind legitim war. Turia wollte, daß ihr Mann die Scheidung von ihr vollzog; bei Augustinus »will« die Gattin offenbar eine Doppelscheidung: erst von ihr selbst, und nachher von der Frau auf Zeit. Das Vorgehen – drei Ehen mit zwei Scheidungen, d.h. eine einzige Ehe mit einer zwischenzeitlichen Heirat – ist umgekehrt symmetrisch zu jenem des Mannes, der eine Frau ausleiht und sie wieder zurückerhält.

Daß eine Frau ein solches Opfer vollbringt, worin sich letztlich die Hierarchie der Entscheidungen umkehrt, war bestimmt recht selten, aber doch nicht so außergewöhnlich, daß Cicero nicht in seiner Schrift *De divinatione* (I, 104) einen Priester die Worte einer Matrone an ihre junge Nichte als Weissagung interpretieren lassen konnte: »Siehe, meine Kleine, ich trete dir meinen Sitz ab«, eine Prophezeiung ihres eigenen Todes, gefolgt von der Wiederheirat des Gatten mit der *puella*, denn das Wort *sedes* (Sitz) bezeichnet auch den Wohnsitz. Und die Weissagung traf ein.

Wenn die Gattin sich opfert als Bürgerin und dafür geehrt wird mit der Anerkennung einer Tugend, die für sie nicht als eine natürliche betrachtet wird, so muß es um so selbstverständlicher für die Bürger gewesen sein, untereinander – zwischen Vätern, Brüdern und Gatten – diese Frauen weiterzureichen, deren Heirat mit dem Ziel, Kinder zu haben, die Familie genauso verlangte wie der Staat. Allerdings war die Ehe keine allgemein übliche Lebensform, wie zur Genüge die Ermahnungen, die gesetzlichen Vorschriften und eine Vielzahl von Texten belegen. Diese nicht allgemeine Verbreitung verlangt nach einer Erklärung. Als bürgerliche Institution ist die Heirat eine Sache der Privilegierten. Als häusliche Einrichtung jedoch ist sie außerdem, wie P. Veyne mit Recht festgestellt hat, der institutionelle Rahmen zur Übertragung des Familienvermögens. Nun begünstigen zahlreiche Bestimmungen in Testamenten einen bestimmten Sohn: Manche machen die Heirat zur ausdrücklichen Bedingung, um überhaupt Erbe zu sein oder den Hauptteil der Erbschaft antreten zu können. Bisweilen ist der Schwiegersohn Miterbe der Gattin. All das läßt darauf schließen, daß das Familienoberhaupt, wenn es einem bestimmten Kind sein Vermögen oder den Hauptteil daran überschrieb, zugleich den zur Ehe Bestimmten bezeichnete. Demographisch stellte das kein Problem: Das Konkubinat war den anderen keineswegs untersagt. Die Legitimität jedoch und die rechtliche Gewalt sowie das Familienvermögen standen dem vom Vater Erwählten zu, und weil dieser die Pflicht, für Nachkommenschaft zu sorgen, erfüllen mußte, führte er mehrere Gattinnen nach Hause, wenn eine einzige der Aufgabe nicht rechtzeitig genügte.

Ph. Moreau (1983) hat nachgewiesen, daß kaum eine der etwa drei oder vier Ehen, welche die Notabeln von Larinum (soweit sie aus den lückenhaften

Porträt eines Paares. Wandgemälde aus einem Haus in Pompeji (1. Jahrhundert n. Chr.). Neapel, Archäologisches Museum.

Quellen bekannt sind) eingingen, so fruchtbar war, daß sie den Bevölkerungsstand erhalten konnte. Betrachtet man nun nicht Ehepaare, sondern Einzelpersonen, die sich vorübergehend zusammentun, stellt man fest, daß sieben Männer mindestens 17 Kinder gezeugt haben, die nicht der Säuglingssterblichkeit zum Opfer fielen (ein einziger *infans* stirbt, aber durch Mord), und daß sieben Frauen ihrerseits ebenfalls 17 Nachkommen geboren haben. Weil Cicero hier nur Täter und Opfer des Dramas aufzählt, kann gefolgert werden, daß jeder zwei bis drei überlebende Kinder hatte. Nur wenige Männer waren dauernd verheiratet, sie nahmen daher in ihrem Eheleben mehrfach Beziehungen zu den als rar geltenden Frauen auf und erwarteten von diesen bereits nach kurzer Verbindung Kinder.

Für Mädchen lassen Rechtsnormen, literarische Zeugnisse und Angaben aus Inschriften auf ein durchschnittliches Heiratsalter von 15 Jahren schließen (Lawler 1928; Hopkins 1965). Im übrigen wurden auch Ehen unter der rechtlichen Heiratsgrenze von zwölf Jahren vollzogen (Durry 1956) – auch wenn Juristen dies schamhaft beschönigen, und damit aufrichtige Textinterpreten täuschen (Garcia-Garrido 1957) –; ein vom Vater vergebenes Mädchen sei bis zum zwölften Lebensjahr nur »Verlobte« (*sponsa*) des Mannes gewesen, unter dessen Dach sie lebte (z.B. *Digesten* 23, 1, 9 und 23, 2, 4). Noch heute gibt es Spezialisten der römischen Geschichte, die unbekümmert glauben, ihre Kollegen von damals beim Wort nehmen zu können. Tatsächlich kannten die Römer die Ausformung der Vagina nicht, im Gegensatz zu den Griechen, und ihre Unkenntnis förderte eine Defloration vor der ersten Regel (Rousselle 1983). Zugleich aber ist die Fiktion einer »Verlobten« unter dem Dach des Ehemanns, die angeblich unberührt blieb bis zum vorgeschriebenen Alter, um als Gattin bezeichnet zu werden, für uns ein sicherer Hinweis: Aufgrund dessen, was es kaschiert, weiß das Recht genau, daß es gibt, was es untersagt.

Wann aber heirateten Männer? Die Inschriften sind wenig hilfreich für die Beantwortung dieser Frage. Während es wichtig war, den Eintritt einer Frau in den Status einer Matrone (einer Ehefrau) zu kennen, genügte es, von einem Mann zu wissen, daß er Vater war; für ihn bedeutete die Heirat als solche keine Statusveränderung, war nicht ein *rite de passage*. Die Ehe war für ihn lediglich das Mittel, Söhne zu haben, die seine Kontinuität – jene seines Namens – in der Bürgerschaft garantierten. Wenn das Alter, um Vater zu sein, nicht nur durch Zufall festgehalten, sondern deklariert wird, so geht es dabei wohl zunächst um die Altersgrenze für eine politische Funktion.

Für die Römische Republik spricht P. A. Brunt (1971) von einem Heiratsalter von 24 Jahren, was dem Lebensalter der Rückkehr von Feldzügen und der Niederlassung auf einem Gut entspricht. Die Angabe geht davon aus, daß jede Eheschließung zur Gründung eines neuen Hausstandes führte, und Brunt vergleicht dabei explizit die Römer mit den Bauern im modernen China oder in Japan. Wir aber ziehen die römischen Texte mit ihren Verhaltensanweisungen den soziologischen Querverweisen und komparatistischen Näherungen vor. Livius (42, 34) läßt einen Zenturio das Wort ergreifen und seine Dienste als Bürger schildern. Die Szene spielt im Jahre 171 v. Chr. Spurius Ligustinus wurde im Jahre 200 im damals üblichen Alter von 18 Jahren eingezogen: das Alter, um *mi-*

les (Soldat), das Alter, um Vater zu werden. Spurius Ligustinus verkündete stolz: »Sobald ich das Alter erreicht hatte, gab mir mein Vater zur Gattin... [es folgt die Aufzählung der Nachkommenschaft]. Ich wurde Soldat unter dem Konsulat von P. Sulpicius und C. Aurelius (200 v. Chr.).« In der Militärtradition hießen die, die im Rekrutenalter nicht eingezogen wurden, *proletarii*; zu arm, um zur »Klasse« der Mobilisierbaren zu gehören, besaßen sie als ihr einziges Vermögen die *proles*, die Kinder. »Jene, die das Rekrutenalter und Kinder haben« – die Formel des Livius zeigt Bürgerstatus und Vaterschaft als eine Einheit und implizit ist darin das übliche Heiratsalter genannt. Zu Beginn des 2. Jahrhunderts v. Chr. war das 18. Lebensjahr für einen jungen Mann immer eine entscheidende Schwelle, wie das 14. für ein Mädchen; ab diesem Alter haben die Armen kein Anrecht mehr auf Nahrungsmittel aus Alimentsstiftungen (*Digesten* 34, 1, 14, 1).

Wurde in der Oberschicht später geheiratet? Sicherlich nicht in der Aristokratie der Republik, die ihr Verhalten auf das Modell der Bürger ausrichtete: ihre Kinder wurden sehr jung miteinander verheiratet. Der einzige Unterschied zur Plebs bestand darin, daß man sie schon in früher Kindheit miteinander verlobte. In Larinum wurden im 1. Jahrhundert v. Chr. die ersten Ehen vor dem 20. Lebensjahr geschlossen. Doch die Lektüre von Plinius, Sueton und Tacitus ergibt ein etwas anderes Bild. Quästoren sind noch mit 25 Jahren unverheiratet. Doch hüten wir uns, das Alter von Unverheirateten als Indiz für das Heiratsalter zu nehmen in einer Gesellschaft, in der die Ehe nicht allgemein verbreitet ist. Gleichwohl kann man sich kaum dem Eindruck entziehen, eine neue Regel bilde sich heraus, wenn Sueton vermerkt, ein Quästor habe sich von seiner erst am Vorabend geheirateten Frau geschieden (*Tiberius* 3, 5, 2), wenn Tacitus angibt, Thrasea Paetus habe einen Schwiegersohn genommen, der »noch Quästor« gewesen sei (*Historien* 4, 5), oder wenn Plinius von Ummidius Quadratus schreibt, er habe sich »vor dem 24. Lebensjahr verheiratet« (*Briefe* 7, 24, 3). Die politische Klasse betrachtet die erste Magistratur oder die Bewerbung darum gewiß als Wendepunkt im Privatleben: Die öffentliche Laufbahn ist, wenn nicht Bedingung der Heirat, so doch ein Kriterium, das bestimmte Eheschließungen auszeichnet. In der kaiserlichen Familie dagegen wurde geheiratet wie zuvor. Der Princeps verlobt Kinder und verheiratet sie als Heranwachsende. Tacitus, selbst als Vierundzwanzigjähriger mit einer Dreizehnjährigen verheiratet, fand das Alter von Octavia und Nero »angemessen«, als sie mit sieben und zwölf Jahren verlobt wurden (*Annalen* 12, 9); die Hochzeit wurde vier Jahre später gefeiert.

Diese neuen Heiratssitten galten aber nur für einen sehr kleinen Kreis, vielleicht für den, bei dem P. Veyne (1978) und M. Foucault (1984) eine Veränderung von Sexualmoral und ehelichen Gefühlen zu beobachten glauben: für den

»Dienstadel«, der sich auf die Kreise der Senatoren beschränkt. Überall sonst bleiben die alten Gewohnheiten unverändert. Mehr noch als die Inschriften, in denen häufig Eheschließungen von Jugendlichen zwischen 15 und 20 Jahren erscheinen (Friedländer 1920), sind es wieder die Rechtstexte, die auf Normvorstellungen hinweisen, worauf sich die Praktiken ausrichten sollten. Die Ehegesetze des Augustus, die in der ganzen Zeit des Römischen Reiches immer wieder kommentiert wurden, legten fest, daß Frauen spätestens mit 20 Jahren Mutter sein sollten, und Männer wurden verpflichtet, mit 25 Jahren Vater zu sein. Das Gesetz und seine Interpreten gingen also von durchschnittlich fünf Jahre älteren Ehemännern aus, die mit ihren Gattinnen in einem Alter zwischen zwölf und 15 Jahren verheiratet wurden. Für die antike Welt mit ihrer Armut an Dokumenten sind oft Normen und Vorstellungen objektiver als irgendein zufällig erhaltenes Faktum.

Die frühen Eheschließungen und die häufige Wiederheirat korrigieren das Bild der demographischen Entwicklung, das wohl weniger katastrophal war als dies vor allem die epigraphischen Quellen glauben machen. Wir dürfen eben ganz einfach nicht in den Kategorien von »Paaren« und »Ehegemeinschaft« denken. Bürger, die ihre Aufgabe, Vater zu sein, erfüllten, holten sich in jungen Jahren schon ein kleines Mädchen ins Haus, das sehr schnell ersetzt wurde, wenn es im Kindbett starb oder unfruchtbar war, durch eine Frau, die bereits geboren hatte.

Väter als Bürger und Stadt der Väter

Ich habe die Ehe klar der Vaterschaft untergeordnet und die Zirkulation der Frauen der Perpetuierung der Rechte der Männer. Selbstverständlich sind die beiden Aspekte komplementär – eine Binsenwahrheit, die nicht besonders hervorgehoben werden muß. Die Historiker, die den Bereich des Politischen untersuchen, wissen sehr wohl, was es in Rom bedeutet, die Zahl der Schwiegersöhne und der Schwiegerväter zu vervielfachen. Allein, sie neigen – wie die Wirtschaftshistoriker in den Testamenten – dazu, nur das Sichtbare zu sehen: Sie vergessen, daß das, was sich bewegt, nur die Oberfläche des Unbeweglichen, nur dessen Folge und Ausdruck ist.

Die römische Ehe hat nichts von einer Einrichtung, die auf individuellem Gefühl und Liebe beruht, mit Ausnahme, offenbar, der erzwungenen Ehescheidung (Tiberius sehnte sich nach Vipsania, die er hatte verstoßen müssen) und mit Ausnahme jener Ehegemeinschaft, die sich durch den gemeinsamen Tod der

Gatten in einem Akt politischen Widerstandes auszeichnet: Die gegenseitige Treue der Eheleute wird in diesem Fall zum Topos der Beziehung zwischen Bürgerschaft und Familie im Bürgerkrieg, Thema der heroischen Geschichten um den Widerstand gegen Tyrannis. In diesem Fall unterschieden sich Ehefrauen jedoch nicht von Söhnen, Sklaven oder Freigelassenen; wie sie verkörperten sie die Kraft der Solidarität einer *domus* gegen die Übergriffe der Mächtigen, gegen die Spaltungen der Bürgerschaft durch die *stasis*.

Berge von Seiten wurden geschrieben über das gegenseitige Einverständnis der römischen Ehegatten. Was aber sagen die Kasuisten? Daß das Einverständnis aller erforderlich ist: jener, die heiraten, aber vor allem derjenigen, deren Rechtsgewalt sie unterstehen. Mehr noch: Das Einverständnis der Söhne und Töchter wird immer vorausgesetzt: »Wenn ein Sohn eine Frau unter dem Zwang seines Vaters heiratet, ist die Ehe gültig geschlossen; weil niemand gezwungen werden kann, gegen den eigenen Willen zu heiraten, wird angenommen, daß er es vorzog, sich zu fügen.« (*Digesten* 23, 2, 22) Nur der aus der väterlichen Gewalt entlassene Sohn braucht nicht mehr auf den Willen des Vaters zu hören. In bezug auf die Tochter ist es schlicht lächerlich, in den Handbüchern des römischen Rechts ihr Einverständnis (*consensus*) erwähnt zu sehen: »Von einer Tochter, die sich nicht offen dem Willen ihres Vaters widersetzt, wird angenommen, daß sie einverstanden ist, ihr Widerstand wird nur dann geduldet, wenn der vom Vater erwählte Bräutigam von schändlicher Sitte oder verrufen ist.« (*Digesten* 23, 1, 12) Und die Witwe *sui iuris*? Die Geschichte der Pudentilla gibt dazu ausreichend Auskunft (Apuleius, *Apologia* 68, 73): Nach mehrjährigem passiven Widerstand gegen den Vater und die Brüder ihres verstorbenen Gatten darf sie schließlich einen Gatten (nämlich Apuleius) heiraten, den ihr Sohn für sie ausgesucht hat. Die »Lockerung« häuslicher Willkür in spätrömischer Zeit ist dann nicht einem subjektiven Gestaltungswillen der Gatten zu verdanken, sondern Provinzstatthaltern oder Bischöfen.

Das Ideal dessen, was man in Rom eheliche Gemeinschaft nennen könnte, war nicht Liebe, sondern *concordia* – das gegenseitige Einvernehmen oder besser: das Vermeiden von Zwietracht. »Der Mann, der seine Frau wie ein Liebhaber und allzu feurig behandelt, ist ein Ehebrecher.« Mit diesen Worten des Sextius verspottete Seneca (*De matrimonio*, Fragment XIII, 84) einen Ehemann, der sich nicht von seiner Frau trennen konnte und sie dauernd auf den Mund küßte. Zwei Jahrhunderte früher wurde ein Senator aus demselben Grund aus dem Senat ausgeschlossen: Seine Tochter hatte ihre Eltern am hellichten Tage bei einem Kuß ertappt (Plutarch, *Cato* 17). Senecas *De matrimonio* nutzte noch Hieronymus als Argument: Über eine sehr lange Zeit blieben sich also die Regeln gleich. Zwischen den beiden schrieb Plutarch ganz ähnlich, die Ehe sei

Einheit und »gemeinsames Leben« (*Coniugalia praecepta* 1), aber vor allem Einverständnis, Fehlen von Streit, Zurückhaltung der Frau; und dann die uralte Vorschrift: Beischlaf nur mit ausgelöschten Lichtern (*Coniugalia praecepta* 46). Das von M. Foucault (1984) untersuchte Thema der ehelichen Liebe ist ein Thema der stoischen Moralisten, die wie griechische Philosophen denken. Aber, wie Foucault selbst zugesteht, besteht ein großer Unterschied zwischen dem ersten Auftreten einer neuen Problematisierung der Ehe im Späthellenismus und der entsprechenden Veränderung des allgemeinen Denkens. Als die Rechtsgelehrten Roms den Topos der *societas vitae* aufnahmen, dann nur, um mittels einer Metapher festzustellen, daß es Diebstahl zwischen Ehegatten nicht geben könne; daraufhin mußte dann die Anklage auf »Wegname von Dingen« erfunden werden.

Die Ehe war wenig durch *eros* angesteckt; sie wurde manchen vorwiegend als Bürgerpflicht auferlegt. Diese Pflicht wird für jene, die sie betrifft – sie wurden oben genannt –, unablässig evoziert: Die Reden der Zensoren, die augusteischen Gesetze rufen sie in Erinnerung. Wenn nun P. Veyne eine Ausbreitung der Ehe als Institution innerhalb der gesamten Gesellschaft feststellt, ist das jedoch die Erkenntnis einer Errungenschaft von erstrangiger Bedeutung: eine bestimmte Ordnung etabliert sich. Plutarch lehrt in seiner Abhandlung über Pädagogik, die Ehe zügele die Sexualität der Jugendlichen (*De liberis educandis* 13), und in seinen *Coniugalia praecepta* ist sie, durch die männliche Herrschaft, der Frau ein Mittel, zur Selbstbeherrschung zu gelangen (33, 47). Schließlich wurden gegen Ende des 2. Jahrhunderts v. Chr. die Ehen von Sklaven anerkannt und das Recht beginnt, Sklavenpaare als Eheleute zu berücksichtigen. Im 2. Jahrhundert v. Chr. reglementierte Cato der Ältere das Sexualleben seiner Sklavinnen und Sklaven, das zwar keinerlei eheähnliche Verhältnisse kannte, andererseits wurde aber auch keine Promiskuität geduldet: für jede Kopulation mußte bezahlt werden (Plutarch, *Cato* 21). In Abhandlungen über die Landwirtschaft gibt es nur ein Sklavenpaar, jenes, das der Verwalter und die Verwalterin formen: Sie sind verpflichtet, ein Paar zu bilden. Die Texte legen dafür eine klare Begründung vor: Der *villicus* muß »zurückgehalten« werden (Cato, *De agri cultura* 143; Varro, *Res rusticae* I, XVII, 5; Columella, *De re rustica* I, VIII, 5). Ebenso sieht Plutarch in der Ehe eine Zügelung, deren Wirksamkeit Cato, Varro und Columella aber nur für Sklaven mit Befehlsfunktion anerkennen und die sie nur diesen auferlegen. Die Ausweitung der Ehe wird deshalb wohl als Ausweitung einer Ordnung begriffen: als Mittel, um alle Männer zu fixieren, zur Enthaltsamkeit zu bringen und ans Haus zu binden. Zu einer Zeit, in der sich die Strukturen des Staates auflösen, erfaßt die Gutsordnung alle freien Bürger, die manche der festen Einrichtungen, welche sie auszeichneten, den anderen weitergeben: die Ehe verliert zunehmend ihren politischen Charakter und

Die Pietà des Aeneas (Pompeji). Die Pietät des Sohnes, des Glaubens, der Politik. Die Heiligtümer der Ahnen, die der auf dem Rücken getragene Vater hält, sind ebenso die des Staates wie die der Familie. Sie werden nach Lavinium gebracht, der Mutterstadt von Alba, und dann von Rom. Als jüngster Nachkömmling in der Abstammungsgruppe trägt der Sohn das Emblem künftiger Stadtgründungen, den lituus *(Weihestab). So zeigt diese genealogische Darstellung die Bewegung von einem Ursprung aus, in der Städte wie Generationen verpflanzt werden. Zum Geschlecht des Iulus, dem Sohn und Inhaber der Weissagungsgewalt über Rom wird Augustus, der Vater des wiederhergestellten Roms, eine genealogische Verbindung herstellen.*

gewinnt mehr und mehr an häuslicher Anerkennung; auch wer nicht das Recht auf das *matrimonium* besaß, lebte regelmäßig als Paar zusammen.

Weiterhin jedoch wird die Vaterschaft von legitimen Kindern in einem exklusiv bürgerlich-politischen Rahmen gedacht. Vater zu sein ist Bürgerpflicht und folglich Tugend, wie folgende Grabrede zum Ausdruck bringt: »Er wollte der erste Krieger, der beste Redner, der tapferste Feldherr sein; Führer und Lenker sein über wichtigste Taten; die höchsten Ehrenstellungen einnehmen, größte Weisheit besitzen, wie ein herausragender Senator geachtet werden, sich auf ehrbare Weise bereichern, viele Kinder hinterlassen; hochberühmt sein in der Stadt.« (*Laudatio funebris* von L. Caecilius Metellus, 221 v. Chr. von seinem Sohn gehalten und in Plinius, *Naturkunde* VII, 140 zitiert.) Bürgerliche Werte und Vaterschaft, es brauchte ein eigenes Buch, um dieses Thema zu behandeln, so vielfältig sind dafür die Dokumente; und vor allem versteht man so wenig von der römischen Welt, von ihren Institutionen und ihrer Politik, bevor man nicht ihr wesentliches Merkmal verstanden hat: die Verherrlichung der Vaterschaft, die zur öffentlichen Norm erhoben wird. Dazu eine Bemerkung unter vielen, hier aus der nicht sehr originellen Feder von Plinius dem Jüngeren, dessen Denken aus Gemeinplätzen besteht: »Er hat mehrere Kinder. Auch in dieser Beziehung hat er die Pflichten als guter Staatsbürger erfüllt, daß er die Fruchtbarkeit seiner Frau voll ausnutzen wollte in einer Zeit, wo vielen anderen die Vorteile der Kinderlosigkeit schon einen einzigen Sohn als Last erscheinen lassen.« (*Briefe* IV, 15, 3)

Söhne zu haben, war für Seneca *munus*, Bürgerpflicht. Woran denkt ein Vater, wenn er diese Pflicht erfüllt? »An das Gesetz, das Vaterland, die Anerkennungen, die nur Väter erhalten, an sein Haus, an die Fortdauer seiner *familia.*« (*De beneficiis* III, 33, 4) Die *praemia*, Vätern vorbehaltene Anerkennungen, sind bekannt: öffentliche Vorrechte aller Art, von der Landverteilung in Cäsars Agrargesetzen bis zum Vorrang bei Ehrenstellen. Doch die für den Staat gezeugten Söhne gehörten nicht nur lebenslang ihrem Vater, sondern waren auch Bestandteil seines Bürgerruhms; mehr noch als für sein Vaterland (Kantorowicz 1951) starb ein Sohn für seinen Vater. Ein Römer, schreibt Dionysios von Halikarnassos zur Zeit des Augustus (III, 21, 9), »erachtete sein privates Unglück geringer als den Vorteil seines Vaterlandes«: er empfand mehr Freude ob des Ruhmes, der durch den Tod seines Sohnes im Kampfe auf ihn selbst fiel, als Trauer über dessen Tod. »Sie brachten Opfer dar, setzten sich Kronen auf und feierten Triumphe, unmittelbar nachdem sie einen Sohn verloren hatten, der für das Wohl des Staates gestorben war.« Eine archaische Beschreibung? Den im Krieg gefallenen Sohn nicht zu beweinen, ist eine Verhaltensnorm, die sich noch im 3. Jahrhundert n. Chr. beobachten läßt. Und ebenso ist bezeugt, daß sich Väter von der Schande eines Sohnes, der vor dem Feind geflohen war, reinwaschen, indem sie ihn aufgrund seiner Feigheit verleugneten, und daß sich der Sohn, »des väterlichen Blickes beraubt«, umbringt.

Es ist wichtig zu verstehen, daß die eigentliche politische Grundeinheit in Rom die Familie in ihrer männlichen Ordnung war. Die Feststellung, der Staat sei die Summe seiner Familien gewesen, sagt recht wenig aus: Schon Aristoteles hatte diese Bausteine erkannt, allerdings in einem Kontext, in dem der Unterschied zwischen dem häuslichen und dem politischen Bereich ein grundsätzlicher und nicht wie in Rom ein gradueller war. Die Ordnung der römischen Familie war eine politische: Kraft seiner Stellung verfügt der Vater über eine Züchtigungsgewalt, die in Konkurrenz zum Strafrecht verstanden werden muß; aus seinem Vermögen, dem alleinigen Familienvermögen, stattet er seinen Sohn für eventuelle öffentliche Aufgaben aus. Als Bürger in all seinen Funktionen anerkennt die politische Ordnung nur diejenigen, die in ihrem Hause bis zum Tode eine Gewalt ausüben, die nie als privat bezeichnet wird. Dies ist ein grundsätzlicher und weitgehend unbemerkt gebliebener Unterschied zum griechischen Stadtstaat und erst recht zu unserem heutigen Staat mit seinem Straf- und Zivilrecht. Söhne sind Staatsbürger zweiter Klasse und dies ausschließlich über ihren Vater: Sie sind keine selbständigen Rechtssubjekte, haben keinen unmittelbaren Zugang zu den Gerichten und können auch als Verheiratete und ungeachtet ihre Alters nicht unter eigenem Namen ins Bürgerregister eingetragen werden. Die Einheit für den Zensus und die Steuereinheit ist der souveräne Familienälteste einer *domus:* Er vereint, was wir heute Zivilgesellschaft und Staat nennen.

Der Vater mußte seine Söhne, die ihm seine Gattin – ein Werkzeug dieser Ordnung – geboren hatte, auf das politische Leben vorbereiten – Abrichtung zum Bürger. Ein Knabe begleitet von Kindheit an seinen Vater an jeden öffentlichen Ort: In die Basilika, um ihn plädieren zu hören, auf das Forum, wo er seine Freunde traf, in den Senat, zu Banketten, wo Kinder ihren eigenen Platz haben, für ein Amtsjahr in die Provinzen, selbst wenn die Gattin zu Hause blieb, und sogar ins Exil. Wenn der Knabe nach einer Scheidung der Obhut seiner Mutter überantwortet war, wurde er von dort, wann immer es dem Vater beliebte, zu ihm geschickt, um bei offiziellen Anlässen an seiner Seite zu erscheinen: Der Bürger war Vater und zeigte das. Auch im Hause selbst blieb der *pater* ein *magister*. Das Wort taucht bei Seneca und Plinius immer wieder auf. Aemilius Paullus stahl sich von seiner politischen Tätigkeit fort, um den Lektionen und Übungen seiner Söhne beizuwohnen (Plutarch, *Aemilius Paullus* 5); ein Freigelassener führte seinen kleinen Sohn an der Hand zur Schule: das war der Vater von Horaz (Horaz, *Satiren* I, 6), ein anderer brachte seinen Adoptivenkeln Lesen und Schreiben bei und ermunterte sie gar, seine Handschrift nachzuahmen: das war der Kaiser Augustus (Sueton, *Augustus* 64). Von der beispielhaften Erziehung durch den Vater sprechen Cicero, Horaz, Plinius und viele andere. Als selbstverständlich galt, daß die Erziehung sich dem Einfluß von Staat und Gesetz entzog und ganz dem Belieben der Väter überlassen blieb – zum größten Nutzen von Gesetz und Staat. Gebildete schrieben Abhandlungen zur Erbauung ihrer Söhne; an ihrem Beispiel und aus ihren Worten wurden die jungen Männer zu Staatsbürgern erzogen. Anhand einer Biographie seines eigenen Vaters lernte der junge Pompeius das Lesen (Sueton, *De grammaticis et rhetoribus* 3). Cato, Varro, Cicero, Quintilian und viele andere widmeten ihre Werke ihren Söhnen.

Ende des 4. Jahrhunderts versucht Macrobius, ein heidnischer Zeitgenosse des Augustinus, unterstützt von einigen Gleichgesinnten, die noch nicht resigniert haben, mit dem Mittel der Bildung gegen den Zusammenbruch seiner Welt zu kämpfen. In einer umfassenden Abhandlung nach dem Muster der platonischen Dialoge teilt er uns alles mit, was er über Rom weiß. Er schreibt sie für seinen Sohn, dem er die römische Lebensart, wie sie sich seit den Ursprüngen der Stadt entwickelt hat, als Vermächtnis anvertraut. Die einleitenden Sätze der Abhandlung, worin sich Macrobius an seinen Sohn wendet (*Saturnalia* I, praef. 1-2), werden die vorliegende Studie beschließen – ihr Anfang bildete eine Metapher aus dem Bereich der genetischen Vererbung; Macrobius' Rede an den Sohn wird nun die römische Ordnung des väterlichen Tradierens hineinstellen in die lange Geschichte unserer schriftlichen Kultur: »Mein Sohn Eustachius, die Natur hat uns mit zahlreichen und vielfältigen Vorzügen in diesem Leben ausgestattet. Doch gibt es kein stärkeres Band als die Zuneigung, die uns mit denen verbindet, die wir gezeugt haben. Wenn die Natur den Wunsch eines Vaters erhört hat, ist die Mühe, mit der er seinen Sohn erzieht und bildet, seine größte Freude; wenn nicht, sein größter Kummer. Deshalb liegt meinem Herzen nichts näher als deine Erziehung. Zu ihrer Vollendung halte ich Zusammenfassungen für besser als lange Umschweife, und in meiner Ungeduld bin ich nicht zufrieden mit den Fortschritten, die du in den Fächern gemacht haben magst, in denen du so entschlossen arbeitest. Doch habe ich alles getan, damit das, was ich selbst gelesen, auch dir zugute kommt; und alles, was ich aus griechischen und lateinischen Büchern gelernt habe, ob ich sie vor deinem Eintritt in die Welt gelesen habe oder danach, will ich dir vermachen als Werkzeug des Wissens, damit du aus diesem Schatz ganz leicht Geschichten, denkwürdige Taten und Worte ausgraben kannst, die in der unendlichen Vielzahl der Bücher verborgen sind.«

Aus dem Französischen von Günter Seib und Thomas Späth.

Kapitel 7

Die Familie im Römischen Reich: Zeichen und Gebärden

Aline Rousselle

»Auch du, mein Sohn Brutus!« Dieser Todesseufzer Cäsars hat vielleicht mehr zur Gründung des Kaiserreichs beigetragen als die Legionen Oktavians, des späteren Augustus. Mit ihm wurde der böse Bube durch den lieben Sohn ersetzt, Brutus durch Oktavian, und verschwanden alle republikanischen Ideale von Brutus und Cassius in der Versenkung. Schon als Epikureer mußte sich Cassius jeder Tyrannis widersetzen. Nach seiner Niederlage in der Schlacht von Philippi ließ er sich von seinem Freigelassenen töten (Appian, *Bella civilia* IV, 15, 113; Valerius Maximus, *Facta et dicta memorabilia* VI, 8, 4). Die Familie kommt vor der Philosophie, das Wort des Vaters steht höher als alle Weisheit. Es ist oberstes Gesetz, ideologisches Fundament des Römischen Reichs. Wer unter der Republik etwas werden wollte, durfte das Risiko der freien Rede nicht scheuen, mußte kühn nach festen Regeln das Wort ergreifen. In der Zeit der großen Rhetoren gegen Ende der Römischen Republik riskierten diese Redner jedoch Kopf und Kragen. Mit jeder Wortmeldung setzten sie ihr Leben aufs Spiel. Es ging um alles oder nichts: In wohlgesetzter Rede mußten sie der politischen Wahrheit überzeugend Gehör verschaffen, also die Staatspolitik moralisch orientieren. Das endete oft mit Attentat oder Selbstmord. Cicero wurde am 7. Dezember 43 v. Chr. getötet. Im Hintergrund dieser Philosophie stand der Schierlingsbecher des Sokrates, dessen Tod niemand je als Hinrichtung oder Selbstmord bezeichnet hätte, und im Hintergrund der Rhetorik erklang die Stimme Ciceros, die den Versammlungen auf dem Forum und im Senat die Richtung gab. Dort mußte er für seine Worte auch sterben. Das waren große Männer. Der Tod Neros als mißglückte Nachahmung von Ciceros Tod zeigt, wieviel die Erziehung der Kaisersöhne, der Adligen und der Söhne der politischen Klasse, die auf Erhöhung eines der Ihren hoffen konnte, dem Beispiel jener verdankte, die mutig ihr Leben riskiert hatten.

Dieser Mut äußerte sich darin, daß man bereit war zu sterben, ob durch ein

Amor und Psyche. Die Liebe von Leib und Seele. Detail eines römischen Sarkophags (3. Jahrhundert n. Chr.). Rom, Villa Borghese.

Todesurteil oder durch Krankheit. Doch auch darin, vor Naturkatastrophen keine Furcht zu zeigen. In der Schreckensnacht von Pompeji wollte der achtzehnjährige Plinius im nahen Misenum unter den Erdstößen während der Stunden, die er für seine letzten hielt, nicht etwa die Philosophen lesen, sondern ließ sich den Livius bringen. Die Geschichte Roms lehrte ihre Bürger Leben und Sterben.

Als Cicero die erste Übersetzung der Fachbegriffe der griechischen Philosophie in das Lateinische versuchte, fand er weder einen Begriff, der aus der entsprechenden lateinischen Wurzel für *oikeiosis* abgeleitet werden konnte, nämlich aus *domus*, noch konnte er ein solches Wort aus einer auf die Familie bezogenen Wurzel herleiten, wie etwa *gens*. *Oikeiosis* ist die natürliche Fähigkeit eines Wesens, seinen inneren Zusammenhalt während seiner ganzen Lebensspanne zu wahren, notfalls durch Anpassung. Diesen Gedanken übersetzt Cicero mit *conciliatio* (aus *concilium* gebildet) und verlagert damit den Lebensschwerpunkt des einzelnen vom häuslichen in den politischen Bereich. Ein Jahrhundert später, unter dem Kaiserreich, verwendete auch Seneca das Wort *conciliatio*, aber es erschien ihm nicht mehr treffend (*Epistulae ad Lucilium* 14; 121). Er suchte nach

Heidnischer Sarkophag, genannt »Der Lesende«, aus der Nekropole von Tarragona in Spanien. (2. Hälfte des 3. Jahrhunderts n. Chr.). Tarragona, Museum der Nekropole.

Äquivalenten und fand sie in Ausdrücken wie »Selbstachtung«, »Selbsterhaltung«, »Selbstliebe«. Wir irren uns, wenn wir meinen, daß mit solchen Ausdrükken Begriffe für die Familie angesprochen würden, denn Seneca benutzte alternativ auch *commentatio* aus dem Wortschatz des politischen Wohlwollens und der Protektion. Offenbar wurden nie Worte gefunden, die den Selbsterhaltungstrieb auf eine Art und Weise in die Familie verlegten, wie sie dem Denken der griechischen Stoiker selbstverständlich war. Dies ist ein Hinweis darauf, wie grundverschieden die römische von der griechischen Familie war.

FAMILIE UND POLITISCHE UMSTÄNDE

Sterbenkönnen

In den Jahren, in denen der kultische Heroismus der Römer mit dem unaufhaltsamen Vordringen der römischen Waffen auf die Spitze getrieben wurde, setzten die großen Familien, unter ihnen als hervorragendste die Scipionen, ihren Stolz darein, ihre Taten auch zu reflektieren und Heldentum mit Stoizismus zu verbinden. Dabei konnten sie sich auf die beiden großen Stoiker Panaitios und Poseidonios berufen. Für diese Stoiker war die Weltgeschichte mit der römischen Eroberung Griechenlands zu Ende oder bot zumindest fortan eine einheitliche Perspektive. Nun ging es also darum, Laster und Leidenschaft den Kampf anzusagen, und für hehre Grundsätze zu sterben, konnte zur Großtat werden.

Die großen römischen Familien bereiteten ihre Söhne durch Mutproben auf Größe und Selbstbewußtsein vor. Seit dem 2. Jahrhundert v. Chr. hielt wie die griechische Medizin die griechische Philosophie in diesen Familien Einzug und wurde Sache des *pater familias*, der nach außen als Staatsbürger ebenso wie innerhalb seines Hauses im Laufe seines Lebens Denkwürdiges erreichen wollte. Philosophen und Ärzte, übrigens mit gemeinsamem Wissensfundus und sich gegenseitig beflügelnd, definierten die allgemeinen Merkmale der römischen Familie unter dem Kaiserreich mit. Ohne direkten Einfluß auf das Recht, waren Philosophie und Medizin allzuständig für Erziehungsziele, Gattenwahl und die Mittel, mit den Wechselfällen des Daseins fertigzuwerden, hauptsächlich während politischer Krisen. In diesem Sinne wirkten sie auf die großen römischen und italischen Adelsfamilien ein, aber auch auf die Familien aus den Provinzen, die Sitze im Senat erhielten und von Trajan (98-117) gezwungen wurden, ein Drittel ihres Grundbesitzes in Italien zu halten.

In der Senatorenklasse herrschte während des ganzen Römischen Reichs große Fluktuation. Zu Beginn seiner Regierungszeit befürchtete Augustus das Aussterben der großen Familien. Selbst das Patriziertum war am Erlöschen. Dem plebejischen Adel mangelte es an Erben. Für diese Familien, die in der Endzeit der Republik von Bruderzwist und Krieg ausgeblutet worden waren und deren Reichtümer mit dem Kriegstod unverheirateter junger Männer bei Überlebenden ohne rechtmäßige Erben zusammenflossen, erließ er die Lex Papia Poppaea, um die Ehe zu reglementieren und Junggesellen oder Vätern mit weniger als drei Kindern das Erbrecht zu nehmen. Zugleich aber brachen die Kaiser jeweils der Opposition das Rückgrat, indem sie neue Senatoren ernannten. Dies führte zu Durchmischung und beträchtlichem sozialen Aufstieg, zunächst in Italien und dann auch in den Provinzen. Was hier über die Oberschicht gesagt wird, gilt also auch für die Familien, deren Zahl zunimmt und deren Herkunft verzweigter wird.

Das römische Ideal des Heldentums, der Verteidigung des Familiennamens, des römischen oder latinischen Namens, war ohne Vorbereitung auf Kampfmoral und Bereitschaft zum körperlichen Einsatz undenkbar. Diese Erziehungsziele blieben bestehen, mit neuen Begründungen. Im 1. Jahrhundert des Kaiserreichs waren aristokratische Familienoberhäupter und Philosophen so innig liiert, daß Philosophen verbannt und zum Freitod aufgefordert, also zum Selbstmord verurteilt wurden, weil sie im Bunde mit Gegnern des Kaisers im Senat standen, während Senatoren wegen ihrer politischen Äußerungen und philosophischen Einstellung exiliert und exekutiert wurden. Manchmal wurde sogar eine Philosophie als solche verfolgt und ihre Vertreter wurden aus Rom verbannt, ganz wie sie vordem ein griechischer König aus Syrien vertrieben hatte (Athenaios XII, 547; V, 211). Im 1. Jahrhundert v. Chr. waren die Epikureer mehrheitlich in das Lager übergetreten, das Cäsars Tyrannei die Stirn bot.

Im 1. Jahrhundert n. Chr., dem ersten Jahrhundert des Kaiserreichs, herrscht in den Kämpfen zwischen den Großen um ihre Privatinteressen, aber auch um die Mehrheit im Senat, die als einzige der Macht des Princeps Einhalt gebieten konnte, die stoische Philosophie. Unter der Republik, schrieb Tacitus, »kamen aber nur Taten unter Anklage, Worte blieben ungestraft« (*Annales* I, 72, 2). Seit der Zeit des Augustus wurden auch Verfasser von Schmähschriften und Spottredner verfolgt. Und Tiberius, der verkündet hatte, »daß in einem freien Staat auch die Zunge und der Geist frei sein müssen« (Sueton, *Tiberius* 28), verurteilte den Historiker Cremutius Cordus zum Tode (Tacitus, *Annales* IV, 34-35). Fortan gehörte schon zum Schweigen Mut. Dies zeigte sich auch darin, daß keine höheren Ämter als die Quästur mehr angestrebt wurden. So wurde der junge Mann von Kindheit an auf jene mutige Tat vorbereitet, die darin bestand, dem Senat fernzubleiben, wenn der Kaiser dort Schandbares beschlossen haben wollte, also nicht für einen feigen Mord zu stimmen.

Bis zum Ende der Regierungszeit Domitians (81-96) war keine große Familie gegen solche Gefahren gefeit, nicht gegen Exil oder Tod wegen Widersetzlichkeit, auch nicht gegen Verbannung wegen Lobreden auf den verstorbenen Princeps, während das neue Regime gerade Fuß faßte. In seinem großen Werk über Mark Aurel schrieb Renan, die Philosophie habe erst im 2. Jahrhundert mit den Philosophenkaisern gewonnen gehabt. Paul Petit sieht dagegen die Kaiser zum reaktionären Denken egoistischer Senatoren bekehrt. Der Sieg der Stoa war der Sieg der Interessen der großen Familien über die Kaiser, angefangen mit Nero, die bemüht gewesen waren, das Los des Volkes und der Provinzen zu bessern.

»Man würde sich schämen zu klagen«, schrieb Plinius der Jüngere über eine harmlose Frage: einen kargen Acker als Anteil an einem großen Erbvermögen. Also ist es zu Beginn des 2. Jahrhunderts unehrenhaft, wenn man klagt. Und diese Vorstellung gilt nicht nur für großen Schmerz – Trauer, Krankheit, Leiden – sondern auch für die kleinen Dinge des Alltags. Darauf zielt die gesamte Erziehung ab, deren Strenge durchaus mit den politischen Umständen zusammenhängen dürfte, auf die sie explizit gefaßt machen sollte.

Mit dem Philosophen war der griechische Arzt der Berater des *pater familias*. Man befragte genausogut den Arzt zu einem philosophischen Problem wie den Philosophen zu einem medizinischen: Vom Philosophen Favorinus erhielt ein Senator den Rat, sein Kind von der Mutter selbst stillen zu lassen. Man beachtete die Träume des *medicus*, wie Oktavian vor der Schlacht von Philippi. Der Arzt wachte über die Geburt des Kindes und seine ersten Lebensjahre, über die Jugend, nach eigenen philosophischen Vorlieben, die nur stoisch-akademisch oder eklektisch sein konnten. Doch er war auch dazu da, Sterbehilfe beim Tod oder Freitod zu leisten, entweder weil das Leiden zu groß wurde und nach Erlösung schrie, oder weil der Selbstmord, ob vom Princeps höchstpersönlich befohlen oder nicht, als einziger politischer Ausweg blieb, bei dem wenigstens das Erbvermögen gerettet werden konnte (Tacitus, *Annales* VI, 29).

Zwar galten solche Gefahren nur für die kleine, besonders stolze Außenseiterschicht der Aristokratie der Hauptstadt, doch war diese tonangebend. Stoa, Pythagoreertum, Akademie, alle diese Philosophien mündeten in Asketismus und in den Kampf gegen Leidenschaften und Laster, auch wenn sie sich alle über die Existenz einer sterblichen Seele einig waren, von der höchstens ein unpersönlicherer Teil die höheren Sphären des Himmels erreichen konnte. Die Wahrnehmungs- und Verhaltenserziehung, die den Kindern der Oberschicht zuteil wurde, soll bei ihnen die Tiefe von Überzeugungen wecken, die in körperlicher Zucht wurzeln. Die gesamte Erziehung übernahm die Rolle, die in archaischer Zeit ein Initiationsritus gehabt hatte. So bereiteten sich die Söhne der großen Familien und deren Töchter durch harte Leibeserziehung nach ethischen Grundsätzen darauf vor, am entscheidenden Tag das moralische Stehvermögen für notwendige Taten zu haben.

Im Römischen Reich erzog aber auch eine klar umgrenzte und sozial differenzierte Kategorie der Bevölkerung ihre Kinder in ähnlicher Hinsicht. Die Juden im Römischen Reich waren damals die einzigen Juden auf der Welt, sieht man von denen im Partherreich und im späteren Sassanidenreich ab. Als sie im Jahre 70 n. Chr. gegen Rom aufstanden, hatten sie seit dem Makkabäerkrieg 164 v. Chr. keinen Waffengang mehr erlebt. Den Einfall Roms im Orient hatten sie noch begrüßt, litten aber seit der Regierungszeit des Tiberius (14-37) hier und dort unter der Besatzungsmacht; und vor allem in Rom selbst wechselten Zeiten und Orte von Verfolgung oder Pogrom mit vorübergehender Ruhe oder lokaler Verschonung. Die Kriege von 70 und 135 n. Chr. machten die Erinnerung an den Krieg von Antiochos wieder lebendig. Zu Beginn des 2. Jahrhunderts n. Chr. wurde das 4. Buch der Makkabäer verfaßt, eine hagiographische Darstellung des Martyriums der sieben Brüder, ihrer Mutter und des Großvaters im Krieg von Antiochos, eine Episode, die als überzeugendes Beispiel der vollkommenen philosophischen Kraft des Judentums begriffen wurde. Ein hellenisierter syrischer Jude konnte im 2. Jahrhundert formulieren, daß das, was wir Selbsterhaltungstrieb nennen würden, der stärkste Trieb ist, dem wir nach den Lehren der Philosophie – hier des jüdischen Gesetzes – widerstehen müssen.

Widerstand gegen den Tyrannen aus Achtung vor dem Gesetz wird in der Sprache der Philosophie als Widerstand gegen Triebe ausgedrückt, deren mächtigster ist, am Leben zu bleiben und die Kinder zu retten. Das war die philosophische Kodifizierung und Bekräftigung dessen, was ohnehin in jüdischen Familien gelehrt wurde. Flavius Josephus sagt vom Gesetz, daß allen Juden von Geburt an der Glaube selbstverständlich ist, daß dies Gottes Wille sei, und daß es gelte, diesen zu achten und notfalls mit Freuden dafür zu sterben. Josephus hob die Fähigkeit der Juden hervor, Frömmigkeit, Innigkeit, Menschlichkeit, Gerechtigkeit, Ausdauer bei der Arbeit und Todesverachtung zu schaffen (*Contra Apionem* II, 41). Im Gegensatz zu den griechischen Philosophen jedoch beginnen die Juden zu lehren, wie im 4. Buch der Makkabäer sehr deutlich wird, daß das Martyrium zur Glückseligkeit im Jenseits führt.

Das Kaiserreich bewirkte also letztendlich in verschiedenen Bevölkerungsschichten einen Wertewandel. Werte verdienten es fortan, daß man für sie den im Menschsein verankerten Selbsterhaltungstrieb opferte. Diese Wertschätzung wurde durch die Familie und durch religiöse Unterweisung vermittelt und sollte später im Christentum Verbreitung finden, das ihr mit der Kraft seiner Bildungseinrichtungen nach jeder kürzeren oder längeren, mörderischeren oder milderen Christenverfolgung jeweils ein Vielfaches an Anhängern zutrieb.

Lehren aus der Verbannung

Im Laufe des 1. Jahrhunderts n. Chr. schwankten Senatorenfamilien noch zwischen Solidarität, Überlebenswillen und Ehre, wurden aber immer moralischer in dem Maße, wie sich staatliche Institutionen nicht mehr an den Ehrbegriff der großen Familien hielten. Die Zustände wurden so grotesk, daß ein Oberhaupt der Republik von einem Senator verlangen konnte, ihm seinen Nachttopf zu bringen oder für einen Vatermord zu stimmen. »Ein Senator tut so etwas nicht«, sprachen einige (Epiktet, I, 2, 6). Doch andere fügten sich. Wer Widerstand leistet, sagt »Ich« und gibt damit Anlaß zur Debatte und folglich Entwicklungsspielraum für eine allgemeine Moral. Schriften über das Exil zeigen, daß die Trennung von der Familie schwer auf dem Verbannten lastete. Die Gattin blieb im allgemeinen in Rom und verwaltete das Vermögen. Ovid schrieb an seine ferne und nicht sehr liebende Frau und bat sie, zu ihm ans Schwarze Meer zu kommen. Rechtlich war sie dazu nicht aufgefordert. Ganz im Gegenteil mahnt Porphyrius im 3. Jahrhundert seine Frau, die in Rom geblieben ist, um über die Erziehung seiner Töchter aus früherer Ehe zu wachen, in Briefen zur Geduld während der Zeit der Trennung (*Ad Marcellam*). Aber manche Frauen folgten dem Gatten, wenn er nicht zur strengsten Verbannung verurteilt war.

Bei den schlimmsten Willkürurteilen konnte es vorkommen, daß die ganze Familie umkam, einschließlich der Kinder, womöglich durch Mord (Sueton, *Nero* 36). Die Familie oder mehr noch die beiden Familien (die des Mannes und die der Frau) mußten sich entscheiden, ob sie in der Krise solidarisch sein wollten. In seiner Abhandlung über das Exil ermuntert der von Hadrian verbannte Favorinus von Arles zur Treue. Wenn die Familie nicht beim Verbannten sei, dann liebe sie ihn nicht genug. Für Epiktet ist niemand für seine Familie verantwortlich: Meine Familie, das bin nicht ich (IV, 1, 107, 1, 151), so wenig wie mein Leib, mein Rang, meine Ehren, meine Reichtümer (I, 12, 3; I, 22, 12). Das Ich definiert sich zunehmend verengt als Willen. Epiktet entläßt sogar einen Vater aus seiner Verantwortung für Untaten seiner Frau oder seines Sohnes: Sie stünden als selbständige Wesen außerhalb des verantwortlichen Ichs des Vaters (IV, 5, 7).

Doch der im 1. Jahrhundert v. Chr. von Domitian verbannte Epiktet wendet sich auch an junge Menschen, die gesehen hatten, wie machtlos ihr Vater in Rom war, und die ihre philosophischen Studienreisen abbrechen und sich ins politische Leben Roms und damit ins Risiko begeben sollten (I, 24). Dem Vater zu gehorchen, heimzukehren, die Bürgerpflicht zu erfüllen und sich damit der Gefahr auszusetzen und die eigene Philosophie zu erproben, erforderte absolute Selbstgewißheit. Ein halbes Jahrhundert später in einem Reich, in dem das Leben nicht mehr so gefährdet ist, lehrt Aulus Gellius die moralische Pflicht, dem Vater den Gehorsam zu versagen, wenn er »Schändliches« befiehlt, und das Gute so zu lieben, daß die Erfüllung von Befehlen, die recht und billig sind, nicht mehr Gehorsam genannt werde. Ein Mann ist damit aufgefordert, unabhängig von seiner Lage als Sohn oder Untertan des Princeps selbständig zu urteilen. Noch Epiktet hatte gelehrt, ein guter König oder guter Vater sei gottgleich (I, 6, 40).

Solange die Staatsmacht sich auf ihre Erblichkeit und den toten Übervater Cäsar berief, waren die Männer und Frauen, die sich einer auf den Princeps übertragenen väterlichen Willkür widersetzten, als Gatten zu einer Freundschaft angehalten, die sie inniger verband als in den fernen Zeiten der Republik, als die nach *manus* verheiratete junge Frau in Tochterstellung (*loco filiae*) in die Familie ihres Gatten eintrat und jedes rechtliche Band zu ihrem eigenen Vater zerriß. Die Ehe, in der die Gatten einander gefühlsmäßig verbunden waren, entstand nicht, wie Paul Veyne (1978) schrieb, aus der Knechtung der Männer der Senatorenschicht. Nicht in den Aristokratenfamilien, deren *pater familias* sich in speichelleckendem Dienst am Kaiser entwürdigt hat, kommen immer wieder beispielhafte Taten von Gatten vor, die Strafe oder Selbstmord gemeinsam auf sich nehmen, sondern in den Familien der stoischen Opposition. Eine besonders starke Bindung, bei der das Gewicht von Gefühlen nur schwer bestimmbar ist, bildet sich zwischen einer Frau und dem von ihren Vater aus seinem Freundeskreis gewählten Gatten mit denselben philosophischen Idealen heraus. Das geht so weit, daß manche Väter ihre Tochter an einen Philosophen verheiraten. Die Vorbilder, die Plinius den römischen Gattinnen schildert, sind Beispiele gemeinsamen Selbstmords oder des gemeinsamen Aufsichnehmens von Strafen in Fällen, in denen nur der Mann verurteilt worden ist (*Epistulae* IX, 13).

Allgemein üblich war das nicht. Zwar schildern Plinius der Jüngere, Tacitus und Sueton große Gestalten, die den Zorn des Princeps zu spüren bekamen (unwichtig war, daß dies wegen ihres Versuchs geschah, die Privilegien des Senats als einzigem Gegengewicht zum Kaiser und seiner Bürokratie zu wahren), doch führen sie sie uns als Ausnahmen in einem Sumpf von Unterwürfigkeit vor, den die jungen Senatorensöhne, die von ihren Vätern schon mit 15 Jahren zur Curia mitgenommen werden, ständig vor Augen hatten (Sueton, *Augustus* 38; Plinius, *Epistulae* VIII, 14). Doch die großen Familien geben in dieser Gesellschaft den Ton an. Im 1. Jahrhundert n. Chr. ist die Erziehung, die sie ihren Kindern zukommen lassen, eine Mischung aus römischer Tradition und stoischer Lehre.

Die Zeichen

Gewißheit und Erziehung

Ein Knabe von Adel wird streng erzogen (Rousselle 1983). Er wird nicht von seiner Mutter gestillt. Seine Wiege steht in der Kammer einer Amme. Bisweilen erhält er mehrere Ammen, damit er sich an keine gewöhnt und nicht zu sehr unter der Trennung leidet, wenn eine abstillen muß, verkauft wird oder stirbt. Diese Ammen bekommen das Kind nur zur Stillzeit und beim Baden zu Gesicht. In den ersten Lebensmonaten ist es folglich sehr einsam. Sein Körper ist in ein Wickelkissen geschnürt, locker genug, um nicht die Haut aufzuschürfen, aber enger an jenen Teilen des Leibes, die sich in bestimmter Weise entwickeln sollen: Handgelenke, Ellenbogen, Knie und Hüften bei Knaben, die Brust bei Mädchen. Eine Binde hält die Finger, ein breites Band die Beine gespreizt, und mit dem letzten Wickel werden die Arme an den Körper gepreßt: Zwei Monate lang wird das Kind bewegungslos gehalten. Dann werden diese Binden sehr allmählich gelockert, diejenige um den rechten lange vor der Binde um den linken Arm, damit das Kind rechtshändig wird. Der Knabe wird einmal am Tag gebadet, was ihn so schreckt, daß er das Bad verweigert, sobald er sich wehren kann. Das Bad ist nämlich die vom Arzt und vom Vater vorgesehene Gelegenheit, den kleinen Leib zu gestalten. Nicht durch sanfte Gymnastik, wie bis vor kurzem im Mittelmeerraum noch üblich, sondern durch pressendes Formen von Schädel, Kiefer, Nase und Hintern und durch Zerren an der Vorhaut.

Der Kopf des Säuglings liegt so auf einem weichen Kissen, daß die Nase die gewünschte Hakenform annimmt, was durch Massagen und Bandagen verstärkt wird. Alle Ärzte des 2. Jahrhunderts n. Chr. empfehlen diese Operationen in ihren Abhandlungen zur Säuglingspflege. Andere Kapitel in den Werken Galens, die von physiognomischen Schriften, zweifellos denen des Polemon

Sarkophag des Cornelius Statius (2. Jahrhundert n. Chr.). Die Eltern wollten eine Darstellung, auf der sie sich dem Kind widmen, das sie verloren haben. Paris, Louvre.

Kindersarkophag aus Ostia (2. Jahrhundert n. Chr.). Die Mutter widmet den Sarg ihres vierjährigen Sohnes den Manen. Kinder spielen mit Nüssen. London, British Museum.

von Laodikeia, einem Freund Hadrians beeinflußt sind, geben an, welche Formen erwünscht sind. Da sich das allgemeine Schädelvolumen nicht vergrößern läßt, versucht man wenigstens die Schädelform zu beeinflussen: Eine zu große Rundung von Stirn oder Hinterkopf gilt als häßlich.

Während des Wachstums werden Nahrung und Körperübungen so zugemessen, daß sich der Körper nach einer bestimmten Norm entwickelt. Diese Norm bezieht sich auf die Gesundheit, aber mehr noch auf den Charakter. Zwischen Gesundheit und Charakter wird kein Unterschied gemacht. Schwitzen ist als Begleiterscheinung von Schlaffheit verpönt, und folglich auch ein Bäuchlein. Mädchen und Jungen sind von Geburt an strenger Rationierung unterworfen (Gellius, *Noctes Atticae* IV, 19, 1-2). Diese Diät wurde bereits von Varro im 1. Jahrhundert v. Chr. vorgeschrieben. Alle Leibeserziehung durch Ernährung und Körperübung soll auf Charakter und Triebe einwirken. Das Kind wird zur Gymnastik gezwungen. Junge Mädchen werden sehr oft verheiratet, bevor sie für diesen Sport ausgewachsen sind. Doch unter dem Dach ihres Gattens wird ihre Erziehung fortgesetzt, und die Ärzte haben Übungen für die Schwangerschaft entwickelt, um die Entbindung und desgleichen die Wiederherstellung des von der Schwangerschaft entstellten und erschöpften Leibes zu fördern. Um das zwölfte Lebensjahr, sofern das Mädchen nicht schon früher verheiratet wird, wird mit der Vorbereitung auf die Pubertät begonnen, das heißt mit der Zügelung der Triebe, die, wie seit Aristoteles behauptet wird, die Mädchen noch vor der Pubertät Hals über Kopf in eine Männerumarmung treiben, werden sie nicht richtig erzogen. Wein ist verboten, und Mädchen werden wie Knaben durch Gymnasik erschöpft.

Der junge Mann wird zum Abscheu vor Feuchte und Weichheit erzogen und muß unter den Augen erwachsener Männer den Warmbereich von Bädern ohne Verzug durchqueren. Kneten des Säuglings, rationierte Ernährung, Leibesübung, all das soll schöne junge Menschen von festem Fleisch und schlanker Gestalt erzeugen, mit angenehmem Äußeren, den Maßstäben der Zeit genügend. Alles weitere ist Pflege, also Verhaltensschulung.

Bleiben wir noch in der besseren Gesellschaft. Ein Senator rennt nicht, außer in seinem Gymnasium. Einmal am Tag geht er in die Thermen, und er läßt sich beim Eintritt in jedes Haus die Füße waschen (Apuleius, *Apologia* 6; Gellius, *Noctes Atticae* I, 7, 8). Er hält sich gerade. Er zieht die Nase nicht hoch (Epiktet IV, 11, 19) und schneuzt sich in ein Taschentuch (Apuleius, *Apologia* 55; Epiktet IV, 1, 148; Plutarch, *Moralia* 631 d). Er rotzt wie alle aus, zerreibt aber den Auswurf nicht mit der Sandale (Anonymus, *Physiognomonica* 115). Das Gähnen muß er unterdrücken, um nicht weich und weibisch zu erscheinen, und auf keinen Fall unaufmerksam (Anonymus, *Physiognomonica* 74; Gellius, *Noctes Atticae* IV, 20, 8-9). Auch Frauen dürfen nicht gähnen, aber aus einem ganz anderen Grund: Es herrscht der Aberglaube, Gähnen während der Niederkunft sei tödlich (Plinius, *Naturalis historia* 7, 6, 42). Ein Mann darf auch nicht niesen, denn auch das ist ein Zeichen sexueller Zwitterschaft (Anonymus, *Physiognomonica* 11). Man bringt ihm bei, seinen Blick zu zügeln und keine bewundernden Rufe auszustoßen, wenn ein schöner Jüngling dem Badebecken entsteigt (Plinius, *Epistulae* III, 11). Klang und Ausdruck zu beherrschen lernt er von seinem Rhetor, aber auch vom Vater, und indem er den Männern zuhört, wie sie die Stimme senken und langsam sprechen. Der noch unbekannte Karneades, heißt es in einer erbaulichen Anekdote, wurde im Gymnasium etwas zu laut. Der Vorsteher trat zu ihm und bat ihn, die Stimme zu dämpfen. »Wie weit?« fragte Karneades. »Wie im Gespräch mit mir«, versetzte der Vorsteher.

Die Philosophen, von denen wir gesehen haben, wie sie ins Familienleben einbezogen sind, stellen Regeln dafür auf, wie der Mensch seinen Pflichten nachkommen soll. Das ist es, was den Kulturmenschen vom Tier oder vom Barbaren unterscheidet: daß er die anderen nicht stört, wie Epiktet ausdrücklich formuliert. Seneca macht die Sorge um den anderen (*De clementia* III, 3) zur Grundlage der stoischen Moral. Der Mensch ist sogar für die Philosophen der Ichbezogenheit vor allem ein »Wesen in der Gesellschaft« (*koinonios*) (Epiktet IV, 1, 120; I, 22, 12 etc.), und die Lebensregeln werden an dieser Definition ausgerichtet. Dies ist die andere Strömung der stoischen Moral, die Sorge um den Nächsten. Da Epiktet mahnt, es sei auch verboten, in Tempeln zu rotzen oder auf den Boden zu spucken (IV, 11, 32), ist die Frage erlaubt, ob mit den Regeln, die sich im Laufe des 1. Jahrhunderts n. Chr. herausbilden, nicht die Achtung vor den Göttern auf den Nächsten erweitert wird. Noch im 4. Jahrhundert n. Chr. sollte sich der christliche Kaiser Konstantin während der langen Feier seines Einzugs in Rom das Ausspucken verkneifen (Ammianus Marcellinus, *Res gestae* XVI, 10, 10 und XXI, 16, 7).

Man kann sich fragen, wieviel Selbstkontrolle dem jungen Mann abverlangt wurde und welche Äußerungsformen in dieser Gesellschaft erlaubt und welche ungehörig waren. Lachen war nicht überall gestattet. An sich aber wurde eine gewisse Spontaneität erwartet. Ein Philosoph forderte seine Hörer auf, seiner Rede mit dem Herzen zu lauschen und sie nicht als ein Stück Rhetorik zu nehmen, das wegen der Form zu beklatschen sei. Er wolle auf ihren Gesichtern alle Gefühle und Reaktionen auf seine Worte lesen, und vor allem Scham.

Eine gewisse Quirligkeit wurde auch von kleinen Mädchen erwartet, Schamhaftigkeit und Würde allerdings wurden ihnen schon mit 13 Jahren abverlangt, ob sie verheiratet waren oder nicht. Immerhin durften sie sich dem Vater in die Arme werfen und seinen Freunden Küßchen geben (Plinius, *Epistulae* V, 16). Gleichaltrige Freigelassene aber, mit denen sie gemeinsam erzogen wurden, durften sie auf keinen Fall küssen. Schon ganz kleine Mädchen wurden jedoch zur Selbstbeherrschung bei Schmerzen angehalten, und eines von ihnen tröstete sterbend die ganze Familie (Plinius, *Epistulae* V, 16).

Die Dressur erfolgt durch körperliche Züchtigung, sobald das Kind nach Galen alt genug ist, den Grund für Tadel und Schläge zu begreifen. In der Schule, wenn das Kind zusammen mit anderen Unterricht erhält, schwingt der Schulmeister den Stock (Apuleius, *Florida* 12). Vor Schmerz zu schreien, ist eines freien Mannes und vor allem eines Römers unwürdig. »*Civis Romanus sum!*« (»Ich bin ein römischer Bürger!«) war alles, was eines der Opfer des Verres unter der Folter sprach. Im 2. Jahrhundert n. Chr. war dieses Verhalten immer noch Vorbild (Gellius, *Noctes Atticae* X, 3).

Die Sexualität wird in der Erziehung nicht ausgeklammert. Junge Männer und Frauen sollen eine Haltung und ein Auftreten lernen, das sie nach Geschlecht eindeutig zuordenbar macht (Epiktet I, 16, 9; Gellius, *Noctes Atticae* I, 5). Epiktet schreibt: »Wir dürfen [...] die Unterschiede der Geschlechter nicht verwischen.« Schon der Kleidung nach sind Frauen und Männer getrennt. Aber, und hier liegt bereits die erste Zweideutigkeit, das erste der trügerischen Zeichen, denen wir uns jetzt widmen, die Männertoga kann einen Mann umhüllen, der abwertend als weibisch bezeichnet wird. Sexuelles Begehren, ob auf Mann oder Frau gerichtet, ist beim Mann anerkannt und gestattet. Doch die Sitte verbietet, es offen zu zeigen, ob als Ausruf des Staunens in einem Bad beim Anblick eines nackten Jünglings oder als erkennbare Absicht, eine Frau zu verführen. Deshalb wird ein feuchter, schmachtender oder glänzender Blick als schlechtes Zeichen betrachtet. Das sexuelle Verlangen gehört zu den Leidenschaften, zum Bereich der Lust.

Es wurde die Frage gestellt, ob es möglich sei, das sexuelle Begehren zu unterdrücken wie alle anderen Begierden auch. Epiktet glaubte das (IV, 1, 175; IV, 4, 33), doch versicherten im 1. Jahrhundert Seneca, im 2. Jahrhundert Plutarch

Römischer Sarkophag, »Phaeton« (um 300 n. Chr.). Streicheln der Nährmuttter Tellus, der Erde, deren Fruchtbarkeit von der Sonne abhängt. Rom, Villa Borghese.

und das 4. Buch der Makkabäer, daß eine solche Unterdrückung unmöglich sei, und Regungen des Leibes kein Schuldgefühl verursachen dürften. Vor allem nach der Lehre Epiktets waren manche offenbar sehr weit gegangen, denn Plutarch rät davon ab, den Leib durch zu strenges Fasten oder ermüdende Arbeit zu erschöpfen. Dennoch kann und muß das genitale sexuelle Verlangen unterdrückt werden.

Haltungstraining macht diese Selbstbeherrschung leichter, die der Mann durch Übungen der Lustvermeidung bekräftigt und verfestigt (Plutarch, *Moralia* 584 E-585 A). Manche übten auf Anregung der Zyniker gar das Sterben und hielten dazu den Atem an. Plutarch schildert junge Adlige, die vor herrlichen Banketten zu Tische liegen, die sie dann ganz ihren Freigelassenen oder Sklaven überlassen. Diese Naivität legte sich, als die Christen allen beigebracht hatten, daß zur Schau gestelltes Asketentum größtenteils durch einen Gewinn an eitlem Ruhm kompensiert wird. Aus Texten geht hervor, daß neben der Furcht vor Leiden und Tod das sexuelle Verlangen nach kleinen Knaben und Mädchen der unausrottbarste aller Triebe war (Epiktet IV, 1, 15; I, 18, 21-23). Dieses rohe Verlangen war nicht auszureißen und seine Beherrschung im Kampf gegen die

Lust gleichwertig dem Überwinden von Todesfurcht. »Und was wäre, wenn du ihm ein kleines Mädchen anbietest? Und noch dazu im Dunkeln?« fragt Epiktet. Der Gelegenheiten gab es viele in diesen Riesenhaushalten, in denen immer Sklaven, Männer, Frauen und Kinder vorhanden waren, von denen manche im Hause aufwuchsen, oder Freigelassene und deren Kinder.

In die Aufzählung der Leidenschaften gehörte neben einer unter der Kategorie des Verlangens zusammengefaßten Reihe von Ängsten und Lüsten etwas Ungreifbares, aber ständig Wiederkehrendes, die Wut (Seneca, *De ira* I, 4; II, 35). Stoische Familienväter waren gefordert, im Alltag auf ihre Leidenschaften zu achten. Sie lernten Kniffe, um Wut zu erkennen, ihr vorzubeugen oder sie zurückzuhalten, eine um so körperlichere Leidenschaft, als ihre Zeichen sehr sichtbar sind: Blässe, Röte, Gliederzittern, zusammenhangsloses Schreien. Die Beschreibung eines Wütenden ist gängige Münze in der stoischen Literatur (Seneca, *De ira* II, 36; III, 4, 1-2). Musonius Rufus hielt Wütenden einen Spiegel vor, wenn er sie ertappte.

Die Beispiele für Wutanfälle stammen oft aus dem häuslichen Leben, und Anlaß sind häufig Fehler von Sklaven: Das Waschwasser ist nicht warm genug, das Wasser zum Trinken zu lau, ein Glas zerbrochen, die Bedienung zu langsam, das Bett schlecht gemacht, der Tisch nicht richtig gedeckt, ein Hund nicht angebunden, oder es hustet, niest oder schwatzt ein Sklave beim Abendessen. Wenn sein Lehrer darauf achtet, lernt der junge Mann, nicht sofort zuzuschlagen, sondern zu warten, bis sich die Wut gelegt hat und ihm eine Peitsche gebracht worden ist. »Jähzorn macht so manchen einarmig!«, denn einige schlugen so derbe zu, daß sie sich die Schulter ausrenkten.

Aber die Erziehungsmethoden zur Verhinderung von Wutausbrüchen und zur Entwicklung von Selbstbeherrschung machen sich nicht nur am Gesinde fest (Seneca, *De ira* II, 21). Durch die allgemeine Erziehung in Ernst und Spiel mit Gleichaltrigen lernt der Knabe, weder unterwürfig noch jähzornig zu reagieren, wenn er verliert. Kurz, der junge Mann aus guter Familie lernt zugleich seine Triebe zu beherrschen und Verhaltensweisen, mit denen er sie nach außen verbirgt. Unterstützt wird der Lernprozeß dadurch, daß Einmischung Erwachsener verpönt ist. Bei Theaterpantomimen dürfen Knaben nicht zusehen (Plinius, *Epistulae* VII, 24; Quintilian, *Institutio oratoria* I), doch grausame Zirkusspiele machen sie nach verbreiteter Ansicht mutiger.

Mädchen gehen einen anderen Weg. Meist werden sie von ihrem Vater geliebt, und im allgemeinen werden sie noch vor der Pubertät einem Ehemann gegeben. Die Ehe wird schon sehr früh vollzogen. Sueton schreibt, Nero habe seine homosexuelle Hochzeitsnacht begangen, indem er »das Geschrei und Gestöhn vergewaltigter Jungfrauen nachahmte« (Sueton, *Nero* 29, 1): Brutale Deflorierung war also üblich. Erzogen wird die junge Frau vom Ehemann oder seiner Familie, und die Männer halten ihr als Beispiel häufig die Taten von Frauen vor, die ob ihrer Hingabe an den Gatten in schweren Krisen berühmt waren (Plinius, *Epistulae* IX, 13). Für Männer gibt es allerdings keine gleichwertigen Verhaltensbeispiele. Die Ratgeber für Frauen sind von Männern geschrieben, die ihnen beibringen wollen, wie man Liebhaber anzieht oder an sich bindet: Ein Verhaltenskodex für Mädchen aus guter Familie oder traditionelle Matronen sind sie nicht. Dennoch waren die Kunst der Körperpflege und der Verschönerung sehr verbreitet, wie aus Stelen hervorgeht, die Frauen beim Schminken oder Frauen verschiedenen gesellschaftlichen Ranges mit kunstvollen Frisuren zeigen. Getändel gehörte zur Lebensart, aber die meisten Dokumente sind christliche Texte, die den Flirt ausrotten wollten (vermutlich mit geringem Erfolg). Soviel also wissen wir über Zeichen der Hervorhebung und Eleganz, die in den großen römischen Familien durch eine Erziehung erworben wurden, die im wesentlichen moralisch begründet wurde und eine Ethik zum erklärten Ziel hatte.

Der Leib wird auf Schönheit vorbereitet, aber es war eher eine Art künstlicher Schönheit, denn der natürlichen wurde nicht getraut. Natürlich wandeln sich die Kriterien mit den Epochen. Doch geht es hier um das, was damals als natürliche Schönheit anerkannt wurde. Sie wird vor allem als Gefahr gesehen. Plinius sagt, ein schöner junger Mann sei stets eine Versuchung für seine Lehrer, und stellt klar, daß er selbst dieser Versuchung widerstanden hat oder davor bewahrt wurde (Plinius, *Epistulae* VII, 24). Wer einen Lehrer für einen schönen Knaben suche, wolle einen Mann ohne Fehl und Tadel, der sich beherrschen kann (*Epistulae* III, 3). Schönheit ist auch ein Zeichen der Gunst der Götter; ein Kind, dessen noch kaum dem Leiblichen zugewandte Seele dem Ursprung im Jenseits näher steht, wird gern als Orakel befragt. Stirbt es, dient sein Leib zur Befragung der Götter. Ist es schön, sind seine Orakelsprüche klarer und wahrer als die von anderen (Apuleius, *Apologia* 42-43).

Auch für Frauen ist natürliche Schönheit eine gefährliche Gabe und bedroht die Tugend. Der Philosoph Musonius versucht eine Definition der »idealen Ehefrau«: Sie darf nicht zu schön und nicht zu häßlich sein (Gellius, *Noctes Atticae* V, 11). Epiktet lehrt, keine schöne Gattin zu begehren oder nach dem Reinfall als Gehörnter wenigstens nicht zu leiden (Epiktet IV, 9, 3; I, 18, 11-12).

Es besteht also eine ständige Wechselwirkung zwischen dem, was in der Physiognomik als natürliches Zeichen bestimmter Stimmungen benannt wird, und den durch Erziehung erworbenen richtigen Zeichen, die nach allgemeiner Überzeugung entsprechende Eigenschaften bedeuten. Es ist für den Familienvater höchst wichtig, daß er diese Zeichen kennt. Entweder lernt er sie und hat dazu Nachschlagewerke, oder er muß andere um Rat fragen.

Die Physiognomik für den Hausvater

Der Familienvater fordert die Ärzte auf, ihm die Zeichen erkennen zu helfen, nach denen man eine gute Ehefrau oder einen guten Sklaven auswählt (Rousselle 1983), diese beiden wichtigen Bestandteile des Hauses, wenn man von einem Adoptivsohn einmal absieht. Will er seinen Sohn verheiraten, schickt er eine ergebene Hebamme aus, die eigene, wenn es ein großer Haushalt ist, damit sie die junge Braut (oder das Mädchen) begutachtet. Im 1. Jahrhundert n. Chr. stellen Hebammen gewöhnlich zwei Untersuchungen an. Die erste ist gynäkologisch und bezieht sich auf die Ausbildung von Scheide und Muttermund und auf die Gebärmutter selbst, obwohl diese meist noch nicht voll entwickelt ist. Der in Rom praktizierende griechische Arzt Soranos verurteilt die Praxis, Rauch in die Scheide zu blasen. Damit sollte überprüft werden, ob das Mädchen gute innere Verbindungen habe, was der Fall war, wenn die Räucherstoffe, hauptsächlich Knoblauch, im Atem nachgewiesen werden konnten. Die zweite Untersuchung bezieht sich auf die Physiognomie. Fruchtbarkeit und Charakter sind innig miteinander verbunden: Wer bei Untersuchung oder Befragung errötet, ist zu hitzig und kocht den männlichen Samen tot, anstatt ihn aufzunehmen und »ansetzen zu lassen«. Spontan sein und Freude oder Trauer zeigen soll das junge Mädchen aber trotzdem.

Bei der Auswahl von Sklaven, sagt Plinius, verlasse man sich besser auf die Ohren als auf die Augen (*Epistulae* I, 21). Beim Sklavenkauf wird der Begriff trügerischer Zeichen konkreter: Von Anbeginn solcher Verkäufe beschäftigt sich das Recht mit Täuschungen (Gellius, *Noctes Atticae* IV, 2). Hier nämlich muß gelernt werden, zwischen körperlichen Mängeln und Krankheiten zu unterscheiden. Der Verkäufer ist verpflichtet, beides offenzulegen. Von den Charaktereigenschaften muß jedoch nur eine aus früheren Versuchen bekannte Neigung zum Entlaufen angegeben werden. Fluchtversuche und Charakter eines solchen Sklaven werden genau geschildert. In einem großen Haus gilt es schon als Flucht, wenn der Sklave eines Freigelassenen nachts den Schlafraum verläßt, »außer wenn der Raum auf einen gemeinsamen Flur geht« oder der Ausgang auf die Straße bewacht oder verschlossen gewesen ist. Der Käufer weiß daher vom Verkäufer, ob der Sklave körperliche Mängel hat, krank ist oder gern davonläuft. Der Arzt hilft, weitere Bestandteile des Charakters zu erkennen. Auf der Grundlage der Physiognomik kann beim Sklaven untersucht werden, was zu betrachten allgemein beim Anknüpfen von Beziehungen hilfreich ist: Kopfform, Gebärden, Augenform und -bewegung, Nasenform, die zugleich etwas über den Charakter und über Krankheitsanfälligkeit, nämlich über die Neigung zu Kopfweh und Entzündungen, aussagen.

Nach Galen weisen die unauffälligsten Zeichen auf eine schlechte Verfas-

Weißes Marmorrelief eines Sarkophags, gefunden in Paris. Eine junge Tote, von ihrer Familie und ihren Mägden umgeben. Sie ist bewußt als Schlafende dargestellt, doch die Frauen haben die Haare in Trauer gelöst. Paris, Musée de Cluny.

sung der inneren Organe hin. Doch gab es auch unklare Zeichen wie Erröten und Frösteln. Galen lehrt erkennen, ob es sich um Achtung und Respekt, um Wut oder um Krankheit handelt. Dies war ein psychologischer und literarischer Gemeinplatz der Epoche, entstanden aus den Bemühungen der Stoiker der mittleren Stoa (2. bis 1. Jahrhundert v. Chr.), eine Typologie der Leidenschaften aufzustellen und sie in solche der Seele, des Leibes und gemischte Leidenschaften zu unterteilen (Plutarch, *Moralia* 451A). Sie hatten festgestellt, daß dieselben Zeichen des Errötens, Erbleichens, Zitterns ebenso für Angst wie für Lusterwartung stehen konnten. Galen widmet dem Simulieren ebenfalls einige Seiten und gibt zwei Beispiele. Das erste betrifft einen vornehmen Griechen, der immer dann von Bauchgrimmen befallen wird, wenn er zu Versammlungen geladen ist, wo ihm ein beschwerliches Ehrenamt übertragen werden soll. Beim zweiten geht es um einen Sklaven, der sich darum drückt, zu Fuß dem Wagen seines Herrn auf eine Reise zu folgen, indem er sein Knie anschwellen läßt. Galen lehrt auch, falschen Bluthusten zu erkennen, der durch Schnitte im Gaumen herbeigeführt werden kann: Plinius der Jüngere berichtet, sein Lieblingslehrer und einer seiner Schauspieler hätten Blut zu husten begonnen und er habe sie zur Kur nach Ägypten geschickt (*Epistulae* V, 19; VIII, 1). Dies war wohl eine echte Schwindsucht, aber Hausväter waren immer auf Täuschung gefaßt. Galen schlägt daher vor, Medizin und gesunden Menschenverstand miteinander zu verbinden: Gesunder Menschenverstand ist für ihn Argwohn gegenüber den Zeichen.

Mehrdeutige Zeichen

Was jede einkaufende Hausfrau weiß, weiß auch der Herr, der einen Sklaven oder eine Sklavin kauft oder eine Gattin für seinen Sohn auswählt. In diesem Fall können jedoch alle sozialen Zeichen täuschen. Das erste trügerische Zeichen dürfte männliches Aussehen gewesen sein. Homosexualität war wohl nicht das Problem dabei, denn von ihr wurde damals nicht auf geringere, sondern im Gegenteil auf größere Männlichkeit geschlossen. Doch durch einen schönen Bart, so Epiktet, solle man sich nicht über das Geschlecht täuschen lassen (I, 16, 9). Männerkleidung, Frauengebärden: Die Physiognomik beschreibt die Weibischen, die sich vor ausgespucktem Rotz ekeln und ihren eigenen und den anderer unter der Sohle verreiben (*Anonymus, Physiognomonica* 115). Im 2. Jahrhundert ist der Bart ein zweideutiges Zeichen geworden. Ein langer Vollbart ist weiterhin Kennzeichen eines noch unverurteilten Angeklagten oder eines Philosophen – eine interessante Gleichsetzung (Gellius, *Noctes Atticae* III, 4). Vor Hadrians Regierungszeit rasierten sich die jungen Männer und bedeutende Persönlichkeiten (Apuleius, *Apologia* 69). Alle anderen trugen Bart. Später trugen Männer der Öffentlichkeit nach Hadrians Vorbild einen Bart und ließen ihn scheren, sobald er weiß wurde: Ein ra-

Mahlzeiten wurden im Liegen eingenommen, sogar das Totenmahl. In Tarragona sind um christliche Gräber gemauerte Liegen angeordnet.

siertes Gesicht bedeutete fortan Alter. Dies sollte vielleicht den Vortritt der Älteren regeln in einer Gesellschaft, in der das Alter geachtet wurde. Es gab endlose Diskussionen über die Notwendigkeit, seinen Sitzplatz einem Älteren zu überlassen, besonders dem Vater, auch wenn man Amtsperson war. Junge Leute geleiteten die Alten nach dem Bankett nach Hause (Gellius, *Noctes Atticae* II, 15, 3; 15, 1). Dennoch ist das Alter seit Augustus kein untrügliches Zeichen mehr. In offiziellen Feierlichkeiten haben verheiratete junge Männer Vortritt vor alten Junggesellen, und junge Väter vor Kinderlosen.

Auch andere Zeichen haben ihre Untrüglichkeit verloren: Philosophen sind so zahlreich, wie übrigens auch die in Schnellkursen in Griechenland für den römischen Markt ausgebildeten Ärzte, daß manche morgens hungrig vor den Türen der Schüler sitzen und warten, bis diese den Kater vom Vorabend ausgeschlafen haben (Apuleius, *Florida* 4 und 19; Gellius, *Noctes Atticae* VII, 10). Sie werden mit Bettlern verwechselt, die wie sie Bart und einen weiten Mantel tragen und sich überdies durchschlagen, indem sie behaupten, sie seien arbeitslose Philosophen (Apuleius, *Florida* 9). Senatoren schreiten im *pallium* einher, während der »Herold des Prokonsuls dort in der Toga erscheint« (Apuleius, *Florida* 9; Gellius, *Noctes Atticae* IX, 2).

Nicht Plinius der Jüngere beklagt sich über die Möglichkeit der Verwirrung durch trügerische Zeichen. Er gehört wohl zur Oberschicht und weiß, wie er sich denen gegenüber verhalten muß, mit denen er Umgang hat. Es ist vielmehr Apuleius, aus guter afrikanischer Familie, dessen Vater an der Spitze der sozialen Hierarchie der Stadt Madaura stand, und der offenbar sein Erbe als wandernder Philosoph und Rhetor im Mittelmeerraum aufbrauchte, bevor er die Mutter eines Mitstudenten heiratete, eine sehr vermögende Witwe.

In gewissem Sinne haben aristokratische und einfachere Familien gleiche Ziele. Die Aristokratenfamilie bereitet ihre Söhne auf den gesellschaftlichen Kampf um Macht und Repräsentation vor, die Familie der Mittelschicht auf ein Handwerk. Schon ganz am Anfang sondert der Vater in der adligen Familie Ungeeignete aus, solche mit körperlichen Gebrechen bei Geburt oder Behinderungen, die erst mit dem Heranwachsen sichtbar werden, wie Sprachfehler, Verwachsungen, Unfallverletzungen oder Schwachsinn. Der Vater kann solche Lücken letztendlich durch Adoption in den vom kaiserlichen Recht gesetzten Grenzen schließen, oder durch rechte Auswahl von Schwiegersöhnen, die in der Oberschicht heimisch sind und seinen leiblichen Sohn unterstützen können. Hauptsorge eines sterbenden Vaters ist es, ob er einem gestandenen Mann die Erziehung seines Sohnes anvertraut und seiner Tochter Freunde verschafft hat (Plinius, *Epistulae* IV, 17; VI, 6). Bisweilen hinterläßt er sein Vermögen seiner Enkelin unter der Bedingung, daß sie für rechtsfähig erklärt wird, damit ein gieriger Schwiegersohn oder eine Tochter mit womöglich unsittlichem Lebenswandel von der Vermögensnutzung ausgeschlossen bleiben (*Epistulae* IV, 2; VIII, 18). Es geht also darum, Töchtern das Vermögen und Söhnen die Erziehung zu sichern. Bei den Armen ist nach Plutarch die Begrenzung der Kinderzahl durch Kindesaussetzung auf die Befürchtung zurückzuführen, sie nicht ausbilden zu können und erleben zu müssen, wie sie ins selbe Elend wie die Eltern fallen (Plutarch, *Moralia* 497 E).

In ganz Italien und in der Provinz werden die von der Familie gelehrten Bräuche und die Familiensitten selbst von der schon lange hellenisierten römischen Oberschicht beeinflußt. Die Lehren der Philosophen sind so einflußreich wie das Beispiel der Großen. Am sichtbarsten wird die Existenz von Familienbanden bei den Mahlzeiten, sowohl des Alltags als auch bei Festessen und bei Totenmählern am Sterbetag der Ahnen.

Allerdings kennen viele Bewohner des Reiches kein Familienmahl. Das Gesinde der großen Häuser, Arbeiter in der Stadt, die häufig Fertiggerichte aus Garküchen verzehren, Männer wie Frauen, die die Mahlzeiten an ihrem Arbeitsplatz

Grabstele aus Trier. Lokale Notablen lassen sich auf Stelen und nicht auf Sarkophagen darstellen, bei der Familienmahlzeit sitzend und nicht liegend. Die Kinder spielen mit dem Hund.

einnehmen. Das Familienmahl ist ein Luxus, wie durch Darstellung auf Grabstelen gut dokumentiert ist. Für Dion Chrysostomos ist das Ideal die Bauern- und Jägerfamilie: Beim Gastmahl liegen die Männer auf fellbedeckten Reisiglagern, die Hausfrau sitzt neben dem Gastgeber und die Tochter bedient, während der Sohn und der künftige Schwiegersohn das Fleisch am Spieß braten (*Oratio* VII).

Die Tischsitten der Griechen und der Römer sind bis nach Trier gelangt. Das Essen im Liegen war im ganzen Mittelmeerraum und seinen Randgebieten verbreitet. Die Gallier indes konnten sich nicht dazu bequemen und ließen sich auf Grabstelen sogar auf der Speiseliege sitzend darstellen. In Tarragona und in Afrika war das Totenmahl eine so getreue Nachbildung des römischen Festmahls, daß um die Gräber herum runde oder rechteckige Steinliegen gebaut wurden, die fast identisch mit denen aus den Gärten von Pompeji waren, an denen vornehme Leute an Sommerabenden speisten. Die Tischmanieren werden immer ausgefeilter, und für griechische Verhältnisse fordert Plutarch, beim Essen bedienende Sklaven nicht zu schelten, um keine Peinlichkeit aufkommen zu lassen, und weist wie Plinius darauf hin, daß ein verdrossenes Gesicht oder auch nur Schweigen beim Gastmahl schlechtes Betragen sei (Plutarch, *Moralia* 456 E; 461 DE; Plinius, *Epistulae* IX, 17).

Die Texte geben Beispiele für sozialen Aufstieg, und besonders die Inschriften, an denen sich Familien und ihre Ämter in der Lokal- oder Provinzialverwaltung für jede Generation rekonstruieren lassen. Einige besonders anschauliche Beispiele liefern Verwandte von Aelius Aristides in Kleinasien, und andere kann man in Nordafrika im 3. Jahrhundert vom geringen Stand zu nicht ganz so erlauchtem Rang aufsteigen sehen. In dem Maße, wie äußere Zeichen für den Rang in der Gesellschaft des Mittelmeerraumes immer üblicher werden, häufen sich auch die Ermahnungen. Jungen Menschen wird beigebracht, sich von der immer noch sehr standestypischen Kleidung nicht hinters Licht führen zu lassen. Sie werden aufgefordert, die Absicht hinter Gebärden zu erkennen: Wenn ein Mann liebedienert, sei es um eine Einladung zum Gastmahl oder um ein Amt als Konsul, dann ist das einer, der seine Freiheit preisgegeben hat, sagt Epiktet (IV, 1, 55). Manche, warnt Tacitus unter vielen anderen, gäben sich nach außen als Stoiker (*Annales* XVI, 32). Apuleius übt sein Mienenspiel vor dem Spiegel, doch er zitiert auch die Aufforderung des Sokrates an einen schweigsamen jungen Mann: »Damit ich dich sehen kann, rede auch etwas!« (*Florida* 2; *Apologia* 13 und 14). Ähnlich wie bei der Faustregel Plinius' des Jüngeren zum Sklavenkauf könne hier das Auge täuschen (*Epistulae* I, 21) Wenn geurteilt werden müsse, seien sichtbare Zeichen trügerisch. Es gelte das Verborgene zu entdecken, und Sprechen und damit Hören könne es ans Licht bringen. Diese Ansicht setzt allerdings Vertrauen in die Sprache oder vielleicht in die Sprachanalyse voraus.

In der römischen Kultur kommt bestimmten Gebärden offensichtliche und wirksame Bedeutung zu: Es gibt rechtswirksame Gesten (etwa bei der Übertragung von Vermögen oder Personen von einer Verfügungsgewalt in die andere), es gibt Gesten der Emanzipation bei der Entlassung aus der väterlichen Gewalt, und es gibt Gesten des Glaubens. Die Wissenschaft der Gebärdensprache, also ein Katalog sprachbegleitender Gesten, wird in der Rhetorikschule gelehrt. Es gibt mehrere solcher Kataloge nebeneinander, und folglich haben Gesten fürs Auge keine eindeutige Aussage mehr. Die Aufnahme in eine relativ homogene Oberschicht erfolgt im ganzen Mittelmeerraum über den Erwerb ihrer Gesten. Die demonstrativ würdevolle Steifheit der Emporkömmlinge wird verspottet: »Der kommt daher wie ein Obelisk« war ein gängiger Ausdruck (Epiktet I, 21). Und dennoch brauchte man einem Klienten nur einen guten Lehrer zu verschaffen. Plutarch wiederholt die Benimmregeln, die er bei Platon oder Aristophanes gelesen hatte: Man solle sich nicht aufs Essen stürzen, nicht sabbern und nicht fressen, und die Beine nicht übereinanderschlagen. Ein junger Mann solle gesenkten Blickes einhergehen, nicht einmal die Inschriften auf Grabsteinen le-

Aschenurne aus den Pyrenäen. Im 2. und 3. Jahrhundert n. Chr. beginnt die ortsansässige Bevölkerung trogförmige steinerne Aschenurnen aufzustellen, um die Sarkophage der romanisierten Notablen nachzuahmen. Toulouse, Musée Saint-Raymond.

sen und auch nicht durch halboffene Türen spähen, niemandes Antwort vorwegnehmen und wissen, wie man sich richtig hinsetzt und den Mantel um sich schlägt (Plutarch, *Moralia* 421 A; 439 E). Das alles wäre nicht von großer Bedeutung, wenn die Abhandlung bei den meisten dieser Regeln nicht den Titel »Kann Tugend gelehrt werden?« trüge. Tugend, das sind zunächst die Gebärden und alles, was solcher Erziehung zugrunde liegt, also die »familiären, bürgerlichen, ehelichen, alltäglichen und administrativen« Verhältnisse.

Epiktets Lob der Reinlichkeit vor seinen Hörern in Nikopolis (IV, 11, 9) wird auch von Apuleius in Oea (Tripolis) zum besten gegeben: Man betrachte sich häufig im Spiegel, wasche sich die Füße – was derart verbreitet war, daß der Ausdruck »ohne sich jemals die Füße zu waschen« seit Aristophanes »in höchster Eile sein« bedeutet (Apuleius, *Apologia* 8; Gellius, *Noctes Atticae* I, 7, 8) –, spüle aber auch den Mund und putze sich die Zähne (Epiktet IV, 11, 9; Apuleius, *Apologia* 7). Apuleius dichtet sogar Werbeverse für ein Zahnputzmittel. Vor einem Gesprächspartner zu rülpsen ist kein Benimm. Baden und Sichwaschen dürfen übrigens nicht miteinander verwechselt werden. Die Reinlichkeit wird zu Hause gepflegt, während die Thermen ein Ort der Gesundheit, der Körperübung (Massagen und Schwitzen) und der Geselligkeit sind. Für die Sauberkeit gibt es in griechischen Gefilden mindestens schon seit dem 5. Jahrhundert Bäder in den Häusern, meist in einer Ecke am Herd wegen der Wärme und des heißen Wassers, und von der Küche oft durch Vorhang getrennt. Bäder wurden auch in den Häusern kleiner nordafrikanischer Dörfer gefunden.

Es gab also im Mittelmeerraum einen Verhaltenskodex, der von der Familie oder zumindest im Haushalt von einem Lehrer beigebracht wurde. Auch die Sprache wird von der Familie weitergegeben, mit allen lokalen Betonungen des Lateinischen. Gallier hellen lateinische Vokale auf und sagen *monumentum* statt *monimentum;* Nordafrikaner sprechen *b* als *v* und *t* als *c* aus und verwandeln damit *salvum lotum* in *salbum locum*. Schon in der Frühzeit des Kaiserreichs eröffnen Reichtum, Ernennung zu einem öffentlichen Amt und der Erwerb des römischen Bürgerrechts Chancen zum Aufstieg weit über den Horizont von provinzialen Städten hinaus. Um jedoch in Rom anerkannt zu werden, muß man mit Hilfe eines guten Grammatikers und eines guten Rhetors seinen provinzialen Akzent und die Gebärden und Sitten des eigenen Volkes ablegen und sich vor allem bilden. Es geht folglich in gewisser Weise darum, aus der lokalen Familie auszuscheiden und möglichst den Aufstieg in eine höhere Schicht, der allgemein auf ein nichterbliches und vom Kaiser zugewiesenes Amt zurückzuführen ist, mit einer Heirat in diese Kreise zu verbinden. Plinius kann übrigens beobachtet werden, wie er einen seiner jungen italischen Schützlinge aus dem Ritterstand in einer Senatorenfamilie unterbringen will, indem er ausnutzt, daß eine junge Waise von ihrem Onkel verheiratet werden soll (*Epistulae* I, 14).

Sarkophagdeckel unbekannter Herkunft (etwa 1.-2. Jahrhundert n. Chr.). Die liegende Gattin hält auf ihrem Knie die Büste ihres verstorbenen Gatten. London, British Museum.

Der spektakulärste soziale Aufstieg findet bei freigelassenen Sklaven statt, die soviel Geld scheffeln, daß sie einem »freigeborenen« Sohn eine glänzende Zukunft verschaffen können. Doch wie kann ein Freigelassener einen freigeborenen Sohn zeugen? Indem er eine freigeborene Römerin heiratet, ein seltener, aber durchaus nachweisbarer Fall. Gewöhnlich heiratet er eine Freigelassene, die er oft sogar selber gekauft hat. Auch dann darf der Sohn erst geboren werden, wenn beide frei sind. Meist aber sind diese Ehen die Fortsetzung von Sklavenehen, denen bereits Kinder geboren sind, in Freiheit. Man müßte eine Typologie der freigelassenen Frauen aufstellen. Unter ihnen findet sich die kleine Sklavin von unter zwölf Jahren, die von ihrem Herrn freigelassen wird, um seine Konkubine zu werden. Als Ehefrauen freigeborener Männer aber haben solche Mädchen schon mit zwölf Jahren den ehelichen Status einer ehrbaren, mit einem Mann zusammenlebenden Frau, was insbesondere bedeutet, daß sie von ihrem Partner des Ehebruchs beschuldigt werden können. Andere Sklavinnen werden von ihrem Herrn freigelassen, um seine Freigelassenen mit Frauen zu versorgen, sie sind *collibertae* ihrer Gatten und tragen seinen Namen, nämlich den des Herrn, der Vaterrechte über sie hat. Schließlich gibt es noch die Frau, die von einem früheren Sklaven gekauft wird, der sie zur Gattin nimmt, nachdem er sie freigelassen hat. Es kommt sogar vor, daß ein Herr sich darauf einläßt, gleichzeitig Mann, Frau und Kind freizulassen. Motiv ist die Familiengründung, und G. Fabre hat nachgewiesen, daß die Ehewilligkeit Freigelassener in Grabinschriften dokumentiert ist. Bei drei Fünfteln dieser Ehen in der Spätzeit der Republik und zu Beginn des Kaiserreichs sind beide Partner Freigelassene, sofern sie bekannt sind. Und nur bei einem Drittel dieser Inschriften hatten die beiden Ehegatten verschiedene Herren. Wer von einem früheren Herrn erwartete, daß er auch die Gefährtin und die Kinder freiließ, diente bestimmt besonders treu.

Aus den Inschriften der Stadt Rom sind uns mehr Freigelassene als Freie bekannt. Die Freigelassenen scheinen nicht einmal neue Abstammungsgruppen freier Bürger begründet zu haben. Wird ein Mann relativ spät freigelassen und kauft die Sklavin, die er heiraten will, ebenso wie die Kinder, die sie womöglich schon in der Sklaverei bekommen haben, ist jedes Mitglied dieser Familie freigelassen. Bleibt der Sohn lange genug Sklave, um in des Vaters Lage zu geraten, kann er genauso wenig wie dieser Begründer einer Familie freier Bürger werden. Das bedeutet, daß in jeder Generation dasselbe Schema reproduziert wird. Wir müssen also mindestens über zwei Generation denken.

»Denn nicht, wo jeder geboren, sondern wie er geartet ist, muß man beachten«, schreibt Apuleius »und nicht, in welchem Gebiet, sondern nach welchem Gebot er sein Leben zu führen begonnen hat, das muß man betrachten.« (*Apologia* 14) Während also die Söhne einer betuchten Bevölkerungsschicht von den Senatoren bis zu den Rittern (*equites*) und die Masse der Freigelassenen und kleinen Vollbürger sich bemühen, aufzusteigen und sich von ihrer Herkunft abzusetzen, indem sie sich alle Zeichen für den feinen Unterschied zulegen, strebt ein anderer Teil der Bevölkerung danach, überhaupt eine Familie zu gründen. Doch wonach streben jene, die das Bürgerrecht verlangen, um rechtsgültig heiraten zu können wie die Soldaten der Hilfstruppen, oder gar Freigelassene mit ihrer Rackerei um das Geld für die Freilassung einer Sklavin samt Kindern? Nach Familienleben oder nach einem bestimmten Rechtsstatus? Welches Eheideal wollen die Sklavenpaare im 4. Jahrhundert v. Chr. verwirklichen, deren Existenz Claudine Leduc nachgewiesen hat? Es ist wie stets in der römischen Welt der Schulterschluß zweier Männer: Schwiegervater und Ehemann. Ergibt sich daraus Zuneigung zwischen den Gatten, um so besser, sagt Plutarch. Besser schon, aber nicht zwingend erforderlich. Der Begriff der ehelichen Zuneigung existiert seit der römischen Frühzeit: Er ist die Grundlage der Ehe. Aber der Sinn des Wortes Zuneigung war ein ganz anderer als der heutige.

Was in den Familien der Oberschicht von der Familie, vom Hauslehrer, beim Rhetor oder Philosophen gelehrt wird, nimmt die Plebs nach Meinung der Alten über Gesetze und Religion in sich auf, und die erzieherische Wirkung des Gesetzes ist besonders durch den Aberglauben gewährleistet. Abgesehen von den Juden, bei denen der Vater seinen Sohn schon von Kindheit an im Gesetz, im Talmud und in Taten der Vorfahren unterweisen muß (Josephus tut dies den Heiden in *Contra Apionem* II, 204 kund), ist unbekannt, wie der Inhalt von Gesetzen vermittelt wird, außer durch Alltagsreibereien im Hause, bei denen man lernt, wie man die Triebe beherrscht. Doch vor allem lehrt das Gesetz in der Römischen Republik, daß man sein Leben für das Vaterland hingeben muß.

Unter dem Kaiserreich dringt die stoische Ethik nur durch Volksreden bis zur Plebs durch. Bekanntlich hielten manche Philosophen solche Ansprachen. Nur aus Anekdoten wissen wir, wie solches Gedankengut in seiner philosophischsten Überhöhung bis zu den Sklaven durchsickerte, und zwar nicht nur zu jenen, die den Lehren der großen Meister lauschen durften, wie es Epaphroditos seinem Sklaven Epiktet gestattete. Ein Sklave, den Plutarch auspeitschen ließ, versuchte den Schlägen zu entgehen, indem er ihm vorhielt, er zeige zu offen seine Wut: »Woraus schliessest du Galgenstück denn nun, daß ich deinethalben in Zorn gerathen sei? [...] Ich wenigstens glaube, dass weder mein Blick grimmig, noch meine Miene Zorn verrät.« [...] Dabei wandte er sich nun zugleich nach dem Prügelmeister hin und sagte: ›Während wir [...] hier fortfahren, uns zu unterhalten, lasse Du Dich in Deinem Geschäfte nur auch nicht stören‹« (Gellius, *Noctes Atticae* I, 26). Sklaven brachen in den Speicher ihres Herrn ein, bestahlen ihn und disputierten anschließend mit ihm, warum die Stoiker solches Verschwinden nicht erklären könnten, wie Numenius in einer längeren komischen Geschichte berichtet. Die Moral der Plebs dürfte sich, wie W. den Boer gezeigt hat, in griechischen oder lateinischen Inschriften ausdrücken: »Ich habe keinem Unrecht getan.«

Die Bedeutung der Familie

Versuchen wir einzugrenzen, worin in der römischen Gesellschaft die spezifische Bedeutung der Familie liegt, was sie zu einer stützenden Einrichtung für jedermann im Laufe seines Lebens und zum Hindernis für das machte, was manchen wichtiger als Fortpflanzung ist.

Der Standpunkt des Sohnes

In der Frühzeit des Kaiserreichs ist für hoch und niedrig das wichtigste Mittel des Rangerhalts, bei gewissen Anlässen des privaten Familienlebens oder an bestimmten Etappen der öffentlichen Laufbahn von Familienmitgliedern freigiebig Geld zu verteilen. Auf allen Ebenen wird durch Karrierefinanzierung für soziale Reproduktion und Aufstiegschancen gesorgt. In Rom wurde den großen Familien eine Obergrenze für die Ausgaben für Zirkusspiele anläßlich der Einführung ihres Sohns ins Prätorenamt gesetzt. Indem er im Jahre 47 die Verpflichtung zum Abhalten solcher Spiele vom Prätorenamt zum Quästorenamt verlagerte, verlegte Kaiser Claudius sie auf einen früheren Karrierezeitpunkt im 25. Lebensjahr und verringerte zugleich den Popularitätseffekt, weil er sie von allen Quästoren gemeinsam veranstalten ließ.

In den Provinzen dagegen wurde eine Untergrenze für derlei Ausgaben gezogen, da die Amtsträger sich unbedingt durch große Ausgaben für Spiele für die Plebs hervortun und dies sogar auf Grabinschriften verewigen wollten. Dasselbe gilt für die Priesterschaft auf den verschiedenen Ebenen des Kaiserkults, die Zwischenstadium der politischen Karriere war und Warteschleife beim sozialen Aufstieg. Diese Spiele, zu denen Gladiatorenkämpfe und solche zwischen Menschen und Tieren gehören, machen die größten und protzigsten Ausgaben einer Familie für jeden ihrer Söhne aus, sofern sie es sich leisten kann. Zugang zum Senat erhalten Senatorensöhne nur über die Quästur und den Aufwand für Brot und Spiele. Doch gibt es auch noch andere Gelegenheiten zur Verschwendung. Aus Bythinien ersucht Plinius Kaiser Trajan um eine Begrenzung der Ausgaben von Familienvätern für den Fall, daß ihre Söhne die Männertoga erhalten, heiraten, in ein öffentliches Amt gelangen oder ein öffentliches Bauwerk stiften (*Epistulae* X, 115).

Bei den Spielen haben die Kinder mit ihren Lehrern reservierte Plätze. Ihre Mütter sitzen bei den Frauen auf den oberen Rängen, dicht unter denen, die Trauer tragen, und diese wiederum sitzen unmittelbar unter den Freiplätzen, die im Sturm erobert werden. Senatoren haben Plätze in der ersten Reihe. Die Plebejer haben eigene Blöcke, in denen die besten Plätze den verheirateten Männern zustehen. Die höheren Schichten, Senatoren und Ritter oder Amtsträger der Provinz gehen mit der ganzen Familie hin, sitzen aber getrennt. In Rom hat die niedere Plebs Freiplätze, doch für jede Familie wohl in begrenzter Zahl: Auch sie sitzen auf den Stufen getrennt. Schon mit 15 Jahren darf ein Senatorensohn von den Senatorenrängen aus zusehen. Gelegentlich beteiligt sich ein schon größerer Sohn mit anderen jungen Leuten an einer *Troia*, einem Scheinkampf in der Arena. Manche Jugendliche oder junge Männer aus Senatoren- oder Ritterfamilien nehmen an echten, lebensgefährlichen Gladiatorenkämpfen teil, was zwar relativ selten, aber dafür um so spektakulärer ist. Hingegen veranstalten junge Leute aus Nordafrika einmal im Jahr zum Fest der *Iuvenalia*, der Jugend, halsbrecherische Rennen im Zirkus. Richtet ein Amtsträger in Rom oder in der Provinz seinem mit 15 Jahren noch nicht volljährigen Sohn Spiele aus, trägt dieser die Toga nur zum Schein und muß bei den Kindern sitzen. In der Arena sieht er seinen Vater an der Spitze des Eröffnungsumzugs schreiten und dann auf der Ehrentribüne nach jedem Kampf mit Daumenzeichen über Tod oder Leben des Besiegten entscheiden. Er erlebt, wie sein Vater den Mut des Unterlegenen würdigt und ihn weiterleben läßt, ihn wegen schlechter Kampfleistung zum Tode verurteilt oder eine Wiederholung des Kampfes erzwingt.

Frauen und Mütter erben Versprechen ihres Gatten, Spiele auszurichten. Dann müssen sie sie finanzieren und den Vorsitz übernehmen, wobei ihnen der Kaiser das Prunkgewand verweigert, das ihr Mann getragen hätte. In der Stadt Oea leitet die verwitwete Mutter die Getreideverteilung an die Plebs anläßlich der Verleihung der Männertoga und der Hochzeit ihres Sohns: Solches darf er auf gar keinen Fall selbst tun (Apuleius, *Apologia* 88). Frauen erben auch die Steuerpflicht.

Die Familie stellt sich als Grundstein des sozialen Lebens dar. Sie hat großen Einfluß auf Karriere und Lebenslauf des einzelnen. Versuchen wir jetzt, die Dinge vom Standpunkt eines Sohnes zu sehen, der im Vaterhaus lebt, ohne deswegen seinen Horizont auf Vater und Mutter einzugrenzen: Da sind auch noch die Großeltern, ob unter demselben Dach oder nicht. Leben sie nicht dort, darf man schließen, daß ihr Einfluß geringer ist. Dann gibt es noch ein regelrechtes Volk von Sklaven (bei der Ermordung eines Konsuls blieben 400 Sklaven in seinem Haus untätig und wurden auf Beschluß des Senats hingerichtet [Tacitus, *Annales* XIV, 42]), und Freigelassenen in der Umgebung des Sohns. Es ist nicht sein weltliches Umfeld, sondern das seines Vaters, und dieses wollen wir jetzt untersuchen.

Der Knabe ist wohl kaum von der Mutter gestillt worden, auch dann nicht,

Kindersarkophag (3.-4. Jahrhundert n. Chr.). Junge Leute liefern sich Wagenrennen im Zirkus von Rom, zu erkennen an den von Agrippa an den Wendepunkten aufgestellten Eiern und Delphinen. Zwei junge Wagenlenker sind gestürzt. London, British Museum.

Stele mit den Köpfen einer Familie (1. Jahrhundert n. Chr.). Museum von Saloniki.

wenn sie das Kindbett überlebt hat. Seine Amme hat das eigene Kind zu früh abstillen müssen. Bisweilen wird das vornehme Kind so lange gesäugt, daß es zwischen dem zweiten und dritten Lebensjahr hinnehmen muß, wie es zugunsten eines Milchgeschwisters zurückgesetzt wird. Augustinus schreibt: »Ich habe mit eigenen Augen und sehr genau gesehen, wie ein Säugling eifersüchtig wurde. Er konnte noch nicht sprechen und erblaßte jedesmal, wenn er seinen Milchbruder sah.« Anlaß des Abstillens ist eine erneute Schwangerschaft. Die leibliche Mutter, die nicht stillt, steht dem Kind ziemlich fern und ist auf den Rat der Ärzte damit beschäftigt, ihre Gesundheit und ihr Wohlbefinden wieder herzustellen. Wenn sie das Kind selbst stillt, raten die Ärzte zu sexueller Enthaltsamkeit. Das gilt auch für die Amme, die häufig Sklavin ist und unter Aufsicht steht, weil man fürchtet, bei erneuter Schwangerschaft könnte die Milch versiegen; die Kleinen werden drei Jahre lang von keuschen Ammen gesäugt.

Die Enthaltsamkeit der Mutter verlängert sich über die Stillzeit hinaus, wenn der Mann einer Asketik anhängt, oder, was sicher viel häufiger vorkommt, woanders seine Freuden findet und der Gattin nur so viele Beilager zugesteht, wie für die gesetzlich geforderten drei Kinder nötig, wenn sie beide erben können wollen. Auch der Verkehr während der Schwangerschaft gilt als ungesund oder unschicklich. Plutarch schreibt: »Denn die Enthaltsamkeit in erlaubten Dingen ist für die Seele eine Übung, sich auch der unerlaubten zu enthalten.« (*Moralia* 8, 15)

In beiden Fällen, ob der Vater der asketischen Lehre anhängt oder die Konkubinen bei sich im Haus hat, erlebt ihn der Sohn als von der Mutter getrennt. Sie schläft nicht im selben Zimmer wie der Gatte. Er kann sie völlig links liegen lassen. Manche Frauen klagen darüber: Plutarch rät Schwägern, ihre Erbitterung zu zügeln und den Bruder wieder mit seiner Frau zusammenzubringen (*Moralia* 49 D). Er läßt auch durchblicken, daß römische Ehefrauen, die anders als bei den Griechen direkt nach der Pubertät oder sogar vorher verheiratet werden, wegen des Traumas verfrühter Entjungferung Angst vor dem eigenen Mann haben (Plutarch, *Numa* 26, 1-3).

Wie sah der Knabe nun die Situation? Seine Mutter, die den Namen ihres Vaters oder sogar ihrer Mutter trug, war von diesem Vater immer noch abhängig. Es gab nicht den geringsten Anhaltspunkt für eine sexuelle Beziehung zwischen der Mutter und dem Vater, und sie hatte auch keine mit einem anderen Mann. Wenn Paul Veyne (1983) schreibt, die Frauen der höheren Stände in Rom hätten offen Ehebruch getrieben, unterstellt er, das Gesetz des Augustus über ehebrecherische Matronen sei nicht angewandt worden. Doch dieses Gesetz hat reale Wirkungen, und ehebrecherische Frauen lassen sich vorsorglich ins Hurenregister eintragen, um dem Todesurteil zu entgehen. Tacitus (*Annales* III, 22; VI, 48) und Sueton benutzen die Adjektive *infamis* und *famosa* zur Beschreibung anderer Frauen; sie hatten eine präzise juristische Bedeutung und stellten klar, daß solche Frauen ihrer Vorzugsstellung als Matronen verlustig waren, und sie lassen sich nicht einfach mit »verdorben« übersetzen. Septimius Severus erkundigte sich (um 186) nach der Zahl der Verfahren wegen Ehebruchs; es waren 2000 (Cassius Dio LXXVI, 16). Die Zahl ist schwer zu überprüfen, zeigt jedoch, daß das Gesetz angewandt wurde. Das Geschlechtsleben der Frau steht zwar zunächst unter der Aufsicht des Vaters, und dann unter der des Mannes. Das alles könnte auf dauerhafte Ehen hindeuten. Doch die Frau kann sich ganz legal von ihrem Mann lossagen, um von ihren ehelichen Pflichten entbunden zu werden. Sie kann sich auch bei einem anderen Mann als Gattin oder Konkubine niederlassen. In diesem Fall sieht sie der Sohn so gut wie nie.

Der Vater scheint für sich zu leben. Wenn er aber römischer Bürger ist, ist seine sexuelle Freiheit nur durch das Inzestverbot und das Revierverhalten eines anderen Bürgers eingeschränkt: Er darf kein Verhältnis mit Söhnen, Töchtern oder Gattinnen anderer Vollbürger eingehen. Gesellschaft und Staat schreiten ein, um zeitweilige Beziehungen zu Witwen oder Geschiedenen zu unterbinden, und im übrigen ist nichts schwerer nachzuweisen als der Scheidungsgrund. Aber alle ein-

Terrakotta, gefunden in Bordeaux. Das Kind steht, wird aber noch gestillt. Saint-Germain-en-Laye, Musée des Antiquités Nationales.

verstandenen anderen Frauen und Männer sind ihm ohne strafrechtliche Folgen zugänglich, also ohne das Risiko, des Ehebruchs oder der Unzucht beschuldigt zu werden und unter Umständen Leben und Vermögen zu verlieren oder zu Verbannung oder Zwangsarbeit verurteilt zu werden. Bei Sklaven und Sklavinnen und Freigelassenen kann sich der *pater familias* sexuell bedienen, und er kann freigelassene Frauen auch dann zum Verkehr nötigen, wenn sie mit einem Freigelassenen zusammenleben. Wie abhängig auch ein Freigelassener von seinem Herrn ist, läßt sich daran ermessen, daß er nicht wie ein freigeborener Vollbürger Herr und Gattin töten darf, wenn er sie in flagranti miteinander erwischt. Im 2. und 3. Jahrhundert n. Chr. wurden immer mehr Gesetze über Konkubinen erlassen, die deren Pflichten nach dem Muster von Ehefrauen regeln. Freigelassene Frauen dürfen nicht gegen ihre Herren klagen.

Die *patres familias* streuen so nach Belieben ihren Samen im eigenen Hause aus, und so kommt es zu von den Christen heftig beklagten verwickelten Verwandtschaftsverhältnissen und blutschänderischen Beziehungen zu Töchtern, zwischen Halbbrüdern und Halbschwestern und zwischen ehelichen Söhnen und unehelichen Töchtern (Tertullianus, *Apologeticum;* Minucius Felix, *Octavius).* Der Sohn der Familie sieht sich daher von Männern und Frauen umzingelt, die unter Umständen ein Verhältnis mit dem Vater haben oder Kinder aus Beziehungen des Vaters mit Dienstboten im Hause sind, oder beides, und das vor aller Augen. Diese Männer und Frauen sind auch ihm nicht verboten: Dafür gibt es Belege aus Prozessen und Grabinschriften.

Andere Knaben oder Mädchen im Hause dagegen leben in dem Bewußtsein, daß ihre Mutter dem Herrn leibeigen war oder noch ist. Außerdem zeigen sie einem Herrn, der mit ihrer Freilassung zum Patron geworden ist, ihre Dankbarkeit, indem sie ihn und ihre Mutter, vielleicht auch ihren freigelassenen Vater, mit einer schönen gemeinsamen Grabinschrift bedenken. Nichts läßt in den aristokratischen Familien darauf schließen, daß sich der Vater sexuell für die Mutter interessiert. Eifersüchtig konnte ein Sohn, der an seiner Mutter hing, allenfalls auf den Großvater mütterlicherseits werden. Ansonsten wird die Befehlsgewalt des Vaters nicht über die Mutter, sondern über die Amme und vor allem über einen anderen Mann vermittelt: den Hauslehrer. So entstehen zwei Dreiecke, die nirgendwo deckungsgleich sind: auf der einen Seite der Knabe, der Lehrer, der Vater; auf der andern Seite der Knabe, die Mutter und der Großvater mütterlicherseits. Sexualität wird dem Knaben nicht in Gestalt einer Liebesbeziehung dargestellt und von ihm so begriffen, sondern als ein in allen Lebenslagen und besonders in der Beziehung zwischen Lehrer und Schüler selbstverständlicher Vorgang.

Der Knabe wird von einer griechischen Amme großgezogen, die griechisch mit ihm spricht. Seine Mutter redet Latein, das Latein, von dem Quintilian schrieb, er solle es in frühen Jahren lernen. Apuleius schreibt von einem Vierzehnjährigen in Nordafrika, der nur Punisch kann und außerdem ein wenig Griechisch von der Mutter gelernt hat, und das in einem Teil des Reiches, wo sozialer Aufstieg nur mit Latein möglich ist. Sein Vater ist gestorben, und dieser hätte dafür sorgen müssen, daß er in der Schule vom Grammatiklehrer und

Athenische Stele (2.-3. Jahrhundert n. Chr.) mit der Inschrift »Agatheme(t)ros, seinem Ziehbruder Asiarcos in dankbarem Gedenken«. London, British Museum.

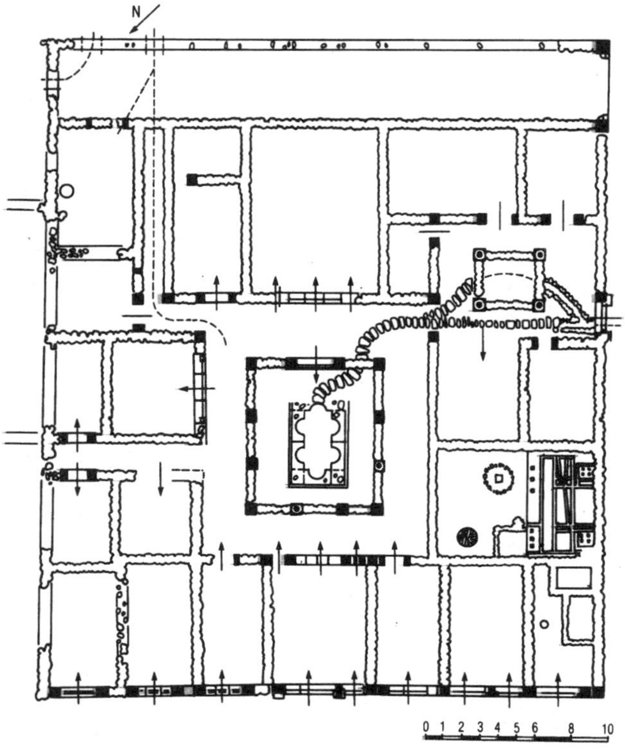

Das »Haus mit den zwei Keltern« zeigt, wie komplex die Häuser selbst beim Nachbau in fernen Provinzen waren. Wohnquartier des Herrn und seiner Angehörigen, im Hinterhaus der Gewerbebereich. Plan nach R. Ettienne, Le quartier Nord-Est de Volubilis, *Paris 1960.*

dann vom Rhetor das Lateinische lernt.

Der allmächtige Vater ist allerdings insofern wenig berechenbar, weil er bei mehreren Söhnen jederzeit imstande ist, einen von ihnen, auch den ältesten, an einen Freund ohne Nachkommen oder an einen einflußreichen Gönner abzutreten. Auch dann kann ein enges Verhältnis zwischen den Brüdern weiter bestehen, wie das Beispiel Senecas zeigt, dessen älterer Bruder von einem Rhetor adoptiert wurde.

Was der Vater sagt und befiehlt, wird durch die Amme und den Lehrer weitergegeben. Werke zur Kinderheilkunde und zur Erziehung sind an Väter, nicht an Mütter gerichtet. Hat der Knabe eine schlechte Haltung, so ohrfeige den Lehrer, rät Plutarch (*Moralia* 439 E). Die goldene Regel eines jeden Haushalts ist, daß ein Sklave mit seinem Leib für seine Arbeitsleistung einstehen muß. Abgestraft wird er öffentlich. Beleidigung von Dienstboten und Drohung mit Auspeitschen sind seit den Anfängen des Lustspiels dessen Würze. Wir wissen, wie real sie waren. Aus dem Haus des Cholerikers vernimmt man »das Jammern, wenn die Verwalter gegeißelt und die Mägde gefoltert werden« (*Moralia* 463 A).

Der Knabe wird zwar geschlagen, aber von einer Amme und einem Lehrer erzogen, die ebenfalls jederzeit geschlagen werden dürfen. Das hat seine Bedeutung, auch wenn der Vater nicht zur Gewalttätigkeit neigt. Der Sohn weiß genau, daß er eines Tages wie der Vater ein Züchtigungsrecht über andere haben wird. Er weiß, daß der Vater über Leben und Tod entscheiden kann, und es zählt gering, wenn er es gegenüber Frau und Kindern noch nicht ausgeübt hat, dieses Recht über Leben und Tod überzähliger und vor allem und viel häufiger kränklicher oder verwachsener Kinder, die der Vater ertränken lassen kann. Genau dieses Recht war gegenüber Kindern wahrgenommen worden, die der Vater nicht im eigenen Haus aufwachsen sehen wollte und einfach ausgesetzt hatte. Das Recht auf körperliche Züchtigung wurde ebenfalls ausgeübt: »Warum nicht? Aber sie soll unverfälscht, mit Vernunft [stattfinden]; nicht nämlich stiftet sie Schaden, sondern hält trotz des Anscheines zu schaden. Wie wir manche krummen Pfähle, um sie geradebiegen, [...] hart behandeln, so richten wir von Fehlern verbogene Charaktere mit körperlichem und seelischem Schmerz wieder gerade« (*De ira* VI, 1) An solchen Worten können wir ermessen, wie weit wir heute von Senecas stoischer Lehre entfernt sind.

Peter Brown (1983a) schildert Einzelheiten solcher häuslicher Wutausbrüche. Galens Mutter im Pergamon des 2. Jahrhunderts n. Chr. beißt ihre Magd. Freie Männer treten Sklaven mit Füßen. Das ist gang und gäbe in der Gesellschaft des Altertums mit ihrer Einstellung zu Abhängigen: Man muß nur Bescheid wissen, ab welchem sozialen Rang man nicht mehr zuschlagen darf. Das ist kein besonderes Merkmal der Sklavenhaltergesellschaft: Jean-Louis Flandrin weist nach, daß der Totschlag einer hohen Frau an der Friseuse wegen falschen Kämmens im Mittelalter von der katholischen Kirche weniger streng geahndet wurde als die Sünde des Ehebruchs. Im Altertum jedoch sind Sklaven im Grunde die einzigen, die ein Römer bedenkenlos schlagen darf. Schwer zu sagen, wo die Schwelle dessen liegt, was etwa Seneca als Gewalttätigkeit bezeichnet. Offenbar wurden Fußtritte und Auspeitschung als normal erachtet, sofern sie für einen wirklichen und echten Fehler ausgeteilt wurden.

Nur »Übertreibung« bei körperlicher Züchtigung wird als Grausamkeit bezeichnet. Seneca nennt als Beispiel dafür Vedius Pollio, der Sklaven an Muränen verfütterte, die er später selber verspeiste. Was übrigens im Zusammenhang damit gesehen werden muß, daß Kenner sich um das Fleisch wilder Tiere schlugen, die vor ihrem Verenden im Zirkus Verurteilte gefressen hatten: Nur Christen fanden das eklig. Es hat also in der Geschichte des Kaiserreichs wahrscheinlich keine Steigerung der Gewalt im Hause gegeben: Da körperliche Züchtigung von Sklaven allgemeine Praxis war, wurden eher die Gefahren des Zorns als der Auspeitschung erörtert. Außerhalb des Hauses gingen die blutigen Zirkusspiele weiter, deren Bedeutung für die Menge vermutlich ebensosehr in der Sensationslust wie darin lag, daß sie bei Amtseinführungen abgehalten wurden, mit denen die herrschende Klasse ihre Macht von Generation zu Generation reproduzierte. Sie waren sozusagen Metapher für deren Grausamkeit und Gier.

Das sind die konstanten Merkmale. Doch unterliegt diese Brutalität einem erheblichen sozialen Wandel und wird trotz gewisser Ruhezeiten im 4. Jahrhundert n. Chr. mit der Gesetzgebung der christlichen Epoche noch viel krasser. Folter oder körperliche Züchtigung werden auch bei freien römischen Bürgern und sogar bei Hochgestellten üblich. Das gilt auch für die Bürger der Provinz, die vordem unter dem Schutz ihrer eigenen Gesetze standen. »Ich bin Bürger von Athen!« schreit ein Eseltreiber, und alsbald schlägt der Wüterich statt seiner den Esel (Plutarch, *Moralia* 461 A). »Ich bin römischer Bürger!« wehrt sich ein Opfer des Gaius Verres zu einer Zeit, wo körperliche Gewalt gegen einen Bürger noch strafrechtliche Verfolgung und allgemeine Empörung auslöst. Gewiß gibt es Prügeleien, aber körperlich darf der Schwächere und Unterlegene nicht mißhandelt werden, wenn er Vollbürger ist. Das ist der Unterschied, sagt Seneca, zwischen Römern, die sich mäßigen, und Barbaren, die rücksichtslos dreinhauen (*De ira* II, 15, 1): Männer des Römischen Reichs sind vom Recht, von der Zivilisation gebändigt.

Die Kanalisierung der Lust

Auch gewisse Gesetze zur Sexualität werden am besten so betrachtet, als Schutz von Leib und Leben im Rahmen eines Zivilisierungsprozesses. Ebenso, wie zwischen freien Bürgern Mißhandlungen in Form von Schlägen untersagt sind, ist sexuelle Gewalt und physische Vergewaltigung eines Freien, der sich verweigern kann, gesetzlich verboten. Einer der Schlüssel zur athenischen Homosexualität ist darin zu suchen, daß der Gesetzgeber Solon, der allerdings auch Gedichte über Knabenliebe schrieb, den Sklaven die Männerliebe verbot. In Athen wurden die Beziehungen zwischen Sklavinnen und Sklaven, wie aus Xenophons *Oikonomikos* hervorgeht, von den Herren geregelt. Es blieb ihnen also nur Selbstbefriedigung oder Verkehr mit Tieren, weshalb dergleichen Praktiken auch übel beleumundet waren. Das athenische Gesetz schützte Sklavinnen und Sklaven, die allesamt nichthellenischer Herkunft waren, vor der Gewalttätigkeit der Freien, auch vor der sexuellen. Das Gesetz galt, auch wenn auf dem Theater die Vergewaltigung junger Sklaven als Spaß dargestellt wurde. Weder Dover (1978) noch Foucault (1984) berücksichtigen dieses Verbot: Sie untersuchen die homosexuelle Liebe und nicht die Lust und ihre Formen.

In der Welt der Römer ist das ganz anders. Der Hauptzustrom der Sklaven erfolgt im 2. vorchristlichen Jahrhundert, und diese Sklaven sind griechische Gefangene. Man darf die römische Homosexualität nicht wie Boswell und Foucault untersuchen und dabei vernachlässigen, daß es sexuelle Kontakte zwischen römischen Bürgern und griechischen Sklaven gab, und das sogar innerhalb des Hauses. Wenn man meint, es sei eine der letzten Zufluchten für den Gedanken des Fortschritts (nicht für seine Realität), daß Reglementierung und Minderung körperlicher Gewalt eine zivilisatorische Errungenschaft sind, dann muß die Beherrschung des sexuellen Verlangens wie schon bei den Stoikern in Verbindung mit der Beherrschung der Wut gebracht werden. In einer allumfassenden Weltanschauung wie bei den Stoikern muß ein Stärkerer oder Vorgesetzter, dem ein Schwächerer, ob Mann oder Frau, die Erfüllung seiner sexuellen Wünsche verweigert, seine Wut bezwingen, weil er zuvor schon nicht vermocht hat, seine Begierde zu zügeln. In Rom war im Unterschied zu Athen die Lage so, daß es Menschen gab, möglicherweise von griechischer Sprache und Herkunft, die kein Recht auf Verweigerung hatten. Ob Mann oder Frau, sie waren im geschlossenen Bereich der *domus* für ihren Herrn jederzeit greifbar. Und so arm ein freier Römer auch sein mochte, wenn er etwa nur als Freigelassener im Haus seines Herrn oder als Kleingewerbetreibender im Dachgeschoß des Hinterhauses wohnte, besaß er doch mindestens einen Sklaven. Selbst der Heilige Martin (Ende des 4. Jahrhunderts n. Chr.) hatte einen.

Bei den Athenern war die Männerliebe auf einen Bereich beschränkt, wo ein Mensch die Freiheit hatte, auf einen anderen zu reagieren und folglich auch nein zu sagen. Während Lysistrata und ihre Freundinnen in der Komödie die Verweigerung als Druckmittel einsetzen, schützt das athenische Recht Sklaven und Sklavinnen vor Schlägen und Vergewaltigung. In Rom ist es keine Vergewaltigung, wenn ein Sklave benutzt wird, außer wenn er jemand anders gehört. Vergewaltigt worden zu sein war eine solche Schande, daß das römische Recht festlegen mußte, ein von Feinden vergewaltigter Mann sei nicht in seiner Ehre besudelt und eine vergewaltigte freie Bürgerin ihrer Rechte als Matrone nicht ledig. In Athen setzte sich der Kritik aus, wer zu lange jugendlicher Liebhaber eines erwachsenen Mannes blieb. Er galt als weibisch. Die Verachtung der Römer für solche weibischen jungen Männer wurde noch dadurch verstärkt, daß sie keine von Vätern wohlbehütenen freien Römer waren, sondern griechische Sklaven. Auch hier muß bei der Erörterung der Notwendigkeit einer Beherrschung der sexuellen Begierde erst noch erkannt werden, daß sie auch zwischen freien Männern und Sklaven gilt. Ebenso wie *humanitas* sich nur auf Empfindungen gemeinsamen Menschseins zwischen Freien und *libertas* sich nur auf die politische Freiheit freier Männer bezog, galt der Begriff der Beherrschung sexueller Begierde nur für das Verlangen nach Lustobjekten, die solche Annäherungsversuche abweisen durften, und Sklaven oder Ehefrauen hatten diese Freiheit nicht.

Nehmen wir Plutarchs Abhandlungen über die Ehe. Darin spricht er von der Achtung vor der Ehefrau, von Gefühlen auf Gegenseitigkeit und Freundschaft im Eheleben. Doch mahnt er Frauen auch, sich ihrem Gatten nicht zu verweigern. Während Philosophen und Ärzte Männern raten, so wenig Ejakulationen wie möglich zuzulassen und ihre Lust bei jedem Geschlechtsakt zu zügeln, bleibt es doch Tatsache, daß die meisten Männer den Höhepunkt erreichen. Seit Aristoteles dagegen wurde die Lust der Frau als unnütz für eine Empfängnis betrachtet. Auch machten freie Männer keinerlei Anstalten, junge männliche Partner zu befriedigen, ganz zu schweigen von ihren Sklaven.

Allgemein hatte die römische Homosexualität nichts mit Liebe zu tun und auch nicht mit der unbeschränkten Freiheit der Männer, ihre Lust auszuleben, wie sich in einer großen Zahl von Männerbeziehungen neben ihren heterosexuellen hätte zeigen können. Es gibt keine Belege für irgendwelche vergleichbaren Formen weiblicher Homosexualität. Offensichtlich waren die Beziehungen zu Lustknaben, die in literarischen und juristischen Texten häufig erwähnt werden – was die Realität ihrer Existenz und ihre Häufigkeit in der Gesellschaft unterstreicht –, flüchtige Verhältnisse zwischen einem Mann und einem Abhängigen, einem Lustobjekt, das sich nicht wehren kann. Manche behaupteten, ein begehrter Sklave oder Freigelassener habe das Recht, sich zu verweigern. Doch gibt es Beispiele für Sklavenhalter, die als Druckmittel immer wieder die Freilassung eines zweiten Sklaven hinausschieben, der von dem geliebt wird, auf den sie selbst scharf sind. In anderen Schichten der Gesellschaft und auf der ganz anderen Ebene der freigeborenen Bürger gehen homosexuelle Paare oft nach dem Vorbild von Hadrian und Antinoos dauerhafte Beziehungen ein. Wieweit derartige Beziehungen in solchen Schichten reichten, wissen wir nicht, doch können wir sagen, daß sie ebenso Zivilisationsmerkmal sind wie die Verhältnisse zwischen Männern und Knaben in Athen. Wenn es in Rom Erörterungen der Homosexualität gegeben hat, müssen sie sich weniger auf das Begehren als auf die Reflexion über Herrschaft und andererseits auf die Zügelung des Zorns bezogen haben und darin von den griechischen völlig verschieden gewesen sein.

Im griechischen und römischen Altertum gibt es, wie Michel Foucault schreibt, nicht nur keinen Begriff der Sexualität, sondern auch keinen der Homosexualität. Im allgemeinen Umgang zwischen Menschen war die Sexualität nicht ausgeklammert, auch wenn sie nicht unbedingt jedesmal zum Geschlechtsakt führte. Außerdem richteten sich die Beziehungen nach der rechtlichen Stellung. Feinheiten wie die Art und Weise des Sexualakts und Eigenschaften der Beteiligten werden so gut wie ignoriert. So zum Beispiel ist in Athen und Gortyn, deren Gesetze erhalten geblieben sind, die Vergewaltigung von Sklaven verboten. Doch können Sklaven und Sklavinnen durch Herren oder Herrinnen zur Prostitution gezwungen werden. Eine Bordellwirtin verlangte von Hippokrates, der ihr willfuhr, die Abtreibung bei einer ihrer Hurensklavinnen, weil deren Schwangerschaft geschäftsschädigend sei (*Natura puerorum* 13). Sokrates schlug Kebes vor, einen von seinen neuen Herren zur Prostitution gezwungenen Sklaven zurückzukaufen (Gellius, *Noctes Atticae* II, 18). Es handelte sich um Phaidon von Elis, den späteren Philosophen und Schriftsteller.

Es kommt nur auf die beiden Merkmale Sklaverei und Prostitution an; das Geschlecht ist gleichgültig. In ihrem Eid des Hippokrates schworen die Ärzte auch, in den Häusern, wo sie ihre Kunst ausübten, keine geschlechtlichen Beziehungen zu Frauen, Knaben oder Sklaven aufzunehmen: Auch hier wird das Geschlecht der Sklaven gar nicht erst genannt. Neben den Grenzen, die dem geschlechtlichen Gebrauch von Sklaven durch Freie gesetzt sind (keine Vergewaltigung oder Verführung von Sklaven eines anderen Eigentümers) sind auch die Verbote für Sklaven von Bedeutung. Der Sklave von Athen darf kein Päderast sein, also keinen freien Knaben lieben oder von ihm geliebt werden. In Rom hat ein Sklave seinem Herrn sexuell dienstbar zu sein, und zwar nicht als Mann oder Frau, sondern als Lustwerkzeug. In einem in den *Digesten* überlieferten Gesetz vom Ende des 2. Jahrhunderts n. Chr. heißt es, eine freigelassene Prostituierte schulde ihrem zum Patron gewordenen Herrn keine sexuellen Dienste mehr, und zwar nicht einmal dann, wenn sie weiterhin die Prostitution ausübe. Eine Freigelassene, die keine Hure ist, schuldet ihm also erst recht nichts, und die nachweislichen sexuellen Beziehungen sind offenbar nur dem sozialen Druck durch den Patron zuzuschreiben, um so mehr, als die Freigelassene nicht gegen ihren Patron klagen kann. Ebenfalls im 2. Jahrhundert, unter Hadrian, wurde ein Gesetz erlassen, das dem Herrn verbietet, Sklaven oder Sklavinnen an einen Bordellunternehmer zu verkaufen. Spätere Texte zeigen die drei Bereiche auf, aus denen sich die Prostitution rekrutiert: freie Frauen und Männer, die sich aus freien Stücken prostituieren, naive Mädchen vom Lande, die es in die Großstadt zog, und eigens zur Kinderprostitution aufgezogene Findelkinder. In den Bannflüchen jüdischer und christlicher Autoren der ersten nachchristlichen Jahrhunderte gegen heidnische Sitten werden Kindesaussetzung und homosexuelle und heterosexuelle Prostitution in engem Zusammenhang gesehen.

Auch durch Strafurteile wurden Prostituierte geschaffen. Hierbei handelt es sich, wie Olivia Robinson nachgewiesen hat, ausschließlich um Frauen. Verschickung ins Bergwerk bedeutet für Frauen, dem Wachpersonal allgemeine und sexuelle Dienste zu leisten. Auch gibt es Verurteilungen zum Bordell oder zur sexuellen Dienstleistung an Gladiatoren. Wenn in christlichen Texten solche Urteile gegen Märtyrerinnen erwähnt werden, wurde das Verfahren also nicht speziell für sie erfunden.

Vier Bereiche müssen also unterschieden werden: der Gebrauch von Sklaven (männlich oder weiblich, Kinder oder Erwachsene); der Besuch von Prostituierten (Männern oder Frauen, Freien oder Sklaven, Kindern oder Erwachsenen); die Päderastie als Liebe eines Erwachsenen zu einem Jüngling und schließlich die gegenseitige Liebe zwischen Mann und Mann oder Mann und Frau. Der Varianten sind also viele, was sich auch im Wortschatz spiegelt. Die Frage, bei der es speziell im griechischen und römischen Gesetz zum Schutz der Töchter und Söhne der Familie vor sexuellem Mißbrauch ging, war keine von aktiver oder passiver Rolle (Veyne 1978; Foucault 1984). Passivität im Altertum muß nach den damaligen Begriffen definiert werden, da in Liebesdingen sowohl Verben im Passiv als auch der Begriff der Passivität selbst abwertend gebraucht werden. Entscheidend ist, ob das sexuelle Verlangen, das zum Orgasmus führt, passiver Art ist, oder ob sich jemand in willfähriger Passivität feilbietet, denn je nachdem gilt jeweils eine andere Moralia. Ist Lustgewinn das Motiv, darf unterstellt werden, daß jeder Mensch im Grunde jederzeit und allerorten für jeden und alles verfügbar ist und der Orgasmus beliebig herbeigeführt werden kann. Alles weitere ist dann eine Frage der Selbstbeherrschung und damit der Erziehung.

Sonst aber muß angenommen werden, daß die Sexualität je nach Epoche und Menschenschlag und folglich sehr idiosynkratisch vom Verlangen nach gewissen Objekten und Akten gesteuert wird und der Geschlechtsakt so von der Person losgelöst werden und der Begehrende daher beim anderen auf Unlust stoßen kann. Der oder die Begehrte steht vor der Frage, ob er oder sie sich wie die Frau im Altertum und viele andere der Lust des andern hingeben oder aber verkaufen soll. In der griechischen und römischen Kultur stand fest, daß ein solcher Standpunkt, der nichts mit passivem Verlangen zu tun hat, nur in zwei Ausnahmefällen ehrbar und mit guten Gefühlen vereinbar ist. Der eine war die Erfüllung der ehelichen Pflicht durch eine verheiratete Frau, der andere war die rein genitale Beziehung namens »Knabenliebe«, die so verbindlich war wie die Ehe, aber zeitlich wegen der vergänglichen Jugend des Liebesobjekts kürzer. Mithin kann von einer freien Homosexualität in der mittelmeerischen Römerwelt der ersten Jahre des Kaiserreichs wohl kaum die Rede sein.

Im 1. Jahrhundert n. Chr. verdammten Philosophen wie Musonius Rufus die Päderastie, die Knabenliebe, die ja durchaus nicht alle homosexuellen Beziehungen umfaßt. Die Philosophen waren vor allem gegen eine Erziehung durch genitale Liebe, ebenso wie Quintilian und Plinius. Plutarch spricht eher von der Liebe zum Lehrer, die kein Fall klassischer Päderastie sei (*Moralia* 448 DE). Von Atticus hieß es, er sei der Liebhaber (*erastes*, aktiv) seines Geliebten (*eromenos*, passiv) Platon, der allerdings schon seit vier Jahrhunderten tot war (Atticus, frg. 37): Der Wortschatz der Liebe spielt also in der Erörterung früherer Philosophen durchaus eine Rolle. Wie die Beziehungen zwischen Männern und ihre sexuellen Verhältnisse zu ihren Abhängigen beschaffen sind, ist entscheidend für die Abläufe innerhalb der Familie und für die Stellung der Familie in der Gesellschaft. Bezeichnend ist, daß Musonius sowohl gegen Päderastie als auch gegen Kindesaussetzung auftritt und sich für die eheliche Liebe stark macht, was sich insgesamt auch in der Haltung der Christen niederschlägt.

Die Bedeutung der Fortpflanzung

In dieser antiken Gesellschaft erscheinen zwei Verhaltensweisen komplementär, die beide mit der Fortpflanzung verknüpft sind. Die eine betrifft Männer und beruht auf einer freiwilligen und durchaus rationalen Entscheidung, und sie ist häufig genug, um soziale Auswirkungen zu haben, allerdings nur randständige: das Eunuchentum. Die zweite betrifft Frauen und ist unfreiwillig, aber sozial anerkannt: die Hysterie.

Der Gedanke hinter freiwilliger Kastration ist nicht die Auslöschung des Begehrens: Es ist durchaus bekannt, daß die Entfernung der Hoden beim Erwachsenen Lust oder Befriedigung unbeeinflußt läßt. Kastrationen werden vorgenommen, um dem Leib den göttlichen Lebensodem (Pneuma) zu bewahren, von dem man glaubt, daß er mit fruchtbaren Spermien entschwinde. Der Kult von Kybele und Attis hat die Kastration jahrhundertelang gefördert. In Rom ist er schon früh heimisch geworden, aber entmannte Priester wurden in Italien erst im Kaiserreich zugelassen. Im übrigen wird diese Vorstellung von der Bewahrung des Odems zugleich religiös, philosophisch und medizinisch begründet.

Olympioniken lassen sich so operieren, und ihnen zuliebe haben die Chirurgen sogar die Technik der Durchtrennung der Samenleiter vervollkommnet und damit bewiesen, daß sie sehr wohl die Rolle kennen, die die Hoden einerseits bei der Befruchtung und andererseits bei der Ausbildung sekundärer männlicher Geschlechtsmerkmale spielen. Eunuchen, die wegen dieses Akts der Selbstverstümmelung nicht mehr zeugen können, heiraten dennoch und adoptieren Kinder. Obwohl das Gesetz ihnen damit die Erbberechtigung nimmt, ist ihre Tat nicht direkt gegen die Familie gerichtet oder wird zumindest nicht als Versuch ihrer Zerstörung aufgefaßt. Die freiwillige Kastration von Erwachsenen läßt Begehren und Lust unberührt und ist somit kein Versuch, Leidenschaftslosigkeit zu erreichen. Wer das Begehren unterdrücken wollte, tat das mit Fasten, was auf dem damals allgemein verbreiteten Wissen über die Auswirkung von Hunger fußt, also über Impotenz in Zeiten der Hungersnot. Ärzte, Philosophen und Volksweisheiten des Altertums zeigen uns, daß solche Erkenntnisse damals zum Allgemeinwissen gehörten, während sie in heutiger Zeit durch Experimente in den Vereinigten Staaten 1940 erst wiederentdeckt werden mußten. Plutarch verurteilte solch extremes Fasten. Es wurde von rigoristischen jungen Leuten veranstaltet, die zur Zeit Epiktets die Logik ihres Meisters auf die Spitze trieben und sich fragten, ob sie nicht moralisch zum Selbstmord verpflichtet seien (Epiktet I, 9, 10). Dieser Selbstmord aufgrund rein innerer Logik ohne jede äußere Bedrohung der Handlungsfreiheit des Philosophen wurde von Epiktet verdammt.

Die meisten Damen der Aristokratie waren durchaus nicht in der Situation, eine überbordende sexuelle Betätigung einschränken zu müssen. Selbst die Häufigkeit von Scheidungen beweist nicht, daß es zur Überforderung gekommen wäre. Eine Frau, war sie geschieden und wiederverheiratet oder auch nur verheiratet, hatte unter Umständen kaum sexuelle Berührung mit ihrem Gatten. Vielleicht hatte sie auch keine mit anderen. Vermutlich waren es diese Frauen, die von den Helferinnen des Hippokrates klar benannt und deren sexuelle Entbehrungen von Galen mit denen griechischer Witwen verglichen wurde. Die Symptome mit unechtem Krankheitsbild ähneln denen der damals stets tödlich verlaufenden Bauchhöhlenschwangerschaft und werden wie dieses gut beschriebene, aber falsch diagnostizierte Übel als »Krankheit der Gebärmutter« *(hysteria)* bezeichnet.

Das Phänomen war so allgemein und gehörte dermaßen zur Alltagssprache

Mutter und Kind. In Palmyra gefundene Statue. Damaskus, Museum.

des gesamten Mittelmeerraums, daß Apuleius berichtet, wie seine Frau Pudentilla ihren Sohn um Erlaubnis zur Wiederheirat bittet und zur Begründung schildert, wie übel sich ihre Verwitwung auf ihre Gebärmutter auswirke (*Apologia* 69-70). In Rom dagegen brachte Soranos im 1. Jahrhundert n. Chr. Enthaltsamkeit von Frauen nicht mit der Gebärmutterkrankheit in Verbindung, mit den Anfällen, bei denen die Kranke unter heftigen Schmerzen bewußtlos wird, denn er stellte Symptome dieser Krankheit bei fast allen römischen Gattinnen fest. Das tödliche Leiden mit Namen »Gebärmutterkrankheit« konnte jede Frau treffen und identische und eindeutig im Uterus lokalisierbare Symptome entstanden auch bei Ledigen durch Neurosen. Wenn freiwillige Kastrationen kein Angriff auf die Familie, sondern eine Bewahrung des spirituellen Teils des Samens sein sollte, und die Hysterie im Altertum eine Erscheinungsform des Wunsches unerfüllter Gattinnen nach Sexualleben in der Ehe ist, wozu dann die Abhandlungen der Rhetoren und Philosophen über die Notwendigkeit der Ehe?

Von einer Ethik der Abstammung zu einer ethisch begründeten Familie

Philosophische Neuerungen

Analysiert man eine Rede, muß man unbedingt Zeitpunkt, Sprecher und Publikum angeben. Die Abhandlungen über die Ehe im 1. Jahrhundert n. Chr. stammen von bisweilen auf Kaiserbefehl verbannten Philosophen und sind an junge Leute der Oberschicht gerichtet, die ihnen um ihrer Lehren willen gefolgt sind. Diese jungen Leute wissen, was sie ihrer Familie verdanken: Sie sichert ihren Unterhalt und ihre Karriere. Doch Musonius Rufus lehrt, daß der Mensch in der Not nicht auf seine Eltern bauen kann. In einer Kultur wie der römischen war dies eine erstaunliche Feststellung. Das Kind verläßt sich auf seine Eltern und später kehrt sich das Verhältnis um: Aeneas rettet seinen Vater, die Sohnesliebe löst die Vaterliebe ab. Also bezog Musonius Rufus sein Stichwort aus der politischen Lage, und sein Beispiel beweist es: Admetos wird von seiner Gattin Alkestis gerettet, die für ihn den Tod annimmt. Die jungen Leute, die fern von Rom den Lehren der Philosophen lauschen, glauben sich der Normen und Verpflichtungen ihrer Umwelt ledig. Ihre Studien fern von Rom machen ihnen wenig Lust, ins Vaterhaus zurückzukehren, in den Senat einzutreten und sich in Ehefragen den Entscheidungen ihrer Familie zu beugen. Und was lernen sie vom Philosophen? Sie sollen asketisch und enthaltsam leben und möglichst bis zur Ehe unberührt bleiben. Wenn sie es nicht schaffen, jungfräulich zu bleiben, tadelt sie Epiktet nicht dafür, »der Sitte zu folgen«, das heißt sich eine Konkubine zu nehmen, was Augustinus am Ende der Antike normalerweise tun wird. Seneca beruhigt im 1. Jahrhundert n. Chr. junge Männer, indem er darlegt, der Wunsch nach sexuellen Beziehungen könne keine Schuld nach sich ziehen (*De ira* II, 13, 2). Im 2. Jahrhundert erörtert Plutarch wie viele andere, die überwiegend, aber nicht immer Stoiker waren, ob es möglich sei, das Begehren völlig zu unterdrücken, und verneint die Frage. Es genüge, dieses unausrottbare Verlangen zu zügeln. Plutarch rät den Männern, zur Übung auf ihre Ehefrauen zu verzichten, damit sie auch anderen Gelegenheiten widerstehen könnten (*Moralia* 522 B).

Die Männer und jungen Männer, an die diese Abhandlungen gerichtet sind, bilden nur eine kleine Randgruppe der Gesellschaft des Kaiserreichs. Die meisten Männer der Oberschicht, die von Tacitus oder Plinius so verachteten schleimenden Senatoren, leben in den bereits beschriebenen Verhältnissen: einsame Gattin im Hintergrund, männliche Lustknaben und weibliche Konkubinen jederzeit greifbar.

Kommen wir also auf die eheliche Liebe und die Welt der Philosophen und ihrer adligen Freunde und Schüler zurück. Diese Männer haben Töchter wie andere auch. Und wie die anderen verheiraten sie sie. Als Schwiegersohn suchen sie einen, den sie achten können und der ihre Interessen teilt. Manche Aristokraten gehen so weit, ihre Tochter mit einem syrischen Berufsphilosophen zu verheiraten (Plinius, *Epistulae* I, 10; III, 11). In solchen Fällen wird eine ganz besondere Abstammungsgruppe begründet, die ich als ethisch-biologisch bezeichnen würde. Zuvor gab es eine Ethik der Abstammung: Der Wert beider Familien war zu berücksichtigen. Eine Randgruppe der römischen Oberschicht, die der Schriftsteller, verfällt auf die Möglichkeit, eine Art großer, durch ethische Bande begründete Familie zu bilden, in der Frauen zum noch engeren Schulterschluß zweier bereits durch die gleiche Weltanschauung und philosophische Schule verbundener Männer herhalten müssen. Für den jungen Ehemann vertritt seine Frau, die zur Mutter seiner natürlichen Kinder werden soll, ihren Vater. Und vor dieser Vereinigung zweier Männer, die sie mit ihrem Frauenleib besiegelt, hat sie keine Rückzugsmöglichkeit. Servilia, Zuhörerin beim Prozeß ihres Vaters vor dem Senat, während ihr Gatte bereits verbannt ist, will ihre Juwelen, ihr Eigentum, ihr Leben hingeben, um die beiden Männer zu retten (Tacitus, *Annales* XVI, 30-32). Arria die Ältere zieht sich den Dolch aus der Brust und reicht ihn dem Gatten mit den Worten: »Paete, non dolet« (Siehe, Paetus, es tut nicht weh!). Ihr Schwiegersohn Thrasea wird verbannt und dann zum Selbstmord gezwungen (Tacitus, *Agricola* 2; Cassius Dio LXVIIII, 13; Plinius, *Epistulae* VII, 19, 5; IX, 13; Tacitus, *Annales* XVI, 34).

Die Tochter Arrias der Älteren will ihm in den Tod folgen, doch verlangt er von ihr, für die gemeinsame Tochter weiterzuleben. Diese wiederum folgt ihrem Gatten zweimal in die Verbannung, und als auch er sich den Tod geben muß, läßt sie seine Lebensgeschichte von einem Freund niederschreiben. Wie Thrasea eine Biographie Catos verfaßt hat, wird nun die Biographie Thraseas und seines Schwiegersohns geschrieben: Die Verfasser werden dafür verbannt, ein Beweis, welch gefährliches Beispiel solche Schriften geben. Aus alledem besteht die neue eheliche Liebe: eine politische Lage, in der man unter Umständen für seine Ideen sterben muß und in der die Männer ihre Zugehörigkeit zu einer philosophischen Schule und ihre familiären Allianzen miteinander zu verbinden trachten.

Die Wirkung dieser Ereignisse, über die es einige Belege gibt und die von Sueton, Plinius und Tacitus durch literarische Überhöhung verstärkt wurde, erfaßte die gesamte römische Oberschicht. Und wie es zum guten Ton gehört, den Stoiker zu mimen, spielt man auch gern die innig verbundene Familie: »Unsere Freundinnen und unsere Schlafzimmerfreunde sehen sie« empört sich Quintilian (*Institutio oratoria* I, 2, 8). Er aber wollte den Kindern ein einig Paar vorführen. Eine gute Erziehung, die das Kind zu einem von der Literatur und der Kunst der wahrhaften Rede gebildeten Kulturwesen machen soll, erheischt auch, daß es die Ekzesse eines Vaters nicht zu Gesicht bekommt, der seinen Trieb nicht beherrschen kann. Der große Wandel bedeutet keine wirkliche Ausbreitung von Asketik und Paarehe. Er liegt auch nicht in der Zunahme echter ethisch-biologischer Abstammungsgruppen, bei denen das Kind durch die ideologische Deckungsgleichheit von Mutter und Muttervater an die Spitze eines Dreiecks aus Vater, Großvater mütterlicherseits und Kind versetzt wird. Der große Wandel täuscht Paarehe vor, eine Pseudoethik des Paars ohne ihr Fundament: die philosophische Familie; und so entsteht ein verlogenes Dreieck: Vater-Mutter-Kind.

Die gemeinsame Sprache des Mittelmeerraums

Den Völkern des Mittelmeerraums sind zur Zeit des Römischen Reichs einige Einstellungen zum Körper gemeinsam, die auch das Familienleben bestimmen. Die Kindstötung oder die Kindesaussetzung, vor allem an weiblichen Säuglingen, ist fast allenthalben verbreitet. In Kleinasien, Griechenland, Gallien ergeben die Grabinschriften von Männern und Frauen ein Mißverhältnis, das sich nicht allein der selteneren Erwähnung von Töchtern zuschreiben läßt. Überall auch wird bei den Mahlzeiten, die auf Speiseliegen eingenommen werden und bei denen die Frauen bis zur Weinzeremonie aufrecht sitzen, der Schwerpunkt auf Benimmregeln gelegt. Wenn es eine Verhaltenserziehung gibt, kreist sie um die Regeln der guten Haltung bei Tische.

Solche Regeln werden vor allem für Männer auf andere Tagesanlässe erweitert. Als ihren Zweck nennen die Philosophen zugleich die bei diesen Gastmählern und Weinzeremonien unerläßliche Mäßigung und die Fürsorge für den andern. Als sie jedoch Zulassungsvoraussetzung zur besseren Gesellschaft werden, geht dieser Zweck verloren. Das dritte und wichtigste Merkmal ist die Grausamkeit freier Männer gegen Menschen, die als belebte Sachen oder Werkzeuge betrachtet werden. Die besten Philosophen scheinen sich diesem Merkmal ihrer Zivilisation nicht entziehen zu können: Plutarch läßt einen Sklaven auspeitschen, der immerhin beschlagen genug ist, um philosophisch dagegen zu disputieren. Herodes Atticus, der Feinsinnige mit dem erlesenen Geschmack und den vornehmen Manieren aus dem *Noctes Atticae* von Aulus Gellius, war imstande, einen seiner Freigelassenen dessen im achten Monat schwangere Frau zu Tode peitschen zu lassen (Philostratos, *Vitae sophistarum* 2, 1, 555).

Weitere Merkmale scheinen spezifischer für die griechische Kultur des Mittelmeerraums unter römischer Herrschaft oder für die römische Zivilisation selbst zu sein. Eher griechisch ist die Sitte erwachsener Männer, Liebe zu einem jungen Mann oder Knaben zu heucheln oder sich sogar wirklich zu verlieben. Bei diesem Austritt aus der Kindheit über die körperliche Berührung mit einem Mann handelt es sich sozusagen um ein obligatorisches Durchgangsstadium. Doch selbst dort, wo Väter ihren Söhnen solche Erfahrungen ersparen, bisweilen sogar in Athen und häufiger in Rom und überall im Römischen Reich, ist sexueller Mißbrauch Abhängiger, ob Frauen oder Männer, Erwachsene oder Kinder, alltägliche Praxis. Und vielleicht eher römisch als griechisch ist die verbreitete Enthaltsamkeit der Gattinnen. In allen Fällen handelt es sich um eine patriarchalische Kultur.

Doch das Patriarchat hat viele Gesichter. Hier ist es ein Patriarchat, in dem der Vater befiehlt, das Kind jedoch seine Gefühle nicht am Beispiel der Einheit der Eltern entwickeln kann. Zwar ist der Geschlechtsakt, dem man das Leben verdankt, Gewißheit und als solche geläufig, doch fehlt das Dreieck eines dramatisierten Ödipuskomplexes. Selbst dort, wo sich die Einheit der Eltern in gemeinsamer philosophischer Weltanschauung zeigen könnte, bestehen die sichtbaren Bande eher zwischen dem Vater und dem Großvater mütterlicherseits. Im Hinblick auf diese grundlegenden Punkte muß untersucht werden, ob das Christentum, das gerade unter diesen Bedingungen im 1. Jahrhundert des Kaiserreichs entstand, die allgemeinen kulturellen Gegebenheiten überhaupt verändern wollte, die die Familienstruktur und das Familienerleben bestimmten, und auch ob es in der Frühzeit seiner Ausbreitung wirklich etwas verändert hat.

Veränderungen durch das Christentum

Was den verfolgten stoischen Philosophen zugeschrieben werden könnte, nämlich die Auflösung von Gefühlen familiärer Pflicht, findet sich als theoretische Erörterung im großartigen 4. Buch der Makkabäer und auch in den Taten der christlichen Märtyrer. Perpetua läßt sich trotz des Flehens ihres heidnischen Vaters lieber zur Folter verurteilen, als ihren Tochtergefühlen nachzugeben. Das »ich bin römischer Bürger«, das noch der heilige Paulus anwandte und das vor Folter und Schlägen schützte, weicht dem Stoßgebet »ich bin Christ« der künftigen Märtyrer, wenn der Statthalter sie auffordert, ihren Namen zu nennen. Als auch Perpetua ihren Namen mit der Litanei »ich bin Christin« verweigert, stürzt sich ihr verzweifelter Vater auf sie und prügelt sie durch. Für ihre ausgeprägte und bis zum Tod durchgehaltene Unabhängigkeit, die in dieser christlichen Identitätsaussage vor dem heidnischen Statthalter steckt, wird sie wie in der Legendendarstellung der Passion der Makkabäerbrüder vom Glauben ans Jenseits getragen.

Hatten die Gattinnen der Stoiker ihr Schicksal noch mit dem ihres Gatten und ihres Vaters verknüpft, lehnen sich jetzt Töchter oder Ehefrauen gegen die verfolgende Staatsmacht und gegen den Willen eines Vaters oder Gatten auf und berufen sich unmittelbar auf einen Herrn und Meister außerhalb des Familienkreises, zunächst auf Jesus und dann später auf einen geistigen Führer, meist ihren Bischof. Durch diese religiöse Selbstbehauptung schaffen Frauen, noch in kleiner Zahl und nur vorübergehend, Distanz zwischen ihrem eigenen Willen und dem der Familie, des Vaters und des Gatten.

Zwischen zwei Verfolgungswellen wandte sich Tertullian an die Frauen mit einer Abhandlung über weiblichen Putz. Das war eine Revolution. Die christlichen Rhetoren und Philosophen schrieben nun Abhandlungen über Mädchenerziehung unmittelbar für Frauen. Nach dem 3. Jahrhundert, dem großen Jahrhundert der Verfolgung, sind es immer noch Traktate über Jungfräulichkeit und Ehe, die sich jetzt meist an Frauen wenden. Zwar schreiben die Frauen nicht selbst oder sind ihre Briefe nicht überliefert, doch sind sie jetzt immerhin Leserinnen. Den Mädchen gibt Clemens von Alexandria zu Beginn des 3. Jahrhunderts in seinem *Paidagogos* Ratschläge, die völlig gleichlautend mit denen der stoischen Knabenerziehung sind: Selbstbeherrschung und Fürsorge. Die Fürsorge der jungen Frau gilt der Seele der Männer. Sie darf sie durch Haltung und Kleidung nicht aufreizen. Im Werk des Clemens werden Frauen allmählich in die zweckbezogene Bildung einbezogen, die von der christlichen Lehre über Aristokratenkreise hinaus erweitert werden sollte. Die Haltungsvorschriften des Clemens sind weit mehr als ein Wiederaufgreifen der Texte von Musonius Rufus oder gar eine Beschreibung der verfeinerten Sitten der Aristokraten von

Alexandria. Die inzwischen in allen Familien der mittelmeerischen Oberschicht verbreiteten Sitten erhalten einen ethischen Zweck zugewiesen und werden auf die gesamte Christenheit ausgedehnt.

Wer über dem Abenteuer Christentum den Kopf verlor, stieß unmittelbar schon auf das von Seneca, Epiktet und Plutarch gestellte und von ihnen widersprüchlich gelöste Problem der Auslöschung des sogenannten Begehrens. Das Eremitentum der Prediger aus der Wüste kreist um dieses Thema: Die Heiden hatten nie so verbissen die Abtötung des Fleisches in der Einöde gesucht. Indem sie sich allen Versuchen und folglich allen Lüsten der antiken mediterranen Welt entziehen wollen, enthüllen die christlichen Mönche und Anachoreten die Unausrottbarkeit dessen, was von der Anwesenheit anderer unabhängig, mit der menschlichen Natur unlösbar verbunden und eine Art vielgestaltiger Trieb ist, dessen Ausbrüche sie zu ergründen suchen. Für sie ist dieser Trieb sexueller Art, und Sexualität wittern sie überall. Durch die völlig neue Praxis der Einsiedelei gelangen sie zu neuen Erkenntnissen über das menschliche Wesen allgemein. Wie die Stoiker und wie die Medizin seit dem 3. vorchristlichen Jahrhundert, doch die Dinge auf die Spitze treibend, nutzen sie alles, was über Impotenz durch Fasten bekannt ist.

Diese Selbstversuche in der Wüste haben weitreichende Folgen. Von Predigern zu Keuschheit angehaltene Christenpaare, Eltern, die ihren Kindern die Sünde des Fleisches ersparen wollen, finden Trost in Ratgebern zum Alltagsverhalten und in dem Beweis aus der Wüste, daß es möglich ist, das Begehren auszulöschen oder wenigstens zu dämpfen.

Frauen stürzten sich mit Feuereifer in diese Bewegung zur Enthaltsamkeit und Jungfräulichkeit. Doch die Sitte, Mädchen im zarten Alter zu verheiraten, und die Entschlossenheit der Väter, ihre Politik der Eheallianzen weiterzuverfolgen, bewirkten, daß Mönchsgedanken verfallene Gattinnen ihr ganzes Haus mit in die Enthaltsamkeit zogen. Indem sie sich einer religiösen Ethik unterwarfen, verwandelten Ehefrauen, die nun zunehmend Namen von Tugenden oder Heiligen erhalten, die von den Kindern erlebte Beziehung: Jetzt haben sie mit einer Mutter und einem Vater zu tun, die ein gemeinsamer ethischer Bezug verbindet. Doch auch hier wiederum wird Vorspiegelung zur Norm und veranlaßt christliche Redner zu heftigen Predigten. Der Anspruch auf Unauflöslichkeit der Ehe verdeckt Zustände, in denen sich die Männer genau wie früher benahmen.

Doch gibt es vielleicht Besseres, als nur nach Kontinuitäten und Brüchen zu fahnden. Wir haben gesehen, daß Kindesaussetzung im Altertum mit Kinderprostitution von Mädchen und Knaben einherging und die Herrschaft über die Sklaven zur Abstufung in der Betrachtung des Sexualakts führte. Anstatt jeden Punkt der christlichen Familienlehre zu untersuchen, um ihn der heidnischen

Glas mit Goldgrund (aus christlicher Zeit). Darstellung eines Ehepaars. Paris, Musée du Petit Palais, Collection Dutuit.

Position gegenüberzustellen und zu prüfen, ob mit dem Wandel auch ein verändertes Recht einhergeht, könnte man zu prüfen versuchen, wie die möglichen und häufig widersprüchlichen oder paradoxen Folgen christlicher Verbote oder Vorschriften auf verschiedenen Gebieten miteinander verknüpft sind. Jedenfalls ist zu bedenken, daß man durch die Möglichkeit der Spättaufe bis zum letzten Atemzug »wie vorher leben« konnte. Ohne die Spättaufe etwa hätte Konstantin nicht so ohne weiteres während der großen Feier seines Einzugs in Rom Frau und Tochter viehisch abschlachten lassen können.

Eine Verknüpfung könnte zum Beispiel auch zwischen Ehebruch, Scheidung und Kindstötung an Mädchen hergestellt werden. Nach dem klassischen

Recht war der Ehemann verpflichtet, seine ehebrecherische Frau zu verstoßen. In der ersten Zeit unter Konstantin wurde die Strafe für die Ehebrecherin verschärft: Man goß ihr flüssiges Blei in den Mund. Zwei Jahrhunderte später gestattete Justinian dem Ehemann, seine verurteilte und mit Einmauerung bestrafte Frau wieder zu sich zu nehmen. Scheidung war gesetzlich nicht ganz verboten, doch die Kirche erkannte sie nicht an, gab neuen Ehen Geschiedener nicht ihren Segen und versuchte Witwen von der Wiederheirat abzuhalten. Frauen waren also nicht mehr so rege im Umlauf, und ihre Seltenheit mag zum Hemmnis für die Aussetzung weiblicher Säuglinge nach der Geburt geworden sein. Doch wenn die christliche Kirche unmittelbar zum Kampf gegen den Kindsmord selbst an Mißgebildeten beigetragen hat, wurden die Ergebnisse nicht sogleich sichtbar. Eine der ersten Folgen war vielleicht nicht eine Zunahme der Ehen in der Oberschicht und die Aufteilung von Familienvermögen, sondern eher eine Zunahme lediger Frauen, ob weltlich oder nicht, die vom 4. Jahrhundert n. Chr. an immer häufiger erwähnt werden.

Daß die christliche Kirche auch den Ehebrecher in jeder Hinsicht gleichwertig zur Ehebrecherin definierte, hatte keine großen juristischen Folgen und gewiß kaum gesellschaftliche. Die Ehe stand in so hohem Ansehen, daß einem Ehemann geringere Buße auferlegt wurde, wenn er mit einer Magd geschlafen hatte, als wenn er seiner Frau zu verbotener oder nicht empfohlener Zeit (Monatsregel, Schwangerschaft, Stillzeit, Feiertage) beigewohnt hatte, oder wenn er bei der Liebe verbotene Praktiken übte, die die Kirche immer genauer bestimmte. So bestand die sexuelle Einsamkeit der Aristokratengattinnen weiter.

Das Verbot der christlichen Kirche von Beziehungen zwischen Männern hatte womöglich paradoxe Folgen. Ein griechischsprachiger Jude wie Philon von Alexandria im 1. Jahrhundert n. Chr. sollte das jüdische Verbot des Analverkehrs mit einem Mann oder einer Frau ins Griechische übersetzen. Boswell (1980) zeigt, daß Philon alternativ und auswechselbar alle Worte zur Bezeichnung der vielfältigen Sexualpraktiken zwischen Männern benutzt. Im ältesten und genauesten christlichen Text über die sogenannte Homosexualität, dem *Paidagogos* des Clemens von Alexandria, tauchen überhaupt keine Beziehungen zu Sklaven auf, die immerhin am häufigsten sexuelle Bedürfnisse stillen mußten. Das ist sicher keine Auslassung, sondern ein Beispiel für die Allgemeingültigkeit des neuen Codes, bei dem der Status von Personen immer seltener erwähnt wird. Clemens stützt sich nur auf die Etymologie (»Päderastie«: Knabenliebe; »Pädophtorie«: Kindsbeschmutzung) ohne je anzugeben, ob das Kind Sklave, prostituiert oder freigeboren ist. Clemens muß sogar ein Wort für die anale Penetration bei Frau oder Mann erfinden: *allelobainein* (»einander besteigen«) immer noch ohne nähere Angabe, ob es sich um Homosexualität oder Heterosexualität zwischen Freien oder Sklaven, Jungen oder Älteren handelt.

Wenn er »die Jungen« schreibt, gibt er auch nicht an, ob es Freie sind oder nicht. Indem sie die anale Penetration verboten und die Männer zum sparsamen Umgang mit ihrem Samen aufforderten, nahmen die christlichen Prediger in einer heidnischen Umwelt den sexuellen Gebrauch von Sklaven in die Kategorien der sexuellen Beziehungen zwischen Menschen auf. Das ist ein viel bedeutsamerer Wandel als die Forderung eines Verbots der Sklaverei. Indem sie dem Mann das Lustobjekt Sklave verboten, brachten sie ihn dazu, dasjenige Wesen zur Kenntnis zu nehmen, das ihm zwar zur beliebigen Verfügung stand, aber den Vorzug (oder Nachteil) hatte, Mensch, Freie und Bürgerin zu sein, nämlich die Gattin.

Nun mußte noch erreicht werden, daß sie ihm begehrenswert erschien. Christliche Gattinnen waren in einer Zwickmühle, wie bei Tertullian, aber auch bei späteren Autoren zu lesen ist. Sie mußten um ihres Seelenheils willen nüchtern gekleidet sein. Sie mußten zurückhaltend sein, um keinen Mann in Versuchung zu führen, nicht einmal den Ehemann. Und sie mußten ihn trotzdem so weit befriedigen, daß er nicht die Sünde des Ehebruchs beging. Das Schönheitskriterium der Kultur der Antike konnte nicht allgemeingültig bleiben. Man mußte mißgebildete Kinder akzeptieren und auch häßliche lieben, da die Männer keine jungen und hübschen Sklaven mehr zur Lust zwingen konnten. In den Texten wandelt sich Schönheit nach dem Vorbild Platons zur Tugend und zu Wahrhaftigkeit und Güte.

Während der vier Jahrhunderte des Römischen Kaiserreichs hat die stoische Lehre nacheinander die römischen Aristokraten des 1. Jahrhunderts, die Juden des 2. nach der Niederschlagung des Aufstands des Jahres 70 und darüber hinaus die verfolgten Christen des 3. Jahrhunderts erfaßt. Interessant ist er für die Geschichte der Familie nicht, weil er sich für die Familie interessiert, sondern weil er Bildungsgrundlage ist, also das Problem lösen hilft, was in schwierigen Zeiten gelehrt werden soll: Denn was gilt mehr als das Leben? Sobald die Zeit der Verfolgungen vorbei ist, wenden sich die römischen Patrizier wieder dem Platonismus zu, einem neuen Platonismus, den auch die Christen nach dem Sieg Konstantins und der offiziellen Duldung ihres Glaubens wieder aufgreifen. Dennoch behält die Erziehung den Stempel der Stoa, vielleicht wegen der Vorstellung, daß das Volk nur ein großes Kind sei, und wegen des Begriffs des Krieges, der sich im Glauben an den Sündenfall und an die Verantwortung des Menschen in seinem Kampf gegen den Teufel hält.

Der entscheidende Wandel ergibt sich für die Lage der Frau. Den Märtyrerinnen folgten Frauen, die sich auf die Ehe einließen, um die Abstammungslinie fortzusetzen. Sie verfügen über eine eigene Ethik, über ein persönliches religiöses Band. Und nachdem sie ihre Gatten sowohl zu Gott als auch zu einem keuschen Leben bekehrt hatten, boten sie dem Kind, das sie bekommen hatten, um ihren Vater zufriedenzustellen, das Bild zweier Eltern, von Mann und Frau, die mehr mit Gott als miteinander verbunden sind. Viele der Mütter der großen christlichen Verkünder, der Erbauer einer neuen Kultur, waren solche Frauen gewesen, hier sind die Schöpferinnen und Schöpfer zu finden. Mit der Verherrlichung der Ehe und ihrer Unauflöslichkeit tritt doch aber wieder die Vorspiegelung auf den Plan: Besteht eine echte eheliche Beziehung, oder tun sie nur so, und heucheln sie eine Ethik? Nachdem die Gefahr vorüber ist, ist alles bereit für die Rückkehr zur Ethik der Abstammung, doch gebettet in die Fiktion echter Gattenliebe.

Glossar

Abstammungsgruppe umfaßt alle Personen, die von einem gemeinsamen Vorfahren abstammen, ungeachtet der Filiation*, der Hauptlinie oder Seitenlinie der Verwandtschaft.

Affinal-Verwandte sind Ehepartner, weitere sind deren Verwandte und Ehepartner der eigenen Verwandten, also alle Schwiegerverwandten. Schwippschwäger (z.B. der Ehemann der Schwester der Ehefrau) sind Affinalverwandte zweiten Grades. Das Verwandtschaftsverhältnis zwischen Affinalverwandten beruht auf mindestens einer Heiratsverkettung*.

Affintät besteht zwischen durch Ehe (und eventuell Verwandtschaft) verbundenen Personen.

Agnaten stammen ausschließlich in männlicher Linie (patrilinear*) von demselben Ahnen ab. Die Filiation*, mit der sie sich von diesem gemeinsamen Ahnen ableiten, heißt agnatisch, patrilinear oder kurz Patrifiliation. Im alten Rom waren Agnaten die bevorrechtigten, durch Männer verwandten Männer, Kognaten* dagegen alle Blutsverwandten. In der Ethnologie gelten als Agnaten entweder die patrilateralen* Verwandten oder die Verwandten der gesellschaftlich bevorrechtigten Seite, als Kognaten alle matrilateralen* (mutterseitigen) bzw. nachrangigen Verwandten.

Allianz ist ein System von Bündnisbeziehungen zwischen Abstammungsgruppen* oder anderen Verwandtschaftsgruppen durch vorgeschriebene und wiederholte Heiraten und Gegenheiraten zur gegenseitigen Verschwägerung. Mehrere Generationen solcher Allianzen sind ein Konnubium. Neben der Filiation* ist die Allianz in der Ethnosoziologie der wichtigste Erklärungsansatz für die Entstehung von Verwandtschaftssystemen*. Durch regelmäßige Heiraten in vorgegebene Richtung wird eine Gruppe für die andere entweder zur

Frauengeberin oder -nehmerin oder zu beidem. Beschrieben werden Allianzsysteme auch durch Begriffe wie Kreuzvetternheirat* oder unilaterale und bilaterale Kreuzvetternehe.

ALLIANZTHEORIEN räumen entgegen den meisten ethnologischen Theorien nicht der Filiation*, sondern der Heirat oder Allianz Vorrang bei der Erklärung von Verwandtschaftssystemen* ein. Einer ihrer Vorläufer ist W. H. R. Rivers, die heute wichtigsten Vertreter sind Claude Lévi-Strauss und Louis Dumont.

AVUNKULAT (von lat. *avunvulus* = Mutterbruder) bezeichnet das besondere Verhältnis zwischen Mutterbruder und Schwestersöhnen (seltener Schwestertöchtern). In patrilinearen* Gesellschaften hat dieser Onkel gesellschaftlich anerkannte Rechte und Pflichten gegenüber dem Neffen und meist ein besonders nahes und herzliches Verhältnis zu diesem als Gegengewicht zur Strenge und Distanz des Vaters.

AVUNKULOKALE WOHNFOLGE vgl. Wohnfolgeordnung*.

BLUTSCHANDE siehe Inzest*.

BRAUTPREIS (Brautpfand) ist ein Vermögenswert, der zur Hochzeit in vielen Gesellschaften von der Gruppe des Bräutigams auf die der Braut übergeht. Seine vielfältigen Funktionen sind nicht unter einem Begriff zu fassen. Der Brautpreis ist Beweiszeichen für den Ehevertrag, Unterpfand einer guten Behandlung der Frau in der Gruppe des Mannes und Entgelt für die Arbeitskraft und Gebärfähigkeit der Braut. In polygynen Gesellschaften reguliert er die theoretisch sonst unbegrenzte Nachfrage. Vgl. dagegen Mitgift*.

BRAUTRAUB betrachten manche Autoren als Urform der Heirat. Ethnographische Feldforschung hat jedoch ergeben, daß auch bei nachgewiesenem Brautraub die Heiratsordnung klar festgelegt und allgemein anerkannt ist, der Brautraub also historisch nicht älter sein kann als die Institution Ehe. Nirgends ist diese Heiratsform allgemein üblich oder auch nur häufig, außer bei rein symbolischer Brautentführung nach Absprache wie in manchen Gesellschaften Indonesiens oder Neuguineas. Häufiger als Brautraub ist Heirat nach tatsächlicher oder symbolischer Flucht der künftigen Gatten, die dann als Mann und Frau ins Dorf zurückkehren.

DESKRIPTIVE VERWANDTSCHAFTSBEZEICHNUNG ist die Beschreibung des Verwandtschaftszusammenhangs durch Analyse der aufeinanderfolgenden Bindeglieder, aus denen sich die Beziehung zwischen Ego* und dem jeweiligen Verwandten ergibt: Meist werden dazu mehrere Bezeichnungselemente kombiniert (wie etwa in Ur-groß-vater). So ist es im Deutschen deskriptiv, wenn man vom

»Mutterbruder des X« spricht, aber eine klassifikatorische* Verwandtschaftsbezeichnung, wenn dieselbe Person »Onkel des X« genannt wird. In allen Sprachen gibt es deskriptive und klassifikatorische Verwandtschaftsbezeichnungen nebeneinander. Daher können deskriptive und klassifikatorische Verwandtschaftssysteme nicht als Unterscheidungsmerkmal zwischen zivilisierten und primitiven Gesellschaften betrachtet werden, wie dies noch Lewis H. Morgan tat.

DESZENDENZ ist die Gesamtheit der biologisch von ein und demselben Individuum abstammenden Personen, seine Nachkommenschaft. Das in der französischen Ethnologie selten verwendete Wort *descendance* bedeutet dasselbe wie der englische Begriff *filiation*, während das französische *filiation*, das von wesentlicher Bedeutung in der Ethnologie ist, dem englischen Wort *descent* entspricht.

DETERMINATIV ist ein Zeichen in der ägyptischen und sumerischen Bilderschrift, das bestimmt, zu welcher Kategorie der betreffende Begriff gehört.

EGO (lat. = ich) ist der konventionelle Name für die Person, die als Bezugspunkt für die Bezeichnung und Beschreibung eines Verwandtschaftssystems gewählt wird. Zur Vereinfachung nimmt man immer diesen Begriff, wenn man genealogische Beziehungen beschreiben oder die Namen der jeweiligen Verwandten bestimmen will. Ebenso wichtig ist er bei der Untersuchung von Verwandtschaftsgruppen, da manche Gruppen von Ego (egozentrische Gruppen) und andere von einem Ahnherrn aus definiert werden. Bei der Darstellung eines Verwandtschaftssystems muß stets klargestellt werden, ob das Bezugs-Ego männlich oder weiblich ist.

EHE ist die sozial anerkannte und vertraglich fixierte Lebensgemeinschaft von mindestens zwei Personen verschiedenen Geschlechts mit ökonomischen und sexuellen Rechten und Pflichten sowie öffentlicher Bestätigung durch Heirat. Nachkommen aus einer Ehe werden von den übrigen Gesellschaftsmitgliedern als rechtmäßig anerkannt.

ENDOGAMIE (griech. *endo* = innen, *gamos* = Heirat) ist eine Heiratsordnung mit Verpflichtung zur Binnenheirat. Der Ehepartner muß innerhalb derselben sozialen Gruppe gewählt werden, der man selbst angehört. Es kann sich dabei um eine Verwandtschaftsgruppe (z.B. Lineage*), eine Lokalgruppe (z.B. Klan*) oder eine Statusgruppe (z.B. Phratrie*) handeln.

EXOGAMIE (griech. *exo* = außen, *gamos* = Heirat) ist eine Heiratsordnung mit Verpflichtung zur Außenheirat. Der Ehepartner muß außerhalb der eigenen Abstammungsgruppe (z.B. in der Lineage* oder der Sippe*) gesucht werden, im Gegensatz zur Endogamie*.

FAMILIE, ERWEITERTE ist eine Gruppe aus zwei oder mehr Kernfamilien*, die durch Ausweitung der Eltern-Kinder-Beziehung miteinander verbunden bleiben und gemeinsam wohnen. Der Begriff wird auch auf die Verbindung der Kernfamilie eines verheirateten Erwachsenen mit der Familie seiner leiblichen Eltern angewandt.

FILIATION ist eine Regelung, die darüber entscheidet, wie ein Individuum aufgrund seiner Geburt zu seiner gesellschaftlichen Identität und zu den Hauptelementen seines Status kommt. Insbesondere legt die Filiation die Verwandtschaftsgruppe fest, der das Individuum angehört. Bei einer Filiation im eigentlichen Sinn muß die Übertragung von Status und Gruppenmitgliedschaft automatisch erfolgen und darf dem Individuum keine Wahlmöglichkeit lassen – so jedenfalls Theoretiker wie E. Leach. Andere Autoren lehnen eine so enge Definition ab und meinen, daß die Wahlfreiheit in manchen Gesellschaften (etwa bei den Hapu) nicht ausschließe, ethnologisch von Filiation zu sprechen.

GEBURTENKONTROLLE erfolgt in traditionellen Gesellschaften durch verschiedene biologische Gegebenheiten (z.B. späte Pubertät, lange Stillzeit, hohe Mortalität) und kulturspezifische Verhaltensweisen wie etwa periodische Enthaltsamkeit. Mechanische und pharmakologische Empfängnisverhütung sind schon früh nachgewiesen, aber vermutlich nicht sehr sicher gewesen. Die Grenze zur Abtreibung mit Hilfe von Pflanzenextrakten oder Gewaltmassagen ist fließend. Auch Kindstötung* wird praktiziert.

GEMEINSCHAFT ist allgemein eine soziale Gruppe* voneinander abhängiger Familien, deren Mitglieder Besitz und Interessen gemeinsam haben und auch meist miteinander leben. Im Sinne der Ökologie bezeichnet Gemeinschaft (oder biotische Gemeinschaft) die Gesamtheit der Populationen* an einem bestimmten Ort.

GEMEINSCHAFTSHAUS ist ein von einer großen Zahl bluts- und affinalverwandter* Personen beiderlei Geschlechts bewohntes Haus, das bei manchen Ethnien die Stelle des Dorfes einnimmt. Diese Wohnform findet sich in vielen Gegenden – bei Nomadengruppen, in Asien in Form von Jurten (Hauszelten) bei den Eskimos als Iglus, im tropischen Amerika als *bobio*, *churuata* oder *maloka* aus Holz und Blättern mit großen Ausmaßen (kegelförmig und mehr als 20 Meter hoch) – und bietet Raum für mehr als 100 Personen. Immer sind diese Häuser eindrucksvolle Bauwerke und Zeugnisse großer architektonischer Fähigkeiten und hochentwickelter Lebensart.

GENEALOGIE siehe Stammbaum*.

Genom ist das Erbgut bzw. die Gesamtheit der im Zellkern in Gestalt von DNS enthaltenen Erbinformation.

Gens (Mehrzahl: Gentes) ist eine Gruppe von Personen, die ihre Abstammung in männlicher Linie (patrilinear*) von einem gemeinsamen Vorfahren herleiten. Historisch bezeichnet *gens* eine Institution im klassischen Rom; unter dem Einfluß Henry Morgans wird es aber von mehreren Autoren auch zur Bezeichnung der in England *patriclan* und in den Vereinigten Staaten *patri-sib* genannten Gruppe verwendet.

Grossfamilie wird als Bezeichnung oft undifferenziert gebraucht: Allgemein werden darunter mehrere gemeinsam siedelnde Generationen verstanden. Dazu gehört, daß bei einer patrilinearen* Großfamilie die Töchter ausheiraten und Ehefrauen von außen hereingeholt werden. Die Großfamilie kann aus einem noch lebenden Patriarchen (oder einer Matrone) mit allen Nachkommen einer Linie samt ihren Ehepartnern bestehen, oder aus gemeinsam siedelnden Brüdern mit patrilinearen oder Schwestern mit matrilinearen* Nachkommen. Diese unterschiedlichen Definitionen erschweren die Abgrenzung zur Lineage* und besonders zum Klan*.

Gruppe Neben einem sehr weiten umgangssprachlichen und mathematischen Gruppenbegriff gibt es den engeren der Sozialwissenschaften. Danach ist eine Gruppe eine soziale Einheit, die sich von anderen durch Wir-Gefühl der Gruppenmitglieder, Ordnung, Dauerhaftigkeit sowie Gruppeninstitutionen und -organe unterscheidet. Ob Paare als Gruppe bezeichnet werden dürfen, ist umstritten. Als Grundlage einer Gruppe gilt das Gemeinschaftsverhältnis zwischen ihren Mitgliedern. Zu den Gruppen gehören folglich Familien*, Sippen*, Allianzen*, aber auch Stamm*, Volk und Nation.

Hälften liegen vor, wenn die Gesamtgesellschaft bei unilinearer Filiation* derart in zwei sich gegenseitig ausschließende Gruppen unterteilt ist, daß jede Person aufgrund einer unabänderlichen Verwandtschaftsbeziehung entweder zu der einen oder zur anderen Hälfte gehört. Gewöhnlich entspricht jede Hälfte einem Verband von mehreren Phratrien*, Klans* oder Sippen*. Hälften können eine rein zeremonielle Funktion haben, indem sie Kooperation und Konkurrenz der Personen oder Gruppen in zwei symmetrische »Felder« organisieren, oder sie können als exogame* Hälften Heiraten regeln, indem sie alle Personen in mögliche und verbotene Heiratspartner einteilen. Quasi-Hälften sind solche ohne Heiratsordnung.

Haus ist in einer geschichteten Gesellschaft wie etwa der Feudalgesellschaft eine Lineage* oder *ramage*, welche politische oder zeremonielle Vorrechte genießt und häufig ein eigenes Territorium besitzt.

HAUSHALT ist die kleinste Wohneinheit mit wichtigen kulturellen Funktionen. Ökonomisch ist ein Haushalt stets zugleich die Grundeinheit von Konsumtion und Reproduktion, in vorindustriellen Gesellschaften aber auch Ort der Produktion. Ob ein Haushalt verlegbar (z.B. bei Wildbeutern, Nomaden und Brandrodungsbauern) oder ortsfest ist, hängt davon ab, wovon der materielle Lebensunterhalt (die Subsistenz) bestritten wird. Seine soziale Zusammensetzung hängt von Formen der Ehe, des Wohnsitzes, der Familie und damit des Verwandtschaftssystems* ab.

HEIRAT ist der Vorgang, der zur Ehe führt. Die Partnerwahl ist stets eingeschränkt. Verwandte können durch Exogamievorschriften* ausgeschlossen oder durch Regeln der Verwandtschaft als Partner bevorzugt oder vorgeschrieben sein. Die Formen, in denen sich Menschen verschiedenen Geschlechts zu einer dauernden oder temporären Lebens- und Sexualgemeinschaft verbinden und die Lebensformen, die durch diese Verbindung entstehen, sind jedoch so vielgestaltig, daß es schwierig ist, einen gemeinsamen Nenner zu finden.

HEIRATSVERKETTUNG nennt man die Verzahnung blutsverwandter Gruppen mittels Heiratsverbindungen in einem Stammbaum* oder bei der Beschreibung einer komplexen Verwandtschaftsbeziehung.

HOMINIDEN sind in der zoologisch-anthropologischen Systematik eine Familie der Ordnung der Primaten, zu der außer dem heutigen Menschen (*Homo sapiens*) auch alle prähistorischen Menschenformen (Neandertaler, Pithekanthropus usw.) gehören. Die den Hominiden übergeordnete systematische Einheit ist die Familie der *Hominoidea*, die zusammen mit den (echten) Affen der alten und neuen Welt die Unter-Ordnung der *Simiae* (oder *Anthropoidea* bzw. *Pithecoidea*) und unter Einschluß der Halbaffen (*Prosimiae*) die Säugetierordnung der Primaten bildet.

INITIATION sollte trotz der Gebräuchlichkeit des Begriffs nur für solche Riten und Prüfungen benutzt werden, mit denen Kandidaten in geschlossene Gruppen wie Geheimgesellschaften, Bruderschaften, Mysterienbünde usw. (religiöse Initiation) oder in besondere Funktionen wie die des Schamanen oder Hexers (magische Initiation) eingeführt werden sollen. Statt von Initiationsriten sollte man von Übergangsriten (*rites de passage*) sprechen, wenn durch solche Zeremonien eine ganze Altersklasse von einem Status in einen anderen übergeht (z.B. Jugendweihe, Konfirmation, afrikanische Pubertätsriten). Im engeren – wie oben definierten – Sinn gewährleisten oder feiern die Initiationsriten die

Rekrutierung von Kriegern, einer Elite oder die Auswahl privilegierter Personen, und aus eben diesem Grunde stellen sie den Mut, die Geschicklichkeit, das esoterische Wissen oder die Verläßlichkeit der Kandidaten auf die Probe. Sie sind gewöhnlich Anlaß für große Feste, an denen alle Mitglieder der Gesamtgesellschaft teilnehmen, bei denen aber die bereits Initiierten sowie die Initianden eine Hauptrolle spielen. Die Initiationsriten in den meisten Gesellschaften sind für Männer offenbar ausgeprägter als für Frauen.

INZEST ist eine verbotene blutschänderische Beziehung zwischen Personen, die in einem bestimmten Verwandtschaftsverhältnis stehen. Alle menschlichen Gesellschaften und offenbar sogar Primaten meiden den Inzest, wobei das Verbot unterschiedlich umrissen ist. Nach dem gegenwärtigen Kenntnisstand verbieten alle Gesellschaften Geschlechtsverkehr zwischen Vater und Tochter, zwischen Mutter und Sohn, und fast alle auch zwischen Bruder und Schwester, doch gibt es je nach Gesellschaft große Unterschiede bezüglich der Geltung des Verbots für weitere Verwandte. Häufig sind nur klassifikatorische Verwandte als Geschlechtspartner verboten, während der Verkehr mit biologisch sogar näheren Verwandten und als solche der ganzen Gemeinschaft bekannten durchaus gestattet ist. Außerdem kann das Verbot einer sexuellen Beziehung zwischen denselben zwei Verwandten verschieden ausfallen, je nachdem ob es sich um eine Ehe oder um eine außereheliche Beziehung handelt.

INZESTVERBOT ist das Verbot von sexuellen Beziehungen oder Heirat zwischen nahen Blutsverwandten und damit zugleich das Gebot, Partner außerhalb der Inzestschranken zu suchen. Es wurde von Lévi-Strauss als kulturelle Grundvoraussetzung für die Bildung der Gesellschaft erkannt.

KARIERA sind ein Stamm im Nordwesten Australiens zwischen den Flüssen De Grey und Fortescue (20. Breitengrad), der durch den britischen Ethnologen A. R. Radcliffe-Brown bekanntgeworden ist. Er diente diesem als Beispiel für eine typische Form einer Ehe- und Verwandtschaftsordnung durch Heiratsklassen, deren Existenz er theoretisch hergeleitet hatte, noch bevor er sie als Feldforscher entdeckte. Aus diesem Grund ist behauptet worden, daß es sich dabei um eine imaginäre Gruppe handle, deren einziges Verdienst es sei, eine bequeme Formalisierung eines realen Problems der Sozialorganisation geliefert zu haben. Dennoch ist das Kariera-System auch in anderen Weltteilen gefunden worden. Beim Kariera-System ist die Kreuzvetternheirat üblich, d.h. ein Mann darf entweder die Tochter seines (klassifikatorischen*) Mutterbruders oder die Tochter seiner (klassifikatorischen) Vaterschwester heiraten (bilaterale Kreuzvetternheirat*); oder aber nur die Tochter des Mutterbruders, nicht aber die der Vaterschwester (matrilaterale* Kreuzvetternheirat), oder aber die Tochter der

Vaterschwester, nicht aber die des Mutterbruders (patrilaterale* Kreuzvetternheirat).

KERNFAMILIE ist eine Gruppe zweier Ehegatten mit ihren Kindern. In den meisten Menschengesellschaften sind Kernfamilien zu komplexeren Gruppen aggregiert, wie etwa die polygame Familie oder die erweiterte Familie*. Die Allgemeingültigkeit der Kernfamilie als Grundlage oder Mittelpunkt der verschiedenen auf Verwandtschaftsbeziehungen gegründeten Sozialorganisationen, wie sie neben vielen anderen von B. Malinowski und G. P. Murdock behauptet worden ist, wird bisweilen immer noch bestritten.

KINDRED umfaßt die Personen, die mit einer Person (*Ego*), dem Zentrum der Kindred, verwandt sind, ohne daß alle ihre Mitglieder miteinander verwandt sein müssen. Da alle Menschen zu vielen Kindreds gehören, können solche nur bei besonderer Gelegenheit als Gruppe kurz gemeinsam handeln (bei Übergangsriten des Ego* etwa bei Geburt, Reife, Heirat, Tod).

KINDSTÖTUNG trifft Neugeborene entweder ausschließlich in Krisenzeiten (z.B. Hungersnot) oder aber auch in sogenannten normalen Zeiten, wobei angeborene Mißbildung, böse Omen bei der Geburt oder sozialer Status der Mutter ausschlaggebend sein können. Die im Zeremonialbund der Arioi im alten Polynesien geübte Kindstötung ist ein bezeichnendes Beispiel für eine durch Rücksichten auf Status oder Rolle in der Gesellschaft gebotene Kindstötung. Sie ist offenbar häufiger als nach Erhebungen vermutet und wird z.B. im Zentralhochland West-Neuguineas bei einem Drittel aller Neugeborenen ausgeübt.

KLAN ist eine Gruppe* aus einer oder mehreren Lineagen*. Sie kann ortsbezogen sein oder nicht, exogam* oder endogam*, aber um als Klan betrachtet zu werden, muß sie von einem deutlich ausgeprägten Zusammengehörigkeitsgefühl erfüllt sein und den Bezugsrahmen für eine aktive Solidarität unter den Mitgliedern abgeben. Ein Aggregat von Personen, die sich aufgrund einer unilinearen Filiationsregelung* als verwandt ansehen, aber sonst nichts miteinander gemein haben, bilden eine Kategorie und keinen Klan. Die Mitglieder eines Klans können gewöhnlich ihre genealogische Verbindung mit dem eponymen Vorfahren nicht angeben. Das unterscheidet den Klan von der Lineage*, die eine Gemeinschaft von Verwandten darstellt, zwischen welchen die genealogischen Verbindungen jederzeit nachvollzogen werden können. Manche Anthropologen nennen dieses Sozialgebilde Klan, andere ziehen es vor, es Sippe zu nennen und reservieren Klan für den Fall von ortsbezogenen Sippen. Der Begriff Klan wird von Autoren unterschiedlich gebraucht, was bei jeder Lektüre zu beachten ist. In der älteren, insbesondere amerikanischen Literatur wird *clan* für Abstammungsgruppen mit matrilinearer Zugehörigkeitsrechnung im Gegensatz zur patrilinearen Gens* verwendet. Nachdem R. H. Lowie für beide den Terminus Sippe* vorgeschlagen hatte, setzte sich in der britischen Literatur Klan durch als Bezeichnung für die Abstammungsgruppe, in der der Stammbaum* aller Mitglieder bis zum gemeinsamen Ahn ungenau und widersprüchlich oder nicht angebbar ist. Andere Abstammungsgruppen werden als Lineage bezeichnet. Bis heute gilt in der britischen Literatur diese Definition, derzufolge Klans größere Gruppen sind, die sich aus Lineagen* zusammensetzen.

Klassifikatorische Verwandtschaft ist ein Begriff, den L. H. Morgan in die Ethnologie eingeführt hat, um damit eine Art der Bildung von Kinklasssen zu bezeichnen, die heute meist Merging genannt wird. Andere Kinklassenbildungen hat Morgan auch als generalisierende Verwandtschaft bezeichnet.

Klassifikatorische Verwandtschaftsbezeichnung So wird eine Verwandtschaftsbezeichnung genannt, wenn sie auf Personen angewendet wird, die zwei oder mehr verschiedenen Kategorien von Verwandten angehören. Durch die klassifikatorischen Verwandtschaftstermini wird die Zahl der logisch möglichen Verwandtschaftsbezeichnungen stark reduziert. So ist in unserem Verwandtschaftssystem der Ausdruck »Großvater«, bei dem der Vatervater und der Muttervater gleichgesetzt werden, ein klassifikatorischer. Dasselbe gilt bei uns für Onkel, Schwager, Vetter, usw. Extrembeispiel ist das Verwandtschaftssystem des sogenannten Hawaii-Typus, in welchem Vater und Onkel mit demselben Wort bezeichnet werden, desgleichen Bruder und Vetter.

Kognaten sind Personen, die von demselben Vorfahren abstammen, gleichgültig ob über Männer oder Frauen. Man nennt die Verbindungen zwischen Kognaten manchmal auch »Bluts-« oder »natürliche Verwandtschaft«. Ein kognatisches Verwandtschaftssystem ist also das Gegenteil eines unilinearen (vgl. matrilinear*, patrilinear*). Manche älteren Autoren definieren Kognaten als die in mütterlicher Linie von einer Person abstammenden Verwandten. Diese Definition gilt heute nicht mehr. Vgl. dagegen Agnaten*.

Kollateralbeziehungen In der Verwandtschaft wird zwischen linearen und Kollateralverwandten (Seitenverwandten) unterschieden. Lineare Verwandte sind die Eltern und deren Eltern in Potenzkette, also die Vorfahren, und ebenso die Nachkommen. Kollateralverwandte sind die Geschwister der Vorfahren und deren Abkömmlinge: z.B. ist die Vatervatermutter eine lineare Verwandte, der Vaterbruder ein kollateraler (Seiten-)Verwandter.

Konnubium vgl. Allianz*.

Kreuzvettern und -kusinen sind Kinder zweier Geschwister verschiedenen Geschlechts. Die Bezeichnung für Kreuzvettern und -kusinen in einer bestimmten Sprache ist eines der Hauptkriterien für deren Einordnung in die Typologie der Verwandtschaftsterminologien bzw. Verwandtschaftssysteme*. Vgl. dagegen Parallelvettern* und -kusinen.

KREUZVETTERNHEIRAT ist die bekannteste und am besten erforschte unter allen präferentiellen* oder präskriptiven Heiratsordnungen. Eine Kreuzvetternheirat (bzw. Kreuzkusinenheirat) kann entweder mit der patrilateralen* (Tochter der Vaterschwester) oder mit der matrilateralen* Kreuzkusine (Tochter des Mutterbruders) oder in gleicher Weise mit einer oder der anderen dieser beiden Basen stattfinden. In den beiden ersten Fällen nennt man die Heiratsordnung asymmetrisch, im letzteren Fall symmetrisch. In manchen Fällen, wie beim Kariera-Typ*, verlangt die Heiratsordnung, daß ein Mann seine bilaterale Kreuzkusine heiratet, d.h. eine Frau, die zugleich Tochter seines Mutterbruders und Tocher seiner Vaterschwester ist.

KULTUR ist die Gesamtheit der Kenntnisse und Verhaltensweisen (technische, wirtschaftliche, rituelle, religiöse, soziale, usw.), die eine bestimmte menschliche Gesellschaft kennzeichnen. Es gibt keine Menschen ohne Kultur: Die Vorstellung des Naturmenschen ist eine philosophische Hypothese. Das Wort Kultur wird in manchen ethnologischen Werken als Synonym für Ethnie, Gesellschaft oder Zivilisation verstanden.

LEVIRAT Im engeren, ursprünglichen Sinn die Pflichtehe einer Witwe mit dem Bruder ihres Mannes zur Zeugung von Nachkommen für den Verstorbenen. Oft wird mit Levirat aber auch jede Erbehe bezeichnet, in der ein (meist) jüngerer Bruder die Witwe übernimmt, die danach geborenen Kinder aber als eigene ansehen darf. Vgl. dagegen Sororat*.

LINEAGE ist eine Verwandtschaftsgruppe, deren Mitglieder von einem Ahnen (einer Ahnin) in direkter *und* nachgewiesener männlicher (weiblicher) Linie abstammen. G. P Murdock hat davon die Sippe* (bei britischen Autoren *clan**) unterschieden, bei der die Abstammung nur behauptet wird, aber nicht Schritt für Schritt nachvollziehbar ist. Lineagen müssen alle Kriterien des Gruppenbegriffs erfüllen. Wenn in einer Gesellschaft die Mitglieder in der Weise integriert sind, daß die Lineage eines Ahns in die (Unter-)Lineage seiner Söhne gegliedert ist, diese wiederum in Lineagen der Enkel des Ahns, können vielstufige Systeme von Lineagen entstehen, wie sie E. E. Evans-Pritchard, M. Fortes, L. Bohannan, I. M. Lewis, W. Müller dargestellt haben.

LOKALGRUPPE (Kleingruppe) ist eine kleine, aus mehreren Männern, Frauen und Kindern bestehende Gruppe*, die ihrer gemeinsamen Interessen wegen als eine selbständige, sozio-ökonomische Grundeinheit bezeichnet werden kann, die an einem (auch wechselnden) Ort zusammen lebt und so eine Lebens- und Schicksalsgemeinschaft bildet. Ob und wieweit die Kern- oder Kleinfamilie* von vornherein ein Bestandteil der Lokalgruppe gewesen ist, bleibt mangels entsprechender Quellen der Spekulation überlassen.

Matriarchat ist ein von den ersten Theoretikern des Evolutionismus erdachtes politisch-rechtliches System, welches postuliert, daß in den Gesellschaften, in denen die Abstammungsrechnung offiziell nur in mütterlicher Linie anerkannt wird, die Macht von den Frauen ausgeübt wird. Keine wirkliche Gesellschaft, so »primitiv« sie auch sein mag, kennt eine matriarchalische Ordnung im Sinne dieser Definition. Bei dieser Theorie handelt es sich – wie auch bei anderen derselben Epoche – um eine Begriffsverwirrung oder -verwischung zwischen matrilinearer* Filiation*, die tatsächlich in zahlreichen Gesellschaften vorkommt, und einer Form von Organisation der Autorität, die aufgrund einer willkürlichen, eine Ursprungsfrage betreffenden Hypothese postuliert wurde.

Matrilateral sind die Verwandten auf der Mutterseite.

Matrilinear (auch matrilineal) wird eine Filiationsregelung* genannt, die bestimmt, daß jede Person die wichtigsten Elemente ihres Status und insbesondere ihre Zugehörigkeit zu einer Verwandtschaftsgruppe ausschließlich über Blutsverwandtschaftsbeziehungen in weiblicher Linie erhält. In erweitertem Sinn wird auch eine Gruppe (Lineage, Klan usw.), deren Rekrutierung durch die Anwendung dieser Filiationsregel festgelegt wird, matrilinear genannt. Synonym: uterin.

Matrilokal vgl. Wohnfolgeordnung*.

Mitgift ist die Gesamtheit des Heiratsguts, das mit einer gewissen Feierlichkeit anläßlich einer Hochzeit von den Eltern oder der Gruppe der Frau dem Mann oder der Frau selbst übergeben wird. Vgl. Brautpreis*.

Parallelfiliation ist eine Filiationsregelung*, welche alle Männer patrilinearen* Gruppen* und alle Frauen matrilinearen* Gruppen zuweist, wobei die beiden Filiationslinien parallel anerkannt werden, aber jede nur für ein Geschlecht. Dieses System ist für die brasilianischen Apinayé-Indianer belegt. Es handelt sich dabei um einen Sonderfall doppelter Filiation*.

Parallelvettern und -kusinen sind Kinder zweier Geschwister desselben Geschlechts. Wie eine bestimmte Sprache Parallelvettern und -kusinen bezeichnet, ist eines der Hauptkriterien in der Typologie der Verwandtschaftsterminologien bzw. Verwandtschaftssysteme. Vgl. Kreuzvettern und -kusinen*.

PATRIARCHAT ist ein politisch-rechtliches System, in dem die Autoritätsbeziehungen und die verschiedenen Rechte über Personen und Sachen mit der patrilinearen* Filiationsregelung* zusammenfallen, um sich bei dem Mann zu vereinen, der die Stelle des Gründervaters einer erweiterten Familie* einnimmt. Die Theoretiker des Evolutionismus sahen im Patriarchat eine späte Form der Gesellschaftsordnung, welcher als ursprüngliches Stadium das Matriarchat* vorangegangen sei. Obschon das Patriarchat nicht den bloß hypothetischen Charakter des Matriarchats hat, kommt es selten in der institutionellen Reinheit vor, die ihm die früheren Autoren zuschreiben, da Frauen und Mutterverwandten immer ein gewisser Schutz vor den Männern und den Vaterverwandten zugestanden wird.

PATRILATERAL sind die Verwandten auf der Vaterseite.

PATRILINEAR wird eine Filiationsregelung* genannt, die bestimmt, daß jede Person die wichtigsten Elemente ihres Status insbesondere ihre Zugehörigkeit zu einer Verwandtschaftsgruppe ausschließlich über Blutsverwandtschaftsbeziehungen in männlicher Linie erhält. In erweitertem Sinn wird auch eine Gruppe (Lineage, Klan usw.), deren Rektrutierung durch die Anwendung dieser Filiationsregel festgelegt wird, patrilinear genannt.

PATRILOKAL siehe Wohnfolgeordnung.

PHRATRIE ist nach L. H. Morgan eine Sozialgruppe, die aus mehreren Sippen* oder Klans* zusammengesetzt ist und ihre Verwandtschaft meist auf einen gemeinsamen mythischen Ahnen zurückführt. Sie spielte besonders im klassischen Athen eine Rolle.

POLYANDRIE ist eine Heiratsordnung, bei der eine Frau gleichzeitig mit mehreren Männern verheiratet sein darf. Gesellschaften mit dieser Heiratsform sind sehr selten. Am bekanntesten sind die Toda in Indien, die Marquesas-Insulaner in Polynesien und bestimmte Gruppen in Tibet.

POLYGAMIE ist eine Heiratsordnung, bei welcher eine Person gleichzeitig mehrere Ehepartner hat. Sie kann entweder polygyn* oder polyandrisch* sein.

POLYGYNIE ist eine Heiratsordnung, bei der ein Mann gleichzeitig mit mehreren Frauen verheiratet sein darf. Bei den meisten polygamen* Gesellschaften wird Polygynie praktiziert.

POPULATION ist nach der Definition der Ökologie die Gesamtheit der Gruppen von (tierischen oder pflanzlichen) Einzelorganismen, die an einem gegebenen Ort leben. In der Ethnographie ist eine Population die Bevölkerungseinheit oder Gesamtheit aller Individuen einer Art in einem bestimmten Gebiet. Sie bildet zugleich die Fortpflanzungseinheit. Abgegrenzt ist eine Population von der anderen in der Regel durch Abstandhalten oder auch durch Hindernisse (Gewässer, Gebirge, unbesiedelte Gebiete).

Präferentiell ist eine Heiratsordnung, wenn sie Vorgaben für das Heiratsverhalten (positive, nicht negative wie das Inzestverbot*) macht und bestimmte Personen als Heiratspartner nachdrücklich empfiehlt, ohne jedoch daraus eine Heiratspflicht abzuleiten. Die häufigste und typischste Form einer präferentiellen Heiratsordnung ist die Kreuzkusinenheirat*, die nur dann präferentiell ist, wenn sie entweder mit der Tochter des Mutterbruders oder mit der Tochter der Vaterschwester unter Ausschluß der anderen Kusinen erfolgt.

Promiskuität ist Geschlechtsverkehr ohne feste Partnerbindung, im Extremfall ganz ohne irgendwelche Regeln, also auch zwischen nächsten Verwandten. In der Theorie des Evolutionismus spielt die Promiskuität als Urstadium der Menschheit eine Schlüsselrolle. Zwar wird diese Theorie heute fast allgemein verworfen, doch ist zu überlegen, ob nicht im Übergang vom Tier zum Menschen notwendigerweise Promiskuität geherrscht haben muß. Wenn Lévi-Strauss recht hat, sind Beschränkungen der Partnerwahl Ausgangspunkt der Vergesellschaftung und der menschlichen Kultur. Vgl. dagegen Inzestverbot*.

Redistribution ist die Um- und Neuverteilung von Produkten durch eine höherstehende, meist zentrale Instanz, die sie im Gabentausch, als Tribut, durch Handel, als Heiratsabgabe oder auf anderen institutionalisierten Wegen erworben hat.

Reziprozität ist eine nicht auf Gewinn ausgerichtete Form des Handels zum gegenseitigen Nutzen im Unterschied zu Tauschgeschäft und Tauschhandel. Diese Gegenseitigkeit ist eines der Grundmuster wirtschaftlichen und sozialen Handelns in vorindustriellen Gesellschaften. Grundprinzip der Reziprozität ist die Bereitschaft zum »Geben«, das sofort oder meist später durch »Nehmen« kompensiert wird. Reziprozität ist somit Ordnungsprinzip so bedeutender Bereiche vorindustrieller Wirtschafts- und Gesellschaftsordnungen wie Gabentausch, Heiratsformen, Nachbarschaftshilfe und Solidarunterstützung in und zwischen Verwandtschaftsgruppen.

Sippe ist eine Verwandtschaftsgruppe. Die Entwicklung der Bedeutung dieses Terminus in der Ethnologie ist eng mit der des Klans* verbunden. In der deutschen Geschichte wurden damit sowohl Abstammungsgruppen wie Kindreds* bezeichnet. R. Thurnwald verstand darunter politisch nicht selbständige Klans, die nicht geschlossen siedeln. G. P. Murdock versuchte den Terminus aufzugreifen, indem er damit die reine Abstamungsgruppe bezeichnete, im Gegensatz zum Klan*. Eine Sippe besteht demnach aus allen Abkömmlingen eines Ahns in einer Linie (über männliche Nachkommen = Patrisippe; über weibliche = Matrisippe), die Zugehörigkeit ändert sich bei der Heirat nicht. Von der Patrisippe unterscheidet sich der Patriklan dadurch, daß die eingeheirateten Frauen zum Klan gehören. Von der Lineage* unterschied Murdock die Sippe dadurch, daß die Lineage einen genauen und zuverlässigen, die Sippe eine ungenauen und widersprüchlichen Stammbaum* hat. Damit entspricht Murdocks Sippe dem Klan* der britischen Ethnologen.

SORORAT (lat. *soror* = Schwester) ist eine Regelung, bei der ein Mann die (leibliche oder klassifikatorische) Schwester seiner Frau zu deren Lebzeiten (sororale Polygynie) oder nach deren Tod (postmortales Sororat) heiratet. Die sororale Polygynie kann eine gleichzeitige Mitheirat der Schwester der Frau ebenso einschließen wie die spätere Ehe mit einer jüngeren Schwester, welche die verheiratete ältere, aber unfruchtbare Schwester noch zu deren Lebzeiten ersetzen soll. Hierbei geht es vorrangig um Nachkommen.

STAMM ist eine homogene und in politischer und sozialer Hinsicht autonome Gruppe*, welche ein ihr eigenes Territorium bewohnt. Es handelt sich dabei meist um die umfassendste Einheit in den Gesellschaften, mit denen sich die Ethnologie beschäftigt. Ein Stamm setzt sich aus Gruppen geringerer Größenordnung zusammen, wie z. B. Klans*, und kann sich vorübergehend oder dauernd mit anderen Stämmen zu militärischen oder religiösen Zwecken zu einer Konföderation zusammenschließen. Solche Konföderationen besitzen fast nie ein zentralisiertes System politischer oder rechtlicher Autorität.

STAMMBAUM Mit dem Anlegen von Stammbäumen kann unter anderem der Typus des Verwandtschaftssystems einer bestimmten Gesellschaft festgestellt werden. Jede Einzelperson einer Gruppe wird gebeten, nach bester Erinnerung alle Nachkommen, Seitenverwandten und Vorfahren namentlich zu benennen, möglichst einschließlich der Verwandtschaftsverhältnisse zwischen dabei erwähnten Heiratspartnern. Die Angaben werden mit folgenden Symbolen notiert:

○ Frau; △ Mann; = oder ⊔ Allianz* (bzw. Heirat);
| Abstammung; ⊓ Kollateralität* (Seitenverwandtschaft).

Folglich wird also ein Ehepaar mit zwei Kindern (Knabe und Mädchen) durch folgendes Schema dargestellt:

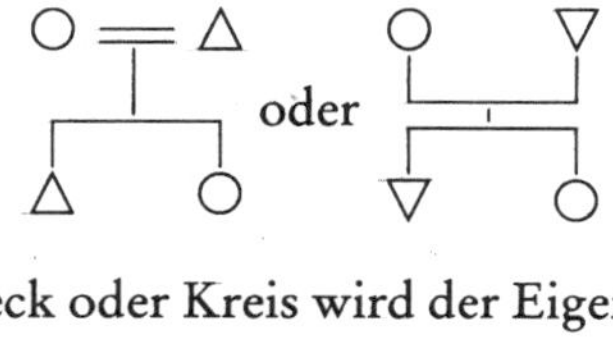

Neben jedem Dreieck oder Kreis wird der Eigenname angegeben.

Sukzession ist die Übertragung politischer Macht oder ritueller Funktionen von einer Person auf eine andere nach festen Regeln. Die französischen (und deutschsprachigen) Ethnologen hätten allen Grund, wie die englischsprachigen systematisch zwischen symbolischer Sukzession und materieller Erbschaft zu unterscheiden. Viele Mißverständnisse könnten so vermieden werden.

Tabu ist ein Wort polynesischen Ursprungs mit der Bedeutung »untersagt« oder »verboten«, das in der ethnologischen Literatur ein Verbot von magisch-religiösem Charakter bezeichnet, dessen Überschreitung automatisch eine übernatürliche Strafe nach sich zieht.

Tausch, eingeschränkter Von C. Lévi-Strauss eingeführter Begriff für zwei Heiratsordnungstypen mit Geltung für Gesellschaften mit elementaren Verwandtschaftsstrukturen und Heirat als Frauenaustausch zwischen sozialen Gruppen. Eingeschränkt ist der Tausch, wenn nur zwei Gruppen, sogenannte Hälften*, einer Gesellschaft beteiligt sind, so daß für jeden Mann aus der ersten Gruppe, der eine Frau aus der zweiten Gruppe heiratet, ein Mann aus der zweiten Gruppe eine Frau aus der ersten ehelicht. Der Tausch zwischen den beiden Gruppen erfolgt hier noch personenbezogen und unmittelbar aufeinanderfolgend.

Tausch, verallgemeinerter An diesem sind drei oder mehr Gruppen beteiligt, wobei jede Gruppe für eine andere Frauengeberin und bei einer anderen Frauennehmerin ist. Theoretisch entstehen daraus dann Guthaben und Schulden an Frauen. Der Tausch ist nicht mehr personengebunden und findet nicht unbedingt gleichzeitig statt.

Tauschheirat bezeichnet eine Heiratsordnung, für die ein Abkommen zwischen zwei Männern typisch ist, wonach diese entweder ihre Schwestern tauschen, um sie zu heiraten, oder aber ihre Töchter als Bräute für ihre Söhne, Brüder oder sich selbst. Greift dieser Brauch von einzelnen auf die Gesamtgesellschaft über, die dann in so viele untereinander heiratende Gruppen zerfällt wie zum Funktionieren des Systems nötig sind, und wird er damit zur allgemeingültigen Heiratsordnung, dann liegt das vor, was Lévi-Strauss als Übergang vom eingeschränkten Tausch* zum verallgemeinerten Tausch* bezeichnet. Die Tauschheirat mit Schwestern oder Töchtern ist nur ein Sonderfall dieser beiden Tauschformen.

Totenheirat (Geisterhochzeit) ist der in mehreren exotischen Gesellschaften bezeugte Brauch, einem Toten im Jenseits gegen die Benachteiligung zu helfen, der er als ehelos Verstorbener nach allgemeiner Überzeugung ausgesetzt ist. Daher wird eine symbolische Hochzeit zwischen dem Verstorbenen und einer passenden Braut mit der erforderliche Position im Verwandtschaftssystem gefeiert. Manchmal geht es wie bei den Nuer darum, einem kinderlos Verstorbenen Nachkommen zu verschaffen, und so heiratet sein jüngerer Bruder die sogenannte »Frau des Toten«: Die Kinder dieses Paares werden als die des verstorbenen älteren Bruders behandelt.

UNILINEAR heißt eine Filiationsregelung*, die sich sowohl von der bilinearen (oder doppelten) wie von der nichtunilinearen (oder ambilinearen) darin unterscheidet, daß die Gesellschaften dabei nur eine einzige Linie anerkennen, und zwar entweder die väterliche oder die mütterliche, ohne dem einzelnen die Wahl zu geben. Es gibt also zwei mögliche Fälle der unilinearen Filiation, die matrilineare* und die patrilineare*.

URPROMISKUITÄT Mit diesem bei den Anhängern des Evolutionismus sehr beliebten Begriff wurde das erste, rein hypothetische Entwicklungsstadium der Menschheit bezeichnet. Die Männer und Weiber der Urgemeinschaft hätten wahllos miteinander verkehrt, ganz ohne dauerhafte Bindung und ungehemmt von einem Inzestverbot.

UTERINE VERWANDTE (lat. *uterus* = Gebärmutter) sind Personen, die über Frauen miteinander blutsverwandt sind. Uterine Filiation ist synonym mit matrilinearer* Filiation*.

VERWANDTE sind die mit Ego* durch Blutsbande oder Verschwägerung verwandten Personen.

VERWANDTSCHAFT ist eine Form der sozialen Beziehung zwischen Menschen. Sie ist schwer abzugrenzen und wird ausgedrückt in Verwandtschaftsterminologien* mit einem System von Positionen, die jeweils kulturspezifisch durch Verwandtschaftstermini zusammengefaßt werden. Verwandtschaftsbeziehungen variieren nach Alter, Geschlecht, Generation der betroffenen Personen und verändern sich durch Heiraten.

VERWANDTSCHAFTSATOM ist der von Lévi-Strauss (1958) eingeführte Begriff zur Bezeichnung der elementarsten Verwandtschaftsstruktur. Sie besteht aus vier Elementen (Bruder, Schwester, Vater, Sohn), untereinander verbunden durch zwei »korrelative Gegensatzpaare«. Jede Verwandtschaftsstruktur umfaßt notwendigerweise drei Typen familiärer Beziehungen: ein Kollateral-, ein Allianz- und ein Filiationsverhältnis; d.h. eines zwischen den Geschwistern, eines zwischen den Gatten, und eines zwischen Elternteil und Kind. Nach Lévi-Strauss (1973) ist diese vierteilige Gruppe die kleinstmögliche, die diesem Dreifacherfordernis entspricht, und er leitet ihre irreduzible und allgemeingültige Eigenschaft unmittelbar aus der Allgemeingültigkeit des Inzestverbots ab.

VERWANDTSCHAFTSSYSTEM ist ein gegliedertes Ganzes von durch soziale Normen fixierten Verhaltensweisen, an die sich über Blutsbande oder Verschwägerung verwandte Menschen halten. Die Bezeichnungen zur Anrede untereinander oder zur Benennung gegenüber Dritten sind Teil dieser durch Brauch sanktionierten Verhaltensweisen.

VERWANDTSCHAFTSTERMINOLOGIE ist ein kulturspezifisches System der Bezeichnungen von Verwandtschaftsbeziehungen. Es gibt sie in allen Gesellschaften, doch mit großen Unterschieden. Wegen der großen Zahl der diversen Verwandten werden in jeder dieser Terminologien mehrere unter demselben Begriff gefaßt. Nach der Art der Zusammenfassung werden die Systeme unterschieden. Typisch für unsere europäische Terminologie ist die gemeinsame Benennung von Vaterbruder und Mutterbruder als Onkel. Durch die Prägung in unserer Kultur empfinden wir die eigenen Klassifikationen als selbstverständlich, und die anderer Kulturen und Gesellschaften als seltsam oder kurios. Es wird unterschieden zwischen Terminologien der Anrede und der Benennung; letztere sind meist umfangreicher und genauer. Vgl. Gabelung*.

WOHNFOLGEORDNUNG regelt, wo ein jungverheiratetes Paar seinen Wohnsitz nehmen muß. Avunkulare Wohnfolge ist Wohnpflicht des Ehepaars beim Mutterbruder des Mannes oder auf seinem Grund und Boden; matrilokale ist Wohnpflicht bei der Mutter der Frau oder in ihrem Gebiet; patrilokale ist Wohnpflicht beim Vater des Mannes; virilokale ist Wohnpflicht auf dem Gebiet oder nahe der Gruppe des Ehemanns; uxorilokale ist Wohnpflicht bei der Ehefrau..

ZADRUGA ist eine Bewirtschaftungsgemeinschaft mit gemeinsamem Eigentum an Ackerboden und Feldfrüchten aus mehreren Familien, die sich freiwillig zusammengeschlossen haben. Sie war im ehemaligen Jugoslawien in der pannonischen Ebene zwischen Donau und illyrischem Gebirge heimisch.

Anm. d. Übers.: Zur Erstellung dieses Glossars wurden Michel Panoff und Michel Perrin, *Taschenwörterbuch der Ethnologie*, hg. und übers. von Justin Stagl unter Mitarb. von Stefanie und Gabriele Hohenwart, Berlin 1982 und *Neues Wörterbuch der Völkerkunde*, hg. von Walter Hirschberg, Berlin 1988 sowie weitere Nachschlagewerke herangezogen.

Bibliographie

Über die Familie / Françoise Zonabend

Adler, A., *La Mort est le masque du roi. La royauté sacrée des Moundang du Tchad,* Paris 1982

Assier-Andrieu, L., »Le Play et la famille-souche des Pyrénées: politique, juridisme et sciences sociales«, in: *Annales* 3, Mai-Juni 1984, S. 495-512

Atkins, J. A., »On the Fundamental Consanguineal Numbers and their Structural Basis«, in: *American Ethnologist* 1, 1, 1974, S. 1-31

Augé, M. (Hg.), *Les Domaines de la parenté. Filiation, alliance, résidence,* Paris 1975

Belmont, N., »La petite graine et les jeunes filles en fleurs« in »Femmes et Terre«, in: *Pénélope* 7, Herbst 1982

Benveniste, E., *Le Vocabulaire des institutions indo-européennes,* Bd. 1: *Economie, parenté, societé,* Paris 1969 (dt.: *Indoeuropäische Institutionen. Wortschatz, Geschichte, Funktionen,* Frankfurt/New York 1993)

Benveniste, E., *Problèmes de linguistique générale,* Bd. 2, Paris 1974

Berkner, L., »Rural Family Organization in Europe. A Problem in Comparative History«, in: *Peasant Studies News Letter* 1, 4, 1972

Berreman, G. D., »Pahari Polyandry: a Comparison«, in: *American Anthropologist* 64, 1, 1962

Blumberg, R. L. und Garcia, M. S., »The Political Economy of the Mother-Child Family: a Cross Societal View«, in: L. Lenero-Otero (Hg.), *Beyond the Nuclear Family Model,* London 1977, S. 99-163

Carrol, V. (Hg.), *Adoption in Oceania,* Hawaii 1970

Cartry, M., »Attitudes familiales chez les Gourmanché«, in: *L'Homme* 6, 3, 1966, S. 41-67

Collard, C., »L'anthropologie de la parenté«, in: *Perspectives anthropologiques,* Montréal 1979

Collard, C., »Échangés, échangistes, structures dominées et dominantes d'échange matrimonial, le cas Guidar«, in: *Culture* L,1, 1981, S. 3-12

Copet-Rougier, E., »Contrôle masculin, exclusivité féminine dans une société patrilinéaire«, in: J.-C. Barbier (Hg.), *Femmes d'hier et d'aujourd'hui au Cameroun,* Paris 1985

Douglas, M., *The Lele of the Kasaï,* London 1963

Dumont, L., »Hierarchy and Marriage Alliance in South Indian Kinship«, in: *Occasional Papers of the Royal Anthropological Institute* 12, London 1957

Dumont, L., *Introduction à deux théories d'anthropologie sociale. Groupes de filation et alliance de mariage,* Paris/Den Haag 1971

Dumont, L., *Dravidien et Kariera. L'alliance de mariage dans l'Inde du Sud et en Australie,* Paris/Den Haag 1975

DUNDAS, C., »The Organization and Laws of some Bantu Tribes in East Africa«, in: *Journal of the Royal Anthropological Institute of Great Britain and Ireland* 45, 1915, S. 234-306

DUSSOURD, H., *Les Communautés agricoles du centre de la France,* Paris 1978

ERNOUT, A. und MEILLET, A., *Dictionnaire étymologique de la langue latine. Histoire des mots,* 3. Aufl., Paris 1951

EVANS-PRITCHARD, E. E., *Kinship and Marriage among the Nuer,* London 1951

EVANS-PRITCHARD, E. E., »Tribus et clans Luo«, in: *La Femme dans les sociétés primitives,* Paris 1971

FONSECA, C., »La violence et la rumeur: le code d'honneur dans un bidonville brésilien«, in: *Les Temps modernes* 455, 1984, S. 2193-2235

FORDE, D., *Yakö Studies,* London 1964

FORTES, M., »The Developmental Cycle in Domestic Groups«, in: J. GOODY (Hg.), *Kinship,* London 1971, S. 85-98

FOX, R., *Kinship and Marriage. An Anthropological Perspective,* London 1967

FOX, R., *The Tory Islanders. A People of the Celtic Fringe,* London 1978

FREEMAN, J. D., »On the Concept of the Kindred«, in: *Journal of the Royal Anthropological Institute* 91, 1961, S. 192-220

GIRARD, A., »Mariage: sociologie«, in: *Encyclopaedia Universalis,* Paris 1968, S. 514-518

GOODY, E., *Parenthood and Social Reproduction, Fostering and Occupational Roles in West Africa,* London 1982

GOODY, J., »Marriage, Prestations, Inheritance and Descent in Pre-Industrial Societies«, in: *Journal of Comparative Family Studies* 1, 1, 1970

GOODY, J. (Hg.), *Kinship,* London 1971

GOUGH, K., »Nayar: North Kerala«, in: D. M. SCHNEIDER und K. GOUGH (Hg.), *Matrilineal Kinship,* Los Angeles 1961, S. 385-404

GOUGH, K., »The Origin of the Family«, in: R. REITER (Hg.), *Toward an Anthropology of Women,* New York/London 1975

HALPERN, S. M., *Serbian Village in Historical Perspective,* New Jersey 1972

HÉRITIER, F., »Symbolique de l'inceste et de sa prohibition«, in: M. IZARD und S. SMITH (Hg.), *La Fonction symbolique,* Paris 1979a, S. 209-243

HÉRITIER, F., »Maschile/femminile«, in: *Enciclopaedia* VIII, Turin 1979b

HÉRITIER, F., »Famiglia«, in: *Enciclopaedia* VI, Turin 1979c

HÉRITIER, F., *L'Exercice de la parenté,* Paris 1981

HÉRITIER-AUGÉ, F. und COPET-ROUGIER, E. (Hg.), *Les complexités de l'alliance,* Bd. 1: *Les systèmes semi-complexes,* Paris 1990; Bd. 2: *Les systèmes complexes d'alliance matrimoniale,* Paris 1991

JOLAS, T., VERDIER Y. und ZONABEND, F., »Parler famille«, in: *L'Homme* 10, 3, 1970, S. 5-26

KLAPISCH-ZUBER, C., »Parents de sang, parents de lait: la mise en nourrice à Florence (1300-1530)«, in: *Annales* 5, 1983a (dt.: »›Blutseltern‹ und ›Milcheltern‹«, in: dies.: *Das Haus, der Name, der Brautschatz. Strategien und Rituale im gesellschaftlichen Leben der Renaissance,* Frankfurt/New York 1995, S. 94-119)

KLAPISCH-ZUBER, C., »La »mère cruelle«. Maternité, veuvage et dot dans la Florence des XIVe-XVe siècles«, in: *Annales* 5, 1983b, S. 1097-1109

KRIGE, E. J. und KRIGE, J. D., *The Realm of a Rain Queen. A Study of the Pattern of Lovedu Society,* London 1943

KRIGE, E. J., »Woman-Marriage, with Special Reference to the Lovedu. Its Significance for the Definition of Marriage«, in: *Africa* XLIV, 1, 1974

KROEBER, A. L., »Classificatory Systems of Relationship«, in: *Journal of the Royal Anthropological Institute* 39, 1909, S. 77-84

Lafitau, J. F., *Mœurs des Sauvages amériquains,* Bd. 1, Paris 1724
Lallemand, S., »Génitrices et éducatrices Mossi«, in: *L'Homme* 16, 1, 1976, S. 109-124
Lallemand, S., »Une famille Mossi«, in: *Recherches voltaïques* 17, Paris 1977
Lamaison, S., »Les stratégies matrimoniales dans un système complexe de parenté: Ribeines en Gévaudan (1650-1830)«, in: *Annales* 34, 4, 1979, S. 721-743
Leach, E., »Les vierges-mères«, in: *L'Unité de l'homme et autres essais,* Paris 1980, S. 77-107
Lévi-Strauss, C., »La notion de structure en ethnologie«, in: *Anthropologie structurale,* Paris 1958a, S. 303-354 (dt.: »Der Strukturbegriff in der Ethnologie«, in: *Strukturale Anthropologie* I, Frankfurt a. M. 1991a, S. 299-346)
Lévi-Strauss, C., »L'analyse structurale en linguistique et en anthropologie«, in: *Anthropologie structurale,* Paris 1958b, S. 38-62 (dt.: »Die Strukturanalyse in der Sprachwissenschaft und in der Anthropologie«, in: *Stukturale Anthropologie* I, Frankfurt a. M. 1991b, S. 43-67)
Lévi-Strauss, C., *Les Structures élémentaires de la parenté,* 1. Aufl., Paris 1949; 2. Aufl., Paris/Den Haag 1967 (dt.: *Die elementaren Strukturen der Verwandtschaft,* Frankfurt a.M. 1993a)
Lévi-Strauss, C., »La famille (1945)«, in: *Annales de l'université d'Abidjan,* série F., Bd. 3, 1971, S. 5-29. Wiederabgedruckt in: ders. 1983 (dt.: 1993b)
Lévi-Strauss, C., *La Voie des masques,* revidierte, ergänzte und erweiterte Fassung von *Trois Excursions,* Paris 1979
Lévi-Strauss, C., *Le Regard éloigné,* Paris 1983 (dt.: *Der Blick aus der Ferne,* Frankfurt a. M. 1993b)
Lowie, R. H., »A Note on Relationship Terminologies«, in: *American Anthropologist* 30, 1928, S. 263-267
Lowie, R. H., *The History of Ethnological Theory,* New York 1937
MacDonald, C., *Une société simple. Parenté et résidence chez les Palawan (Philippines),* Paris 1977
Malinowski, B., *The Sexual Life of the Savages,* London 1929
Marie, A., »Parenté, échange matrimonial et réciprocité (1)«, in: *L'Homme* 12, 3, 1972, S. 5-46
Mauss, M., »Essai sur le don. Forme et raison de l'échange dans les sociétés archaïques« (1923), in: *Sociologie et anthropologie,* mit einer Einleitung von C. Lévi-Strauss, Paris 1973, S. 145-284
Mathieu, N. C., »Paternité biologique, maternité sociale«, in: A. Michel (Hg.), *Femmes, sexismes et sociétés,* Paris 1977, S. 39-48
Mead, M., *Mœurs et sexualité en Océanie,* Paris 1973
Monberg, T., »Informants Fire Bock: a Micro Study in Anthropological Methods«, in: *Journal of Polynesian Society,* 85, 2, 1975
Morgan, L. H., *Systems of Consanguinity and Affinity of the Human Family,* Washington 1871; Nachdruck: Ousterhout 1970
Muller, J.-C., *Parenté et mariage chez les Rukuba (Bénoué, Nigeria),* Paris/Den Haag 1976
Murdock, G. S., *Social Structure,* New York 1949
Needham, R. (Hg.), *Rethinking Kinship and Marriage,* London/Tavistok 1971
Radcliffe-Brown, A. R., *Structure and Function in Primitive Society,* London 1942
Radcliffe-Brown, A. R. und Forde, D. (Hg.), *African Systems of Kinship and Marriage,* London 1950
Richards, A., »Matrilineal System«, in: J. Goody (Hg.), *Kinship,* London 1971, S. 276-289
Rivers, W. H. R., »The Marriage of Cousins in India«, in: *Journal of the Royal Asiatic Society,* Juli 1907
Rivers, W. H. R., *The History of Melanesian Society,* 2 Bde., London 1914
Rubin, G., »The Traffic in Women: Notes on the ›Political Economy‹ of Sex« in: R. Reiter (Hg.), *Toward an Anthropology of Women,* New York/London 1975

Sahlins, M., »The Segmentary Lineage and Predatory Expansion«, in: *American Anthropologist* 63, 1969, S. 332-345
Schneider, D. M. und Gough, K. (Hg.), *Matrilineal Kinship,* 1961
Segalen, M., *Quinze Générations de Bas Bretons. Parenté et société dans le pays Bigouden Sud. 1720-1980,* Paris 1985
Tabet, S., »Les mains, les outils, les armes«, in: *L'Homme* 19, 3-4, 1979, S. 5-61
Tylor, E. B., »On a Method of Investigating the Development of Institutions«, in: *Journal of the Royal Anthropological Institute,* Bd. XVIII, 1888, S. 245-272
Van Gennep, A., *Les Rites de passage,* Paris/Den Haag 1909; Nachdruck 1981 (dt.: *Übergangsriten,* Frankfurt/New York 1986)
Vincent, J. F., »Ethnogénéalogie de la communauté familiale des Quittard-Pinon (1550-1860)«, in: *Revue d'Auvergne* 95, 4, 1980, S. 77-100
Zimmerman, F., *La Parenté,* Paris 1972
Zimmerman, F., *Enquête sur la parenté,* Paris 1993
Zonabend, F., »Mes frères, mes époux. Fonctionnement de la parenté et figures d'alliance en Basse-Normandie« in: F. Héritier-Augé und E. Copet-Rougier (Hg.), *Les complexités de l'alliance,* Bd. 2, Paris 1991, S. 207-226

Die Vorgeschichte der Familie / Claude Masset

Allen, W. L. und Richardson, J. B., »The Reconstruction of Kinship from Archaeological Data. The Concepts, the Methods and the Feasibility«, in: *American Antiquity* 36, 1971, S. 41-53
Benveniste, E., *Le Vocabulaire des institutions indo-européennes,* Bd. 1: *Economie, parenté, société,* Paris 1969 (dt.: *Indoeuropäische Institutionen. Geschichte, Wortschatz, Funktionen,* Frankfurt/New York 1993)
Blanc, M., »L'origine de la bipédie; une affaire de sexe?«, in: *La Recherche* 141, 1983, S. 240-243
Bocquet-Appel, J.-S., »Une esquisse de quelques mécanismes démographiques au Paléolithique«, in: *Prétirages du 1er Congrès international de paléontologie humaine,* Nizza 1982, S. 971-992
Bocquet-Appel, J.-S. und Masset, C., »Estimateurs en paléodémographie«, in: *L'Homme* 17, 4, 1977, S. 65-90
Bocquet-Appel, J.-S. und Masset, C., »Farewell to Paleodemography«, in: *Journal of Human Evolution* 11, 1982, S. 321-333
Brain, C.K., *The Hunters or the Hunted ? An Introduction to African Cave Taphonomy,* Chicago/London 1981
Deetz, J., »The Inference of Residence and Descent Rules from Archaeological Data«, in: S. und L. Binford, *New Perspectives in Archaeology,* Aldine/Chicago 1968
Ember, M., »An Archaeological Indicator of Matrilocal versus Patrilocal Residence«, in: *American Antiquity* 38, 1973, S. 177-182
Fox, R., *Anthropologie bisonale,* Brüssel 1978
Laming-Empereire, A., »Système de pensée et organisation sociale dans l'art rupestre paléolithique«, in: *L'Homme de Cro-Magnon,* Paris 1968, S. 197-212
Lovejoy, C. O., »The Origins of Man«, in: *Science* 211, 1981, S. 341
Lucrez, *Von der Natur,* hg. und übers. von H. Diels, München 1991
Masset, C., »La démographie des populations inhumées. Essai de paléodémographie«, in: *L'Homme* 13, 4, 1973, S. 95-131
Masset, C., *Problèmes de démographie préhistorique,* Université de Paris I, Diss., 1975

MASSET, C., »La population de La Chaussée-Tirancourt approche méthodologique«, in: *Archives suisses d'anthropologie générale* 42, 2, 1979, S. 223-230
MASSET, C., *Estimation de l'âge au décès par les sutures crâniennes,* nat.wiss. Diss., Paris VII, 1982
MASSET, C., »Où en est la paléodémographie?«, in: *Bulletins et Mémoires de la Société d'Anthropologie de Paris,* Neue Reihe, 1990, Bd. 2, Nr. 3-4, S. 109-122
REDMAN, C. (Hg.), *Social Archaeology. Beyond Subsistence and Dating,* New York 1978
ROUSSEAU, J.-J., *Discours sur l'origine et les fondements de l'inégalité parmi les hommes,* 1755 (dt.: *Diskurs über den Ursprung und die Grundlagen der Ungleichheit unter den Menschen,* Paderborn 1984)
SCARRE, C., »Kin-groups in Megalithic burials«, in: *Nature* 311, 1984, S. 512-513
WOBST, H. M., »Boundary Conditions for Palaeolithic Social Systems. A Simulation Approach«, in: *American Antiquity* 39, 1974, S. 147-178
WOBST, H. M., »Locational Relationships in Palaeolithic Society«, in: *Journal of Human Evolution* 5, 1976, S. 49-58

Von Sumer bis Babylon / Jean-Jacques Glassner

Diese Aufzählung hat Hinweischarakter; eine ausführlichere Bibliographie ist in den zitierten Werken und Artikeln zu finden.

BOTTERO, J., »La femme dans l'Asie occidentale ancienne«, in: S. GRIMAL, *Histoire mondiale de la femme,* Paris 1965, S. 155-247
BOTTERO, J., »La mythologie de la mort en Mésopotamie ancienne«, in: B. ALSTER, *Death in Mesopotamia,* Kopenhagen 1980, S. 25-52
CARDASCOA, G., *Les Lois assyriennes,* Paris 1969
CASSIN, E., *L'Adoption à Nuzi,* Paris 1938
CASSIN, E., »Symboles de cession immobilière dans l'ancien droit mésopotamien«, in: *L'Année sociologique,* 1952, S. 107-162
CASSIN, E., »Pouvoirs de la femme et structures familiales«, in: *Revue d'assyriologie* 63, 1969, S. 121-148
CASSIN, E., »Virginité et stratégie du sexe«, in: *La Première Fois ou le roman de la virginité perdue à travers les siècles et les continents,* Paris 1981, S. 241-258
CHARPIN, D., *Archives familiales et propriété privée en Babylonie ancienne,* Paris 1980
DURAND, J. M., »La question du harem royal dans le palais de Mari«, in: *Journal des Savants,* 1980, S. 253-263
FINET A., *Le Code de Hammurapi,* Paris 1973
GELB, I. J., »Household and Family in early Mesopotamia«, in: *State and Temple Economy in the Ancient Near East,* Louvain 1979, S. 1-97
GONELLE, M., *La Condition juridique de l'enfant en droit suméro-babylonien,* Diss., Paris 1971
GREENGUS, S., »The Old Babylonian Marriage Ceremonies and Rites«, in: *Journal of Cuneiform Studies* 20, 1966, S. 55-72
GREENGUS, S., »The Old Babylonian Marriage Contract«, in: *Journal of the American Oriental Society* 89, 1969, S. 505-532
GRÉGOIRE, J.-S., »L'origine et le développement de la civilisation mésopotamienne du troisième millénaire avant notre ère«, in: C. H. BRETEAU u.a., *Production, pouvoir et parenté,* Paris 1976, S. 27-101
KRAMER, S. N., *L'Histoire commence à Sumer,* Paris 1975
KRAMER, S. N., *Le Mariage sacré,* Paris 1983

Kraus, F. R., »Vom altmesopotamischen Erbrecht«, in: *Studia et Documenta* IX, Leiden 1969, S. 1-17
Kraus, F. R., *Vom mesopotamischen Menschen der altbabylonischen Zeit und seiner Welt*, Amsterdam/London 1973
Lackenbacher, S., »Note sur l'ardat-lilî«, in: *Revue d'assyriologie* 65, 1971, S. 119-154
Landsberger, B., »Jungfräulichkeit«, in: *Symbolae... Martino David*, Bd. 11, Leiden 1968, S. 41-105
Morrison, M. A. und Owen, D. I. (Hg.), *Studies on the Civilization and Culture of Nuzi and the Hurrians*, Wimona Lake 1981
Oppenheim, A. L., *La Mésopotamie. Portrait d'une civilisation*, Paris 1970
Renger, J., »Who are all those people«, in: *Orientalia* 42, 1973, S. 259-273
Van Dijk, J. J., »Incantations accompagnant la naissance de l'homme«, in: *Orientalia* 44, 1975, S. 52-79
Wilcks, »Familiengründung im alten Babylonien« in: E. W. Müller (Hg.), *Geschlechtsreife und Legitimation zur Zeugung*, München 1985, S. 213-317

Die Erhaltung des Namens und die Ordnung der Pharaonen / Annie Forgeau

Allgemein zur Kultur Ägyptens

Drioton, E., und Vandier, J., *L'Égypte*, Paris 1962
Kitchen, K. A., *Pharaoh Triumphant. The Life and Time of Ramses II*, Warminster 1982
Posener, G., Sauneron, S., und Yoyotte, J., *Dictionnaire de la civilisation égyptienne*, Paris 1970
Valbelle, D., *Les Ouvriers de la tombe. Deir el-Medineh à l'époque ramesside*, Kairo 1985
Yoyotte, J., »Le jugement des morts dans l'Égypte ancienne«, in: *Sources orientales* 4, Paris 1961
Yoyotte, J., »Egypte ancienne«, in: *Histoire universelle* 1, Paris 1969

Übersetzungen ägyptischer Texte

Barguet, S., *Le Livre des morts des anciens Egyptiens*, Paris 1967
Breasted, J. H., *Ancient Records of Egypt*, 5 Bde., Chicago 1906-1907
Brunner, H., *Altägyptische Weisheit. Lehren für das Leben*, Zürich/München 1988
Brunner-Traut, E., *Altägyptische Märchen*, Düsseldorf/Köln 1963
Goedicke, H., »Unrecognized Sportings«, in: *Journal of the American Research Center in Egypt*, Bd. VI, 1967, S. 97-102
Hornung, E., *Das Totenbuch der Ägypter*, Zürich/München 1979
Lichtheim, M., *Ancient Egyptian Literature*, 3 Bde., 1973-1980
Schott, S., *Les Chants d'amour de l'Egypte ancienne*, Paris 1956

Übersetzungen griechischer Quellen

Diodorus Siculus, 12 Bde., griech.-engl. Übers. von C. H. Oldfather u.a., London 1933-67
Herodot, *Historien*, übersetzt von A. Horneffer, neu hg. und erläutert von H.W. Heussig. Mit einer Einleitung von W. F. Otto, Stuttgart 1971

PAUSANIAS, *Reisen in Griechenland*, 3 Bde. Übers. von E. Meyer, hg. von F. Eckstein, Zürich/München 1986

STRABON, *Geographika: The Geography of Arabo*, 8 Bde., griech.-engl., hg. von H. L. Jones und J. R. S. Sterret, London 1917-32

Allgemein zur ägyptischen Familie

ALLAM, S., Artikel »Ehe«, in: *Lexikon der Ägyptologie*, hg. von Wolfgang Helck und Wolfhart Westendorf, Wiesbaden 1975, Bd. 1, Sp. 1162-1181

ALLAM, S., Artikel »Familie«, in: *Lexikon der Ägyptologie*, hg. von Wolfgang Helck und Wolfhart Westendorf, Wiesbaden 1977, Bd. 2, Sp. 101-113

LÜDDECKENS, E., *Ägyptische Eheverträge*, Wiesbaden 1960

PESTMAN S.W., *Marriage and Matrimonial Property in Ancient Egypt*, Leiden 1961

Heiratsregeln

CZERNY, J., »Consanguineous Marriages in Pharaonic Egypt«, in: *Journal of Egyptian Archeology* 40, 1954, S. 23 ff.

HOPKINS, K., »Brother-Sister Marriage in Roman Egypt«, in: *Comparative Studies in Society and History* 22, 1980, S. 303 ff.

MIDDLETON, R., »Brother-Sister and Father-Daughter Marriage in Ancient Egypt«, in: *American Sociological Review* 27, 5, Oktober 1982

THIERFELDER, H., *Die Geschwisterehe im hellenistisch-römischen Ägypten*, München 1960

VATIN, C., *Recherches sur le mariage et la condition de la femme mariée à l'époque hellénistique*, Paris 1970

Institution Familie

GITTON, M., »Variation sur le thème des titulatures de reines«, in: *Bulletin de l'Institut français d'archéologie orientale* 78, Kairo 1978

Familie und Abstammungsgruppe

VERNUS, S., Artikel »Name«, »Namensgebung«, »Namensbildung«, in: *Lexikon der Ägyptologie*, hg. von Wolfgang Helck und Wolfhart Westendorf, Bd. 4, Wiesbaden 1980, Sp. 320-337

Familienhierarchien

JANSSEN, J. J. und JANSSEN, M., *Growing up in Ancient Egypt*, London 1990

ROBINS, G., *Women in Ancient Egypt*, London 1993

THÉODORIDÈS, A., Artikel »Frau«, in: *Lexikon der Ägyptologie*, hg. von Wolfgang Helck und Wolfhart Westendorf, Wiesbaden 1977, Bd. 2, Sp. 279-295

THÉODORIDÈS, A., NASTER, S. und RIES, J., *L'Énfant dans les civilisations orientales*, Löwen 1980

VERCOUTTER, J., »La femme égyptienne«, in: S. GRIMAL, *Histoire mondiale de la femme*, Paris 1965

Ein Streben nach Transzendenz / Franck Alvarez-Péreyre und Florence Heymann

Quellen

Die heilige Schrift, übers. von Leopold Zunz, Basel 1980
Encyclopedia Miqra'it, 7 Bde., Jerusalem 1950ff.
Encyclopedia Talmudit, 15 Bde., Jerusalem 1947ff.
Maimonides, Moses, *Ha yad ha-hazaka. Michne Tora (Yad).* 4. Buch: *Sefer Nachim*
Midrasch Rabba, 3 Bde., hg. von Judah Theodor und Albeit Chanoch, Jerusalem 1965
Mischna, 12 Bde., Nachdruck New York 1952/53
Qitsur Shulhan 'Arukh, 2 Bde., hg. von Solomon Ganzfried und Hayyim Yeshayah Hakohen, Jerusalem 1954
Seder Qiddushin Wenissu'in, hg. von Alfred H. Freimann, Jerusalem 1944
Sefer Ha'agunot, hg. von Isaac Zeev Kahana, Jerusalem 1954
Sefer Hahinukh, hg. von Aaron Halevi of Barcelona und Charles B. Chavel, Jerusalem 1951/52
Shulhan 'Arukh, 10 Bde., hg. von Yosef Caro, Vilna 1874/75
Talmud Bavli, 20 Bde., Wilna 1865/66
Talmud Yerushalmi, 7 Bde., Wilna 1921/22
Torat Hamishpahah, hg. von Mosheh Sternbuch, Jerusalem 1966

Literatur

Abrahams, *Jewish Life in the Middle Ages* (1896), Nachdruck New York 1958
Amado Levi-Valensi, E., »Mariage et couple: l'avènement du couple«, in: *Encyclopaedia Universalis* 10, Paris 1980, S. 519-520
Andriolo, K. R., »A structural analysis of genealogy and world view in the Old Testament«, in: *American Anthropologist* 75, 5, 1973, S. 1657-1669
Assis, Y. T., »The ›ordinance of Rabbenu Gershom‹ and polygarnous marriages in Spain«, in: *Zion* XLVI, 4, 1981, S. 251-277 (hebräisch)
Assis, Y. T., »Welfare and Mutual Aid in the Spanish-Jewish Communities«, in: H. Beinart (Hg.), *Moreshet Sepharad. The Sephardi Legacy,* Jerusalem 1992, S. 318-345
Baron, S., *Social and Religious History of the Jews,* 3 Bde., Philadelphia 1952
Baumgarten, J., »Amour et famille en Europe centrale (fin du Moyen Age – XVIIIe siècle)«, in: S. Trigano (Hg.), *La Société juive à travers l'histoire,* Bd. 2, Paris 1992, S. 413-433
Bensasson, M., »La société juive en terre d'islam aux VIIe-XIIe siècles«, in: S. Trigano (Hg.), *La Société juive à travers l'histoire,* Bd. 1, Paris 1992, S. 427-460
Bresc, H., »L'Europe des villes et des campagnes (XIIIe-XVe siècles)«, in: A. Burguière, C. Klapisch-Zuber, M. Segalen und F. Zonabend (Hg.), *Histoire de la famille,* Bd. 1, Paris 1986, S. 385-419 (dt.: *Geschichte der Familie,* Bd. 2, Frankfurt/New York, erscheint 1997)
Chazan, R., »Jewish settlement in Northern France, 1006-1306«, in: *Revue des Études juives* CXXVIII, 1, 1969, S. 41-65
Cohen S. M. und Hyman, S. E. (Hg.), *The Jewish family. Myths and reality,* New York/London 1986
Coulet, N., »Un lignage dominant de la juiverie d'Aix-en Provence«, in: *Provence historique* 37, 150, 1987, S. 513-530
Cross, E. B., *The Hebrew Family: a study in historical sociology,* Chicago 1927
Deshen, S., Women in the jewish family in Pre-colonial Morocco, in: *Anthropological Quarterly* 56, 3, 1983, S. 134-144

DUSSAUD, R., »Le ›mohar‹ israélite«, in: *Comptes rendus de l'Académie des Inscriptions et Belles-Lettres,* 1935, S. 142-151
EHRMAN, A., »Medieval Jewish responses to catholic priestly celibacy«, in: *Judaica* 34, 4, 1978, S. 180-184
Ein Yaacow, Aggadoth du Talmud de Babylone, Übers. A. Elkaim-Sartre, Paris 1982
EISENBERG, J. und ABECASSIS, A., *Jacob, Rachel, Léa, et les autres...,* Paris 1981
Encyclopaedia Judaica, 16 Bde., Jerusalem 1972
EPSTEIN, LOUIS M., *The Jewish Marriage Contract: a Study in the Status of the Woman in Jewish Law,* New York 1927
EPSTEIN, LOUIS M., *Marriage Laws in the Bible and the Talmud,* Cambridge 1942
EPSTEIN, LOUIS M., »Institution of Concubinage among the Jews«, in: *PAAJR* VI, 1935, S. 153-188
EPSTEIN, LOUIS M., *Sex Laws and Customs in Judaism, New* York 1948
ETKES, E., »Marriage and Torah Study among the *Lomdim in* Lithuania in the Nineteenth Century«, in: D. KRAEMER (Hg.), *The Jewish Family Metaphor and Memory,* New York/Oxford 1989, S. 154-178
FALK, Z. W., »Family and Family Life«, in: *The Jewish Encyclopedia,* New York/London 1903, Bd. 5, S. 336-338
FALK, Z. W., *Jewish Matrimonial Law in the Middle Ages,* Oxford 1966
FELDMAN, D. M., *Birth Control in Jewish Law: Marital Relations, Contraception and Abortion as Set Forth the Classic Texts of Jewish Law,* New York 1968
FELDMAN, D. M., *Marital Relations, Birth Control, and Abortion in Jewish Law,* New York 1974
FINKELSTEIN, L., *Jewish Self-Government in the Middle Ages,* New York 1924
FOX, R., *Anthropologie de la parenté: Une analyse de la consanguinité et de l'alliance,* Paris 1972
FRIEDMAN, M. A., *Jewish marriage in Palestine: a Cairo Geniza study,* Bd. 1, Tel Aviv/New York 1980
FRIEDMAN, M. A., *Ribûy nashim be-Yisra'el (Die jüdische Polygynie im Mittelalter),* Jerusalem, Institut Bialik/Université de Tel Aviv 1986, (hebräisch)
FRIEDMAN, M. A., »Marriage as an Institution Jewry under Islam«, in: D. KRAMER (Hg.), *The Jewish Family, Metaphor and Memory,* New York/Oxford 1989, S. 31-45
GAFNI, I., »The Institution of Jewish Marriage in Rabbinic Times«, in: D. KRAMER (Hg.), *The Jewish Family, Metaphor and Memory,* Oxford/New York 1989, S. 13-30
GELIN, A., »Le passage de la polygamie à la monogamie«, in: *Mélanges Podechard,* Lyon 1945, S. 135-146
GOITEIN, S. D., »Side lights on Jewish education from the Cairo Geniza«, in: *Graetz College Anniversary Volume,* Philadelphia 1971, S. 83-110
GOITEIN, S. D., *A Mediterranean Society. The Jewish Communities of the Arab World as portrayed in the documents of the Cairo Geniza,* Bd. 2: *The Community,* Berkeley 1971; Bd. 3: *The Family,* Berkeley 1978
GORDIS, R., *Sex and the Family in the Jewish Tradition,* New York 1967
GORDON, C. H., »Fratriarchy in the Old Testament«, in: *Journal of Biblical Literature* LIV, 1935, S. 223-231
GRAVES, R. und PATAI, R., *Les mythes hébreux,* Paris 1985
GROOT, J. M. M. DE U.A., »Adoption«, in: *Encyclopaedia of Religion and Ethics* 1, S. 105-115
GROSSMAN, A., »La structure sociale du judaïsme allemand au Moyen Age«, in: S. TRIGANO (Hg.), *La Société juive à travers l'histoire,* Bd. 1, Paris 1992, S. 461-489
HASTINGS, J. (Hg.), *Encylopaedia of Religion and Ethics,* 13 Bde., New York 1912
HEYMANN, F., »L'obligation de mariage dans un degré rapproché, modèles bibliques et halakhiques«, in: S. BONTE, (Hg.), *Épouser au plus proche. Inceste, prohibitions et stratégies matrimoniales autour de la Méditerranée,* Paris 1994, S. 97-111

HORST, A., *La vie familiale juive: étude sur les mœurs du peuple juif à travers les âges,* Brüssel 1922
HUNDERT, J. D., »Approaches to the History of the Jewish Family in Early-Modern Poland-Lithuania«, in: S. M. COHEN und S. E. HYMAN (Hg.), *The Jewish Family, Myths and Reality,* London/New York 1986, S. 17-28
HUNDERT, J. D., »Jewish Children and Childhood in Early Modern East Central Europe«, in: D. KRAMER (Hg.), *The Jewish Family, Metaphor and Memory,* New York/Oxford 1989, S. 81-94
Jewish Encyclopedia, 12 Bde., New York/ London 1902-07
KAHANA, K., *The Theory of Marriage in Jewish Law,* London 1966
KARNAFOGEL, E., »Attitudes towards childhood and children in medieval jewish society«, in: D. BLUMENTHAL (Hg.), *Approaches to Judaism in Medieval Times,* Bd. 2, Chico 1985, S. 4-14
KATZ, J., »Mariage et vie conjugale à la fin du Moyen Age«, in: *Zion,* 1945 (hebräisch)
KATZ, J., »Family, kinship and marriage among Ashkenazim in the sixteenth to eighteenth centuries«, in: *The Jewish Journal of Sociology* 1, 1959, S. 4-22
KLEIN, I., *A Guide to Jewish Religious Practice,* New York 1979
KOHNSTAMM, J. A. und MOULINAS, R., »Archaïsme et traditions locales: le mariage chez les Juifs d'Avignon et du Comtat au dernier siècle avant l'Emancipation«, in: *Revue des Etudes juives* CXXXVIII, 1-2, 1979, S. 89-115
KORNFELD, W., »L'adultère dans l'Orient antique«, in: *Revue biblique* LVII, 1950, S. 92-109
KORNFELD, W., »Mariage dans l'Ancien Testament«, in: *Supplément au Dictionnaire de la Bible,* Paris V, 1954, S. 905-926
KRAMER, D., »Images of Childhood and Adolescence in Talmudic Literature«, in: D. KRAEMER (Hg.), *The Jewish Family, Metaphor and Memory,* New York/Oxford 1989, S. 65-80
LÉVI-STRAUSS, C., *Le regard éloigné,* Paris 1983 (dt.: *Der Blick aus der Ferne*, Frankfurt a.M. 1993)
LEVITSKY, J., »The Illegitimate child *(mamzer)* in Jewish law«, in: *Jewish Bible Quarterly* 18, 1, 1989, S. 6-12
LEVY, L. G., *La famille dans l'antiquité israélite,* Paris 1905
LIPINSKI, E., »The Wife's Right to Divorce in the Light of Ancient Near Eastern Tradition«, in: *Jewish Law Annual* 1981, 4, S. 9-27
LOWY, S., »The Extent of Jewish Polygamy in Talmudic Times«, in: *Journal of Jewish Studies* IX, 1958, S. 115-138
MACE, D. R., *Hebrew marriage, a sociological study,* London 1953
MARCUS, I. G., *Piety and Society. The jewish pietists of medieval Germany,* Leiden 1981
MARGULIES, M., *The Differences between Babylonian and Palestinian Jews,* Jerusalem 1938 (hebräisch)
MIELZINER, M., *The Jewish Law of Marriage and Divorce,* New York 1901
MODENA, L. DE, *Cérémonies et coutumes qui s'observent aujourd'hui parmi les Juifs,* Paris 1929
MUNK, E., *La Voix de la Thora (Commentaire du Pentateuque),* Bd. 1, Paris 1981
NEUFELD, E., *Ancient Hebrew marriage laws: with special references to general Semitic laws and customs,* London 1944
ODEN, R. A. JR., »Jacob as father, husband, and nephew: Kinship Studies and the Patriarchal Narratives«, in: *Journal of Biblical Literature* 102, 2, 1983, S. 189-205
PATAI, R., *Sex and Marriage in the Bible and the Middle East,* New York 1959
PLOSCOWE, M., und FREED, D. J., *Family Law,* Boston 1963
RABELLO, A., »Divorce of Jews in the Roman Empire«, in: *Jewish Law Annual* 1981, 4, S. 79-102
ROTH, E., »Die Geschichte der Leviratsehe«, in: *Udim* 13, 1988, S. 59-97
SCHNEID, H. (Hg.), *Family,* Jerusalem 1973

SCHNEID, H., *Marriage*, Jerusalem 1973
STAHL, S. M., »Biblical and Talmudic attitudes toward intermarriage«, in: *Dor le dor* 17, 2, 1988, S. 107-111
STAHL, S. M., »Rabbinic attitudes toward intermarriage«, in: *Dor le dor* 17, 3, 1989, S. 170-178, 184
STOUFF, L., »Isaac Nathan et les siens. Une famille juive d'Arles des XIVe et XVe siècles«, in: *Provence historique* 37, 150, 1987, S. 499-512
VERMES, G., »Sectarian matrimonial halakhah in the Damascus rule«, in: *Journal of Jewish Studies* XXV, 1, 1974, S. 197-202
WENHAM, G. J., »The restoration of marriage reconsidered«, in: *Journal of Jewish Studies* XXX, 1, 1979, S. 36-40
WERNHAM, M., »Stratégies matrimoniales des Juifs de Salon-de-Provence (1396-1435)«, in: *Provence historique* 37, 150, 1987, S. 489-497
YARON, R., »On Divorce in Old Testament Times«, in: *Revue internationale des Droits de l'Antiquité* VI, 1957, S. 77ff.
YARON, R., »Aramaic Marriage Contracts from Elephantine«, in: *Journal of Semitic Studie* III, 1958, S. 1-39
YUVAL, I., »An appeal against the proliferation of divorce in fifteenth century Germany«, in: *Zion* XLVIII, 2, 1983, S. 177-215 (hebräisch)
ZAFRANI, H., *Etudes et recherches sur la vie intellectuelle juive au Maroc de la fin du XVè au début du XXe siècle*, Paris 1972

Die Familie im griechischen Stadtstaat / Giulia Sissa

Quellen

ARISTOTELES, *Der Staat der Athener*, übers. und hg. von Peter Dams, Stuttgart 1970
ARISTOTELES, *Politik*, übers. und hg. von Franz F. Schwarz, Stuttgart 1989
PLATON, *Der Staat*, übers. und erläut. von Otto Apelt, Stuttgart 1989

Literatur

BENVENISTE, E., *Le Vocabulaire des institutions indo-européennes*, Bd. 1: *Economie, parenté, société*, Paris 1969 (dt.: *Indoeuropäische Institutionen. Wortschatz, Geschichte, Funktionen*, Frankfurt/New York 1993)
BOURRIOT, G., *Recherches sur la nature du génos*, Paris 1976
BROADBENT, M., *Studies in Greek Genealogy*, Leiden 1968
FOX, R., *Anthropologie de la parenté. Une analyse de la consanguinité et de l'alliance*, Paris 1972
GADAMER, H.-G., »L'image du père dans la pensée grecque«, in: H. TELLENBACH (Hg.), *L'Image du père dans le mythe et l'histoire*,I, Paris 1983, S. 129-144
GERNET, L., *Droit et société dans la Grèce ancienne*, Paris 1955
GERNET, L., »Forme e strutture della parentela nella Grecia antica«, in: R. DI DONATO, *Annali del seminario di studi del mondo classico. Sezione di archeologia e storia antica*, V, 1983, S. 109-210
GOODY, J., *L'Evolution de la famille et du mariage en Europe*, Paris 1985 (dt.: *Die Entwicklung von Ehe und Familie in Europa*, Frankfurt a. M. 1989)

HARRISON, A. R. W., *The Law of Athens: The Family and Property,* Oxford 1968
HÉRITIER, F., »Symbolique de l'inceste et de sa prohibition«, in: M. IZARD und S. SMITH (Hg.), *La Fonction symbolique,* Paris 1979
HÉRITIER, F., *L'Exercice de la parenté,* Paris 1981
HUMPHREYS, S., *The Family, Women and Death. Comparative Studies,* London/Boston/Melbourne/Henley 1983
KARABELIAS, E., *L'Epiclérat attique,* Diss., Paris 1974
LACEY, W. K., *The Family in Classical Greece,* London/Southampton 1968 (dt.: *Die Familie im antiken Griechenland,* Mainz 1983)
LÉVI-STRAUSS, C., *Le Regard éloigné,* Paris 1983 (dt.: *Der Blick aus der Ferne,* Frankfurt a. M. 1993)
LORAUX, N., *L'Invention d'Athènes,* Paris 1981a
LORAUX, N., *Les Enfants d'Athéna,* Paris 1981b
MAFFI, A., »Padri e figli fra diritto positivo e diritto immaginario nella Grecia classica«, in: E. PELLIZER und N. ZORETTI (Hg.), *La Paura dei padri nella società antica e medievale,* Bari 1983, S. 3-28
MODRZEJEWSKI, J., »La structure juridique du mariage grec«, in: *Scritti in onore di Orsolina Montevecchi,* Bologna 1981, S. 231-268
ROUGEMONT, G., *Corpus des inscriptions delphiques,* Bd. 1, Paris 1977
ROUSSEL, D., *Tribu et cité,* Besançon/Paris 1976
VERNANT, J.-S., »Hestia-Hermès: sur l'expression de l'espace et du mouvement chez les Grecs«, in: *Mythe et pensée chez les Grecs. Etudes de psychologie historique,* Paris 1965, S. 97-144
VIDAL-NAQUET, P., »Le Chasseur noir et l'origine de l'éphébie athénienne«, in: *Le Chasseur noir. Formes de pensée et formes de société dans le monde grec,* Paris 1985, S. 151-176 (dt.: *Der schwarze Jäger. Denkformen und Gesellschaftsformen der griechischen Antike,* Frankfurt/ New York 1989)

Rom: Väter als Bürger in einer Stadt der Väter / Yan Thomas

Quellen

ASCONIUS, *Orationum Ciceronis quinque enerratio,* hg. von A. C. Clark, Oxford 1907
AUGUSTINUS, *De bono coniugali,* hg. von G. Combès, Paris 1948
DIONYSIOS VON HALIKARNASSOS, *The Roman Antiquities of Dionysius of Halicarnassus,* hg. und übers. von E. Cary, 7. Bde., London 1937ff.
Digesten, hg. von T. Mommsen, 10 Aufl., Berlin 1905
DIO CASSIUS, *Historiarum Romanarum quae supersunt,* hg. von S. Boissevain, Berlin
Edictum perpetuum, hg. von O. Lenel, 3. Aufl., Leipzig 1927
GAIUS, *Institutiones,* hg. von Girard-Senn, 7. Aufl., Paris 1967
MACROBIUS, *Saturnalia,* hg. von J. Willis, Leipzig 1970
PSEUDO-QUINTILIAN, *Declamationes maiores,* hg. von G. Lehnert, Leipzig 1905
QUINITILIAN, *Declamationes minores,* hg. von C. Ritter, Leipzig 1888
SENECA D. Ä., *De matrimonio. Fragmenta,* hg. von F. Haase, Bd. 3, Leipzig 1902
SENECA D. Ä., *Controversiae,* hg. von M. Winterbottom, London 1974

Literatur

BENVENISTE, E., »La nomenclature des cousins et de l'aviolité dans les langues indo-européennes«, in: *L'Homme* 5, 1965, S. 5-16

BENVENISTE, E., *Le Vocabulaire des institutions indo-européennes*, Bd. 1: *Economie, parenté, société*, Paris 1969 (dt.: *Indoeuropäische Institutionen. Wortschatz, Geschichte, Funktionen*, Frankfurt/New York 1993)

BRUNT, P. A., *Italian Manpower*, 225 BC-AD, 14, Oxford 1971

CALDERINI, A., *Aquileia romana*, Mailand 1930

COARELLI, F., »Il sepolcro degli Scipioni«, in: *Dialoghi di archeologia* 6, 1972, S. 37-106

CROOK, J. A., »Patria potestas«, in: *The Classical Quarterly* 61, 1967, S. 113-122

CROOK, J. A., »Intestacy in Roman Society«, in: *Proceedings of the Cambridge Philological Society* 19, 1973, S. 38ff.

DELLA CORTE, M., *Case ed abitanti di Pompei*, 3. Aufl., Neapel 1965

DEVOTO, L., »Appunti sui Furri e sul loro sepolcro«, in: *Il Logio nell'antichità romana*, Rom 1983

DURRY, M., *Éloge funèbre d'une matrone romaine (éloge dit de Turia)*, Paris 1950

DURRY, M. , »Sur le mariage romain«, in: *Revue internationale des droits de l'Antiquité*, 1956, S. 225 ff.

FABRE, G., *Libertus. Patrons et affranchis à Rome*, Rom 1981

FLACELIÈRE, R., »Caton d'Utique et les femmes«, in: *Mélanges offerts à J. Heurgon* 1, 1976, S. 293-302

FOUCAULT, M., *Histoire de la sexualité*, Bd. 3: *Le Souci de soi*, Paris 1984 (dt.: *Sexualität und Wahrheit*, Bd. 3: *Die Sorge um sich*, Frankfurt a. M. 1989)

FRANCIOSI, G., *Clan gentilizio e strutture monogamiche*, Bd. 2, Neapel 1980

FRANCISCI, P. DE, *Primordia civitatis*, Rom 1959

FRIEDLÄNDER, L., *Sittengeschichte Roms*, 9. Aufl., Leipzig 1920

GARCIA-GARRIDO, M., »La ›minor annis XII‹ nupta«, in: *Labeo* 3, 1957, S. 76ff.

HOPKINS, K., »The Age of Roman Girls at Marriage«, in: *Population Studies* 18, 1965, S. 309ff.

HOPKINS, K., »Structure of the Roman Population«, in: *Population Studies* 20, 1966, S. 260ff.

HOPKINS, K., *Death and Renewal. Sociological Studies*, in: *Roman History*, Cambridge 1983

HUMBERT, M., *Le Remariage à Rome, Étude juridique et sociale*, Mailand 1972

KANTOROWICZ, E., »Pro Patria Mori in Medieval Political Thought«, in: *American Historical Review* 56, 1951, S. 472-492

LAWLER, L. B., »Married Life in CILIX«, in: *Classical Journal* 24, 1928, S. 346ff.

LOS, A., »Les maisons pompéiennes et leurs habitants. Étude urbanistique et sociale« (erscheint demnächst)

MAGDELAIN, A., »Les mots *legare et heres* dans la Loi des XII Tables«, in: H. ZEHNACKER und G. HENTZ (Hg.), *Hommages à Robert Schilling*, Paris 1983, S. 159-173

MEIGGS, R., *Roman Ostia*, Oxford 1960

MOREAU, PH., »Plutarque, Augustin, Lévi-Strauss: prohibition de l'inceste et mariage préférentiel dans la Rome primitive«, in: *Revue belge de philologie d'histoire* 56, 1978, S. 41-54

MOREAU, PH., »Structures de parenté et d'alliance à Larinum d'après le *Pro Cluentio*«, in: *Les »Bourgeoisies« municipales italiennes aux IIe et Ier siècles av. J.-C.*, Rom 1983, S. 99-123

MOREAU, PH., »Patrimoines et successions à Larinum (Ier siècle av. J.-C.)«, in: *Revue Historique du Droit française et etranger* 64, 1986, S. 169-189

MORETTI, L., »Statistica demografica ed epigrafia: durata media della vitá in Roma imperiale«, in: *Epigraphica* 21, 1959, S. 60-78

MÜNZER, F., *Römische Adelsparteien und Adelsfamilien*, Stuttgart 1920

PRÉVOST, S., *Les Adoptions politiques à Rome sous la République et le principal,* Paris 1949
RAWSON, B., »Family Life among the Lower Classes at Rome in the First Two Centuries of the Empire«, in: *Classical Philology* 82, 1966, S. 71-83
ROSS TAYLOR, L., »Freemen and Freeborn in the Epitaphs of Imperial Rome«, in: *American Journal of Philology* 82, 1961, S. 113-133
ROUSSELLE, A., *Porneia. De la maîtrise du corps à la privation sensorielle,* Paris 1983 (dt.: *Der Ursprung der Keuschheit,* Stuttgart 1989)
THOMAS, Y., »Mariages endogamiques à Rome. Études d'une mutation«, in: *Production, pouvoir et parenté dans le monde méditerranéen de Sumer à nos jours,* Actes du Colloque C.N.R.S.-E.H.E.S.S. 1976, Paris 1981, S. 149-185
THOMAS, Y., »Droit domestique et droit politique à Rome. Remarques sur le pécule et les *honores* des fils de famille«, in: *Mélanges de l'Ecole française de Rome, Antiquité* 94, 1982, S. 527-580
THOMAS, Y., »Pauta dei padri e violenza dei figli. Immagini retoriche e norme di diritto«, in: *Paura dei Padri,* Rom 1983
THOMAS, Y., »*Vitae necisque potestas.* Le père, la cité, la mort«, in: *Du châtiment dans la cité,* Rom 1984
VEYNE, P., »La famille et l'amour sous le Haut-Empire romain«, in: *Annales E.S.C.,* 1978, S. 3 5-63
WATSON, A., *Society and Legal Change,* Edinburgh 1977
WESTRUP, C.W., *Introduction to Early Roman Law. The Patrimonial Joint Family,* Bd. 1: *The House Community,* Kopenhagen/Oxford 1944; Bd. 2: *Joint Family and Family Property,* Kopenhagen/Oxford 1934; Bd. 3: *Patria potestas,* Kopenhagen/Oxford 1939
WIEACKER, F., »Hausgenossenschaft und Erbeinsetzung«, in: *Festschrift für Heinrich Siber. Leipziger Rechtswissenschaftliche Studien* V, 124, 1940

Die Familie im Römischen Reich: Zeichen und Gebärden / Aline Rousselle

Quellen

Entnommen sind die Texte den Klassikerausgaben französischer Universitäten (éd. des Belles Lettres) oder englischer Ausgaben der Loeb Classical Library. Frühchristliche Texte stammen aus der Collection des Sources chrétiennes (éd. du Cerf.).
Oribase, *Collection médicale,* franz. Übers. d. griech. Texts von E. Bussemaker und Charles Daremberg, 6 Bde., Paris. 1851-1876. Anonym latin. *Traité de Physiognomonie,* zusammengestellt, ins Französische übersetzt und kommentiert von Jacques André, Paris, Collection des Universités de France, 1981.

APULEIUS, *Verteidigungsrede. Blütenlese,* lat./dt. von Rudolf Helm, Berlin 1977
EPIKTET, *Teles und Musonius. Wege zum Glück,* auf der Grundlage der Übertragung von Wilhelm Capelle neu übersetzt, mit Anm. vers. und eingeleitet von Rainer Nickel, Darmstadt 1987
GELLIUS, *Die attischen Nächte,* übers. und mit Anm. vers. von Fritz Weiss, Bd. 1, Darmstadt 1965
PLUTARCH, *Moralia,* übers. und hg. von Wilhelm Ax, mit einer Einf. von Max Pohlenz, Leipzig 1950
QUINTILIAN, *Ausbildung des Redners. Zwölf Bücher,* hg. und übers. von Helmut Rahn, 1. Teil, Buch I-VI, Darmstadt 1988
SENECA, *Philosophische Schriften,* lat./dt., von Manfred Rosenbach, Bd. 1, Darmstadt 1969

SUETON, *Leben der Caesaren*, übers. und hg. von André Lambert, München 1972
TACITUS, *Annalen*, lat./dt., hg. von Erich Heller, München/Zürich 1982

Literatur

Die folgenden Werke konnte ich meist aus Platzgründen nicht zitieren. Für meine Forschung verdanke ich ihnen viel, auch wenn ich nicht immer völlig mit ihnen übereinstimme.

ANDRÉ, J.-M., *La Philosophie à Rome*, Paris 1977

BEAUCAMP, J., *Le Statut de la femme à Byzance (IVe-VIIe siècle)*, Bd. 1: *Le droit impérial*, Paris 1990

BEHR, C. A., *Aelius Aristides and the Sacred Tales*, Amsterdam 1968

BOER, W. DEN, *Private Morality in Greece and Rome: Some Historical Aspects*, Leiden 1979

BOSWELL, J., *Christianity, Social Tolerance and Homosexuality*, Chicago 1980

BRADLEY, K. R., »Wet Nursing at Rome: A Study in Social relations«, in: B. RAWSON (Hg.), *The Family in Ancient Rome: New Perspectives*, Ithaca/New York 1986, S. 201-229

BROWN, P., *The Body and Society. Men, Women and Sexual Renunciation in Early Christianity*, New York 1988 (dt.: *Die Keuschheit der Engel. Sexuelle Entsagung, Askese und Körperlichkeit am Anfang des Christentums*, München/Wien 1991)

BROWN, P., »Sexuality and Society in the Fifth Century A. D.: Augustine and Julian of Eclanum«, in: E. GABBA (Hg.), *Tria corda, Scritti in onore di A. Momigliano*, Como 1983, S. 49-70

BROWN, P., *The Making of Late Antiquity*, Cambridge, Mass. 1978

BRUNT, P. A., »From Epictetus to Arrian«, in: *Athenaeum* 65, 1977, S. 19-48

CAMERON, A. und KUHRT, A. (Hg.), *Images of Women in Antiquity*, London 1983

CAMPBELL, B., »The Marriage of Soldiers under the Empire«, in: *Journal of Roman Studies* 68, 1978, S. 153-166

CANTARELLA, E., *Selon la nature, l'usage et la loi, la bisexualité dans le monde antique*, Paris 1991 (ital. Orig. 1988)

CORBIER, M., »Divorce and adoption as Roman Familial Strategies« *(Le divorce et l'adoption »en plus«)*, in: B. Rawson (Hg.), *Marriage, Divorce, and Children in Ancient Rome*, Canberra/Oxford 1991, S. 47-78 und 229-243

CRAMER, F. H., »Bookburning and Censorship in Ancient Rome«, in: *Journal of the History of Ideas* 6, 1945, S. 157-196

DESCLAUX, S. und RAMON, C., »Famine et vie sexuelle de l'homme civilisé«, in: *Nutrition et fonction de reproduction*, Paris 1953, S. 137-150

DIXON, S., *The Roman Mother*, London/New York 1988

DOVER, K. J., *Greek Homosexuality*, London 1978

DUNCAN-JONES, R. S., »Demographic Change and Economic Progress under the Roman Empire«, in: *Tecnologia, economia e società nel mondé romano*, Atti del convegno di Como (27.-29. Sept. 1979), Como 1980, S. 67-80

DUPONT-SOMMER, A., *Le Quatrième Livre des Maccabées.* Mit Einleitung, Übersetzung und Anmerkungen, Paris 1939

ENGELS, D., »The Problem of Female infanticide in the Greco-Roman World«, in: *Classical Philology* 75, 1980, S. 112-120

ÉTIENNE, R., »Démographie et épigraphie«, in: *Atti del III Congresso internazionale di epigrafia greca e latina*, Rom 1959, S. 418ff.

ÉTIENNE, R., »La démographie des familles impériales et sénatoriales au IVe siècle après J.-C.«, in: *Transformations et conflits au IVe siècle après J.-C.*, (Antiquitas, Reihe 1, Abhandlungen zur alten Geschichte 29), Bonn 1978, S. 133-168

FARBE, G., *Libertus: recherche sur les rapports patron affranchi à la fin de la République romaine,* Rom 1980
FOUCAULT, M., *Histoire de la sexualité,* Bd. 3: *Le Souci de soi,* Paris 1984 (dt.: *Sexualität und Wahrheit,* Bd. 3: *Die Sorge um sich,* Frankfurt a.M. 1989)
GOLDEN, M., »Demography and the exposure of girls at Athens«, in: *Phoenix* 35, 1981, S. 316-331
GOUREVITCH, D., »A propos de la simulation dans l'Antiquité«, in: *Médecine légale et expertise médicale,* Bd. 1, 1, 1975-1976, S. 13-18
GOUREVITCH, D., *Le Mal d'être femme. La femme et la médicine dans la Rome antique,* Paris 1984
GRIMAL, S., *Sénèque ou la Conscience de l'Empire,* Paris 1978
GRISÉ, Y., *Le Suicide dans la Rome antique,* Paris/Montréal 1982
HARRIS, W. V., »The Roman father's power of life and death: some problems in the history of *patria potestas*«, in: *Studies in Roman Law in memory of A. Arthur Schiller,* Leiden 1985
Histoire de la vie privée, hg. von Philippe Ariès und Georges Duby, Bd. 1: *De l'Empire romain à l'an mil,* hg. von Paul Veyne, Paris 1985 (dt.: *Geschichte des privaten Lebens,* Bd. 1: *Vom römischen Imperium zum Byzantinischen Reich,* Frankfurt a. M. 1989)
Histoire des femmes, hg. von Georges Duby und Michelle Perrot, Bd. 1: *L'Antiquité,* hg. von Pauline Schmitt Pantel, Paris 1991 (dt.: *Geschichte der Frauen,* Bd. 1: *Antike,* Frankfurt/New York 1993)
HOPFNER, T., *Das Sexualleben der Griechen und Römer,* Prag 1938; New York 1975
HOPKINS, K., »The Age of Roman Girls at Marriage«, in: *Population Studies* 18, 1965, S. 309-327
HUMPHREY, S., *The Family, Women and Death,* London 1983
La Femme dans le monde méditerranéen, 1, Lyon, Travaux de la Maison de l'Orient, Nr. 10, 1985
La femme dans le monde méditerranéen, II, *La femme grecque et romaine. Bibliographie,* A. M. Vérilhac, CI. Vial, L. Darmezin, Travaux de la Maison de l'Orient, 19, Lyon, 1990
LACAN, J., *Les Complexes familiaux,* Bd. 8, Encyclopédie française, 1938, Neuauflage Paris 1984 (dt.: *Geschichte der Erziehung im klassischen Altertum,* München 1977)
LEDUC, C., »Le discours d'Aristophane et de Ménandre sur la sexualité des maîtres et des esclaves«, in: *Index* 10, 1981, S. 271-287
Les femmes dans les sociétés antiques, colloque de Strasbourg, 1983
LILJA, S., »Homosexuality in Republican and Augustan Rome«, in: *Commentationes Humanarum Litterarum* 74, 1983
MACMULLEN, R., »Roman attitudes to Greek love«, in: *Historia* 31, 1982, S. 484-502
MACMULLEN, R., *Christianizing the Roman Empire, AD 100-400,* New Haven/London 1984 (dt.: *Geschichte der Erziehung im klassischen Altertum,* München 1977)
MARROU, H.-I., *Histoire de l'éducation dans l'Antiquité,* 6. verb. Aufl., Paris 1965
MARROU, H.-I., Introduction et notes à Clément d'Alexandrie, *Le Pédagogue,* Buch I, Übers. M. Harl, *Sources Chrétiennes* 70, Paris 1960
MICHEL, A., *La Philosophie politique à Rome d'Auguste à Marc Aurèle,* Paris 1969
MILLAR, F., »Epictetus and the Imperial Court«, in: *Journal of Roman Studies* 55, 1965, S. 141-148
MOMIGLIANO, A., »Epicureans in Revolt«, in: *Journal of Roman Studies* 31, 1941, S. 151-157
MOMIGLIANO, A., *La libertà di parola nel mondo antico,* Rom 1980, S. 403-436
OLTRAMARE, A., *Les Origines de la diatribe romaine,* Genf 1926
Onomastique latine (L'), Colloques internationaux du C.N.R.S., 564, Paris 1977
Parentés et stratégies familiales dans l'Antiquité romaine, Actes de la Table ronde des 2-4 Octobre 1986 (Paris, Maison des Sciences de l'Homme), hg. von J. Andreau und H. Bruhns, Coll. de l'École française de Rome, 129, Rom 1990
PATLAGEAN, E., »Familles chrétiennes d'Asie Mineure et histoire démographique du IVe siècle«, in: *Transformations et conflits au IVe siècle après J.-C., (*Antiquitas, Reihe 1, Abhandlungen zur alten Geschichte 29), Bonn 1978, S. 169-185, und Tabellen

PETIT, S., *Histoire générale de l'Empire romain,* 3 Bde., Paris 1974
PIETRI, C., »Christiana tempora: une nouvelle image de l'homme«, in: *Cristianesimo nella storia, Ricerche storiche, esegetiche, teologiche,* Bd. 6, Bologna 1985, S. 221-243
RAWSON, B. (Hg.), *The Family in Ancient Rome: New Perspectives,* Ithaca/New York 1986
RAWSON, B. (Hg.), *Marriage, Divorce, and Children in Ancient Rome,* Canberra/Oxford 1991
RIVAUD, A., »Recherches sur l'anthropologie grecque«, in: *Revue anthropologique,* 1911, S. 157-182 und 457-475, 1912, S. 20-29
ROBINSON, O., »Slaves and the Criminal Law«, in: *Zeitschrift der Savigny-Stiftung für Rechtsgeschichte,* 111, Romanistische Abteilung, 1981, S. 213-254
ROBINSON, O., »Women and the Criminal Law«, im Druck
ROUSSELLE, A., *Porneia. De la maîtrise du corps à la privation sensorielle,* Paris 1983 (dt.: *Der Ursprung der Keuschheit*, Stuttgart 1989)
ROUSSELLE, A., »Concubinat et adultère«, in: *Opus,* 1984a
ROUSSELLE, A., »L'eunuque et la poule, la logique de la reproduction«, in: *Mi-Dit, Cahiers méridionaux de psychoanalyse,* Juni 1984b, S. 57-65
ROUSSELLE, A., »Pourrait-on faire une histoire des conversions somatiques ?«, in: *Mi-Dit, Cahiers méridionaux de psychanalyse,* März 1984c, S. 40-42
ROUSSELLE, A., »Personal Status and Sexual practice in the Roman Empire«, in: *Zone 5, Fragments for a History of the Human Body,* Teil 3, 1989, S. 300-333
ROUSSELLE, A., »Vivre sous deux droits. La pratique familiale poly-juridique des citoyens romains juifs«, in: *Annales E.S.C.,* 1990, fasc. 4, S. 839-859
ROUSSELLE, A., »La politique des corps: entre procréation et continence«, in: *Histoire des femmes,* hg. von Georges Duby und Michelle Perrot, Bd. 1: *L'Antiquité,* Paris 1991, S. 319-362 (dt.: »Der Körper und die Politik«, in: *Geschichte der Frauen*, Bd. 1: *Antike*, Frankfurt/New York 1993, S. 323-374)
SALLER, R. S., »Men's Age at Marriage and its Consequences in the Roman Family«, in: *Classical Philology* 82, 1987, S. 21-34
SHAW, B., »The Age of Roman Girls at Marriage: Some Reconsiderations«, in: *Journal of Roman Studies* 77, 1987, S. 30-46
SPANNEUT, M., *Le Stoïcisme des Pères de l'Eglise,* Paris 1957
VEYNE, P., »L'amour et la famille sous le Haut-Empire romain«, in: *Annales E.S.C.,* 1978, S. 35-63 (dt.: *Die römische Gesellschaft,* München 1995, S. 83-123)
VEYNE, P., »L'homosexualité à Rome«, in: *Sexualités occidentales, Communications* 35, 1982, S. 26-33 (dt.: »Die Homosexualität in Rom«, in: P. Ariès und A. Béjin [Hg.], *Die Masken des Begehrens und die Metamorphosen der Sinnlichkeit,* Frankfurt a.M. 1986, S. 39-49)
VEYNE, P., »Suicide, fisc, esclavage, capital et droit romain«, in: *Latomus* 40, 1981, S. 218-268
VEYNE, P., *L'Elégié érotique romaine,* Paris 1983
VEYNE, P., *Le Pain et le cirque,* Paris 1976 (dt.: *Brot und Spiele. Gesellschaftliche Macht und politische Herrschaft in der Antike*, Frankfurt/New York 1988)
VILLE, G., *La Gladiature en Occident,* Rom 1981

Register

Die Stichworte mit * sind im Glossar erläutert

BILDNACHWEIS

Alinari-Viollet: 178; Anderson-Giraudon: 181; Armand-Colin: 163; Artephot: 238 or; X. Barral i Altet: 345; Bibliothèque Nationale: 26, 85, 171; Bulloz: 317, 375; Centre de Recherches Comparées sur les Sociétés Anciennes (Paris-C.N.R.S.): 263 (Tietz-Glagow), 268, 269; M. Chuzeville: 119, 160, 236, 239 o, 239 u, 268; E. Copet-Rougier (Laboratoire d' An- thropologie): 34, 78, 87; A. Coudart: 98 o, 98 u; G. Dagli Orti: 296, 344, 356; Deluz (Laboratoire d' Anthropologie): 16; M. Dupire (I.F.A.N.): 48; Edimédia: 39, 104, 148, 194, 315; Explorer: 60 o (Wilde), 68, 83, 313; Gauthier: 51 r, 82; Giraudon: 20, 21, 123, 308, 309; Hayaux du Tilly: 166 r, 167 u, 180, 193; Hoa-Qui: 54; A. Lepage: 49, H. Lhote: 99 o; J. Lieppe: 166 l; Magnum: 60 o (Griffiths), 167 o; (nach) Maiuri: 323; Masset: 99 u; Mazenod: 260 o; Percheron-Artephot: 347; Rapho: 61 (Gerster); J. Reader: 92; Réunion des Musées Nationaux: 116, 135, 136 o, 137, 156, 238 u, 336, 358; Roger-Viollet: 88, 110, 136 u, 179, 192, 261; A. Rousselle: 328, 329, 337, 340, 349, 351, 355, 359, 368; Ruffel: 10.

Bordeaux, Musée d' Aquitaine: 298; Brüssel, Musées Royaux des Beaux-Arts: 238 or; Budapest, Musée des Beaux-Arts: 238 ol; Kopenhagen, Nationalmuseum: 279; London, British Museum: 260 u; Lyon, Musée des Beaux-Arts: 187; New York, Brooklyn Museum: 184; Paris, Musée de l' Homme: 51 l (Storch), 55 (Van den Brou); Rom, Deutsches Institut für Archeologie: 284, 285; Kapitolmuseum: 283.

ANZEIGEN DES VERLAGS